Schriften zum Stiftungs- und Gemeinnützigkeitsrecht

Reihe herausgegeben von

Stefan Geibel, Heidelberg, Deutschland

Das Recht der Non-Profit-Organisationen und der Zivilgesellschaft, man könnte auch sagen das Recht des Dritten Sektors insgesamt, wirft besondere Fragen in fast allen Rechtsbereichen auf, kristallisiert sich aber vor allem in den Bereichen des Organisations- und des Steuerrechts. Die Reihe „*Schriften zum Stiftungs- und Gemeinnützigkeitsrecht*" greift zwei besonders kennzeichnende Rechtsgebiete heraus, die als eine Art *pars pro toto* für das gesamte Recht der Non-Profit-Organisationen und der Zivilgesellschaft herangereift sind. In der Schriftenreihe zum Stiftungs- und Gemeinnützigkeitsrecht werden deshalb Dissertationen gerade in diesen Bereichen veröffentlicht, die Reihe nimmt aber auch Arbeiten insbesondere zum Vereinsrecht, Gesellschaftsrecht und Genossenschaftsrecht, zum Recht des Ehrenamts oder der Sozialunternehmer, zu wirtschaftsrechtlichen oder zu internationalen, europarechtlichen oder rechtsvergleichenden Themenstellungen mit Bezug zum Dritten Sektor auf.

Sascha Nicolai Grimm

Der Dokumentationsfehler im Medizin- und Kapitalanlagerecht

Eine kritische Analyse der Rechtslage nach Erlass des PatRG und der MiFID II unter besonderer Berücksichtigung der historischen Entwicklung

Springer

Sascha Nicolai Grimm
Juristische Fakultät
Ruprecht-Karls-Universität Heidelberg
Heidelberg, Deutschland

Es handelt sich um eine von der Juristischen Fakultät der Universität Heidelberg zum Druck freigegebene Dissertation.

ISSN 2522-5944 ISSN 2522-5952 (electronic)
Schriften zum Stiftungs- und Gemeinnützigkeitsrecht
ISBN 978-3-658-50383-3 ISBN 978-3-658-50384-0 (eBook)
https://doi.org/10.1007/978-3-658-50384-0

Die Deutsche Nationalbibliothek verzeichnet diese Publikation in der Deutschen Nationalbibliografie; detaillierte bibliografische Daten sind im Internet über https://portal.dnb.de abrufbar.

Planung/Lektorat: Karina Kowatsch
Springer ist ein Imprint der eingetragenen Gesellschaft Springer Fachmedien Wiesbaden GmbH und ist ein Teil von Springer Nature.
Die Anschrift der Gesellschaft ist: Abraham-Lincoln-Str. 46, 65189 Wiesbaden, Germany

Vorwort

Die vorliegende Arbeit wurde von der Juristischen Fakultät der Ruprecht-Karls-Universität Heidelberg im Juli 2025 als Dissertation angenommen. Das Manuskript wurde im Oktober 2021 abgeschlossen. Später erschienene Literatur und Rechtsprechung wurde, soweit möglich, noch berücksichtigt.

Mein herzlicher Dank gilt all jenen, die mich während der Entstehung dieser Dissertation begleitet und unterstützt haben. Besonders danke ich meinem Doktorvater, Herrn Prof. Dr. Stefan J. Geibel, der mir den inhaltlichen Anstoß zu diesem Promotionsvorhaben gab und mich auf dem Weg zur fertigen Arbeit stets mit persönlichem und fachlichem Rat unterstützt hat. Ebenso danke ich Herrn Prof. Dr. Andreas Piekenbrock für die zügige Erstellung des Zweitgutachtens sowie Herrn Prof. Dr. Dirk A. Verse für die Übernahme des Vorsitzes in der Prüfungskommission. Den Herausgebern dieser Schriftenreihe danke ich für die freundliche Aufnahme meiner Arbeit.

Von Herzen möchte ich mich auch bei meiner Familie und meinen Freunden bedanken, ohne deren Rückhalt und Ermutigung die Fertigstellung dieser Dissertation nicht möglich gewesen wäre.

Zwischen der Fertigstellung des Manuskripts und der Annahme der Dissertation kam unser Sohn Rapahel zur Welt. Ihm und den beiden Menschen, die mich bis heute wohl am meisten geprägt haben, meiner Mutter Doris und meiner Frau Anna, ist diese Arbeit gewidmet.

Berlin, im Herbst 2025

Sascha Nicolai Grimm

Interessenkonflikt Der/die Autor*in hat keine für den Inhalt dieses Manuskripts relevanten Interessenkonflikte.

Inhaltsverzeichnis

EINLEITUNG

Dokumentationspflichten verpflichten dazu, einen bestimmten Vorgang oder Sachverhalt auf einem dauerhaften Datenträger festzuhalten. Sie existieren heute in vielen Rechtsbeziehungen. Zu nennen sind an dieser Stelle beispielsweise die Pflichten von Rechtsanwälten, Steuerberatern und Wirtschaftsprüfern gegenüber ihren Mandanten; aber auch von Ärzten gegenüber ihren Patienten und Wertpapierdienstleistungsunternehmen gegenüber ihren Kunden. Alle dienen vor allem einem Zweck: Der Fixierung von Informationen. Damit ist jedoch noch nichts darüber ausgesagt, für wen und weshalb die jeweilige Information fixiert wurde. Dies ist jedoch ausschlaggebend dafür, welchen Umfang die Pflicht letztlich im konkreten Fall annimmt und welche Rechtsfolgen eine Verletzung der jeweiligen Dokumentationspflicht nach sich ziehen kann. Beispielhaft sei insoweit die ärztliche Dokumentationspflicht genannt, deren Art und Umfang sich – jedenfalls nach Ansicht der Rechtsprechung – ausschließlich daran bemisst, ob eine Maßnahme aus medizinischer Sicht aufzuzeichnen ist, da die Aufzeichnung zum Zweck der ordnungsgemäßen Behandlung und Weiterbehandlung des Patienten erfolgt. Die vorliegende Arbeit untersucht unter Rückgriff auf die Rechtsnatur und den Zweck der jeweiligen Dokumentationspflicht mögliche Rechtsfolgen eines Dokumentationsfehlers. Sie vergleicht hierbei die Dokumentationspflichten von Ärzten und Wertpapierdienstleistungsunternehmen (WpDU), da diese einen gemeinsamen Ursprung besitzen – der BGH leitete einst die Dokumentationspflicht des Arztes aus der Rechenschaftspflicht von Vermögensverwaltern her –[1] und daher eine ähnliche Struktur und Ausprägung aufweisen, wie auch eine Reihe von ähnlich gelagerten Folgeproblemen. Anhand des Vergleichs dieser beiden zunächst sehr weit voneinander entfernt scheinenden Dokumentationspflichten wird aufgezeigt, wie sich deren Zwecke und Rechtsnatur unterscheiden und inwiefern sich dies auf die Rechtsfolge bei deren Verletzung auswirkt.

[1] BGH v. 27.06.1978 - VI ZR 183/76 = NJW 1978, 2337, 2339.

S. N. Grimm, *Der Dokumentationsfehler im Medizin- und Kapitalanlagerecht*,
Schriften zum Stiftungs- und Gemeinnützigkeitsrecht,
https://doi.org/10.1007/978-3-658-50384-0_1

A. Ausgangslage

I. Kodifizierung der ärztlichen Pflichten durch das PatRG (2013)

Im Jahr 2013 wurden mit dem Patientenrechtegesetz erstmals die ärztlichen Pflichten im Rahmen einer Behandlung kodifiziert. Unter der Überschrift „Behandlungsvertrag“ wurde in den §§ 630a – 630h BGB fortan geregelt, welche Rechte und Pflichten bei einer medizinischen Behandlung von Menschen bestehen. Die Verabschiedung des PatRG im Jahr 2013 wurde von der Politik teilweise als großer Schritt in Richtung Patientensicherheit und Ausweitung der Patientenrechte kommuniziert. Tatsächlich wurde mit dem PatRG – ausweislich der Gesetzesbegründung – allerdings primär das Ansinnen verfolgt, die bereits seit Jahrzehnten richterrechtlich geprägte Rechtslage zu kodifizieren und hierdurch Transparenz und Rechtssicherheit zu schaffen.[2] Jedoch warf die Neuregelung im Ergebnis zusätzliche Fragen auf, die insbesondere auch die Dokumentation der Behandlung betrafen. Die vorliegende Arbeit soll einen Beitrag zur Klärung dieser Fragen liefern, soweit sie die Pflicht zur Dokumentation der Behandlung und die Rechtsfolgen bei deren Verletzung betreffen. Die Anforderungen an die Dokumentation wurden in § 630f BGB geregelt, während sich die Rechtsfolgen einer unvollständigen Dokumentation aus § 630h Abs. 3 BGB ergeben. Eines der bedeutsamsten Themen im Zuge der Schaffung des § 630f BGB betraf die Frage, ob mit dieser Vorschrift eine Neuregelung oder Änderung des Zweckes der Behandlungsdokumentation einhergehen sollte. Eindeutig ist, dass diese weiterhin in erster Linie der ordnungsgemäßen Behandlung und Weiterbehandlung des Patienten dienen soll.[3] Dies wurde seitens des BGH bereits bei deren Etablierung im Jahr 1978 klargestellt. Während anfänglich das Gericht in den 1960er Jahren noch annahm, es handle sich bei der ärztlichen Dokumentation lediglich um interne Aufzeichnungen des Arztes, die allein Gedankenstützen des Behandlers darstellten,[4] änderte der BGH im Jahr 1978 seine Rechtsprechung dahingehend, dass die Dokumentation der ordnungsgemäßen Behandlung und Weiterbehandlung und darüber hinaus auch der Rechenschaft über den Behandlungsverlauf gegenüber dem Patienten dienen sollte.[5] Damit wurde letztlich auch der Adressatenkreis der Dokumentation erweitert: Diese war fortan nicht mehr nur für den (weiter-)behandelnden Arzt bestimmt, sondern auch für den Patienten. Gleichlaufend zur Erweiterung des Zwecks der Dokumentation wurde dem Patienten nun auch ein Einsichtsrecht in die Patientenakte gewährt. In einer Reihe von Entscheidungen vor der Verabschiedung des PatRG hatte der BGH dagegen – anders als vielleicht zu erwarten – klargestellt, dass die ärztliche Dokumentation nicht der Schaffung von Beweisen für einen arzthaftungsrechtlichen Prozess dienen

[2] BT-Drucks. 17/10488, S. 9, 10, 13, 25.

[3] BT-Drucks. 17/10488, S. 25f.

[4] BGH v. 06.11.1962 - VI ZR 29/62 = NJW 1963, 389.

[5] BGH v. 27.06.1978 - VI ZR 183/76 = NJW 1978, 2337, 2338.

sollte.[6] Der Gesetzgeber des PatRG stellte daraufhin in der Gesetzesbegründung die bisherigen Zwecke der Dokumentation nochmals klar und äußerte sich auffallend uneindeutig zum Zwecke der Beweissicherung:

> *„Schließlich spielt eine letzte Funktion der Dokumentation, die faktische Beweissicherung, für den Fall eines etwaigen Behandlungsfehlers eine maßgebliche Rolle.“*[7]

Während die Zwecke der ordnungsgemäßen Behandlung und Weiterbehandlung und der Ablegung von Rechenschaft über den Behandlungsverlauf eindeutig als „Zwecke“ bezeichnet wurden, begnügte man sich in Bezug auf die Beweissicherung nun damit, lediglich von einer „Funktion“ und einer „faktische[n] Beweissicherung“ zu sprechen.

Damit war neue Unsicherheit geschaffen worden. Sollte die Dokumentation nach der Auffassung des Gesetzgebers im Ergebnis nun doch der Beweissicherung für mögliche nachfolgende Haftungsprozesse dienen? Dass im neu gefassten § 630f Abs. 2 BGB zugleich eine Aufzeichnungspflicht für die ärztliche Aufklärung des Patienten sowie dessen Einwilligung in die Behandlung normiert wurde, befeuerte die Diskussion um eine möglicherweise bezweckte Beweissicherung zusätzlich. Denn bei genauerem Hinsehen dienen solche Aufzeichnungen weder der ordnungsgemäßen (Weiter-)Behandlung, noch der Rechenschaft über den Gang der Behandlung, sondern allein der Absicherung des Arztes gegen eine Inanspruchnahme wegen eines nicht von der Einwilligung des Patienten gedeckten Eingriffs. Die Auswirkungen einer etwaigen Änderung des Zwecks der Dokumentation sind vor allem bedeutsam für die Frage, was von Seiten des Arztes zu dokumentieren ist. Und damit verbunden auch die Frage, inwieweit dieser von der Rechtsfolge des § 630h Abs. 3 BGB wegen eines Dokumentationsfehlers betroffen ist.

Auf der Rechtsfolgenseite erfolgte durch das PatRG indes ebenfalls eine gesetzgeberische Klarstellung: Nachdem in der Vergangenheit von der Rechtsprechung ursprünglich „Beweiserleichterungen bis hin zur Beweislastumkehr“ als Rechtsfolge des Dokumentationsfehlers angenommen wurden,[8] konturierte sich mit der Zeit eine eindeutigere Linie heraus, die eine Beweislastumkehr für den Fall eines Dokumentationsfehlers vorsah und schließlich mit der Verabschiedung des PatRG in § 630h Abs. 3 BGB auch normiert wurde. Demnach wird vermutet, dass der Behandelnde eine

---

[6] Vgl. exemplarisch BGH v. 24.01.1989 - VI ZR 170/88 = NJW 1989, 2330, 2331.

[7] BT-Drucks. 17/10488, S. 26.

[8] BGH v. 27.06.1978 - VI ZR 183/76 = NJW 1978, 2337, 2338.

medizinisch gebotene wesentliche Maßnahme nicht getroffen hat, falls er diese und ihr Ergebnis nicht in der Patientenakte aufgezeichnet hat. Für den Fall, dass ein Haftungsprozess wegen eines Behandlungsfehlers gegen den behandelnden Arzt angestrengt wird, so wirkt sich ein Dokumentationsfehler beweisrechtlich zulasten des Arztes aus. Im Ergebnis wird damit ein Behandlungsfehler vermutet, soweit die Dokumentation eine Lücke aufweist und damit letztlich eine mittelbare Haftung für den Dokumentationsfehler begründet, falls ein Gesundheitsschaden beim Patienten vorliegt.

Dies führt konsequenterweise zu der Frage, ob als Rechtsfolge eines Dokumentationsfehlers neben Beweisnachteilen in einem Arzthaftungsprozess auch eine Haftung auf Schadensersatz in Betracht kommt. Hierzu hatte sich der BGH vor Verabschiedung des PatRG mehrfach relativ eindeutig positioniert:

> *„Indessen gilt es festzuhalten, daß die unterlassene Dokumentation nicht selbst eine Anspruchsgrundlage bildet. Sie kann nur dazu führen, daß dem Patienten der durch sie erschwerte Beweis eines behaupteten Behandlungsfehlers erleichtert wird.*“[9]

Nach Auffassung des BGH sollte eine Haftung auf Schadensersatz jedenfalls ausgeschlossen sein, wenngleich sich der genaue Inhalt der Aussage nicht auf den ersten Blick erschließt. Die Passage könnte von einem unbedarften Leser durchaus so verstanden werden, dass es für eine Haftung wegen eines Dokumentationsfehlers schlicht an einer Anspruchsgrundlage fehlt – was mit Blick auf § 280 BGB aber nicht der Fall ist. Die Äußerung ist daher wohl eher so zu verstehen, dass für eine Verletzung der Dokumentationspflicht kein Schadensersatz verlangt werden kann, weil es sich womöglich lediglich um eine Obliegenheit handelt.[10] Dazu passt auch, dass im Fall eines Dokumentationsfehlers gleichwohl Beweisnachteile für den Arzt bestehen sollen, wie dies bei der Verletzung einer Obliegenheit typisch ist. Während dies in der Literatur bereits vor der Verabschiedung des PatRG kritisch gesehen wurde und die Dokumentationspflicht überwiegend als vertragliche Nebenpflicht eingeordnet wurde,[11] wurde auch in diesem Fall durch das PatRG möglicherweise eine relevante Änderung etabliert. Zwar besteht mit § 630h Abs. 3 BGB weiterhin der beweismäßige Nachteil des Arztes, auf den auch der BGH rekurrierte. Allerdings erscheint der Wortlaut von § 630f Abs. 1 und 2 BGB relativ eindeutig, wenn er

---

[9] BGH v. 09.11.1982 - VI ZR 23/81 = NJW 1983, 332.

[10] *Hähnchen,* Obliegenheiten und Nebenpflichten, S. 87f.; *Wendt,* Die ärztliche Dokumentation, S. 308.

[11] *Dunz,* Zur Praxis der zivilrechtlichen Arzthaftung, S. 33; *Franzki/Franzki,* NJW 1975, 2225, 2227; *Daniels,* NJW 1976, 345, 348; *Lenkaitis,* Krankenunterlagen, S. 123f.; *Wasserburg,* NJW 1980, 617, 618; *Hohloch,* NJW 1982, 2577, 2581f.; *Schmid,* NJW 1987, 681, 683; *Rigizahn,* MedR 1995, 391; *Dolle,* Dogmatik der Verletzung, S. 78ff.

normiert, dass der Arzt zur Dokumentation „verpflichtet“ ist.[12] Insoweit ist die bisherige Rechtsprechung zur materiellrechtlichen Haftung für den Dokumentationsfehler möglicherweise dahingehend korrekturbedürftig, dass nunmehr für diesen Schadensersatz gefordert werden kann. Eine Haftung auf Schadensersatz wird durch das PatRG nicht explizit angesprochen – wenngleich sie das auch nicht müsste, da sich diese aus § 280 i.V.m. § 630f BGB ergäbe. Zugleich sind praktisch relevante Fälle denkbar, in denen eine Schadensersatzhaftung wegen einer Dokumentationspflichtverletzung gegeben wäre, so z.B. bei einer Behandlung, die von einem nachbehandelnden Arzt deshalb objektiv fehlerhaft durchgeführt wird (z.B. die Gabe eines falschen Medikaments), weil dieser auf eine vom vorbehandelnden Arzt falsch oder lückenhaft angefertigte Dokumentation zurückgegriffen hat und insoweit eine falsche Informationsgrundlage für die Weiterbehandlung zur Verfügung stand (z.B. die fehlende Information, dass der Patient auf ein bestimmtes Medikament allergisch reagiert).

Die vorliegende Arbeit beschäftigt sich mit der bislang nur sehr sporadisch untersuchten Thematik der materiellrechtlichen Rechtsfolge für den Dokumentationsfehler und geht hierbei insbesondere auf die weiterführende Frage nach der Haftungsausfüllung ein, also wie ein Schadensersatzanspruchs in diesem Fall konkret ausgestaltet sein könnte.

II. Dokumentationspflichten von Wertpapierdienstleistungsunternehmen und zivilrechtliches „private enforcement“

Das Recht der Kapitalanlageberatung ist in Deutschland durch ein Nebeneinander aus zivil- und öffentlich-rechtlichen Pflichten geprägt. Einerseits bestehen zivilrechtliche Pflichten zwischen Anlageberater und Kunde aus dem der Beratung zugrunde liegenden Beratungsvertrag. Dies sind vor allem Aufklärungs- und Beratungspflichten des Anlageberaters: So hat die Beratung stets anleger- und objektgerecht zu geschehen, die empfohlenen Produkte müssen also dem Wissens- und Kenntnisstand, der Risikobereitschaft und dem Anlageziel des Anlegers entsprechen und die Beratung muss sich auf diejenigen Eigenschaften und Risiken des Produkts beziehen, die für die jeweilige Anlageentscheidung wesentliche Bedeutung haben oder haben können. Diese zivilrechtlichen Pflichten wurden – ebenso wie die Konstruktion eines konkludent geschlossenen Anlageberatungsvertrags – in den 1990er Jahren durch die Rechtsprechung geprägt und weiterentwickelt und besitzen bis heute keinen normativen Anknüpfungspunkt im BGB. Darüber hinaus bestehen – nach h.M. öffentlich-rechtliche[13] – Pflichten der Wertpapierdienstleistungsunternehmen[14] aus dem WpHG, die weitestgehend auf der Umsetzung

[12] Zu dieser Thematik eingehend Fiekas, Die Dokumentation, S. 160ff.

[13] Vgl. im Detail Kapitel 2. B. IV.

[14] Im Folgenden „WpDU“ abgekürzt.

europäischer Richtlinien beruhen. Zu nennen sind insoweit vor allem die Wohlverhaltens-, Organisations- und Transparenzpflichten der WpDU. Diese stellen nach h.M. öffentlich-rechtliche Pflichten dar, können allerdings darüber hinaus – beispielsweise im Wege ergänzender Vertragsauslegung gemäß §§ 133, 157 BGB – auch auf das zivilrechtliche Verhältnis zwischen Anlageberater und Kunden einwirken und beanspruchen somit zumindest mittelbar zivilrechtliche Wirkung.

Einer zivilrechtlichen Pflicht zur Dokumentation der Anlageberatung erteilte der BGH im Jahr 2006 noch eine Absage.[15] Im Jahr 2007 schuf der Gesetzgeber jedoch in Umsetzung der europäischen MIFID-Richtlinie[16] (engl. *Markets in Financial Instruments Directive*) das Finanzmarktrichtlinie-Umsetzungsgesetz (FRUG) und normierte in § 34 Abs. 1 und 2 WpHG a.F. eine erste Aufzeichnungspflicht für WpDU über die jeweils von ihnen getätigten Geschäfte. Im Jahr 2010 wurde schließlich durch das Schuldverschreibungsgesetz (SchVG) in § 34 Abs. 2a und Abs. 2b WpHG a.F. eine Beratungsprotokollpflicht und ein dazugehöriger Anspruch des Kunden auf Herausgabe des Protokolls normiert. Hintergrund dieses „nationalen Alleingangs" des deutschen Gesetzgebers war eine Reaktion auf die Vorkommnisse während der Finanzkrise 2008/2009, in deren Folge zahlreiche Privatanleger durch die Insolvenz der US-Investmentbank *Lehman Brohters* und deren niederländischer Tochter *Lehman Brothers Treasury Co. B.V.* viel Geld verloren, das sie zuvor in teilweise sehr risikoreiche Zertifikate der Bank investiert hatten. Bei einer Aufarbeitung der Geschehnisse zeigte sich, dass offensichtlich viele Anlageberater aus Interesse an der eigenen Gewinnmaximierung Privatanlegern Finanzprodukte verkauft hatten, die für diese und deren Zwecke – in der Regel zur Altersvorsorge – ungeeignet waren. Diese Anleger versuchten in der Konsequenz mit Haftungsprozessen wegen fehlerhafter Anlageberatung zumindest einen Teil des erlittenen Schadens auf ihren jeweiligen Berater umzulegen. Hierbei zeigte sich, dass Anleger wegen des in der Regel unter vier Augen geführten Beratungsgespräches oft in Beweisschwierigkeiten gerieten und eine Pflichtverletzung des Anlageberaters nicht immer ausreichend nachweisen konnten. Die Intention des Gesetzgebers war daher, dass ein Protokoll des Beratungsgesprächs dem Anleger zu einer besseren Beweisposition verhelfen sollte. Im Jahr 2014 verabschiedete schließlich der europäische Gesetzgeber die MiFID II-Richtlinie[17] und mit dieser auch auf europarechtlicher Ebene eine Pflicht zur

---

[15] BGH v. 24.01.2006 - XI ZR 320/04 = NJW 2006, 1429, 1430.

[16] Richtlinie 2004/39/EG des Europäischen Parlaments und des Rates vom 21. April 2004 über Märkte für Finanzinstrumente, zur Änderung der Richtlinien 85/611/EWG und 93/6/EWG des Rates und der Richtlinie 2000/12/EG des Europäischen Parlaments und des Rates und zur Aufhebung der Richtlinie 93/22/EWG des Rates.

[17] Richtlinie 2014/65/EU des Europäischen Parlaments und des Rates vom 15. Mai 2014 über Märkte für Finanzinstrumente sowie zur Änderung der Richtlinien 2002/92/EG und 2011/61/EU.

Dokumentation des Beratungsgespräches bzw. der Audioaufzeichnung von telefonischen Beratungsgesprächen. Zusätzlich wurde die Pflicht normiert, dass an Privatanleger eine sog. Geeignetheitserklärung ausgegeben werden muss, aus der für den jeweiligen Kunden ersichtlich ist, dass das empfohlene Produkt für ihn geeignet ist. Die Regelungen der MiFID II- Richtlinie wurden 2018 durch das Zweite Finanzmarktnovellierungsgesetz (2. FiMaNoG) in nationales Recht umgesetzt. Die Dokumentationspflichten finden sich seitdem in § 83 WpHG n.F. und die Geeignetheitserklärung in § 64 Abs. 4 WpHG n.F.

Heute finden sich daher nunmehr ausführliche Dokumentationspflichten im WpHG. Das grundlegende Problem aber, welches sich bereits im Rahmen der Wohlverhaltenspflichten stellte, bleibt damit weiterhin virulent. Entscheidend ist nämlich, ob mit der Normierung von § 83 WpHG und § 64 WpHG nun auch zivilrechtliche Pflichten zur Dokumentation und Herausgabe einer Geeignetheitserklärung bestehen oder nicht. Die vorliegende Arbeit geht auf diese Fragestellung ausführlich ein und bezieht hierzu insbesondere die vorangegangenen Fassungen des WpHG und die Beratungsprotokollpflicht nach § 34 Abs. 2a WpHG a.F. mit ein.

Relevant wird die Einordnung als öffentliches Recht oder Zivilrecht bei der Rechtsfolge für Verstöße gegen die jeweilige Norm: Eine Sanktion wegen Verstoßes ist bei einer Qualifikation als reines Aufsichtsrecht nur in Form von Bußgeldern möglich, nicht aber in Form einer Haftung des beratenden WpDU auf Schadensersatz. Eine zivilrechtliche Haftung für einen entsprechenden Verstoß (sog. „private enforcement“) kommt nur in Betracht, falls die Dokumentationspflicht auch zwischen den Parteien des Anlageberatungsvertrags zivilrechtliche Wirkung entfaltet. Die vorliegende Arbeit versucht daher, eine Antwort auf die Frage nach der Rechtsnatur der § 83 Abs. 1 bis 3 sowie Abs. 6 und 8 WpHG n.F. und § 64 Abs. 4 WpHG n.F. zu finden. Weiterführend stellt sich die Frage, welche Rechtsfolgen eine Dokumentationspflichtverletzung des WpDU auf prozessualer wie auch materiellrechtlicher Ebene besitzen kann. Bis dato besteht bei Kapitalanlagehaftungsprozessen auf prozessualer Ebene lediglich eine sekundäre Darlegungslast zu Lasten des beratenden Instituts.[18] Die Frage, welche Konsequenzen eine Nichtanfertigung der Dokumentation nach sich zieht, insbesondere ob in diesem Zusammenhang möglicherweise eine Beweisvereitelung vorliegt und daher eine Erleichterung auf der Ebene der Beweislast angebracht wäre, ist bislang in Literatur und Rechtsprechung nicht abschließend geklärt. Dasselbe gilt für die Rechtsfolgen auf materiellrechtlicher Ebene, namentlich die Frage nach einem Schadensersatzanspruch für die Nichterstellung einer

[18] Vgl. BGH v. 14.07.2009 - XI ZR 152/08 = NJW 2009, 3429, 3432 [Rn. 37f.]; v. 11.05. 2006 - III ZR 205/05 = NJW-RR 2006, 1345, 1346 [Rn. 7].

Geeignetheitserklärung oder einer Dokumentation. Die vorliegende Arbeit knüpft an diese bislang ungelösten Probleme an und versucht, Lösungen für diese zu finden.

III. Korrekturbedarf der Rechtsfolgen wegen Gleichlaufes der Dokumentationspflichten?

In der Literatur wird wegen der Ähnlichkeiten der Dokumentationspflichten von Ärzten und WpDU immer wieder eine Angleichung der Rechtsfolgen bei Verstößen gefordert.[19] Und diese Forderung ist bei näherer Betrachtung gar nicht so fernliegend:

In beiden Fällen, sowohl bei Ärzten, als auch bei WpDU, geht es im Grundsatz darum, dass eine nicht fachkundige Person einen fachkundigen Berater aufsucht, um sich zunächst über die Chancen und Risiken zu erkundigen, die eine Verfügung über ein bestimmtes Rechtsgut – beim Arzt handelt es sich um die Gesundheit, beim WpDU um das Vermögen – mit sich bringen kann. Der Berater bzw. Aufklärende erbringt daraufhin eine Beratungs- oder Aufklärungsleistung und erörtert Chancen und Risiken einer solchen Verfügung,[20] namentlich eines medizinischen Eingriffs oder des Erwerbs einer Kapitalanlage. In der Regel wird der Berater dabei eine Empfehlung abgeben. Sowohl bei der Anlageberatung, wie auch bei der medizinischen Aufklärung ist eine Dokumentation dieses Gesprächs anzufertigen. Falls der Beratene sich sodann dazu entschließt, über das jeweilige Rechtsgut zu verfügen, so wird er dies in der Regel auf der Grundlage des Beratungsgesprächs und etwaiger zusätzlich ausgehändigter Dokumente tun. Bei der Verfügung wirkt der jeweilige Berater in der Regel mit, sei es als Arzt, welcher die therapeutische Behandlung durchführt, oder als depotführende Bank, welche die entsprechenden Anlagen für ihren Kunden erwirbt. Auch diese Mitwirkung an der Verfügung über das Rechtsgut ist zu dokumentieren: Der Arzt ist zur Dokumentation der Behandlung verpflichtet, während das WpDU zur Dokumentation der Ausführung von Kundenaufträgen verpflichtet ist. Falls am jeweiligen Rechtsgut in der Zukunft ein Schaden eintritt – sei es eine Verschlechterung des Gesundheitszustands durch einen erfolglosen oder fehlerhaften Eingriff oder eine Minderung des Vermögens durch Wertverlust der erworbenen Anlage – so stellt sich in beiden Fällen die Frage nach der Haftung des Vertragspartners. Die Dokumentation stellt in diesen Fällen oft das einzige Beweismittel dar, was ihre besondere Wichtigkeit unterstreicht.

---

[19] *Rothenhöfer,* Anlegerschutz durch Schriftform, S. 324ff.; *Grundmann* in EBJS (3. Aufl.), BankR VI Rn. VI 350; *ders.*, WM 2012, 1745, 1754; *Freitag,* ZBB 2016, 1, 10; vgl. auch *Heese*, Beratungspflichten, S. 278 (Fn. 595) m. w. N. außerdem BT-Drucks. 16/12814, S. 36.

[20] Keine Verfügung stellt dabei streng genommen die Patienteneinwilligung dar auch wenn sie einen verfügungsähnlichen Charakter aufweist, da sie nicht unmittelbar auf die Aufhebung, Übertragung, Belastung oder Veränderung eines bestehenden Rechtes gerichtet ist.

Hinzu kommt, dass auch der BGH diesen Gleichlauf der Interessen bereits früh erkannte und bei der Entwicklung der ärztlichen Dokumentationspflicht auf die Ähnlichkeiten des Arztes mit einem Vermögensverwalter verwies:

> *„Übrigens unterliegt es keinem Bedenken, diese Pflicht zur Dokumentation [...] dem Arzt auch außerprozessual als eine Art Rechenschaftspflicht aufzuerlegen, ähnlich der, die bei der Verwaltung fremden Vermögens seit langem selbstverständlich ist. Ein Vergleich der Interessenlagen kann hier mindestens nicht zu einer verminderten Aufzeichnungspflicht des Arztes (vor allem des den Patienten im ganzen „verwaltenden" Klinikers) im Vergleich zum Vermögensverwalter führen.*"[21]

Nach derzeitiger wohl herrschender Auffassung bestehen – wie bereits beschrieben – unterschiedliche Rechtsfolgen bei Verletzung der jeweiligen Dokumentationspflicht im Kapitalanlage- und im Arzthaftungsrecht. Während dem klagenden Patienten nach § 630h Abs. 3 BGB eine Beweislastumkehr bezüglich des Nachweises eines Behandlungsfehlers zugutekommt, bestehen solche Erleichterungen auf der Ebene der Beweis(führungs-)last für den Kunden des WpDU nicht. Diesem kommt lediglich eine sekundäre Darlegungslast im Hinblick auf eine Verletzung der Beratungspflichten des WpDU zugute.[22] Eine solche wirkt jedoch naturgemäß nur auf der Darlegungs- und nicht auch der Beweisebene. Konsequenz ist, dass bei einem substantiierten Bestreiten durch das WpDU, der Anleger mangels Dokumentation als Beweismittel eine Beratungspflichtverletzung nicht nachzuweisen vermag und sich trotz des Dokumentationsfehlers in einer Beweisnot befindet, welche durch die Dokumentationspflicht gerade ausgeschlossen werden sollte. Ob aus den Gemeinsamkeiten der Pflichten eine Angleichung der Rechtsfolgen hergeleitet werden kann, ist Gegenstand der vorliegenden Arbeit. Dies betrifft insbesondere die beweisrechtlichen Rechtsfolgen, beispielsweise die Frage einer analogen Anwendung von § 630h Abs. 3 BGB auf den Anlageberatungsvertrag.

Ein Schadensersatzanspruch für die Verletzung der Dokumentationspflicht wurde in der Vergangenheit in beiden Rechtsgebieten abgelehnt.[23] Dieses Ergebnis könnte im Arzthaftungsrecht unter Verweis auf die unterschiedlichen Zwecke der jeweiligen Dokumentation und die verschiedenen geschützten Rechtsgüter, namentlich das Vermögen bzw. die Gesundheit, akzeptiert werden. Insbesondere im Recht

---

[21] BGH v. 27.06.1978 - VI ZR 183/76 = NJW 1978, 2337, 2339.

[22] Vgl. BGH v. 11.05. 2006 - III ZR 205/05 = NJW-RR 2006, 1345, 1346; v. 14.07.2009 - XI ZR 152/08 = NJW 2009, 3429, 3432.

[23] Vgl. für das Arzthaftungsrecht BGH v. 09.11.1982 - VI ZR 23/81 = NJW 1983, 332; für das Kapitalanlagerecht vgl. BGH v. 24.01.2006 - XI ZR 320/04 = NJW 2006, 1429, 1430.

der Kapitalanlage könnte dieses Ergebnis aber – wegen der Kongruenzen der Dokumentationspflichten und deren inhaltlich gleichlaufenden Zwecke – korrekturbedürftig sein.

B. Eingrenzung des Untersuchungsgegenstands und Gang der Untersuchung

Nach § 630f BGB ist „der Behandelnde" zur Dokumentation verpflichtet. Der Begriff des „Behandelnden" wird relativ weit verstanden, so dass darunter nicht nur Ärzte fallen.[24] Wegen der Vielzahl an Entscheidungen zur ärztlichen Behandlung und Dokumentation und der geradezu exemplarischen Rolle des Arztes als Behandler wird jedoch im Folgenden schwerpunktmäßig der Arzt Gegenstand der Betrachtung sein. Selbstverständlich sind die Ergebnisse aber auf sämtliche Berufsgruppen, die unter den Begriff des „Behandelnden" fallen, anwendbar.

Auf Seiten des Kapitalanlagerechts sollen lediglich die Dokumentationspflichten von WpDU im Rahmen einer Kapitalanlageberatung gegenüber Privatanlegern Gegenstand der vorliegenden Arbeit sein. Dokumentationspflichten im Rahmen der Anlageberatung nach § 34f GewO und der diesen konkretisierenden Finanzanlagenvermittlungsverordnung (FinVermV) werden daher nicht berücksichtigt, da WpDU nicht dem Anwendungsbereich der GewO unterliegen. Der Begriff des Wertpapierdienstleistungsunternehmens ist in § 2 Abs. 10 WpHG n.F. legal definiert. Ausgenommen von den Dokumentationspflichten sind damit sog. Finanzanlagenvermittler und freie Anlageberater, welche ausschließlich Anlageberatung und –vermittlung über bestimmte Anlagen in Investmentvermögen nach dem KAGB oder Vermögenswerten nach dem VermAnlG betreiben. Diese werden von der Bereichsausnahme des § 3 Abs. 1 Nr. 6 und 7 WpHG n.F. erfasst und sind daher nicht als WpDU anzusehen. Ebenso wenig sind nach § 3 Abs. 1 Nr. 11 WpHG n.F. Family Offices und M&A-Berater zur Dokumentation einer Anlageberatung verpflichtet, soweit die Anlageberatung im Rahmen einer anderen beruflichen Tätigkeit erbracht wird und nicht gesondert vergütet wird. Vertraglich gebundene Vermittler sind nach § 3 Abs. 2 WpHG n.F. ebenfalls keine WpDU und damit grundsätzlich auch nicht unmittelbar protokollpflichtig. Allerdings werden diese regelmäßig als Erfüllungsgehilfen der WpDU tätig,[25] sodass im Ergebnis doch eine Dokumentationspflicht für deren Anlageberatungstätigkeit besteht.[26]

---

[24] BT-Drucks. 17/10488, S. 18 zum Begriff des Behandlers, der u.a. auch (Zahn-)Ärzte, Psychologische Psychotherapeuten, Kinder- und Jugendpsychotherapeuten, Heilpraktiker und Angehörige anderer Heilberufe umfasst, soweit deren Ausbildung nach Art. 74 I Nr. 19 GG durch Bundesgesetz geregelt ist (Hebammen, Masseure, medizinische Bademeister, Ergotherapeuten, Logopäden, Physiotherapeuten, etc.).

[25] Möllers in KölnKomm-WpHG, § 34 Rn. 79; Voß in Just/Voß/Ritz/Becker, § 34 WpHG Rn. 50; Balzer/Loy in Ellenberger/Schäfer/Clouth/Lang (4. Aufl.), Rn. 1319; Pfeifer, BKR 2009, 435, 437.

[26] Möllers in KölnKomm-WpHG, § 34 Rn. 79; Balzer/Loy in Ellenberger/Schäfer/Clouth/Lang (4. Aufl.), Rn. 1319; Koller in Assmann/Schneider, § 34 WpHG Rn. 11; Schäfer in FS Hopt (2010), 2427, 2431; auf den Vermittler als Protokollpflichtigen abstellend Pfeifer, BKR 2009, 435, 437.

Die vorliegende Arbeit beschäftigt sich ausschließlich mit der zivilrechtlichen Seite der Dokumentationspflichten und deren Rechtsfolgen in einem Zivilprozess. Die straf- und öffentlich-rechtlichen Rechtsfolgen werden im Kapitel zur Haftung für Dokumentationspflichtverletzungen kurz angeschnitten, jedoch nur soweit dies für den Kontext der zivilrechtlichen Haftung notwendig und für das Gesamtverständnis von Interesse ist.

Die Untersuchung geht zunächst auf die jeweiligen Dokumentationspflichten ein. In Kapitel 1 wird die ärztliche Dokumentationspflicht beleuchtet mit einem Schwerpunkt auf der Frage nach ihren Zwecken und den Folgen für ihren Umfang. In Kapitel 2 steht die Dokumentationspflicht von WpDU im Fokus, hierbei liegt der Fokus auf der Rechtsnatur der aktuellen WpHG-Vorschriften, bei deren Auslegung aber die vergangenen Fassungen des WpHG sowie die zugrunde liegenden europäischen Richtlinien und bereits ergangene Rechtsprechung besondere Berücksichtigung finden. Kapitel 3 widmet sich sodann der materiellrechtlichen Haftung für einen Dokumentationsfehler. Hierbei wird der Dokumentationsfehler zunächst definiert und im Anschluss untersucht, ob eine vertragliche oder deliktsrechtliche Haftung für eine Dokumentationspflichtverletzung besteht. Einen besonderen Schwerpunkt bildet dabei die Frage nach der Dokumentationspflicht als einer „echten" Pflicht oder möglicherweise lediglich als Obliegenheit. In Kapitel 4 werden anschließend die prozessrechtlichen Rechtsfolgen eines Dokumentationsfehlers untersucht, insbesondere die Reichweite von § 630h Abs. 3 BGB und die Frage nach einer analogen Anwendung desselben auf das Kapitalanlagerecht sowie einer möglichen Beweisvereitelung seitens des WpDU. Kapitel 5 beleuchtet schließlich die Frage, welche Schadensposten im Rahmen der Haftungsausfüllung – soweit man eine materiellrechtliche Haftung für den Dokumentationsfehler bejaht – ersatzpflichtig sind.

Am Ende eines jeden Kapitels werden die gefundenen Ergebnisse in Thesen zusammengefasst dargestellt. Am Ende der Untersuchung werden die Ergebnisse zudem in ein abschließendes Fazit überführt.

Kapitel 1. DIE DOKUMENTATIONSPFLICHT DES ARZTES

A. Historische Entwicklung und gesetzliche Normierung der ärztlichen Dokumentationspflicht

I. Rechtslage vor Inkrafttreten des PatRG

In den 1960er Jahren wurden die Aufzeichnungen des Arztes in der höchstrichterlichen Rechtsprechung noch als dessen lediglich interne Gedächtnisstützen verstanden. Diese waren zwar auch zur Weitergabe unter Behandlern bestimmt, ein Herausgabeanspruch des Patienten bestand diesbezüglich jedoch nicht.[27] Zur Begründung wurde auf die ärztliche Berufsauffassung verwiesen, die vorsah, dass ärztliche Aufzeichnungen, Krankenblätter, Sektionsbefunde, Röntgenaufnahmen und andere Untersuchungsbefunde in der Regel nur in Verbindung mit der Erstattung eines Berichtes oder der Anfertigung eines Gutachtens herausgegeben werden sollten.[28] Es sei außerdem davon auszugehen, dass der Patient nicht die notwendigen Fachkenntnisse zur richtigen Deutung der Unterlagen besitze. Im Übrigen könnten sich aus den Aufzeichnungen Anzeichen auf einen Befund oder Befundverdacht ergeben, deren Offenbarung möglicherweise ärztlich nicht zu vertreten sei.[29] Trotzdem verwies der BGH in der Folgezeit immer wieder auf die Möglichkeit einer „Beweiserleichterung bis hin zur Umkehr der Beweislast“[30] zugunsten des Patienten, falls das Krankenblatt zu einer wichtigen Frage keine Eintragungen enthielt.

Mit der Begründung, dass „diese Bewertung einer überholten ärztlichen Berufsauffassung unangemessen Raum zugesteht“ wurde die in den 1960er Jahren vertretene Auffassung dann in einer Entscheidung des BGH vom 27.06.1978 explizit verworfen.[31] Die Führung ordnungsgemäßer Krankenunterlagen wurde nun als „eine dem Arzt dem Patienten gegenüber obliegende Pflicht“ eingeordnet, welche sich letztendlich nur aus der „selbstverständlichen therapeutischen Pflicht gegenüber dem Patienten“ ergeben könne.[32] Damit wurde deutlich klargestellt, dass eine Pflicht des Arztes zu vollständiger und ordentlicher Dokumentation auch dem Patienten gegenüber besteht.

---

[27] BGH v. 06.11.1962 - VI ZR 29/62 = NJW 1963, 389.

[28] BGH v. 06.11.1962 - VI ZR 29/62 = NJW 1963, 389.

[29] BGH v. 06.11.1962 - VI ZR 29/62 = NJW 1963, 389.

[30] BGH v. 16.05.1972 - VI ZR 7/71 = NJW 1972, 1520.

[31] BGH v. 27.06.1978 - VI ZR 183/76 = NJW 1978, 2337, 2338.

[32] BGH v. 27.06.1978 - VI ZR 183/76 = NJW 1978, 2337, 2338.

S. N. Grimm, *Der Dokumentationsfehler im Medizin- und Kapitalanlagerecht*,
Schriften zum Stiftungs- und Gemeinnützigkeitsrecht,
https://doi.org/10.1007/978-3-658-50384-0_2

II. Rechtslage seit Inkrafttreten des PatRG[33] (2013)

Die Dokumentationspflicht ist heute noch immer als Berufspflicht in § 10 MBO-Ä verankert. Zugleich besteht heutzutage allerdings auch eine zivilrechtliche Dokumentationspflicht des Arztes, welche ihren normativen Anknüpfungspunkt in § 630f Abs. 1 und Abs. 2 BGB findet. Die Norm wurde im Jahr 2013 durch das PatRG geschaffen. Dabei wurde größtenteils die Rechtslage, die maßgeblich durch die bisher ergangene Rechtsprechung zur Dokumentationspflicht des Arztes geprägt war, in das BGB inkorporiert.[34] Nach § 630f Abs. 1 S. 1 BGB ist der Behandelnde verpflichtet, eine Patientenakte anzulegen und diese fortzuführen. Diese Pflicht ist vertraglich und deliktsrechtlich geschuldet und folgt außerdem aus dem Persönlichkeitsrecht des Patienten.[35] Die Pflicht zur Dokumentation kann sowohl auf elektronischem Wege als auch durch die Führung als Papierdokumentation erfüllt werden. § 630f Abs. 2 BGB enthält konkrete Vorgaben zu Inhalt und Umfang der Dokumentation: Aufzuzeichnen sind „sämtliche aus fachlicher Sicht für die derzeitige und künftige Behandlung wesentlichen Maßnahmen und deren Ergebnisse“, außerdem „Einwilligungen und Aufklärungen“ sowie Arztbriefe. Die Aufzählung in § 630f Abs. 2 der „Diagnosen, Untersuchungen, Untersuchungsergebnisse, Befunde und ihrer Wirkungen sowie Eingriffe und ihrer Wirkungen“ ist dabei allerdings lediglich exemplarisch und nicht abschließend.[36]

Thematisch zur Dokumentationspflicht gehörtebenfalls die zeitlich nachfolgende Pflicht zur Aufbewahrung der Dokumentation. § 630f Abs. 3 BGB legt hierzu einen Mindestzeitraum von 10 Jahren fest.[37] Für einzelne Dokumente kann sogar eine Aufbewahrungspflicht von bis zu 30 Jahren bestehen.[38]

Selbstverständlich, aber von § 630f Abs. 1 BGB dennoch aufgegriffen, muss die Dokumentation der Maßnahme inhaltlich korrekt sein. Dies geht deutlich aus § 630f Abs. 1 S. 2 BGB hervor, der die Möglichkeit von Änderungen der Dokumentation nur zulässt, falls diese im Nachhinein erkennbar sind. Dadurch soll eine Fälschungssicherheit der Patientenakte erreicht werden, um so die inhaltliche Richtigkeit der Aufzeichnungen sicherzustellen.[39]

---

[33] Gesetz zur Verbesserung der Rechte von Patientinnen und Patienten.

[34] Krit. *Mäsch*, NJW 2013, 1354, 1355; *Thurn*, MedR 2013, 153, 157 - „Es schadet nicht, es hilft nicht – es ist ein Placebo“.

[35] BT-Drucks 17/10488, S. 26.

[36] BT-Drucks. 17/10488, S. 26.

[37] Gleichlaufend insofern die Regelung in § 10 III MBO-Ä.

[38] Siehe z.B. §§ 28 Abs. 3 S. 1 RöntgVO, 42 Abs. 1 StrahlenschutzVO.

[39] BT-Drucks. 17/10488, S. 26.

B. Umfang der Dokumentation

I. Zwecke der Dokumentation als maßgebliches Kriterium für deren Umfang und Rechtslage vor Inkrafttreten des PatRG

Nach § 630f Abs. 2 BGB ist der Behandelnde verpflichtet, „sämtliche aus fachlicher Sicht für die derzeitige und künftige Behandlung wesentlichen Maßnahmen und deren Ergebnisse aufzuzeichnen, insbesondere die Anamnese, Diagnosen, Untersuchungen, Untersuchungsergebnisse, Befunde, Therapien und ihre Wirkungen, Eingriffe und ihre Wirkungen, Einwilligungen und Aufklärungen". Allerdings ist § 630f Abs. 2 BGB nicht abschließend, wie bereits der Wortlaut („insbesondere") nahelegt.[40] Der tatsächliche Umfang der Dokumentation ist vielmehr durch Auslegung zu ermitteln und orientiert sich maßgeblich an deren Zweck. Der Umfang der Dokumentation und die damit verbundene Frage, ob ein bestimmtes Ereignis dokumentationspflichtig ist, hängt also davon ab, welchen Zweck die Dokumentationspflicht verfolgt.[41]

II. Zwecke der Dokumentation vor Einführung des § 630f BGB

Die Rechtsprechung und die überwiegende Ansicht in der Literatur stellten in der Vergangenheit darauf ab, dass die Dokumentation vor allem dem therapeutischen Interesse des Patienten dienen sollte sowie der Sicherstellung einer ordnungsgemäßen Behandlung und Behandlungsfortführung in Bezug auf die Diagnose und Therapie.[42] Darüber hinaus bezweckte die Dokumentation die Rechenschaft des Arztes gegenüber dem Patienten über den Gang der Behandlung.[43] Es bestand allerdings weitgehende Einigkeit dahingehend, dass die Dokumentation nicht auch der späteren Rechtsverfolgung dienen sollte.[44] Der BGH prägte auf dieser Grundlage die Faustformel, dass solche Ereignisse, deren

---

[40] BT-Drucks. 17/10488, S. 26.

[41] *Wendt*, Die ärztliche Dokumentation, S. 211; *Katzenmeier* in Laufs/Katzenmeier/Lipp, Arztrecht, Kap. IX. Rn. 50 jeweils m.w.N.

[42] OLG Koblenz v. 15.01.2004 - 5 U 1145/03 = NJW-RR 2004, 410, 411; OLG Köln v. 02.05.2011 - 5 U 10/11 = BeckRS 2011, 18425; OLG München v. 10.02.2011 - 1 U 2382/10 = BeckRS 2011, 03804; OLG Jena v. 18.05.2005 - 4 U 641/04 = NJOZ 2005, 4626, 4631; OLG Oldenburg v. 03.11.1998 - 5 U 67/98 = NJW-RR 2000, 240; *Martis/Winkhart*, Arzthaftungsrecht, D 201; *Hausch*, VersR 2006, 612, 614; *Muschner*, VersR 2006, 621, 623; *Kern* in *Ratzel/Lissel*, HdB Medizinschadensrecht, § 6 Rn. 11, 18; *Frahm/Nixdorf/Walter*, Arzthaftungsrecht (5. Aufl.), Rn. 145 S. 157; jeweils m.w.N.

[43] BGH NJW 1978, 2337, 2338; v. 31.05.1983 - VI ZR 259/81 = NJW 1983, 2627, 2628; OLG Saarbrücken v. 10.06.1987 – 1 U 103/85 = VersR 1988, 916; *Schlund* in Laufs/Kern, HdB Arztrecht (4. Aufl. 2010), § 55 Rn. 6; *Peter*, Das Recht auf Einsicht in Krankenunterlagen, S. 79f.; *Wendt*, Die ärztliche Dokumentation, S. 218ff.; *Bartlakowski*, Behandlungsdokumentation, S. 59.

[44] BGH v. 24.01.1989 - VI ZR 170/88 = NJW 1989, 2330, 2331; *Kern* in Ratzel/Lissel, HdB Medizinschadensrecht, § 6 Rn. 12; *Frahm/Nixdorf/Walter*, Arzthaftungsrecht (5. Aufl.), Rn. 145 S. 157; *Greiner* in Spickhoff, Medizinrecht, §§ 823-839 BGB Rn. 219; *Martis/Winkhart*, Arzthaftungsrecht, D 201; OLG Oldenburg v. 03.11.1998 - 5 U 67/98 = NJW-RR

Aufzeichnung aus therapeutischen Gründen nicht angezeigt war, auch aus Rechtsgründen nicht dokumentiert werden mussten.[45]

Grund für die Einordnung war in erster Linie die Tatsache, dass mit der grundsätzlichen Bejahung eines Beweissicherungszwecks der Dokumentation auch eine massive Zunahme dokumentationspflichtiger Ereignisse verbunden gewesen wäre. Eine Erhöhung der Dokumentationsanforderungen bedeutet aber auch zwingend, dass in der Zeit, die für die Dokumentation aufgewandt werden muss, keine anderweitige Behandlung von Patienten erfolgen kann.[46] Dies sollte aus nachvollziehbaren Gründen vermieden werden: Es sei nicht primär Aufgabe des Arztes zu dokumentieren, sondern Behandlungen zu erbringen.[47] Im Übrigen könne der Arzt mangels juristischer Fachkenntnis gar nicht wissen, welche Ereignisse seinerseits für einen zukünftigen Prozess von Bedeutung sein können und daher möglicherweise aus Beweisgründen zu dokumentieren sind.[48] Die praktische Umsetzung eines Beweiszwecks der Dokumentation würde daher in einer derart rigorosen Form beinahe unlösbare praktische Herausforderungen mit sich bringen.

Dass nicht jeder noch so kleine am Patienten vorgenommene Handgriff dokumentiert werden kann und muss, gerade auch wenn eine Behandlung ohne nennenswerte Zwischenfälle abläuft, ist offensichtlich. Aus den vorgenannten Gründen, die vor allem praktischer Natur sind, aber der Dokumentationspflicht den Zweck der Beweissicherung generell abzusprechen, begegnet trotzdem großen Bedenken.[49] Bereits vor Erlass des PatRG fanden sich daher zahlreiche Autoren, die einen Beweissicherungszweck der ärztlichen Dokumentationspflicht bejahten.[50]

2000, 240; für die berufsrechtliche Pflicht zur Dokumentation aus § 10 MBO *Hennings* in Wenzel, Der Arzthaftungsprozess (1. Aufl.), Kap. 2 Rn. 89.

[45] BGH v. 06.07.1999 - VI ZR 290–98 = NJW 1999, 3408, 3409; v. 14.02.1995 - VI ZR 272/93 = NJW 1995, 1611; v. 23.03.1993 - VI ZR 26/92 = NJW 1993, 2375, 2376; OLG Brandenburg v. 05.04.2005 - 1 U 34/04 = NJOZ 2005, 2369, 2372; OLG Köln v. 02.05.2011 - 5 U 10/11 = BeckRS 2011, 18425; OLG München v. 10.02.2011 – 1 U 2382/10 = BeckRS 2011, 03804.

[46] *Sick*, Beweisrecht im Arzthaftpflichtprozeß, S. 185f.; *Hausch,* VersR 2006, 612, 617.

[47] Sehr plakativ formulierend *Hausch*, VersR 2006, 612ff.,"Vom therapierenden zum dokumentierenden Arzt".

[48] So der Einwand von *Fiekas*, Die Dokumentation, S. 86; *Spickhoff/Bleckwenn*, VersR 2013, 1350, 1351, 1352; *Muschner*, VersR 2006, 621, 623.

[49] *Schlund* in Laufs/Kern, HdB Arztrecht (4. Aufl. 2010), § 59 Rn. 5, 8 "Es erscheint lebensfremd, einer Dokumentationspflicht den Beweissicherungszweck abzusprechen".

[50] *Sick*, Beweisrecht im Arzthaftpflichtprozeß, S. 179; *Deutsch* in Heim, Haftpflichtfragen, S. 39, 40f.; *Uhlenbruck* in Laufs/Uhlenbruck, HdB Arztrecht (3. Aufl. 2002), § 59 Rn. 8; *v. Wallenberg*, Der zivilrechtliche Arzthaftungsprozess, S. 32; *Bender*, Das postmortale Einsichtsrecht in Krankenunterlagen, S. 98ff., 123; *ders.,* VersR 1997, 918, 926; *Peter,* Das

III. Beweissicherung als zusätzlicher Zweck des § 630f BGB seit dem PatRG

1. § 630f BGB als normativer Anknüpfungspunkt methodischer Untersuchungen

Auch nach der Verabschiedung des PatRG besteht ganz überwiegend Einigkeit dahingehend, dass die Dokumentation weiterhin die Sicherung der ordnungsgemäßen Behandlung und Weiterbehandlung und die Ablegung von Rechenschaft über den Gang der Behandlung gegenüber dem Patienten bezweckt.[51] Auch die Neufassung der Vorschriften zum Behandlungsvertrag konnte aber bereits bestehende Unsicherheiten, was einen möglichen Beweiszweck der Dokumentationspflicht betraf, nicht ausräumen. Zwar sollte mit der Inkorporierung in dasBGB hauptsächlich der geltenden Rechtsprechung ein normatives Kleid gegeben werden.[52] Allerdings wurden auch kleinere, als wünschenswert empfundene Änderungen gesetzlich normiert.[53] Dabei sollte gerade der neu geschaffene § 630f BGB allerdings nicht nur die bisher ergangene Rechtsprechung umsetzen, sondern an diese anknüpfen und diese fortentwickeln.[54] Durch die Neufassung der §§ 630a - 630h BGB bietet sich inzwischen die Möglichkeit, die Frage nach einem Beweiszweck der Dokumentationspflicht anhand der neu geschaffenen normativen Grundlage des § 630f BGB methodisch zu beantworten. Denn Sinn und Zweck einer Norm stehen nicht von vornherein fest, sondern sind unter Zuhilfenahme der anderen Auslegungsmethoden zu ermitteln.[55]

2. Wortlaut des § 630f BGB

Der Wortlaut des § 630f Abs. 1 und Abs. 2 BGB trifft über deren Zweck jedenfalls direkt keine Aussage. Es wird lediglich eine Dokumentation derjenigen Maßnahmen und Ergebnisse verlangt, die **für die derzeitige und künftige Behandlung wesentlich** sind. Die Rechtsprechung, welche mit Schaffung des Gesetzes inkorporiert werden sollte, stellte demgegenüber auf die **medizinische**

Recht auf Einsicht in Krankenunterlagen, S. 80ff.; *ders.*, NJW 1988, 751, 752; *Wendt*, Die ärztliche Dokumentation, S. 221 m.w.N.

[51] BT-Drucks. 17/10488, S. 25f.; statt aller *Glanzmann* in Bergmann/Pauge/Steinmeyer, § 630f BGB Rn. 3f.; *Spickhoff* in Spickhoff, Medizinrecht, § 630f BGB Rn. 1; *Wagner* in MüKo-BGB, § 630f BGB Rn. 1ff.; *Fiekas*, Die Dokumentation, S. 75ff.; *Franzki*, Der Behandlungsvertrag, S. 146f.; *Rosenberger* in FS Jaeger (2014), 97, 100f.

[52] *Deutsch*, NJW 2012, 2009, 2010; *Spickhoff*, VersR 2013, 267, 268; *Hart*, MedR 2013, 159; *Katzenmeier*, NJW 2013, 817, 822f.; *Mäsch*, NJW 2013, 1354, 1355; *Thole*, MedR 2013, 145; *Rehborn*, GesR 2013, 257; *Schneider*, JuS 2013, 104; *Thurn*, MedR 2013, 153f.

[53] So. z.B. die Dokumentationspflicht von Aufklärungen und Einwilligungen und das Gebot der Fälschungssicherheit der (elektronischen) Dokumentation, siehe noch unten en Detail unter Kapitel 1. B. III. 3. a und b.

[54] BT-Drucks. 17/10488, S. 25.

[55] *Zippelius*, Methodenlehre, S. 41f.

Gebotenheit oder Erforderlichkeit der Aufzeichnung ab.[56] *Reuter/Hahn* merken aber zu Recht an, dass aus diesem Unterschied wohl nicht zwingend auch auf eine inhaltliche Divergenz zwischen alter Rechtsprechungslinie und neu gesetztem Recht geschlossen werden kann, da die Aufzeichnung einer Maßnahme wohl immer auch medizinisch geboten sein wird, falls diese für die (künftige) Behandlung wesentlich ist.[57] Daher lässt allein der Unterschied zwischen dem Wortlaut von § 630f BGB und den zuvor durch die Rechtsprechung formulierten Kriterien nicht auf einen vom Gesetzgeber intendierten Beweissicherungszweck schließen.[58] *Kern* hingegen schließt aus dem Wortlaut des § 630f BGB, dass der Gesetzgeber durch das Fehlen des Beweissicherungszwecks im Wortlaut der Norm deutlich mache, dass eine Beweissicherung ausschließlich im therapeutisch gebotenen Umfang erfolgen könne.[59] Dagegen ist allerdings einzuwenden, dass auch andere Dokumentationspflichten, welche eindeutig dem Zweck der Beweissicherung dienen sollen, dies ebenfalls nicht explizit in ihrem Wortlaut widerspiegeln, so z.B. § 51b WPO, § 50 BRAO und §§ 6 Abs. 1, 61 Abs. 1 S. 2 VVG.[60] Darüber hinaus wird auch die Rechenschaftslegung als Zweck der Behandlungsdokumentation anerkannt,[61] obwohl diese ebenfalls keinen unmittelbaren Anknüpfungspunkt in § 630f BGB findet. Im Ergebnis bleibt festzuhalten, dass der Wortlaut allein keine Antwort auf die Frage des Zwecks der Dokumentation liefern kann.

---

[56] BGH v. 23.03.1993 - VI ZR 26/92 = NJW 1993, 2375, 2376; v. 14.02.1995 - VI ZR 272/93 = NJW 1995, 1611; OLG Saarbrücken v. 08.11.2006 - 1 U 582/05 = NJOZ 2007, 963, 965 dies ebenfalls erkennend *Reuter/Hahn*, VuR 2012, 247, 254, mit Recht auch auf BGH v. 24.01.1989 - VI ZR 170/88 = NJW 1989, 2330, 2331 verweisend, wonach „nur die für die ärztliche Diagnose und die Therapie wesentlichen medizinischen Fakten" aufzuzeichnen sind; ohne Bezugnahme auf eine explizite Rechtsprechungslinie leider BT-Drucks. 17/10488, S. 26f.

[57] *Reuter/Hahn*, VuR 2012, 247, 254.

[58] *Reuter/Hahn*, VuR 2012, 247, 254.

[59] *Kern* in Ratzel/Lissel, HdB Medizinschadensrecht, § 6 Rn. 14.

[60] Für **§ 51b WPO** IDW-PS 460 n.F. Rn. 8; *Batz* in Hense/Ulrich, § 51b WPO Rn. 7; für **§ 50 BRAO** *Nöker*in Feuerich/Weyland, § 50 BRAO Rn. 2; *Günther* in BeckOK-BORA, § 50 BRAO Rn. 8; *Offermann-Burckart* in Henssler/Prütting, § 50 BRAO Rn. 4; *Scharmer* in *Peitscher*, § 50 BRAO Rn. 7; für **§§ 6, 61 VVG** *C. Schneider* in Staudinger/Halm/Wendt, § 6 VVG Rn. 43; *Rudy* in Prölss/Martin, § 6 VVG Rn. 34; *Armbrüster* in MüKo-VVG, § 6 VVG Rn. 120; *Münkel* in Rüffer/Halbach/Schimikowski, § 6 VVG Rn. 57; *Reiff* in MüKo-VVG, § 61 VVG Rn. 28; *Baumann* in Staudinger/Halm/Wendt, § 61 VVG Rn. 20.

[61] BGH NJW 1978, 2337, 2338; v. 31.05.1983 - VI ZR 259/81 = NJW 1983, 2627, 2628; OLG Saarbrücken v. 10.06.1987 – 1 U 103/85 = VersR 1988, 916; *Schlund* in Laufs/Kern, HdB Arztrecht (4. Aufl. 2010), § 55 Rn. 6; *Peter*, Das Recht auf Einsicht in Krankenunterlagen, S. 79f.; *Wendt*, Die ärztliche Dokumentation, S. 218ff.; *Bartlakowski*, Behandlungsdokumentation, S. 59.

3. Systematik

a. Dokumentation von Aufklärungen und Einwilligungen, § 630f Abs. 2 BGB

aa. Grundsätzliche Pflicht zur Dokumentation von Aufklärungen und Einwilligungen

§ 630f Abs. 2 BGB normiert explizit die Pflicht zur Dokumentation von Aufklärungen und Einwilligungen. Dies könnte vor allem aus Gründen der Beweissicherung erfolgen und damit für einen Beweissicherungszweck der Vorschrift sprechen.

In der Literatur wird teilweise vertreten, dass trotz des eindeutigen Wortlautes Aufklärungen und Einwilligungen nicht zu dokumentieren seien.[62] Im Ergebnis wird auf Basis des Wortlautes von § 630e Abs. 2 Nr. 1 BGB und der vor Erlass des PatRG ergangenen Rechtsprechung und Literatur - die eine Aufzeichnungspflicht von Aufklärungen in Zweifel zogen[63] - eine Auslegung des § 630f Abs. 2 BGB contra legem vertreten. Grundsätzlich gilt allerdings, dass das neue Gesetz eine vorrangig zu berücksichtigende Entscheidung des Gesetzgebers darstellt. Sollte dieses neue Gesetz nicht mit dem vorhandenen Rechtssystem übereinstimmen, so ist das System zu ändern, nicht aber das Gesetz aufzuheben.[64] Dies ist Ausprägung des Grundsatzes „lex posterior derogat legi priori“:[65] Die Rechtsprechung, welche als „altes“ Richterrecht Geltung erlangte, muss dem seitens der Legislative neu geschaffenen Recht weichen.[66]

Von Teilen der Literatur wird allerdings in Zweifel gezogen, ob vom Gesetzgeber tatsächlich eine derartige Umsetzung gewollt war. Zentrales Argument dieser Kritiker ist, dass es sich bei der derzeitigen Fassung von § 630f BGB um ein Versehen des Gesetzgebers handle.[67] Diese Ansicht findet ihren Ursprung in einem bereits vor Erlass des PatRG diskutierten Streitpunkt: So war im Rahmen der alten Rechtslage umstritten, ob eine Aufklärung des Patienten aufzeichnungspflichtig war.[68] Gegen eine

---

[62] .*Martis/Winkhart,* Arzthaftungsrecht, D 392; P 66, 69; *Spindler* in BeckOK-BGB (37. Edition 2013), § 823 BGB Rn. 806; *Fiekas,* Die Dokumentation, S. 101.

[63] Vgl. BGH v. 08.01.1985 - VI ZR 15/83 = NJW 1985, 1399ff.

[64] *Pawlowski,* Methodenlehre, Rn. 160f.

[65] Lat. *„Das jüngere Gesetz hebt das ältere Gesetz auf“.*

[66] *Pawlowski,* Methodenlehre, Rn. 160f.

[67] *Martis/Winkhart,* Arzthaftungsrecht, Rn. D 392, D 201d.

[68] **Für eine Aufzeichnungspflicht** OLG Frankfurt v. 10.02.1981 - 22 U 213/79 = NJW 1981, 1322, 1323; *Katzenmeier* in Laufs/Katzenmeier/Lipp, Arztrecht (6. Aufl. 2009), Kap. IX. Rn. 51; *Schlund* in Laufs/Kern, HdB Arztrecht (4. Aufl. 2010), § 55 Rn. 9; *Kubella,* Patientenrechtegesetz, S. 166f.; *Peter,* Das Recht auf Einsicht in Krankenunterlagen, S. 123; *Schmidt-Beck,* Dokumentationspflichtverletzung, S. 83; **gegen eine Aufzeichnungspflicht** BGH v. 08.01.1985 – VI ZR 15/83 = NJW 1985, 1399; OLG Brandenburg v. 01.09.1999 - 1 U 3/99 = NJW-RR 2000, 398 ,400; *Bender,* VersR 1997, 918, 919;

Aufzeichnungspflicht von Aufklärungen und Einwilligungen spreche auch heute, dass die Durchführung eines Aufklärungsgesprächs nicht zu denjenigen Maßnahmen gehöre, die aus medizinischen Gründen geboten sei.[69] Es wird darauf verwiesen, dass nach § 630e Abs. 2 Nr. 1 BGB eine mündliche Aufklärung ausreichend sei,[70] in Einzelfällen reiche sogar eine fernmündliche Aufklärung aus.[71] Die entsprechenden Ausführungen in den Gesetzgebungsmaterialien, auf die sich diese Auffassung in der Literatur stützt, beziehen sich allerdings ausschließlich auf § 630e BGB. Die Aufklärung selbst soll demnach mündlich erfolgen und darf nicht durch die Übergabe eines Schriftstücks ersetzt werden. Diese Autoren lassen allerdings außer Acht, dass das Dokumentationserfordernis der Aufklärung selbstständig neben der Erforderlichkeit der mündlichen Aufklärung steht und sich nicht aus § 630e BGB, sondern aus § 630f Abs. 2 BGB ergibt. Die Aufklärung hat daher sowohl mündlich zu erfolgen (§ 630e Abs. 2 BGB), wie sie ebenfalls auch schriftlich festgehalten werden muss (§ 630f Abs. 2 BGB). Mit der Normierung der Pflicht zur Dokumentation von Aufklärungen und Einwilligungen nach § 630f Abs. 2 BGB wollte der Gesetzgeber daher - sofern man nicht bereits ein Dokumentationserfordernis nach alter Rechtslage bejahte - das bisherige Pflichtenprogramm erweitern.[72]

Dagegen wird eingewandt, dass der Gesetzgeber lediglich die bisherige Rechtsprechung habe kodifizieren wollen und nicht im Hinblick auf § 630h Abs. 3 BGB die Position des Behandlers habe schwächen wollen.[73] Diese Aussage ist der Gesetzesbegründung allerdings nicht zweifelsfrei zu entnehmen: Zwar sollten demnach „die bisher entwickelten *Grundsätze* des Arzthaftungs- und

---

Muschner, VersR 2006, 621, 622; *Spindler* in BeckOK-BGB (37. Edition 2013), § 823 BGB Rn. 806; *Martis/Winkhart*, Arzthaftungsrecht (4. Aufl.), Rn. D 392.

[69] *Martis/Winkhart*, Arzthaftungsrecht, Rn. D 392, D 201; *Fiekas*, Die Dokumentation, S. 101.

[70] *Martis/Winkhart*, Arzthaftungsrecht, Rn. D 209f..

[71] *Martis/Winkhart*, Arzthaftungsrecht (4. Aufl.), Rn. A 2279b mit Verweis auf BGH v. 15.06.2010 - VI ZR 204/09 = NJW 2010, 2430ff.

[72] *Mansel* in Jauernig, § 630f BGB Rn. 4; *Glanzmann* in Bergmann/Pauge/Steinmeyer, § 630f BGB Rn. 9, 16; *Schneider* in Prütting/Wegen/Weinreich, § 630f BGB Rn. 4; *Katzenmeier* in Laufs/Katzenmeier/Lipp, Arztrecht, Kap. IX Rn. 51; *Frahm/ Walter*, Arzthaftungsrecht, Rn. 299; *Rehborn*, MDR 2013, 565, 566 und *Rehborn/Gescher* in Erman, § 630f BGB Rn. 11 einschränkend dahingehend, dass die Aufzeichnung der Aufklärungen und Einwilligungen trotzdem aus fachlicher Sicht notwendig erscheinen müssen, so auch *Greiner* in Geiß/Greiner, Arzthaftpflichtrecht, Kap. B. Rn. 205 („Wie bislang genügt daher der entsprechende Vermerk, welcher Arzt wann mit dem Patienten das Aufklärungsgespräch geführt hat. Der Inhalt des Gesprächs kann auch anders und durch andere Beweismittel als die Dokumentation dargelegt werden [...]. Er muss insbesondere nicht dokumentiert werden"); die Pflicht anerkennend, diese allerdings als Obliegenheit des Arztes deutend *Spickhoff/Bleckwenn*, VersR 2013, 1350, 1354, 1355; zurückhaltend eine Rechtsänderung betreffend *Reuter/Hahn*, VuR 2012, 247, 254.

[73] *Martis/Winkhart*, Arzthaftungsrecht, D 201d.

Behandlungsrechts […] kodifiziert" werden.[74] Die Formulierung ist allerdings im Kontext der Gesamtstellungnahme zu lesen. Die entsprechende Passage stellt lediglich klar, dass ganz grundlegende Veränderungen durch die Kodifikation nicht etabliert werden sollten.[75] Auch wird nur in den Ausführungen zu § 630f Abs. 1 und Abs. 3 BGB darauf verwiesen, dass mit der Regelung an die bisher ergangene Rechtsprechung des BGH angeknüpft und diese fortentwickelt werden soll.[76] Für § 630f Abs. 2 BGB fehlt ein solcher Verweis aber gerade. Insgesamt ist daher ein Wille des Gesetzgebers, sämtliche ergangene Rechtsprechung ohne Änderungen oder Ergänzungen umzusetzen, nicht zweifelsfrei ersichtlich. Es ist daher davon auszugehen, dass Aufklärungen und Einwilligungen, wie vom Wortlaut des § 630f Abs. 2 BGB vorgeschrieben, aufzuzeichnen sind.

bb. Folgen für die systematische Auslegung von § 630f Abs. 2 BGB

(1) Dokumentation von Aufklärungen und Einwilligungen zur Rechenschaftslegung

Fraglich ist, ob aus der Pflicht zur Aufzeichnung von Aufklärungen und Einwilligungen nach § 630f Abs. 2 BGB auch ein Beweissicherungszweck der Vorschrift abgeleitet werden kann. Einem therapeutischen Zweck dient die Dokumentation von Aufklärungen und Einwilligungen jedenfalls nicht.[77] Sinn und Zweck von § 630f Abs. 2 BGB ist aber auch die Wahrung der Persönlichkeitsrechte des Patienten und die daraus resultierende Pflicht zur Rechenschaftslegung des Arztes über den Gang der Behandlung.[78] Ausweislich der Gesetzesbegründung umfasst die Behandlung die Diagnose und die Therapie und damit sämtliche Maßnahmen und Eingriffe am Körper eines Menschen, um Krankheiten, Leiden, Körperschäden, körperliche Beschwerden oder seelische Störungen nicht krankhafter Natur zu verhüten, zu erkennen, zu heilen oder zu lindern.[79] Unter Rückgriff auf diese Definition wären sowohl die Aufklärung als auch die Einwilligung nicht aus Gründen der Rechenschaftslegung zu dokumentieren, da diese nicht die Behandlung i.e.S. betreffen. Allerdings ist bei der Ermittlung des vom Gesetzgeber Gewollten ebenfalls an die bereits ergangene Rechtsprechung anzuknüpfen.[80] Nach dieser sollte den Arzt eine Rechenschaftspflicht treffen, ähnlich derjenigen, die bei der Verwaltung

---

[74] BT-Drucks. 17/10488, S. 9.

[75] BT-Drucks. 17/10488, S. 9 nennt beispielhaft für nicht gewollte Veränderungen weitergehende rechtspolitische Forderungen wie die „Bildung eines Entschädigungsfonds", die „Einführung einer Proportionalhaftung" oder die „Einführung weiterer Beweiserleichterungen auch für Fälle einfacher Behandlungsfehler".

[76] BT-Drucks. 17/10488, S. 25, 26.

[77] Für die Aufklärung explizit BGH v. 28.01.2014 – VI ZR 143/13 = NJW 2014, 1527, 1528 [Rn. 12]; *Greiner* in Geiß/Greiner, Arzthaftpflichtrecht (6. Aufl.), Kap. C. Rn. 134.

[78] Vgl. oben unter Kapitel 1. B. III. 1.

[79] BT-Drucks. 17/10488, S. 25.

[80] BT-Drucks. 17/10488, S. 25.

fremden Vermögens anerkannt ist.[81] Eine solche Rechenschaftslegung ist grundsätzlich darauf ausgerichtet, dem Rechenschaftsberechtigten einen Gesamtbericht über die Ausführung des zugrunde liegenden Vertrags zukommen zu lassen.[82] Richtigerweise ist die Äußerung des Gesetzgebers „Rechenschaft über den Gang der Behandlung zu geben“[83] daher so zu lesen, dass dem Patienten Rechenschaft über die Erfüllung des Behandlungsvertrages abgelegt werden muss. Und sowohl die Aufklärung des Patienten als auch die Einholung der Einwilligung im Vorfeld eines Eingriffs sind vom Arzt vertraglich geschuldet.[84] Dies bedeutet freilich noch nicht, dass damit über jede Handlung, die zur Erfüllung des Behandlungsvertrages vorgenommen wird, auch Rechenschaft abgelegt werden müsste.[85] Jedenfalls für die eigens in §§ 630d, 630e BGB normierten Pflichten zur Aufklärung und Einholung von Einwilligungen muss dies allerdings gelten. Dafür spricht auch, dass deren Aufzeichnung vom Wortlaut des § 630f Abs. 2 BGB – wohl wegen der damit bezweckten Rechenschaftslegung – ebenfalls vorgeschrieben ist. Die Dokumentation der Aufklärung und der Einwilligung kann daher bereits aus dem Zweck der Rechenschaftslegung heraus begründet werden.

(2) Beweissicherung als Teilaspekt der Rechenschaftslegung

Grundsätzlich bleibt damit festzuhalten, dass die ärztliche Dokumentation, welche unter dem Gesichtspunkt der Rechenschaftslegung angefertigt wird, immer auch der Kontrolle des Arztes durch den Patienten dient,[86] und dass auch Aufklärungen und Einwilligungen unter diesem Aspekt aufzuzeichnen sind.

Allerdings ist nicht zu verkennen, dass die Rechenschaftspflicht des Arztes untrennbar mit der Beweissicherung verbunden ist: Die Rechenschaftspflicht des Arztes ist mit derjenigen vergleichbar,

---

[81] BGH v. 27.06.1978 - VI ZR 183/76 = NJW 1978, 2337, 2338 und BGH v. 23.11.1982 - VI ZR 222/79 = NJW 1983, 328, 329.

[82] BGH v. 30.11.1989 - III ZR 112/88 = NJW 1990, 510, 511; *Martinek/Omlor* in Staudinger, § 666 BGB Rn. 12; *Seiler* in MüKo-BGB (6. Aufl. 2012), § 666 BGB Rn. 8; *Mansel* in Jauernig, § 666 BGB Rn. 4.

[83] BT-Drucks. 17/10488, S. 26.

[84] Zur Einholung der **Einwilligung:** BT-Drucks. 17/10488, S. 23; *Wagner* in MüKo-BGB, § 630d BGB Rn. 2; *Katzenmeier* in BeckOK-BGB, § 630d BGB Rn. 1; *Weidenkaff* in Grüneberg, § 630d BGB Rn. 2; *Jung/Lichtschlag-Traut/Ratzel* in Ratzel/Luxenburger, HdB Medizinrecht, Kap. 14 Rn. 130; zur **Aufklärung**: BGH v. 07.11.2006 - VI ZR 206/05 = NJW-RR 2007, 310f.; v. 28.02.1984 - VI ZR 70/82 = NJW 1984, 1807, 1808f.; *Weidenkaff* in Grüneberg, § 630e BGB Rn. 1; *Mansel* in Jauernig, § 630e BGB Rn. 1; *Uphoff/Hindemith* in Ratzel/Lissel, HdB Medizinschadensrecht, § 4 Rn. 1ff.; *Greiner* in Geiß/Greiner, Arzthaftpflichtrecht, Kap. C. Rn. 1.

[85] Vgl. dazu im Detail unter Kapitel 1. B. IV. 2. b.

[86] *Katzenmeier* in BeckOK-BGB, § 630f BGB Rn. 4; *Rosenberger* in FS Jaeger (2014), 97, 101; *Wasserburg*, NJW 1980, 617; *Nüßgens* in FS Boujong (1996), 831, 834.

die einen Verwalter fremden Vermögens trifft.[87] Im Rahmen von dessen Pflicht zur Rechenschaftslegung sind einige Grundsätze anerkannt, die wegen einer Gleichstellung der Pflichten auch für die ärztliche Rechenschaftslegungspflicht Geltung beanspruchen müssen: Eine Rechenschaftslegung muss grundsätzlich richtig, vollständig, verständlich und nachprüfbar sein.[88] Sie muss dem Berechtigten die Kontrolle ihrer Richtigkeit erlauben.[89] Der Rechenschaftspflichtige muss daher auch einen Nachweis seiner Darlegungen gegenüber dem Rechenschaftsberechtigten erbringen.[90] Der Rechenschaftspflichtige ist dem Rechenschaftsberechtigten also stets auch zur Schaffung und Vorlage von Beweisen für den Umgang mit dessen Rechtsgut verpflichtet. Darüber hinaus dient eine Rechenschaftslegung auch immer der Prüfung, ob Ansprüche des Rechenschaftsberechtigten gegen den Rechenschaftspflichtigen bestehen.[91] Im Ergebnis ist daher mit der Rechenschaftspflicht jedenfalls auch eine Pflicht zur Beweissicherung gegenüber dem Rechenschaftsberechtigten verbunden. Der Zweck der Rechenschaftslegung erschöpft sich darin allerdings nicht.

Denn neben der Prüfung, ob Ansprüche gegen den Rechenschaftsverpflichteten bestehen, besitzt der Rechenschafsberechtigte regelmäßig ein Interesse an der Durchsetzung dieser Ansprüche. Die Rechenschaftslegung dient daher auch der Beweissicherung zur Durchsetzung der Ansprüche des Rechenschaftsberechtigten.[92] Mit der Rechenschaftspflicht ist daher regelmäßig auch eine gleichlaufende Beweissicherungspflicht des Rechenschaftsverpflichteten verbunden.

Ein Blick in die Praxis zeigt die Richtigkeit dieser Überlegungen: Im Fall des Vorwurfs einer Aufklärungspflichtverletzung oder eines Behandlungsfehlers ist die Dokumentation als gerichtlich verwertbares Beweismittel essentiell. Der häufigste Fall, in dem Einblick in die Dokumentation genommen wird, ist daher nicht das reine Interesse des Patienten, wie mit seiner Gesundheit

---

[87] BGH v. 27.06.1978 - VI ZR 183/76 = NJW 1978, 2337, 2338 und BGH v. 23.11.1982 - VI ZR 222/79 = NJW 1983, 328, 329.

[88] BGH v. 16. 7. 2008 - VIII ZR 348/06 = NJW 2008, 3055, 3058; v. 07.12.1995 - III ZR 81/95 = NJW 1996, 656f; v. 30. .11.1989 – III ZR 112/88 [Rz. 23] –, juris; *Beuthien* in Soergel, § 666 BGB Rn. 11; *Berger* in Erman, § 666 BGB Rn. 15.

[89] RG v. 09.01.1903 – III 316/02 = RGZ 53, 252, 254; v. 19.10.1920 – II 199/20 = RGZ 100, 150, 151f.; v. 12.02.1930 – I 171/29 = RGZ 127, 243, 244f.; *Berger* in Erman, § 666 BGB Rn. 15; *Martinek/Omlor* in Staudinger, § 666 BGB Rn. 14; *Riesenhuber* in BeckOGK, § 666 Rn. 2; *Schäfer* in MüKo-BGB, § 666 BGB Rn. 29.

[90] *Schwab* in Dauner-Lieb/Langen, § 666 BGB Rn. 5.

[91] RG v. 09.01.1903 – III 316/02 = RGZ 53, 252, 254; v. 19.10.1920 – II 199/20 = RGZ 100, 150, 151f.; v. 12.02.1930 – I 171/29 = RGZ 127, 243, 244f.; *Martinek/Omlor* in Staudinger, § 666 BGB Rn. 14; *Berger* in Erman, § 666 BGB Rn. 15; *Schäfer* in MüKo-BGB, § 666 BGB Rn. 1.

[92] BGH v. 03.02.1987 - VI ZR 56/86 = NJW 1987, 1482, 1483; *Mathies,* JZ 1986, 959, 961; *Peter*, Das Recht auf Einsicht in Krankenunterlagen, S. 80ff.; *Glanzmann* in Bergmann/Pauge/Steinmeyer, §§ 286, 287 ZPO Rn. 45.

umgegangen wurde und wie dessen Gesundheitszustand eingeschätzt wird,[93] sondern die Prüfung von Haftungsansprüchen gegen den behandelnden Arzt, nachdem eine Behandlung nicht wie erwünscht verlaufen ist.

Darüber hinaus sind in der Praxis weitere Situationen denkbar, in welchen die Funktion der Beweissicherung im Vordergrund steht und die Funktion der Rechnungslegung nur noch eine sehr untergeordnete Rolle spielt, so z.B. falls der Patient sich an den Verlauf der Behandlung und den Inhalt der Aufklärung oder der Einwilligung erinnert. In diesem Fall bedarf es keiner Rechenschaftslegung gegenüber dem Patienten, da er über den Gang der Behandlung bereits Kenntnis besitzt. Allein die Frage, ob er die Tatsachen, an welche er sich erinnert, auch wird beweisen können, ist in diesem Moment für ihn von Bedeutung. Eine ähnliche Situation ergibt sich, falls der Arzt bei der Frage, ob eine Aufklärung oder Einwilligung stattgefunden hat, die Führung des Hauptbeweises auf anderem Wege als durch Vorlage der Dokumentation erbracht hat. In diesem Fall ist die Vorlage der Dokumentation der Aufklärung oder Einwilligung die einzige Möglichkeit des Patienten, eine Aufklärungspflichtverletzung des Arztes nachzuweisen. In den genannten Situationen überwiegt der Beweisaspekt der Dokumentation. Im Ergebnis bezweckt die Dokumentation von Aufklärungen und Einwilligungen daher sowohl die Rechenschaftslegung gegenüber diesem, wie auch die Sicherung von Beweisen für einen Haftpflichtprozess.

b. Fälschungssicherheit von Aufzeichnungen, § 630f Abs. 1 Satz 2 und Satz 3 BGB

§ 630 Abs. 1 S. 2 und S. 3 BGB schreiben vor, dass Änderungen der Dokumentation erkennbar sein müssen und der vorherige Inhalt erkennbar bleibt, insbesondere bei der elektronischen Dokumentation.

Zweck der Vorschrift ist nach dem Willen des Gesetzgebers, eine fälschungssichere Organisation der Dokumentation sicherzustellen.[94] In Anlehnung an die Grundsätze ordnungsgemäßer Buchführung nach § 239 Abs. 3 HGB und § 146 Abs. 4 AO soll die „Beweissicherungsfunktion der Patientenakte“ gewährleistet werden.[95] Die Norm begegnet damit einer gelegentlichen Praxis, die Dokumentation für forensische Zwecke nachzubessern.[96] Schon der BGH hatte angedeutet, dass ein nachträgliches „ins Reine Schreiben“ den Verdacht der Vertuschung begründe.[97] Die Existenz der Vorschrift spricht damit ebenfalls dafür, der Dokumentation auch den Zweck der Beweissicherung zuzuerkennen. Es ist nicht

93 In diesem Sinne wohl aber BT-Drucks. 17/10488, S. 26.

94 BT-Drucks. 17/10488, S. 26.

95 BT-Drucks. 17/10488, S. 26.

96 *Mansel* in Jauernig, § 630f BGB Rn. 5; *Franzki*, Der Behandlungsvertrag, S. 149; *Spickhoff*, ZRP 2012, 65, 68.

97 BGH v. 27.06.1978 - VI ZR 183/76 = NJW 1978, 2337, 2339.

ersichtlich, warum zum Zwecke der fachgerechten Weiterbehandlung oder des Schutzes des allgemeinen Persönlichkeitsrechts eine Änderung der Dokumentation erkennbar sein müsste. Sowohl die fachgerechte Weiterbehandlung und die damit verbundene Genesung des Patienten als auch die Ablegung der Rechenschaft über den Behandlungsverlauf können losgelöst von der Erkennbarkeit von Änderungen in der Dokumentation erreicht werden. Zu fordern, dass nachträgliche Änderungen der Dokumentation erkennbar sein müssen, ist daher ausschließlich nachvollziehbar, falls die Dokumentation auch den Zweck der Herstellung und Aufbewahrung von Beweismitteln für einen etwaigen Haftungsprozess besitzt.[98]

4. Historische Auslegung von § 630f BGB

a. Gesetzgebungsmaterialien

Die Gesetzgebungsmaterialien zu § 630f BGB sind auf den ersten Blick uneindeutig: Der Gesetzgeber nennt als „Zweck" der Dokumentationspflicht, „durch die Aufzeichnung des Behandlungsgeschehens eine sachgerechte therapeutische Behandlung und Weiterbehandlung zu gewährleisten".[99] Weiterer „Zweck" der Dokumentationspflicht soll die „Wahrung der Persönlichkeitsrechte des Patienten" sein, „welche durch die Pflicht des Behandelnden, Rechenschaft über den Gang der Behandlung zu geben, erreicht wird".[100] Schließlich komme der Dokumentation eine „letzte Funktion" zu, namentlich diejenige der „faktischen Beweissicherung".[101]

Bereits aus dem Wortlaut der Begründung wird ersichtlich, dass der Gesetzgeber der Dokumentation für die Beweisführung zwar eine nicht unwesentliche Rolle zuerkannt hat. Allerdings wird in den Materialien nicht eindeutig vom „Zweck" der Beweissicherung gesprochen, sondern lediglich auf eine „Funktion" der Dokumentation abgestellt. Bereits dieser Unterschied ist bemerkenswert. Etymologisch betrachtet stammt das Wort „Zweck" vom „Ziel" ab,[102] während der Begriff „Funktion" eher mit dem Wort der „Verrichtung" oder „Tätigkeit" verwandt ist.[103] Der Schwerpunkt einer „Funktion" liegt daher

---

[98] *Wendt*, Die ärztliche Dokumentation, S. 221.

[99] BT-Drucks. 17/10488, S. 25.

[100] BT-Drucks. 17/10488, S. 26.

[101] BT-Drucks. 17/10488, S. 26.

[102] „Zweck" bezeichnete ursprünglich den Nagel in der Mitte einer Zielscheibe, im 15.Jh. entwickelte sich daraus das „Ziel" im Einzelnen siehe *Köbler*, Etymologisches Rechtswörterbuch, S. 482; *Seebold* in Kluge, Etymologisches Wörterbuch der deutschen Sprache, S. 1019; Duden, Herkunftswörterbuch, S. 951; *Pfeifer*, Etymologisches Wörterbuch des Deutschen, Band II, S. 1627, 1628.

[103] Urspr. vom lat. fungere, functio = (Dienst-)Verrichtung, (Amts-)Obliegenheit entlehnt, im Einzelnen siehe *Köbler*, Etymologisches Rechtswörterbuch, S. 140; *Seebold* in Kluge, Etymologisches Wörterbuch der deutschen Sprache, S. 324; Duden, Herkunftswörterbuch, S. 308; *Pfeifer*, Etymologisches Wörterbuch des Deutschen, Band I, S. 384, 385.

eher auf dem tatsächlichen Vollzug einer Aufgabe als in der Festlegung eines übergeordneten Ziels, welches durch einen darauf folgenden Vollzug erreicht werden soll. Dies würde gegen einen Beweiszweck des § 630f BGB sprechen. Allerdings wird in der heutigen sprachwissenschaftlichen Literatur die „Funktion“ als Synonym für den „Zweck“ angesehen,[104] so dass das auch hier letztlich keine Gewissheit in Bezug auf den tatsächlichen Willen des Gesetzgebers besteht.

Jedoch wird in der Regierungsbegründung der Begriff der „faktischen Beweissicherung“ verwendet,[105] was eher gegen einen „echten“ Beweissicherungszweck spricht. Vielmehr erscheint es so, als wollte der Gesetzgeber lediglich anerkennen, dass die Dokumentation, die ursprünglich zu einem anderen Zweck gefertigt wurde, auch als Beweismittel in einem etwaigen Haftungsprozess dienen kann. Insoweit läge kein Beweissicherungszweck des § 630f BGB vor, sondern lediglich eine „Reflexwirkung“, die auf einer Erfüllung der anderen beiden Zwecke beruht.[106]

Im Rahmen der Begründung zu § 630f Abs. 1 S. 2 BGB, welcher die Nachverfolgbarkeit von Änderungen in der Patientenakte anordnet und eine fälschungssichere Dokumentation sicherstellen soll, wird allerdings davon gesprochen, dass die „Beweissicherungsfunktion der Patientenakte“ gewährleistet werden sollte.[107] In diesem Zusammenhang wird auf die Vorbilder der Vorschrift, § 239 Abs. 3 HGB und § 146 Abs. 4 AO verwiesen. § 239 Abs. 3 HGB dient dazu, eine ordnungsgemäße Dokumentation nach § 238 HGB sicherzustellen. Diese Vorschrift soll dem Schutz der Gläubiger, der Gesellschafter, der Sicherung des Rechtsverkehrs und zugleich der Beweissicherung und der Selbstinformation dienen.[108] Dies würde wiederum für einen Beweissicherungszweck von § 630f BGB sprechen.

---

[104] Duden, Das Synonymwörterbuch (6. Aufl.), S. 413; *Kurz,* Das neue Wörterbuch der Synonyme, S. 171.

[105] BT-Drucks. 17/10488, S. 26.

[106] *Spickhoff/Bleckwenn,* VersR 2013, 1350, 1352; wegen des Begriffs der „faktischen Beweissicherung“ einen Beweissicherungszweck ablehnend *Katzenmeier*, NJW 2013, 817, 820f; *Frahm/ Walter*, Arzthaftungsrecht, Rn. 297; *Spickhoff/Bleckwenn*, VersR 2013, 1350, 1352; *Glanzmann* in Bergmann/Pauge/Steinmeyer, § 630f BGB Rn. 4; *Kern* in Ratzel/Lissel, HdB Medizinschadensrecht, § 6 Rn. 12; *Weidenkaff* in Grüneberg, § 630f BGB Rn. 1; **a.A.** *Franzki*, Der Behandlungsvertrag, S. 146; *Schlund* in Laufs/Kern, HdB Arztrecht (4. Aufl. 2010), § 55 Rn. 8; *Jung/Lichtschlag-Traut/Ratzel* in Ratzel/Luxenburger, HdB Medizinrecht, Kap. 14 Rn. 336 wohl ebenfalls *Mansel* in Jauernig, § 630f BGB Rn. 2 a.E.; unklar *Walter*, Patientenrechtegesetz, S. 215; zur alten Rechtslage *Strohmaier* VersR 1998, 416; *Groß* in FS Gerda Müller (2009), S. 227, 229.

[107] BT-Drucks. 17/10488, S. 26.

[108] *Kliem/Lewe* in BeBiKo, § 238 HGB Rn. 90; *Merk*in BeckOK-HGB, § 238 HGB Rn. 1; *Drüen* in Koller/Kindler/ Drüen, § 238 HGB Rn. 4; *Graf* in MüKo-BilR, § 238 HGB Rn. 2; *Ballwieser* in MüKo-HGB, § 238 HGB Rn. 1.

Ein weiteres Indiz dafür, dass die Dokumentation den Zweck der Beweissicherung erfüllen soll, liegt in dem Abschnitt der Regierungsbegründung zur Dauer der Aufbewahrung der Dokumentation: So muss die Dokumentation nicht nur so lange aufbewahrt werden, wie dies aus Gründen der sachgerechten (Weiter-)Behandlung erforderlich wäre, sondern „im Einzelfall“ auch, bis zivilrechtliche Haftungsansprüche verjährt sind.[109]

Teilweise wird in der Literatur aufgrund der Formulierungen des Gesetzgebers schlicht ein Beweiszweck der Dokumentation bejaht.[110] Dies lässt aber die sehr feinen Nuancen, die im Rahmen der Formulierungen des Gesetzgebers bestehen, unberücksichtigt. Das Zusammenspiel der Formulierungen lässt vielmehr erahnen, dass der Gesetzgeber den Beweissicherungszweck nicht ganz gleichberechtigt neben den anderen beiden Zwecken des § 630f BGB stehen lassen wollte. Es erscheint so, als wollte der Gesetzgeber die Beweissicherung als eine Art „sekundären“ Zweck verstanden wissen, scheute sich aber davor, eine exakte Einordnung vorzunehmen.[111]

b. Rechtsprechung und Literatur vor Erlass des PatRG

aa. Vorangegangene Rechtsprechung als Auslegungshilfe

Vor Erlass des PatRG und der Einführung des § 630f BGB wurde von der herrschenden Meinung angenommen, dass die Dokumentation gerade nicht der Beweissicherung dienen soll.[112] Da die Pflicht zur ärztlichen Dokumentation aber noch nicht kodifiziert war, konnte als Rechtsquelle lediglich bereits ergangene Rechtsprechung herangezogen werden.

Auch hier ist allerdings zunächst darauf zu verweisen, dass das neue Gesetz eine vorrangig zu berücksichtigende Entscheidung des Gesetzgebers darstellt und diese in der Form zu respektieren ist, dass im Zweifel das System anzupassen ist und nicht das Gesetz contra legem auszulegen ist.[113] Die alte Rechtsprechung, welche als Richterrecht Geltung erlangte, muss dem seitens der Legislative neu geschaffenen Recht weichen. Vorliegend ist die Konstellation freilich eine spezielle, da mit der neuen Rechtssetzung das alte Recht lediglich in eine andere Form, in die eines formellen Gesetzes, gegossen werden sollte.

---

[109] BT-Drucks. 17/10488, S. 26.

[110] *Franzki*, Der Behandlungsvertrag, S. 147; *K.Schmidt* in jurisPK-BGB (8. Aufl.), § 630f BGB Rn. 5, anders nun *Trost* in jurisPK-BGB, § 630f BGB Rn. 4.

[111] Den Begriff des „sekundären Zwecks“ ebenfalls verwendend *Mansel* in Jauernig, § 630f BGB Rn. 2 allerdings insofern widersprüchlich, als „faktische Beweissicherung“ und „Beweissicherungszweck“ nebeneinander genannt werden.

[112] Siehe oben Kapitel 1. B. II.

[113] Siehe oben Kapitel 1. B. III. 3. a. aa.

Gleichwohl kann aus der Formulierung in der Gesetzesbegründung, die Regelung des § 630f BGB solle „an die alte Rechtsprechung anknüpfen *und diese fortentwickeln*",[114] darauf geschlossen werden, dass eine 1:1-Umsetzung der bisher etablierten Rechtsprechung gerade nicht stattfinden sollte. Die vor Erlass des PatRG ergangene Rechtsprechung kann daher jedenfalls als Auslegungshilfe herangezogen werden. Allerdings kann auch dies nur insoweit gelten, wie mit der Auslegung nicht das vom Gesetzgeber geschaffene (neue) System in Frage gestellt wird.

bb. Auswertung und Bewertung der vorangegangenen Rechtsprechung

Die Rechtsprechung vor Erlass des PatRG war keinesfalls eindeutig, vielmehr divergierte sie in ihren Ausführungen je nach Gericht und Einzelfall. So wurde in einigen höchstrichterlichen Entscheidungen zwar erklärt, dass die Dokumentationspflicht „keinen unmittelbaren Sicherungszweck im Hinblick auf künftige Haftpflichtprozesse" verfolge[115] und sich nicht danach richte, „wie am besten Beweise für einen späteren Arzthaftungsprozeß zu sichern" seien.[116]

Allerdings äußerte sich der BGH bereits bei der Anerkennung der zivilrechtlichen Dokumentationspflicht nicht ganz eindeutig dahingehend, welchen genauen Zweck diese haben sollte. Schon im Jahr 1978 hatte das Gericht in seinen ersten Urteilen zur zivilrechtlichen Dokumentation vorsichtige Äußerungen in Richtung eines Beweiszwecks verlauten lassen. Im ersten Dokumentationsurteil führte der BGH aus, dass im Rahmen des Arzthaftungsprozesses „Beweisnöte auf beiden Seiten" bestünden.[117] Zur Wahrung der „Waffengleichheit" im Arzthaftungsprozess sei es erforderlich, „daß der Arzt dem klagenden Patienten Aufschluß über sein Vorgehen in dem Umfang gibt, in dem ihm dies ohne weiteres möglich ist, und insoweit auch zumutbare Beweise erbringt.[118] Dieser Beweispflicht genüge der Arzt „weithin durch Vorlage einer ordnungsmäßigen Dokumentation".[119] Es wurde also ein Anspruch auf Herausgabe der Dokumentation bejaht, um dem Patienten gerade die in einem Arzthaftungsprozess notwendigen Beweise an die Hand zu geben. Dies indiziert allerdings, dass die Dokumentation als Beweis in einem Prozess dienen und daher auch zu Beweiszwecken angefertigt werden sollte. In einem Urteil desselben Jahres, in welchem auch die Dokumentationspflicht zugunsten des Patienten erstmals explizit bejaht wurde, wurde diese dem Arzt

---

[114] BT-Drucks. 17/10488, S. 25.

[115] BGH v. 03.02.1987 - VI ZR 56/86 = NJW 1987, 1482, 1483.

[116] BGH v. 24.01.1989 - VI ZR 170/88 = NJW 1989, 2330, 2331.

[117] BGH v. 14.03.1978 - VI ZR 213/76 = NJW 1978, 1681, 1682 – „Dammschnitturteil".

[118] BGH v. 14.03.1978 - VI ZR 213/76 = NJW 1978, 1681, 1682 – „Dammschnitturteil".

[119] BGH v. 14.03.1978 - VI ZR 213/76 = NJW 1978, 1681, 1682 – „Dammschnitturteil".

unter Beweisaspekten auch „außerprozessual als eine Art Rechenschaftspflicht“ auferlegt, „ähnlich der, die bei der Verwaltung fremden *Vermögens* seit langem selbstverständlich ist“.[120] In derselben Entscheidung wurde von Seiten des BGH festgestellt, dass ein nachträgliches „Ins-Reine-Schreiben“ bei gleichzeitiger Vernichtung der Originalunterlagen den Verdacht einer Vertuschung begründe.[121] Auch diese Äußerung ist nur dann sinnvoll, wenn die Dokumentation auch der Sicherung der Beweisführung des Patienten dient. Denn für eine etwaige Weiterbehandlung oder die Wahrung der Persönlichkeitsrechte des Patienten ist es ohne Relevanz, wie oft die Aufzeichnungen übertragen und ins Reine geschrieben werden, solange gewährleistet ist, dass keine Information verloren geht.[122] Immer wieder wurde seitens der Rechtsprechung in der folgenden Zeit die Beweisrelevanz der Dokumentation betont. Im Jahr 1980 stellte der BGH beispielsweise darauf ab, dass „ein beweisrechtliches Gleichgewicht zwischen Arzt und Patient“ nur dadurch zu erreichen sei, dass „an die Dokumentationspflicht des Arztes keine zu geringen Anforderungen gestellt werden.“[123] Im Jahr 1988 wurde dem Einwand des beklagten Arztes, eine Dokumentation der Behandlungsmethode sei für eine sachgemäße Weiterbehandlung nicht erforderlich gewesen, vom OLG Saarbrücken[124] entgegnet, dass „die beweisrechtliche Bedeutung [...] der Dokumentationspflicht mit deren therapeutischer Bedeutung zur Sicherstellung einer sachgerechten (Weiter-)Behandlung des Patienten nichts zu tun“ habe. Noch deutlicher judizierte das OLG Koblenz[125] 1994 in Bezug auf die zeitliche Distanz zwischen Eingriff und Dokumentation. Es führte aus, dass „Zweck dieser ärztlichen Dokumentationspflicht sowohl die Therapie- als auch die Beweissicherung“ seien, „wobei insbesondere der Beweissicherungszweck eine spätere Nachholung oder gar inhaltliche Veränderung der Aufzeichnungen verbietet“.[126] Es wird bereits an dieser Stelle deutlich, dass auch vor Einführung des PatRG bereits einige gewichtige Argumente für die Annahme eines Beweissicherungszwecks der ärztlichen Dokumentation sprachen und eine Ablehnung dieser Zweckrichtung seitens der Rechtsprechung alles andere als konsistent war.

Gegen die vor Einführung des PatRG herrschende Meinung spricht ebenfalls, dass nach der Rechtsprechung und Teilen der Literatur[127] auch solche Umstände zu dokumentieren waren, welche

---

[120] BGH v. 27.06.1978 - VI ZR 183/76 = NJW 1978, 2337, 2338.

[121] BGH v. 27.06.1978 - VI ZR 183/76 = NJW 1978, 2337, 2338.

[122] *Wendt*, Die ärztliche Dokumentation, S. 221.

[123] BGH v. 22.01.1980 - VI ZR 263/78 = NJW 1980, 1333.

[124] OLG Saarbrücken v. 10.06.1987 - 1 U 103/85 = VersR 1988, 916 – „Schulterdystokie-Fall“.

[125] OLG Koblenz v. 19.09.1994 - 2 Ss 123/94 = NJW 1995, 1624, 1625.

[126] OLG Koblenz v. 19.09.1994 - 2 Ss 123/94 = NJW 1995, 1624, 1625.

[127] Der u.g. Rechtsprechung zustimmend *Schlund* in Laufs/Kern, HdB Arztrecht (4. Aufl. 2010), § 55 Rn. 9; *Greiner* in Geiß/Greiner, Arzthaftpflichtrecht, Kap. B. Rn. 205.

eindeutig nicht mehr dem Zweck der fachgerechten (Weiter-)behandlung dienten und damit medizinisch indiziert waren.[128] So sollten das geführte Aufklärungsgespräch[129] und die Sicherungsaufklärung[130] ebenso dokumentiert werden wie die Tatsache, dass eine diagnostische Maßnahme vom Arzt angeraten und vom Patienten abgelehnt wird,[131] oder dass ein Patient gegen den ärztlichen Rat das Krankenhaus frühzeitig verlässt.[132] Auch sollte der Status beim Wechsel eines Operateurs dokumentiert werden,[133] genauso wie die Tatsache, wie ein an einer Operation beteiligter Anfänger überwacht wurde.[134] Ein operierender Anfänger musste auch bei Routineeingriffen den Gang der Operation genau aufzeichnen.[135] Ebenso wenig nachvollziehbar erscheint es, dass der Blutdruck einer entbindenden Patientin auch dann dokumentiert werden musste, wenn sich die Werte im normalen Bereich bewegten.[136]

Die aufgezeigten Widersprüchlichkeiten haben ihren Ursprung darin, dass bislang von gerichtlich bestellten Gutachtern und den entscheidenden Gerichten auch solche Maßnahmen als „aus fachlicher Sicht wesentlich" betrachtet wurden, welche nicht unter medizinischen Gesichtspunkten erforderlich waren, deren Aufzeichnung aber im klinischen Alltag „üblich" war.[137] Unter dem Deckmantel der medizinischen Notwendigkeit wurden also solche Maßnahmen dokumentiert, die nicht tatsächlich medizinisch notwendig waren, aber von behandelnden Kräften (auch) unter dem Gesichtspunkt der Beweissicherung aufgezeichnet werden sollten.[138] Diese Praxis ist umso verständlicher, wenn man bedenkt, dass der behandelnde Arzt sich durch eine ausführliche Dokumentation auch beweismäßig

---

[128] Ebenso *Jung/Lichtschlag-Traut/Ratzel* in Ratzel/Luxenburger, HdB Medizinrecht, Kap. 14, Rn. 335f.; *Rosenberger* in FS Jaeger (2014), 97, 101f.

[129] OLG Saarbrücken AHRS 6450/22; OLG Koblenz NJW 2000, 3435, 3437; OLG Oldenburg AHRS 6450/109.

[130] BGH v. 10.03.1981 - VI ZR 202/79 = NJW 1981, 2002ff., heute allerdings a.A. BGH v. 27.4.2021 – VI ZR 84/19 = NJW 2021, 2364, 2365 [Rn. 14].

[131] BGH v. 03.02.1987 - VI ZR 56/86 = NJW 1987, 1482; OLG Schleswig v. 08.06.2001 - 4 U 28/00 = VersR 2001, 1516.

[132] BGH v. 19.05.1987 - VI ZR 147/86 = NJW 1987, 2300f.; OLG Köln v. 06.06.2012 - 5 U 28/10 = VersR 2013, 237, 238f.

[133] OLG Düsseldorf v. 12.07.1990 - 8 U 235/88 = VersR 1991, 1138.

[134] BGH v. 10.03.1992 - VI ZR 64/91 = NJW 1992, 1560f.

[135] BGH v. 07.05.1985 - VI ZR 224/83 = NJW 1985, 2193, 2194 = VersR 1985, 782ff.

[136] BGH v. 14.02.1995 - VI ZR 272/93 = NJW 1995, 1611f. = VersR 1995, 706ff.

[137] *Hausch*, VersR 2006, 612, 617f. mit Verweis auf OLG Köln v. 15.11.1993 - 27 U 231/92 = VersR 1994, 1424, 1425 und OLG Stuttgart v. 23.09.1997 - 14 U 71/96 = VersR 1999, 582, 583; OLG Braunschweig v. 09.08.1979 = 1 U 58/77 = VersR 1980, 853 „ärztliche Gepflogenheit"; OLG Düsseldorf v. 22.03.1984 - 8 U 192/81 = VersR 1984, 791 „guter ärztlicher Brauch"; OLG Düsseldorf v. 28.06.1984 8 U 112/83 = VersR 1985, 169 „allgemeine ärztliche Übung".

[138] *Hausch*, VersR 2006, 612, 617f. Fn. 69 „So werden in den "Empfehlungen zur Schulterdystokie" der Deutschen Gesellschaft für Gynäkologie und Geburtshilfe (DGGG), AWMF-Leitlinie Nr. 015/024, Empfehlungen zur Dokumentation unter der Überschrift Forensische Aspekte ausgesprochen.".

gegen den Vorwurf eines Behandlungsfehlers absichern kann. Was also längst gelebte Praxis war, namentlich die Dokumentation zur Sicherung von Beweisen, wurde in der Vergangenheit teilweise von der oben zitierten Rechtsprechung nicht anerkannt. Insofern sprechen die in der Vergangenheit tatsächlich gelebte Praxis ebenso wie Teile der Rechtsprechung durchaus dafür, der aktuellen Dokumentationspflicht der Ärzte einen Beweiszweck zuzusprechen.

5. Zwischenergebnis: Beweissicherung als „sekundärer Zweck" von § 630f BGB

Der Wortlaut des § 630f BGB selbst liefert keine Hinweise für weitere Zwecke der Dokumentationspflicht neben der Sicherung der derzeitigen und künftigen Behandlung. Die Aufzeichnungspflicht von Aufklärungen und Einwilligungen nach § 630f Abs. 2 BGB spricht allerdings für einen Beweiszweck der Dokumentation. Dies gilt ebenso für die Pflicht zur Nachvollziehbarkeit von Änderungen der Dokumentation und die damit einhergehende Fälschungssicherheit nach § 630f Abs. 1 S. 2 und 3 BGB.

Die vor Erlass des PatRG ergangene Rechtsprechung ist indessen widersprüchlich. Zwar verneinen die meisten Urteile einen Beweiszweck der Dokumentation klar. Ebenso lassen allerdings einige Urteile auch ohne weiteres den Schluss zu, dass der Beweissicherung eine eigene Bedeutung zukommen sollte. Dies wird besonders deutlich anhand der konkreten Dokumentationserfordernisse, die von den entscheidenden Gerichten aufgestellt wurden, aber augenscheinlich nicht der ordnungsgemäßen Behandlung und Weiterbehandlung des Patienten dienen.

Vielmehr erscheint ein Beweissicherungszweck der Vorschrift des § 630f BGB auch von Seiten des Gesetzgebers zugedacht worden zu sein. Die vom Gesetzgeber eindeutig normierte Dokumentation von Aufklärungen und Einwilligungen und die Fälschungssicherheit der Dokumentation lassen sich nur so begründen, ohne ihrerseits Widersprüche zu erzeugen. Auch die Gesetzesbegründung steht der Anerkennung eines „echten Beweissicherungszwecks" nicht entgegen. Zwar wollte der Gesetzgeber den Beweiszweck der Dokumentation offensichtlich nicht ganz gleichberechtigt neben den beiden anderen Dokumentationszwecken stehen lassen. Das muss diesen Zweck jedoch nicht gänzlich entfallen lassen, sondern ist vielmehr auf der Ebene der Auslegung unter Einbeziehung des Telos zu berücksichtigen. Nach der hier vertretenen Ansicht ist der Zweck von § 630f BGB daher auch in der Sicherung von Beweisen zu sehen.

IV. Konsequenzen für den Umfang der Dokumentation unter Berücksichtigung der § 630f BGB zugrunde liegenden Zwecke

1. Ordnungsgemäße Behandlung und Weiterbehandlung

Jedenfalls dokumentationspflichtig sind nach § 630f Abs. 2 BGB „sämtliche aus fachlicher Sicht für die derzeitige und künftige Behandlung wesentlichen Maßnahmen und deren Ergebnisse". Davon umfasst sind jegliche bereits nach altem Recht aufzeichnungspflichtigen Tatsachen, die der ordnungsgemäßen Behandlung und Weiterbehandlung des Patienten dienen.[139] Änderungen zum bisherigen Dokumentationsumfang ergeben sich damit aus dieser Zwecksetzung nicht. Eine Aufzeichnungspflicht für Routinehandreichungen und –kontrollen besteht auch weiterhin nicht.[140] Auch sind medizinische Selbstverständlichkeiten weiterhin nicht zu dokumentieren.[141] Dies ergibt sich bereits aus dem Wortlaut der Norm, der nur die Aufzeichnung „wesentlicher" Maßnahmen und Ergebnisse vorschreibt. Auch nach der Normierung von § 630f BGB sind damit sämtliche Tatsachen dokumentationspflichtig, die bereits nach altem Recht unter medizinischen Gesichtspunkten dokumentationspflichtig waren.

2. Ablegung von Rechenschaft über den Gang der Behandlung

a. Rechenschaftspflicht als „dokumentationserweiternder Zweck"

Fraglich ist allerdings, ob unter dem Aspekt der Rechenschaft über den Gang der Behandlung weitere Tatsachen dokumentationspflichtig sind. Die zum alten Recht ergangene Rechtsprechung hatte wiederholt verlauten lassen, dass eine Dokumentation, die aus medizinischen Gründen nicht notwendig erscheint, sei auch aus Rechtsgründen nicht geboten sei.[142] Eine Dokumentation weiterer Tatsachen aus Gründen der Rechenschaftslegung wäre damit ausgeschlossen. Auch in der Literatur wird überwiegend

---

[139] BT-Drucks. 17/10488, S. 24; *Rehborn/Gescher* in Erman, § 630f BGB Rn. 9; *Franzki,* Der Behandlungsvertrag, S. 154.

[140] *Terbille/Feifel* in MünchAnwHdB MedR, § 1 Rn. 849; *Jung/Lichtschlag-Traut/Ratzel* in Ratzel/Luxenburger, HdB Medizinrecht, Kap. 14 Rn. 341; *Kern* in Ratzel/Lissel, HdB Medizinschadensrecht, § 6 Rn. 24; *Wagner* in MüKo-BGB, § 630f BGB Rn. 7; *Katzenmeier* in Laufs/Katzenmeier/Lipp, Arzthaftungsrecht, Kap. IX Rn. 51; *ders.* in BeckOK-BGB, § 630f BGB Rn. 15; mit Verweis auf BGH v. 24.01.1984 - VI ZR 203/82 = NJW 1984, 1403; und v. 24.01.1995 - VI ZR 60/94 = NJW 1995, 1618, 1619.

[141] *Terbille/Feifel* in MünchAnwHdB MedR, § 1 Rn. 849; *Jung/Lichtschlag-Traut/Ratzel* in Ratzel/Luxenburger, HdB Medizinrecht, Kap. 14 Rn. 341; *Kern* in Ratzel/Lissel, HdB Medizinschadensrecht, § 6 Rn. 16; *Wagner* in MüKo-BGB, § 630f BGB Rn. 7; *Weidenkaff* in Grüneberg, § 630f BGB Rn. 3; *Glanzmann* in Bergmann/Pauge/Steinmeyer, § 630f BGB Rn. 7 mit Verweis auf BGH v. 23.03.1993 - VI ZR 26/92 = NJW 1993, 2375, 2376.

[142] BGH v. 6. 7. 1999 - VI ZR 290–98 = NJW 1999, 3408, 3409; und v. 23.03.1993 - VI ZR 26/92 = NJW 1993, 2375, 2376; v. 24.01.1989 - VI ZR 170/88 = NJW 1989, 2330, 2331 vgl. bereits Kapitel 1. B. II.

an diesem „Dogma“ des BGH festgehalten.[143] Der Wortlaut des § 630f Abs. 2 BGB scheint ebenfalls ausschließlich diese Rechtsprechung zu übernehmen, wenn er vorschreibt, die „für die derzeitige und künftige Behandlung wesentlichen Maßnahmen und deren Ergebnisse aufzuzeichnen“. Dies spricht dafür, dass unter dem Gesichtspunkt der Rechenschaftspflicht keine weiteren Tatsachen aufzeichnungspflichtig sind.[144] Allerdings lässt sich dagegen einwenden, dass unter dieser Prämisse bereits für die Aufzeichnung von Aufklärungen und Einwilligungen keine Grundlage bestünde, denn diese sind medizinisch nicht notwendig und dienen nicht der derzeitigen und künftigen Behandlung. Die Dokumentation von Einwilligungen und Aufklärungen ist aber in § 630f Abs. 2 BGB explizit vorgeschrieben. Die so oft in der Rechtsprechung wiederholte Stellungnahme, dass eine Dokumentation, die aus medizinischen Gründen nicht notwendig erscheint, auch aus Rechtsgründen nicht geboten ist, kann bereits aus diesem Grunde heute keine Geltung mehr beanspruchen. Die Gesetzgebungsmaterialien bestätigen dies: Demnach dient die Dokumentation explizit auch dazu, dem Patienten Rechenschaft über den Gang der Behandlung abzulegen.[145] Eine Abstufung zwischen dem therapeutischen Zweck und dem Zweck der Rechenschaftslegung findet seitens des Gesetzgebers – anders als beim Beweiszweck der Dokumentation – gerade nicht statt.

Darüber hinaus sind weitere Fälle denkbar, anhand derer klar wird, dass die Aufzeichnungspflicht aus Gründen der Rechenschaft weiter gehen muss, als dies aus rein medizinischen Gesichtspunkten der Fall sein würde. *Rosenberger* verweist beispielsweise darauf, dass bei rein medizinisch indizierter Dokumentation auch solche Behandlungsmaßnahmen, die keinen Erfolg nach sich zögen, nicht aufzeichnungspflichtig wären, und verweist dazu auf den Fall einer nicht geglückten Reanimation, im Rahmen derer im Ergebnis kein Reanimationsprotokoll zu fertigen wäre.[146] Dieses Ergebnis mutet zunächst seltsam an. Und im Hinblick auf den Zweck der Rechenschaftslegung, die Kontrolle des Arztes bezüglich der Erfüllung des Behandlungsvertrages zu erlauben,[147] erscheint dieses Ergebnis auch nicht tragbar. Ob eine Reanimation fehlerfrei verlaufen ist, lässt sich nur unter Heranziehung der aus Gründen der Rechenschaft gefertigten Dokumentation beantworten. Eine ähnliche Situation besteht hinsichtlich der Dokumentation einer Palliativbehandlung. Auch in diesem Zusammenhang wird die

---

143 *Fiekas,* Die Dokumentation, S. 99; *Kern* in Ratzel/Lissel, HdB Medizinschadensrecht, § 6 Rn. 12; *Greiner* in Geiß/Greiner, Arzthaftpflichtrecht, Kap. B. Rn. 202; *Weidenkaff* in Grüneberg, § 630f BGB Rn. 3; *Wagner* in MüKo-BGB, § 630f BGB Rn. 10; *Katzenmeier* in BeckOK, § 630f BGB Rn. 12.

144 So explizit *Kern* in Ratzel/Lissel, HdB Medizinschadensrecht, § 6 Rn. 18; *Rehborn/Gescher* in Erman, § 630f BGB Rn. 10.

145 BT-Drucks. 17/10488, S. 26.

146 *Rosenberger* in FS Jaeger (2014), 97, 101.

147 Siehe oben, Kapitel 1. B. III. 3. a. bb. (1).

Auffassung vertreten, diese Behandlung sei nicht dokumentationspflichtig, da sie zwangsläufig mit dem Tod des Patienten ende.[148] Auch die Frage, ob eine Palliativbehandlung richtig verlaufen ist, muss aber jedenfalls für die Erben oder die nächsten Angehörigen nachprüfbar sein. Denn diese können auch nach dem Ableben des Patienten etwaige Ansprüche auf Schmerzensgeld dessen gegen den Arzt geltend machen. Ließe man in den genannten Fällen eine Ausnahme von der Dokumentationspflicht zu, so wären jegliche Behandlungen, die im Tode des Patienten mündeten, nicht dokumentationspflichtig und im Ergebnis gerade Behandlungsfehler im Rahmen so bedeutender Behandlungen nicht nachweisbar. Die o.g. Konstellationen sind daher aufgrund des Zwecks der Rechenschaftslegung dokumentationspflichtig. Und dass eine solche nachträgliche Kontrolle seitens des Gesetzgebers gewollt war, lässt sich an der Schaffung von § 630g Abs. 3 BGB erkennen. Demnach soll den Erben des Patienten „zur Wahrnehmung der vermögensrechtlichen Interessen" ein Einsichtsrecht in die Dokumentation zustehen. Und davon umfasst sind selbstverständlich auch im Zuge der Erbfolge übergegangene Schadensersatzansprüche wegen Behandlungsfehlern gegenüber dem behandelnden Arzt.[149]

Im Ergebnis ist daher heute richtigerweise dasjenige aufzeichnungspflichtig, was für die sachgerechte therapeutische Behandlung und Weiterbehandlung erforderlich ist und zudem dasjenige, was notwendig ist, um dem Patienten (oder seinen Erben) gegenüber Rechenschaft über den Gang seiner Behandlung abzulegen.[150] Sicherlich bestehen sehr große Überschneidungen der jeweils dokumentationspflichtigen Tatsachen. So wird alles, was aus medizinischer Sicht aufzuzeichnen ist, auch unter dem Aspekt der Rechenschaftslegung aufzuzeichnen sein.[151] Allerdings bestehen, wie am Beispiel der Einwilligung und Aufklärung gezeigt, auch Tatsachen, die ausschließlich zur Rechenschaftslegung gegenüber dem Patienten aufzuzeichnen sind.[152]

b. Dokumentationsumfang aufgrund geschuldeter Rechenschaft

aa. Grundsätzlicher Umfang und Notwendigkeit der Begrenzung

Fraglich ist, in welchem Umfang Tatsachen aus Gründen der Rechenschaftslegung aufzuzeichnen sind. Die Rechenschaftspflicht des Arztes ähnelt derjenigen eines Vermögensverwalters. Die zu dessen

---

[148] OLG Köln v. 26.02.2014 - 5 U 68/13 = VersR 2015, 758, 761; *Förster* in BeckOK-BGB, § 823 BGB Rn. 940.

[149] *Katzenmeier* in BeckOK-BGB, § 630g BGB Rn. 16f.; *Wagner* in MüKo-BGB, § 630g BGB Rn. 38; *Spickhoff* in Spickhoff, Medizinrecht, § 630g BGB Rn. 11; *Bergmann/Krekeler* in Bergmann/Pauge/Steinmeyer, § 630g BGB Rn. 7f.

[150] Im Ergebnis ebenso *Rosenberger* in FS Jaeger (2014), 97, 101f.

[151] Dazu sogleich, vgl. Kapitel 1. B. IV. 2. b. bb.

[152] Dazu ausführlich Kapitel 1. B. III. 3. a. bb.

Rechenschaftslegung entwickelten Grundsätze beanspruchen daher auch im Arztrecht Geltung.[153] Eine Rechenschaftspflicht dient dazu, dem Rechenschaftsberechtigten eine Kontrolle des Rechenschaftspflichtigen zu erlauben und darüber hinaus das Bestehen möglicher Ansprüche zu prüfen und nachzuweisen.[154] Spiegelbildlich dazu besteht die Pflicht des Rechenschaftspflichtigen darin, darzulegen und nachzuweisen, dass die Pflichten aus dem zugrunde liegenden Schuldverhältnis ordnungsgemäß erfüllt wurden.[155] Im vorliegenden Fall betrifft dies die Pflichten aus dem Behandlungsvertrag, insbesondere die eigentliche Behandlung, die Aufklärung des Patienten und die Einholung einer entsprechenden Einwilligung. Die eigentliche Behandlung umfasst nach der Definition des Gesetzgebers die „Diagnose und die Therapie und damit sämtliche Maßnahmen und Eingriffe am Körper eines Menschen, um Krankheiten, Leiden, Körperschäden, körperliche Beschwerden oder seelische Störungen nicht krankhafter Natur zu verhüten, zu erkennen, zu heilen oder zu lindern".[156]

Unter Zugrundelegung dieser Definition wäre nach dem Zweck der Rechenschaftslegung grundsätzlich jedes Detail der Behandlung zu dokumentieren. Gegen eine solch absolute Betrachtungsweise spricht allerdings, dass die Effektivität und Zügigkeit ärztlichen Handelns unverhältnismäßig stark in Mitleidenschaft gezogen würde, falls jede Einzelheit der Behandlung zu dokumentieren wäre.[157] Bereits die Dokumentation zur sachgerechten therapeutischen Behandlung und Weiterbehandlung erfährt aus diesem Grund eine Eingrenzung ihrem Umfang nach. So sind beispielsweise medizinische Selbstverständlichkeiten und Routinehandlungen nicht zu dokumentieren.[158] Auch die Dokumentation, welche zur Rechenschaft gegenüber dem Patienten angefertigt wird, bedarf daher einer Eingrenzung unter dem Aspekt der Effektivität und Zügigkeit ärztlichen Handelns.

---

[153] BGH v. 27.06.1978 - VI ZR 183/76 = NJW 1978, 2337, 2338 und BGH v. 23.11.1982 - VI ZR 222/79 = NJW 1983, 328, 329; vgl. bereits Kapitel 1. B. III. 3. a. bb. (2).

[154] Vgl. bereits Kapitel 1. B. III. 3. a. bb. (2).

[155] *Seiler* in MüKo-BGB (6. Aufl. 2012), § 666 BGB Rn. 8; *Riesenhuber* in BeckOGK, § 666 BGB Rn. 35; *Martinek/Omlor* in Staudinger, § 666 BGB Rn. 12.

[156] BT-Drucks. 17/10488, S. 25.

[157] BGH v. 14.03.1978 - VI ZR 213/76 = NJW 1978, 1681, 1682; *Matties*, JZ 1986, 959, 960; *Hausch*, VersR 2006, 612; *Frahm/ Walter*, Arzthaftungsrecht, Rn. 299; *Kern* in Ratzel/Lissel, HdB Medizinschadensrecht, § 6 Rn. 16; *Fiekas,* Die Dokumentation, S. 85ff.

[158] Vgl. Kapitel 1. B. IV. 2. b; teilweise wird von der Rechtsprechung selbst die Dokumentation von Befundergebnissen für entbehrlich gehalten, wenn es auf sie für die weitere Behandlung nicht mehr ankommt, vgl. OLG Nürnberg v. 20.4.2017 – 5 U 458/16 = BeckRS 2017, 115044.

bb. Besondere Gefährdung geschützter Interessen des Patienten als maßgebliches Kriterium

Für die vorzunehmende Eingrenzung ist entscheidend, unter welchen Voraussetzungen das individuelle Interesse des Patienten an einer Rechenschaft das allgemeine Interesse an einer Effektivität und Zügigkeit ärztlichen Handelns überwiegt. Unter Rückgriff auf den Sinn der Rechenschaftspflicht, die Kontrolle der Einhaltung der vertraglichen Pflichten des Arztes zu gewährleisten, ist von einem überwiegenden Interesse des Patienten immer dann auszugehen, wenn eine besondere Gefahr für dessen Äquivalenz- oder Integritätsinteresse besteht.[159] Dieser wird in einer solchen Situation ein besonderes Interesse an einer Kontrolle des ärztlichen Handelns besitzen, um die einzelnen Umstände evaluieren und entsprechende Konsequenzen ziehen zu können. Tatsächlich wird bereits heute in der Praxis nach diesem Standard dokumentiert. Dies ist zum einen sichtbar im Rahmen der Dokumentation zu therapeutischen Zwecken: Diese ist primär notwendig, um dem behandelnden Arzt eine Gedankenstütze zu schaffen oder dem nachbehandelnden Arzt bzw. – im Falle einer Arbeitsteilung – einem anderen behandelnden Arzt diejenigen Informationen zur Verfügung zu stellen, welche für eine sachgerechte Behandlung und Weiterbehandlung erforderlich sind. Mit dem Dokumentationszweck der *sachgerechten* Behandlung und Weiterbehandlung einhergehendes Ziel ist allerdings auch, Behandlungsfehler im Laufe der weiteren Behandlung, vor allem durch einen nachbehandelnden Arzt, zu vermeiden.[160] Im Umkehrschluss darf also angenommen werden, dass bei Nichtdokumentation einer Tatsache, deren Dokumentation zur sachgerechten Behandlung und Weiterbehandlung geboten ist, die Gefahr eines nachfolgenden Behandlungsfehlers erhöht wird. Es besteht daher bei einer Nichtdokumentation der aus therapeutischen Gesichtspunkten aufzeichnungspflichtigen Tatsachen ein erhöhtes Behandlungsfehlerrisiko und damit einhergehend eine erhöhte Gefahr der Verletzung des Äquivalenz- und Integritätsinteresses des Patienten. Die bisherige Rechtsprechung bestätigt dies. Demnach ist dann eine detailliertere Dokumentation erforderlich, wenn im Einzelfall von den allgemein anerkannten, medizinischen Regeln abgewichen werden soll,[161] oder Komplikationen auftreten,[162] während demgegenüber Routinehandreichungen und medizinische Selbstverständlichkeiten nicht zu dokumentieren sind.[163] Aus Gründen des Gesundheitsschutzes, aber auch um eine nachfolgende Kontrolle zu erleichtern, bestehen daher bei besonders „fehleranfälligen" Situationen im Rahmen der medizinischen Behandlung, in denen auch stets eine besondere Gefahr für das Äquivalenz- oder Integritätsinteresse des Patienten besteht, erhöhte Anforderungen an die Dokumentation.

---

[159] Dies ebenfalls andeutend *Rosenberger* in FS Jaeger (2014), 97, 102.

[160] *Fiekas,* Die Dokumentation, S. 78, 216.

[161] BGH v. 24.01.1984 – VI ZR 203/82 = NJW 1984, 1403.

[162] BGH v. 07.05.1985 – VI ZR 224/83 = NJW 1985, 2193, 2194.

[163] Vgl. Kapitel 1. B. IV. 2. b.

Bislang wurde allerdings versucht, die Dokumentation einzelner Situationen oder Tatsachen, deren Aufzeichnung vor allem unter dem Aspekt der Rechenschaftslegung wünschenswert erschien, mit dem Zweck der therapeutischen Notwendigkeit zu rechtfertigen.[164] Bei Lichte betrachtet erfolgte eine Dokumentation in vielen Fällen aber wohl ausschließlich zum Zweck der Rechenschaftslegung und der damit verbundenen Beweissicherung.[165] Die Richtigkeit dieser Annahme zeigt sich bei näherer Betrachtung einiger Tatsachen, die bereits heute dokumentationspflichtig sind.

Aufklärungen und Einwilligungen sind heute nach § 630f Abs. 2 BGB aufzuzeichnen.[166] Deren Dokumentation ist für die durchzuführende medizinische Behandlung und die Behandlung durch einen weiterbehandelnden Arzt allerdings ohne Bedeutung. Sie dienen lediglich der rechtlichen Bewertung der vorgenommenen tatsächlichen medizinischen Behandlung, namentlich ob mit dieser ein rechtswidriger oder aber gerechtfertigter Eingriff erfolgt ist. Sie sind daher allein aus Rechenschafts- und Beweisaspekten aufzuzeichnen.[167] Eine Paradoxie des Behandlungsvertrages besteht darin, dass der Patient den Arzt damit beauftragt, seine geschützten Rechtsgüter der Gesundheit und der körperlichen Integrität in einer abgesprochenen und sehr genau definierten Weise zu verletzen. Zur ordnungsgemäßen Erfüllung des Äquivalenzinteresses ist daher immer eine gerechtfertigte Verletzung des Integritätsinteresses notwendig. Bildlich gesprochen zeichnet der Patient mit der Einwilligung eine Grenze, innerhalb derer der Arzt berechtigt ist, die Rechtsgüter der Gesundheit und der körperlichen Integrität des Patienten, und damit einhergehend auch dessen Integritätsinteresse, zu verletzen. Überschreitet der Arzt diese Grenze, oder beginnt er gar einen Eingriff ohne eine wirksame Einwilligung – in diesem Fall befindet er sich von vornherein auf „verbotenem Terrain" –, so liegt eine ungerechtfertigte Verletzung des Integritätsinteresses und damit einhergehend auch eine Pflichtverletzung des Arztes vor.[168] Ein Fehler bei der Aufklärung des Patienten oder der Einholung der Einwilligung führt zur Unwirksamkeit der Einwilligung und folglich zu einer ungerechtfertigten Verletzung des Integritätsinteresses des Patienten. Mit der (nicht) ordnungsgemäßen Aufklärung und der Einholung der Einwilligung des Patienten geht daher immer auch eine Gefährdung von dessen

---

[164] *Hausch,* VersR 2006, 612, 618.

[165] *Hausch,* VersR 2006, 612, 618.

[166] Vgl. Kapitel 1. B. III. 3. a. aa, nach teilweise vertretener Auffassung bestand diese bereits vor der gesetzlichen Normierung, vgl. BGH v. 10.03.1981 - VI ZR 202/79 = NJW 1981, 2002ff. (Sicherungsaufklärung aufzeichnungspflichtig - heute a.A. BGH v. 27.4.2021 – VI ZR 84/19 = NJW 2021, 2364, 2365 [Rn. 14]); OLG Saarbrücken AHRS 6450/22; OLG Koblenz NJW 2000, 3435, 3437; OLG Oldenburg AHRS 6450/109 (geführtes Aufklärungsgespräch aufzeichnungspflichtig).

[167] Vgl. bereits Kapitel 1. B. III. 3. a. bb.

[168] Die Pflicht zur Aufklärung und zur Einholung der Einwilligung nach §§ 630d, 630e BGB sind nach Verabschiedung des PatRG nunmehr explizit vertraglich geschuldet, vgl. bereits unter Kapitel 1. B. III. 3. a. bb. (1).

Integritätsinteresse einher. Der Patient besitzt darum auch ein erhöhtes Interesse an einer effektiven Kontrolle der jeweiligen Aufklärung und Einwilligung. Die Aufzeichnungspflicht für Aufklärungen und Einwilligungen nach § 630f Abs. 2 BGB ist ebenfalls deshalb gerechtfertigt, weil diese wegen der Gefährdung des Integritätsinteresses aus Rechenschaftsgründen aufzuzeichnen sind.

Auch in einer Reihe gerichtlicher Entscheidungen wurde bei genauerem Hinsehen eine Dokumentationspflicht allein aus Gründen der Rechenschaft und der damit verbundenen Kontrolle des Arztes bejaht. Den zugrunde liegenden Sachverhalten ist wiederum gemein, dass in der jeweiligen Situation stets eine Gefährdung des Äquivalenz- oder Integritätsinteresses des Patienten vorlag. So waren – wohlgemerkt vor Einführung des § 630f Abs. 2 BGB – nach teilweise vertretener Auffassung in der Rechtsprechung beispielsweise das geführte Aufklärungsgespräch,[169] die Sicherungsaufklärung[170] und die therapeutische Aufklärung bei eigenmächtiger frühzeitiger Entlassung durch den Patienten[171] dokumentationspflichtig. Wie bereits dargestellt, ist die Aufzeichnung von Aufklärungen ausschließlich unter dem Aspekt der Rechenschaft und einem überwiegenden Interesse des Patienten wegen erhöhter Gefährdung von dessen Integritätsinteresse zu rechtfertigen.

Darüber hinaus bestand nach der bisherigen Rechtsprechung auch eine Dokumentationspflicht, wenn ein Patient eine durch den Arzt angeratene Behandlung oder diagnostische Maßnahme ablehnte.[172] Auch in diesem Fall ergibt sich die Aufzeichnungspflicht ausschließlich aus der Rechenschaftspflicht des Arztes gegenüber dem Patienten. Denn für eine etwaige spätere Behandlung oder Weiterbehandlung ist es aus medizinischer Sicht ohne Bedeutung, ob dem Patienten bereits früher einmal eine Behandlung angeraten wurde, zu deren Durchführung es nicht gekommen ist. Im Fall der Ablehnung einer Behandlungsmaßnahme besteht aber gerade wegen der Nichtvornahme einer nach medizinischen Standards angebrachten Behandlung eine erhöhte Gefahr für die Gesundheit und damit das Integritätsinteresse des Patienten. Für den Patienten ist daher im Nachhinein – vor allem falls ein Gesundheitsschaden eingetreten ist – essentiell, nachvollziehen zu können, ob der behandelnde Arzt seinen Pflichten aus dem Behandlungsvertrag vor dem Abbruch der Behandlung nachgekommen ist. Denn mit der Empfehlung weiterer diagnostischer oder behandelnder Maßnahmen wäre dies der Fall, während ein Behandlungsfehler vorläge, falls der Arzt in Wirklichkeit die Behandlung für beendet erklärt hätte, ohne dass dies tatsächlich angezeigt gewesen wäre und der Patient sich schlicht an den

[169] OLG Saarbrücken AHRS 6450/22; OLG Koblenz NJW 2000, 3435, 3437; OLG Oldenburg AHRS 6450/109.

[170] BGH v. 10.03.1981 - VI ZR 202/79 = NJW 1981, 2002ff., heute allerdings a.A. BGH v. 27.4.2021 – VI ZR 84/19 = NJW 2021, 2364, 2365 [Rn. 14].

[171] BGH v. 19.05.1987 - VI ZR 147/86 = NJW 1987, 2300f.; OLG Köln v. 06.06.2012 - 5 U 28/10 = VersR 2013, 237, 238f.

[172] BGH v. 03.02.1987 - VI ZR 56/86 = NJW 1987, 1482; OLG Schleswig v. 08.06.2001 - 4 U 28/00 = VersR 2001, 1516.

Rat des Arztes gehalten hätte. Auch die Dokumentation des Abbruchs einer Behandlungsmaßnahme erfolgt daher ausschließlich wegen einer erhöhten Gefährdung für das Äquivalenz- und Integritätsinteresse des Patienten zum Zweck der Rechenschaftslegung.

Auch bei der Behandlung unter Beteiligung von Anfängern schreibt die Rechtsprechung die Dokumentation gewisser Situationen vor, welche allerdings nicht mit der sachgerechten therapeutischen Behandlung und Weiterbehandlung gerechtfertigt werden können: So ist eine von einem Anfänger durchgeführte Operation auch bei einem Routineeingriff en détail aufzuzeichnen,[173] ebenso ist zu dokumentieren, wie die Überwachung einer Anfängeroperation durch einen erfahrenen Facharzt erfolgt ist.[174] Die Dokumentation dieser Tatsachen lässt sich nicht mit dem Zweck der Informationssicherung für die derzeitige und weitere Behandlung begründen. Denn auf die weitere Behandlung hat es keinen Einfluss, ob ein Anfänger oder ein erfahrener Arzt die Behandlung durchgeführt hat oder wie ein Anfänger bei Durchführung der Operation überwacht wurde. Die Pflicht zur Aufzeichnung beruht allein auf dem Zweck der Rechenschaftslegung gegenüber dem Patienten: Es handelt sich auch hier stets um Situationen, in denen eine gewisse Gefährdungslage für das Äquivalenz- und Integritätsinteresse des Patienten zu einem erhöhten Interesse an der Kontrolle des behandelnden Arztes führt. Denn bei einem Berufsanfänger besteht wegen seiner mangelnden Erfahrung stets die etwas größere Gefahr, einen Behandlungsfehler zu begehen als bei einem erfahrenen Facharzt, weswegen auch nach Ansicht des BGH hier zum Zwecke der Kontrolle eine detaillierte Dokumentation angezeigt ist.[175] Das gerade Gesagte gilt umso mehr, wenn der Berufsanfänger nicht von einem erfahrenen Arzt beaufsichtigt wird. Deshalb wurde auch in diesem Fall zur Kontrolle der überwachungsärztlichen Pflichten eine Pflicht zur Dokumentation aus dem Aspekt der Rechenschaft gegenüber dem Patienten angenommen. Auch bei der Behandlung unter Anfängerbeteiligung handelt es sich damit letztlich um Situationen, in denen wegen einer gewissen Gefährdung des Äquivalenz- und Integritätsinteresses für den Patienten eine Dokumentationspflicht zur Kontrolle des Arztes bejaht wurde.

cc. Zwischenergebnis

Im Ergebnis ist das seitens des BGH formulierte „Dogma“, dass eine Dokumentation, die aus medizinischen Gründen nicht notwendig erscheine, auch aus Rechtsgründen nicht geboten sei, als unrichtig zu verwerfen. Sowohl der Wortlaut des Gesetzes (welcher die Aufzeichnung von

---

173 BGH v. 07.05.1985 - VI ZR 224/83 = NJW 1985, 2193, 2194 = VersR 1985, 782ff.

174 BGH v. 10.03.1992 - VI ZR 64/91 = NJW 1992, 1560f.

175 BGH v. 07.05.1985 - VI ZR 224/83 = NJW 1985, 2193, 2194; *Kern* in Ratzel/Lissel, HdB Medizinschadensrecht, § 6 Rn. 25.

Aufklärungen und Einwilligungen klar normiert), wie auch die Gesetzgebungsmaterialien zeigen, dass der Zweck der Rechenschaftslegung gegenüber dem Patienten im Rahmen der Dokumentationspflicht einen eigenen Anwendungsbereich besitzen muss und sich nicht lediglich „akzessorisch“ zum Zweck der Therapiesicherung verhält. Das Bild aus der Praxis in Form ergangener Urteile bestätigt das auf theoretischer Ebene gefundene Ergebnis, denn tatsächlich bestehen hier dokumentationspflichtige Tatsachen, die nicht auf den therapeutischen Zweck der Dokumentation zurückzuführen sind. Eine „Emanzipation“ des Rechenschaftszwecks vom Zweck der Therapiesicherung ist damit spätestens seit Verabschiedung des PatRG eingetreten.

Der Zweck der Dokumentation, Rechenschaft gegenüber dem Patienten abzulegen, führt aufgrund seines eigenen Anwendungsbereiches insgesamt zu einer Erweiterung der dokumentationspflichtigen Tatsachen. Dies ergibt sich aus der geltenden Fassung des Gesetzes und der Auswertung der Anforderungen, die von Seiten der Gerichte an die Praxis gestellt werden.

Eine Dokumentation zum Zweck der Rechenschaft gegenüber dem Patienten ist nach der hier vertretenen Ansicht immer dann erforderlich, wenn das Äquivalenz- oder Integritätsinteresse des Patienten in besonderer Weise gefährdet ist und daher von einem erhöhten Interesse des Patienten an einer Kontrolle des Arztes auszugehen ist. Ein solches Kontrollinteresse muss dabei nicht in erster Linie aus haftungsrechtlichen Aspekten herrühren, sondern wird vielmehr zunächst deshalb anzunehmen sein, weil der Patient wissen möchte, was genau im Rahmen der Behandlung vorgefallen ist. Natürlich besitzt der Patient im Anschluss daran die Möglichkeit, Konsequenzen aus den gewonnenen Informationen zu ziehen. So kann er sich beispielsweise bei einem anderen Arzt in Behandlung begeben oder den behandelnden Arzt mit etwaigen Fragen konfrontieren. Erst in einem letzten Schritt, namentlich bei der Prüfung von Schadensersatzansprüchen, kommt auch die Beweissicherung, die mit der Rechenschaftspflicht einhergeht, zum Tragen.

3. Beweissicherung

Folge der Anerkennung eines Beweissicherungszwecks von § 630f BGB wäre an sich grundsätzlich, dass der Arzt jedes noch so kleine Detail zu dokumentieren hätte, solange es später in einem Prozess relevant werden könnte.[176] Von Seiten der Literatur wurde allerdings bereits angemerkt, dass damit die Effektivität und Zügigkeit ärztlichen Handelns unverhältnismäßig stark in Mitleidenschaft gezogen

---

[176] Siehe oben Kapitel 1. B. II.

wäre.[177] Teilweise wird daraus aber fälschlicherweise geschlossen, dass das Resultat sein müsse, § 630f BGB den Zweck der Beweissicherung vollständig abzusprechen.[178] Es scheint, als ob in diesem Fall „das gewünschte Ergebnis, als Schutzzweck verkleidet, die Haftung regiert".[179] Richtigerweise ist die Beweissicherung von § 630f BGB allerdings grundsätzlich auch bezweckt, so dass diese einen „echten" Zweck der Norm darstellt.[180]

Fraglich ist allerdings, wie der Zweck der Beweissicherung in diesem Fall auf den Umfang der Dokumentation Einfluss nimmt. Zur Beantwortung dieser Frage ist zunächst der Beweissicherungszweck selbst in den Blick zu nehmen. Der Gesetzgeber hat diesen offensichtlich als „sekundären" Zweck eingeordnet, welcher hinter den anderen beiden Zwecken des § 630f BGB, der Aufzeichnung zur Therapiesicherung und der Aufzeichnung zur Rechenschaftslegung, zurücktreten sollte.[181] Ebenfalls bildet der Beweissicherungszweck einen Teilaspekt des Zwecks der Rechenschaftslegung, ist also sozusagen in diesem verortet.[182] Bereits aus diesen beiden Feststellungen lassen sich Aussagen zum Umfang der Dokumentation aus Gründen der Beweissicherung ableiten. Aus der Herkunft des Beweissicherungszwecks als Teil des Zwecks der Rechenschaftspflicht ergibt sich zunächst, dass dasjenige, was aus Gründen der Rechenschaft aufzuzeichnen ist, auch aus Gründen der Beweissicherung zu dokumentieren ist: Wer zur Ablegung von Rechenschaft verpflichtet ist, ist zugleich auch im selben Umfang zur Schaffung von Beweisen verpflichtet.[183] Gleichzeitig wird aber für die Aufzeichnungen aufgrund des Zwecks der Rechenschaftslegung wie auch der Beweissicherung wegen deren innerer Verbindung auch dieselbe Grenze gelten: die Effektivität und Zügigkeit ärztlichen Handelns. Eine Aufzeichnungspflicht aus Gründen der Rechenschaft wie auch aus Beweissicherungsgründen besteht daher nur dann, wenn das Äquivalenz- oder das Integritätsinteresse des Patienten in besonderer Weise gefährdet ist. Damit ist klar, dass aus dem Beweissicherungszweck – wegen dessen Einordnung als Teil des Zwecks der Rechenschaftslegung – eine Dokumentationspflicht letztlich in genau dem Umfang erfolgen muss, in dem eine Aufzeichnung bereits aus Gründen der Rechenschaftslegung notwendig ist. Es kann daher in diesem Fall

[177] *Hausch*, VersR 2006, 612, 618; *Matties*, JZ 1986, 959, 960; BGH v. 14.03.1978 - VI ZR 213/76 = NJW 1978, 1681, 1682; *Frahm/ Walter*, Arzthaftungsrecht, Rn. 299; *Fiekas*, Die Dokumentation, S. 85ff..

[178] *Fiekas*, Die Dokumentation, S. 85ff.

[179] *Deutsch*, Haftungsrecht, S. 237; *Schramm*, Schutzbereich der Norm, S. 43.

[180] Siehe oben Kapitel 1. B. III. 5.

[181] Siehe oben Kapitel 1. B. III. 5.

[182] Siehe oben Kapitel 1. B. III. 3. a. bb. (2).

[183] Siehe oben Kapitel 1. B. III. 3. a. bb. (2).

gewissermaßen von einer „Akzessorietät" des Beweissicherungszwecks zum Zweck der Rechenschaftslegung gesprochen werden.

Dass darüber hinaus dokumentationspflichtige Tatsachen bestehen, die allein zum Zweck der Beweissicherung aufzuzeichnen sind, ist eher zweifelhaft.[184] Dem steht sowohl die Einordnung der Beweissicherung als nachrangiger Zweck entgegen, wie auch die Eigenschaft des Beweissicherungszwecks als Teil des Zwecks zur Rechenschaftslegung. Unabhängig davon stößt ein eigener Anwendungsbereich des Beweissicherungszwecks in der Praxis auf beinahe unlösbare Schwierigkeiten. So fehlt dem Arzt die juristische Kompetenz, einschätzen zu können, welche Tatsachen in einem späteren Haftungsprozess relevant werden könnten.[185] Er könnte also, selbst wenn er wollte und genug Zeit hätte, keine Dokumentation anfertigen, die der unmittelbaren Verwertung im Prozess dient. Aus dem Zweck der Beweissicherung ergeben sich daher keine weiteren dokumentationspflichtigen Tatsachen, vielmehr ist davon auszugehen, dass dasjenige, was aus Gründen der Rechenschaft zu dokumentieren ist, auch aus Gründen der Beweissicherung aufzuzeichnen ist.[186] Auch aus Sicht des BGH verweist die in der Gesetzesbegründung genannte „faktische Beweissicherung" als Funktion der Dokumentation lediglich auf die Rechtsfolgen eines Dokumentationsversäumnisses, nämlich die in § 630 h Abs. 3 BGB geregelte Beweislastumkehr, soll aber keine Auswirkungen auf den Umfang der Dokumentationspflicht haben.[187]

4. Zwischenergebnis

Als Zwischenergebnis lässt sich damit festhalten: Aus dem Zweck der Therapiesicherung heraus sind dieselben Tatsachen aufzuzeichnen, die bereits nach der Rechtslage vor Einführung des PatRG

---

[184] Ebenfalls in diese Richtung gehend *Quaas* in Quaas/Zuck/Clemens, Medizinrecht, § 13 Rn. 70, der darauf hinweist, dass die Dokumentationspflicht als Pflicht nur so weit geht, wie es aus anderen Gründen als der Beweissicherung geboten erscheint.

[185] Siehe oben Kapitel 1. B. II: orientiert man sich allerdings, wie hier vertreten, am Integritäts- und am Äquivalenzinteresse, so treten keine vergleichbaren Schwierigkeiten auf. Wann eine besondere Gefährdung des Integritätsinteresses, namentlich der Gesundheit des Patienten vorliegt, vermag der Arzt aufgrund seiner medizinischen Ausbildung zu erkennen. Ebenso verhält es sich beim Äquivalenzinteresse: Denn der Arzt weiß und muss auch wissen, was zur Erfüllung des Behandlungsvertrages notwendig ist.

[186] Allerdings wäre es falsch, zu glauben, dass die Beweissicherung deshalb nun einen bloßen „Rechtsreflex" und keinen „echten" Zweck des § 630f BGB darstellt. Ziel des § 630f BGB ist auch die Herstellung von Beweismitteln für einen Arzthaftungsprozess. Denn im Rahmen der Rechenschaftspflicht ist explizit eine Anfertigung von Beweismitteln zugunsten des Rechenschaftsberechtigten bezweckt. Die Dokumentationspflicht zur Beweissicherung ist daher auch als echte vertragliche Pflicht und nicht als Obliegenheit zu werten, vgl. en Detail Kapitel 3. B. I. 4.

[187] BGH v. 27.4.2021 – VI ZR 84/19 = NJW 2021, 2364, 2365 [Rn. 16].

aufzeichnungspflichtig waren. Der Zweck der Rechenschaftslegung sorgt indessen für eine eingegrenzte Erweiterung der dokumentationspflichtigen Tatsachen. Der Gesetzgeber hat den Zweck der Rechenschaftslegung unabhängig vom Zweck der Therapiesicherung ausgestaltet. Das seitens des BGH ausgerufene „Dogma", dass dasjenige, was aus medizinischen Gründen nicht dokumentationspflichtig sei, auch aus Rechtsgründen nicht dokumentiert werden müsse, ist damit hinfällig. Eine Dokumentation zum Zweck der Rechenschaft gegenüber dem Patienten ist nach der hier vertretenen Ansicht immer dann erforderlich, wenn das Äquivalenz- oder Integritätsinteresse des Patienten in besonderer Weise gefährdet ist und daher von einem erhöhten Interesse des Patienten an einer Kontrolle des Arztes auszugehen ist. Der Zweck der Beweissicherung vermag die Dokumentation indes nicht zu erweitern. Vielmehr ist von einer „Akzessorietät" der Beweissicherungsdokumentation zu derjenigen aus Gründen der Rechenschaftslegung auszugehen.

V. Methodische Umsetzung: Teleologische Extension von § 630f Abs. 1 und Abs. 2 BGB

Problematisch ist, dass der Wortlaut des § 630f Abs. 1 und Abs. 2 BGB in sich widersprüchlich ist. § 630f Abs. 1 BGB fordert eine Aufzeichnung in unmittelbarem zeitlichem Zusammenhang mit „der Behandlung". Gleichzeitig fordert § 630f Abs. 2 BGB allerdings auch die Dokumentation von „Aufklärungen und Einwilligungen", welche nicht als „Behandlung" im Sinne des § 630f Abs. 1 BGB aufgefasst werden können, deren Aufzeichnung wohl aber offensichtlich nicht in beliebigem zeitlichem Abstand zur Aufklärung und Einwilligung stattfinden soll. Auch verpflichtet § 630f Abs. 2 BGB dazu, sämtliche „aus fachlicher Sicht" wesentlichen Maßnahmen und Ergebnisse aufzuzeichnen. Im Folgenden werden wiederum „Einwilligungen und Aufklärungen" genannt, obwohl deren Aufzeichnung unter medizinischen Gesichtspunkten gerade nicht zu rechtfertigen ist.[188] Teilweise wird, wohl um den offensichtlichen Widerspruch aufzulösen, der Aufklärung und Einwilligung eine therapeutische Bedeutung beigemessen.[189] Dieser Lösungsansatz erscheint allerdings etwas lebensfern und konstruiert.[190] Eine Lösung ist vielmehr durch die Anwendung juristischer Methodik zu suchen. Eine dogmatische Lösung für diese Gegensätzlichkeit könnte darin liegen, in § 630f Abs. 2 BGB die Worte „aus fachlicher Sicht" und in § 630 Abs. 1 BGB das Wort „Behandlung" unter Berufung auf die Zwecke der Rechenschaftslegung und Beweissicherung teleologisch dahingehend auszulegen, dass – unter dem Gesichtspunkt der Beweissicherung und dem Schutz der Persönlichkeitsrechte – im Einklang mit dem Wortlaut auch Einwilligungen und Aufklärungen zu dokumentieren sind, und zwar in

---

[188] Siehe oben, Kapitel 1. B. III. 3. a. aa; so auch *Spickhoff/Bleckwenn*, VersR 2013, 1350, 1354; *Jung/Lichtschlag-Traut/Ratzel* in Ratzel/Luxenburger, HdB Medizinrecht, Kap. 14 Rn. 335f.; *Preis/Schneider*, NZS 2013, 281, 285.

[189] *Mansel* in Jauernig, § 630f Rn. 2; für die Rechtslage vor Erlass des PatRG *Schmidt-Beck*, Dokumentationspflichtverletzung, S. 83.

[190] *Preis/Schneider*, NZS 2013, 281, 285.

unmittelbarem zeitlichem Zusammenhang zur jeweiligen Handlung. Problematisch ist allerdings, dass eine solche Auslegung wohl über den Wortsinn der Worte „aus fachlicher Sicht" und „Behandlung" hinausgeht. Methodisch korrekt ist daher der Weg über eine teleologische Extension der Norm. Demnach wäre der Wortlaut von § 630f Abs. 1 und 2 BGB dahingehend teleologisch zu erweitern, dass trotz des einschränkenden Wortlauts, wegen der Zwecke der Rechenschaftslegung und der Beweissicherung, auch Einwilligungen und Aufklärungen sowie solche Maßnahmen und Ereignisse zu dokumentieren sind, im Rahmen derer eine besondere Gefahr für das Äquivalenz- oder Integritätsinteresse des Patienten besteht. In § 630f Abs. 1 BGB wäre demzufolge das Wort „Behandlung" als „dokumentationspflichtige Maßnahme" zu lesen und in § 630f Abs. 2 BGB wäre nicht lediglich „aus fachlicher Sicht" zu dokumentieren, sondern zur Therapiesicherung, Rechenschaftslegung und Beweissicherung.

Für eine teleologische Extension des bestehenden Gesetzeswortlautes spricht auch, dass bereits mit der Umsetzung der bestehenden Rechtsprechung in § 630f Abs. 1 und Abs. 2 BGB eine vorhandene Widersprüchlichkeit umgesetzt wurde. So wurde zwar von der Rechtsprechung immer wieder betont, dass nur solche Ereignisse zu dokumentieren seien, die auch aus fachlicher Sicht zu dokumentieren wären. Die Definition des Wortes „fachlich" oblag aber in den allermeisten Fällen dem jeweils vom Gericht beauftragten Gutachter. Als „fachlich" wurde von den Gutachtern im Rahmen des Haftungsprozesses – unter Billigung der Gerichte – auch dasjenige angesehen, was *üblicherweise* dokumentiert wurde.[191] Üblicherweise wurden aber von den behandelnden Ärzten auch Aufzeichnungen zur Beweissicherung angefertigt, zumindest wenn diese sich gegen eine mögliche Haftung wegen Behandlungsfehlern absichern oder die Überwachung durch den Chefarzt ermöglichen wollten. So wurden letztlich von den behandelnden Ärzten tatsächlich auch Dokumentationen zur Beweissicherung angefertigt und von Gerichten und Gutachtern als „aus fachlicher Sicht wesentlich" anerkannt. Es scheint so, als sei dies im Rahmen des Gesetzgebungsverfahrens nicht beachtet worden. Die Formulierung, dass Maßnahmen und Ereignisse „aus *fachlicher* Sicht" zu dokumentieren seien, lässt daher die Vermutung zu, dass bei der Anknüpfung an die frühere Rechtsprechung eine anders gelagerte Praxis übersehen wurde. Unter diesem Gesichtspunkt erscheint es legitim, eine teleologische Extension von § 630f BGB vorzunehmen, um damit ein gesetzgeberisches Versehen auszugleichen und gleichzeitig einen offensichtlich bestehenden Widerspruch aufzulösen.

---

[191] *Hausch,* VersR 2006, 612, 618; vgl. bereits oben, Kapitel 1. B. III. 4. b. bb.

VI. Sonderfall: § 630e Abs. 2 Satz 2 BGB als Teil der ärztlichen Dokumentationspflicht?

§ 630e Abs. 2 S. 2 BGB verpflichtet den Arzt dazu, dem Patienten Abschriften von Unterlagen, die dieser im Zusammenhang mit der Aufklärung und Einwilligung unterzeichnet hat, auszuhändigen. Man könnte in diesem Zusammenhang die Anfertigung dieser Abschriften ebenfalls als Teil der ärztlichen Dokumentationspflicht begreifen.[192] Zweifel daran bestehen allerdings bereits deshalb, weil § 630e Abs. 2 S. 2 BGB schwerpunktmäßig die Aushändigung des Ausklärungs- und Einwilligungsbogens zum Gegenstand hat. Darüber hinaus ist zwingende Voraussetzung der Aushändigung einer Kopie deren vorherige Anfertigung. Dieser Vorgang wird daher ebenfalls von § 630e Abs. 2 S. 2 BGB erfasst sein. Gegen eine Klassifizierung von § 630e Abs. 2 S. 2 BGB als Dokumentationspflicht i.e.S. spricht allerdings, dass eine entsprechende Pflicht zur Anfertigung von Abschriften nicht in § 630f BGB enthalten ist, sondern von den übrigen Dokumentationspflichten getrennt in § 630e Abs. 2 S. 2 BGB normiert ist. Dies könnte jedoch allein dem sachlichen Zusammenhang zur Aufklärung geschuldet sein, welche ebenfalls in § 630e BGB geregelt ist. Ein genaueres Bild ergibt sich allerdings unter Einbeziehung der Zielsetzungen der jeweiligen Vorschriften. § 630f BGB dient – wie bereits ausgiebig erläutert – der ordnungsgemäßen (Weiter-)Behandlung, der Rechenschaft über den Gang der Behandlung und sekundär auch der Beweissicherung. Die Anfertigung von Abschriften des Aufklärungs- und Einwilligungsbogens dient allerdings nicht der ordnungsgemäßen Behandlung und Weiterbehandlung. Für den (nach-)behandelnden Arzt und dessen ordnungsgemäße Behandlung ist ohne Relevanz, ob der Patient eine Kopie der genannten Bögen erhalten hat. Auch für die Rechenschaftslegung über den Gang der Behandlung gegenüber dem Patienten ist eine Aushändigung des kopierten Aufklärungs- und Einwilligungsformulars nicht notwendig. Denn dieses umfasst lediglich die Tatsache, dass eine Aufklärung und die Einholung einer Einwilligung stattgefunden haben. Die Ablegung einer entsprechenden Rechenschaft über die Aufklärung und die Einwilligung wird allerdings bereits dadurch anzunehmen sein, dass das Original des entsprechenden Bogens in die Patientenakte aufgenommen wird, so dass nach § 630g BGB ein Rückgriff auf dieses Exemplar möglich ist. Allerdings dient die Aushändigung des Bogens wohl unzweifelhaft der Beweissicherung hinsichtlich der Aufklärung und der Einholung der Einwilligung,[193] ebenso wie auch die Dokumentation nach § 630f BGB.[194] Jedoch ist diese Gemeinsamkeit wohl nicht ausreichend, um die Pflicht aus § 630e Abs. 2 S. 2 BGB als originäre Dokumentationspflicht zu klassifizieren. Denn während die Dokumentationspflicht aus § 630f BGB auf die erstmalige Fixierung von Informationen gerichtet ist, dient § 630e Abs. 2 S. 2 BGB lediglich der Erhöhung der

---

[192] So bereits *Franzki,* Der Behandlungsvertrag, S. 136.

[193] In diesem Sinne auch *Mansel* in Jauernig, § 630e BGB Rn. 8; *Katzenmeier* in BeckOK-BGB, § 630e BGB Rn. 51; *Rehborn/Gescher* in Erman, § 630e BGB Rn. 37; *Ramm,* GesR 2012, 463ff.; *Franzki,* Der Behandlungsvertrag, S. 135.

[194] Siehe oben, Kapitel 1. B. III. 5.

Fälschungssicherheit der Aufklärungs- und Einwilligungsdokumentation. Durch die Aushändigung einer Kopie des Aufklärungs- und Einwilligungsbogens sollen nachträgliche Manipulationen an diesem erkennbar werden.[195] Zwar verfolgen auch § 630f Abs. 1 S. 2 und 3 BGB dieses Ziel,[196] weshalb eine gewisse innere Verbindung der Normen nicht zu leugnen ist. Allerdings erscheint es eher angebracht, § 630e Abs. 2 S. 2 BGB als „Hilfsnorm" der eigentlichen Dokumentationspflicht einzuordnen. Denn eine gewisse Beweissicherung und Sicherung gegen Manipulationen ist bereits durch die Dokumentation der Aufklärung und Einwilligung erbracht, durch die Aushändigung einer Kopie wird nur eine weitere Verbesserung ebendieser Beweis- und Manipulationssicherung erreicht. Die Unterschiede werden besonders deutlich bei einer Gegenüberstellung der Konsequenzen eines Verstoßes gegen § 630f BGB und § 630e Abs. 2 S. 2 BGB: Bei einem Verstoß gegen die Dokumentationspflicht befindet sich der Patient in einer Unkenntnis über den Behandlungsverlauf, weil dieser nicht rekonstruierbar ist. Im Fall von § 630e Abs. 2 S. 2 BGB allerdings hat eine ordnungsgemäße Dokumentation stattgefunden, während lediglich die Richtigkeit der Dokumentation (konkret: des Aufklärungsbogens) in Zweifel steht. Während sich ein Dokumentationsfehler im Hinblick auf die Vermutung in § 630h Abs. 3 BGB auch zugunsten des beklagten Arztes auswirken kann, wird sich ein Verstoß gegen § 630e Abs. 2 S. 2 BGB hingegen immer zu Lasten des Behandlers auswirken, da eine Verletzung dieser Pflicht immer relativ eindeutig feststellbar sein wird. Dogmatisch betrachtet handelt es sich bei § 630e Abs. 2 S. 2 BGB um eine Obliegenheit, deren Nichteinhaltung ausschließlich beweisrechtliche Konsequenzen nach sich zieht.[197] Dem Arzt bleibt im Fall einer Verletzung von § 630e Abs. 2 S. 2 BGB die Möglichkeit verwehrt, den Beweis für das Stattfinden und den Inhalt des Aufklärungsgespräches durch Vorlage des Aufklärungsbogens zu führen. Ein unterschriebener Aufklärungsbogen, der nicht an den Patienten ausgehändigt wurde, kann nach der Unterschrift des Patienten durch den Arzt manipuliert worden sein. Ein solcher Aufklärungsbogen entfaltet daher keine Indizwirkung für das Stattfinden und den Inhalt des Aufklärungsgesprächs. Gleichwohl kann der Arzt diesen Beweis trotzdem anderweitig erbringen.[198] Letztlich dienen zwar § 630f BGB und § 630e Abs. 2 S. 2 BGB beide der Beweissicherung, allerdings auf unterschiedlichen Ebenen. § 630e Abs. 2 S. 2 BGB ist daher im Ergebnis lediglich als Hilfsnorm der Dokumentationspflicht, nicht aber als ein Spezialfall dieser Pflicht einzuordnen.

---

[195] *Franzki,* Der Behandlungsvertrag, S. 135; *Mansel* in Jauernig, § 630e BGB Rn. 8; *Katzenmeier* in BeckOK-BGB, § 630e BGB Rn. 51; *Rehborn,* GesR 2013, 257, 265.

[196] Siehe oben, Kapitel 1. B. III. 3. b.

[197] *Walter* in BeckOGK-BGB, § 630eBGB Rn. 25 **a.A.** *Ramm,* GesR 2012, 463, 465; *Franzki,* Der Behandlungsvertrag, S. 135.

[198] Vgl. Kapitel 4.A.II.3.a.

C. Modalitäten der Dokumentation

I. Formanforderungen

1. Nachvollziehbarkeit von Änderungen, § 630f Abs. 1 Satz 2 und 3 BGB

Wie ein bestimmtes Ereignis zu dokumentieren ist, bestimmen unter anderem § 630f Abs. 1 S. 2 und S. 3 BGB: Demnach muss sichergestellt werden, dass nachträgliche Änderungen der Dokumentation erkennbar bleiben. Damit soll durch eine bestimmte Form der Dokumentation eine gewisse Sicherheit gegen Fälschungen nach dem Vorbild der Buchführung des HGB und der AO geschaffen werden.[199]

§ 630f Abs. 1 S. 3 BGB bestimmt, dass auch bei einer elektronisch geführten Patientenakte sicherzustellen ist, dass nachträgliche Änderungen erkennbar bleiben. Die Rechtsprechung, welche vor Erlass des PatRG ergangen war, hielt eine solche Sicherung nicht für notwendig, falls der behandelnde Arzt darlegen konnte, dass seine Eintragung richtig ist.[200] Dementsprechend wird auch heute noch die Auffassung vertreten, dass eine nachträgliche Erkennbarkeit von Änderungen bei elektronischer Dokumentation nicht sichergestellt sein muss.[201] Auch hier ist allerdings zunächst darauf zu verweisen, dass das neue Gesetz eine vorrangig zu berücksichtigende Entscheidung des Gesetzgebers darstellt und diese in der Form zu respektieren ist, dass im Zweifel das System anzupassen und nicht das Gesetz contra legem auszulegen ist.[202] Der Wille des Gesetzgerbers war vorliegend eindeutig, eine neue Regelung zu schaffen, nach welcher „im Falle einer elektronisch geführten Patientenakte die eingesetzte Softwarekonstruktion gewährleisten [muss], dass nachträgliche Änderungen erkennbar werden".[203] Der BGH hat unter Bezugnahme auf die Gesetzesbegründung für die Rechtslage nach dem PatRG inzwischen klargestellt, dass eine elektronische Dokumentation, die nachträgliche Änderungen nicht erkennbar macht, nicht den Anforderungen des § 630f Abs. 1 S. 2 und 3 BGB genügt.[204] Auch die Literatur hat inzwischen ganz mehrheitlich entweder eine explizite Rechtsänderung anerkannt,[205] oder aber jedenfalls die Pflicht zur Gewährleistung der Erkennbarkeit von Änderungen auch bei der elektronischen Dokumentation stillschweigend als geltendes Recht akzeptiert.[206] Im Ergebnis bleibt

---

[199] BT-Drucks. 17/10488, S. 26.

[200] OLG Hamm v. 26.01.2005 – 3 U 161/04 = VersR 2006, 842, 843; OLG Oldenburg v. 23.07.2008 – 5 U 28/08= MedR 2011, 163, 165; dem folgend *Müller* in Wenzel, Der Arzthaftungsprozess (1. Aufl.), Kap. 2 Rn. 1633.

[201] *Kern* in Ratzel/Lissel, HdB Medizinschadensrecht, § 6 Rn. 30ff..

[202] Siehe oben Kapitel 1. B. III. 3. a. aa.

[203] BT-Drucks. 17/10488, S. 26.

[204] BGH v. 27.4.2021 – VI ZR 84/19 = NJW 2021, 2364, 2365 [Rn. 26].

[205] *Martis/Winkhart*, Arzthaftungsrecht, Rn. P 80; *Mansel* in Jauernig, § 630f BGB Rn. 5; *Jaeger*, Patientenrechtegesetz, § 630f BGB Rn. 303; *Jung/Lichtschlag-Traut/Ratzel* in Ratzel/Luxenburger, HdB Medizinrecht, Kap. 14 Rn. 352.

[206] *Schneider* in Prütting/Wegen/Weinreich § 630f BGB Rn. 3; *Greiner* in Spickhoff, Medizinrecht, §§ 823-839 BGB Rn. 221; *Himmen* in Schulze, BGB, § 630f BGB Rn. 3.

daher festzuhalten, dass heute ausweislich des klaren Gesetzeswortlauts von § 630f Abs. 1 S. 2 und S. 3 BGB eine Pflicht zur Kenntlichmachung von Änderungen auch bei der elektronischen Dokumentation besteht.

2. Dokumentation auf haltbarem Medium

Fraglich ist, ob die Pflicht zur Dokumentation auch die Pflicht zur Aufzeichnung auf einem haltbaren Medium umfasst. Bejaht man dies, so liegt eine Dokumentationspflichtverletzung auch dann vor, wenn zwar eine Dokumentation stattgefunden hat, aber das verwendete Medium nicht ausreichend haltbar ist und die Dokumentation bei Einsichtnahme daher nicht mehr lesbar ist. Das OLG Frankfurt hatte dies für den Fall einer CTG-Aufzeichnung auf verblassendem Thermopapier, welches im Zeitpunkt der Beweisaufnahme nicht mehr lesbar war, verneint.[207] *Greiner* sieht darin allerdings einen möglichen Befundsicherungsfehler und damit auch einen Dokumentationsfehler.[208]

§ 630f Abs. 2 BGB fordert lediglich die Aufzeichnung der maßgeblichen Untersuchungen und Ergebnisse. Dies ist in einem solchen Fall gerade geschehen, eine Aufzeichnung auf einem haltbaren Medium kann aus dem Wortlaut des § 630f Abs. 2 BGB nicht gefordert werden. Allerdings setzt sich die Pflicht zur Dokumentation in der Pflicht zur Aufbewahrung der Aufzeichnungen nach § 630f Abs. 3 BGB fort. Grund ist, dass auch in der Folgezeit ein Zugriff auf die Daten möglich sein soll, um die Zwecke der Dokumentation zu erfüllen, namentlich den Schutz der Gesundheit des Patienten, dessen Recht auf informationelle Selbstbestimmung und die Durchsetzung möglicher Ansprüche gegen den Behandelnden.[209] Diese Zweckerreichung ist allerdings augenscheinlich nur möglich, wenn der Inhalt der Dokumentation innerhalb dieser Zeitspanne erkennbar bleibt. Bei gegenteiliger Auffassung bestünde die Patientenakte im Extremfall nach einer gewissen Zeitspanne aus einem Stapel weißen Papiers ohne Inhalt. Dieser Fall kann erkennbar nicht gewollt sein. § 630f Abs. 2 BGB ist daher, vor allem unter Beachtung des Grundsatzes, dass Unklarheiten im Rahmen der Dokumentation stets zu Lasten des Behandlers gehen, dahingehend auszulegen, dass Aufzeichnungen stets auf einem haltbaren Medium vorzunehmen sind.[210]

---

207 OLG Frankfurt v. 08.02.2005 – 8 U 163/04 = BeckRS 2014, 00378.

208 *Greiner* in Geiß/Greiner, Arzthaftpflichtrecht, Kap. B. Rn. 205 a.E..

209 BT-Drucks. 17/10488, S. 26.

210 *Rehborn/Gescher* in Erman, § 630f BGB Rn. 4 fordern daher für den Fall der elektronischen Dokumentation wegen einer möglichen Beschädigung des Datenträgers eine Sicherung auf mindestens zwei Festplatten.

II. Zeitpunkt der Dokumentation nach § 630f Abs. 1 Satz 1 BGB

In zeitlicher Hinsicht muss die Dokumentation gemäß § 630f Abs. 1 S. 1 BGB in „unmittelbarem zeitlichem Zusammenhang“ mit der Behandlung vorgenommen werden,. Im Idealfall findet eine Dokumentation noch während oder im direkten Anschluss an den jeweiligen Eingriff statt.[211] Der konkrete Zeitraum, innerhalb dessen eine Dokumentation nach der Behandlung stattfinden muss, ist allerdings umstritten. Der Wortlaut der Vorschrift gibt dazu keine Anhaltspunkte. In der Literatur wird teilweise – methodisch betrachtet im Wege systematischer Übertragung – versucht, sich am Merkmal der Unverzüglichkeit im Sinne von § 121 Abs. 1 BGB zu orientieren, welche als „ohne schuldhaftes Zögern“ legal definiert ist, allerdings aber mit konträren Ergebnissen.[212]

Die Gesetzgebungsmaterialien geben im Rahmen der Ausführungen zu § 630f Abs. 1 S. 1 BGB ebenfalls keinen Aufschluss. Zwar wird vorab angemerkt, dass an die vor Erlass des Gesetzes ergangene Rechtsprechung angeknüpft und diese fortgeführt werden soll. Diese Judikatur kann allerdings ebenfalls nur begrenzt als Auslegungshilfe herangezogen werden.[213] Die Rechtsprechung zum Kriterium des unmittelbaren zeitlichen Zusammenhangs war darüber hinaus – wie zu erwarten – nicht einheitlich: So wurde zwar festgestellt, dass eine Aufzeichnung, die mehrere Monate nach der Behandlung erstellt wurde, als verspätet anzusehen ist.[214] Das OLG Naumburg hielt in einer Entscheidung z.B. eine Dokumentation, die einen Monat nach Vornahme des Eingriffs erstellt wurde, noch für ausreichend zeitlich unmittelbar im Nachgang dokumentiert.[215] Eine Definition des „unmittelbaren zeitlichen Zusammenhangs“ erfolgte jedoch nicht. Auch in der Literatur werden seit jeher verschiedene Ansichten vertreten zu der Frage, wann ein Zeitraum noch als ausreichend anzusehen ist.[216]

---

[211] *Walter*, Patientenrechtegesetz, Rn. 219.

[212] *Spickhoff*, VersR 2013, 267, 277 hält den unmittelbaren zeitlichen Zusammenhang für kürzer als „unverzüglich“, während nach *Rehborn*, MDR 2013, 565 der unmittelbare zeitliche Zusammenhang zwischen Behandlung und Dokumentation eine längere Zeitspanne beschreibe als „unverzüglich“.

[213] Siehe oben Kapitel 1. B. III. 4. b. aa.

[214] Zwei Jahre: OLG Köln v. 17.02.1993 - 27 U 42/92 = NJW-RR 1993, 919, 920; ein Jahr: OLG Zweibrücken v. 12.01.1999 - 5 U 30/96 = VersR 1999, 1546, 1547; 10 Monate: OLG Saarbrücken, AHRS 6450/105.

[215] OLG Naumburg v. 15. 11. 2011 – 1 U 31/11 = NJOZ 2012, 2068, 2069, **a.A.** *Franzki*, Der Behandlungsvertrag, S. 148f., für einen Zeitraum von zwei Tagen noch einen unmittelbaren zeitlichen Zusammenhang bejahend.

[216] Exemplarisch: *Schmidt-Beck*, Dokumentationspflichtverletzung, S. 60 – eine Woche; *Wendt*, Die ärztliche Dokumentation, S. 65 – nach Größe der Station differenzierend, bei kleiner Einheit am Abend des Behandlungstages, bei vielen Patienten im unmittelbaren Anschluss; *Schlund* in Laufs/Kern, HdB Arztrecht (4. Aufl. 2010), § 55 Rn. 12; *Rehborn*, MDR 2013, 565; *Fiekas*, Die Dokumentation, S. 120 (m.w.N.) – jeweils auf den Einzelfall abstellend.

Richtigerweise wird man sich einer korrekten Lösung über den Zweck der Vorschrift nähern müssen.[217] Zweck der Vorschrift sind die Gewährleistung der ordnungsgemäßen Behandlung und Weiterbehandlung und damit der Schutz der Gesundheit des Patienten. Weitere Zwecke sind der Schutz des allgemeinen Persönlichkeitsrechts des Patienten durch eine Rechenschaftslegung und die Beweissicherung.[218] Falls der Pflicht zur Dokumentation nicht hinreichend oder gar nicht nachgekommen wird, drohen Behandlungsfehler des nachbehandelnden Arztes. Eine zweite Behandlung ist umso gefährlicher, je höher die Wahrscheinlichkeit ist, dass die Dokumentation der Erstbehandlung unvollständig und unrichtig ist. Die Wahrscheinlichkeit einer unrichtigen oder unvollständigen Dokumentation steigt, je größer der Zeitraum zwischen dokumentationspflichtiger Tatsache und Aufzeichnung ist, weil das Erinnerungsvermögen des Arztes mit zunehmendem zeitlichem Abstand zum dokumentationspflichtigen Ereignis abnimmt.[219] Dabei ist auch zu beachten, dass je komplexer eine Behandlung ist, desto schwieriger diese am Ende für den Arzt zu erinnern sein wird.[220] Bei der Beurteilung, ob eine Dokumentation noch rechtzeitig war, wird deshalb sowohl die Zahl der behandelten Patienten des Arztes[221] als auch die Komplexität des Eingriffs von Bedeutung sein. Unabhängig davon sollten Dokumentationen im Interesse der fachgerechten Weiterbehandlung des behandelten Patienten grundsätzlich möglichst während der Behandlung oder sofort im Anschluss vorgenommen werden.

Allerdings kollidiert dieses Interesse regelmäßig mit dem Interesse anderer Patienten auf Vornahme einer Behandlung, da in der Zeit, in der die Dokumentation angefertigt wird, keine Behandlung anderer Patienten vorgenommen werden kann. Sicherlich muss das Interesse an einer ordnungsgemäßen Dokumentation zurücktreten, wenn auf der anderen Seite das Interesse eines zu behandelnden Patienten am Schutz seiner Gesundheit überwiegt. Dies wird beispielsweise regelmäßig in Notfallsituationen der Fall sein. Es leuchtet ein, dass die Behandlung eines Notfalls Vorrang vor der Dokumentation einer abgeschlossenen Behandlung genießt. Sowohl das Interesse eines noch zu behandelnden Patienten an einer zügigen Behandlung als auch das Interesse eines bereits behandelten Patienten an einer ordnungsgemäßen Dokumentation ist aber jedenfalls gewahrt, wenn die Dokumentation dann stattfindet, wenn sowieso keine Behandlung anderer Patienten stattfinden kann, beispielsweise außerhalb der Praxisöffnungszeiten. Bei einem Hausarzt mit geregelten Praxisöffnungszeiten wird es also beispielsweise als zulässig zu erachten sein, wenn dieser die Dokumentation abends nach

---

[217] So auch *Fiekas*, Die Dokumentation, S. 119.

[218] Siehe oben Kapitel 1. B. III.

[219] *Fiekas*, Die Dokumentation, S. 121; *Bruns*, ArztR 1999, 121, 126.

[220] *Schlund* in Laufs/Kern, HdB Arztrecht (4. Aufl. 2010), § 55 Rn. 12.

[221] *Wendt*, Die ärztliche Dokumentation, S. 65.

Praxisschluss vornimmt. Natürlich steht auch dieses Zugeständnis wiederum unter dem Vorbehalt, dass eine Richtigkeit und Vollständigkeit der Dokumentation noch gewährleistet werden kann. Hier ist wohl je nach Einzelfall anhand der Zahl der behandelten Patienten und der Komplexität des Eingriffs – unter Berücksichtigung der begrenzten Gedächtnisleistung des Arztes – zu ermitteln, wann eine ordnungsgemäße Dokumentation noch gewährleistet werden kann.

Eine Grenze im Sinne eines spätestmöglichen Zeitpunkts der Dokumentation kann jedenfalls der Zweck des Schutzes des allgemeinen Persönlichkeitsrechts des Patienten und die damit verbundene Rechenschaftspflicht über den Gang der Behandlung bieten. So muss klar sein, dass spätestens im Zeitpunkt des Herausgabeverlangens der Dokumentation nach § 630g BGB diese auch angefertigt worden sein muss. Die Herausgabe kann nicht mit dem Argument verweigert werden, die Dokumentation sei noch nicht angefertigt worden.[222]

Problematisch ist der Fall, wenn eine Dokumentation zwangsläufig zu Einbußen der Behandlungszeit anderer Patienten führt, vor allem wenn keine limitierten Öffnungszeiten bestehen, z.B. in einem Krankenhaus mit Notfallambulanz. Auch hier gilt, dass zunächst eine akute schwere Gesundheits- oder Lebensgefahr für aktuell zu behandelnde Patienten auszuschließen ist und dann erst das Interesse des bereits behandelnden Patienten an einer erfolgreichen Nachbehandlung und damit einer vollständigen und richtigen Dokumentation berücksichtigt werden kann. Für den Fall, dass kein Notfall vorliegt und die Behandlungsstätte nicht über geregelte Öffnungszeiten verfügt, wie z.B. in Kliniken, sind die beiden widerstreitenden Interessen zu einem gerechten Ausgleich zu bringen. Allerdings verbietet sich hier ebenfalls jedwede generalisierende Betrachtungsweise. Entscheidende Parameter für die Bestimmung müssen die Komplexität des Eingriffs sowie die absolute Zahl der vorgenommenen Behandlungen sein. So kann im Einzelfall bereits eine Dokumentation, welche nicht behandlungsbegleitend angefertigt wird, als verspätet zu werten sein. Dies gilt umso mehr, falls bei einem Verstreichenlassen des entscheidenden Zeitpunkts eine Sicherung der zu dokumentierenden Tatsachen nicht mehr möglich ist. Man denke hier beispielsweise an eine komplexe Wirbelsäulenoperation zur Behandlung eines Bandscheibenvorfalls, bei der zur Stabilisation Schrauben in die einzelnen Wirbelkörper eingebracht werden und eine sofortige Kontrolle und Dokumentation des Schraubenverlaufs mittels Röntgenaufnahme notwendig ist, um eine unbeabsichtigte Schädigung des Rückenmarks ausschließen zu können. Teilweise ist dies längst gelebte Praxis, so gehört eine Halterung für eine Kamera zur Dokumentation des Operationsverlaufes heute bereits zur Standardausstattung vieler Hersteller. Eine behandlungsbegleitende Dokumentation wird somit bei besonders komplexen und damit fehler- und

---

[222] *Fiekas,* Die Dokumentation, S. 122.

gefahrträchtigen Eingriffen ohne weiteres zu erwarten sein. Dagegen wird die Dokumentation einer Reihe komplikationsloser Standardoperationen ohne weiteres auch einige Tage nach Vornahme der Behandlung noch rechtzeitig sein. Grund dafür ist, dass die Operation wegen ihrer Qualifikation als Standardoperation und darüber hinaus der Komplikationslosigkeit für den Arzt leicht zu erinnern sein wird. Abstrakt lässt sich damit lediglich sagen, dass je komplexer eine Behandlung ist – und damit auch je schwerwiegender ein Dokumentationsfehler wegen einer erhöhten Gefährlichkeit für den Patienten – desto strengere Anforderungen an den unmittelbaren zeitlichen Zusammenhang zwischen Behandlung und Dokumentation zu stellen sein werden. Auch bei verhältnismäßig leicht zu erinnernden Eingriffen wird aber in der Regel dann eine Dokumentation nicht mehr rechtzeitig sein, wenn ein Erinnern an den jeweiligen Eingriff nach dem derzeitigen Stand der Gedächtnisforschung als nahezu ausgeschlossen gilt. Dies ist wiederum davon abhängig, wie viele Patienten ein Arzt zu behandeln hat. Bei einer kleinen statischen Patientengruppe, wie z.B. niedergelassene Psychotherapeuten sie typischerweise besitzen, wird auch ein Nachtragen nach einem Monat wohl gerade noch angemessen sein, während bei einem niedergelassenen Hausarzt im urbanen Umfeld in dieser Zeit bereits fast 1000 Behandlungen[223] stattgefunden haben und eine Erinnerung angesichts der bloßen Zahl an Behandlungen bereits zu verblassen droht.

[223] Barmer GEK Ärztereport 2010, der von 45 (oder 48) Patienten am Tag ausgeht, abrufbar unter https://www.barmer.de/resource/blob/1026970/0b4f90cb97f8b72206127d2b66507b89/barmer-gek-arztreport-2010-data.pdf zuletzt abgerufen am 30.07.2025.

D. Zusammenfassung der Ergebnisse in Thesen

1. Aufklärungen und Einwilligungen des Patienten sind nach dem klaren Wortlaut von § 630f Abs. 2 S. 1 BGB zu dokumentieren.

2. Der Umfang der Dokumentation richtet sich nicht – wie bislang von der Rechtsprechung angenommen – allein danach, was aus medizinischen Gründen notwendig erscheint. Zum Zweck der Rechenschaftslegung über den Gang der Behandlung sind vielmehr weitere, nicht allein aus medizinischen Gründen notwendige Tatsachen aufzuzeichnen.

3. Weiterer Zweck der ärztlichen Dokumentation ist die Beweissicherung für einen nachfolgenden Haftungsprozess. . Der Beweissicherungszweck bildet einen Teilaspekt des Zwecks der Rechenschaftslegung, und ist in diesem verortet. Sämtliche Tatsachen, die aus Gründen der Rechenschaft aufzuzeichnen sind, sind auch aus Gründen der Beweissicherung zu dokumentieren. Die Beweissicherung ist als „sekundärer“ Zweck zu verstehen, der hinter den beiden anderen Zwecken der Dokumentation zurücktritt bzw. in diesen aufgeht. Eine Dokumentation allein aus Gründen der Beweissicherung ist nicht geschuldet.

4. Der Wortlaut von § 630f Abs. 1 und 2 BGB ist dahingehend teleologisch zu erweitern, dass auch solche Maßnahmen und Ereignisse zu dokumentieren sind, im Rahmen derer eine besondere Gefahr für das Äquivalenz- oder Integritätsinteresse des Patienten besteht.

5. § 630e Abs. 2 S. 2 BGB beinhaltet keine Dokumentationspflicht, sondern ist lediglich als „Hilfsnorm“ der ausschließlich in § 630f BGB normierten ärztlichen Dokumentationspficht anzusehen.

6. Eine Pflicht zur Kenntlichmachung von Änderungen besteht ausweislich des klaren Gesetzeswortlauts von § 630f Abs. 1 S. 2 und S. 3 BGB auch bei der elektronischen Dokumentation.

7. § 630f Abs. 2 BGB ist vor allem unter Rückgriff auf die der Norm zugrunde liegenden Zwecke dahingehend auszulegen, dass die Aufzeichnungen stets auf einem haltbaren Medium vorzunehmen sind.

8. Ob eine Dokumentation „*in unmittelbarem zeitlichen Zusammenhang mit der Behandlung*“ stattfindet, richtet sich danach, wann das Interesse des Patienten an einer Dokumentation das allgemeine Interesse an einer Zügigkeit und Effektivität ärztlichen Handelns überwiegt. Hierzu sind die Umstände

des Einzelfalls maßgeblich. Je komplexer eine Behandlung ist, desto engere Anforderungen sind an den unmittelbaren zeitlichen Zusammenhang zwischen Behandlung und Dokumentation zu stellen.

Kapitel 2. DIE DOKUMENTATIONSPFLICHT VON WERTPAPIERDIENSTLEISTUNGSUNTERNEHMEN (WPDU)

A. Gesetzliche Normierung der Dokumentationspflichten und historische Entwicklung

I. Ursprüngliche Fassung nach Umsetzung der WpDRL (1995)

Eine Dokumentationspflicht für WpDU wurde bereits zum 1.1.1995 mit Verabschiedung der ersten Fassung des § 34 WpHG im damaligen Abs. 1 der Vorschrift normiert. Damit sollte Art. 11 S. 2, 4. Spiegelstrich der Richtlinie 93/22/EWG des Rates vom 10. Mai 1993 über Wertpapierdienstleistungen (im Folgenden: WpDRL) umgesetzt werden.[224] § 34 Abs.1 WpHG lautete damals wie folgt:

§ 34 Aufzeichnungs- und Aufbewahrungspflichten

Ein Wertpapierdienstleistungsunternehmen ist verpflichtet,

1. bei der Erbringung von Wertpapierdienstleistungen den Auftrag und hierzu erteilte Anweisungen des Kunden sowie die Ausführung des Auftrags und
2. den Namen des Angestellten, der den Auftrag des Kunden angenommen hat, sowie die Uhrzeit der Erteilung und Ausführung des Auftrags

aufzuzeichnen.

Parallel dazu wurde in Abs. 3 der Vorschrift eine Aufbewahrungspflicht für die erstellten Unterlagen normiert.

II. Fassung nach dem HarmonisierungsG (1997)

Im Jahr 1997 wurden diese Aufzeichnungspflichten durch das Gesetz zur Umsetzung von EG-Richtlinien zur Harmonisierung bank- und wertpapieraufsichtsrechtlicher Vorschriften (im Folgenden: HarmonisierungsG) nochmals erweitert. § 34 Abs. 1 WpHG wurde um die folgenden Nummern 3 bis 5 ergänzt. Aufzuzeichnen waren nunmehr ebenfalls

3. die dem Kunden für den Auftrag in Rechnung gestellten Provisionen und Spesen,
4. die Anweisungen des Kunden sowie die Erteilung des Auftrags an ein anderes Wertpapierdienstleistungsunternehmen, soweit es sich um die Verwaltung von Vermögen im Sinne des § 2 Abs. 3 Nr. 6 handelt,
5. die Erteilung eines Auftrags für eigene Rechnung an ein anderes Wertpapierdienstleistungsunternehmen, sofern das Geschäft nicht der Meldepflicht nach § 9 unterliegt; Aufträge für eigene Rechnung sind besonders zu kennzeichnen.

---

[224] BT-Drucks. 12/7918, S. 97, 105.

S. N. Grimm, *Der Dokumentationsfehler im Medizin- und Kapitalanlagerecht*,
Schriften zum Stiftungs- und Gemeinnützigkeitsrecht,
https://doi.org/10.1007/978-3-658-50384-0_3

III. Fassung nach MiFID und Umsetzung durch das FRUG (2007)

Eine Neufassung der Dokumentationspflichten erfolgte im Jahr 2007 mit der Umsetzung der Richtlinie 2004/39/EG über Märkte für Finanzinstrumente (im Weiteren: MiFID, vom engl. Titel *Markets in Financial Instruments Directive*) durch das Finanzmarktrichtlinie-Umsetzungsgesetz (im Weiteren: FRUG). Absatz 1 des § 34 WpHG wurde in diesem Zuge als Generalklausel der Dokumentationspflicht gefasst.[225] Die Vorschrift wurde in § 14 WpDVerOV weitergehend konkretisiert.[226] Mit § 34 Abs. 2 WpHG wurde eine Regelung geschaffen, die zur Aufzeichnung von Rahmenvereinbarungen mit Kunden verpflichtete, für welche eine Wertpapierdienstleistung erbracht wurde, die gerade nicht in einer Anlageberatung bestand. Diese Dokumentationspflichten wurden wie bereits in der Vergangenheit durch eine Aufbewahrungspflicht für die jeweiligen Unterlagen nach § 34 Abs. 3 WpHG a.F. normiert. Die maßgeblichen Vorschriften lauteten wie folgt:

§ 34 Aufzeichnungs- und Aufbewahrungspflicht

(1) Ein Wertpapierdienstleistungsunternehmen muss, unbeschadet der Aufzeichnungspflichten nach den Artikeln 7 und 8 der Verordnung (EG) Nr. 1287/2006, über die von ihm erbrachten Wertpapierdienstleistungen und Wertpapiernebendienstleistungen sowie die von ihm getätigten Geschäfte Aufzeichnungen erstellen, die es der Bundesanstalt ermöglichen, die Einhaltung der in diesem Abschnitt geregelten Pflichten zu prüfen.

(2) Das Wertpapierdienstleistungsunternehmen hat Aufzeichnungen zu erstellen über Vereinbarungen mit Kunden, die die Rechte und Pflichten der Vertragsparteien sowie die sonstigen Bedingungen festlegen, zu denen das Wertpapierdienstleistungsunternehmen Wertpapierdienstleistungen oder Wertpapiernebendienstleistungen für den Kunden erbringt. Bei der erstmaligen Erbringung einer Wertpapierdienstleistung für einen Privatkunden, die nicht Anlageberatung ist, muss die Aufzeichnung nach Satz 1 den Abschluss einer schriftlichen Rahmenvereinbarung, die mindestens die wesentlichen Rechte und Pflichten des Wertpapierdienstleistungsunternehmens und des Privatkunden enthält, dokumentieren. In anderen Dokumenten oder Rechtstexten normierte oder vereinbarte Rechte und Pflichten können durch Verweis in die Rahmenvereinbarung einbezogen werden. Die Rahmenvereinbarung muss dem Privatkunden in Papierform oder auf einem anderen dauerhaften Datenträger zur Verfügung gestellt werden. Ein dauerhafter Datenträger ist jedes Medium, das dem Kunden die Speicherung der für ihn bestimmten Informationen in der Weise gestattet, dass er die Informationen für eine ihrem Zweck angemessene Dauer einsehen und unverändert wiedergeben kann.

(3) Alle nach diesem Abschnitt erforderlichen Aufzeichnungen sind mindestens fünf Jahre ab dem Zeitpunkt ihrer Erstellung aufzubewahren. Aufzeichnungen über Rechte und Pflichten des Wertpapierdienstleistungsunternehmens und seiner Kunden sowie sonstige Bedingungen, zu denen Wertpapierdienstleistungen und Wertpapiernebendienstleistungen erbracht werden, sind mindestens für die Dauer der Geschäftsbeziehung mit dem Kunden aufzubewahren. In Ausnahmefällen kann die Bundesanstalt für einzelne oder alle Aufzeichnungen längere Aufbewahrungsfristen festsetzen, wenn dies aufgrund außergewöhnlicher Umstände unter Berücksichtigung der Art des Finanzinstruments oder des Geschäfts für die Überwachungstätigkeit der Bundesanstalt erforderlich ist. Die Bundesanstalt kann die Einhaltung der Aufbewahrungsfrist nach Satz 1 auch für den Fall verlangen, dass die Erlaubnis eines Wertpapierdienstleistungsunternehmens vor Ablauf der in Satz 1 genannten Frist endet.

---

[225] Siehe noch en détail unten unter Kapitel 2. B. III. 1.

[226] *Koller* in Assmann/Schneider, § 34 WpHG Rn. 9, *Fuchs* in Fuchs (2. Aufl.), § 34 WpHG Rn. 13; *Voß* in Just/Voß/Ritz/Becker, § 34 WpHG Rn. 9; *Seyfried* in Kümpel/Wittig (4. Aufl.), Rn. 3.250.

IV. Fassung nach dem SchVG (2010)

Die Dokumentationspflicht der WpDU im Rahmen der Anlageberatung ist dagegen noch verhältnismäßig jung. Im Jahr 2009 wurde der damalige § 34 WpHG schließlich durch das Schuldverschreibungsgesetz[227] (im Weiteren: SchVG) um die Absätze 2a und 2b ergänzt. Abs. 2a normierte dabei den Umfang der Dokumentationspflicht bei der Anlageberatung von Privatkunden, Abs. 2b stellte dem Anleger einen zivilrechtlichen Herausgabeanspruch das Beratungsprotokoll betreffend zur Seite.[228] Die neuen Vorschriften zur Dokumentation nach § 34 WpHG a.F. lauteten wie folgt:

> (2a) Ein Wertpapierdienstleistungsunternehmen muss über jede Anlageberatung bei einem Privatkunden ein schriftliches Protokoll anfertigen. Das Protokoll ist von demjenigen zu unterzeichnen, der die Anlageberatung durchgeführt hat; eine Ausfertigung ist dem Kunden unverzüglich nach Abschluss der Anlageberatung, jedenfalls vor einem auf der Beratung beruhenden Geschäftsabschluss, in Papierform oder auf einem anderen dauerhaften Datenträger zur Verfügung zu stellen. Wählt der Kunde für Anlageberatung und Geschäftsabschluss Kommunikationsmittel, die die Übermittlung des Protokolls vor dem Geschäftsabschluss nicht gestatten, muss das Wertpapierdienstleistungsunternehmen eine Ausfertigung des Protokolls dem Kunden unverzüglich nach Abschluss der Anlageberatung zusenden. In diesem Fall kann der Geschäftsabschluss auf ausdrücklichen Wunsch des Kunden vor Erhalt des Protokolls erfolgen, wenn das Wertpapierdienstleistungsunternehmen dem Kunden für den Fall, dass das Protokoll nicht richtig oder nicht vollständig ist, ausdrücklich ein innerhalb von einer Woche nach dem Zugang des Protokolls auszuübendes Recht zum Rücktritt von dem auf der Beratung beruhenden Geschäft einräumt. Der Kunde muss auf das Rücktrittsrecht und die Frist hingewiesen werden. Bestreitet das Wertpapierdienstleistungsunternehmen das Recht zum Rücktritt nach Satz 4, hat es die Richtigkeit und die Vollständigkeit des Protokolls zu beweisen.
>
> (2b) Der Kunde kann von dem Wertpapierdienstleistungsunternehmen die Herausgabe einer Ausfertigung des Protokolls nach Absatz 2a verlangen.

V. Fassung nach MiFID II und Umsetzung durch das 2. FiMaNoG (2018)

Zum 15.05.2014 wurde die MiFID-Richtlinie durch die Richtlinie 2014/65/EU über Märkte für Finanzinstrumente sowie zur Änderung der Richtlinien 2002/92/EG und 2011/61/EU (im Weiteren: MiFID II) ersetzt. Diese verschärfte die Anforderungen an eine anzufertigende Dokumentation nochmals. Die Richtlinie verlangte neben einer ausführlichen Geeignetheitserklärung auch die Aufzeichnung sämtlicher Telefonate mit dem Kunden. Die Dokumentationsregelungen der MiFID II wurden am 03.01.2018 mit dem 2. FiMaNoG in deutsches Recht umgesetzt. Das WpHG wurde im Rahmen der Umsetzung der MiFID II durch die beiden Finanzmarktnovellierungsgesetze (FiMaNoG) einigen weitgehenden Änderungen unterworfen. Das Beratungsprotokoll wurde dabei durch die sog. „Geeignetheitserklärung" ersetzt. Die Dokumentationspflichten wurden außerdem auf Telefongespräche und elektronische Kommunikation ausgedehnt. Die Aufzeichnungs- und Aufbewahrungspflichten der WpDU finden sich seitdem in § 64 Abs. 4 WpHG und § 83 Abs. 1, Abs.

---

[227] „Gesetz zur Neuregelung der Rechtsverhältnisse bei Schuldverschreibungen aus Gesamtemissionen und zur verbesserten Durchsetzbarkeit von Ansprüchen von Anlegern aus Falschberatung", BGBl 2009 Teil I, S. 2512ff.

[228] BT-Drucks. 16/12814, S. 28.

2, Abs. 3, Abs. 6 und Abs. 8 WpHG, ergänzt durch die präzisierenden Regelungen in § 83 Abs. 4, Abs. 5, Abs. 7, und Abs. 9 WpHG. Seit dem Erlass der Normen wurden außerdem kleinere Ändeurngen und Ergänzungen durch das 2. DSAnpUG-EU[229] und das Schwarmfinanzierungs-Begleitgesetz[230] vorgenommen. In ihrer heutigen Fassung lauten die einschlägigen Vorschriften wie folgt:

§ 64 Besondere Verhaltensregeln bei der Erbringung von Anlageberatung […]

(4) Ein Wertpapierdienstleistungsunternehmen, das Anlageberatung erbringt, muss dem Privatkunden auf einem dauerhaften Datenträger vor Vertragsschluss eine Erklärung über die Geeignetheit der Empfehlung (Geeignetheitserklärung) zur Verfügung stellen. Die Geeignetheitserklärung muss die erbrachte Beratung nennen sowie erläutern, wie sie auf die Präferenzen, Anlageziele und die sonstigen Merkmale des Kunden abgestimmt wurde. Näheres regelt Artikel 54 Absatz 12 der Delegierten Verordnung (EU) 2017/565. Wird die Vereinbarung über den Kauf oder Verkauf eines Finanzinstruments mittels eines Fernkommunikationsmittels geschlossen, das die vorherige Übermittlung der Geeignetheitserklärung nicht erlaubt, darf das Wertpapierdienstleistungsunternehmen die Geeignetheitserklärung ausnahmsweise unmittelbar nach dem Vertragsschluss zur Verfügung stellen, wenn der Kunde zugestimmt hat, dass ihm die Geeignetheitserklärung unverzüglich nach Vertragsschluss zur Verfügung gestellt wird und das Wertpapierdienstleistungsunternehmen dem Kunden angeboten hat, die Ausführung des Geschäfts zu verschieben, damit der Kunde die Möglichkeit hat, die Geeignetheitserklärung zuvor zu erhalten. Bei der Erbringung von Anlageberatung haben Wertpapierdienstleistungsunternehmen den Kunden darüber zu informieren, ob die Vorteile einer Umschichtung von Finanzinstrumenten die im Rahmen der Umschichtung anfallenden Kosten überwiegen oder nicht. Satz 5 gilt nicht für Dienstleistungen, die gegenüber professionellen Kunden erbracht werden, es sei denn, diese Kunden setzen das Wertpapierdienstleistungsunternehmen entweder in elektronischer Form oder in schriftlicher Form darüber in Kenntnis, dass sie von den durch Satz 5 gewährten Rechten Gebrauch machen möchten.

§ 83 Aufzeichnungspflichten

(1) Ein Wertpapierdienstleistungsunternehmen muss, unbeschadet der Aufzeichnungspflichten nach den Artikeln 74 und 75 der Delegierten Verordnung (EU) 2017/565, über die von ihm erbrachten Wertpapierdienstleistungen und Wertpapiernebendienstleistungen sowie die von ihm getätigten Geschäfte Aufzeichnungen erstellen, die es der Bundesanstalt ermöglichen, die Einhaltung der in diesem Abschnitt, in der Verordnung (EU) Nr. 600/2014 und der Verordnung (EU) Nr. 596/2014 geregelten Pflichten zu prüfen und durchzusetzen.

(2) Das Wertpapierdienstleistungsunternehmen hat Aufzeichnungen zu erstellen über Vereinbarungen mit Kunden, die die Rechte und Pflichten der Vertragsparteien sowie die sonstigen Bedingungen festlegen, zu denen das Wertpapierdienstleistungsunternehmen Wertpapierdienstleistungen oder Wertpapiernebendienstleistungen für den Kunden erbringt. Hierzu zählen insbesondere Aufzeichnungen über die Kundenmitteilungen nach § 63 Absatz 12 Satz 6 und die Vereinbarungen nach § 64 Absatz 3 Satz 7 und Absatz 4 Satz 6. In anderen Dokumenten oder Rechtstexten normierte oder vereinbarte Rechte und Pflichten können durch Verweis in die Vereinbarungen einbezogen werden. Nähere Bestimmungen zu der Aufzeichnungspflicht nach Satz 1 ergeben sich aus Artikel 58 der Delegierten Verordnung (EU) 2017/565.

(3) Hinsichtlich der beim Handel für eigene Rechnung getätigten Geschäfte und der Erbringung von Dienstleistungen, die sich auf die Annahme, Übermittlung und Ausführung von Kundenaufträgen beziehen, hat das Wertpapierdienstleistungsunternehmen für Zwecke der Beweissicherung die Inhalte der Telefongespräche und der elektronischen Kommunikation aufzuzeichnen. Die Aufzeichnung hat insbesondere diejenigen Teile der Telefongespräche und der elektronischen Kommunikation zu beinhalten, in welchen Risiken, die Ertragschancen oder die Ausgestaltung von Finanzinstrumenten oder Finanzdienstleistungen erörtert werden. Hierzu darf das

229 Zweites Gesetz zur Anpassung des Datenschutzrechts an die Verordnung (EU) 2016/679 und zur Umsetzung der Richtlinie (EU) 2016/680 - Zweites Datenschutz-Anpassungs- und Umsetzungsgesetz EU – 2. DSAnpUG-EU.

230 Gesetz zur begleitenden Ausführung der Verordnung (EU) 2020/1503 und der Umsetzung der Richtlinie EU 2020/1504 zur Regelung von Schwarmfinanzierungsdienstleistern und anderer europarechtlicher Finanzmarktvorschriften – Schwarmfinanzierungs-Begleitgesetz.

Wertpapierdienstleistungsunternehmen personenbezogene Daten verarbeiten. Dies gilt auch, wenn das Telefongespräch oder die elektronische Kommunikation nicht zum Abschluss eines solchen Geschäftes oder zur Erbringung einer solchen Dienstleistung führt.

(4) Das Wertpapierdienstleistungsunternehmen hat alle angemessenen Maßnahmen zu ergreifen, um einschlägige Telefongespräche und elektronische Kommunikation aufzuzeichnen, die über Geräte erstellt oder von Geräten gesendet oder empfangen werden, die das Wertpapierdienstleistungsunternehmen seinen Mitarbeitern zur Verfügung stellt oder deren Nutzung das Wertpapierdienstleistungsunternehmen billigt oder gestattet. Telefongespräche und elektronische Kommunikation, die nach Absatz 3 Satz 1 aufzuzeichnen sind, dürfen über private Geräte und private elektronische Kommunikation der Mitarbeiter nur geführt werden, wenn das Wertpapierdienstleistungsunternehmen diese mit Zustimmung der Mitarbeiter aufzeichnen oder nach Abschluss des Gesprächs auf einen eigenen Datenspeicher kopieren kann.

(5) Über die Aufzeichnung von Telefongesprächen nach Absatz 3 Satz 1 hat das Wertpapierdienstleistungsunternehmen Neu- und Altkunden sowie seine Mitarbeiter vorab in geeigneter Weise zu informieren. Hat ein Wertpapierdienstleistungsunternehmen seine Kunden nicht im Voraus über die Aufzeichnung der Telefongespräche oder elektronischen Kommunikation informiert oder hat der Kunde einer Aufzeichnung widersprochen, darf das Wertpapierdienstleistungsunternehmen für den Kunden keine telefonisch oder mittels elektronischer Kommunikation veranlassten Wertpapierdienstleistungen erbringen, wenn sich diese Wertpapierdienstleistungen auf die Annahme, Übermittlung und Ausführung von Kundenaufträgen beziehen. Näheres regelt Artikel 76 der Delegierten Verordnung (EU) 2017/565.

(6) Erteilt der Kunde seinen Auftrag einem Wertpapierdienstleistungsunternehmen im Rahmen eines persönlichen Gesprächs, hat das Wertpapierdienstleistungsunternehmen die Erteilung des Auftrags mittels eines dauerhaften Datenträgers zu dokumentieren. Zu diesem Zweck dürfen auch schriftliche Protokolle oder Vermerke über den Inhalt des persönlichen Gesprächs angefertigt werden. Erteilt der Kunde seinen Auftrag auf andere Art und Weise, so müssen solche Mitteilungen über einen dauerhaften Datenträger erfolgen, beispielsweise in einer EMail oder einem Fax. Näheres regelt Artikel 76 Absatz 9 der Delegierten Verordnung (EU) 2017/565.

(7) Der Kunde kann von dem Wertpapierdienstleistungsunternehmen verlangen, dass ihm die Aufzeichnungen nach Absatz 3 Satz 1 und die Dokumentation nach Absatz 6 Satz 1 zur Verfügung gestellt werden.

(8) Die Aufzeichnungen nach den Absätzen 3 und 6 sind für fünf Jahre aufzubewahren, soweit sie für die dort genannten Zwecke erforderlich sind. Sie sind nach Ablauf der in Satz 1 genannten Frist zu löschen oder zu vernichten. Die Löschung oder Vernichtung ist zu dokumentieren. Erhält die Bundesanstalt vor Ablauf der Frist nach Satz 1 Kenntnis von Umständen, die eine über die in Satz 1 genannte Höchstfrist hinausgehende Speicherung der Aufzeichnung insbesondere zur Beweissicherung erfordern, kann die Bundesanstalt die in Satz 1 genannte Höchstfrist zur Speicherung der Aufzeichnung um zwei Jahre verlängern.

(9) Die nach den Absätzen 3 und 6 erfolgten Aufzeichnungen sind gegen nachträgliche Verfälschung und unbefugte Verwendung zu sichern und dürfen nicht für andere Zwecke genutzt werden, insbesondere nicht zur Überwachung der Mitarbeiter durch das Wertpapierdienstleistungsunternehmen.

B. Rechtsnatur der Dokumentationspflichten und Auswirkungen auf die zivilrechtliche Haftung

I. Notwendigkeit der Untersuchung der Rechtsnatur und Gang der Untersuchung

Im Fokus der vorliegenden Arbeit stehen die zivilrechtlichen Aspekte des Dokumentationsfehlers. Die Normen des WpHG sind jedoch grundsätzlich weitgehend dem Aufsichtsrecht und damit dem öffentlichen Recht zuzuordnen.[231] Auf zivilrechtlicher Ebene können aber nur dann Rechtsfolgen eintreten oder Ansprüche wegen Verstoßes gegen Dokumentationspflichten bestehen, falls diejenigen Normen, welche die Dokumentation anordnen, entweder selbst zivilrechtlicher Natur sind oder aber zumindest auf das Zivilrecht dergestalt Einfluss nehmen, dass sich daraus zivilrechtliche Dokumentationspflichten ergeben. Für eine Untersuchung der Folgen eines Dokumentationsfehlers muss deshalb zunächst die Rechtsnatur der im WpHG normierten Dokumentationspflichten bestimmt werden. Die in Rede stehenden Vorschriften sind vorliegend § 83 Abs. 1, Abs. 2, Abs. 3, Abs. 6 und Abs. 8 WpHG. Allerdings wird bei der Begutachtung der genannten Vorschriften in erhöhtem Maße auf die Literatur und die Rechtsprechung zu § 34 WpHG a.F. einzugehen sein, genauso wie die Entwicklung des Meinungsstandes zu den Wohlverhaltensplichten Berücksichtigung finden muss, welche zuletzt in den §§ 31ff. WpHG a.F. geregelt waren und sich heute in den §§ 63ff. WpHG wiederfinden. Die Dokumentationspflichten nach § 83 WpHG sind zwar keine Wohlverhaltenspflichten i.e.S., sondern werden entweder den Organisationspflichten zugeordnet oder als Aufzeichnungspflichten zumindest mit diesen in enge Verbindung gebracht.[232] Jedenfalls dienen die Dokumentationspflichten aber dazu, die WpDU im Hinblick auf die Einhaltung der Wohlverhaltenspflichten zu kontrollieren, so dass die Dokumentationspflichten nicht gänzlich losgelöst von den Wohlverhaltenspflichten betrachtet werden können.[233] Die Begründung der Rechtsnatur der Dokumentationspflichten ist allerdings in den meisten Fällen alles andere als nachvollziehbar. In der Vergangenheit wurde in der Literatur teilweise mit Verweis auf die (vermeintlich) öffentlich-rechtliche Rechtsnatur der Organisationspflichten schlicht eine aufsichtsrechtliche Natur des § 34 WpHG a.F.

---

[231] Zum Hintergrund *Heese,* Beratungspflichten, S. 403f.: Der europäische Gesetzgeber orientierte sich beim Erlass der Richtlinien wohl seinerseits am US-amerikanischen Kapitalanlagerecht, welches primär als Aufsichtsrecht ausgestaltet ist und über Generalklauseln in das Zivilrecht hineinwirkt um dort haftungsrechtliche Wirkung zu entfalten. Problematisch ist allerdings, dass die vom europäischen Gesetzgeber gewählte Regelungsform dem kontinentaleuropäischen Recht im Grundsatz fremd ist.

[232] Für § 34 WpHG a.F. feststellend *Just* in Just/Voß/Ritz/Becker, vor §§ 31-37 WpHG, Rn. 21; *Fuchs* in Fuchs (2. Aufl.), Vorbem. zu §§ 31ff. WpHG Rn. 1, 62ff; *Schwark* in Schwark/Zimmer, Vorbem. §§ 31ff. WpHG Rn. 8, **a.A.** wohl *Grundmann* in EBJS (3. Aufl.), BankR VI 342.

[233] Zur Einordnung der Wohlverhaltenspflichten siehe sogleich Kapitel 2. B. II; zur Kontrollfunktion der Dokumentation siehe Kapitel 2. B. III.

festgestellt,[234] teilweise aber auch uneinheitliche Meinungsstände, die zu den Wohlverhaltenspflichten entwickelt worden waren, auf die Dokumentationspflichten übertragen.[235]

Vorliegend soll die Frage nach der Rechtsnatur der Dokumentationspflichten auf methodischer Basis beantwortet werden. Dazu ist zunächst ein Blick auf die Geschichte und Entwicklung der Dokumentationspflichten notwendig. Dabei wird auch § 34 WpHG a.F. als Vorläufer von § 83 WpHG umfassend beleuchtet werden. Zuvor wird allerdings wegen des systematischen Zusammenhangs zwischen den Wohlverhaltenspflichten und den Dokumentationspflichten auf erstere einzugehen sein. Zur Bestimmung der Rechtsnatur als öffentliches Recht oder Zivilrecht wird auf die von der Literatur entwickelten und von der Rechtsprechung übernommenen Abgrenzungstheorien zurückgegriffen, welche auch bei der Bestimmung des Rechtsweges Anwendung finden. Vorliegend wird – auch wegen der Vielzahl an Theorien –[236] vor allem auf die drei Haupttheorien eingegangen, namentlich die Interessentheorie, die Subordinationstheorie und die modifizierte Subjektstheorie.

II. Bisherige Einordnung der Wohlverhaltens- , Organisations- und Transparenzpflichten in Literatur und Rechtsprechung

1. Notwendigkeit der Untersuchung der Rechtsnatur der Wohlverhaltenspflichten

Bereits § 34 WpHG a.F. stand zu seiner Zeit im 6. Abschnitt des WpHG unter dem Titel „Verhaltenspflichten, Organisationspflichten, Transparenzpflichten". Heute sind diese Pflichten im 11. Abschnitt des WpHG enthalten. Bei den in den §§ 31ff. WpHG a.F. geregelten Pflichten wurde zwischen diesen verschiedenartigen Pflichten unterschieden. Die Wohlverhaltenspflichten waren vor Umsetzung der MiFID in den §§ 31, 32 WpHG a.F. geregelt und nach deren Umsetzung wesentlich ausdifferenzierter in den §§ 31-31d WpHG a.F. normiert.[237] Die Transparenzpflichten waren in den §§ 31f -32d WpHG a.F. geregelt.[238] Die Organisationspflichten fanden sich in den §§ 33-34d WpHG.[239]

[234] *Schwark* in Schwark/Zimmer, Vorbem. §§ 31ff. WpHG, Rn. 12; *Just* in Just/Voß/Ritz/Becker, Vor §§ 31-37a WpHG Rn. 27.

[235] Für eine Doppelnatur *Möllers* in KK-WpHG, § 34 WpHG Rn. 134; teilweise auch *Lenenbach,* Kapitalmarktrecht (2. Aufl.), Rn. 5.259.

[236] Teilweise wird von über 20 solcher Theorien ausgegangen, vgl. *Menger* in FS Wolff (1973), 149f.

[237] *Schwark* in Schwark/Zimmer, Vor § 31 WpHG Rn. 5ff; *Fuchs* in Fuchs (2. Aufl.), vor §§ 31-37a WpHG Rn. 53ff.

[238] *Schwark* in Schwark/Zimmer, Vor § 31 WpHG Rn. 8; *Fuchs* in Fuchs (2. Aufl.), vor §§ 31-37a WpHG Rn. 67; *Just* in Just/Voß/Ritz/Becker, Vor §§ 31 -37a WpHG Rn. 42.

[239] *Schwark* in Schwark/Zimmer, Vor § 31 WpHG Rn. 8; *Fuchs* in Fuchs (2. Aufl.), vor §§ 31-37a WpHG Rn. 62ff.; *Just* in Just/Voß/Ritz/Becker, Vor §§ 31 -37a WpHG Rn. 41.

Wegen des systematischen und logischen Zusammenhangs zwischen den Wohlverhaltens- und den Dokumentationspflichten erscheint es zur Bestimmung ihrer Rechtsnatur unabdingbar, zunächst die Rechtsnatur und die zivilrechtliche Wirkung der Wohlverhaltenspflichten zu untersuchen. Dabei ist insbesondere deren europarechtlicher Ursprung zu beachten. Allerdings soll keine grundsätzliche Neubewertung stattfinden, vielmehr sollen die Entwicklungen in der Vergangenheit – wenn auch stellenweise kritisch beleuchtend – nachgezeichnet werden, um eine fundierte Betrachtung der gegenwärtigen Rechtslage zu ermöglichen. Auch erheben die nachfolgenden Ausführungen keinen Anspruch auf Vollständigkeit, die Frage nach der Rechtsnatur der Wohlverhaltenspflichten ist Gegenstand zahlreicher wissenschaftlicher Arbeiten und würde den Rahmen der vorliegenden Untersuchung sprengen.[240]

2. Rechtsnatur und Zweck der Wohlverhaltenspflichten

a. Meinungsstand zur WpDRL und dem WpHG

aa. Zwecke und Konzeption der WpDRL

Nach der ganz herrschenden Meinung enthielt bereits die WpDRL nur Vorschriften zur Schaffung von Aufsichtsregeln und sah gerade keine Schaffung unmittelbarer Rechte von Kunden gegen die beratenden WpDU vor.[241] Dafür, dass eine rein öffentlich-rechtliche Umsetzung der Richtlinie gewollt war, sprach bereits, dass sämtliche Sanktionen, die auf Verstößen gegen Verhaltenspflichten beruhten, von Behörden verhängt und durchgesetzt werden sollten.[242] Art. 22 WpDRL forderte daher die Benennung der Behörden, welche die in der Richtlinie vorgesehenen Aufgaben zu erfüllen hatten. Ausweislich der Überschrift des Richtlinienabschnitts, welchen Art. 22 einleitete, waren dies die „Zulassung und Aufsicht" der WpDU. Ebenso für eine rein aufsichtsrechtliche Umsetzung sprach, dass die WpDRL ausschließlich auf Art. 56 Abs. 2 EGV gestützt wurde.[243]

---

[240] Für eine tiefergehende grundlegende Analyse sei auf die dazu erschienenen Abhandlungen in der Literatur verwiesen. Zur alten Rechtslage: *Bliesener,* Verhaltenspflichten (1998); *Brandt,* Aufklärungs- und Beratungspflichten (2002); *Lang,* Informationspflichten (2003); *Lange,* Informationspflichten (2000); *Leisch,* Informationspflichten (2004), *Schön,* Verhaltensregeln (1998); zur Rechtslage nach dem SchVG: *Krisl,* Schutzgesetzeigenschaft (2013); *Forschner,* Wechselwirkungen (2013).

[241] *Just* in Just/Voß/Ritz/Becker, Vor §§ 31-37a WpHG Rn. 26; *Fuchs* in Fuchs (2. Aufl.), Vor §§ 31ff. WpHG Rn. 76; *Koller* in Assmann/Schneider (4.Aufl.), Vor § 31 WpHG Rn. 16; *Sethe,* Anlegerschutz, S. 750; *Schwark* in Schwark/Zimmer, vor § 31 WpHG Rn. 6 (Festlegung zivilrechtlicher Sanktionen obliegt dem nationalen Gesetzgeber).

[242] *Lange,* Informationspflichten, S. 277.

[243] *Koller* in Assmann/Schneider (4. Aufl.), vor § 31 WpHG Rn. 16; *Schwintowski,* VuR 1997, 83, 85.

Zweifel über die von der Richtlinie gewollte Rechtsnatur des nationalen Rechts kamen allerdings durch die Zielsetzung der Richtlinie auf. Ziel der Richtlinie war demnach einerseits die Gewährung eines gewissen Anlegerschutzes und andererseits die Sicherung der Funktionsfähigkeit der Kapitalmärkte.[244] Erwägungsgrund Nr. 42 der WpDRL verwies hierzu explizit auf die „doppelte Zielsetzung" der Richtlinie. Allerdings stand im Rahmen des Anlegerschutzes nicht der Schutz einzelner Anleger im Vordergrund.[245] So verwies Erwägungsgrund Nr. 41 zwar auf die Funktionsfähigkeit der Kapitalmärkte und den Anlegerschutz, regelte nachfolgend allerdings nur, inwiefern Behörden eines Mitgliedstaats bei Verstößen gegen die Wohlverhaltensregeln gegen das verstoßende WpDU vorgehen konnten und welche Kooperationen mit den Behörden des Herkunftsstaats bestehen sollten. Zivilrechtliche Vorgehensweisen zur Verwirklichung eines individuellen Anlegerschutzes wurden aber gerade nicht geregelt. Art. 27 der Richtlinie legte für Verstöße gegen die aufgestellten Regeln nur aufsichtsrechtliche Sanktionen fest, verlor aber kein Wort zur Möglichkeit einer zivilrechtlichen Inanspruchnahme durch einzelne geschädigte Anleger.[246] Erwägungsgrund Nr. 42 der Richtlinie stellte ebenfalls nicht auf den Schutz des einzelnen Anlegers ab, sondern lediglich auf „Gruppen von Anlegern". Entsprechend dieser Vorprägung waren auch Art. 10 und 11 der Richtlinie formuliert: Aufsichtsregeln und Wohlverhaltenspflichten waren demnach von den betreffenden WpDU „einzuhalten". Die Terminologie ließ ebenfalls erkennen, dass es darum ging, das öffentliche Interesse an der Gewährleistung funktionsfähiger Märkte zu schützen, indem staatliche Vorgaben diesbezüglich eingehalten werden sollten; der individuelle Anlegerschutz fand wiederum gerade keine Erwähnung.[247] Diese Umsetzung entsprach auch der zuvor vom Wirtschafts- und Sozialausschuss abgegebenen Stellungnahme, wonach die Umsetzung der Richtlinie keinerlei Auswirkungen auf das Vertragsrecht haben sollte.[248] Daraus war richtigerweise abzuleiten, dass alleiniger Zweck der Richtlinie war, Aufsichtsregeln zu statuieren, um dem öffentlichen Interesse an funktionsfähigen Kapitalmärkten gerecht zu werden.[249]

---

[244] ABl. EG Nr. L 141/27, 29, 30 (Erwägungsgründe 2, 41, 42 WpDRL).

[245] *Lange*, Informationspflichten, S. 277, *Schön,* Verhaltensregeln, S. 109; *Bliesener,* Verhaltenspflichten, S. 111.

[246] *Koller* in Assmann/Schneider (4.Aufl.), Vor § 31 WpHG Rn. 16.

[247] *Lange*, Informationspflichten, S. 278; *Schön,* Verhaltensregeln, S. 108.

[248] ABl. EG Nr. 89/C 298/03 vom 27.11.1989, Ziff. 1.8.2.1. - 1.8.2.3.; so auch *Koller* in Assmann/Schneider (4. Aufl.), vor § 31 WpHG Rn. 16.

[249] *Lange*, Informationspflichten, S. 277; *Faßbender,* Innerbetriebliches Wissen, S. 13; *Bliesener,* Verhaltenspflichten, S. 109, 112; *Schön*, Verhaltensregeln, S. 108, 110, 115, 122

bb. Zwecke und Konzeption der §§ 31ff. WpHG a.F. i.d.F. nach Umsetzung der WpDRL

Die ganz herrschende Meinung hatte auch anerkannt, dass die §§ 31ff. WpHG a.F., mit welchen die WpDRL umgesetzt wurde, als öffentlich-rechtlich zu qualifizieren waren.[250] Allerdings entwickelte sich in der Folge eine lebhafte Diskussion um die zivilrechtliche Relevanz der §§ 31ff. WpHG a.F.. Anknüpfungspunkt hierfür war, dass sowohl die Richtlinie wie auch die Gesetzesbegründung des zweiten Finanzmarktförderungsgesetzes (im Folgenden: 2. FMFG), mit welchem die Richtlinie umgesetzt wurde, explizit den Anlegerschutz als Ziel benannt hatten.[251] In der Literatur wurden aufgrund dieses Aspekts verschiedene Schlussfolgerungen in Bezug auf die zivilrechtliche Wirkung der Wohlverhaltenspflichten gezogen. Teilweise wurde darauf verwiesen, dass der von der Richtlinie und dem 2. FMFG als Ziel genannte Anlegerschutz lediglich als institutioneller Anlegerschutz zu verstehen sei, welcher keinerlei zivilrechtlichen Wirkungen nach sich ziehen sollte.[252] Wohl überwiegend war die Auffassung vertreten worden, dass die §§ 31ff. WpHG a.F. zwar als öffentliches Recht in das nationale Recht umgesetzt werden sollten, aufgrund des von der Richtlinie und dem nationalen Gesetzgeber bezweckten Anlegerschutzes aber eine „Ausstrahlungswirkung“ auf das Zivilrecht dahingehend bestehen sollte, dass die öffentlich-rechtlichen Pflichten auf das vorvertragliche oder vertragliche Schuldverhältnis zwischen den Parteien einwirken sollten oder im Rahmen der Auslegung der Vertragsverhältnisse Berucksichtigung finden sollten.[253] Teilweise ging man noch einen Schritt weiter und ordnete die Wohlverhaltenspflichten als Normen mit „Doppelnatur“ ein, demnach waren die §§ 31ff. WpHG a.F. sowohl als öffentliches Recht als auch als Zivilrecht zu qualifizieren.[254]

---

[250] BGH v. 8. 5. 2001 - XI ZR 192/00 = BGHZ 147, 343ff.; *Sethe,* Anlegerschutz, S. 749; *Bliesener,* Verhaltenspflichten, S. 102ff; *Schäfer* in Schäfer, WpHG, Vor § 31 Rn. 8 m.w.N.; *ders.* in Bankrecht 1998, S. 27, 33; *Horn,* ZBB 1997, 139, 149; *Lang,* WM 2000, 450, 455; *Schwennicke* WM 1998, 1101, 1102; *Reich* WM 1997, 1601, 1604; *Horn* WM 1999, 1, 4; *Balzer* ZBB 1997, 260, 261; *Gaßner/Escher* WM 1997, 93, 94; *Koller* in Assmann/Schneider (4. Aufl.), Vor § 31 Rn. 17; *Lenenbach,* Kapitalmarktrecht (1. Aufl.), Rn. 8.7f.; *Schön,* Verhaltensregeln, S. 112.; *Hannöver* in Schimansky/Bunte/Lwowski, BankR-HdB, § 110 Rn. 49; *Lange,* Informationspflichten, S. 300f.; *Wieneke,* Discount-Broking, S. 87f; *Bliesener,* Verhaltenspflichten, S. 112 f.; *Brandt,* Aufklärungs- und Beratungspflichten, S. 182 f., 184; *Nobbe* in Bankrecht 1998, S. 235, 249; **a.A.** für zivilrechtliche Natur *Claussen*, Bank- und Börsenrecht, § 9 Rn. 108; wohl auch *Kümpel,* WM 1995, 689, 694.

[251] BT-Drucks. 12/6679, S. 33; siehe außerdem oben Kapitel 2. B. II. 2. a. aa.

[252] *Lange,* Informationspflichten, S. 308; *Schön,* Verhaltensregeln, S. 123; wohl für das ganze WpHG *Kaiser,* WM 1997, 1557, 1559f.

[253] Vgl. ausführlich *Lange*, Informationspflichten, S. 120ff.; *Balzer,* ZBB 1997, 260, 262f.; *Koller* in Assmann/Schneider (4. Aufl.), vor § 31 Rn. 19; *Schäfer* in Schäfer, WpHG, Vor § 31 Rn. 8; *Horn,* ZBB 1997, 139, 149f.; *Gaßner/Escher*, WM 1997, 93, 94; *Nobbe* in Bankrecht 1998, 235, 249f.; *Brandt,* Aufklärungs- und Beratungspflichten, S. 184ff.

[254] *Junker,* Gewährleistungsaufsicht, S. 267f.; *Reich,* WM 1997, 1601, 1604; *Lang,* ZBB 2004, 289 ff.; *Leisch,* Informationspflichten, S. 44 ff., 68 ff.; *Roth* in Assmann/Schütze (3. Aufl.), § 11 Rn. 11; *Schwintowski,* VuR 1997, 83, 85 f.; *Köndgen,* NJW 1996, 558, 569; *Nikolaus,* Durchsetzung, 220ff.

Als Argument für eine öffentlich-rechtliche Rechtsnatur der Norm wurde von der herrschenden Meinung vor allem darauf zurückgegriffen, dass die Wohlverhaltenspflichten lediglich das Verhältnis zwischen der aufsichtsführenden Behörde (damals das BAWe[255]) und den jeweiligen WpDU ausgestalten sollten.[256] Das BAWe war nach § 35 Abs. 2 WpHG a.F. ermächtigt, Richtlinien zur einheitlichen Auslegung und Anwendung der Verhaltensregeln aufzustellen, die allerdings nicht direkt im Verhältnis zwischen den Anlegern und dem WpDU gelten sollten. Zur Begründung dieser Ansicht wurde auch auf die WpDRL verwiesen, welche lediglich die Normierung aufsichtsrechtlicher Pflichten vorsah.[257]

Für die Doppelnatur wurde vor allem auf den durch die Richtlinie und die Materialien des nationalen Gesetzgebers zum Ausdruck kommenden Anlegerschutz abgestellt.[258] Es wurde insbesondere vorgebracht, dass eine „Ausstrahlungswirkung" der öffentlich-rechtlichen Pflichten in ihren Konturen unklar bliebe, weshalb eine Doppelnatur der Norm in diesem Fall vorzuziehen sei.[259] Als Argument für eine Doppelnatur wurde auch die Verjährungsbestimmung des § 37a WpHG a.F. herangezogen, die für Schadensersatzansprüche wegen mangelnder Information oder fehlender Beratung eine dreijährige Frist vorsah.[260] Dagegen wurde aber richtigerweise vorgebracht, dass diese Verjährung lediglich die zivilrechtlichen Ansprüche betraf, welche sich aus dem Anlageberatungsvertrag zwischen dem einzelnen Anleger und dem beratenden WpDU ergaben, nicht aber festlegte, dass aus der Verletzung der Wohlverhaltenspflichten ihrerseits zivilrechtliche Ansprüche abzuleiten waren.[261] Gegen eine Doppelnatur wurde außerdem vorgebracht, dass das deutsche Aufsichtsrecht für Versicherungen, Kredit- und Finanzdienstleistungsinstitute insgesamt öffentlich-rechtlich ausgestaltet war und es schlicht an Anhaltspunkten fehlte, dass der Gesetzgeber Normen mit Doppelnatur habe erlassen wollen.[262] Darüber hinaus seien die Wohlverhaltenspflichten unabhängig vom Bestehen eventueller Vertragsbeziehungen formuliert, so dass sie nur objektive Verhaltensstandards darstellen könnten.[263]

---

[255] „Bundesaufsichtsamt für den Wertpapierhandel".

[256] *Koller* in Assmann/Schneider (4. Aufl.), vor §31 WpHG Rn. 16; *Döhmel* in Vortmann, Prospekthaftung und Anlageberatung, § 4 Rn. 16f.; *Sethe,* Anlegerschutz, S. 749, 751; *Nikolaus,* Durchsetzung, S. 218 – letztlich nichts anderes als die Anwendung der Subordinationstheorie.

[257] *Döhmel* in Vortmann, Prospekthaftung und Anlageberatung, § 4 Rn. 16; *Reich,* WM 1997, 1601, 1604.

[258] *Schwintowski,* VuR 1997, 83, 85f; *Reich,* WM 1997, 1601, 1604; *Roth* in Assmann/Schütze (3. Aufl.), § 11 Rn. 11.

[259] *Möllers* in KK-WpHG, § 31 Rn. 14f.; *Leisch,* Informationspflichten, S. 85.

[260] *Nikolaus,* Durchsetzung, S. 227; *Leisch,* Informationspflichten, S. 14f, 73ff.

[261] *Sethe,* Anlegerschutz, S. 752.

[262] *Sethe,* Anlegerschutz, S. 751*; ders.,* AcP 212 (2012), 80, 126.

[263] *Schwark* in Bankrechtstag 1995, S. 109, 120; *Balzer,* ZBB 1997, 260, 262.

Jedenfalls wurde den §§ 31ff. WpHG a.F. – ebenfalls unter Rückgriff auf den von Richtlinie und nationalem Gesetzgeber bezweckten Anlegerschutz – überwiegend eine Schutzgesetzqualität im Sinne des § 823 Abs. 2 BGB zugesprochen.[264] Es wurde darauf verwiesen, dass sowohl die WpDRL[265] als auch der Gesetzgeber im Rahmen der Umsetzung in das WpHG[266] die anlegerschützende Natur der Wohlverhaltenspflichten hervorhoben und damit wohl mutmaßlich auch einen Individualschutz der Anleger mit bezweckten. Teilweise wurde eine Schutzgesetzeigenschaft der Wohlverhaltenspflichten allerdings auch verneint.[267] Auch gegen eine Schutzgesetzqualität fanden sich zahlreiche Hinweise in den Gesetzgebungsmaterialien: Entsprechend der Zielsetzung der Richtlinie sollte der Erlass des WpHG ursprünglich die Funktionsfähigkeit der inländischen Kapitalmärkte sichern und stärken, um damit die Wettbewerbsfähigkeit des „Finanzplatzes Deutschland" zu gewährleisten.[268] Nach Einschätzung des nationalen Gesetzgebers war für die Funktionsfähigkeit der Kapitalmärkte das Vertrauen der Anleger von zentraler Bedeutung.[269] Aufgabe des Staates sei es, „die Rahmenbedingungen der Finanzmärkte so zu setzen, dass sie ihre volkswirtschaftlichen Funktionen zu jeder Zeit erfüllen. Insbesondere hat er für einen wirksamen Schutz der Anleger zu sorgen."[270] Die Attraktivität und internationale Wettbewerbsfähigkeit des Finanzplatzes Deutschland seien durch die Erweiterung des Anlegerschutzes zu steigern.[271] Das WpHG wolle wiederum das Vertrauen der

---

[264] Ausführlich *Bliesener*, Verhaltenspflichten, S. 148ff, 156; *Koller* in Assmann/Schneider (4. Aufl.), vor § 31 WpHG Rn. 17; *Döhmel* in Vortmann, Prospekthaftung und Anlageberatung, § 4 Rn. 16f; *Hopt*, ZHR 159 (1995), 135, 160 zu § 32; *Schäfer*, in Schäfer, WpHG, Vor § 31 WpHG Rn. 9; *Brandt*, Aufklärungs- und Beratungspflichten, S. 190ff.; *Gassner/Escher*, WM 1997, 93, 94; *Weber*, NJW 2000, 2061, 2073f.; *Zimmer*, JZ 2003, 22, 24, *Horn*, WM 1999, 1, 5; *Lang*, Informationspflichten, S. 126ff.; *Spindler*, Unternehmensorganisationspflichten, S. 828; *Balzer*, ZBB 1997, 260, 263f.; *Drygala*, JZ 1997, 95, 98; *Reich*, WM 1997, 1601, 1604; *Sethe*, Anlegerschutz, S. 758ff., 761, 762; **a.A.** *Lange*, Informationspflichten, S. 307ff.; *Wieneke*, Discount-Broking, S. 103(zu § 31 WpHG); *Leisch*, Informationspflichten, S. 86ff.; *Lang*, ZBB 2004, 289, 295; wie *Nobbe* in Bankrecht 1998, S.250f. anmerkt, ist die Frage aber wohl für die Praxis wegen der Exkulpationsmöglichkeit über § 831 BGB eher wenig relevant.

[265] *Koller* in Assmann/Schneider (4. Aufl.), vor § 31 WpHG Rn. 11; *Reich*, WM 1997, 1601, 1602.

[266] *Schäfer* in Schäfer, *WpHG*, Vor § 31 WpHG Rn. 9; *Döhmel* in Vortmann, Prospekthaftung und Anlageberatung, § 4 Rn. 16f; *Hopt*, ZHR 159 (1995), 135, 159; *Gassner/Escher*, WM 1997, 93, 94.

[267] *Lange*, Informationspflichten, S. 307f.; *Schön*, Verhaltensregeln S. 113f; *Lenenbach* in Albrecht/Karahan/Lenenbach, § 37 Rn. 26; *Ellenberger* in FS Nobbe (2009), 523, 535; *Wieneke*, Discount-Broking, S. 103, Schutzgesetzqualität für § 31 WpHG a.F. verneinend, für § 32 WpHG a.F. bejahend.

[268] BT-Drucks. 12/6679, 1 (Zielsetzung), 33 ff. (Begründung); BT-Drucks. 12/7918, 1 (Problem), 72, 95 (Bericht der Abgeordneten Fell, Ebert, Rind).

[269] BT-Drucks. 12/6679, S. 33.

[270] BT-Drucks. 12/6679, S. 33.

[271] BT-Drucks. 12/6679, S. 1.

Anleger durch konkrete Verbesserungen im Bereich des Anlegerschutzes erhöhen.[272] Das Vertrauen der Anleger beruhe insbesondere auf der Zusicherung, dass sie gleichbehandelt und gegen die unrechtmäßige Verwendung einer Information geschützt werden.[273] Der Anlegerschutz sei damit zwar ein eigenes, wohl aber eher untergeordnetes Ziel des Gesetzgebungsvorhabens gewesen.[274]

Auch wurde im Laufe des Gesetzgebungsverfahrens bereits in der Beschlussfassung und dem Bericht des Finanzausschusses empfohlen, klarzustellen, dass die aufsichtsausübende Behörde ihre Befugnisse ausschließlich im öffentlichen Interesse ausübe. „Anderenfalls könnte der unzutreffende Umkehrschluss gezogen werden, für die Aufsicht über den Wertpapierhandel sei neben dem Funktionenschutz von Börse und Wertpapiermarkt auch ein Individualschutz der Anleger gewollt."[275] Ein mit dem generellen Anlegerschutz einhergehender Individualanlegerschutz sei damit lediglich Reflex des vom Gesetzgeber gewollten institutionellen Anlegerschutzes gewesen.[276]

Für eine Qualifizierung als Schutzgesetz wurde hingegen angeführt, dass so private Schadensersatzklagen ermöglicht würden, welche eine notwendige Ergänzung zur aufsichtsrechtlichen Durchsetzung der Wohlverhaltenspflichten darstellen könnten.[277] Dagegen ließ sich allerdings einwenden, dass ein zusätzlicher Anreiz zur Einhaltung der aufsichtsrechtlichen Regeln durch „private enforcement" bei den WpDU auch geschaffen wird, wenn mit den aufsichtsrechtlichen Pflichten dazu parallel verlaufende beratungsvertragliche Pflichten existieren.[278]

Auch der BGH hatte sich im Laufe der Zeit mit der Frage zu befassen, welchem Rechtsgebiet die Wohlverhaltenspflichten angehörten und ob diese als Schutzgesetze zu qualifizieren seien. Dabei wurde für die §§ 31ff. WpHG a.F. eine Schutzgesetzeigenschaft wohl verallgemeinerungsfähig abgelehnt.[279] Nach Ansicht des BGH sollten die Wohlverhaltenspflichten allerdings „für Inhalt und Reichweite (vor-

[272] BT-Drucks. 12/6679, S. 33.

[273] BT-Drucks. 12/6679, S. 33.

[274] *Bliesener,* Verhaltenspflichten, S. 51; *Lang,* Informationspflichten, S. 119f., jeweils m.w.N.

[275] BT-Drucks. 12/7918, S. 97.

[276] BT-Drucks. 12/7918, S. 100; *Lange,* Informationspflichten, S. 273f; *Faßbender,* Innerbetriebliches Wissen, 12; *Bliesener,* Verhaltenspflichten, S. 51, 111; *Döhmel* in Vortmann, Prospekthaftung und Anlageberatung, § 4 Rn. 16; *Lang,* Informationspflichten, S. 120.

[277] *Bliesener,* Verhaltenspflichten, S. 155ff.

[278] *Benicke,* Wertpapiervermögensverwaltung, S. 472ff.; *Lenenbach* in Albrecht/Karahan/Lenenbach, § 37 Rn. 26.

[279] BGH v. 19.12.2006 – XI ZR 56/05 = BGHZ 179, 226ff. „Daraus folgt, dass ihnen [*den §§ 31ff. WpHG, Anm. d. Verf.*] keine eigenständige, über die zivilrechtlichen Aufklärungs- und Beratungspflichten hinausgehende schadensersatzrechtliche Bedeutung zukommt.".

)vertraglicher Aufklärungs- und Beratungspflichten von Bedeutung sein", soweit der jeweiligen Pflicht „auch anlegerschützende Funktion" zukommt.[280] In den Ausführungen des BGH war damit durchaus eine Anerkennung der sog. „Ausstrahlungswirkung" der Wohlverhaltenspflichten zu erkennen, wohl aber unter der Prämisse, dass die entsprechenden Pflichten anlegerschützende Wirkung entfalten sollten.

b. Meinungsstand zur MiFID und dem FRUG

aa. Zwecke und Konzeption der MiFID

Die MiFID verfolgte, wie schon die WpDRL, ein zweifaches Ziel: Den Anlegerschutz und die Funktionsfähigkeit der Wertpapiermärkte.[281]

Die herrschende Ansicht sah aber auch von der MiFID, wie bereits von der WpDRL, keine Regelung zivilrechtlicher Rechtsverhältnisse intendiert und damit auch keinen Individualschutz für Anleger, sondern wiederum lediglich einen institutionellen Anlegerschutz und damit verbunden eine allein öffentlich-rechtliche Umsetzung, die dem Schutz öffentlicher Interessen dienen sollte.[282] Teilweise wurde dennoch in der einschlägigen Literatur schlicht eine zivilrechtliche Regelungswirkung der Richtlinie mit Verweis auf den von der Richtlinie bezweckten Anlegerschutz bejaht, vielerorts wurde dabei nicht zwischen individuellem und institutionellem Anlegerschutz unterschieden.[283]

Zur Begründung wurde darauf verwiesen, dass Art. 19 der Richtlinie, welcher überwiegend Grundlage für die Neufassung der Wohlverhaltenspflichten war, im Abschnitt über die „Bestimmungen zum Anlegerschutz" zu finden war.[284] Auch einzelne Erwägungsgründe der MiFID wurden herangezogen, um diese These zu stützen: Nach Erwägungsgrund Nr. 2 sollte „Anlegern ein hohes Schutzniveau" geboten werden. Erwägungsgrund Nr. 31 wurde noch deutlicher, wenn er formulierte: „Ein Ziel dieser Richtlinie ist der Anlegerschutz. Die Vorkehrungen zum Schutz der Anleger sollten den Eigenheiten

---

[280] BGH v. 19.12.2006 – XI ZR 56/05 – juris (Rz. 16ff.).

[281] Erwägungsgrund (44) MiFID.

[282] BGH v. 17.09.2013 - XI ZR 332/12 = WM 2013, 1983 [Rz. 26]; v. 26.07.2012 - XI ZR 316/11 = WM 2012, 1520 [Rz. 24]; v. 27.09.2011 - XI ZR 182/10 = WM 2011, 2268 [Rz. 47]; *Fuchs* in Fuchs (2. Aufl.), Vor § 31ff. WpHG, Rn. 80; *Koller* in Assmann/Schneider, Vor. § 31 WpHG Rn. 1; *Krisl,* Schutzgesetzeigenschaft, S. 41; *Forschner,* Wechselwirkungen, S. 47; *Möllers* in FS Hopt (2010), 2248, 2261f.; *Franck,* BKR 2012, 1, 5f.; *Möllers* in FS Nobbe (2009), 523, 537; *Ellenberger* in Bankrechtstag 2010, 37, 45.

[283] *Weichert/Wenninger*, WM 2007, 627, 635; *Veil*, WM 2007, 1821, 1825; vgl. auch *Grundmann* in: EBJS (3.Aufl.), WpHG, § 31 Rn. VI 269, der Anlegerschutz mit Individualschutz gleichsetzt.

[284] *Veil,* WM 2007, 1821, 1825; *Fuchs* in Fuchs (2. Aufl.), Vor §§ 31ff. WpHG Rn. 14.

jeder Anlegerkategorie (Kleinanleger, professionelle Kunden, Gegenparteien) angepasst sein.“ Diesen Argumenten konnte allerdings entgegengehalten werden, dass Anlegerschutz nicht zwingend auf zivilrechtlichem Wege herzustellen ist,[285] eine Differenzierung zwischen institutionellem und individuellem Anlegerschutz wäre daher gerade notwendig gewesen.[286] Der Verweis auf Anlegerkategorien und die Verwendung des Plurals (Anlegern, Schutz der Anleger) im Rahmen der genannten Erwägungsgründe war gerade Indiz dafür, dass hier nicht einzelne Anleger, sondern Gruppen von Anlegern geschützt werden sollten. Vor allem das Abstellen auf Anlegergruppierungen in Erwägungsgrund Nr. 31 (Kleinanleger, professionelle Kunden) zeigte, dass hier eher ein institutioneller Anlegerschutz gewollt war. Im Übrigen normierte die MiFID, wie auch schon die WpDRL, ausschließlich Überwachungsbefugnisse der zuständigen Behörden (Art. 50 MiFID), auch dies legte eine rein aufsichtsrechtliche Konzeption der Richtlinie nahe.[287]

Der Vorschlag der Kommission gab zudem Aufschluss über den Willen des Richtliniengebers. Diesem zufolge war eine aufsichtsrechtliche Umsetzung des Anlegerschutzes gewollt.[288] Auch aus dem Ziel der Richtlinie, der Herstellung der Dienstleistungsfreiheit durch die Schaffung einer europaweit einheitlichen Zulassung,[289] ließ sich ebenfalls der lediglich institutionelle Anlegerschutz erkennen. Es sollte durch einheitliche Zulassungsvoraussetzungen das Vertrauen der Anleger in den Markt gestärkt werden.[290] Vor diesem Hintergrund war „Anlegerschutz“ so zu verstehen, dass damit ein „Anlegerschutz durch Vertrauen in die Zulassungsvoraussetzungen“ gemeint war.[291] Dies war auch Erwägungsgrund Nr. 17 der MiFID zu entnehmen. Demzufolge sollten „aus Gründen des Anlegerschutzes […] Personen, die die unter diese Richtlinie fallenden Wertpapierdienstleistungen erbringen und/oder Anlagetätigkeiten ausüben, der Zulassung durch ihren Herkunftsmitgliedstaat unterliegen.“

---

[285] BGH v. 17.09.2013 - XI ZR 332/12 = WM 2013, 1983 [Rz. 31]; *Forschner,* Wechselwirkungen, S. 44; *Wagner*, NZG 2011, 609, 609.

[286] *Forschner,* Wechselwirkungen, S. 75; *Lange,* Informationspflichten, S. 273f.; *K. Schmidt* in FS Hopt (2010), 2489, 2504.

[287] *Koller* in Assmann/Schneider, vor § 31 WpHG Rn. 1; *Krisl,* Schutzgesetzeigenschaft, S. 41.

[288] Vorschlag der EU-Kommission v. 19.11.2002, KOM(2002) 625 endgültig, S. 34: „Proportionale und angemessene **Aufsichtsvorschriften** [*Hervorhebung durch Verf.*] sind gerechtfertigt, um das Risiko einer unsachgemäßen Beratung des Anlegers oder eines unprofessionellen/dem Berufsethos zuwiderlaufenden Verhaltens durch Berater eingedämmt werden.“.

[289] Erwägungsgrund (3) WpDRL.

[290] *Forschner,* Wechselwirkungen, S. 46.

[291] *Forschner,* Wechselwirkungen, S. 46, in diesem Sinne auch *Schwark* in Schwark/Zimmer, vor § 31ff. WpHG Rn. 14.

Darüber hinaus wurde argumentiert, dass die MiFID auch im nationalen Recht zivilrechtliche Sanktionen für Verstöße gegen die (jedenfalls auch) aufsichtsrechtlich wirkenden Wohlverhaltenspflichten hätte normieren müssen, falls deren Regeln individualschützender Charakter zukommen sollte. Zu dieser Gesetzgebung sei die EU aber ausweislich ihrer Kompetenzen aus dem AEUV gar nicht in der Lage.[292] Nach dem Grundsatz der Zielverbindlichkeit (Art. 288 AEUV) bleibt gerade den Mitgliedstaaten die Wahl der Form und Mittel der Übertragung von Richtlinien in nationales Recht überlassen. Nachdem dies seitens des BGH bereits mehrfach entschieden worden war,[293] stellte auch der EuGH dies in der Entscheidung in der Rechtssache „Genil“ für die MiFID fest.[294] Das Gericht judizierte, dass „die Richtlinie […] weder bestimmt, dass die Mitgliedstaaten vertragliche Folgen für den Abschluss von Verträgen vorsehen müssen, in denen die Verpflichtungen missachtet werden, die sich aus den Bestimmungen des nationalen Rechts zur Umsetzung von Art. 19 Abs. 4 und 5 der Richtlinie 2004/39 ergeben, noch, welche Folgen in Betracht kommen. In Ermangelung einer Regelung der Union hierzu kommt es der innerstaatlichen Rechtsordnung der einzelnen Mitgliedstaaten zu, die vertraglichen Folgen eines Verstoßes gegen diese Verpflichtungen festzulegen“[295] Auch nach Auffassung des EuGH enthielt die MiFID demnach keine Regelung zum Erlass zivilrechtlicher Rechtsfolgen. Ein durch die Richtlinie vermittelter Schutz individueller Anleger würde aber solche gerade voraussetzen. Stattdessen stand von Seiten der Richtlinie wohl vielmehr die Funktionsfähigkeit des Kapitalmarktes als Zielsetzung im Vordergrund. Damit ist ersichtlich, dass die MiFID ausschließlich Schutz für Anlegergruppen vermitteln sollte, keinesfalls aber auch den Schutz individueller Anleger bezweckte. Aus der MiFID konnte daher richtigerweise kein individueller Anlegerschutz abgeleitet werden.

bb. Zwecke und Konzeption der §§ 31ff. WpHG a.F. i.d.F. nach Umsetzung der MiFID

Die wohl herrschende Meinung – einschließlich des BGH – war auch für die durch das FRUG neu gefassten §§ 31ff. WpHG a.F. der Ansicht, dass diese lediglich dem öffentlichen Recht zuzuordnen

---

[292] *Schwark* in Schwark/Zimmer, Vorbem. § 31 WpHG Rn. 14; *Krisl,* Schutzgesetzeigenschaft, S. 41; *Koller* in Assmann/Schneider, vor § 31 WpHG Rn. 5; *Veil,* ZBB 2008, 34, 41; *Sethe,* AcP 212 (2012), 80, 124; *Möllers* in KK-WpHG, § 34 Rn. 132 mit dem Hinweis, dass daher gerade versucht werde, eine Angleichung über das Aufsichtsrecht zu erreichen, vgl. *Assmann* in FS Schneider (2011), 37, 41f.; Erwägungsgründe (1) und (2) MiFiD).

[293] BGH v. 26.07.2012 - XI ZR 316/11 = WM 2012, 1520 [Rz. 24]; v. 27.09.2011 - XI ZR 182/10 = WM 2011, 2268 [Rz. 47].

[294] EuGH v. 30.05.2013 - C-604/11 – „Genil“ = NZG 2013, 786, 789 (Rz. 57, 58).

[295] EuGH v. 30.05.2013 - C-604/11 – „Genil“ = NZG 2013, 786, 789 (Rz. 57).

waren und keine unmittelbaren Pflichten zwischen Anlegern und WpDU begründeten.[296] Ebenso wie zu den §§ 31ff WpHG a.F. wurde aber auch zu den neu gefassten §§ 31ff. WpHG a.F. die Auffassung vertreten, dass diese als sog. „Doppelnormen" sowohl dem öffentlichen Recht, als auch dem Zivilrecht zuzuordnen seien.[297] Grund dafür sei, dass das FRUG aufsichtsrechtliche Normen schaffen wollte und mit der Funktionsfähigkeit des Kapitalmarktes zwar ein öffentliches Interesse schütze, aber auch einen Schutz des einzelnen Anlegers bezweckte, womit die neu geschaffenen Normen auch als Zivilrecht zu qualifizieren seien.[298] Teilweise wurden die Wohlverhaltenspflichten sogar als reines Zivilrecht angesehen.[299]

Als Argument gegen eine (auch) zivilrechtliche Rechtsnatur der Wohlverhaltenspflichten wurde darauf verwiesen, dass in der Gesetzesbegründung für den Erlass der Wohlverhaltenspflichten als Kompetenzgrundlage das „Recht der Wirtschaft" nach Art. 74 Abs. 1 Nr. 11 GG gewählt wurde und nicht das „Bürgerliche Recht" gemäß Art. 74 Abs. 1 Nr. 1 GG.[300] Gegen dieses Argument ließ sich allerdings berechtigterweise einwenden, dass die Aufteilung der Kompetenzgrundlagen zwischen dem Recht der Wirtschaft und dem Bürgerlichen Recht historisch bedingt ist und mit der ganz herrschenden Meinung daher davon auszugehen war, dass das Recht der Wirtschaft sowohl ziviles wie auch öffentliches Wirtschaftsrecht umfasste.[301]

Für eine rein öffentlich-rechtliche Rechtsnatur der §§ 31ff. WpHG a.F. sprach hingegen, dass Grundlage der MiFID Art. 47 Abs. 2 EGV war und die Regelung der Niederlassungsfreiheit grundsätzlich durch öffentliches Recht erfolgt.[302] Im Übrigen wurde – wie schon im Rahmen der vorherigen Fassung der §§ 31 ff. WpHG a.F. erörtert – gemäß §§ 4, 35, 36 WpHG und durch die

---

[296] BGH v. 17.09.2013 - ZR 332/12 = WM 2013, 1983ff. [Rz. 16ff]; *Ekkenga* in MüKo-HGB (3. Aufl.), P. Effektengeschäft Rn. 72; *Ellenberger* in Ellenberger/Schäfer/Clouth/Lang (4. Aufl.), Rn. 1100; *Koller* in Assmann/Schneider, WpHG (6. Aufl.), Vor § 31 Rn. 1ff.; *Mülbert*, WM 2007, 1149, 1155; *Rothenhöfer*, in Perspektiven des Wirtschaftsrechts, S. 55, 63, 66 ff.; *Schwark*, in Schwark/Zimmer, Vor §§ 31 ff. WpHG Rdn. 14 f.; *Bracht* in Schwintowski, Bankrecht (4. Aufl.), Kap. 18 Rn. 5.

[297] Für die Rechtslage nach dem FRUG vgl. *Möllers* in KK-WpHG, § 31 WpHG Rn. 15ff.; *Veil*, ZBB 2008, 34, 40; *ders.*, WM 2007, 1821, 1825; *Weichert/Wenninger*, WM 2007, 627, 635; *Nikolaus/de Oleire*, WM 2007, 2129, 2134; *Lenenbach*, Kapitalmarktrecht (2. Aufl.), Rn. 11.120.

[298] *Möllers* in KK-WpHG, § 31 WpHG Rn. 13ff.; *Lenenbach*, Kapitalmarktrecht (2. Aufl.), Rn. 11.120ff.

[299] *Einsele*, JZ 2008, 477, 483; *Grundmann* in EBJS (3. Aufl.), BankR VI 270.

[300] Vgl. nur BT-Drucks. 16/4028, S. 53; *Koller* in Assmann/Schneider, vor § 31 WpHG Rn. 2.

[301] *Forschner*, Wechselwirkungen, S. 85f; *Einsele*, ZHR 180 (2016), 233, 243; jeweils m.w.N.; *Schelling*, Vergütungssysteme, S. 147.

[302] *Möllers* in KK-WpHG, § 31 WpHG Rn. 10; **a.A.** *Einsele*, ZHR 180 (2016), 233, 238f.

Möglichkeit der Sanktionierung von Pflichtverstößen als Ordnungswidrigkeit gemäß § 39 WpHG zwischen der BaFin und dem verpflichteten WpDU ein Über-Unterordnungsverhältnis geschaffen.[303]

Für eine ausschließlich aufsichtsrechtliche Umsetzung der MiFID-Regelungen – und damit auch gegen eine Doppelnatur der Wohlverhaltenspflichten – sprach ebenfalls die Tatsache, dass nach dem Willen des Gesetzgebers eine 1:1-Umsetzung der Richtlinie gewollt war.[304] Dies zeigte, dass auch der rein aufsichtsrechtliche Charakter der MiFID übernommen werden sollte, der ausschließlich institutionellen Anlegerschutz bezweckte. Eine aufsichtsrechtliche Umsetzung wurde vom Gesetzgeber auch bestätigt, als er formulierte, dass es sich bei den „Regelungen des Wertpapierhandelsgesetzes […] um bundesgesetzliche Regelungen [handelt], die aufeinander abgestimmt sind und ein einheitliches System aufsichtsrechtlicher Regelungen bilden."[305] An anderer Stelle wurde außerdem festgestellt: „Das Umsetzungsgesetz führt neue Regelungen im Bereich des Aufsichtsrechts ein".[306]

Auch für die reformierten §§ 31ff. WpHG bestand, wie bereits zur alten Rechtslage, die Diskussion darüber, ob diese als Schutzgesetze im Sinne des § 823 Abs. 2 BGB zu qualifizieren waren.[307] Teilweise wurde bereits aus der Gesetzessystematik heraus eine Schutzgesetzeigenschaft der §§ 31ff. WpHG a.F. abgelehnt.[308] Teilweise wurde darauf verwiesen, dass eine Schutzgesetzeigenschaft der §§ 31ff. WpHG a.F. im haftungsrechtlichen Gesamtsystem nicht tragbar erscheine.[309] Als Indiz für einen Individualschutz und damit auch für eine Schutzgesetzeigenschaft der §§ 31ff. WpHG a.F. ließen sich allerdings die Protokolle der Plenardebatten heranziehen. So wurde in den Plenardebatten ausgeführt, dass der einzelne Anleger durch die Wohlverhaltensregeln besser beraten werden sollte und vor dem Kauf einer Anlage „größeres Augenmerk auf die individuelle Situation gerichtet wird".[310] Es ginge

---

303 BGH v. 17.09.2013 - XI ZR 332/12 = WM 2013, 1983 [Rz. 19]; *Krisl,* Schutzgesetzeigenschaft, S. 42.

304 BT-Drucks. 16/4028, S. 52, darauf ebenfalls hinweisend BGH v. 17.09.2013 - XI ZR 332/12 = WM 2013, 1983 [Rz. 18]; *Rothenhöfer* in Perspektiven des Wirtschaftsrechts, S. 55, 69; *Schelling,* Vergütungssysteme, S. 147.

305 BT-Drucks. 16/4028, S. 53.

306 BT-Drucks. 16/4028, S. 53.

307 *Koller* in Assmann/Schneider, vor § 31 WpHG Rn. 7; für Schutzgesetzeigenschaft: *Schwark* in Schwark/Zimmer, vor § 31ff. WpHG Rn. 21; *Veil,* WM 2007, 1821, 1826; gegen Schutzgesetzeigenschaft *Schäfer,* WM 2007, 1872ff.; *Braun/Lang/Loy* in Ellenberger/Schäfer/Clouth/Lang (4. Aufl.), Rn. 492; *Lenenbach,* Kapitalmarktrecht (2. Aufl.), Rn. 11.112ff.; *Pondewils,* ZBB 2011, 169, 174f.; *Rothenhöfer* in Perspektiven des Wirtschaftsrechts, S. 55, 64, wegen haftungsrechtlichen Gesamtsystems ablehnend *Möllers* in KK-WpHG, § 31 WpHG Rn. 16; nach einzelnen Wohlverhaltenspflichten differenzierend betrachtend *Krisl,* Schutzgesetzeigenschaft, S. 70, 97ff.

308 *Schäfer,* WM 2007, 1872ff.

309 *Podewils/Reisich,* NJW 2009, 116, 120.

310 Plenarprotokoll 16/91 vom 29.03.2007, S. 9197 (MdB Hauer).

darum, dass „man leichter nachvollziehen kann, warum welches Produkt empfohlen wird".[311] Auch der BGH ging zwar davon aus, dass die §§ 31ff. WpHG a.F. „dem Anlegerschutz" dienen sollten.[312] Allerdings differenzierte er wiederum nicht explizit zwischen individuellem und institutionellem Anlegerschutz. Richtigerweise war mit der Stellungnahme wohl aber die Bejahung eines Schutzes des individuellen Anlegers verbunden. Allerdings führte der BGH nachfolgend aus, dass als „weitere Voraussetzung für die Annahme eines Schutzgesetzes" ein individueller Schadensersatzanspruch im Lichte des Gesamtsystems tragbar erscheinen müsse.[313] Der BGH verneinte das Vorliegen dieser Voraussetzung mit der Begründung, dass der Gesetzgeber gerade keine deliktsrechtliche Einstandspflicht des WpDU oder des einzelnen Mitarbeiters normieren wollte, vielmehr seien ausschließlich aufsichtsrechtliche Regelungen beabsichtigt, ohne dabei zivilrechtliche Auswirkungen in den Blick zu nehmen.[314] Diese Ausführungen machten klar, dass der BGH zwar grundsätzlich von einem individuellen Anlegerschutz der Wohlverhaltenspflichten ausging, das Vorliegen einer Schutzgesetzeigenschaft aber verneinte. Im Ergebnis ist dieser Ansicht zuzustimmen. Auch das – bereits zu den zuvor gültigen §§ 31ff WpHG a.F. vertretene – Argument, dass eine Unterstützung der Aufsichtsbehörde durch „private enforcement" notwendig sei und daher eine Schutzgesetzeigenschaft der Wohlverhaltenspflichten zweckfördernd sei, vermag dieses Ergebnis nicht zu ändern. Ein „private enforcement" ist auch dann möglich, wenn mit den aufsichtsrechtlichen Pflichten parallel laufende beratungsvertragliche Pflichten existieren, die Qualifikation des Aufsichtsrechts als Schutzgesetz war dazu nicht notwendig.[315] Auch die Gesetzgebungsmaterialien bestätigten diese Ansicht, wenn sie verlauten ließen, dass die Regelungen des WpHG aufeinander abgestimmt seien und ein einheitliches System aufsichtsrechtlicher Haftung bildeten.[316] Dies sprach gerade dagegen, dass, wie von § 823 Abs. 2 BGB gefordert, im vorliegenden Fall ein zivilrechtlicher Schadensersatzanspruch im Sinne des im haftungsrechtlichen Gesamtsystems tragbar erschien. Eine Schutzgesetzeigenschaft der Wohlverhaltenspflichten war damit richtigerweise abzulehnen.

---

[311] Plenarprotokoll 16/91 vom 29.03.2007, S. 9197 (MdB Hauer).

[312] BGH v. 17.09.2013 - XI ZR 332/12 = WM 2013, 1983 [Rz. 23].

[313] BGH v. 17.09.2013 - XI ZR 332/12 = WM 2013, 1983 [Rz. 23].

[314] BGH v. 17.09.2013 - XI ZR 332/12 = WM 2013, 1983 [Rz. 24].

[315] *Benicke,* Wertpapiervermögensverwaltung, S. 472ff.; *Rothenhöfer* in Perspektiven des Wirtschaftsrechts, S. 55, 64; *Lenenbach,* Kapitalmarktrecht (2. Aufl.), Rn. 5.65, 11.116.

[316] BT-Drucks. 16/4028, S. 53.

Ausweislich der relativ klar formulierten Gesetzgebungsmaterialien war also grundsätzlich eine aufsichtsrechtliche Umsetzung der MiFID gewollt, genauso wie eine Schutzgesetzeigenschaft der §§ 31ff. WpHG a.F. richtigerweise abzulehnen war.[317]

c. Meinungsstand und Stellungnahme zur MiFID II und dem 2. FiMaNoG

aa. Zwecke und Konzeption der MiFID II

Auch im Rahmen der MiFID II wird – wie bereits zur MiFID I – vertreten, dass aus dem von der Richtlinie unzweifelhaft bezweckten Anlegerschutz, zugleich ein Schutz individueller Anleger abzuleiten sei.[318] Teilweise wird zur Begründung schlicht darauf abgestellt, dass der Richtliniengeber in den Erwägungsgründen auch die Interessen der Anleger betont hatte.[319] Teilweise wird auch darauf verwiesen, dass die Erwägungsgründe neben dem Funktionsschutz des Kapitalmarkts auch den Anlegerschutz als eigenes Ziel der MiFID II benennen.[320] Daraus wird der Schluss gezogen, dass es sich bei dem genannten Anlegerschutz um einen Individualanlegerschutz handeln müsse.[321] Teilweise wird auch für entscheidend gehalten, dass die MiFID II stellenweise das Verhältnis zwischen dem einzelnen Anleger und dem WpDU thematisiert.[322]

Richtigerweise ist allerdings auch durch die MiFID II grundsätzlich keine Abkehr vom aufsichtsrechtlichen Konzept der MiFID I zu erkennen.[323] Die MiFID II knüpft direkt an die (aufsichtsrechtliche) MiFID I an und soll diese um detaillierte Grundsätze und Mindeststandards

---

317 Ebenso BGH v. 17.09.2013 - XI ZR 332/12 = WM 2013, 1983 [Rz. 18]; *Rothenhöfer* in Perspektiven des Wirtschaftsrechts, S. 55, 69; *Schwark* in Schwark/Zimmer, vor § 31ff. WpHG Rn. 15.

318 *Einsele,* ZHR 180 (2016), 233, 241; *Grundmann* in Staub, Bd. 11 (Investment Banking I), 5. Teil Rn. 143; *Pfisterer*, Die neuen Regelungen der MiFID II, S. 45.

319 *Pfisterer,* Die neuen Regelungen der MiFID II, S. 43, der zur Begründung auf die Erwägungsgründe (3), (7), (37), (42), (53), (56), (70), (71), (74), (80), (81), (82), (86) und (104) der MiFID II verweist.

320 *Grundmann* in Staub, Bd. 11 (Investment Banking I), 5. Teil Rn. 143, der auf die Erwägungsgründe Nr. (3), (7), (40) und (45) der MiFID II verweist.

321 *Grundmann* in Staub, Bd. 11 (Investment Banking I), 5. Teil Rn. 143.

322 *Einsele,* ZHR 180 (2016), 233, 241ff., mit dem Verweis darauf, dass in Erwägungsgrund (74) Satz 2 MiFID II die Pflicht statuiert wird, etwaige Provisionen, die das WpDU im Rahmen einer sog. „unabhängigen Anlageberatung" erhalten hat, an den individuellen Anleger auszukehren. Auch in Erwägungsgrund (86) Satz 2 MiFID II werde auf die Beziehung zum jeweiligen Kunden abgestellt, wenn konstatiert wird, „dass der Grundsatz, ehrlich, redlich und professionell zu handeln, und die Verpflichtung, fair und klar zu sein und den Anleger nicht in die Irre zu führen, in der Beziehung zu jedem Kunden gelten sollten".

323 *Grigoleit,* ZHR 177 (2013), 264, 280f.; *Klein,* Beratungsprotokollpflicht, S. 547f.; *Veil/Lerch,* WM 2012, 1605, 1610ff.; *Forschner,* Wechselwirkungen, S. 62; insofern widersprüchlich *Pfisterer,* Die neuen Regelungen der MiFID II, S. 41, 45.

ergänzen.[324] Bereits diese Anknüpfung lässt darauf schließen, dass auch das Konzept der MiFID I, die Schaffung von Anlegerschutz durch ausschließlich aufsichtsrechtliche Kontrolle, übernommen werden sollte. Wie bereits die MiFID I, schreibt auch die MiFID II ein rein aufsichtsrechtliches System vor. Es werden von der Richtlinie ausschließlich aufsichtsrechtliche Eingriffsbefugnisse und Sanktionen bei Nichtbeachtung der aufgestellten Regelungen durch die nationalstaatlichen Behörden aufgestellt. Die Artt. 67ff. MiFID II schreiben detailliert vor, dass die Aufsicht über die Einhaltung der in der Richtlinie geregelten Pflichten durch nationalstaatliche Behörden erfolgt, wie die Aufsichtsführung zu gestalten ist und welche Kooperationen zwischen den Mitgliedstaaten erforderlich sind.[325] Art. 70 Abs. 1 Unterabs. 1 MiFID II wird noch deutlicher, wenn er lediglich verwaltungsrechtliche Maßnahmen und die Möglichkeit der Schaffung strafrechtlicher Sanktionen bei Verstößen gegen die MiFID II vorsieht, zivilrechtliche Sanktionen jedoch nicht erwähnt.[326] Einleuchtend ist zwar das Argument, dass von der Richtlinie auch das Verhältnis zwischen WpDU und individuellem Anleger thematisiert wird und daher auch eine zivilrechtliche Rechtswirkung gewollt sei.[327] Zur Realisierung dieser Punkte setzt die MiFID II allerdings stillschweigend ein mitgliedstaatliches Vertragsrecht als Auffangrechtsordnung für diejenigen Punkte voraus, welche nicht durch verwaltungsrechtliche Maßnahmen geregelt werden.[328] Eine ausreichend deutliche oder allgemeine Regelungstendenz in Bezug auf das Schuldrecht ist der Richtlinie jedoch nicht zu entnehmen.[329] Ob ein Verstoß gegen die von der Richtlinie gesetzten aufsichtsrechtlichen Pflichten auch zivilrechtlich sanktionierbar sein soll, bleibt daher dem jeweiligen Mitgliedstaat überlassen,[330] wenngleich die Richtlinie erkennen lässt, dass sie von der Sanktionierung gewisser Verstöße ausgeht.[331]

---

[324] Erwägungsgrund (5) MiFID II.

[325] *Pfisterer,* Die neuen Regelungen der MiFID II, S. 41; *Grigoleit,* ZHR 177 (2013), 264, 280.

[326] *Pfisterer,* Die neuen Regelungen der MiFID II, S. 41; *Grigoleit,* ZHR 177 (2013), 264, 280f.

[327] *Einsele,* ZHR 180 (2016), 233, 241ff., (s.o. Fn. 96).

[328] *Veil/Lerch,* WM 2012, 1605, 1610ff.; *Veil,* ZBB 2008, 34, 41f.

[329] *Grigoleit,* ZHR 177 (2013), 264, 280f.

[330] *Klein,* Beratungsprotokollpflicht, S. 548; *Veil/Lerch,* WM 2012, 1605, 1610ff; richtigerweise geht von der aufsichtsrechtlichen Maximalharmonisierung, welche von der MiFID II bezweckt ist, auch keine Bindungswirkung für das Zivilrecht aus, vgl. *Heese,* Beratungspflichten, S. 415ff.

[331] So z.B. in den Erwägungsgrunden (57) und (82) MiFID II, wonach es „angemessene Schutzmechanismen" geben sollte, um Verstöße zu sanktionieren.

bb. Zwecke und Konzeption der §§ 63ff. WpHG

Auch für die Wohlverhaltenspflichten in der Fassung nach dem 2. FiMaNoG wird die Auffassung vertreten, diese seien aufgrund ihrer erhöhten Regelungsdichte und der Hervorhebung der Anlegerinteressen in den Erwägungsgründen der MiFID II (auch) zivilrechtlicher Natur.[332]

Das 2. FiMaNoG bezweckte keine grundsätzliche Änderung der von der MiFID II grundsätzlich vorgesehenen aufsichtsrechtlichen Konzeption. Mit dem Gesetz wurden die Wohlverhaltenspflichten zwar neu gefasst und sind inzwischen in den §§ 63ff. WpHG zu finden. Diese waren in der Fassung nach dem FRUG allerdings – wie bereits erläutert – ausschließlich öffentlich-rechtlicher Natur.[333] Für eine Änderung ihrer Rechtsnatur durch die Umsetzung der MiFID II wäre eine Äußerung des Gesetzgebers dahingehend zwar nicht notwendig, wohl aber naheliegend gewesen. Nach dem Willen des Gesetzgebers war aber gerade eine 1:1-Umsetzung der aufsichtsrechtlich ausgerichteten Richtlinie gewollt.[334] Die Wohlverhaltenspflichten sind daher auch in ihrer Fassung nach dem 2. FiMaNoG richtigerweise als rein aufsichtsrechtlich anzusehen.[335]

d. Zivilrechtliche Wirkung der Wohlverhaltenspflichten

Richtigerweise werden damit die §§ 63ff. WpHG als rein aufsichtsrechtliche Pflichten verstanden, die auch nicht als „Doppelnormen" im Sinne einer (auch) zivilrechtlichen Rechtsnatur zu verstehen sind. Fraglich bleibt weiterhin deren zivilrechtliche Relevanz. Während in der Literatur[336] und der älteren Rechtsprechung[337] davon ausgegangen wurde, dass die öffentlich-rechtlichen Pflichten auf das zivilrechtliche Rechtsverhältnis zwischen den Parteien „ausstrahlen" und so die (vor)vertraglichen Pflichten der Parteien konkretisierten, hatte sich die neuere Rechtsprechung dem entschieden entgegengesetzt und zum Verhältnis von Aufsichtsrecht und Zivilrecht bei der Anlageberatung neu Stellung bezogen. So formulierte der BGH im Jahr 2013: „Die Verhaltens-, Organisations- und Transparenzpflichten der §§ 31 ff. WpHG […] sind ausschließlich öffentlich-rechtlicher Natur und

[332] *Pfisterer,* Die neuen Regelungen der MiFID II, S. 45; *Grundmann,* WM 2012, 1745, 1752; *Einsele,* ZHR 180 (2016), 233, 241ff, 254.

[333] Siehe oben Kapitel 2. B. II. 2. b. bb.

[334] BT-Drucks. 18/10936, S. 3.

[335] *Veil/Lerch,* WM 2012, 1605, 1610f.; *Buck-Heeb,* ZBB 2014, 221, 223; *Freitag,* ZBB 2016, 1, 10; davon implizit auch ausgehend *Balzer,* ZBB 2016, 226, 228; *Geier/Schmitt,* WM 2013, 915ff.; *Grigoleit,* ZHR 177 (2013), 264ff.

[336] *Koller* in Assmann/Schneider, vor § 31 WpHG Rn. 3; *Fuchs* in Fuchs (2. Aufl.); Vorbem. § 31ff WpHG Rn. 81; *Schwark* in Schwark/Zimmer, vor §§ 31ff. WpHG Rn. 16; *Rothenhöfer* in Perspektiven des Wirtschaftsrechts, S. 55, 70ff.; *Just* in Just/Voß/Ritz/Becker, vor §§ 31-37a WpHG Rn. 28; *Kumpan/Hellgardt,* DB 2006, 1714, 1715.

[337] BGH v. 5.10.1999 – XI ZR 296/98 = NJW 2000, 359ff.; v. 7.5.2002 – XI ZR 179/01 = 2002, 2703ff; v. 19.12.2006 – XI ZR 56/05 = NJW 2007, 1876ff.

wirken deshalb auf das zivilrechtliche Schuldverhältnis zwischen Wertpapierdienstleistungsunternehmen und Kunde nicht ein".[338] Auch eine „Ausstrahlungswirkung" wurde explizit verneint, „die öffentlich-rechtlichen Wohlverhaltenspflichten der §§ 31ff WpHG können zwar, soweit ihnen eine anlegerschützende Funktion zukommt, für Inhalt und Reichweite (vor)vertraglicher Aufklärungs- und Beratungspflichten von Bedeutung sein […]. Ihr zivilrechtlicher Schutzbereich geht aber nicht über diese (vor)vertraglichen Pflichten hinaus. Daraus folgt, dass ihnen keine eigenständige, über die zivilrechtlichen Aufklärungs- und Beratungspflichten hinausgehende schadensersatzrechtliche Bedeutung zukommt."[339] Damit hatte der BGH jegliche Wirkung des Aufsichtsrechts auf das Zivilrecht verneint. Im Jahr 2014 hatte das Gericht dann unter Verweis auf den „im Bereich des Kapitalanlagerechts nahezu flächendeckend vom Gesetzgeber verwirklichten Transparenzgedanken hinsichtlich der Zuwendungen Dritter"[340] eine Aufklärungspflicht des beratenden WpDU über versteckte Innenprovisionen bei einem Grundstückskaufvertrag (!) bejaht. Mit Verweis auf §§ 133, 157 BGB stellte der Senat fest, der Anleger könne für die Bank erkennbar eine entsprechende Aufklärung im Rahmen des Beratungsvertrages erwarten. Mit dem Urteil drängt sich unmittelbar die Frage auf, wann von einem „flächendeckend verwirklichten Transparenzgedanken" des Gesetzgebers ausgegangen werden kann. Sicher erscheint nur, dass der BGH dogmatisch den Weg über die Auslegung des Beratungsvertrags nach §§ 133, 157 BGB gehen wollte. Vorteilhaft an dieser Lösung ist, dass durch die Abschaffung des Begriffs der „Ausstrahlungswirkung" und dessen viel kritisierter Konturenlosigkeit[341] ein Zuwachs an Rechtssicherheit zu verzeichnen ist. Allerdings wird mit der nun aufgeworfenen Frage, wann ein Transparenzgedanke durch den Gesetzgeber nahezu flächendeckend verwirklicht ist, eine neue Rechtsunsicherheit geschaffen.[342] Insgesamt wurde die Problematik des Verhältnisses zwischen Aufsichts- und Zivilrecht durch die Rechtsprechung also nicht zufriedenstellend gelöst.

Dem BGH ist aber insoweit zuzustimmen, als der Inhalt des Beratungsvertrages sich danach richten wird, was die Parteien bei Abschluss des Vertrages erwarten konnten. So wird der Anleger bei Inanspruchnahme einer Beratung immer davon ausgehen, dass das beratende WpDU die

---

[338] BGH v. 17.09.2013 - XI ZR 332/12 = WM 2013, 1983 [Rz. 16].

[339] BGH v. 17.09.2013 - XI ZR 332/12 = WM 2013, 1983 [Rz. 20].

[340] BGH v. 03.06.2014 – XI ZR 147/12 = NJW 2014, 2947 [Rz. 36].

[341] *Leisch,* Informationspflichten, S. 81; *Krisl,* Schutzgesetzeigenschaft, S. 52; *Möllers* in KK-WpHG, § 31 WpHG Rn. 14; *Assmann* in FS Schneider (2011), 37, 53; *Bracht* in Schwintowski, Bankrecht (4. Aufl.), Kap. 18 Rn. 11.

[342] *Buck-Heeb,* WM 2014, 1601, 1605.

aufsichtsrechtlichen Pflichten einhält.[343] Um diesem Gedanken ein rechtliches Kostüm zu geben, wurde in der Vergangenheit bereits angenommen, dass durch das WpDU eine Verkehrssitte dahingehend begründet werde, dass die aufsichtsrechtlichen Pflichten von ihm eingehalten würden.[344] In diese Richtung gehen wohl auch die Ausführungen des BGH, der eine Berücksichtigung erst dann zulässt, wenn ein Gedanke „nahezu flächendeckend vom Gesetzgeber verwirklicht“ wurde. Gegen die Theorie der Einwirkung auf das Zivilrecht über eine Verkehrssitte wurde allerdings bereits berechtigterweise vorgebracht, dass eine privatrechtliche Wirkung der aufsichtsrechtlichen Vorschriften in diesem Fall davon abhinge, wie lange die Vorschriften bereits in Kraft sind und wie lange sich die WpDU daran hielten.[345] Gegen diese Lösung spricht auch, dass sie weitere Unklarheiten schaffen würde in Bezug auf den Zeitraum, der seit Erlass der Normen vergangen sein müsste, um eine wirksame Verkehrssitte zu bejahen. Darüber hinaus würde die Lösung zu dem zufällig anmutenden Ergebnis führen, dass die zivilrechtliche Haftung des WpDU vom zeitlichen Abstand zum Normerlass abhängig ist.[346] Es wird daher im Schrifttum zu Recht die Frage gestellt, warum ein Prinzip erst dann im Zivilrecht zu berücksichtigen sein sollte, wenn es aufsichtsrechtlich nahezu flächendeckend verwirklicht ist, nicht aber bereits, sobald es im Gesetz verankert ist.[347] Richtigerweise ist daher davon auszugehen, dass mit Abschluss des Beratungsvertrages die Parteien übereinstimmend davon ausgehen, dass eine Beratung stets innerhalb der aufsichtsrechtlichen Grenzen stattfinden soll.[348] Teilweise wird im Schrifttum auch davon ausgegangen, dass bereits eine Vermutung dahingehend besteht, dass die (vor)vertraglichen Pflichten der Parteien den allgemeinen aufsichtsrechtlichen Pflichten im WpHG entsprächen.[349] Dem ist grundsätzlich zuzustimmen. Damit läge bei Verletzung der aufsichtsrechtlichen Pflichten immer auch eine Verletzung des Beratungsvertrags vor. Gegen diese Ansicht wird teilweise eingewandt, die Eigenständigkeit des Zivilrechts würde damit abgeschafft.[350] Dem ist allerdings zu widersprechen: Dass sich das Zivilgericht bei der Auslegung des – vom Gesetzgeber nicht normierten – Beratungsvertrages

---

[343] *Forschner,* Wechselwirkungen, S. 142ff.; *Buck-Heeb,* WM 2014, 1601, 1605; *Hannöver* in Schimansky/Bunte/Lwowsky, BankR-HdB, § 110 Rn. 39; *Schäfer,* FS Schimansky (1999), 699, 705; *Schelling,* Vergütungssysteme, S. 158.

[344] *Schäfer,* FS Schimansky (1999), 699, 705; *Möllers/Ganten,* ZGR 1998, 773, 807f.; *Bliesener,* Verhaltenspflichten, S. 158; wohl auch *Schelling,* Vergütungssysteme, S. 159ff.

[345] *Forschner,* Wechselwirkungen, S. 119.

[346] *Forschner,* Wechselwirkungen, S. 119.

[347] *Buck-Heeb,* WM 2014, 1601, 1605.

[348] En Detail *Forschner,* Wechselwirkungen, S. 142, ähnlich auch *Herresthal,* WM 2014, 773, 777; *Roth* in Assmann/Schütze (3. Aufl.), § 11 Rn. 10f.; in diese Richtung bereits argumentierend *Schäfer* in Bankrecht 1998, S. 27, 33 nach dessen Ansicht die „Ausstrahlungswirkung“ so zu verstehen sei, dass die Verhaltensregeln der §§ 31ff. WpHG als freiwillig vereinbart zwischen den Parteien gelten, *ders.* in FS Schimansky (1999), 699, 705.

[349] *Herresthal,* WM 2014, 773, 777, 778.

[350] *Heese,* Beratungspflichten, S. 419.

an dem aufsichtsrechtlichen Normengerüst orientiert, erscheint legitim.[351] Im Übrigen bleibt es den Parteien vorbehalten, privatautonom Abweichungen vom aufsichtsrechtlichen Standard zu vereinbaren. Von einer Abschaffung der Eigenständigkeit des Zivilrechts kann daher keine Rede sein. Allerdings ist zuzugeben, dass mit einer Einbeziehung sämtlicher aufsichtsrechtlicher Pflichten des WpDU in den Beratungsvertrag das Haftungsrisiko des jeweiligen Instituts wohl überdehnt würde. Allerdings wird anzunehmen sein, dass auch nach dem Willen der Parteien wohl nicht sämtliche WpHG-Pflichten des WpDU im Vertrag als mitvereinbart gelten sollen, sondern nur jene, die die Beziehung zwischen WpDU und Anleger ausgestalten oder zumindest einen Individualschutz zugunsten des Anlegers bezwecken, wie dies jedenfalls bei Informations-, Leistungs- und Herausgabepflichten der Fall ist.[352] Ob und in welcher Form das WpDU diejenigen Pflichten einhält, die gegenüber der BaFin bestehen und den Anleger nicht unmittelbar betreffen, wird diesem regelmäßig egal sein.[353] Daher kann auch nicht unterstellt werden, der Anleger hätte eine Einhaltung dieser Pflichten ebenfalls dem Vertragsschluss zugrunde gelegt. Für deren Einhaltung haftet das Institut demnach gerade nicht privatrechtlich.

e. Zwischenergebnis

Es bleibt damit festzuhalten, dass die Wohlverhaltenspflichten allein öffentlich-rechtlicher Natur sind. Auch die zugrunde liegenden Richtlinien, die als Ziel den „Anlegerschutz“ verfolgen, vermögen dies nicht zu ändern. Vielmehr ist der Begriff des Anlegerschutzes, welcher sowohl von den Richtlinien immer wieder aufgegriffen wird, nicht als individueller Anlegerschutz zu verstehen, sondern lediglich als institutioneller Anlegerschutz zu werten. Die Gesetzgebungsmaterialien sprechen hier eine eindeutige Sprache. Allerdings bezwecken die Wohlverhaltenspflichten – wohl zumindest partiell – einen individuellen Anlegerschutz.[354] Damit ist nicht die Annahme eines Schutzgesetzes nach § 823 Abs. 2 BGB verbunden, denn es fehlt für eine Haftung nach § 823 Abs. 2 BGB an einer Relevanz der Norm im haftungsrechtlichen Gesamtsystem. Dies liegt darin begründet, dass anzunehmen ist, dass die

---

[351] Von *Forschner,* Wechselwirkungen, S. 115f. als „faktische Ausstrahlungswirkung“ bezeichnet mit Verweis auf *Bliesener,* Verhaltenspflichten S. 159ff.; und *Fuchs* in Fuchs (1. Aufl.), vor § 31 Rn. 60 (beide allerdings nicht ganz eindeutig); *Sethe,* AcP 212 (2012), S. 80, 127; *Lenenbach,* Kapitalmarktrecht (1. Aufl.), Rn. 8.8.; *Hannöver* in Schimansky/Bunte/Lwowsky, BankR-HdB, § 110 Rn. 39; *Köndgen,* ZBB 1996, 361, 361f.

[352] In diesem Sinne *Herresthal,* WM 2014, 773, 778, der davon spricht, dass die aufsichtsrechtlichen Pflichten „funktional privatrechtlich“ das Rechtsverhältnis zwischen Anlageberater und WpDU regeln; **A.A.** *Forschner,* Wechselwirkungen, S. 143, der zwar eine Abgrenzung dahingehend vornimmt, dass nur solche Pflichten als vereinbart gelten sollen, die die Durchführung des Geschäfts betreffen, einen Anlegerschutz der jeweiligen Vorschriften aber nicht als notwendig für eine Einbeziehung ansieht.

[353] *Herresthal,* WM 2014, 773, 778 stellt in diesem Zusammenhang auf „Organisations- und Registerpflichten“ ab. Zur Frage, ob eine Dokumentationspflicht als im Beratungsvertrag vereinbart gelten kann, siehe Kapitel 2. B.

[354] Siehe noch Kapitel 2. B. IV. 2 für die Pflicht zur Erstellung und Aushändigung der Geeignetheitserklärung.

Parteien beim Abschluss des Beratungsvertrages vereinbaren, dass das WpDU alle den Anleger unmittelbar betreffenden aufsichtsrechtlichen Pflichten, vor allem also solche, die den individuellen Anlegerschutz bezwecken, einhält. Ein Verstoß gegen eine anlegerschützende Wohlverhaltenspflicht führt damit bereits zu einer Haftung nach § 280 BGB in Verbindung mit dem Beratungsvertrag und lässt die Haftung nach § 823 Abs. 2 BGB in den Hintergrund treten.[355]

3. Rechtsnatur und Zweck der Organisations- und Transparenzpflichten

a. Überblick und Entwicklung

Die Dokumentationspflicht wurde in der Vergangenheit ganz überwiegend als Spezialfall der Organisationspflichten angesehen. Die allgemeinen Organisationspflichten des § 80 WpHG (§ 33 WpHG a.F.) und die Transparenzpflichten der §§ 72ff. WpHG (§§ 31f -32d WpHG a.F.) befinden sich allerdings ebenfalls in einem systematischem Zusammenhang zu den Dokumentationspflichten des § 83 WpHG (§ 34 WpHG a.F.). Daher lohnt auch hier eine nähere Betrachtung dieser Normen. Zur Rechtsnatur der Organisations- und Transparenzpflichten wurden in der Vergangenheit in der Literatur und der Rechtsprechung zahlreiche Stellungnahmen abgegeben.

b. Organisations- und Transparenzpflichten in Literatur und Rechtsprechung

aa. Rechtslage vor MiFID und FRUG

Im Gegensatz zu den Wohlverhaltenspflichten wurden die Aufzeichnungs- und Organisationspflichten aus §§ 33, 34 WpHG a.F. früher einhellig als rein öffentliches Recht qualifiziert.[356] Ihnen wurde auch eine „Ausstrahlungswirkung“ auf das Zivilrecht abgesprochen.[357] Begründet wurde diese Ansicht damit, dass die §§ 33, 34 WpHG a.F. sich gerade nicht auf die Rechtsbeziehung zwischen Institut und Kunde, sondern auf die interne Organisation der WpDU und deren Verhältnis zur BaFin bezögen.[358] Die Einhaltung der §§ 33ff. WpHG käme, anders als bei den Wohlverhaltenspflichten, dem individuellen Anleger nicht zugute.[359]

---

355 Dies gilt auch für den Fall, dass der Beratungsvertrag wegen unerkannter Geschäftsfähigkeit nach § 105 Abs. 1 BGB nichtig sein sollte. In diesem Fall wird regelmäßig auch der Anlagenkaufvertrag nichtig sein, und der Anleger ist über einen bereicherungsrechtlichen Anspruch auf Rückzahlung des Kaufpreises der Anlagen aus § 812 Abs. 1 Satz 1 Var. 1 BGB ausreichend anderweitig geschützt, so dass eine Tragbarkeit im haftungsrechtlichen Gesamtsystem entfällt.

356 *Sethe,* Anlegerschutz, S. 750; *Koller* in Assmann/Schneider, 4. Aufl., Vor § 31 Rn. 17; *Schwark* in Schwark/Zimmer (3. Aufl.), Vor § 31ff. WpHG Rn. 5; *Kümpel* in Kümpel (3. Aufl.), Rn. 8.459; *Schön,* Verhaltensregeln, S. 106f.

357 *Balzer,* ZBB 1997, 260, 262f.; *Nikolaus,* Durchsetzung, S. 221; *Sethe,* Anlegerschutz, S. 752; *Schwark* in Bankrechtstag 1995, S. 109, 121; für § 33 WpHG a.F.: *Koller in* Assmann/Schneider (4. Aufl.), § 33 WpHG Rn. 1.

358 *Nikolaus,* Durchsetzung, S. 221; *Sethe,* Anlegerschutz, S. 752; *Schwark* in Bankrechtstag 1995, S. 109, 121.

359 *Nikolaus,* Durchsetzung, S. 221; *Koller* in Assmann/Schneider (4. Aufl.), Vor § 31 Rn. 17.

Auch eine Schutzgesetzeigenschaft wurde bereits für die §§ 33, 34 WpHG a.F. ganz überwiegend abgelehnt.[360] Als Begründung wurde ebenfalls darauf abgestellt, dass nur Vorgaben für die innere Organisation der WpDU geschaffen würden und kein Anspruch des Kunden auf Schaffung einer bestimmten Organisationsstruktur bestehe.[361] Im Übrigen seien die Organisationspflichten zu allgemein gefasst, um Rechte des einzelnen Anlegers zu begründen.[362] Die Aufzeichnungspflichten sollten außerdem nur eine Kontrolle der WpDU durch die Aufsichtsbehörde ermöglichen.[363] Auch der BGH bezog bereits zu § 33 WpHG a.F. Stellung und sprach diesem – mit Verweis auf die einschlägige Literatur und ohne eine nähere Begründung – eine kundenschützende Funktion ab.[364]

bb. Rechtslage seit MiFID und FRUG

In ihrer überarbeiteten Fassung wurden die Organisationspflichten, vor allem §§ 33, 34 WpHG a.F., ebenfalls fast ausschließlich als rein aufsichtsrechtlich eingeordnet.[365] Eine Ausstrahlungswirkung dieser Pflichten auf das Zivilrecht wurde abgelehnt.[366] Dies wurde damit begründet, dass diese offen formuliert seien und lediglich allgemeine Rahmenbedingungen statuierten.[367] Auch für die überarbeitete Fassung wurde – wie schon zur alten Fassung der Vorschriften geschehen – darauf verwiesen, dass nur Vorgaben für die innere Organisation des Unternehmens geschaffen würden, die Beziehung der WpDU zum Kunden allerdings nicht tangiert würde.[368]

---

[360] *Schwark* in Schwark/Zimmer (3. Aufl.), Vor § 31ff. WpHG Rn. 5; *Schäfer* in Schäfer, WpHG, Vor § 31 WpHG Rn. 11; *Sethe,* Anlegerschutz, S. 762ff.; *Balzer,* ZBB 1997, 260, 262ff.; *Wieneke,* Discount-Broking, S. 96; *Schön,* Verhaltensregeln, S. 114; für § 33 WpHG a.F. *Hopt,* ZHR 159 (1995), 135, 160; *Koller in* Assmann/Schneider (4. Aufl.), § 33 WpHG Rn. 1; *Kümpel* in Kümpel (3. Aufl.), Rn. 8.459; für § 34 WpHG a.F.: *Lenenbach*, Kapitalmarktrecht (2. Aufl.), Rn. 10.104; *Koller in* Assmann/Schneider (4. Aufl.), § 34 WpHG Rn. 1.

[361] *Sethe,* Anlegerschutz, S. 762, *Schäfer* in Schäfer, WpHG, Vor § 31 WpHG Rn. 11.

[362] *Balzer,* ZBB 1997, 260, 264; *Hopt,* ZHR 159 (1995), 135, 161; *Wieneke,* Discount-Broking, S. 96; *Schön,* Verhaltensregeln, S. 114.

[363] *Sethe,* Anlegerschutz, S. 764; *Schäfer* in Schäfer, WpHG, Vor § 31 WpHG Rn. 11; *Koller* in Assmann/Schneider (4. Aufl.), Vor § 31 WpHG Rn. 17; *Kümpel* in Kümpel (3. Aufl.), Rn. 8.459; *Balzer,* ZBB 1997, 260, 264; *Wieneke,* Discount-Broking, S. 96; *Schön,* Verhaltensregeln, S. 114.

[364] BGH v. 08.05.2001 - XI ZR 192/00 = BKR 2001, 38, 41.

[365] *Just* in Just/Voß/Ritz/Becker, Vor §§ 31-37a WpHG Rn. 27 („unstreitig"); *Schwark* in Schwark/Zimmer, Vorbem. §§ 31-37a WpHG Rn. 12 („ohne Zweifel"); *Oulds* in Kümpel/Wittig (4. Aufl.), Rn. 14.179; für § 33 WpHG: *Koller* in Assmann/Schneider, vor § 31 WpHG Rn. 7.

[366] *Sethe,* AcP 212 (2012), 80, 130.

[367] *Oulds* in Kümpel/Wittig (4. Aufl.), Rn. 14.179.

[368] Für § 33 WpHG: *Klein,* Beratungsprotokollpflicht, S. 22.

Eine Schutzgesetzeigenschaft nach § 823 Abs. 2 BGB wurde für die neuere Fassung der §§ 33, 34 WpHG a.F. weitestgehend abgelehnt.[369] Als Grund dafür wurde eine ausschließlich öffentlich-rechtliche Zwecksetzung des Gesetzgebers genannt.[370] Im Übrigen wurde darauf abgestellt, dass die Organisations- und Aufzeichnungspflichten allenfalls mittelbar den Anleger schützten, dem die Beachtung dieser Normen zugutekomme.[371] Teilweise wurde aber auch – ähnlich wie für die Wohlverhaltenspflichten – die MiFID und deren anlegerschützende Zielrichtung als Argument für eine Schutzgesetzeigenschaft herangezogen.[372]

Die Transparenzpflichten – welche erst mit Umsetzung der MiFID durch das FRUG geschaffen wurden – wurden ganz überwiegend dem öffentlichen Recht zugeordnet und nicht als Schutzgesetze iSd § 823 Abs. 2 BGB angesehen.[373] Begründet wurde dies damit, dass das Ziel der Regelungen die Herstellung ausreichender Markttransparenz und damit das Schaffen einer Voraussetzung für die Funktionsfähigkeit des Marktes war und nicht die Stärkung der individuellen Position des Kunden.[374]

Auch der BGH sprach sich für eine rein öffentlich-rechtliche Rechtsnatur der Organisations- und Transparenzpflichten aus und verneinte darüber hinaus eine mögliche „Ausstrahlungswirkung“ der Normen auf das Zivilrecht.[375] Zur Begründung wurde darauf verwiesen, dass der nationale Gesetzgeber

---

[369] *Just* in Just/Voß/Ritz/Becker, Vor §§ 31-37a WpHG Rn. 41; für § 33 WpHG: *Schwark* in Schwark/Zimmer, § 33 WpHG Rn. 4; *Fuchs* in Fuchs (2. Aufl.), § 33 WpHG Rn. 6; *Kumpan/Hellgardt*, DB 2006, 1714, 1716; *Lange* in Schwintowski, Bankrecht (4. Aufl.), Kap. 19 Rn. 110, 112 (für § 34 Abs. 2a, 2b differenzierend); für § 34 WpHG: *Schwark* in Schwark/Zimmer, § 34 WpHG Rn. 1; *Fuchs* in Fuchs (2. Aufl.), § 34 WpHG Rn. 2; *Balzer*, ZBB 2007, 333, 345; *Schäfer*, WM 2007, 1872, 1878f. (für § 33a und § 34 WpHG); etwas missverständlich in Richtung Individualschutz der Organisationspflichten formulierend *Fuchs* in Fuchs (2. Aufl.), Vorbem. §§ 31ff WpHG Rn. 72, während die dafür angeführten Quellen allerdings nur §§ 31, 32 WpHG a.F. in Bezug nehmen.

[370] *Schwark* in Schwark/Zimmer, § 34 WpHG Rn. 1.

[371] *Just* in Just/Voß/Ritz/Becker, Vor §§ 31-37a WpHG Rn. 41.

[372] Dies für § 34 WpHG bejahend *Roller*, VuR 2007, 441, 444, *Grundmann* in EBJS (3. Aufl.), WpHG, § 34 WpHG Rn. VI 350; in Bezug auf den Herausgabeanspruch nach § 34 Abs. 2b WpHG differenzierend *Just* in Just/Voß/Ritz/Becker, Vor §§ 31-37a WpHG Rn. 41.

[373] *Schwark* in Schwark/Zimmer, Vorbem. §§ 31-37a WpHG Rn. 12 („ohne Zweifel“); *Fuchs* in Fuchs (2. Aufl.), Vorbem. §§ 31ff WpHG Rn. 110; *Voß* in Just/Voß/Ritz/Becker, Vor §§ 31-37a WpHG Rn. 42; *Klein*, Beratungsprotokollpflicht, S.71.

[374] *Fuchs* in Fuchs (2. Aufl.), Vorbem. §§ 31ff WpHG Rn. 110; *Just* in Just/Voß/Ritz/Becker, Vor §§ 31-37a WpHG Rn. 42.

[375] BGH v. 07.09.2013 - XI ZR 332/12 = WM 2013, 1983, 1984 (Rz. 16): „Die Verhaltens-, Organisations- und Transparenzpflichten der §§ 31 ff. WpHG […] sind ausschließlich öffentlich-rechtlicher Natur und wirken deshalb auf das zivilrechtliche Schuldverhältnis zwischen Wertpapierdienstleistungsunternehmen und Kunde nicht ein“; BGH v. 03.06.2014 – XI ZR 147/12 = NJW 2014, 2947, 2950 (Rz. 35): „Allerdings sind die Verhaltens-, Organisations- und

eine rein aufsichtsrechtliche Umsetzung der MiFID gewollt habe und darüber hinaus die BaFin als Behörde – welche ihre Pflichten ausschließlich im öffentlichen Interesse wahrnehme – die Einhaltung der Pflichten überwache.[376]

c. Stellungnahme: Notwendigkeit einer Neubewertung auf methodischer Grundlage

Grundsätzlich wird der Literatur und der Rechtsprechung bei der Einordnung der Transparenz- und Organisationspflichten als Aufsichtsrecht – und damit öffentliches Recht – zuzustimmen sein: So sind die Organisations- und Transparenzpflichten durch das FRUG in das WpHG eingefügt worden, welches eine ausschließlich aufsichtsrechtliche Umsetzung der MiFID Vorgaben vorsah.[377] Auch die MiFID II und das 2. FiMaNoG verfolgen diesen Ansatz.[378] Richtigerweise wurde darauf verwiesen, dass die Transparenzpflichten ausschließlich zum Schutz der Funktionsfähigkeit des Marktes bestimmt sind und die Organisationspflichten ausschließlich Pflichten der WpDU im Verhältnis zur BaFin aufstellen. Grundsätzlich ist daher die Ablehnung einer Schutzgesetzeigenschaft für die Transparenz- und Organisationspflichten folgerichtig.

Eine differenziertere Betrachtung ist allerdings im Bereich der Dokumentationspflichten nach § 83 WpHG angebracht. Bereits die Stellungnahmen zu den §§ 33, 34 WpHG a.F. fielen sehr undifferenziert aus und muteten daher etwas oberflächlich an. Nicht selten entstand der Eindruck, dass schlicht die Auffassungen zu den §§ 33, 34 WpHG a.F. in ihrer vorherigen Fassung übernommen wurden. Dass dabei allerdings die Neuerungen, welche die Dokumentationspflichten durch das FRUG und das SchVG erfahren haben, ausreichend berücksichtigt wurden, erscheint angesichts der oft sehr pauschalen Ausführungen, die oft einer tiefergehenden Begründung entbehren, zweifelhaft. Dies betrifft vor allem den Aspekt der Rechtsnatur der Dokumentationspflichten. Beispielsweise steht der Auffassung, § 34 WpHG a.F. gehörte insgesamt allein dem öffentlichen Recht an, bereits die Tatsache entgegen, dass § 34 Abs. 2b WpHG a.F. nach nahezu unbestrittener Auffassung dem Zivilrecht angehörte.[379] In den allermeisten Stellungnahmen zur Rechtsnatur von § 34 WpHG a.F. wurde darauf

---

Transparenzpflichten der §§ 31 ff. WpHG ausschließlich öffentlich-rechtlicher Natur und wirken auf das zivilrechtliche Schuldverhältnis zwischen Wertpapierdienstleistungsunternehmen und Kunde grundsätzlich nicht ein".

[376] BGH v. 07.09.2013 - XI ZR 332/12 = WM 2013, 1983, 1984 [Rz. 18, 19].

[377] Vgl. dazu oben Kapitel 2. B. II. 2. b. bb.

[378] Vgl. dazu oben Kapitel 2. B. II. 2. c.

[379] Für § 34 Abs. 2b WpHG: BT-Drucks. 16/12814, S. 14, 28; vgl. statt aller *Möllers* in KK-WpHG, § 34 WpHG Rn. 116; *Koller* in Assmann/Schneider, § 34 WpHG Rn. 33; *Leuering/Zetzsche,* NJW 2009, 2856, 2058; *Philipp,* Dokumentationspflichten, S. 218; *Veldhoff,* Die Haftung von Kreditinstituten, S. 329; *Lenenbach*, Kapitalmarktrecht (2.

allerdings nicht eingegangen.[380] Auch die Äußerungen des BGH könnten, da sie stets die gesamten §§ 31ff WpHG in Bezug nahmen, in die Richtung zu deuten sein, dass damit lediglich ein allgemeiner Grundsatz aufgestellt werden sollte. Eine Durchbrechung dieses Grundsatzes wäre dann allerdings in Ausnahmefällen – wie z.B. im Rahmen von § 34 Abs. 2a und 2b WpHG a.F. und den heutigen § 83 Abs. 3, Abs. 6, Abs. 8 und Abs. 9 WpHG – grundsätzlich möglich.

Insgesamt bestehen daher Zweifel daran, dass pauschale Aussagen wie die oben genannten zur Rechtsnatur der Dokumentationspflichten weiterhin Bestand haben können. Angesichts der Neufassung der Pflichten im Rahmen des SchVG und des 2. FiMaNoG besteht ein begründeter Anlass für eine grundlegende Neubewertung der Rechtsnatur der Dokumentationspflichten. Im Folgenden soll dieser Notwendigkeit Rechnung getragen werden. Dazu wird zunächst die „alte“ Regelung nach dem SchVG Gegenstand der Untersuchung sein und im Folgenden die „neue“ Fassung nach dem 2. FiMaNoG beleuchtet werden.

III. Bisherige Einordnung der Dokumentationspflichten nach § 34 WpHG a.F.

1. Allgemeine Aufzeichnungspflicht, § 34 Abs. 1 WpHG a.F.

§ 34 Abs. 1 WpHG a.F. schrieb vor, dass ein WpDU einerseits die Dokumentationspflichten aus Artt. 7, 8 MiFID-DVO[381] einzuhalten hatte und andererseits über die von ihm erbrachten Wertpapierdienstleistungen und Wertpapiernebendienstleistungen sowie die von ihm getätigten Geschäfte Aufzeichnungen zu erstellen hatte, die es der Bundesanstalt ermöglichten, die Einhaltung der in diesem Abschnitt geregelten Pflichten zu prüfen. Der Verweis auf die Pflichten nach der MiFID-DVO war streng genommen nicht notwendig, da die Verordnung auch im nationalen Recht direkte Geltung beansprucht. Der Inhalt von § 34 Abs. 1 WpHG a.F. erschöpfte sich daher in den Pflichten des WpDU, Aufzeichnungen über die von ihm erbrachten Wertpapierdienstleistungen, Wertpapiernebendienstleistungen sowie die von ihm getätigten Geschäfte zu erstellen.

Aufl.), Rn. 5.226, 5.259 nimmt wegen Anlegerschutzes der MiFID eine Doppelnatur der Verhaltenspflichten an und ordnet deshalb sogar § 33a WpHG und § 34 Abs. 2 WpHG als Normen mit Doppelnatur ein.

[380] Mit Ansätzen einer etwas differenzierteren Betrachtung allerdings *Lange* in Schwintowski, Bankrecht (4. Aufl.), Kap. 19 Rn. 112 und *Just* in Just/Voß/Ritz/Becker, Vor §§ 31-37a WpHG Rn. 41.

[381] Verordnung (EG) Nr. 1287/2006 der Kommission vom 10. August 2006 zur Durchführung der Richtlinie 2004/39/EG des Europäischen Parlaments und des Rates betreffend die Aufzeichnungspflichten für Wertpapierfirmen, die Meldung von Geschäften, die Markttransparenz, die Zulassung von Finanzinstrumenten zum Handel und bestimmte Begriffe im Sinne dieser Richtlinie Verordnung (EG) Nr. 1287/2006 (im Folgenden: MiFID-DVO).

Nach der Interessentheorie ist maßgeblich, ob die gesetzliche Regelung im Interesse des einzelnen Bürgers oder des Gemeinwesens getroffen wurde, also ein Schutz öffentlicher Interessen oder ein Individualschutz eines Einzelnen bezweckt wird.[382] Im vorliegenden Fall führte die Anwendung dieser Theorie zu dem Ergebnis, dass § 34 Abs. 1 WpHG a.F. eindeutig dem öffentlichen Recht zuzuordnen war. In der Literatur wurde teilweise darauf abgestellt, dass wegen des Zwecks der Dokumentation, die Einhaltung der Wohlverhaltenspflichten zu sichern, den Dokumentationspflichten teilweise auch individualschützender Charakter zukomme.[383] Dem ist allerdings nicht zuzustimmen, da der Wortlaut von § 34 Abs. 1 WpHG a.F. vorgab, dass die Dokumentation erfolgte, um es „der Bundesanstalt [zu] ermöglichen, die Einhaltung der in diesem Abschnitt geregelten Pflichten zu prüfen“.[384] Ausweislich der Gesetzgebungsmaterialien sollten die angefertigten Aufzeichnungen „ausschließlich“ dazu dienen, der BaFin die Einhaltung der in Abschnitt 6 geregelten Pflichten zu überprüfen.[385] Die BaFin nimmt ihre Aufgaben und Befugnisse nach § 4 Abs. 4 FinDAG ausschließlich im öffentlichen Interesse wahr. *Grundmann* hingegen stellte unter Verweis auf Art. 13 Abs. 6 der MiFID[386] – methodisch betrachtet wohl im Wege der richtlinienkonformen Auslegung – darauf ab, dass große Teile der Dokumentationspflichten auch individualschützenden Charakter hätten.[387] Dagegen ist berechtigterweise vorgebracht worden, dass aus Art. 13 Abs. 6 der MiFID deutlich hervorging, dass eine Aufzeichnung zum Zweck der Kontrolle der WpDU erfolgte und daraus nicht zwingend ein individualschützender Charakter der Dokumentationspflicht abzuleiten ist.[388] Auch die ganz überwiegende Ansicht in der Literatur ging davon aus, dass § 34 Abs. 1 WpHG a.F. nicht dem Schutz

---

[382] *Ehlers/Schneider* in Schoch/Schneider, § 40 VwGO Rn. 219; *Wöckel* in Eyermann, § 40 VwGO Rn. 43; *Reimer* in BeckOK-VwGO, § 40 VwGO Rn. 45.1; *Helge Sodan* in Sodan/Ziekow, § 40 VwGO Rn. 290ff.

[383] *Grundmann* in EBJS (3. Aufl.), BankR, Rn. VI 344, VI 350; *Roller,* VuR 2007, 441, 444 in diese Richtung auch *Kumpan/Hellgardt,* DB 2006, 1714, 1719.

[384] Ebenso *Koller* in Assmann/Schneider, § 34 WpHG Rn. 4; *Lenenbach,* Kapitalmarktrecht (2. Aufl.), Rn. 5.254; *Balzer,* ZBB 2007, 333, 334f; *ders.* in Clouth/Lang, MiFID-Praktikerhandbuch, Rn. 643; *Ellenberger* in Clouth/Lang, MiFID-Praktikerhandbuch, Rn. 8; *Schäfer,* WM 2007, 1872, 1879; *Spindler/Kasten,* WM 2007, 1245, 1249.

[385] BT-Drucks. 16/4028, S. 75.

[386] „Eine Wertpapierfirma sorgt dafür, dass Aufzeichnungen über alle ihre Dienstleistungen und Geschäfte geführt werden, die ausreichen, um der zuständigen Behörde zu ermöglichen, die Einhaltung der Anforderungen dieser Richtlinie zu überprüfen und sich vor allem zu vergewissern, dass die Wertpapierfirma sämtlichen Verpflichtungen gegenüber den Kunden oder potenziellen Kunden nachgekommen ist.“.

[387] *Grundmann* in EBJS (3. Aufl.), BankR, Rn. VI 344, VI 350.

[388] *Klein,* Beratungsprotokollpflicht, S. 106.

des individuellen Anlegers dienen sollte.[389] Nach der Interessentheorie war § 34 Abs. 1 WpHG a.F. damit als ausschließlich öffentlich-rechtliche Norm zu qualifizieren.

Nach der Subordinationstheorie ist eine Norm als öffentlich-rechtlich zu qualifizieren, falls diese ein „Über-Unterordnungsverhältnis" begründet, in welchem der Wille des einen Beteiligten einen anderen Beteiligten rechtlich zu binden vermag.[390] Bei Anwendung dieser Theorie gelangt man ebenfalls zu einer öffentlich-rechtlichen Rechtsnatur von § 34 Abs. 1 WpHG a.F.. Der Wortlaut der Norm sprach lediglich das WpDU an, der Kunde oder der Anleger fanden im Normtext gerade keine Erwähnung. Nach dem Konzept der Norm wurden, unabhängig von den Wertpapierdienstleistungen und Wertpapiernebendienstleistungen, welche das WpDU erbrachte, Aufzeichnungen gefertigt, die nicht für den Kunden bestimmt waren und von deren Existenz er womöglich nicht einmal Kenntnis besaß. Dies zeigt sich auch darin, dass – anders als in § 34 Abs. 2, Abs. 2a und Abs. 2b WpHG a.F. – keine Pflicht zur Aushändigung der Unterlagen an den Kunden bestand. Ausweislich des Wortlautes waren diese nämlich ausschließlich zur Kontrolle durch die Behörde anzufertigen. Allein die BaFin war nach § 35 WpHG a.F. zur Einsicht in die Aufzeichnungen berechtigt. Die Norm setzte demnach ein Über-Unterordnungsverhältnis zwischen der BaFin und dem WpDU voraus. Gegen eine öffentlich-rechtliche Rechtsnatur von § 34 Abs. 1 WpHG a.F. konnte daher eingewendet werden, dass ein Über-Unterordnungsverhältnis von der Norm nicht unmittelbar begründet, sondern vielmehr bereits vorausgesetzt wurde. Ein solches Verhältnis wurde ausschließlich von §§ 4, 35, 36 WpHG a.F. begründet, welche die Kontroll- und Überwachungsbefugnisse der BaFin festlegten. § 34 Abs. 1 WpHG a.F. war aber ausweislich seines Wortlautes[391] zwingend im Zusammenhang mit diesen Vorschriften zu lesen. Die Vorschrift diente, wie alle Vorschriften der §§ 31ff. WpHG a.F., gerade der Ausgestaltung des von §§ 4, 35, 36 WpHG a.F. begründeten Über-Unterordnungsverhältnisses und dazu, dass die Einhaltung der in diesem Verhältnis bestehenden Pflichten effektiv durchgesetzt werden konnte. Der Gesetzgeber hätte ebenso gut in jeder Norm der §§ 31ff. WpHG a.F. festschreiben können, dass die BaFin zur Sanktionierung bei Nichteinhaltung dieser Pflichten berechtigt ist. Darauf wurde aber wohl aus gesetzesökonomischen Gründen verzichtet.[392]

---

[389] *Möllers* in KK-WpHG, § 34 WpHG Rn. 1f.; *Koller* in Assmann/Schneider, § 34 WpHG Rn. 4; *Fuchs* in Fuchs (2. Aufl.), § 34 WpHG Rn. 2; *Fett* in Schwark/Zimmer, § 34 WpHG Rn. 1; *Schäfer* in Heidel, § 34 WpHG Rn. 3; *ders.*, WM 2007, 1872, 1879; *Balzer,* ZBB 2007, 333, 344f.; *ders./Loy* in Ellenberger/Schäfer/Clouth/Lang (4. Aufl.), Teil 2 H. Rn. 1379; *Lenenbach,* Kapitalmarktrecht (2. Aufl.), Rn. 5.254; *Klein,* Beratungsprotokollpflicht, S. 107.

[390] *Wöckel* in Eyermann, § 40 VwGO Rn. 42; *Ehlers/Schneider* in Schoch/Schneider, § 40 VwGO Rn. 220; *Reimer* in BeckOK-VwGO, § 40 VwGO Rn. 45.3; *Helge Sodan* in Sodan/Ziekow, § 40 VwGO Rn. 293ff.

[391] „die es der Bundesanstalt ermöglichen, die Einhaltung der in diesem Abschnitt geregelten Pflichten zu prüfen".

[392] *Forschner,* Wechselwirkungen, S. 73.

Damit gelangt auch die Subordinationstheorie zu dem Ergebnis, dass § 34 Abs.1 WpHG a.F. ausschließlich öffentlich-rechtlicher Natur war.

Nach der modifizierten Subjektstheorie ist eine Norm öffentlich-rechtlich, falls sie wenigstens auf einer Seite einen Träger öffentlicher Gewalt als solchen berechtigt oder verpflichtet.[393] Auch die Anwendung der modifizierten Subjektstheorie wies in Richtung einer aufsichtsrechtlichen Rechtsnatur des § 34 Abs.1 WpHG a.F.: Zwar verpflichtete die Norm ausweislich ihres Wortlautes mit dem WpDU gerade einen Privaten und keinen Träger öffentlicher Gewalt, was zunächst für eine zivilrechtlichen Rechtsnatur der Norm sprach. Allerdings ist zu sehen, dass der Schwerpunkt der Regelung nicht darauf lag, lediglich einen Privaten zu verpflichten. Vielmehr war diese Verpflichtung notwendige Voraussetzung des eigentlichen Ziels der Vorschrift, nämlich die Überprüfung des Verhaltens des WpDU durch Kontrolle seitens der BaFin zu ermöglichen. Dies wurde auch durch den systematischen Zusammenhang der Norm mit §§ 4, 35, 36 WpHG a.F. unterstrichen. Diese berechtigten mit der BaFin gerade einen Träger öffentlicher Gewalt. Der Gesetzgeber hätte diese Überwachungskompetenz ebenso gut in § 34 Abs. 1 WpHG a.F. festschreiben können, so dass aus dieser Norm direkt eine Berechtigung der BaFin resultiert hätte (s.o.). Wie bereits erörtert, ist daher davon auszugehen, dass § 34 Abs. 1 WpHG der Ausgestaltung der Kontrollbefugnisse der BaFin dienen sollte. Insgesamt ist daher darauf abzustellen, dass § 34 Abs. 1 WpHG a.F. in einem systematischen Gefüge verortet war, welches der BaFin eine Kontrolle der WpDU erlauben sollte und damit einen Träger öffentlicher Gewalt berechtigte. Auch nach der modifizierten Subjektstheorie war § 34 Abs. 1 WpHG a.F. damit als öffentlich-rechtliche Norm zu qualifizieren.

2. Pflicht zur Aufzeichnung von Kundenvereinbarungen, § 34 Abs. 2 WpHG a.F.

a. Überblick: Norm und Meinungsstand

§ 34 Abs. 2 Satz 1 a.F. verpflichtete zur Dokumentation von Individualvereinbarungen, die zwischen dem Kunden und dem WpDU abgeschlossen wurden. Satz 2 schrieb die Aufzeichnung einer Rahmenvereinbarung vor, falls das WpDU das erste Mal für den Kunden eine Wertpapierdienstleistung erbrachte, die nicht Anlageberatung war. Satz 3 räumte die Möglichkeit ein, durch Verweis auf andere Dokumente und Rechtstexte solche Rechte und Pflichten, die in diesen normiert waren, in die Rahmenvereinbarung mit einzubeziehen. Satz 4 enthielt die Verpflichtung des WpDU, dem Kunden eine Ausfertigung der Rahmenvereinbarung in Papierform oder auf einem dauerhaften Datenträger zur

[393] *Wöckel* in Eyermann, § 40 VwGO Rn. 44; *Ehlers/Schneider* in Schoch/Schneider, § 40 VwGO Rn. 222; *Reimer* in BeckOK-VwGO, § 40 VwGO Rn. 45.4; *Helge Sodan* in Sodan/Ziekow, § 40 VwGO Rn. 299ff.

Verfügung zu stellen. Satz 5 stellte klar, wann von einem „dauerhaften Datenträger“ im Sinne von Satz 4 auszugehen war.

In der Literatur wurden verschiedentliche Auffassungen zur Rechtsnatur von § 34 Abs. 2 WpHG a.F. vertreten. Mehrheitlich wurde dort versucht, im Wege kurzer Stellungnahmen, meistens mit sehr knapper Begründung, die Rechtsnatur von § 34 Abs. 2 WpHG a.F. im Ganzen oder jedenfalls in Teilen zu bestimmen.[394] Dasselbe Phänomen fand sich auch in Bezug auf einen möglichen Individualschutz der Vorschrift.[395] Insgesamt konnten die meisten dieser Stellungnahmen aber wegen der oft nur sehr kurz und oberflächlich gehaltenen Begründung nicht überzeugen.

b. Anwendung der Interessentheorie

aa. Aufzeichnung von Individualvereinbarungen, § 34 Abs. 2 S. 1 WpHG a.F.

Der Wortlaut von § 34 Abs. 2 S. 1 WpHG a.F. war nicht so eindeutig gehalten wie der des § 34 Abs. 1 WpHG a.F., so dass in Bezug auf den Zweck von Abs. 2 Satz 1 hier keine eindeutige Aussage getroffen wurde. Zwar konnte aus der Tatsache, dass ausschließlich § 34 Abs. 1 WpHG a.F. die Erläuterung enthielt, dass die Aufzeichnungen der Prüfung durch die BaFin dienen sollten, – argumentum e contrario – geschlossen werden, dass die übrigen Vorschriften des § 34 WpHG a.F. individualschützend seien.[396] Überwiegend war wohl aber anzunehmen, dass § 34 Abs. 1 WpHG a.F.

---

[394] § 34 WpHG a.F. insgesamt für anlegerschützend haltend, da „mit dieser Regelung […] der Gesetzgeber eine Beweislastumkehr herbeiführen [wollte]“ *Vortmann,* Aufklärungs- und Beratungspflichten (1. Aufl.), Rn. 894; für § 34 Abs. 2 S. 2 WpHG a.F. als aufsichtsrechtliche Dokumentationspflicht unter Verweis auf die – alles andere als eindeutigen – Gesetzgebungsmaterialien: *Seyfried* in Kümpel/Wittig (4. Aufl.), Rn. 3.255; für aufsichtsrechtlichen Charakter wegen alleinigem Zweck, eine Kontrolle durch die BaFin zu erreichen *Balzer/Loy* in Ellenberger/Schäfer/Clouth/Lang (4. Aufl.), Rn. 1379; **a.A.** für zivilrechtliche Rechtsnatur von § 34 Abs. 2 WpHG a.F. weil vertraglichen Mindeststandard konstituierend (wohl wegen „Doppelnatur“ der Norm) *Lenenbach,* Kapitalmarktrecht (2. Aufl.), Rn. 5.259.

[395] § 34 Abs. 1 und Abs. 2 WpHG a.F. als nicht unmittelbar dem Anlegerschutz dienend (allerdings mit krit. Anm. in zugehöriger Fußnote) *Koller* in Assmann/Schneider, § 34 WpHG Rn. 5; Unter Berufung auf den Wortlaut von § 34 Abs. 1 WpHG a.F. und die Gesetzgebungsmaterialien (allerdings für § 34 Abs. 2a und 2b differenzierend) einen Individualschutz von § 34 WpHG a.F. ablehnend *Fuchs* in Fuchs (2. Aufl.), § 34 WpHG Rn. 2; einen Individualschutz des gesamten § 34 WpHG a.F. wegen dessen alleinigen Zwecks der BaFin die Kontrolle der Aufzeichnungen zu erlauben *Schäfer* in Heidel, § 34 WpHG Rn. 3; einen Individualschutz für alle Dokumentationspflichten nach § 34 WpHG a.F. – unter Berufung auf die zur Vorfassung des § 34 WpHG a.F. verfassten Literatur – ablehnend *Balzer,* ZBB 2007, 333, 345; *ders./Loy* in Ellenberger/Schäfer/Clouth/Lang (4. Aufl.), Rn. 1379, hier unter Berufung auf den einzigen Zweck, der BaFin die Kontrolle der Aufzeichnungen zu erlauben; **a.A.** für einen Individualschutz „große[r] Teile der Dokumentationspflichten“ wegen Aufzeichnung der anlegerschützenden §§ 31a, 33a WpHG a.F. und des durch die MiFID bezweckten Anlegerschutzes *Grundmann* in EBJS (3. Aufl.), BankR, Rn. VI 344.

[396] *Lenenbach,* Kapitalmarktrecht (2. Aufl.), Rn. 5.255.

eine „dokumentationsrechtliche Generalklausel" darstellte und die weiteren Dokumentationspflichten des § 34 WpHG a.F. an diese anknüpften.[397] Die nationalen Gesetzgebungsmaterialien zum FRUG bestätigten diese Annahme: Nach dem Willen des Gesetzgerbers sollte Abs. 2 Satz 1 die allgemeinen Aufzeichnungspflichten des Abs. 1 konkretisieren.[398] Daher war im Zweifel eher davon auszugehen, dass die Aufzeichnungen nach § 34 Abs. 2 S. 1 WpHG a.F. grundsätzlich ebenfalls der Kontrolle durch die BaFin dienen sollten und damit im öffentlichen Interesse erstellt wurden.

Auch die Systematik innerhalb des § 34 Abs. 2 WpHG a.F. sprach gegen einen Individualschutz von Satz 1. So wurde das WpDU nach § 34 Abs. 2 S. 4 WpHG a.F. explizit zur Aushändigung der *Rahmenvereinbarung* – welche nach Satz 2 aufzuzeichnen war – an den Kunden verpflichtet. Eine Aushändigung der nach Satz 1 aufzuzeichnenden *Individualvereinbarungen* war allerdings gerade nicht geschuldet. Hier wurde erkennbar, dass der Gesetzgeber eine gewisse Transparenz und möglicherweise auch eine Beweissicherung durch die Aufzeichnung der Rahmenvereinbarung bezweckt hatte. Im Umkehrschluss konnte deshalb angenommen werden, dass eine Transparenzschaffung oder eine Aushändigung zu Beweiszwecken in Bezug auf geschlossene Individualvereinbarungen vom Gesetzgeber gerade nicht gewollt war. Die Aufzeichnung der Individualvereinbarung nach Satz 1 sollte daher weder der Schaffung von Transparenz noch der Überwindung möglicher Beweisschwierigkeiten dienen und bezweckte deshalb auch keinen Individualanlegerschutz.

Für einen Individualschutz der Aufzeichnungspflicht nach § 34 Abs. 2 S. 1 WpHG a.F. konnte angeführt werden, dass gegenüber dem jeweiligen Kunden durch die Aufzeichnung der Individualvereinbarung – wenn auch nicht explizit vom Gesetzgeber bezweckt – faktisch eine gewisse Transparenz geschaffen wurde. Der Kunde konnte bei Verlust seines eigenen Exemplars der Urkunde jederzeit Einsicht in die Dokumentation der Individualvereinbarung nach § 810 BGB verlangen und sich seiner Rechte und Pflichten vergewissern.[399] Allerdings kann ein faktisches Mehr an Transparenz allein noch nicht zwingend einen Individualschutz des jeweiligen Kunden begründen. Dies wurde auch deutlich bei Betrachtung der Ziele der MiFID. Die Transparenz gegenüber dem jeweiligen Kunden war zwar von der Richtlinie explizit bezweckt, allerdings war damit trotzdem kein Individualschutz des

[397] *Koller* in Assmann/Schneider, § 34 WpHG Rn. 7ff.; *Fuchs* in Fuchs (2. Aufl.), § 34 WpHG Rn. 18; *Seyfried* in Kümpel/Wittig (4. Aufl.), Rn. 3.255; *Philipp*, Dokumentationspflichten, S. 176; *Klein*, Beratungsprotokollpflicht, S. 112.

[398] BT-Drucks. 16/4028, S. 75; *Klein*, Beratungsprotokollpflicht, S. 112.

[399] Die Individualvereinbarung stellt eine Urkunde über ein bestehendes Rechtsverhältnis dar und ein rechtliches Interesse iSd Vorschrift liegt bei Abhandenkommen der eigenen Vertragsurkunde – wohl der Hauptfall der Geltendmachung des Anspruchs – vor, vgl. BGH v. 28.04.1992 - XI ZR 193/91 = NJW 1992, 1072, 1073f.

jeweiligen Anlegers verbunden, sondern lediglich der Schutz des Anlegerpublikums insgesamt.[400] Im Übrigen war ein Individualschutz der Vorschrift nicht nötig, um dem einzelnen Anleger Zugriff auf die Aufzeichnungen einzuräumen, falls er diese zu Beweiszwecken benötigte. Eine mögliche Beweisnot des Anlegers rechtfertigte keine abweichende Betrachtungsweise, zumal den Gesetzgebungsmaterialien zum FRUG keine Anhaltspunkte auf eine gewollte Verbesserung der Prozesssituation potentiell geschädigter Anleger zu entnehmen waren.[401]

Grund für die Aufzeichnungspflichten nach § 34 Abs. 2 S. 1 WpHG a.F. war vielmehr, dass sich aus den aufgezeichneten Vereinbarungen Erkenntnisse zum Geschäftsgebaren der WpDU entnehmen ließen.[402] Im Ergebnis bleibt festzuhalten, dass zwar der Wortlaut der Vorschrift nicht eindeutig war, allerdings die Systematik der Norm und die der Vorschrift zugrunde liegende MiFID, wie auch die nationalen Gesetzgebungsmaterialien, gegen einen individualschützenden Charakter von § 34 Abs. 2 S. 1 WpHG a.F. sprachen.

bb. Aufzeichnung der Rahmenvereinbarung, § 34 Abs. 2 S. 2 WpHG a.F.

(1) Materielle Pflicht zum Abschluss einer Rahmenvereinbarung

Teilweise wurde die Auffassung vertreten, dass § 34 Abs. 2 S. 2 WpHG a.F. auch eine materiellrechtliche Pflicht zum Abschluss einer Rahmenvereinbarung statuierte.[403] Als Argument für die Herleitung einer materiellrechtlichen Pflicht zum Abschluss der Rahmenvereinbarung wurde auf Art. 39 der MiFID-Durchführungsrichtlinie[404] verwiesen, welcher den Abschluss einer solchen eindeutig vorschrieb.[405] Hätte eine solche Pflicht bestanden, so wäre aus ihr eine individualschützende

---

400 Siehe oben, Kapitel 2. B. II. 2. b. aa.

401 Anders die grundlegende Intention des SchVG, vgl. dazu unten unter Kapitel 2. B. III. 3. b. bb und Kapitel 2. B. III. 3. b. dd. (1) (b) (aa).

402 *Klein,* Beratungsprotokollpflicht, S. 112.

403 *Fuchs* in Fuchs (2. Aufl.), § 34 WpHG Rn. 18; *Teuber,* BKR 2006, 429, 436 wohl auch *Koller* in Assmann/Schneider, § 34 WpHG Rn. 57.

404 RICHTLINIE 2006/73/EG DER KOMMISSION vom 10. August 2006 zur Durchführung der Richtlinie 2004/39/EG des Europäischen Parlaments und des Rates in Bezug auf die organisatorischen Anforderungen an Wertpapierfirmen und die Bedingungen für die Ausübung ihrer Tätigkeit sowie in Bezug auf die Definition bestimmter Begriffe für die Zwecke der genannten Richtlinie; im Folgenden MiFID-DRL.

405 Art 39 DRL lautete: „Die Mitgliedstaaten sorgen dafür, dass eine Wertpapierfirma, die für einen neuen Kleinanleger erstmals nach Beginn der Anwendung dieser Richtlinie eine Wertpapierdienstleistung erbringt, die keine Anlageberatung darstellt, mit diesem Kunden auf Papier oder einem anderen dauerhaften Datenträger eine **schriftliche Rahmenvereinbarung abschließt**, in der die wesentlichen Rechte und Pflichten der Wertpapierfirma und des Kunden niedergelegt sind."

Tendenz des § 34 Abs. 2 S. 2 WpHG a.F. abzuleiten gewesen. Durch den Abschluss der Rahmenvereinbarung wären Rechte und Pflichten begründet worden, auf die sich der einzelne Anleger hätte berufen können. Zugleich wären durch den schriftlichen Abschluss der Vereinbarung Transparenz und Beweise in Bezug auf die bestehenden Rechte und Pflichten geschaffen worden.

Gegen das Bestehen einer materiellrechtlichen Pflicht zum Abschluss der Rahmenvereinbarung sprach allerdings, dass für die Entstehung (vor-)vertraglicher individualschützender Pflichten der Abschluss einer solchen Vereinbarung nicht notwendig war. Wenn eine Geschäftsbeziehung zwischen den Parteien aufgenommen wurde, kam es ohnehin zu einem Vertragsschluss zwischen Kunde und WpDU, welcher Rechte und Pflichten begründete. Dieser Vertragsschluss erfolgte in der Regel auf Betreiben des WpDU schriftlich. Denn dieses besaß zunächst ein nachvollziehbares Interesse daran, mit einer schriftlichen Rahmenvereinbarung eine prozessuale Grundlage für die Geltendmachung seiner Ansprüche gegen den Kunden zu schaffen. Falls keine schriftliche Vereinbarung geschlossen wurde, so war doch jedenfalls vom Abschluss eines konkludenten Vertrags auszugehen. Die Rechte und Pflichten der Parteien richteten sich in diesem Fall nach den gesetzlichen Vorschriften, so dass auch in diesem Fall keine Beweisnot oder fehlende Transparenz entstanden wäre. Der Abschluss einer gesonderten Rahmenvereinbarung war daher nicht erforderlich, um materiellrechtliche Rechte und Pflichten entstehen zu lassen. Art. 19 Abs. 7 MiFID erforderte deshalb lediglich die „Aufzeichnung" bestehender Vereinbarungen. Die Vorschrift setzte das Bestehen solcher Vereinbarungen bereits voraus. Da materiellrechtliche Rechte und Pflichten ohnehin bestanden, war Art. 39 MiFID-DRL richtigerweise dahingehend auszulegen, dass lediglich bereits bestehende Rechte und Pflichten dokumentiert werden sollten. Damit wurde diese Vorschrift auch ihrem Ziel gerecht, Transparenz innerhalb der rechtlichen Beziehungen zu schaffen und für eine vorvertragliche Offenlegung sämtlicher Rechte und Pflichten der Parteien zu sorgen.[406] Richtigerweise ging von dieser Prämisse auch der nationale Gesetzgeber aus, wenn er darauf abstellte, dass Art. 19 Abs. 7 MiFID keine materielle Regelung zum Inhalt oder Abschluss eines Vertrages normierte und deshalb auch § 34 Abs. 2 S. 2 WpHG a.F. eine solche Regelung absprach.[407] Selbst wenn man eine materiellrechtliche Pflicht zum Abschluss einer solchen Rahmenvereinbarung bejahte, so war weiterhin der Zweck des Art. 39 MiFID-DRL zu beachten, nämlich eine Dokumentation des Einverständnisses beider Parteien über grundsätzliche Rechte und Pflichten und damit einhergehend ausschließlich deren aufsichtsrechtliche Kontrollierbarkeit zu gewährleisten.[408] Ein individualschützender Charakter von

[406] BT-Drucks. 16/4028, S. 75.

[407] BT-Drucks. 16/4028, S. 75.

[408] *Voß* in Just/Voß/Ritz/Becker, § 34 WpHG Rn. 42; *Möllers* in KK-WpHG, § 34 WpHG Rn. 72.

§ 34 Abs. 2 S. 2 WpHG a.F. wäre also auch bei Bejahung einer materiellrechtlichen Pflicht zum Abschluss der Rahmenvereinbarung abzulehnen gewesen. Als Ergebnis bleibt vorliegend festzuhalten, dass eine materielle Pflicht zum Abschluss einer Rahmenvereinbarung nach § 34 Abs. 2 S. 2 WpHG a.F. nicht bestand und aus der Norm unter diesem Gesichtspunkt kein Individualschutz abgeleitet werden konnte.[409]

(2) Aufzeichnungspflicht, § 34 Abs. 2 S. 2 WpHG a.F.

Allerdings könnte bereits von der Aufzeichnungspflicht des § 34 Abs. 2 S. 2 WpHG a.F., insbesondere in Kombination mit der Pflicht zur Aushändigung nach § 34 Abs. 2 S. 4 WpHG a.F. ein Schutz zugunsten des einzelnen Anlegers bezweckt gewesen sein. Dies ist grundsätzlich auf zweierlei Weise denkbar. Einerseits könnte die Schaffung einer gewissen Transparenz bezweckt worden sein und damit auch der einzelne Anleger als Nutznießer der Vorschrift gewollt sein. Andererseits hätten die Aufzeichnungen auch der Beweissicherung im Falle eines Haftungsprozesses dienen und damit einen Individualschutz zugunsten des einzelnen Anlegers entfalten können.

(a) Historisch Auslagung der MiFiD-, DurchführungsRL, FRUG und tatsächliche Umsetzung

Die Aufzeichnungspflichten nach § 34 Abs. 2 S. 2 WpHG a.F. beruhten auf Art. 39 der Durchführungsrichtlinie, welcher wiederum auf Art. 19 Abs. 1 und Abs. 7 MiFID beruhte.[410] Diese befanden sich in Abschnitt 2 der MiFID, welcher mit „Bestimmungen zum Anlegerschutz" überschrieben war. Teilweise wurde daraus gefolgert, dass auch § 34 Abs. 2 WpHG a.F. ein individualschützendes Element zukommen solle.[411] Dem konnte allerdings entgegen gehalten werden, dass von der MiFID kein Schutz individueller Anleger gewollt war, sondern lediglich das Anlegerpublikum in seiner Gesamtheit geschützt werden sollte.[412] Ein Individualschutz der Aufzeichnungspflichten allein unter Berufung auf die MiFID war daher ausgeschlossen.

Aber auch die Durchführungsrichtlinie, deren Art. 39 in § 34 Abs. 2 S. 2 WpHG a.F. umgesetzt werden sollte, lieferte keine Hinweise auf einen gewollten Individualschutz. Deren Wortlaut gab zu erkennen,

---

[409] Ebenso *Möllers* in KK-WpHG, § 34 WpHG Rn. 72; *Voß* in Just/Voß/Ritz/Becker, § 34 WpHG Rn. 42; *Seyfried* in Kümpel/Wittig (4. Aufl.), Rn. 3.255; *Fett* in Schwark/Zimmer, § 34 WpHG Rn. 9 (Fn. 33); *Lenenbach,* Kapitalmarktrecht (2. Aufl.), Rn. 5.127, 5.256.

[410] BT-Drucks. 16/4028, S. 75.

[411] *Klein,* Beratungsprotokollpflicht, S. 112.

[412] S.o. unter Kapitel 2. B. II. 2. b. aa.

dass die Aufzeichnung aufsichtsrechtlichen Zwecken zu dienen bestimmt war, Hinweise auf einen Individualschutz fehlten.[413]

Auf nationaler Ebene spiegelte sich dies. Vom nationalen Gesetzgeber war eine aufsichtsrechtliche Umsetzung der Richtlinie gewollt, es sollten keinerlei zivilrechtliche Pflichten begründet werden.[414] Die Gesetzesbegründung wies zwar darauf hin, dass nur § 34 Abs. 2 *Satz 1* eine Konkretisierung von Abs. 1 darstellte und die erstellten Aufzeichnungen daher allein der Kontrolle durch die BaFin dienten.[415] Die übrigen in Absatz 2 normierten Pflichten konnten daher theoretisch individualschützender Natur sein. Richtigerweise waren die Materialien allerdings so zu lesen, dass es sich nach dem Willen des Gesetzgebers beim gesamten Abs. 2 des § 34 WpHG a.F. um eine Konkretisierung der Dokumentationspflichten aus Abs. 1 handelte, während Abs. 1 eine „dokumentationsrechtliche Generalklausel“ bildete.[416] Nur so konnte der Gesetzgeber sein selbsterklärtes Ziel – und jenes der Richtlinie – erreichen, die Richtlinie ausschließlich aufsichtsrechtlich umzusetzen.[417]

Denkbar ist aber, dass die tatsächliche Umsetzung dennoch so erfolgte, dass ein Individualschutz der Aufzeichnungspflicht nach § 34 Abs. 2 S. 2 WpHG a.F. zu bejahen war. Ausweislich der Gesetzesbegründung des FRUG sollte die Aufzeichnung der Rahmenvereinbarung dazu dienen, dass „Privatkunde und Wertpapierdienstleistungsunternehmen bei Aufnahme der Geschäftsbeziehung ein Einverständnis über grundsätzliche, dem Wertpapierdienstleistungsunternehmen und dem Kunden obliegende Rechte und Pflichten erzielen und dies auch dokumentiert wird“.[418]

Die Gesetzesbegründung beschrieb damit zwar ein konkretes Ziel („dokumentiertes Einverständnis über Rechte und Pflichten“), aber keinen abstrakten Zweck. Möglich wäre, dass vorliegend einerseits Transparenz über bestehende Rechte und Pflichten geschaffen werden sollte, andererseits aber auch die Dokumentation zur Sicherung von Beweisen stattfinden sollte. Mit beiden Zwecksetzungen konnte

---

413 Art. 51 Abs. 1 Unterabs. 2 RL 2006/73/EG DER KOMMISSION v. 10.08.2006 zur Durchführung der Richtlinie 2004/39/EG: „damit die Behörde ihre Aufsichtsfunktion gemäß der Richtlinie 2004/39/EG ausüben kann“.

414 BT-Drucks. 16/4028, S. 53; siehe auch oben unter Kapitel 2. B. II. 2. b. bb.

415 BT-Drucks. 16/4028, S. 75, siehe auch oben unter Kapitel 2. B. II. 2. b. aa.

416 *Seyfried* in Kümpel/Wittig (4. Aufl.), Rn. 3.255; *Koller* in Assmann/Schneider, § 34 WpHG Rn. 7 *Voß* in Just/Voß/Ritz/Becker, § 34 WpHG Rn. 42; *Möllers* in KK-WpHG, § 34 Rn. 72; *Klein*, Beratungsprotokollpflicht, S. 112, 128, siehe auch oben unter Kapitel 2. B. II. 2. b. aa.

417 Dazu oben unter Kapitel 2. B. II. 2. b.

418 BT-Drucks. 16/4028, S. 75.

grundsätzlich auch ein Individualschutz einhergehen. Insofern sprach die Historie zwar gegen einen Individualschutz der Vorschrift, allerdings war die tatsächliche Umsetzung letztlich möglicherweise doch individualschützend erfolgt.

(b) Systematik: Bezug zur Aushändigungspflicht nach § 34 Abs. 2 S. 4 WpHG a.F.

Ein Individualschutz der Aufzeichnungspflicht wäre möglicherweise aus dem systematischen Zusammenhang zur Aushändigungspflicht der Rahmenvereinbarung nach Abs. 2 Satz 4 ableitbar gewesen, falls die Aushändigungspflicht ihrerseits einen Schutz individueller Anleger bezweckt hätte. In der Literatur wurde teilweise ein individueller Anlegerschutz durch die Pflicht des WpDU aus § 34 Abs. 2 S. 4 WpHG a.F. bejaht.[419] Als Grund dafür wurde auf den durch die MiFID unzweifelhaft gewollten Anlegerschutz verwiesen.[420] Allerdings setzte sich hier ein bereits thematisiertes Problem fort: Mit dem grundsätzlichen Verweis auf einen möglicherweise gewollten Anlegerschutz der Richtlinie ist noch nichts über einen möglicherweise bezweckten *individuellen* Anlegerschutz gesagt. Und ein solcher wurde tatsächlich von der MiFID gerade nicht bezweckt.[421] Aus der MiFID konnte also grundsätzlich kein pauschaler Schutz des individuellen Anlegers abgeleitet werden.

Für einen Individualschutz konnte zwar vorgebracht werden, dass die Aushändigungspflicht der Schaffung von Transparenz dienen und diese dem individuellen Anleger zugutekommen sollte. Dagegen war allerdings einzuwenden, dass, selbst wenn die Schaffung von Transparenz seitens des Gesetzgebers gewollt war, dies noch kein Anzeichen für einen individuellen Anlegerschutz der Norm war. Denn auch die MiFID, welche unzweifelhaft die Schaffung von Transparenz bezweckte, zielte damit ebenfalls allein auf den Schutz des gesamten Anlegerpublikums ab und nicht auf den des individuellen Anlegers.[422] Der Aspekt der Transparenzschaffung konnte daher ebenfalls nicht für einen individuellen Anlegerschutz fruchtbar gemacht werden.

Ein Individualschutz konnte der Aushändigungspflicht allerdings möglicherweise dann entnommen werden, wenn die Aushändigung gerade deshalb erfolgen sollte, um dem einzelnen Anleger einen Beweis für den Fall eines Haftungsprozesses gegen das WpDU an die Hand zu geben.

---

[419] *Klein*, Beratungsprotokollpflicht, S. 112; im Ergebnis auch *Lenenbach*, Kapitalmarktrecht (2. Aufl.), Rn. 5.255; *ders.* in Albrecht/Karahan/Lenenbach, § 41 Rn. 259.

[420] *Klein*, Beratungsprotokollpflicht, S. 112.

[421] Siehe oben unter Kapitel 2. B. II. 2. b. aa.

[422] Siehe oben unter Kapitel 2. B. II. 2. b. aa.

Dies wäre jedenfalls dann der Fall gewesen, wenn es sich bei § 34 Abs. 2 S. 4 WpHG a.F. um einen eigenen Anspruch des Anlegers gehandelt hätte. Allerdings schien eher das Gegenteil der Fall zu sein: Für eine rein aufsichtsrechtliche Pflicht – die keinen Anspruch des Anlegers auf Herausgabe der Rahmenvereinbarung begründete – sprach bereits der Wortlaut: § 34 Abs. 2 S. 4 WpHG a.F. sprach lediglich davon, dass „die Rahmenvereinbarung […] dem Privatkunden […] zur Verfügung gestellt werden [muss]". § 34 Abs. 2b WpHG a.F. hingegen, welcher unstreitig einen zivilrechtlichen Herausgabeanspruch normierte,[423] formulierte eindeutig: „Der Kunde […] kann […] verlangen". Ein eigenes Recht des Kunden auf Herausgabe war aus § 34 Abs. 2 S. 4 WpHG a.F. aber gerade nicht erkennbar.

Auch ein systematischer Vergleich von § 34 Abs. 2 S. 4 WpHG a.F. und § 34 Abs. 2a S. 2 WpHG a.F. sprach gegen einen Individualschutz von § 34 Abs. 2 S. 4 WpHG a.F.. Die Aushändigungspflicht nach § 34 Abs. 2a S. 2 WpHG a.F. war nach Auffassung des Gesetzgebers als aufsichtsrechtliche Pflicht ausgestaltet worden. Daher wurde dem Anleger mit § 34 Abs. 2b WpHG a.F. – zur Durchsetzung der Pflicht im individuellen Interesse – ein zivilrechtlicher Herausgabeanspruch an die Hand gegeben.[424] Dies sprach dafür, dass der Gesetzgeber grundsätzlich ein rein aufsichtsrechtliches – und damit auch nicht individualschützendes – Normgebilde schaffen wollte und dort, wo er einen Individualschutz des Anlegers für nötig hielt, diesen mit zivilrechtlichen Mitteln ermöglichte und ausgestaltete.[425] Im Rahmen der Aushändigungspflicht nach § 34 Abs. 2 S. 4 WpHG a.F. fehlte aber ein Äquivalent zu § 34 Abs. 2b WpHG a.F., ein zivilrechtlicher Herausgabeanspruch in Bezug auf die Rahmenvereinbarung nach § 34 Abs. 2 S. 2 WpHG a.F. wurde seitens des Gesetzgebers gerade nicht geschaffen. Diesem Umstand war der Wille des Gesetzgebers zu entnehmen, dass auch die Pflicht zur Aushändigung der schriftlichen Rahmenvereinbarung lediglich dem institutionellen Anlegerschutz, nicht aber auch der Beweissicherung und damit dem individuellen Anlegerschutz dienen sollte. Dieses Ergebnis wurde dadurch bestätigt, dass der Gesetzgeber in den Materialien zum FRUG keinerlei Hinweise darauf gegeben hatte, dass die Kontrolle durch die BaFin, welche eindeutig gewollt war,[426] durch die Möglichkeit eines „private enforcement" seitens der Kunden ergänzt werden sollte.

[423] BT-Drucks. 16/12814, S. 14, 28; statt aller: *Möllers* in KK-WpHG, § 34 WpHG Rn. 116; *Koller* in Assmann/Schneider, § 34 WpHG Rn. 33; *Schäfer* in Heidel, § 34 WpHG Rn. 24; *Fett* in Schwark/Zimmer, § 34 WpHG Rn. 7; *Leuering/Zetzsche,* NJW 2009, 2856, 2058; *Philipp,* Dokumentationspflichten, S. 218; *Veldhoff,* Die Haftung von Kreditinstituten, S. 329; *Heese,* Beratungspflichten, S. 448; *Klein*, Beratungsprotokollpflicht, S. 162f.

[424] BT-Drucks. 16/12814, S. 28.

[425] Ebenso *Böhm,* BKR 2009, 221, 225; zur Frage, ob dies immer in ausreichender Form gelungen ist, vergleiche unten, Kapitel 2. B. III. 3. b. dd. (1) (c) (cc).

[426] BT-Drucks. 16/4028, S. 75.

Aus dem Aspekt, dass die Rahmenvereinbarung für den Anleger möglicherweise als Information notwendig sein konnte, um eine freie Anlageentscheidung zu treffen, konnte ein Individualschutz des einzelnen Anlegers nicht hergeleitet werden. Die Aushändigung der Rahmenvereinbarung war tatsächlich gerade nicht notwendig für den Anleger, um eine Entscheidung über den Kauf oder Verkauf einer Anlage zu treffen.[427] Selbst wenn ein Anleger dies einmal vorbringen sollte, so ist doch zu beachten, dass die Rahmenvereinbarung regelmäßig angebotene Dienstleistungen und deren Preise sowie die AGB des WpDU enthält, welche aber in der Regel auch frei im Internet – in der Regel auf der Seite des WpDU– abrufbar sind. Zweck der Aushändigung der Rahmenvereinbarung war also nicht, dem Anleger eine exklusive, individuelle Information zugänglich zu machen, sondern letztlich nur ein „Service-Gedanke“. Der Anleger sollte in der Lage sein, die Konditionen seiner Hausbank in Bezug auf Wertpapierdienstleistungen, zu denen er sich verpflichtet hatte, ohne weitere Recherchen oder Anfragen auf einen Blick verfügbar zu haben und überblicken zu können.

Im Ergebnis bleibt somit festzuhalten, dass die Aushändigungspflicht nach § 34 Abs. 2 S. 4 WpHG a.F. keinen Schutz des individuellen Anlegers bezweckte. Im Hinblick auf die Aufzeichnungspflicht aus § 34 Abs. 2 S. 2 WpHG a.F. bedeutet dies, dass sich jedenfalls aus einer systematischen Nähe zu § 34 Abs. 2 S. 4 WpHG a.F. kein Individualschutz der Vorschrift ergeben konnte. Im Umkehrschluss ließ sich darüber hinaus aus dem fehlenden gesetzlich normierten Herausgabeanspruch des Kunden ein weiteres Indiz gegen einen Individualschutz der Aufzeichnungspflicht ableiten. Ein Individualschutz des Kunden durch die Aufzeichnung der Rahmenvereinbarung erschien gerade wenig sinnvoll, wenn dem Anleger kein eigenständiger zivilrechtlicher Anspruch auf Herausgabe ebendieser zur Verfügung stand.

(c) Systematik: Formvorschriften nach § 34 Abs. 2 Satz 4, 5 WpHG a.F.

Möglicherweise konnte aus den Formvorschriften des § 34 Abs. 2 WpHG a.F. ein individualschützendes Element abzuleiten sein. Formvorschriften besitzen grundsätzlich eine Warnfunktion und eine beweissichernde Funktion,[428] welche einen Individualschutz der jeweiligen Norm begründen können. Allerdings ist der Zweck eines Formzwangs stets aus der anordnenden Norm zu ermitteln.[429] Nach § 34 Abs. 2 S. 4 WpHG a.F. musste die Rahmenvereinbarung dem Kunden „in Papierform oder auf einem anderen dauerhaften Datenträger zur Verfügung gestellt werden“. Ein

---

[427] Anders beim Beratungsprotokoll, s.u. unter Kapitel 2. B. III. 3. b. dd. (1) (b) (bb).

[428] *Ellenberger* in Grüneberg, § 125 BGB Rn. 1ff.; *Wendtland* in BeckOK-BGB, § 125 BGB Rn. 1; *Mansel* in Jauernig, § 125 BGB Rn. 3ff.; *Einsele* in MüKo-BGB, § 125 BGB Rn. 8ff.

[429] BGH v. 02.02.1989 - IX ZR 99/88 = NJW 1989, 1484ff.; *Ellenberger* in Grüneberg, § 125 BGB Rn. 1.

„dauerhafter Datenträger" war nach § 34 Abs. 2 S. 5 WpHG a.F. „jedes Medium, das dem Kunden die Speicherung der für ihn bestimmten Informationen in der Weise gestattet, dass er die Informationen für eine ihrem Zweck angemessene Dauer einsehen und unverändert wiedergeben kann." Zu unterscheiden war zwischen drei verschiedenen Formerfordernissen, die § 34 Abs. 2 WpHG a.F. nannte. Zunächst war normiert, dass (1) die Rahmenvereinbarung selbst schriftlich geschlossen worden sein musste. Da allerdings, wie bereits erörtert, § 34 Abs. 2 WpHG a.F. keine materiellrechtliche Pflicht zum Abschluss der Rahmenvereinbarung aufstellte,[430] ist in dieser Formulierung auch keine Anordnung eines Formzwanges zu sehen. Darüber hinaus ordnete die Norm (2) die Erstellung von „Aufzeichnungen" an, welche den Abschluss der schriftlichen Rahmenvereinbarungen dokumentierte. Dazu war allerdings keine bestimmte Form notwendig. Ausreichend waren bereits die Anfertigung eines Scans und die Speicherung auf einem elektronischen Datenträger.[431] Im Übrigen verlangte § 34 Abs. 2 S. 4 WpHG a.F. die Aushändigung der Rahmenvereinbarung (3) in Papierform oder auf einem dauerhaften Datenträger. Damit war nicht das Schriftformerfordernis nach § 126 BGB gemeint.[432] Zwar erschien ein Vergleich mit der Textform nach § 126b BGB erschien möglich, diese dient jedoch keinem der allgemeinen Formzwecke (Warn-, Beweis- und Identitätsfunktion).[433] Auch der Form des § 34 Abs. 2 Satz 4, 5 WpHG a.F. – der Speicherung auf einem dauerhaften Datenträger – war demnach kein individualschützendes Ziel zu entnehmen. Vielmehr diente die Speicherung allein der Kontrolle durch die Aufsichtsbehörde.[434]

cc. Zwischenergebnis: kein Individualschutz von § 34 Abs. 2 WpHG a.F.

Als Ergebnis bleibt vorliegend festzuhalten, dass § 34 Abs. 2 WpHG a.F. lediglich den Schutz des gesamten Anlegerpublikums bezweckte, nicht aber den Schutz des einzelnen Anlegers. Sowohl die Aufzeichnungspflicht für Individualvereinbarungen nach Satz 1 wie auch die Aufzeichnungspflicht für Rahmenvereinbarungen nach Satz 2 sollten nicht dem Schutz des einzelnen Anlegers dienen. Im Ergebnis war insbesondere § 34 Abs. 2 S. 2 WpHG a.F. nicht individualschützend, da weder bestand eine materiellrechtliche Pflicht zum Abschluss einer Rahmenvereinbarung, noch konnte aus der Aufzeichnungspflicht ein Zweck abgeleitet werden, der dem Schutz des einzelnen Anlegers dienen sollte. Auch aus einer bei der Normierung gewollten Transparenzschaffung oder einer durch die

---

[430] Siehe oben, Kapitel 2. B. III. 2. b. bb. (1).

[431] *Voß* in Just/Voß/Ritz/Becker, § 34 WpHG Rn. 19; *Möllers* in KK-WpHG, § 34 WpHG Rn. 38; *Fuchs* in Fuchs (2. Aufl.), § 34 WpHG Rn. 5.

[432] *Voß* in Just/Voß/Ritz/Becker, § 34 WpHG Rn. 44; *Fuchs* in Fuchs (2. Aufl.), § 34 WpHG Rn. 19.

[433] *Ellenberger* in Grüneberg, § 126b BGB Rn. 1; *Hertel* in Staudinger, § 126b BGB Rn. 10; *Arnold* in Erman, § 126b BGB Rn. 1.

[434] *Ellenberger* in Grüneberg (75. Aufl.), § 125 BGB Rn. 6.

Befolgung der Normen tatsächlich entstehenden Transparenz konnte kein Individualanlegerschutz abgeleitet werden. Die Norm bezweckte nicht, dem Anleger für den Fall eines Haftungsprozesses Beweise zu verschaffen. Vielmehr war ein faktischer Individualschutz, durch die Schaffung von Transparenz und die Erlangung von Beweisen wegen der Befolgung der Aufzeichnungspflichten, lediglich als Reflex des vom Gesetzgeber gewollten institutionellen Anlegerschutzes zu verstehen. Daran änderte auch die Pflicht zur Aushändigung der Rahmenvereinbarung nach Satz 4 nichts. Auch diese sollte lediglich dem Schutz des Anlegerpublikums als Ganzem dienen, nicht aber dem einzelnen Anleger. Nach der Interessentheorie lag mit § 34 Abs. 2 WpHG a.F. eine öffentlich-rechtliche Norm vor.

c. Anwendung der Subordinationstheorie und modifizierten Subjektstheorie

Bei Anwendung der Subordinationstheorie wäre man in Anbetracht des Wortlautes wohl zu dem Ergebnis gekommen, dass es sich um eine zivilrechtliche Norm handelte, da augenscheinlich das Verhältnis zwischen Kunde und WpDU ausgestaltet wurde und damit ein Rechtsverhältnis zwischen Privaten, also Gleichgeordneten geregelt wurde. Vor allem die Pflicht zur Aushändigung der Rahmenvereinbarung nach Abs. 2 Satz 4 sprach ebenfalls für diese Ansicht. Unter Einbeziehung der normübergreifenden Systematik und der Gesetzgebungsmaterialien ist dieses Bild allerdings nicht mehr ganz eindeutig: Wie bereits ausgeführt, erfolgte die Dokumentation zur Kontrolle der Einhaltung der Pflichten aus §§ 31ff. WpHG a.F. durch die BaFin.[435] § 34 Abs. 1 WpHG a.F. stellte dies im Rahmen seines Wortlautes unmissverständlich klar. Abs. 2 war in dieser Hinsicht nicht vergleichsweise eindeutig. Allerdings ist anerkannt, dass § 34 Abs. 2 WpHG a.F. den vorhergehenden Abs. 1 konkretisieren sollte.[436] Da dieser die Aufzeichnungspflichten ausschließlich zur Kontrolle durch die BaFin anordnete, ist im Rahmen des Abs. 2 ebenfalls von dieser Zwecksetzung auszugehen. Sowohl die nationalen Gesetzgebungsmaterialien zum FRUG wie auch die MiFID, welche mit der Vorschrift des § 34 Abs. 2 WpHG umgesetzt wurde, unterstrichen diese Ansicht.[437] Im Übrigen stellte die Pflicht zur Aushändigung der Rahmenvereinbarung nach § 34 Abs. 2 S. 4 WpHG keine Regelung zwischen Privaten dar. Vielmehr wurde damit lediglich eine aufsichtsrechtliche Pflicht des WpDU normiert, ein Anspruch auf Herausgabe seitens des Kunden bestand – im Gegensatz zu § 34 Abs. 2a und dem korrespondierenden Abs. 2b WpHG a.F. – gerade nicht.[438] Da der einzige Zweck der Aufzeichnungen

---

[435] BT-Drucks. 16/4028, S. 75.

[436] *Seyfried* in Kümpel/Wittig (4. Aufl.), Rn. 3.255; *Koller* in Assmann/Schneider, § 34 WpHG Rn. 7 *Voß* in Just/Voß/Ritz/Becker, § 34 WpHG Rn. 42; *Möllers* in KK-WpHG, § 34 Rn. 72; *Klein*, Beratungsprotokollpflicht, S. 112, 128, siehe auch oben unter Kapitel 2. B. III. 2. b. aa und Kapitel 2. B. III. 2. b. bb. (2) (a).

[437] Siehe oben, Kapitel 2. B. II. 2. b. aa und bb.

[438] Siehe oben, Kapitel 2. B. III. 2. b. bb. (2) (b).

darin bestand, eine Kontrolle durch die BaFin zu ermöglichen, vermochte der Zweck der Vorschrift nicht zu begründen, dass mit ihr ein gleichgeordnetes und damit privatrechtliches Verhältnis zwischen dem Kunden und dem WpDU geschaffen werden sollte. Im Ergebnis sollten daher mit der Aushändigungspflicht keine Rechte zugunsten eines Privaten begründet und daher auch keine Regelungen der Gleichordnung getroffen werden. Auch nach der Subordinationstheorie war § 34 Abs. 2 WpHG a.F. damit als rein öffentlich-rechtliche Norm zu qualifizieren.

Auf Basis des Wortlautes wäre die modifizierte Subjektstheorie wohl zu dem Ergebnis gekommen, dass § 34 Abs. 2 WpHG a.F. zivilrechtlicher Natur war, da kein Träger hoheitlicher Gewalt unmittelbar berechtigt oder verpflichtet wurde. Im Gegenteil schien mit den Auflagen, die dem WpDU gemacht wurden, gerade ein Privater verpflichtet zu werden. Allerdings war der systematische Zusammenhang mit den §§ 4, 35, 36 WpHG a.F. entscheidend. Letztlich gestaltete § 34 Abs. 2 WpHG a.F. nur das öffentlich-rechtliche Verhältnis aus, welches durch die §§ 4, 35, 36 WpHG a.F. begründet wurde. § 34 Abs. 2 WpHG a.F. war daher wie auch Abs. 1 so zu lesen, dass damit ein Rechtsverhältnis zwischen der BaFin als Behörde und dem WpDU als Privatem ausgestaltet wurde. § 34 Abs. 2 WpHG a.F. ist also einem öffentlich-rechtlichen Auftrag, namentlich der Kontrolle der WpDU durch die BaFin, zu dienen bestimmt. Der Gesetzgeber hätte diese Überwachungskompetenz der BaFin auch in § 34 WpHG a.F. nochmals gesondert festschreiben können. Hieraus wird deutlich, dass auf das zugrunde liegende Rechtsverhältnis zwischen der BaFin und dem WpDU abzustellen war. Daraus ist gerade die BaFin berechtigt und verpflichtet, Kontrollen bei den betreffenden WpDU durchzuführen. Unter Zugrundelegung der modifizierten Subjektstheorie lag damit ebenfalls eine öffentlich-rechtliche Norm vor.

d. Zwischenergebnis: § 34 Abs. 2 WpHG a.F. als rein aufsichtsrechtliche Norm

Im Ergebnis bleibt somit festzuhalten, dass § 34 Abs. 2 WpHG a.F. nach allen Theorien als öffentlich-rechtliche Norm zu beurteilen war. Zwar war der Wortlaut der Vorschrift nicht ganz eindeutig und unter Berufung auf die MiFID wurde teilweise versucht, eine zivilrechtliche Rechtsnatur der Vorschrift herzuleiten. Allerdings waren von der MiFID nur ein institutioneller Anlegerschutz und eine aufsichtsrechtliche Umsetzung der Dokumentationspflichten intendiert. Der nationale Gesetzgeber war dieser Aufforderung gefolgt und hatte mit § 34 Abs. 2 WpHG a.F. daher eine Norm erlassen, die ausschließlich aufsichtsrechtlich geprägt war. Der systematische Zusammenhang mit §§ 4, 35, 36 WpHG a.F. und § 34 Abs. 2a, 2b WpHG a.F. bestätigten diese Auffassung. Demnach diente die Aufzeichnungspflicht lediglich der Kontrolle durch die BaFin. Auch die Aushändigungspflicht nach § 34 Abs. 2 S. 4 WpHG a.F. vermochte dies nicht zu ändern, begründete sie doch keinen zivilrechtlichen Anspruch des einzelnen Anlegers und sollte lediglich dem Schutz des gesamten Anlegerpublikums dienen. Ein faktisch gegebener Schutz des einzelnen Kunden eines WpDU war demnach lediglich als Rechtsreflex des institutionellen Anlegerschutzes zu verstehen.

3. Beratungsprotokollpflicht, § 34 Abs. 2a S. 1 WpHG a.F.

a. Überblick: Norm und Meinungsstand

§ 34 Abs. 2a S. 1 WpHG a.F. verpflichtete das WpDU, über jede Anlageberatung bei einem Privatkunden ein Protokoll zu erstellen. Nach Satz 2 war das Protokoll vom jeweiligen Berater zu unterschreiben und dem Kunden vor Abschluss des Geschäftes eine Ausfertigung des Protokolls auszuhändigen. Die Sätze 3-6 regelten eine Sonderkonstellation: Falls der Kunde sich entschloss, für die Anlageberatung und den Geschäftsabschluss ein Fernkommunikationsmittel zu verwenden, welches die Übermittlung des Protokolls vor Abschluss des Geschäfts nicht erlaubte, so musste das WpDU dem Kunden unverzüglich nach Beendigung der Anlageberatung das Gesprächsprotokoll zusenden. Der Geschäftsschluss konnte auf ausdrücklichen Wunsch des Kunden hin auch vor Erhalt des Protokolls stattfinden. Allerdings musste das beratende WpDU dem Kunden für den Fall, dass das übersandte Protokoll unvollständig oder unrichtig ist, ein Rücktrittsrecht in Bezug auf den Geschäftsabschluss einräumen. Dem Kunden verblieb im Folgenden eine Frist von einer Woche, um dieses Rücktrittsrecht auszuüben. Die Fehlerhaftigkeit des Protokolls wurde vermutet, so dass im Zweifel das WpDU die Vollständigkeit und Richtigkeit des Protokolls nachweisen musste, um eine begründete Einwendung gegen den Rücktritt des Kunden erheben zu können.

Die Meinungsvielfalt zu § 34 Abs. 2a WpHG a.F. im Schrifttum war denkbar groß. Während überwiegend die Auffassung vertreten wurde, dass § 34 Abs. 2a WpHG a.F. als *ausschließlich* aufsichtsrechtlich zu qualifizieren sei,[439] wurde teilweise auch eine „Doppelnatur" der Norm angenommen; diese sei sowohl dem Aufsichtsrecht wie auch dem Zivilrecht zuzuordnen.[440] Manche Autoren hielten § 34 Abs. 2a WpHG a.F. dagegen in Teilen für aufsichtsrechtlich, während andere

[439] *Koller* in Assmann/Schneider, § 34 WpHG Rn. 30; *Schäfer* in Heidel, § 34 WpHG Rn. 24; *Böhm,* BKR 2009, 221, 225; *Leuering/Zetzsche,* NJW 2009, 2856, 2858; *Fuchs* in Fuchs (2. Aufl.), § 34 WpHG Rn. 2; *Buck-Heeb* in Albrecht/Karahan/Lenenbach, § 43 Rn. 161; *Lang/Loy* in Ellenberger/Schäfer/Clouth/Lang (4. Aufl.), Rn. 1379; *Maier,* VuR 2011, 3; *Seyfried* in Kümpel/Wittig (4. Aufl.), Rn. 3.259, (allerdings nur „primär" aufsichtsrechtliche Pflicht bei Rn. 3.261); *Forschner,* Wechselwirkungen, S. 132, 200; *Philipp,* Dokumentationspflichten, S. 251, 298; *Veldhoff,* Die Haftung von Kreditinstituten, S.329, 352; *Klein,* Beratungsprotokollpflicht, S. 163 m. w. N.; **a.A.** für rein zivilrechtliche Regelung *Nielsen,* Beweismethodik, S. 55; ebenfalls wohl *Einsele,* Bank- und Kapitalmarktrecht (3. Aufl.), § 8 Rn. 40ff.

[440] *Lenenbach,* Kapitalmarktrecht (2. Aufl.), Rn. 5.267; *ders.* in Albrecht/Karahan/Lenenbach. 259p, 259q; *Leuering/Zetsche,* NJW 2009, 2856, 2859; *Nielsen,* Beweismethodik, S. 56/57; *Franck,* BKR 2012, 1, 2; wohl ebenfalls *Heese*, Beratungspflichten, S. 448/449; unklar *Möllers* in KK-WpHG, § 34 Rn. 134.

Teile des Absatzes zivilrechtlicher Natur seien.[441] Teilweise wurde auch die Auffassung vertreten, dass die Norm zwar ausschließlich aufsichtsrechtlich sei, die Parteien allerdings im Rahmen des Beratungsvertrages konkludent mitvereinbarten, dass die aufsichtsrechtlichen Regelungen einzuhalten seien.[442] Faktisch wurde damit auf Basis des Vertrages eine zweite Ebene im Zivilrecht geschaffen, auf welcher die aufsichtsrechtlichen Pflichten direkte Geltung zwischen den Parteien beanspruchten. Der Streit um die Regelung setzte sich fort im Rahmen der Frage, ob § 34 Abs. 2a WpHG a.F. als Schutzgesetz im Sinne des § 823 Abs. 2 BGB zu verstehen ist.[443]

b. Anwendung der Interessentheorie

aa. Wortlaut

Der Wortlaut von § 34 Abs. 2a S. 1 WpHG a.F. war in Bezug auf dessen Zweck nicht eindeutig. Die Aufzeichnung wurde nach dem Normtext weder ausdrücklich für den Kunden erstellt, noch – wie im damaligen § 34 Abs. 1 WpHG a.F. angeordnet – „zur Kontrolle durch die BaFin". Es konnten aus dem Wortlaut deshalb keine Rückschlüsse auf einen möglichen Individualschutz von Anlegern gezogen werden.

bb. Historische Auslegung

Die Entwicklung des § 34 Abs. 2a WpHG a.F. schien auf den ersten Blick in Richtung des Individualschutzes von Anlegern zu weisen. Der offizielle Titel des SchVG – „Gesetz [...] zur verbesserten Durchsetzbarkeit von Ansprüchen von Anlegern aus Falschberatung" – [444] ließ bereits

---

[441] *Philipp,* Dokumentationspflichten, S. 252: „§ 34 Abs. 2a Sätze 1-5 WpHG sind demzufolge öffentlich-rechtlicher Natur. Dagegen enthalten Abs. 2a Satz 6 (Beweislast) und Abs. 2b (Herausgabeanspruch) zivilrechtliche Regelungen, denn sie betreffen allein das Verhältnis zwischen Wertpapierdienstleistungsunternehmen und Anleger"; *Schäfer* in FS Hopt (2010), 2427, 2430: § 34 Abs. 2a Satz 1-5 sind aufsichtsrechtlich, Satz 6 ist dem Zivilrecht zuzuordnen; *Pfeifer,* BKR 2009, 485, 489 (für Satz 2, 1. HS): „Das gesetzgeberische Unterzeichnungserfordernis dient aufsichtsrechtlichen Kontroll- und zivilrechtlichen Beweiszwecken"; *Heese,* S. 448: „Soweit es den beweiszwecken dienenden Herausgabeanspruch und das nur an die nachträgliche Aushändigung des Protokolls anknüpfende Rücktrittsrecht betrifft, handelt es sich nach wohl allgemeiner Ansicht um Regelungen des Privatrechts"; *Möllers* in KK-WpHG, § 34 Rn. 135: „Insoweit ist allerdings festzustellen, dass Satz 6 und Abs. 2b Zivilrecht darstellen".

[442] *Forschner,* Wechselwirkungen, S. 199f.; in diesem Sinne auch BGH v. 03.06.2014 – XI ZR 147/12 = WM 2014, 1382, 1385.

[443] Dafür *Schäfer* in FS Hopt (2010), 2427, 2449; *Maier,* VuR 2011, 3, 10; *Krisl,* Schutzgesetzeigenschaft, S. 236; *Philipp,* Dokumentationspflichten, S. 252 *Veldhoff,* Die Haftung von Kreditinstituten, S. 352; **a.A.** *Just* in Just/Voß/Ritz/Becker, vor § 31 WpHG Rn. 41; *Möllers* in KK-WpHG, § 34 WpHG Rn. 140; *Fuchs* in Fuchs (2. Aufl.), § 34 WpHG Rn. 2; *Leuering/Zetzsche,* NJW 2009, 2856, 2859; *Oulds* in Kümpel/Wittig (4. Aufl.), Rn. 14.179.

[444] BGBl 2009 Teil I, S. 2512ff.; BT-Drucks. 16/13672, S. 1.

vermuten, dass dieses auch Normen zum Schutz von individuellen Anlegern schaffte.[445] Bereits im Gesetzgebungsverfahren wurde im Rahmen der Bundestagsdebatten das zu behebende Problem darin gesehen, dass bedingt durch hohe Provisionen und Interessenskonflikte der Berater die Qualität der Anlageberatung gelitten hatte; insbesondere Privatkunden wurden zum Kauf unpassender risikoreicher Papiere gedrängt.[446] Es bestand überwiegend die Überzeugung, dass mit der Verpflichtung zur Dokumentation des Beratungsgesprächs ein „ausgewogeneres Kräfteverhältnis der Vertragspartner“[447] erreicht werden könnte, und eine Verbesserung der Prozesssituation geschädigter Anleger eintreten sollte. Sowohl der Titel des Gesetzes wie auch der Inhalt der Plenardebatten sprachen damit für einen vom Gesetzgeber gewollten Individualschutz von Anlegern.[448]

In der Gesetzesbegründung wurde dargelegt, wie die gewollte Verbesserung der Durchsetzbarkeit von Ansprüchen von Anlegern im Fall einer Falschberatung konkret aussehen sollte:[449]

„Zum anderen sollen die Aufzeichnungs- und Unterrichtungspflichten bei der Erbringung von Wertpapierdienstleistungen durch eine Ergänzung des § 34 WpHG verschärft werden. Zugleich wird dem Kunden ein zivilrechtlicher Herausgabeanspruch hinsichtlich der Aufzeichnungen des Wertpapierdienstleistungsunternehmens eingeräumt. Auf diese Weise **wird für alle Beteiligten Klarheit über den Inhalt des Beratungsgesprächs geschaffen** und der **Anleger hat im Fall der Geltendmachung von Schadenersatzansprüchen wegen Falschberatung die erforderlichen Beweismittel zur Verfügung**.“ *(Hervorhebungen durch Verfasser).*

Insgesamt schien die Intention des Gesetzgebers also zu sein, mit § 34 Abs. 2a WpHG a.F. eine Norm zu schaffen, welche dem jeweiligen Anleger zur Durchsetzung seiner Ansprüche gegen das beratende WpDU verhelfen konnte. Damit wäre ein Individualschutz der Norm immanent gewesen.

Die Ausführungen in der Gesetzesbegründung zu § 34 Abs. 2a WpHG a.F. wiesen allerdings in eine andere Richtung. Einerseits wurde klargestellt, dass der Gesetzgeber § 34 Abs. 2a WpHG a.F. als Konkretisierung der in § 34 Abs. 1 WpHG a.F. verankerten allgemeinen Dokumentationspflicht verstanden haben wollte.[450] Diese war aber unstreitig aufsichtsrechtlicher Natur und diente nicht dem

---

445 *Freitag,* ZBB 2016, 1, 7.

446 Plenarprotokoll 16/222, 16. Wahlperiode – 222. Sitzung v. 14. Mai 2009S. 24483ff.

447 Plenarprotokoll 16/222, 16. Wahlperiode – 222. Sitzung v. 14. Mai 2009, S. 24483ff. (Zitat: Abgeordneter Marco Wanderwitz, S. 24483).

448 *Koller* in FS Schneider (2011), 651, 659.

449 BT-Drucks. 16/13672, S. 14.

450 BT-Drucks. 16/12814, S. 27.

Schutz individueller Anleger.[451] Daraus wurde teilweise abgeleitet, dass auch § 34 Abs. 2a WpHG a.F. ausschließlich aufsichtsrechtlicher Natur sei und nicht dem Schutz individueller Anleger dienen sollte.[452] Auch wurde in den Materialien zu § 34 WpHG a.F. festgestellt, dass „ein Protokoll über das Beratungsgespräch verlangt [wird], das eine Kontrolle des Gesprächshergangs *durch die Aufsichtsbehörde* ermöglicht".[453]

In der Regierungsbegründung wurde klargestellt: „im Streitfall kann das Protokoll als Beweismittel dienen",[454] es wurde eine „Eignung des Protokolls als Beweismittel" angestrebt,[455] was wiederum für einen Individualschutz der Vorschrift sprach.

Teilweise wurde aus der Formulierung, dass das Protokoll als Beweismittel dienen „kann", Gegenteiliges gefolgert, nämlich dass § 34 Abs. 2a WpHG a.F. lediglich einen reflexartigen Anlegerschutz entfalte und ein individueller Anlegerschutz gerade nicht gewollt sei.[456] Dies ist allerdings im Hinblick auf die zuvor getroffenen Aussagen des Gesetzgebers und die geführten Bundestagsdebatten zu bezweifeln.[457]

Insgesamt bleibt festzustellen, dass die grundsätzlichen Intentionen des Gesetzgebers für einen Schutz des individuellen Anlegers sprachen, die Ausführungen zur Aufzeichnungspflicht nach § 34 Abs. 2a WpHG a.F. allerdings nicht eindeutig waren. Mit dem Zweck der Kontrolle der WpDU durch die BaFin war sicherlich kein Individualschutz der Anleger verbunden. Allerdings ließen die Ausführungen, nach denen das Protokoll dem Beweis des Anlegers dienen könne, den Schluss zu, dass

---

451 Siehe oben, Kapitel 2. B. III. 1.

452 *Schäfer* in Heidel, § 34 WpHG Rn. 3; *Buck-Heeb* in Albrecht/Karahan/Lenenbach, § 43 Rn. 161; *Möllers* in KK-WpHG, § 34 WpHG Rn. 133; wohl auch *Fett* in Schwark/Zimmer, § 34 WpHG Rn. 1; teilw. krit. *Klein,* Beratungsprotokollpflicht, S. 168.

453 BT-Drucks. 16/12814, S. 27; daraus allerdings ableitend, dass Satz 1-5 aufsichtsrechtlich sind, während Satz 6 zivilrechtlicher Natur sein soll *Schäfer* in FS Hopt (2010), 2427, 2430; unklar, aber anscheinend daraus eine Doppelnatur von Satz 1-5 und zivilrechtliche Natur von Satz 6 ableitend *Möllers* in KK-WpHG, § 34 WpHG Rn. 134f.

454 BT-Drucks. 16/12814, S. 27.

455 BT-Drucks. 16/12814, S. 28.

456 *Fuchs* in Fuchs (2. Aufl.), § 34 WpHG Rn. 2; ebenso *Möllers* in KK-WpHG, § 34 WpHG Rn. 139 mit der Begründung, dass die klagweise Durchsetzbarkeit von Anlegeransprüchen lediglich der Funktionsfähigkeit des Kapitalmarkts diene, da somit sichergestellt werde, dass Vertrauen in die Märkte bestehe und weiterhin Kapital investiert werde.

457 *Schäfer* in FS Hopt (2010), 2427, 2449; *Veldhoff,* Die Haftung von Kreditinstituten, S. 352; *Lange* in Schwintowski, Bankrecht (4. Aufl.), Kap. 19 Rn. 112; *Einsele,* Bank- und Kapitalmarktrecht (3. Aufl.), § 8 Rn. 40; aus den Angaben des Gesetzgebers eine Doppelnatur der Norm ableitend *Krisl,* Schutzgesetzeigenschaft, S. 230.

ein Individualschutz mit der Erstellung des Protokolls verbunden sein sollte. Damit schien der Gesetzgeber ausweislich der Gesetzgebungsmaterialien jedenfalls einen institutionellen, möglicherweise aber auch einen individuellen Anlegerschutz mit der Erstellung des Protokolls bezweckt zu haben.

cc. Systematik innerhalb des WpHG

Die Wohlverhaltenspflichten der §§ 31ff. WpHG a.F. waren mit der h.M. richtigerweise als reines Aufsichtsrecht zu qualifizieren.[458] Wegen der aufsichtsrechtlichen Rechtsnatur der Wohlverhaltenspflichten und der Tatsache, dass das Beratungsprotokoll der Kontrolle der Einhaltung ebendieser Regeln diente und damit deren Einhaltung sicherstellen sollte, konnte man der Ansicht sein, dass § 34 Abs. 2a WpHG a.F. deshalb ebenfalls ausschließlich aufsichtsrechtlicher Natur sein sollte.[459] Allerdings verbietet sich eine solche Übertragung bei Betrachtung der historischen Entwicklung der Normen. Die Wohlverhaltenspflichten basieren allesamt auf der MiFID. Diese sollte ausweislich der Gesetzgebungsmaterialien zum FRUG ausschließlich aufsichtsrechtlich umgesetzt werden.[460] Die Dokumentationspflicht nach § 34 Abs. 2a WpHG a.F. allerdings basierte auf dem SchVG, einem „Alleingang" des nationalen Gesetzgebers, dessen Intentionen in Bezug auf eine Zwecksetzung und gewollte Rechtsnatur gerade nicht eindeutig waren. Aus demselben Grund ließ sich allein aus der systematischen Nähe des § 34 Abs. 2a WpHG a.F. zu den Absätzen 1 und 2 des § 34 WpHG a.F. keine Aussage zu dessen Zweck oder Rechtsnatur treffen.[461]

Aus der systematischen Nähe des Abs. 2a zu den Wohlverhaltenspflichten nach §§ 31ff. WpHG a.F. und zu den übrigen Dokumentationspflichten nach § 34 Abs. 1 und 2 WpHG a.F. konnte insgesamt– wegen einer unterschiedlichen Grundlage der jeweiligen Normen – keine bestimmte Zweckrichtung oder Rechtsnatur der Protokollierungspflicht hergeleitet werden.

---

[458] Siehe oben, Kapitel 2. B. II. 2. e.

[459] Eine Übertragung der Rechtsnatur in die andere Richtung thematisierend *Möllers* in KK-WpHG, § 34 WpHG Rn. 134, dieser klassifiziert die Wohlverhaltenspflichten mit der Theorie von der „Doppelnatur" wegen des anlegerschützenden Charakters der MiFID (der richtigerweise allerdings nur die Gesamtheit der Anleger betrifft) als „auch zivilrechtlich" und zieht in Erwägung, aus der Doppelnatur der Wohlverhaltenspflichten auf einen Individualschutz der Dokumentationspflicht zu schließen.

[460] BT-Drucks. 16/4028, S. 52; siehe auch Kapitel 2. B. II. 2. b. bb.

[461] Anders hingegen ist der Umstand zu werten, dass nach dem Willen des Gesetzgebers § 34 Abs. 1 WpHG eine dokumentationsrechtliche Generalklausel darstellt und Abs. 2a die „generelle Aufzeichnungspflicht nach Absatz 1 […] für den Bereich der Anlageberatung […] konkretisiert", BT-Drucks. 16/12814, S. 27 weist hier tatsächlich in eine aufsichtsrechtliche Richtung mit dem Zweck, die Kontrolle der WpDU durch die BaFin zu ermöglichen.

Der systematische Zusammenhang zwischen §§ 4, 35, 36 WpHG a.F. und § 34 Abs. 2a WpHG a.F. wies eindeutig in Richtung eines Schutzes der Anleger in ihrer Gesamtheit. § 34 Abs. 2a S. 1 WpHG a.F. war darauf gerichtet, die in §§ 4, 35, 36 WpHG a.F. angeordnete Kontrolle überhaupt erst zu ermöglichen.[462] Ohne die Aufzeichnungen der WpDU war eine solche nicht möglich. Die Aufzeichnungspflicht des § 34 Abs. 2a WpHG a.F. diente damit – ebenso wie die Pflichten nach § 34 Abs. 1 und Abs. 2 WpHG a.F. – der Ausgestaltung des Rechtsverhältnisses zwischen der BaFin und dem WpDU. Die BaFin wurde aber ausweislich der Gesetzgebungsmaterialien nicht im Interesse einzelner Anleger tätig, sondern allein im öffentlichen Interesse.[463] Insgesamt ist daher davon auszugehen, dass der systematische Zusammenhang zu den Kontrollmöglichkeiten der BaFin für einen Schutz des Anlegerpublikums insgesamt sprach und nicht für einen Individualschutz.

§ 34 Abs. 2b WpHG a.F. war nach einhelliger Meinung als ausschließlich zivilrechtlich zu qualifizieren.[464] Aus der Existenz der Vorschrift wurde in der Literatur teilweise auch auf eine individualschützende Natur der Aufzeichnungspflicht aus § 34 Abs. 2a S. 1 WpHG a.F. geschlossen. [465] Kern der Argumentation war, dass der individuelle Anleger mit dem Anspruch auf Aushändigung der Dokumentation diese im Streitfall als Beweismittel nutzen konnte und dass diese daher auch zu dessen Gunsten erstellt wird. Diese Betrachtungsweise griff allerdings zu kurz: Sie setzte voraus, dass ein rein faktischer Schutz des Anlegers (durch die Schaffung eines Beweismittels) bereits einen individualschützenden Charakter der Norm (§ 34 Abs. 2a WpHG a.F.) indizieren kann. Dies ist allerdings gerade nicht der Fall: Es ist ebenso möglich, dass eine Norm *rein tatsächlich* zugunsten eines Einzelnen wirkt, ohne dass dessen Schutz vom Normgesetzgeber unmittelbar beabsichtigt war. Man spricht in diesen Fällen von reflexartigem Anlegerschutz. Teilweise wurde deshalb – auf einen reflexartigen Anlegerschutz abstellend – von einigen Autoren vertreten, dass nach der Intention des Gesetzgebers nur der Herausgabeanspruch nach § 34 Abs. 2b WpHG a.F. die Beweissituation des Anlegers verbessern sollte, nicht aber auch § 34 Abs. 2a WpHG a.F., weshalb dieser nicht dem Schutz

---

[462] BT-Drucks. 16/12814, S. 27, siehe auch unter Kapitel 2. B. III. 2. b. aa.

[463] BT-Drucks. 16/12814, S. 28.

[464] BT-Drucks. 16/12814, S. 14, 28; statt aller: *Möllers* in KK-WpHG, § 34 WpHG Rn. 116; *Koller* in Assmann/Schneider, § 34 WpHG Rn. 33; *Schäfer* in Heidel, § 34 WpHG Rn. 24; *Fett* in Schwark/Zimmer, § 34 WpHG Rn. 7; *Leuering/Zetzsche,* NJW 2009, 2856, 2058; *Philipp,* Dokumentationspflichten, S. 218; *Veldhoff,* Die Haftung von Kreditinstituten, S. 329; *Heese,* Beratungspflichten, S. 448; *Klein,* Beratungsprotokollpflicht, S. 162f.

[465] *Seyfried* in Kümpel/Wittig (4. Aufl.), Rn. 3.263; *Einsele,* Bank- und Kapitalmarktrecht (3. Aufl.), § 8 Rn. 40; *Nielsen,* Beweismethodik, S. 57.

des einzelnen Anlegers diene.[466] Dem ist grundsätzlich zuzustimmen. Allein aus dem Zusammenhang von § 34 Abs. 2a WpHG a.F. mit Abs. 2b WpHG a.F. konnte noch kein Individualschutz des Abs. 2a hergeleitet werden. Eine eigenständige individualschützende Wirkung der Dokumentation wäre nur dann in Betracht gekommen, wenn diese auch solchen Interessen des Anlegers gedient hätte, die durch eine Aushändigung nach § 34 Abs. 2b WpHG a.F. bis dato nicht ausreichend geschützt waren.[467] Richtig ist, dass die Existenz von § 34 Abs. 2b WpHG a.F. und die damit einhergehende Verwertbarkeit des Protokolls als Beweismittel zwar ein Indiz für den Individualschutz der Aufzeichnungspflicht nach § 34 Abs. 2a S. 1 WpHG a.F. darstellt, aber ein solcher nicht zwingende Folge der systematischen Verknüpfung der Normen ist.

Aus dem Zusammenhang zwischen den Wohlverhaltenspflichten und den Absätzen 1 und 2 des § 34 WpHG a.F. ließen sich keine Schlüsse auf den Zweck und die Rechtsnatur des § 34 Abs. 2a S. 1 WpHG a.F. ziehen. Der Zusammenhang zwischen § 34 Abs. 2a und Abs. 2b WpHG a.F. legte zwar einen Individualschutz der ersteren Vorschrift nahe, ein solcher war aber keinesfalls zwingend. Der Zusammenhang zwischen den §§ 4, 35, 36 WpHG a.F. und § 34 Abs. 2a WpHG a.F. ließ ohne weiteres darauf schließen, dass die Aufzeichnungspflicht der Kontrolle durch die BaFin dienen sollte. Allerdings war ein individualschützender Aspekt der Aufzeichnungspflicht damit nicht grundsätzlich ausgeschlossen. Die anderen Zwecke, welche mit der Schaffung von § 34 Abs. 2a WpHG verfolgt wurden, insbesondere die Schaffung und Sicherung von Beweismitteln für einen Haftungsprozess, waren durchaus geeignet – neben dem Schutz der Anleger in ihrer Gesamtheit – darüber hinaus auch einen Schutz der individuellen Anleger zu bedingen.

dd. Systematik innerhalb des § 34 Abs. 2a WpHG a.F.

(1) Aushändigungspflicht vor Geschäftsabschluss, § 34 Abs. 2a Satz 2 WpHG a.F.

(a) Wortlaut und Systematik

Der Wortlaut der Aushändigungspflicht nach § 34 Abs. 2a S. 2 WpHG a.F. ließ darauf schließen, dass dieser – in Anlehnung an § 34 Abs. 2 S. 4 WpHG a.F. – ebenfalls rein aufsichtsrechtlicher Natur sein sollte: Dort hieß es „Die Ausfertigung „ist […] zur Verfügung zu stellen". Die Formulierung war gleich gewählt wie in Abs. 2, wonach „Die Rahmenvereinbarung […] zur Verfügung gestellt werden [muss]". In beiden Regelungen stand vor allem die Verpflichtung des WpDU im Vordergrund, nicht hingegen das Recht des Anlegers auf Herausgabe. Bei einem Vergleich mit § 34 Abs. 2b WpHG a.F. wird dies

---

[466] *Philipp*, Dokumentationspflichten, S. 218f., 252, allerdings einräumend, dass das Protokoll „auch im Interesse des Kunden errichtet wird" (S. 219).

[467] Dazu noch unten Kapitel 2. B. III. 3. b. dd. (1) (c).

deutlich. Demnach konnte „der Kunde […] die Herausgabe […] verlangen".[468] Ebenfalls legte der Zusammenhang zwischen § 34 Abs. 2a S. 2 WpHG a.F. und § 34 Abs. 2b WpHG a.F. einen aufsichtsrechtlichen Charakter von § 34 Abs. 2a S. 2 WpHG a.F. nahe. Die Schaffung eines zivilrechtlichen Anspruchs in § 34 Abs. 2b WpHG a.F. wäre nicht nötig gewesen, wenn § 34 Abs. 2a S. 2 WpHG a.F. bereits individualschützend gewesen wäre und der einzelne Anleger bereits aus dieser Norm die Herausgabe des Beratungsprotokolls hätte verlangen können.[469]

Der Wortlaut und die systematische Betrachtung legen demnach eher nahe, die Aushändigungspflicht als rein aufsichtsrechtliche Pflicht zu verstehen und einen Individualschutz des Anlegers zu verneinen.

(b) Historische Entwicklung von § 34 Abs. 2a S. 2 WpHG a.F.

(aa) Beweissicherungszweck

Den Gesetzgebungsmaterialien zufolge sollte der Kunde durch die unverzügliche Aushändigung in die Lage versetzt werden, das Protokoll zu überprüfen, dieses würde dadurch außerdem vor Manipulationen geschützt.[470] Durch die Manipulationssicherheit wurde einerseits die Möglichkeit einer Kontrolle durch die BaFin verbessert. Andererseits wurde aber auch die Beweissituation des jeweiligen Anlegers dadurch verbessert, dass nachträgliche Manipulationen an dem Beratungsprotokoll nachgewiesen werden konnten und dem Anleger für den Fall des Prozesses eine Version des ursprünglichen Protokolls zur Verfügung stand. Die konkrete und vom Gesetzgeber gewollte Verbesserung der Beweissituation diente klar dem Schutz des individuellen Anlegers und ließ neben dem Zweck der Kontrollierbarkeit durch die BaFin jedenfalls auch auf einen individuellen Anlegerschutz der Aushändigungspflicht schließen.

(bb) Informationswirkung und informationsunterstützende Dokumentationswirkung

Das Protokoll wurde dem Kunden ausweislich der Gesetzgebungsmaterialien außerdem grundsätzlich vor Geschäftsabschluss zur Verfügung gestellt, damit dieser mit Hilfe des Protokolls „das Beratungsgespräch auswerten" konnte, er würde dadurch „in die Lage versetzt, auf der Grundlage des Protokolls eine fundierte Anlageentscheidung zu treffen".[471] Der Gesetzgeber wollte, dass der Anleger in jedem Fall vor seiner Anlageentscheidung in den Besitz des Protokolls gelangt.[472] Diese Wertung

---

[468] Ebenso *Klein,* Beratungsprotokollpflicht, S. 163; der daraus allerdings eine aufsichtsrechtliche Natur des gesamten § 34 Abs. 2a WpHG a.F. herleitet.

[469] *Böhm,* BKR 2009, 221, 225; *Krisl,* Schutzgesetzeigenschaft, S. 230; *Philipp,* Dokumentationspflichten, S. 252.

[470] BT-Drucks. 16/12814, S. 27.

[471] BT-Drucks. 16/12814, S. 27.

[472] *Teuber,* Bank-Praktiker 2009, 462, 467; *Hannöver* in Schimansky/Bunte/Lwowski, BankR-HdB, § 110 Rn. 89.

trat auch in der Konstruktion des Rücktrittsrechts bei der Beratung durch Fernkommunikationsmittel nach § 34 Abs. 2a Satz 4 – 6 WpHG a.F. zu Tage.[473]

Ein Individualschutz der Vorschrift wäre jedenfalls nicht von der Hand zu weisen gewesen, wenn dem Protokoll eine eigenständige Informationswirkung hätte zukommen sollen. In der Literatur bestand allerdings insoweit Einigkeit, dass dies gerade nicht der Fall sein sollte.[474] Richtigerweise wurde dafür vorgebracht, dass damit der Schutz des Anlegers – der erklärte Zweck des SchVG und der europäischen Gesetzgebung – gelockert werden würde.[475] Dem WpDU wäre es möglich gewesen, in das Protokoll Verweise auf bestimmte Dokumente aufzunehmen und so eine Aufklärung im Gespräch gar nicht mehr leisten zu müssen, stattdessen hätte ein überfrachtetes Protokoll ausgehändigt werden können.[476] Dies ist ersichtlich nicht im Interesse der Anleger. Auch die vom Gesetzgeber eigentlich zugedachte Funktion des Protokolls, die Wiedergabe des Beratungsgespräches, wäre dann nicht mehr gewährleistet gewesen. Eine eigene Informationsfunktion des Protokolls war daher richtigerweise abgelehnt worden.

Allerdings konnte möglicherweise der vom Gesetzgeber zugedachte Zweck der Dokumentation, bereits erteilte Informationen zu erhalten und später nochmals abrufbar zu machen und damit die Entscheidungsfähigkeit des Anlegers bei nochmaliger Durchsicht zu verbessern („informationsunterstützende Dokumentationswirkung"),[477] einen Schutz zugunsten des einzelnen Anlegers entfalten. Für eine Beantwortung dieser Frage sind aber zunächst Ausmaß und Zweck der informationsunterstützenden Dokumentationswirkung unter Betrachtung des Gesamtprozesses der Anlageberatung genauer zu definieren.Die Dokumentation knüpfte an die Beratung an und sollte diese nochmals vergegenwärtigen. Die Aushändigung der Dokumentation war der Informationserteilung zeitlich nachgelagert und sollte diese in der Form unterstützen, dass die Information erhalten blieb. Es handelte sich bei der informationsunterstützenden Dokumentationswirkung sozusagen um eine Fortwirkung der vorgelagerten Informationspflichten. Die Aushändigung der Dokumentation diente jedenfalls der Funktionsfähigkeit der Kapitalmärkte, weil damit Transparenz geschaffen und das

---

473 *Teuber,* Bank-Praktiker 2009, 462, 467.

474 *Maier,* VuR 2011, 3, 8; *Philipp,* Dokumentationspflichten, S. 195; *Veldhoff,* Die Haftung von Kreditinstituten, S. 349; *Klein,* Beratungsprotokollpflicht S. 158 m. w. N.

475 *Maier,* VuR 2011, 3, 8; *Philipp,* Dokumentationspflichten, S. 195; *Klein,* Beratungsprotokollpflicht, S. 159.

476 *Maier,* VuR 2011, 3, 8; *Philipp,* Dokumentationspflichten, S. 195; *Klein,* Beratungsprotokollpflicht, S. 159.

477 *Klein,* Beratungsprotokollpflicht, S. 159; *Philipp,* Dokumentationspflichten, S. 141f.; *Hannöver* in Schimansky/Bunte/Lwowsky, BankR-HdB, § 110 Rn. 89; *Teuber,* Bank-Praktiker 2009, 462, 464; *Freitag,* ZBB 2016, 1, 10.

Vertrauen der Anleger in den Kapitalmarkt gestärkt wurde.[478] Im Übrigen wurde durch die Regelung eine gewisse Bedenkzeit sichergestellt, damit das Kapital wohlüberlegt investiert werden konnte und im Nachhinein nicht ein schneller Wiederabzug des Kapitals drohte, weil der Anleger es sich anders überlegt hatte. Die Funktionsfähigkeit der Kapitalmärkte ist offensichtlich ohne Bezug zum Individualschutz. Allerdings diente die informationsunterstützende Dokumentation auch dem Übereilungsschutz des Kunden und sollte eine gewisse Warnfunktion erfüllen.[479] Dem jeweiligen Kunden sollte die Möglichkeit gegeben werden, sich die drohenden negativen Auswirkungen des Geschäfts vor Augen zu führen und zu überdenken, ob er tatsächlich dem in der Dokumentation festgehaltenen Anlegertypus entsprach.[480] Dieser Aspekt der informationsunterstützenden Dokumentationswirkung ist ersichtlich dem Schutz des einzelnen Anlegers geschuldet und damit individualschützend. Dies lässt ohne weiteres auch auf einen durch die Aushändigungspflicht nach § 34 Abs. 2a S. 2 WpHG a.F. bezweckten Individualschutz schließen. Im Widerspruch zu diesem Ergebnis standen allerdings die Ausführungen an anderer Stelle in den Gesetzgebungsmaterialien: Der Aushändigungspflicht des WpDU nach § 34 Abs. 2a S. 2 WpHG a.F. sollte mit § 34 Abs. 2b WpHG a.F. auch ein „korrespondierender Anspruch des Kunden“ gegenüberstehen.[481] Daraus ließ sich im Umkehrschluss ableiten, dass § 34 Abs. 2a WpHG a.F. nach der Vorstellung des Gesetzgebers lediglich aufsichtsrechtlicher Natur sein sollte, die Schaffung eines „korrespondierenden“ zivilrechtlichen Anspruchs (§ 34 Abs. 2b WpHG a.F.) wäre sonst nicht nötig gewesen.[482]

(c) Erweiterte historische Auslegung

(aa) Verwirklichung der übrigen Normzwecke nur durch Individualschutz und zivilrechtliche Geltung möglich

Zusammenfassend bleibt für § 34 Abs. 2a S. 2 WpHG a.F. festzustellen, dass der Wortlaut, die Systematik, wie auch die Intention des Gesetzgebers grundsätzlich in Richtung einer rein aufsichtsrechtlichen Rechtsnatur der Norm wiesen. Allerdings waren gerade die Gesetzgebungsmaterialien widersprüchlich, wenn sie sich einerseits für eine rein aufsichtsrechtliche Natur der Norm aussprachen, zugleich aber mit der Verbesserung der Beweissituation des jeweiligen

---

[478] *Rothenhöfer,* Anlegerschutz durch Schriftform, S. 336.

[479] *Philipp,* Dokumentationspflichten, S. 141f.

[480] *Philipp,* Dokumentationspflichten, S. 141f.; *Möllers* in KK-WpHG, § 34 WpHG Rn. 98; *Klein,* Beratungsprotokollpflicht, S. 159; *Strohmeyer,* ZBB 2009, 197, 203, der darin sogar den einzigen Gewinn des Protokolls für den Anleger sieht, da die Beweisfunktion des Protokolls dadurch ausgehöhlt werde, dass das Protokoll an das Produkt angepasst werde, also wohl in den seltensten Fällen eine Falschberatung dokumentieren wird.

[481] BT-Drucks. 16/12814, S. 28.

[482] *Krisl,* Schutzgesetzeigenschaft, S. 230.

Anlegers und der informationsunterstützenden Dokumentationswirkung Zwecke verfolgten, die eindeutig dem Schutz des individuellen Anlegers dienen sollten und das Verhältnis zwischen Anleger und WpDU betrafen.

Ob vom Gesetzgeber tatsächlich auch eine zivilrechtliche Rechtsnatur der Aushändigungspflicht bezweckt wurde, lässt sich aus den Materialien nicht unmittelbar feststellen. Jedoch könnten die vom Gesetzgeber eindeutig gewollten Zwecke, die der Norm zugrunde lagen, Anhaltspunkte dafür liefern, ob vom Gesetzgeber auch eine zivilrechtliche Umsetzung der Norm gewollt war. Dies wäre vor allem dann anzunehmen, wenn andere – vom Gesetzgeber der Vorschrift explizit zugrunde gelegte Zwecke – nicht oder nicht in ausreichendem Maße verwirklicht werden könnten, falls § 34 Abs. 2a S. 2 WpHG a.F. nicht auch zivilrechtlicher Natur wäre. Im Ergebnis ist also danach zu fragen, ob dem Gesetz ein durch die übrigen Zwecke zu ermittelndes, festgelegtes Gesamtkonzept zugrunde lag, welches wiederum eine auch zivilrechtliche Rechtsnatur von § 34 Abs. 2a S. 2 WpHG a.F. voraussetzte.[483]

(bb) Gesamtkonzept des Normgebers: Aufsichtsrechtliche und privatrechtliche Kontrolle mit Hilfe der Dokumentation

Die Politik sah sich im Jahr 2009, als das SchVG auf den Weg gebracht wurde, mit dem Problem konfrontiert, dass zahlreiche Skandale das Bild der Anlageberatung in Deutschland zum Negativen verändert hatten. Vor allem der Verkauf von sog. Film- und Schiffsfonds, „Schrottimmobilien" und nicht zuletzt Zertifikate, der nunmehr insolventen US-amerikanischen Bank Lehman Brothers sorgten für einen massiven Vertrauensverlust gegenüber der gesamten Branche. Das SchVG wurde daher unter breitem Konsens der im Parlament vertretenen Parteien verabschiedet.[484] Ziel der Initiative war es,

[483] *Nielsen* und *Krisl* tragen in diesem Zusammenhang beispielsweise vor, dass dem Anleger bei rein aufsichtsrechtlicher Natur der Aushändigungspflicht nach § 34 Abs. 2a S. 2 WpHG kein Schadensersatzanspruch gegen das WpDU wegen nicht erstelltem, nicht vollständigem oder nicht herausgegebenem Protokoll zustünde (*Nielsen,* Beweismethodik, S. 57; *Krisl,* Schutzgesetzeigenschaft, S. 231). Ein solcher sei aber gerade erforderlich, um den Zweck zu erreichen, welchen der Gesetzgeber dem SchVG zugrunde gelegt hatte: Der Verbesserung der Durchsetzbarkeit von Ansprüchen von Anlegern aus Falschberatung (*Nielsen,* Beweismethodik, S. 57).

[484] *Seyfried* in Kümpel/Wittig (4. Aufl.), spricht von „parteiübergreifendem Aktionismus", die Plenardebatten spiegeln die öffentliche Diskussion im Zeitpunkt der Gesetzesinitiative wieder, siehe Plenarprotokoll 16/222, 16. Wahlperiode – 222. Sitzung v. 14. Mai 2009, S. 24483ff.

durch die Möglichkeit einer besseren Kontrolle seitens der BaFin und einer besseren Beweisbarkeit von Beratungsfehlern für geschädigte Anleger eine Verbesserung der Beratungsqualität zu erreichen.[485]

Die rechtliche Umsetzung dieses Vorhabens erfolgte allerdings auf ungewöhnlichem Wege: Das SchVG hob eine bis dahin bestehende, konsequente, historisch gewachsene Trennung auf. Die Pflichten der WpDU nach dem WpHG waren bis dato rein aufsichtsrechtlicher Natur und sollten allein durch die BaFin kontrolliert werden. Die privatrechtlichen Pflichten der WpDU waren hingegen bis zu diesem Zeitpunkt nicht kodifiziert worden, sondern lediglich durch die entscheidenden Gerichte in Weiterentwicklung der sog. „Bond-Rechtsprechung"[486] festgelegt worden. Die §§ 34 Abs. 2a und 2b WpHG a.F. stellten nun – möglicherweise ungewollt[487] –eine Verbindung zwischen diesen beiden bis dato fein säuberlich getrennten Systemen her. Die Normen wurden eingebettet in das aufsichtsrechtlich geprägte WpHG. § 34 Abs. 2a WpHG a.F. ordnete die Erstellung einer Dokumentation des Beratungsgesprächs einerseits zur Kontrolle durch die BaFin an, andererseits aber auch zur Verbesserung der Entscheidungsfähigkeit[488] und der Beweissituation[489] des Anlegers im Falle eines zivilrechtlichen Haftungsprozesses gegen das WpDU. Um die letztgenannte Funktion besser erfüllen zu können, wurde neben der Dokumentationspflicht mit § 34 Abs. 2b WpHG a.F. auch ein klar als solcher erkennbarer zivilrechtlicher Herausgabeanspruch in das aufsichtsrechtlich geprägte WpHG eingefügt.[490] Die Dokumentationspflicht des § 34 Abs. 2a WpHG a.F. sollte auf zwei Ebenen wirken. Ziel des Gesetzgebers war es, einerseits die aufsichtsrechtliche Ebene, also das Verhältnis zwischen WpDU und der BaFin, und andererseits die privatrechtliche Ebene, also das Verhältnis zwischen WpDU und dem jeweiligen Anleger zu regeln. Auf der aufsichtsrechtlichen Ebene sollte die Einhaltung der aufsichtsrechtlichen Wohlverhaltenspflichten überprüfbar sein. Auf zivilrechtlicher Ebene sollte die Einhaltung der Pflichten aus dem Beratungsvertrag sichergestellt werden.

---

[485] Plenarprotokoll 16/222, 16. Wahlperiode – 222. Sitzung v. 14. Mai 2009, S. 24483, 24484, 24485, 24489 (Vorträge der Abgeordneten Wanderwitz (CDU), Benneter (SPD), Dyckmans (FDP) und des Parl. Staatssekr. d. Ministeriums des Justiz Hartenbach).

[486] BGH v. 06.07.1993 - XI ZR 12/93 = BGHZ 123, 126ff.

[487] Mit grundlegender Kritik daher *Heese,* Beratungspflichten, S. 448f.; *Seyfried* in Kümpel/Wittig (4. Aufl.), Rn. 3.256.

[488] Zur „informationsunterstützenden Dokumentationswirkung" und deren individualschützendem Charakter vgl. bereits Kapitel 2. B. III. 3. b. dd. (1) (b) (bb).

[489] Zur Verbesserung der Beweissituation des Anlegers durch Manipulationssicherheit bei Aushändigung nach § 34 Abs. 2a S. 2 WpHG und deren individualschützenden Charakter vgl. bereits Kapitel 2. B. III. 3. b. dd. (1); in Bezug auf diesen Beweissicherungsaspekt kann gerade nicht vorgebracht werden, dass es sich lediglich um einen „reflexartigen" Schutz handle.

[490] BT-Drucks. 16/12814, S. 28.

Zwar könnte dieser Interpretation des vom Gesetzgeber gewollten Gesamtkonzepts entgegengehalten werden, dass die Formulierung in den Materialien zu § 34 Abs. 2a WpHG a.F. auch eine reflexartige Beweissicherung auf zivilrechtlicher Ebene gemeint haben könnte.[491] Dagegen sprach aber bereits die übrige historische Auslegung der Norm.[492] Darüber hinaus kann davon ausgegangen werden, dass angesichts einer Zahl von 8 Millionen Beratungen pro Jahr[493] die personelle Kapazität der BaFin bei weitem nicht ausgereicht hätte, um dem Problem Herr zu werden.[494] Eine effektive Durchsetzung der Wohlverhaltenspflichten auf rein aufsichtsrechtlicher Ebene erscheint nicht realistisch.[495] Mit einem „private enforcement" ging dagegen eine Verbesserung der Kontrolle der WpDU insgesamt einher.[496] Wenn dem einzelnen Anleger die Möglichkeit der Inanspruchnahme der WpDU ermöglicht wurde, so wurde im Rahmen einer Prüfung regelmäßig kompetentes Personal in Form von Fachanwälten und Gutachtern herangezogen, um die Erfüllung der jeweiligen Pflichten zu überprüfen.[497] Durch die Möglichkeit der zivilrechtlichen Sanktion eines Verstoßes gegen die beratungsvertraglichen Pflichten wurde somit eine effektivere Kontrolle der WpDU möglich und damit einhergehend auch eine Steigerung der Qualität der Anlageberatung.[498] Dies war gerade ein erklärtes Ziel des Gesetzgebers.[499] Es war daher davon auszugehen, dass sich der Gesetzgeber durch die Schaffung des Beratungsprotokolls der Hilfe des einzelnen Anlegers bedienen wollte. Da in weiten Teilen ein Gleichlauf von aufsichts- und beratungsvertraglichen Pflichten der WpDU bestand, setzte der einzelne Anleger, der einen Verstoß gegen beratungsvertragliche Pflichten geltend machte, immer auch

---

491 BT-Drucks. 16/12814, S. 28: „das Protokoll **kann** im Streitfall als Beweismittel dienen", in diese Richtung argumentierend *Fuchs* in Fuchs (2. Aufl.), § 34 WpHG Rn. 2; ebenso *Möllers* in KK-WpHG, § 34 WpHG Rn. 139.

492 S.o. unter B. III. 3. b. dd. (1) (b).

493 Das Bundesministerium der Justiz ging im Zeitpunkt des Entwurfs von 8 Mio. Beratungen pro Jahr aus, BT- Drucks. 16/12814, S. 29.

494 *Leuering/Zetzsche,* NJW 2009, 2856, 2859; *Brinckmann,* BKR 2010, 45, 48f.; *Herresthal,* WM 2014, 773, 776; *Poelzig,* JZ 2014, 256, 260; *dies.,* ZGR 2015, 801, 803 *Langenbucher* in Karlsruher Forum 2014, S. 38; teilweise mit einem allgemeinen Ruf nach „private enforcement" im Recht der Anlageberatung.

495 *Heese,* Beratungspflichten, S. 419.

496 *Freitag,* ZBB 2016, 1, 9; auch bereits *Rothenhöfer* in Perspektiven des Wirtschaftsrechts, S. 55, 64, 72; *Bliesener,* Verhaltenspflichten, S. 152; *Köndgen,* ZBB 1996, 361.

497 *Poelzig,* JZ 2014, 256, 260; **a.A.** *Langenbucher* in Karlsruher Forum 2014, S. 14, die Kompetenz privater Berater anzweifelnd aber dennoch einen „Entdeckervorsprung" zubilligend, durch welchen der Behörde die Aufgabe erleichtert wird, Rechtsverstöße überhaupt aufzudecken.

498 *Böhm,* BKR 2009, 221, 230; *Baur,* jurisPR-BKR 03/2009, Anm. 4; *Veldhoff,* Die Haftung von Kreditinstituten, S. 329.

499 Plenarprotokoll 16/222, 16. Wahlperiode – 222. Sitzung v. 14. Mai 2009, S. 24483, 24484, 24485, 24489 (Vorträge der Abgeordneten Wanderwitz (CDU), Benneter (SPD), Dyckmans (FDP) und des Parl. Staatssekr. d. Ministeriums des Justiz Hartenbach).

Aufsichtsrecht durch.[500] Die privatrechtliche Haftung nahm hier – neben der Kompensation erlittener Schäden – auch die Funktion ein, die aufsichtsrechtliche Durchsetzung zu ergänzen.[501] Das Protokoll sollte nicht lediglich zur Beweissicherung genutzt werden, nachdem es zur aufsichtsrechtlichen Kontrolle erstellt wurde. Es wurde vielmehr bereits zur aufsichtsrechtlichen und zivilrechtlichen Kontrolle erstellt.[502]

Insgesamt kann damit festgehalten werden, dass oberstes Ziel des Gesetzgebers die Verbesserung der Qualität der Beratung war. Dazu sollte einerseits die BaFin die Einhaltung der aufsichtsrechtlichen Pflichten kontrollieren und gleichzeitig der einzelne Anleger Verstöße gegen die – oft mit den Wohlverhaltenspflichten deckungsgleichen – beratungsvertraglichen Pflichten kontrollieren und sanktionieren können. Zur Ermöglichung dieser Kontrolle auf zwei Ebenen wurde die Beratungsprotokollpflicht eingeführt.

(cc) Haftungssystem für Dokumentationsfehler zur Sicherstellung der Funktionen des Protokolls

Es ist davon auszugehen, dass dem Gesetzgeber bewusst war, dass die Kontrolle der Einhaltung der jeweiligen aufsichtsrechtlichen oder privatrechtlichen Pflichten maßgeblich davon abhing, ob das WpDU seine Beratungsprotokollpflicht erfüllte oder nicht. An die Nichterfüllung der Beratungsprotokollpflicht waren daher wiederum Sanktionen geknüpft, sowohl auf aufsichtsrechtlicher wie auch auf zivilrechtlicher Ebene. Aufsichtsrechtlich musste das WpDU, welches seine Pflichten aus § 34 Abs. 2a WpHG a.F. nicht einhielt, gemäß § 39 Abs. 2 Nr. 19a, 19b, 19c, Abs. 4 WpHG mit einem Bußgeld rechnen. Der Gesetzgeber hatte mit der Schaffung des zivilrechtlichen Anspruchs in § 34 Abs. 2b WpHG a.F. aber auch die Möglichkeit einer privatrechtlichen Sanktion zugelassen. Ein Dokumentationsfehler in Form der Nichterstellung, der unvollständigen oder fehlerhaften Erstellung, der Nichtaushändigung und der unterlassenen Aufbewahrung des Protokolls begründete (dem Grunde nach) einen Anspruch des Anlegers auf Schadensersatz aus § 280 BGB in Verbindung mit § 34 Abs. 2b WpHG.[503]

Fraglich ist allerdings, ob dies vom Gesetzgeber auch bezweckt wurde und sich nicht lediglich als Nebenfolge der Verletzung der Dokumentationspflichten ergab. Für ein gewolltes „private

---

[500] *Sethe,* Anlegerschutz, S. 756; *Benicke,* Wertpapiervermögensverwaltung, S. 472.

[501] *Benicke,* Wertpapiervermögensverwaltung, S. 472; *Langenbucher* in Karlsruher Forum 2014, S. 39.

[502] *Veldhoff,* Die Haftung von Kreditinstituten, S. 351; *Brinckmann,* BKR 2010, 45, 51.

[503] *Leuering/Zetzsche,* NJW 2009, 2856, 2859; *Schäfer* in FS Hopt (2010), 2427, 2445; *Lenenbach,* Kapitalmarktrecht (2. Aufl.), Rn. 5.267f.; *ders.* in Albrecht/Karahan/Lenenbach, § 41 Rn. 259p; *Philipp,* Dokumentationspflichten, S. 303f.

enforcement“ auf der Ebene des Dokumentationsfehlers sprach bereits, dass mit der Dokumentation selbst eine Grundlage für ein „private enforcement“ zur Einhaltung der beratungsvertraglichen Pflichten geschaffen werden sollte.[504] Ein „private enforcement“ zur Unterstützung aufsichtsrechtlicher Kontrolle war dem Gesetzgeber also grundsätzlich nicht fremd. Außerdem erschien es widersprüchlich, einerseits mit der Dokumentation die Grundlage für ein „private enforcement“ für die Einhaltung der Wohlverhaltenspflichten zu schaffen, andererseits einen Entzug dieser Grundlage aber nicht privatrechtlich zu sanktionieren, sollte doch von ihr eine wirksame privatrechtliche Kontrolle der WpDU abhängen.[505] Im Übrigen brachte ein „private enforcement“ bei der Durchsetzung der Dokumentationspflicht dieselben erstrebenswerten Vorteile wie ein „private enforcement“ im Rahmen der Wohlverhaltenspflichten, nämlich eine Entlastung der BaFin und eine Steigerung der Kontrolldichte und damit einhergehend mittelbar eine Steigerung der Beratungsqualität. Da diese ein erklärtes Ziel des Gesetzgebers war,[506] spricht auch dies für eine bewusste Schaffung von „private enforcement“.

Darüber hinaus erschien in Bezug auf die Dokumentationspflicht ein privatrechtlicher Schadensersatzanspruch insgesamt auch geeigneter, um einen gewissen Druck auf die WpDU auszuüben, der Erfüllung dieser Pflicht nachzukommen: Nach § 39 Abs. 2 Nr. 19a, 19b, 19c, Abs. 4 WpHG konnte die BaFin bei Nichteinhaltung der Dokumentationsvorschriften ein Bußgeld von bis zu 50.000 € verhängen. Die Höhe dieser Summe erschien indes wenig geeignet, eine Einhaltung der Dokumentationsvorschriften zu erzwingen. Falls ein Anleger lediglich 10 Mio. €[507] anlegte und das WpDU davon 5% als Provision erhielt, so belief sich

---

[504] S.o. unter Kapitel 2. B. III. 3. b. dd. (1) (c) (bb) und Kapitel 2. B. III. 3. b. dd. (1) (b) (aa).

[505] Verschiedene Untersuchungen in der Praxis zeigten, dass des Öfteren Protokolle nicht ausgehändigt wurden oder aber diese inhaltlich falsch waren (Untersuchung der VZBV aus 2012: 50 Beratungsgespräche, in 20% der Fälle keine Protokollaushändigung, darüber hinaus teilweise fehlende oder fehlerhafte Dokumentation, vgl. BT-Drucks. 17/9129, S. 1; Untersuchung der Stiftung Warentest aus 2010: 126 Beratungsgespräche, in ca. 50% der Fälle keine Protokollaushändigung, ausgehändigte Protokolle teilweise unvollständig oder fehlerhaft, Vgl. *Veldhoff*, Die Haftung von Kreditinstituten, S. 342 m.w.N.).

[506] Plenarprotokoll 16/222, 16. Wahlperiode – 222. Sitzung v. 14. Mai 2009, S. 24483, 24484, 24485, 24489 (Vorträge der Abgeordneten Wanderwitz (CDU), Benneter (SPD), Dyckmans (FDP) und des Parl. Staatssekr. d. Ministeriums des Justiz Hartenbach).

[507] Diese Summe ist noch vergleichsweise niedrig gewählt. Die Stadt Pforzheim hatte im Jahr 2004/2005 auf Anraten der Deutschen Bank Zinsswaps in Höhe von 40 Mio. € erworben. Nach einer Verschlechterung des Wertes auf nur noch 20 Mio. € schloss die Stadt auf Anraten von JP Morgan Chase (JPM) Spiegel- und Finanzierungsswaps zum Ausgleich des Verlustes aus dem ersten Swapgeschäft ab. Insgesamt belief sich der Schaden zuletzt auf 57 Mio. €, siehe auch http://www.faz.net/aktuell/wirtschaft/zinswetten-vor-gericht-pforzheim-im-duell-mit-jp-morgan-11609350.html zuletzt abgerufen am 14.09.2016.

dessen Gewinn bereits auf 500.000 €. Sollte der Anleger nun Klage gegen das beratende WpDU wegen fehlerhafter Anlageberatung erheben, so wäre er im Prozess auf das Beratungsprotokoll als Beweismittel angewiesen gewesen. Hatte das WpDU aber im Rahmen der Beratung kein Protokoll erstellt, so würde der Anleger regelmäßig mit seiner Klage scheitern. Das WpDU würde zwar mit der Zahlung eines Bußgeldes in Höhe von 50.000 € belegt. Im Ergebnis müssten damit 10% des erwirtschafteten Gewinns als Bußgeld bezahlt werden. Dafür könnte aber eine extrem vorteilhafte Prozessposition „erkauft" werden. Das niedrige Bußgeld konnte WpDU also dazu verführen, beim Verkauf von risikoreichen Anlagen – bei denen der Anleger gerade besonders schutzbedürftig ist – systematisch auf die Anfertigung von Beratungsprotokollen zu verzichten und sich bei Inkaufnahme eines vergleichsweise geringen Bußgeldes eine vorteilhafte Prozessposition zu verschaffen.[508] Die Schaffung eines solchen Anreizes konnte aber ersichtlich nicht gewollt sein und verlief gerade entgegengesetzt zur ursprünglichen gesetzgeberischen Intention, die Durchsetzung von Ansprüchen von Anlegern mittels Beratungsprotokoll zu erleichtern.[509] Insgesamt kann daher davon ausgegangen werden, dass die Schaffung eines zivilrechtlichen Haftungssystems für die Verletzung von Dokumentationspflichten von Seiten des Gesetzgebers auch gewollt war.

Die Haftung für einen Dokumentationsfehler fußte auf § 280 BGB in Verbindung mit § 34 Abs. 2b WpHG a.F.[510] Eine Nichtherausgabe war dabei als Nichterfüllung des Anspruchs aus § 34 Abs. 2b WpHG zu werten und verpflichtete daher das WpDU zum Schadensersatz. Für den Fall, dass eine Dokumentation nicht angefertigt oder nicht aufbewahrt wurde, konnte das WpDU diese auch nicht herausgeben und haftete daher aus § 34 Abs. 2b WpHG a.F. in Verbindung mit §§ 280 Abs. 1, Abs. 3, 283 BGB.[511] Falls das Protokoll nicht vollständig oder falsch war, so haftete das WpDU ebenfalls aus §§ 280 Abs. 1, Abs. 3, 281 BGB in Verbindung mit § 34 Abs. 2b WpHG a.F. wegen

---

[508] In diesem Sinne auch *Maume*, ZHR 180 (2016), 358, 362, wenn er darauf abstellt, dass „unzureichend durchgesetzte Regelungen Rechtsbrechern einen Wettbewerbsvorteil verschaffen" und das „Wild-West-Gleichnis" von *Bhattacharya/Daouk*, 13 Rev. Fin. (2009) 577, 578 heranzieht: *„If there are no gun laws, everyone has guns, and it is the Wild West. If there are gun laws that are not enforced, law abiders will not have guns. The outlaws will have more guns because they know that the law abiders do not have guns, and so the law abiders cannot protect themselves and are worse off than they were in a Wild West situation."*.

[509] BT-Drucks. 16/12814, S. 14, 28.

[510] *Fett* in Schwark/Zimmer, § 34 WpHG Rn. 7; *Leuering/Zetzsche,* NJW 2009, 2856, 2859; *Schäfer* in FS Hopt (2010), 2427, 2445; *Lenenbach*, Kapitalmarktrecht (2. Aufl.), Rn. 5.267f.; *ders.* in Albrecht/Karahan/Lenenbach, § 41 Rn. 259p; *Philipp,* Dokumentationspflichten, S. 303f.; *Klein,* Beratungsprotokollpflicht, S. 395f.

[511] *Philipp,* Dokumentationspflichten, S. 303f.

Schlechterfüllung des Herausgabeanspruchs auf Schadensersatz.[512] Grundsätzlich war also ein Haftungssystem für den Fall der Verletzung von Dokumentationspflichten vorhanden. Für jene Fälle, in denen das Beratungsprotokoll auf Anfrage des Kunden seitens des WpDU wegen eines Dokumentationsfehlers nicht (vollständig und inhaltlich richtig, wie geschuldet) herausgegeben werden konnte, bestand demnach ein Schadensersatzanspruch des Kunden.[513]

(dd) Lücke im Haftungssystem bei unterbliebener Aushändigung vor Geschäftsabschluss gem. § 34 Abs. 2a S. 2 WpHG

Unter dieser Prämisse erschien es legitim, die Aushändigungspflicht nach § 34 Abs. 2a S. 2 WpHG a.F. als rein aufsichtsrechtlich zu klassifizieren, schienen doch alle Verletzungen der Aushändigungspflicht nach § 34 Abs. 2a S. 2 WpHG a.F. gleichzeitig auch Verletzungen der Pflicht nach § 34 Abs. 2b WpHG a.F. zu sein.[514] Verletzungen von § 34 Abs. 2b WpHG a.F. waren allerdings bereits ausreichend zivilrechtlich sanktionierbar, so dass ein Individualschutz von § 34 Abs. 2a S. 2 WpHG a.F. und eine damit einhergehende eigene zivilrechtliche Sanktionierbarkeit eines Verstoßes gegen diese Pflicht überflüssig erschien. Mit anderen Worten erschien eine zivilrechtliche Klassifikation der Aushändigungspflicht nicht notwendig, um alle Formen des Dokumentationsfehlers sowohl aufsichts- wie auch zivilrechtlich ahnden zu können. Das Gesamtkonzept des Gesetzgebers, eine zivilrechtliche und aufsichtsrechtliche Haftung für den Fall eines Dokumentationsfehlers zu etablieren, schien damit bereits verwirklicht.

Es war ein Fall denkbar, in dem eine Aushändigung vor Geschäftsabschluss – aus welchem Grund auch immer, möglicherweise auch als Folge einer Nichtanfertigung – entgegen § 34 Abs. 2a S. 2 WpHG a.F. nicht stattgefunden hatte, aber ein Schadensersatzanspruch nicht auf eine Verletzung von § 34 Abs. 2b WpHG a.F. gestützt werden konnte. So konnte es sein, dass kein Protokoll übergeben wurde und der Anleger darlegte, bei einer nochmaligen Durchsicht des Protokolls vor Abschluss des Geschäftes dieses Geschäft nicht oder anders als tatsächlich geschehen getätigt zu haben.[515] Ein

---

512 *Leuering/Zetzsche,* NJW 2009, 2856, 2859; *Klein,* Beratungsprotokollpflicht, S. 396; **a.A.** *Philipp,* Dokumentationspflichten, S. 300; unentschieden *Fett* in Schwark/Zimmer, § 34 WpHG Rn. 7.

513 Ob über die Haftung aus §§ 280, 281, 283 auch eine Haftung aus § 286 in Betracht kommt, ist umstritten. Dafür *Leuering/Zetzsche,* NJW 2009, 2856, 2859 **a.A.** *Klein,* Beratungsprotokollpflicht, S. 396.

514 *Philipp,* Dokumentationspflichten, S. 299f.

515 *Veldhoff,* Die Haftung von Kreditinstituten, S. 352; *Philipp,* Dokumentationspflichten, S. 303; auf den Fall der Nichtaushändigung abstellend; *Krisl,* Schutzgesetzeigenschaft, S. 234 hingegen den Fall skizzierend, dass eine Bank (versehentlich) ein anderes Produkt im Protokoll vermerkt als jenes, über welches beraten wurde und der Anleger das falsch im Protokoll vermerkte Produkt erwirbt.

Anspruch könnte in einem solchen Fall lediglich auf die Verletzung einer zivilrechtlichen Pflicht aus § 34 Abs. 2a S. 2 WpHG a.F. gestützt werden, aber nicht nach § 280 BGB in Verbindung mit § 34 Abs. 2b WpHG a.F. sanktioniert werden. Zwar wäre in diesem Fall bei Vorliegen einer Dokumentationspflichtverletzung ebenfalls der Herausgabeanspruch nach § 34 Abs. 2b WpHG a.F. verletzt. Allerdings hätte die Geltendmachung des Anspruchs aus §§ 280 Abs.1, Abs. 3, (281, 283) BGB in Verbindung mit § 34 Abs. 2b WpHG a.F. wenig Aussicht auf Erfolg. Das WpDU hätte dem Anleger gegenüber immer einwenden können, dass die Verletzung der Herausgabepflicht nicht kausal für den Eintritt des Schadens war, falls der Anleger nicht explizit die Herausgabe des Protokolls vor Abschluss des Geschäfts gefordert hatte. Bei Fehlen einer Aufforderung zur Aushändigung seitens des Anlegers hätte das WpDU daher immer vorgebracht, dass dieser die nachteilhafte Anlageentscheidung auch bei ordnungsgemäßer Protokollierung getroffen hätte. Dabei ist zu beachten, dass in den allermeisten Fällen der Anleger im Nachgang des Beratungsgesprächs das Beratungsprotokoll gerade nicht verlangte, da er im Zweifel über seine Rechte in Unkenntnis war. Dass WpDU bewusst auf die Aushändigung eines Protokolls verzichteten, kam leider in der Praxis des Öfteren vor.[516] Studien zeigen, dass hier die Aushändigungspflicht nach § 34 Abs. 2a S. 2 WpHG a.F. oft besonders nachlässig behandelt wurde.[517] Im Ergebnis bestand also für den Fall, dass § 34 Abs. 2a S. 2 WpHG a.F. als rein aufsichtsrechtlich verstanden wurde, eine Lücke im zivilrechtlichen Haftungssystem für die Verletzung der Dokumentationspflicht.[518]

(ee) Kein bewusster Verzicht auf zivilrechtliche Sanktion von § 34 Abs. 2a S. 2 WpHG a.F.

Allerdings könnte sich der Gesetzgeber auch bewusst für eine rein aufsichtsrechtliche Aushändigungspflicht und gegen ein „private enforcement“ für den Fall des Verstoßes gegen § 34 Abs. 2a S. 2 WpHG a.F. entschieden haben.

Dagegen sprach aber, dass der Gesetzgeber mit der Aushändigung durch Verwirklichung der informationsunterstützenden Dokumentationswirkung und der Beweissicherung auch gerade individualschützende Zwecke verfolgte.[519] Es ist anerkannt, dass auch diejenigen Wohlverhaltenspflichten, welche der Information des Anlegers dienen und damit dessen

---

[516] OLG Stuttgart v. 18.12.2013 - 9 U 52/13 = BeckRS 2014, 02505, bewusste Entscheidung der Bankberaterin gegen die Aushändigungspflicht nach § 34 Abs. 2a S. 2 WpHG a.F. zu verstoßen.

[517] *Einsele*, ZRP 2014, 190 mit Verweis auf *Ortmann/Tutone*, Evaluierung der Beratungsdokumentation im Geldanlage- und Versicherungsbereich (ITA Institut für Transparenz GmbH), Version 18.2.2014, insb. S. 13.

[518] *Krisl*, Schutzgesetzeigenschaft, S. 230.

[519] Siehe oben, Kapitel 2. B. III. 3. b. dd. (1) (b).

Entscheidungsfreiheit dienen sollten, jedenfalls auf zivilrechtlicher Ebene durchsetzbar sind.[520] Für die Aushändigung des Protokolls vor Geschäftsschluss, welches über die informationsunterstützende Dokumentationswirkung ebenfalls die Entscheidungsfreiheit des einzelnen Anlegers schützen soll, kann daher nichts anderes gelten. Die durch § 34 Abs. 2a S. 2 WpHG a.F. verwirklichten individualschützenden Zwecke sprachen daher dafür, dass der Gesetzgeber einen Verstoß gegen die Aushändigungspflicht auch zivilrechtlich sanktionieren wollte.

Dafür sprach auch ein Vergleich mit dem Fall der Beratung per Fernkommunikationsmittel nach § 34 Abs. 2a Satz 4-6 WpHG a.F..[521] Bei dieser musste dem Anleger das Protokoll direkt nach Abschluss der Beratung zugesendet werden. Sollte der Anleger das Protokoll nicht vor Geschäftsabschluss auswerten können, so musste diesem vom WpDU ein Rücktrittsrecht eingeräumt werden. Zwar wurde dem Kunden das Rücktrittsrecht nur gewährt, falls das Protokoll unrichtig oder unvollständig war. Allerdings wurde die Unrichtigkeit oder Unvollständigkeit des Protokolls vermutet. Insgesamt kam in dieser Regelung damit zum Ausdruck, dass der Kunde nicht an das Geschäft gebunden sein sollte, falls ihm das Protokoll nicht vorher zugegangen war. Dies sollte nicht gelten, falls das Protokoll erwiesenermaßen den Inhalt des Gesprächs wiedergab. Hier kam zum Ausdruck, dass sich der Anleger nach der Vorstellung des Gesetzgebers bei einem inhaltlich korrekten Protokoll auch bei Durchsicht des Protokolls genauso entschieden hätte wie nach dem bloßen Beratungsgespräch. Zugleich zeigt die Regelung, dass der Gesetzgeber davon ausging, dass bei einem unvollständigen oder unrichtigen Protokoll der Anleger sich nicht genauso für den Geschäftsschluss entschieden hätte, sondern vielmehr dagegen. Dem Kunden sollte eine Möglichkeit zur Lösung vom Geschäft gegeben werden, für den Fall, dass er das Protokoll vor Geschäftsschluss nicht in Augenschein nehmen konnte. Dies galt jedenfalls für die Beratung per Fernkommunikationsmittel. Nach dem Willen des Gesetzgebers sollten diese Grundsätze aber auch beim Geschäftsschluss unter Anwesenden gelten, „wo er [*der Anleger*] das Protokoll sofort vor Geschäftsschluss **überprüfen** und dann ggf. **Abstand von dem Geschäft nehmen kann**“.[522]

Zusammenfassend bedeutet das: Eine Nichtaushändigung des Protokolls vor Geschäftsabschluss würde beim Abschluss per Fernkommunikationsmittel zu einem zivilrechtlichen Lösungsrecht des Anlegers führen, bei einem Beratungsgespräch unter Anwesenden aber nicht. Der Gesetzgeber wollte aber, dass

[520] So jedenfalls im Ergebnis alle, siehe oben unter Kapitel 2. B. II. 2, dies erreichend über die verschiedenen Wege der Klassifikation als Zivilrecht, der „Doppelnatur“ der Wohlverhaltenspflichten, der „Ausstrahlungswirkung“ auf das Zivilrecht oder der konkludenten Einbeziehung in den Beratungsvertrag.

[521] In diese Richtung auch *Freitag,* ZBB 2016, 1, 8.

[522] BT-Drucks. 16/13672, S. 22 (Stellungnahme des Rechtsausschusses zum SchVG).

beide Fälle gleichbehandelt werden.[523] Genau diese Gleichbehandlung wäre aber durch eine individualschützende und damit auch zivilrechtliche Qualifikation der Norm herzustellen gewesen: Als Schadensersatz für die Verletzung der Aushändigungspflicht hätte im Rahmen der Naturalrestitution die Rücknahme der gekauften Anlagen verlangt werden können. Es hätte damit, wie bei der Beratung über Fernkommunikationsmittel, ein Lösungsrecht des Anlegers für den Fall der Nichtaushändigung des Protokolls bestanden. Es ist daher davon auszugehen, dass eine rein aufsichtsrechtliche Qualifikation der Vorschrift von Seiten des Gesetzgebers – um sich nicht in Widerspruch zu sich selbst zu setzen – nicht gewollt war. Es lag damit kein bewusster Verzicht auf zivilrechtliche Sanktionen für einen Verstoß gegen § 34 Abs. 2a S. 2 WpHG a.F. vor.

(d) Zwischenergebnis: § 34 Abs. 2a S. 2 WpHG a.F. als „Doppelnorm"

Zusammenfassend lässt sich feststellen, dass falls eine Verletzung von § 34 Abs. 2a S. 2 WpHG a.F. keine zivilrechtliche Sanktion nach sich gezogen hätte, eine vom Gesetzgeber nicht gewollte Lücke im zivilrechtlichen Haftungssystem für Dokumentationspflichtverletzungen vorgelegen hätte.[524] Nach dem Gesamtkonzept des Gesetzgebers war aber eine zivilrechtliche Sanktion der Aushändigungspflicht nach § 34 Abs. 2a S. 2 WpHG a.F. gewollt. Dies war einerseits notwendig, um die Intention des Gesetzgebers zu verwirklichen, dem Anleger bei Nichtaushändigung oder Aushändigung eines unvollständigen oder unrichtigen Protokolls ein Lösungsrecht vom Vertrag zu gewähren. Darüber hinaus wurde mit einem entsprechenden Schadensersatzanspruch das zivilrechtliche Haftungssystem für die Verletzung von Dokumentationspflichten komplettiert und dadurch sowohl ein effektives „private enforcement" zur Sanktion beratungsvertraglicher Pflichtverletzungen der WpDU geschaffen, wie auch mittelbar eine effektivere aufsichtsrechtliche Kontrolle zur Einhaltung der Wohlverhaltenspflichten durch die BaFin ermöglicht. Durch die effektive Kontrolle der WpDU auf aufsichts- und zivilrechtlicher Ebene wurde ein weiteres Ziel des Gesetzgebers erreicht, nämlich die Qualität der Anlageberatung insgesamt zu steigern.

§ 34 Abs. 2a S. 2 WpHG a.F. war daher als „Doppelnorm" einzuordnen, die sowohl zivilrechtlicher wie auch aufsichtsrechtlicher Natur war.[525] Die in § 34 Abs. 2a S. 2 WpHG a.F. normierte Pflicht beanspruchte damit auch im privatrechtlichen Rechtsverhältnis zwischen Kunde und WpDU Geltung.

---

[523] BT-Drucks. 16/13672, S. 22 (Stellungnahme des Rechtsausschusses zum SchVG).

[524] So grundsätzlich auch die Kritik von *Nielsen* und *Krisl* (vgl. Fn. 237), es bestünde eine Lücke im Haftungssystem, die sich zulasten des einzelnen Anlegers auswirken würde, falls die Aushändigungspflicht nach § 34 Abs. 2a S. 2 WpHG a.F. lediglich aufsichtsrechtlicher Natur wäre.

[525] *Heese*, Beratungspflichten, S. 449/450; zur grundsätzlichen Möglichkeit der Einordnung einer Norm als „Doppelnorm" siehe *Forschner*, Wechselwirkungen, S. 70ff.; *Leisch*, Informationspflichten, S. 66; *Nikolaus*, Durchsetzung, S. 230.

Das WpDU war somit aus dem Beratungsvertrag verpflichtet, vor Geschäftsschluss ungefragt eine Ausfertigung des Protokolls an den Anleger zu übergeben, damit dieser einerseits in den Genuss der informationsunterstützenden Dokumentationswirkung kam und andererseits bereits ein Beweismittel für den Verlauf der Beratung besaß, welches gegen Manipulationen geschützt war.

Einziger Fall der Norm als Haftungsgrundlage war derjenige, dass ein Anleger vor Geschäftsabschluss das Protokoll nicht erhalten hatte und nach Geschäftsabschluss geltend machte, bei Erhalt des Protokolls vor Geschäftsabschluss das Geschäft anders oder gar nicht abgeschlossen zu haben. Alle anderen Fälle ließen sich über § 280 BGB in Verbindung mit § 34 Abs. 2b WpHG a.F. lösen. Die zivilrechtliche Seite des § 34 Abs. 2a S. 2 WpHG a.F. beinhaltete auch keinen Anspruch auf Aushändigung des Protokolls,[526] sondern erschöpfte sich in der Eigenschaft als Haftungsgrundlage zur Rückabwicklung für den beschriebenen Fall. Die Pflicht zur Aushändigung des Beratungsprotokolls stellte daher eine Pflicht im Rahmen des Beratungsvertrags dar, bei deren Verletzung sich ein Schadensersatzanspruch aus § 280 BGB in Verbindung mit dem Beratungsvertrag ergab. Der Anspruch richtete sich auf Schadensersatz und zielte damit auf eine Rückabwicklung des Geschäfts nach § 249 Abs. 1 BGB.

(2) Unterzeichnungspflicht des Beraters, § 34 Abs. 2a S. 2 WpHG

Die Pflicht zur Unterzeichnung des Protokolls durch den Berater wies ebenfalls nicht eindeutig in eine Richtung. Der Wortlaut selbst gab keine Auskunft über eine Zwecksetzung. Die Unterzeichnungspflicht wurde in demselben Satz des § 34 Abs. 2a S. 2 WpHG mit der Protokollaushändigungspflicht genannt. Der systematische Zusammenhang sprach daher dafür, dass die Unterschrift des Beraters wie die Aushändigungspflicht dazu diente, eine ursprüngliche Version des Protokolls als Beweismittel zu sichern. Durch die Unterschrift des Ausstellers konnte das Protokoll als Privaturkunde im Sinne des § 416 ZPO qualifiziert werden.[527] Damit galt die Abgabe der im Protokoll vermerkten Erklärungen seitens des Ausstellers als voll bewiesen. Im konkreten Fall bedeutete das, dass das WpDU die im Protokoll getroffenen Aussagen als vom jeweiligen Berater abgegeben gegen sich gelten lassen musste. Die Unterschrift des Beraters unter dem Protokoll brachte also zivilprozessuale Vorteile für den jeweiligen Anleger mit sich. Insofern konnte durchaus von einem individualschützenden Element der Unterschriftspflicht ausgegangen werden. Allerdings konnte die Unterschriftspflicht auch mit einer effektiven Kontrolle durch die BaFin begründet werden. Dieser war es aufgrund der Identifikation des jeweiligen Mitarbeiters möglich, dem WpDU nach § 34d Abs. 4 WpHG a.F. zu untersagen, diesen

---

[526] In diesem Sinne auch *Krisl*, Schutzgesetzeigenschaft, S. 230.

[527] *Koller* in FS Schneider (2011), 651, 666.

Mitarbeiter als Anlageberater einzusetzen. Man konnte daher argumentieren, dass die Unterzeichnungspflicht einzig aufsichtsrechtliche Zwecke verfolgte und der zivilprozessuale Vorteil, den die Unterzeichnung mit sich brachte, lediglich als Reflex der Regelung zu werten war.

Dagegen sprach allerdings, dass, falls die Regelung allein auf eine aufsichtsrechtliche Kontrolle zielte, keine Unterzeichnung durch den jeweiligen Berater notwendig gewesen wäre. Ausreichend wäre in diesem Fall eine Regelung gewesen, die lediglich sicherstellte, dass erkennbar war, wer die Anlageberatung durchgeführt hatte. Dies hätte auch durch mildere Mittel als die Statuierung einer Unterschriftspflicht erreicht werden können, beispielsweise indem lediglich im Rahmen der Protokollierung hätte vermerkt werden müssen, wer die Anlageberatung durchgeführt hatte. Insbesondere hätte ein solcher Vermerk auch bereits in das Protokoll aufgenommen werden können, eine Unterzeichnung wäre zu diesem Zweck nicht notwendig gewesen. Zivilprozessual hingegen war dieser Unterschied bedeutsam, weil für die Wirkung des § 416 ZPO ausweislich des Wortlauts der Norm explizit eine vom Aussteller geleistete Unterzeichnung erforderlich ist. Zwar ist nach herrschender Meinung auch für die Rechtswirkung des § 416 ZPO nicht notwendigerweise eine eigenhändige Unterschrift erforderlich, sondern beispielsweise ein Faksimile ausreichend.[528] Allerdings ist als Unterzeichnung dennoch ein die Individualität des Unterschreibenden ausreichend kennzeichnender individueller Schriftzug notwendig, der einmalig ist, entsprechende charakteristische Merkmale aufweist, sich als Wiedergabe des Namens darstellt und die Absicht einer vollen Unterschriftsleistung erkennen lässt.[529] Das schlichte Vermerken des Namens des Beraters im oder unter dem Protokoll im Zuge der Erstellung der Mitschrift reicht nicht aus, da es in diesem Fall an der Erkennbarkeit der Individualität und charakteristischen Merkmalen fehlen würde. Ein solcher Vermerk wäre aber für die Kontrolle der BaFin gerade ausreichend gewesen. Damit ist klar, dass der Gesetzgeber mit dem Erfordernis der Unterschrift nicht nur die aufsichtsrechtliche Kontrollierbarkeit sicherstellen wollte, sondern auch eine zivilprozessuale Wirkung erzielen wollte, welche ihrerseits die Durchsetzung von Schadensersatzansprüchen erleichtern sollte und damit dem Schutz des individuellen Anlegers diente.[530] Damit kam der Unterschriftspflicht nach § 34 Abs. 2a S. 2 WpHG a.F. ebenso wie der Aushändigungspflicht, sowohl eine allgemeinschützende-, wie auch eine individualschützende Wirkung zu. Auch die Unterschriftspflicht war damit als „Doppelnorm“ im o.g. Sinne zu qualifizieren.

---

[528] *Schreiber* in MüKo-ZPO § 416 ZPO Rn. 6, *Preuß* in Prütting/Gehrlein § 416 ZPO Rn. 11 *Krafka* in BeckOK-ZPO, § 416 ZPO Rn. 5a. *Berger* in Stein/Jonas, § 416 ZPO, Rn. 6; *Ahrens* in Wieczorek/Schütze, § 416 ZPO Rn. 8; *Feskorn* in Zöller, § 416 ZPO Rn. 4; **a.A.** *Gehle* in Anders/Gehle, § 416 ZPO Rn. 6.

[529] *Berger* in Stein/Jonas, § 416 ZPO, Rn. 4.

[530] *Pfeifer,* BKR 2009, 485, 488; **a.A.** *Spindler* in Langenbucher/Bliesener/Spindler, Kap. 33 Rn. 195.

(3) Zusendungspflicht bei Benutzung vom Fernkommunikationsmitteln, § 34 Abs. 2a S. 3 WpHG a.F.

In Anlehnung an die Regelung nach § 34 Abs. 2a S. 2 WpHG a.F. enthielt Satz 3 der Norm eine Regelung für den Spezialfall, dass auf Veranlassung des Kunden sowohl die Beratung wie auch der Geschäftsabschluss über Fernkommunikationsmittel – in der Regel per Telefon – stattfanden. Grundsätzlich handelte es sich bei der Pflicht nach § 34 Abs. 2 S. 3 WpHG a.F. um eine Modifikation der Aushändigungspflicht nach § 34 Abs. 2a S. 2 WpHG a.F., die sicherstellen sollte, dass dem Anleger ein Protokoll auch dann zuging, wenn eine sofortige Übergabe nach der Beratung wegen der tatsächlichen Gegebenheiten nicht möglich war. Wenn keine sofortige Aushändigung des Protokolls stattfinden konnte, war das WpDU verpflichtet, dem Anleger das Protokoll unverzüglich nach Abschluss der Anlageberatung zuzusenden. Die Aushändigungspflicht nach § 34 Abs. 2a S. 3 WpHG a.F. war nicht eigenständig zu betrachten, sondern stellte vielmehr klar, dass die Aushändigungspflicht nach § 34 Abs. 2a S. 2 WpHG a.F. auch im Fall der Beratung per Fernkommunikationsmittel gelten sollte. Auch wenn auf Wunsch des Kunden trotzdem ein Geschäftsschluss stattfinden konnte und eine Lösungsmöglichkeit des Kunden über ein Rücktrittsrecht und eine Vermutung zu dessen Gunsten geschaffen wurde. Die Zwecksetzung der Zusendungspflicht orientierte sich damit in erster Linie an derjenigen der Aushändigungspflicht nach § 34 Abs. 2a S. 2 WpHG a.F. Im Ergebnis galten daher für § 34 Abs. 2a Satz 3 a.F. dieselben Grundsätze wie für die Aushändigungspflicht nach Satz 2, solange nicht der in Satz 4 - 6 geregelte Spezialfall einschlägig war. Es kann daher auf die Ausführungen zur Aushändigungspflicht nach § 34 Abs. 2a Satz 2 verwiesen werden. Auch § 34 Abs. 2a S. 3 WpHG a.F. war daher im Ergebnis als „Doppelnorm" zu qualifizieren, die sowohl dem Schutz der Anleger in ihrer Gesamtheit, wie auch dem Schutz des individuellen Anlegers zu dienen bestimmt war. Auch die Rechtsfolgen waren daher dieselben wie bei einem Verstoß gegen die Aushändigungspflicht bei einer face-to-face-Beratung aus § 34 Abs. 2a S. 2 WpHG a.F.[531]

(4) Sonderregeln bei ausschließlicher Nutzung von Fernkommunikationsmitteln, § 34 Abs. 2a Satz 4-6 WpHG

Wie bereits erwähnt, regelte § 34 Abs. 2a Satz 4 – 6 WpHG a.F. die Sonderkonstellation der fernmündlichen Beratung und des nachfolgenden Geschäftsabschlusses unter Verzicht auf die Aushändigung des Protokolls durch den Anleger. Insgesamt sollte mit der Kombination von Rücktrittsrecht und Beweislastumkehr dem Anleger die Möglichkeit gegeben werden, sich nach der

---

[531] Siehe oben Kapitel 2. B. III. 3. b. dd. (1) (d);ebenfalls für eine Lösung über §§ 280ff. BGB *Lenenbach,* Kapitalmarktrecht (2. Aufl.), Rn. 5.264; *ders.* in Albrecht/Karahan/Lenenbach, § 41 Rn. 259j.

Durchsicht des Protokolls von dem Geschäft zu lösen, es sei denn dieses war nachweislich vollständig und inhaltlich richtig. Falls der Anleger die Beratung ausschließlich per Fernkommunikationsmittel in Anspruch nahm und das Geschäft bereits vor Zugang des Protokolls abschließen wollte, so stand das Protokoll in diesem Fall gerade nicht als Entscheidungshilfe zur Verfügung und konnte deshalb auch keine informationsunterstützende Dokumentationswirkung zugunsten des Anlegers entfalten. Als Kompensation für die in diesem Fall fehlende informationsunterstützende Dokumentationswirkung des Protokolls wurde die Rücktrittsregelung nach § 34 Abs. 2a Satz 4 – 6 WpHG a.F. geschaffen.[532] Nach dem Willen des Gesetzgebers sollte der Anleger, der ein Geschäft allein unter der Benutzung von Fernkommunikationsmitteln schloss, nicht schlechter gestellt sein als derjenige, dessen Beratung und Geschäftsschluss bei beiderseitiger Anwesenheit der Parteien zustande gekommen war.[533] Mit dem Rücktrittsrecht wurde dem Anleger die Möglichkeit gegeben, ein Geschäft rückgängig zu machen, falls im Nachhinein bei der Durchsicht des Protokolls auffiel, dass dieses beispielsweise nicht den Verlauf des Beratungsgespräches wiedergab, nicht zutreffende Angaben in Bezug auf die Risikobereitschaft des Anlegers enthielt oder auf sonstige Weise von der Wahrheit abwich. Zwar war die Ausübung des Rücktrittsrechts formell an die Voraussetzungen der Unvollständigkeit oder der inhaltlichen Unrichtigkeit des Protokolls geknüpft. Allerdings wurde aufgrund der Beweislastumkehr in Satz 6 daraus ein faktisch voraussetzungsloses Lösungsrecht, da dem WpDU in der Regel eine Vollständigkeit des Protokolls nicht nachweisbar war.[534] Letztlich wurde damit aber der Wille des Gesetzgebers erfüllt und eine Angleichung der beiden Situationen geschaffen: Nach Erhalt und Prüfung des Protokolls wurde dem Anleger – auch bei bereits erfolgtem Geschäftsschluss – die Möglichkeit gegeben, vom Geschäftsschluss Abstand zu nehmen, es sei denn das Protokoll war nachweislich richtig erstellt, denn dann hätte (nach der Vorstellung des Gesetzgebers) auch eine Nutzung des Protokolls als zusätzliche Entscheidungsgrundlage kein anderes Ergebnis hervorgebracht als das alleinige Beratungsgespräch.

Der Wortlaut des § 34 Abs. 2a S. 4 WpHG a.F. legte eine aufsichtsrechtliche Natur der Vorschrift nahe: Dies ließ sich bereits damit begründen, dass das Rücktrittsrecht selbst nicht direkt aus dem Gesetz folgte, sondern das WpDU lediglich zur Einräumung eines vertraglichen Rücktrittsrechts verpflichtet wurde. Daraus konnte abgeleitet werden, dass dem Gesetzgeber mit dieser Gestaltung wohl unter anderem daran gelegen war, das aufsichtsrechtliche Konzept des WpHG, welches durch die WpDRL, die MiFID und das FRUG vorgegeben waren, nicht zu durchbrechen. Im Übrigen rührte die rechtstechnisch ungewöhnliche Konstruktion auch daher, dass kein Konflikt mit einem möglichen

[532] Vgl. *Teuber,* Bank-Praktiker 2009, 462, 467; *Klein,* Beratungsprotokollpflicht, S. 263.

[533] BT-Drucks. 16/13672, S. 22 (Stellungnahme des Rechtsausschusses zum SchVG).

[534] *Freitag,* ZBB 2016, 1, 9; *Heese,* Beratungspflichten, S. 449.

Widerrufsrecht aus § 312d Abs. 4 Nr. 6 Fall 2 BGB a.F. entstehen sollte. Dies ließ sich der Stellungnahme des Rechtsausschusses, auf welcher die Einfügung des Rücktrittsrechts beruhte, entnehmen. [535] Demnach stünden die Regelungen, die das Rücktrittsrecht betreffen, nicht im Widerspruch zu § 312d Abs. 4 Nr. 6 Fall 2 BGB a.F., weil es sich um ein vertragliches (und kein gesetzliches) Rücktrittsrecht handle und dieses, im Gegensatz zu einem Widerrufsrecht, nicht voraussetzungslos sei. Diese Begründung erschien allerdings im vorliegenden Kontext nicht besonders tragfähig: So bestanden zwar tatbestandliche Voraussetzungen für die Ausübung des Rücktrittsrechts. Tatsächlich handelte es sich aber, bedingt durch die Beweislastumkehr in Satz 6, faktisch um ein voraussetzungsloses Lösungsrecht. das Rücktrittsrecht war selbst, wie vom Gesetzgeber beabsichtigt, als vertraglich zu qualifizieren, was gegen eine zivilrechtliche Einordnung von § 34 Abs. 2a Satz 4 - 6 WpHG a.F. sprach. Allerdings konnte nicht bestritten werden, dass durch die Anordnung, ein vertragliches Rücktrittsrecht zu gewähren, jedenfalls mittelbar eine zivilrechtliche Regelung geschaffen wurde. Darüber hinaus war mit der Anordnung, einer Partei ein Rücktrittsrecht zu gewähren, ein Individualschutz des jeweiligen betroffenen Anlegers verbunden. Dies zeigt, dass die Regelungen zum Rücktrittsrecht sowohl aufsichtsrechtlich wie auch individualschützend waren und damit eine zivilrechtliche Rechtsnatur der Vorschrift gegeben war.

Auch bei einem Blick auf das Gesamtsystem wurde deutlich, dass die Regelungen zum Rücktrittsrecht nicht allein aufsichtsrechtlicher Natur sein konnten. Wie bereits ausführlich dargelegt, war es im Sinne des Gesetzgebers, Verstöße gegen die Protokollierungspflicht, sofern sie Interessen des Anlegers betrafen, auch privatrechtlich sanktionierbar zu machen.[536] Dies kam auch in der vom Gesetzgeber gewollten Rücktrittsregelung selbst zum Ausdruck. Dem Anleger sollte im Fall eines Dokumentationsfehlers des WpDU ein Lösungsrecht vom Anlagenkaufvertrag zustehen. Im Fall einer rein aufsichtsrechtlichen Natur der Regelungen zum Rücktrittsrecht hätte eine vom Gesetzgeber selbst gewollte privatrechtliche Sanktionierbarkeit gerade nicht bestanden. Da auch keine aufsichtsrechtliche Sanktion für die Nichteinräumung des Rücktrittsrechts vorgesehen war, wäre ein Verstoß gegen § 34 Abs. 2a Satz 3 – 6 WpHG faktisch sanktionslos gewesen. Dies konnte ersichtlich nicht gewollt sein. Bei Verletzung der informationsunterstützenden Dokumentationswirkung vor Geschäftsschluss konnte sich der Anleger von dem Geschäft lösen, während dies bei Nichteinräumung des Rücktrittsrechts aufgrund einer Pflichtverletzung des WpDU nicht möglich war. Ausweislich der Gesetzesbegründung sollte der Anleger bei Aushändigung des Protokolls vor und nach

---

[535] BT-Drucks. 16/13672, S. 22.

[536] Siehe oben, Kapitel 2. B. III. 3. b. dd. (1) (c).

Geschäftsabschluss gleich gestellt sein.[537] Eine rein aufsichtsrechtliche Regelung hätte darüber hinaus ein erhebliches Missbrauchspotential gehabt: Das WpDU konnte in Folge einer (provisionsgelenkten) Falschberatung auf die Einräumung des vertraglichen Rücktrittsrechts verzichten und damit die zivilrechtliche Durchsetzbarkeit der Falschberatung faktisch unmöglich machen, ohne Sanktionen dafür fürchten zu müssen. Dieses Ergebnis steht allerdings im Widerspruch zu dem Motiv des Gesetzgebers beim Erlass des SchVG, die Durchsetzbarkeit der Ansprüche aus Falschberatung gerade zu erleichtern.

Im Ergebnis lässt sich daher festhalten, dass dem Gesetzgeber grundsätzlich wohl daran gelegen war, eine aufsichtsrechtliche Norm zu schaffen, um in der Tradition der MiFID und des FRUG zu bleiben und keine etwaigen Kollisionen mit gesetzlichen (zivilrechtlichen) Widerrufsrechten zu riskieren. Die Erreichung der mit der Norm und dem SchVG verbundenen Ziele war aber nur möglich, wenn § 34 Abs. 2a Satz 4-6 WpHG a.F. sowohl aufsichtsrechtlicher wie auch zivilrechtlicher Natur waren.

§ 34 Abs. 2a Satz 4-6 WpHG a.F. waren daher richtigerweise entsprechend ihrer doppelten Zweckrichtung als „Doppelnormen“ zu qualifizieren, die sowohl dem Aufsichts- wie auch dem Zivilrecht zuzuordnen waren.[538] Folge dieser Einordnung war, dass aus dem Beratungsvertrag damit ein Anspruch auf Einräumung eines vertraglichen Rücktrittsrechts bestand, falls die Voraussetzungen, die in § 34 Abs. 2a Satz 4 – 6 WpHG a.F. normiert waren, vorlagen. Bei Nichteinräumung des vertraglichen Rücktrittsrechts lag damit eine Verletzung der vertraglichen Pflichten vor, die zum Schadensersatz berechtigte. Der nach § 249 Abs. 1 BGB herzustellende Zustand war damit derjenige, der bei ordnungsgemäßer Einräumung des Rücktrittsrechts bestanden hätte. Dies war regelmäßig ein Lösungsrecht des Anlegers, dessen Frist mangels Aushändigung des Protokolls nicht zu laufen begonnen hatte. Allerdings wäre die tatsächliche Einräumung eines Lösungsrechts als Rechtsfolge im dargestellten Fall wohl reine Förmelei gewesen, da in der Geltendmachung des Schadensersatzanspruchs die Intention des Anlegers, sich vom Anlagenkaufvertrag lösen zu wollen, bereits hinreichend zum Ausdruck kam. Rechtsfolge des Schadensersatzes waren daher richtigerweise eine Pflicht des WpDU zur Rücknahme der Anlagen und Rückzahlung des ursprünglich bezahlten Kaufpreises. Die Intention des Gesetzgebers, dem Anleger bei Nichtgewährung der informationsunterstützenden Dokumentationswirkung die Möglichkeit zur Lösung von Kaufvertrag einzuräumen, war damit ebenfalls gewahrt.

[537] BT-Drucks. 16/13672, S. 22 (Stellungnahme des Rechtsausschusses zum SchVG).

[538] *Heese*, Beratungspflichten, S. 448, **a.A.** *Philipp*, Dokumentationspflichten, S. 252; *Klein*, Beratungsprotokollpflicht, S. 261f.; *Veldhoff*, Die Haftung von Kreditinstituten, S. 338f., letzterer für eine aufsichtsrechtliche Pflicht des WpDU zur Einräumung des privatrechtlichen Rücktrittsrechts (ohne die Frage zu beantworten, wie dies durchsetzbar sein soll).

Zu widersprechen ist hingegen der Ansicht *Kollers*, der dafür plädierte, § 34 Abs. 2a S. 4 WpHG a.F. als Verbotsgesetz gemäß § 134 BGB einzuordnen und damit eine Nichtigkeit des Anlagenkaufs anzunehmen, falls das Rücktrittsrecht entgegen der Norm nicht eingeräumt wurde.[539] Ob eine Norm ein Verbotsgesetz ist, ist durch Auslegung zu bestimmen. Dabei ist maßgeblich, ob ein Verstoß gegen die Norm nach deren Sinn und Zweck auch die Nichtigkeitsfolge nach sich ziehen soll.[540] Dies war aber für § 34 Abs. 2a S. 4 WpHG a.F. bereits zweifelhaft. Nach dem Wortlaut der Norm sollte dem Anleger bei falschem oder unvollständigem Protokoll gerade ein Lösungsrecht in Form eines von ihm ausübbaren Gestaltungsrechts zustehen, nicht aber zwingend eine Nichtigkeit des Kaufvertrags vorliegen. Dass das Rücktrittsrecht in diesem Fall nicht gesetzlicher, sondern vertraglicher Natur war,[541] darf in dieser Hinsicht keinen Unterschied begründen. Eine Nichtigkeit des Kaufvertrages hätte sich auch zu Lasten des jeweiligen Anlegers auswirken können, beispielsweise wenn eine gekaufte Anlage nach dem Geschäftsabschluss an Wert gewonnen hätte, der Anleger diese aber zurückgeben müsste. Im Ergebnis würde sich damit eine Pflichtverletzung des WpDU zu Lasten des Anlegers auswirken. Dies kann aber vom Gesetzgeber ersichtlich nicht gewollt sein. § 34 Abs. 2a S. 4 WpHG a.F. war daher nicht als Verbotsgesetz nach § 134 BGB zu qualifizieren, eine Nichtigkeit des Kaufvertrages als Rechtsfolge schied daher aus.

ee. Zwischenergebnis: Beratungsprotokollpflicht als reines Aufsichtsrecht

Während der Wortlaut von § 34 Abs. 2a S. 1 WpHG a.F. keinerlei Anhaltspunkte für eine Rechtsnatur der Beratungsprotokollpflicht bot, waren aus der historischen Auslegung durchaus einige Indizien für eine Schutzrichtung der Beratungsprotokollpflicht zu gewinnen. Zwar sprachen die grundsätzlichen Erwägungen des Gesetzgebers für einen individualschützenden Zweck der Norm. Allerdings stellte der Gesetzgeber fest, dass das Protokoll dazu erstellt werden sollte, um die Kontrolle des Gesprächshergangs durch die Aufsichtsbehörde zu ermöglichen. Auch die systematische Stellung des § 34 Abs. 2a WpHG a.F. innerhalb des nahezu ausschließlich aufsichtsrechtlich geprägten WpHG stützte diese Sichtweise. Gleichzeitig sollte das Protokoll aber nach dem Willen des Gesetzgebers auch

---

539 *Koller* in Assmann/Schneider, § 34 WpHG Rn. 39; *ders.* in FS Schneider (2011), S. 651, 665f.

540 *Wendtland* in BeckOK-BGB, § 134 BGB Rn. 10; *Vossler* in BeckOGK-BGB, § 134 BGB Rn. 51f.; in diesem Sinne auch BGH v. 12.03.2013 – II ZR 179/12 = NJW 2013, 1742, 1743.

541 So richtigerweise die h.M., vgl. BT-Drucks. 16/13672, S. 22 (Stellungnahme des Rechtsausschusses); *Voß* in Just/Voß/Ritz/Becker, § 34 WpHG Rn. 70; *Koller* in Assmann/Schneider, § 34 WpHG Rn. 38; *ders.* in FS Schneider (2011), S. 651, 665f.; *Fett* in Schwark/Zimmer, § 34 WpHG Rn. 7; *Möllers* in KK-WpHG, § 34 WpHG Rn. 114; *Veldhoff*, Die Haftung von Kreditinstituten, S. 338f.; *Klein*, Beratungsprotokollpflicht, S. 262.; **a.A.** *Lenenbach*, Kapitalmarktrecht (2. Aufl.), Rn. 5.265; *ders.* in Albrecht/Karahan/Lenenbach, § 41 Rn. 259k.

eine informationsunterstützende Dokumentationswirkung entfalten und im Falle eines Haftungsprozesses als Beweismittel dienen. Diese beiden Aspekte dienten jedenfalls dem Individualschutz und ließen die Interpretation zu, dass die Pflicht zur Erstellung des Protokolls – da dieses die beiden o.g. Zwecke verwirklichen sollte – auch dem Schutz des einzelnen Anlegers dienen sollte. Dieser Eindruck verstärkt sich nochmals, wenn die Systematik innerhalb des § 34 Abs. 2a WpHG a.F. in den Blick genommen wird. Hier fanden sich zahlreiche Vorschriften, welche auf die Sicherung der informationsunterstützenden Dokumentationswirkung und die Beweissicherung gerichtet waren, vor allem die Aushändigungspflicht vor Geschäftsschluss nach § 34 Abs. 2a Satz 2 und 3 WpHG a.F., die Unterzeichnungspflicht des Beraters und die Pflicht zur Einräumung eines Rücktrittsrechts nach § 34 Abs. 2a Satz 4-6 WpHG a.F. Die Pflicht zur Aushändigung des Protokolls nach § 34 Abs. 2b WpHG a.F. stand zwar selbstständig in einem eigenen Absatz, sollte aber ebenfalls der Beweissicherung zugunsten des individuellen Anlegers dienen.

Die Aushändigungspflichten vor Geschäftsabschluss, die Unterzeichnungspflicht wie auch die Sonderregeln bei ausschließlicher Nutzung von Fernkommunikationsmitteln wiesen allesamt sowohl allgemeinschützende wie auch individualschützende Zielrichtungen auf. Sie waren daher als Normen mit „Doppelnatur" zu qualifizieren und damit sowohl aufsichtsrechtlicher wie auch zivilrechtlicher Natur. Unter diesem Aspekt lag eine Doppelnatur der eigentlichen Beratungsprotokollpflicht nach § 34 Abs. 2a S. 1 WpHG a.F. ebenfalls nahe.

Der Pflicht zur Dokumentation waren damit aber auch stets Pflichten nachgelagert, welche der Erhaltung der informationsunterstützenden Dokumentationswirkung und der Beweissicherung und damit auch dem Schutz des individuellen Anlegers dienten. Diese Pflichten waren entweder als gesetzliches Schuldverhältnis ausgestaltet (§ 34 Abs. 2b WpHG a.F.), oder aber Teil des beratungsvertraglichen Pflichtenkanons. Im Fall einer Verletzung der Dokumentationspflicht, welche auch die Verletzung individualschützender Zwecke (informationsunterstützende Dokumentationswirkung, Beweissicherung) nach sich zog, bestand damit die Möglichkeit einer privatrechtlichen Sanktion. Letztlich waren damit alle durch einen Dokumentationsfehler hervorgerufenen Nachteile des beratenen Anlegers privatrechtlich sanktionierbar. Gleichzeitig bedeutete dies aber, dass nach dem Willen des Gesetzgebers die Dokumentationspflicht selbst nicht individualschützend sein musste, um die vom Gesetzgeber gewollten Zwecke dennoch zu erfüllen. Durch die Anknüpfung nachgelagerter privatrechtlicher Pflichten an die eigentliche Pflicht zur Dokumentation wurde eine effektive privatrechtliche Sanktionierung des Dokumentationsfehlers ermöglicht. Deshalb musste die Dokumentationspflicht nach der Vorstellung des Gesetzgebers nicht auch privatrechtlich sein. Vielmehr konnte dem Willen des Gesetzgebers, die Dokumentationspflicht als rein aufsichtsrechtliche Pflicht und Ausprägung von § 34 Abs. 1 WpHG a.F. zu sehen, Rechnung getragen werden, ohne systematische Widersprüche herbeizuführen. Die Dokumentationspflicht nach § 34 Abs. 2a S. 1 WpHG a.F. war somit als rein aufsichtsrechtlich zu qualifizieren und entfaltete selbst keinen Individualschutz.

c. Anwendung der Subordinationstheorie und der modifizierten Subjektstheorie

In Anbetracht der Komplexität der Norm bietet es sich im Rahmen der Subordinationstheorie an, nach den in § 34 Abs. 2a WpHG a.F. normierten Pflichten zu trennen. Zentraler Gegenstand der Analyse ist zwar weiterhin die Beratungsprotokollpflicht gemäß § 34 Abs. 2a S. 1 WpHG a.F. Aus dem Wortlaut von § 34 Abs. 2a S. 1 WpHG a.F. allein ließen sich allerdings keine Rückschlüsse auf die Rechtsnatur der Norm ziehen. Zwar war Adressat der Regelung das WpDU und damit ein Privater. Jedoch war damit nicht explizit festgelegt, für wen die Aufzeichnungen des Beratungsprotokolls angefertigt werden sollten. Damit blieb – jedenfalls nach dem Wortlaut – offen, ob mit der Anfertigung des Beratungsprotokolls ein Verhältnis zwischen Privaten oder dem WpDU und der BaFin ausgestaltet werden sollte. Für die Bestimmung der Rechtsnatur der Beratungsprotokollpflicht waren daher - aus systematischen Erwägungen heraus - auch die Rechtsnaturen und Zwecke der übrigen in § 34 Abs. 2a WpHG a.F. geregelten Pflichten zu berücksichtigen. Für die Pflichten aus § 34 Abs. 2a Satz 2 - 6 WpHG a.F. ergab sich bereits allein unter Berücksichtigung des Wortlautes der Sätze ein anderes Bild als für die Beratungsprotokollpflicht: Die Aushändigungspflicht nach Satz 2 normierte die Pflicht des WpDU zur Aushändigung des Beratungsprotokolls an den Anleger. Damit wurde klar eine Regelung unter Privaten getroffen. Auch die Pflicht zur Zusendung des Protokolls nach Geschäftsabschluss bei der Verwendung von Fernkommunikationsmitteln nach § 34 Abs. 2a S. 3 WpHG a.F. stellte eine Regelung zwischen Privaten dar und stellte damit gerade nicht auf ein Subordinationsverhältnis ab. Dasselbe galt für die Vorschriften zur Einräumung des Rücktrittsrechts nach § 34 Abs. 2a Satz 4-6 WpHG a.F.

Die Gesetzgebungsmaterialien zu § 34 Abs. 2a S. 1 WpHG wiesen auf eine aufsichtsrechtliche Pflicht und damit auf die Ausgestaltung eines Subordinationsverhältnisses hin: So sollte mit der Beratungsprotokollpflicht die Aufzeichnungspflicht nach § 34 Abs. 1 WpHG konkretisiert werden.[542] Diese war allerdings rein aufsichtsrechtlicher Natur,[543] so dass davon auszugehen war, dass mit der Beratungsprotokollpflicht grundsätzlich zunächst auch ein rein aufsichtsrechtlicher Zweck, namentlich die Kontrolle der WpDU durch die BaFin, verfolgt wurde. Dies ließen auch die übrigen

542 BT-Drucks. 16/12814, S. 27.

543 Siehe oben, Kapitel 2. B. III. 1.

Gesetzgebungsmaterialien erkennen.[544] Im Gegensatz dazu sollten die anderen in § 34 Abs. 2a WpHG geregelten Pflichten nach der Intention des Gesetzgebers auch das Verhältnis zwischen Anleger und WpDU ausgestalten: So sollten sie unter anderem sicherstellen, dass dem Kunden die informationsunterstützende Dokumentationswirkung und die Beweissicherungswirkung zugutekommt. Richtigerweise wird man wohl aber annehmen müssen, dass das Beratungsprotokoll nach der Intention des Gesetzgebers allein für aufsichtsrechtliche Zwecke angefertigt wurde, allerdings auch im zivilrechtlichen Kontext Verwendung finden sollte. Dazu wurden vom Gesetzgeber mit § 34 Abs. 2a Satz 2 - 6 diverse Regeln erlassen, die an das mit rein aufsichtsrechtlicher Intention erstellte Protokoll anknüpfen und es zivilrechtlich nutzbar machen. Diese Normen besitzen sowohl eine aufsichtsrechtliche, wie auch eine zivilrechtliche Prägung.[545] Die Protokollierungspflicht selbst ist allerdings rein aufsichtsrechtlicher Natur, da sie wie bereits § 34 Abs. 1 und Abs. 2 WpHG a.F., lediglich das von den §§ 4, 35, 36 WpHG a.F. hergestellte Subordinationsverhältnis ausgestaltete und damit diesem zuzurechnen war.[546] Im Ergebnis handelte es sich daher nach der Subordinationstheorie bei § 34 Abs. 2a S. 1 WpHG a.F. um reines Aufsichtsrecht, während § 34 Abs. 2a Satz 2-6 WpHG a.F. als sog. „Doppelnormen" sowohl dem öffentlichen- wie auch dem Zivilrecht zuzuordnen waren.

Die Anwendung der modifizierten Subjektstheorie wies auf den ersten Blick in Richtung einer zivilrechtlichen Rechtsnatur der Beratungsprotokollpflicht. So wurde mit dem WpDU gerade ein Privater zur Aufzeichnung des Beratungsgespräches verpflichtet. § 34 Abs. 2a Satz 2-6 WpHG a.F. normierte ebenfalls Pflichten des WpDU gegenüber dem jeweiligen Anleger und führte daher ebenfalls zu dem Ergebnis, dass diese dem Zivilrecht zuzuordnen waren. Es verwunderte daher nicht, dass in Teilen der Literatur unter Berufung auf die modifizierte Subjektstheorie § 34 Abs. 2a WpHG a.F. in Gänze als zivilrechtliche Norm einordnet wurde.[547] Dagegen sprach allerdings, dass dieser Ansicht eine isolierte Betrachtungsweise der Norm zugrunde lag. Denn tatsächlich diente die Protokollierungspflicht der Ausgestaltung der Kontrollberechtigung der BaFin aus §§ 4, 35, 36 WpHG a.F. und war daher dieser zuzurechnen.[548] Die Dokumentation war notwendige Voraussetzung, um die Ausübung des Kontrollrechtes aus §§ 4, 35, 36 WpHG a.F. zu ermöglichen. Ohne die Dokumentation wäre eine Kontrolle der WpDU nicht möglich gewesen und das Kontrollrecht der BaFin wäre leer gelaufen. Dass mit dem WpDU ein Privater verpflichtet wurde, deutete in diesem Zusammenhang nicht zwingend darauf hin, dass eine zivilrechtliche Norm vorliegen sollte. Vielmehr ist es für das Aufsichtsrecht

[544] BT-Drucks. 16/12814, S. 27.

[545] Siehe oben, Kapitel 2. B. III. 3. b. dd. (1) bis (4).

[546] Siehe oben, Kapitel 2. B. III. 1 und Kapitel 2. B. III. 2. c.

[547] *Einsele*, Bank und Kapitalmarktrecht, § 8 Rn. 40ff.; in diesem Sinne wohl auch *dies.*, ZHR 180 (2016), 233, 253ff.

[548] Vgl. dazu bereits Kapitel 2. B. III. 1 und Kapitel 2. B. III. 2. c.

typisch, dass Private verpflichtet werden, gewisse Regeln einzuhalten und die zuständige Aufsichtsbehörde zur Kontrolle der Einhaltung und zur Sanktion bei Nichteinhaltung ebendieser Normen berechtigt und verpflichtet ist. Die Dokumentation, die diese Kontrolle ermöglichen sollte, war deshalb aber nicht als zivilrechtliche Norm, sondern vielmehr als „Hilfsnorm" der Kontrollnorm, im vorliegenden Fall §§ 4, 35, 36 WpHG a.F. einzuordnen. Dies ließen auch die Gesetzgebungsmaterialien erkennen, wenn sie darauf abstellten, dass mit der Dokumentation die „Kontrolle des Gesprächshergangs durch die Aufsichtsbehörde ermöglicht" wird.[549] Insofern ist die Dokumentationspflicht nach § 34 Abs. 2a S. 1 WpHG a.F. auch nach der modifizierten Subjektstheorie als aufsichtsrechtlich einzuordnen.

d. Zwischenergebnis

Die Aufzeichnungspflicht aus § 34 Abs. 2a S. 1 WpHG a.F. war damit rein aufsichtsrechtlicher Natur. Geschuldet war diese Tatsache der Regelungstechnik des Gesetzgebers: Mit den Regelungen in § 34 Abs. 2a Satz 2-6 und Abs. 2b WpHG a.F. hatte der Gesetzgeber Normen von (auch) zivilrechtlicher Natur geschaffen, welche an die aufsichtsrechtliche Dokumentationspflicht anknüpften und diese zivilrechtlich verwertbar machen. Damit wurde das Ziel des Gesetzgebers, das Beratungsprotokoll auch auf zivilrechtlicher Ebene nutzbar zu machen und dessen aufsichtsrechtliche Qualifikation weiterhin beizubehalten, erreicht. Auch das dem Gesamtkonzept des SchVG zugrunde liegende Ziel, eine zivilrechtliche Haftung für den Fall zu schaffen, dass die zivilrechtliche Nutzbarkeit des Protokolls eingeschränkt sein sollte, wurde durch die Qualifikation der anknüpfenden Normen als Doppelnormen (§ 34 Abs. 2a Satz 2-6 WpHG a.F.) und die Schaffung eines zivilrechtlichen Herausgabeanspruchs (§ 34 Abs. 2b WpHG a.F.) erreicht.

4. Aufbewahrungspflicht, § 34 Abs. 3 WpHG a.F.

Der Wortlaut von § 34 Abs. 3 WpHG a.F. gibt keine Hinweise auf die Rechtsnatur der Norm. Die Gesetzgebungsmaterialien deuten dagegen grundsätzlich in eine aufsichtsrechtliche Richtung, da § 34 Abs. 3 WpHG a.F. bereits mit dem FRUG in das WpHG eingefügt wurde und der Gesetzgeber hierbei das aufsichtsrechtliche Konzept der MiFID I im Wege der 1:1-Umsetzung übernehmen wollte.[550] Allerdings ist zu sehen, dass diese Betrachtung vorliegend nicht abschließend sein kann, da zum damaligen Zeitpunkt das SchVG noch nicht absehbar war und mit dem Erlass von § 34 Abs. 2a, 2b WpHG a.F. auch die Natur der Aufbewahrungspflicht Veränderungen unterworfen gewesen sein könnte. Immerhin musste nach § 34 Abs. 3 WpHG a.F. auch das Beratungsprotokoll aufbewahrt

[549] BT-Drucks. 16/12814, S. 27.

[550] BT-Drucks. 16/4028, S. 52.

werden, an dessen Existenz über § 34 Abs. 2a Satz 2-6 WpHG a.F. auch zivilrechtliche Rechtsfolgen geknüpft waren.

Für die Bestimmung der Rechtsnatur von § 34 Abs. 3 WpHG a.F. ist aus systematischer Sicht vor allem deren Funktion im Kontext mit der Aufzeichnungspflicht von Bedeutung: So ist die Pflicht zur Aufbewahrung streng genommen nichts anderes als die Fortsetzung der Pflicht zur Aufzeichnung. Eine Aufzeichnungspflicht, deren Ergebnis nicht aufzubewahren ist, läuft regelmäßig leer. Die Rechtsnatur der Aufbewahrungspflicht muss sich daher grundsätzlich nach der Rechtsnatur der Aufzeichnungspflicht richten. Die Aufzeichnungspflichten nach § 34 Abs. 1, 2 und 2a WpHG a.F. waren allesamt aufsichtsrechtlicher Art.[551] Demnach wäre auch die Aufbewahrungspflicht nach § 34 Abs. 3 WpHG als rein aufsichtsrechtlich zu qualifizieren gewesen. Dieses Ergebnis könnte allerdings dann zu korrigieren sein, wenn dem einzelnen Anleger aus der Verletzung der Aufbewahrungspflicht Nachteile auf zivilrechtlicher Ebene entstünden, eine Haftung dafür aber nicht bestünde.[552] Dies ist vorliegend allerdings nicht der Fall, da jegliche Verletzungen der Aufbewahrungspflicht auch Verletzungen der Aushändigungspflicht nach § 34 Abs. 2b WpHG darstellten. Im Fall der vorzeitigen Vernichtung der Dokumentation haftete das WpDU also bereits aus § 280 BGB in Verbindung mit § 34 Abs. 2b WpHG, so dass dem Anleger aus der vorzeitigen Vernichtung der Dokumentation keinerlei zivilrechtlichen Nachteile entstanden, die nicht bereits anderweitig zivilrechtlich kompensierbar waren. Insgesamt ist die Aufzeichnungspflicht nach § 34 Abs. 3 WpHG a.F. damit ebenfalls rein aufsichtsrechtlicher Natur.

IV. Rechtsnatur der Dokumentationspflichten nach Umsetzung der MiFID II

1. Überblick: Veränderung der Dokumentationspflichten nach Umsetzung der MiFID II

Während sämtliche Dokumentationspflichten in der alten Fassung des WpHG in dessen § 34 normiert waren, ist durch das 2. FiMaNoG diesbezüglich eine systematische Trennung erfolgt. Die Geeignetheitserklärung, welche das Beratungsprotokoll nach § 34 Abs. 2a WpHG a.F. ersetzen soll, findet sich nun in § 64 Abs. 4 WpHG.[553] Diese Norm basiert auf Art. 25 Abs. 6 MiFID II.[554] Die übrigen Aufzeichnungspflichten hingegen sind in § 83 WpHG normiert und fußen auf Art. 16 Abs. 6 und 7 MiFID II.[555] Dem Standort nach zu urteilen ist die Pflicht nach § 64 Abs. 4 WpHG heute also eine Wohlverhaltenspflicht. Die übrigen Aufzeichnungspflichten nach

---

[551] Siehe oben, Kapitel 2. B. III. 1., 2. und 3.

[552] Vgl. bereits Kapitel 2. B. III. 3. b. dd. (1) (c).

[553] BT-Drucks. 18/10936, S. 235.

[554] BT-Drucks. 18/10936, S. 235.

[555] BT-Drucks. 18/10936, S. 244.

§ 83 WpHG befinden sich hingegen in direkter Nachbarschaft zu den Organisationspflichten und sind daher wohl jedenfalls nicht als Wohlverhaltenspflichten zu qualifizieren.

2. Geeignetheitserklärung, § 64 Abs. 4 WpHG

a. Überblick und Inhalt

Nach § 64 Abs. 4 S. 1 WpHG muss das WpDU, falls es einem Privatkunden gegenüber Anlageberatung erbringt, diesem eine „Erklärung über die Geeignetheit der Empfehlung (Geeignetheitserklärung)" zur Verfügung stellen.[556] Nach § 64 Abs. 4 S. 2 WpHG muss die Geeignetheitserklärung „die erbrachte Beratung nennen sowie erläutern, wie sie auf die Präferenzen, Anlageziele und die sonstigen Merkmale des Kunden abgestimmt wurde." In § 64 Abs. 4 S. 3 WpHG wird, was den Inhalt der Geeignetheitserklärung betrifft, Art. 54 MiFID II-DVO in Bezug genommen. Demnach soll die Geeignetheitserklärung ein Bericht sein, „mit einem Überblick über die erteilten Ratschläge und Angaben dahin gehend […], inwiefern die abgegebene Empfehlung zum betreffenden Kleinanleger passt, was auch Informationen darüber mit einschließt, inwieweit sie den Zielen und persönlichen Umstände des Kunden hinsichtlich der erforderlichen Anlagedauer, der Kenntnisse und Erfahrungen des Kunden sowie seiner Risikobereitschaft und Verlusttragfähigkeit gerecht wird."[557]
§ 64 Abs. 4 S. 4 WpHG regelt – in Anlehnung an § 34 Abs. 2a Satz 3-6 WpHG a.F. – den Fall des fernmündlichen Vertragsschlusses. Demnach darf die Geeignetheitserklärung dem Anleger auch nach dem Geschäftsschluss übermittelt werden, falls eine Übermittlung vor Geschäftsschluss mit dem verwendeten Fernkommunikationsmittel nicht möglich ist, der Kunde der späteren Aushändigung zugestimmt hat und das WpDU dem Kunden explizit angeboten hat, das Geschäft auf einen Zeitpunkt nach Zugang der Geeignetheitserklärung zu verschieben. Die nach der alten Fassung bestehende Rücktrittsregelung wurde gestrichen. Allerdings unterliegen die fernmündlichen Gespräche nun den Aufzeichnungspflichten nach § 83 Abs. 3 WpHG.[558] Dies war bereits im ersten Entwurf des SchVG

---

[556] Richtigerweise ist mit dieser Formulierung wohl gemeint, dass entgegen des direkten Wortlautes nicht die Empfehlung, sondern die empfohlenen Produkte für den jeweiligen Anleger geeignet sein müssen.

[557] Vgl. dazu die Darstellung von *Knippschild/Isik* in Temporale, Europ. Finanzmarktregulierung, S. 105: Zu den persönlichen Umstände des Kunden gehören vor allem die Informationen nach § 64 Abs. 3 WpHG und Art. 54 Abs. 12 MiFID II-DVO, namentlich die Kenntnisse und Erfahrungen des Kunden im Hinblick auf bestimmte Arten von Finanzprodukten, dessen finanzielle Verhältnisse, insbesondere die Fähigkeit, Verluste zu tragen, sowie seine Anlageziele, vor allem dessen Risikotoleranz und der beabsichtigte Anlagezeitraum. Im Übrigen müssen individuelle Wünsche des Kunden erfasst und dokumentiert werden, etwa dass nur besonders ethische oder auf Nachhaltigkeit ausgerichtete Anlagen empfohlen werden sollen (**A.A.** wohl *Roth/Blessing*, CCZ 2016, 258, 264). In der Folge müssen die empfohlenen Anlagen aufgelistet werden. Im Anschluss muss schriftlich erläutert werden, wie die empfohlenen Anlagen zum Profil des Anlegers passen.

[558] Dazu noch unten unter Kapitel 2. B. IV. 4.

vor der Anhörung des Rechtsausschusses vorgesehen, man entschied sich allerdings stattdessen für die Normierung der Rücktrittskonstruktion nach § 34 Abs. 2a Satz 3-6 WpHG a.F.[559]

b. Interessentheorie

aa. Verwirklichung der Zwecke des Beratungsprotokolls durch die Geeignetheitserklärung

(1) Geeignetheitserklärung als Nachfolger des Beratungsprotokolls

Nach dem Willen des nationalen Gesetzgebers sollte die Geeignetheitserklärung an die Stelle des Beratungsprotokolls nach § 34 Abs. 2a WpHG a.F. treten, dieses sei wegen der nunmehr europaweit harmonisierten Aufzeichnungs- und Protokollierungspflichten nicht mehr erforderlich und könne daher entfallen.[560] Demnach ging der nationale Gesetzgeber davon aus, dass die ursprünglich dem Beratungsprotokoll zugrunde liegenden Zwecke in Zukunft durch die Geeignetheitserklärung erfüllt würden, womit dessen Streichung gerechtfertigt wurde.

Das Beratungsprotokoll diente unmittelbar der Kontrolle durch die BaFin, mittelbar aber auch der Informationsunterstützung und der Beweissicherung.[561] Die informationsunterstützende Dokumentationswirkung sollte dadurch hergestellt werden, dass der Kunde das Beratungsgespräch vor Geschäftsschluss nochmals Revue passieren lassen und auf Basis des Protokolls eine fundierte Anlageentscheidung treffen konnte.[562] Die beweissichernde Wirkung sollte dadurch erreicht werden, dass einerseits das Protokoll den Verlauf des Beratungsgespräches wiedergab und andererseits durch die Aushändigung vor Geschäftsschluss oder unmittelbar danach, eine Version des „ursprünglichen" Protokolls beim Anleger verblieb und dadurch nachträgliche Manipulationen durch das WpDU erkennbar wurden.[563] Diese beiden Zwecke dienten dem Schutz des individuellen Anlegers.[564] Eine Erfüllung dieser Zwecke durch die Geeignetheitserklärung würde damit auch für einen individualschützenden Charakter von § 64 Abs. 4 WpHG sprechen.

Fraglich ist allerdings, ob diese beiden Zwecke nach Abschaffung des Beratungsprotokolls – wie vom Gesetzgeber vorgesehen – auch von der Geeignetheitserklärung weiterhin erfüllt werden.

---

559 BT-Drucks. 16/12814, S. 27f.

560 BT-Drucks. 18/10936, S. 235, 244.

561 Siehe oben, Kapitel 2. B. III. 3. b. dd. (1) (b).

562 BT-Drucks. 16/12814, S. 27; vgl. Kapitel 2. B. III. 3. b. dd. (1) (b) (bb).

563 BT-Drucks. 16/12814, S. 27; vgl. Kapitel 2. B. III. 3. b. dd. (1) (b) (aa).

564 Siehe oben, Kapitel 2. B. III. 3. b. dd. (1) (b).

(2) (Teil-)kongruenz der Pflichtenkanones von § 34 Abs. 2a WpHG a.F. (Beratungsprotokoll) und § 64 Abs. 4 WpHG (Geeignetheitserklärung)

Zunächst ist zu klären, ob § 64 Abs. 4 WpHG dieselben Pflichten wie § 34 Abs. 2a WpHG a.F. normiert. Hintergrund ist, dass die o.g. Zwecke des Beratungsprotokolls an das dokumentierte Beratungsgespräch als zentrale Beweis- und Informationsgrundlage für den Anleger anknüpfen.

Der Wortlaut von § 64 Abs. 4 WpHG normiert zunächst nur, dass jedenfalls die *Aushändigung* der Geeignetheitserklärung geschuldet sein soll, äußert sich allerdings nicht explizit zur Frage nach der *Erstellung* des Dokuments. Der Pflichtenkanon des § 64 Abs. 4 WpHG umfasst allerdings auch die vorgelagerte Pflicht, die Geeignetheitserklärung zu erstellen. Dies geht aus den Gesetzgebungsmaterialien hervor, wonach „die Pflicht *zur Erstellung* einer Geeignetheitsprüfung an die Stelle des bisherigen Beratungsprotokolls" tritt.[565] Das WpDU ist daher nach § 64 Abs. 4 WpHG zur Erstellung und zur Aushändigung einer schriftlichen Geeignetheitserklärung verpflichtet.

Fraglich ist allerdings, ob auch die Geeignetheitserklärung, wie bereits das Beratungsprotokoll, eine Aufzeichnung des Beratungsgesprächs verlangt und somit eine taugliche Grundlage für eine Anknüpfung der Informations- und Beweisfunktion bietet.[566]

Dem Wortlaut des § 64 Abs. 4 S. 2 WpHG nach muss die Geeignetheitserklärung „die erbrachte Beratung nennen". Unklar ist, ob damit nur das Beratungsergebnis festgehalten werden muss, oder aber der gesamte Beratungsprozess, insbesondere das gesamte Beratungsgespräch aufzeichnungspflichtig ist. Es liegt nahe, unter Verweis auf den natürlichen Sprachgebrauch auch das Beratungsgespräch unter die „Beratung" zu subsumieren, da eine Beratung üblicherweise nicht nur die Empfehlung, sondern auch eine gewisse Erörterung des Sachstandes und eine Begründung der Empfehlung mit einschließt. Zu einem anderen Ergebnis kommt man allerdings, falls man, was ebenfalls naheliegt, den Begriff der „Beratung" im Sinne einer „Anlageberatung" versteht, wie sie in § 2 Abs. 8 S. 1 Nr. 10 WpHG definiert ist. Demnach liegt eine Anlageberatung bereits vor, wenn eine „Abgabe von persönlichen Empfehlungen […] an Kunden oder deren Vertreter [erfolgt], die sich auf Geschäfte mit bestimmten Finanzinstrumenten beziehen, sofern die Empfehlung auf eine Prüfung der persönlichen Umstände des Anlegers gestützt oder als für ihn geeignet dargestellt wird". Nach dieser Definition ist kein

[565] BT-Drucks. 18/10936, S. 235.

[566] In diese Richtung gehend *Knippschild/Isik* in Temporale, Europ. Finanzmarktregulierung, S. 106.

Beratungsgespräch notwendig, vielmehr ist die reine Abgabe einer Empfehlung ausreichend.[567] Gegen eine Heranziehung dieser Definition spricht allerdings, dass diese lediglich normiert, wann ein Verhalten als Anlageberatung i.S.d. WpHG zu verstehen ist und deshalb vom Anwendungsbereich des WpHG erfasst und der Aufsicht und Regulierung durch die BaFin unterstellt sein soll. Hingegen stellt die Definition nicht klar, welche Pflichten im Rahmen einer Anlageberatung zu erbringen sind, so dass hieraus keine Schlusse auf eine mögliche Pflicht zur Dokumentation eines Beratungsgesprächs gezogen werden können.

Dafür, eine Dokumentation des Beratungsgesprächs in die Geeignetheitserklärung mit aufzunehmen, spricht allerdings der Zweck der Geeignetheitserklärung, die Empfehlung für den Kunden nachvollziehbar zu machen. Mit einer Darstellung der Beurteilungsbasis allein ist dieses Ziel gerade nicht zu erreichen, vielmehr muss für eine tatsächliche Verständlichkeit beim Kunden auch der Gang der Beratung nachvollzogen werden.[568] Im Ergebnis ist daher davon auszugehen, dass das Beratungsgespräch ebenfalls aufzuzeichnen und in die Geeignetheitserklärung mit aufzunehmen ist.[569]

Damit geht die in § 64 Abs. 4 WpHG geregelte Aufzeichnungspflicht nach der hier vertretenen Auffassung sogar über diejenige nach § 34 Abs. 2a WpHG a.F. hinaus.[570] Im Rahmen des Beratungsprotokolls nach § 34 Abs. 2a WpHG a.F. mussten zwar ebenfalls die persönlichen Umstände des Kunden erfasst und das Beratungsgespräch aufgezeichnet werden. Hingegen war eine schriftliche Erklärung dahingehend, wie die Anlagen zu den Eigenschaften des Kunden passen, wie heute von § 64 Abs. 4 WpHG vorgeschrieben, nicht vorgesehen.[571] Für eine mögliche Anknüpfung an die bereits

---

567 Vgl. im Einzelnen *Assmann* in Assmann/Schneider/Mühlbert, WHR, § 2 WpHG Rn. 172ff., es reicht demnach aus, dass eine Anlage lediglich als für die betreffende Person geeignet dargestellt wird, ohne dass aber tatsächlich eine Geeignetheitsprüfung stattgefunden haben muss.

568 *Koller* in Assmann/Schneider/Mühlbert, WHR, § 64 WpHG Rn. 48 Fn. 7; sogar mit der Empfehlung, das Beratungsgespräch als Audio-Mitschnitt aufzuzeichnen (sog. „taping") *DAV Bank- und Kapitalmarktrechtsausschuss/DAV-Handelsrechtsausschuss*, NZG 2016, 1301, 1306 **a.A.** *Buck-Heeb/Poelzig*, BKR 2017, 485, 492; *Poelzig*, Kapitalmarktrecht, 2018, Rn. 866.

569 So ebenfalls *Beule* in Assmann/Schneider/Mülbert WpHG § 64 Rn. 48, der aus der Formulierung „Überblick" in Art. 54 Abs. 12 DelVO (EU) 2017/565 ableitet, dass der Gang der Beratung dargestellt werden muss; a.A. Rothenhöfer in Schwark/Zimmer, 5. Aufl. 2020, WpHG § 64; *Buck-Heeb/Poelzig*, BKR 2017, 485, 492; *Lang/Loy* in Ellenberger/Clouth Rn. 675, die betonen, dass der Unterschied zum Beratungsprotokoll darin besteht, dass in der Geeignetheitserklärung nicht die Dokumentation der wesentlichen Gesprächsinhalte erfolgen muss.

570 Vgl. bereits zu den von der MiFID II aufgestellten Regelungen *Balzer*, ZBB 2016, 226, 228, 235.

571 Vgl. allerdings *Trafkowski* in Teuber/Schröer, Rn. 261, der darauf hinweist, dass die BaFin in der Praxis bereits von dem Beratungsprotokoll verlangte, dass darin die anleger- und anlagegerechten Gründe aufgeführt wurden, ohne dass diese

mit dem Beratungsprotokoll verfolgten Zwecke ist dies allerdings grundsätzlich unschädlich. Die Geeignetheitserklärung ist somit geeignet, die vom Gesetzgeber intendierten Zwecke, namentlich die Informations- und die Beweisfunktion zu erfüllen.

(3) Erfüllung der Zwecke des Beratungsprotokolls durch die Geeignetheitserklärung

Fraglich ist, ob durch die Geeignetheitserklärung ebenfalls die bereits dem Beratungsprotokoll zugedachten Zwecke – namentlich die Informations- und Beweissicherung – auch tatsächlich erfüllt werden.

Zweck der informationsunterstützenden Dokumentationswirkung ist es, dem Anleger vor einem Geschäftsabschluss die Möglichkeit zu geben, die Beratung nochmals nachzuvollziehen. Insbesondere soll ihm die Möglichkeit gegeben werden nachzuvollziehen, ob sein Anlegerprofil als Grundlage der Beratung richtig erfasst wurde und daher die empfohlenen Anlagen auch tatsächlich seinen Zielen entsprechen. Diese Funktion hat der Gesetzgeber der Geeignetheitserklärung zugedacht.[572] Und in der Tat erfüllt die Geeignetheitserklärung diese Funktion auch. Im Falle einer fehlerhaften Beratung, beispielsweise durch Empfehlung einer Anlage, die nicht der Risikoklasse des Anlegers entspricht, sind grundsätzlich zwei Varianten der ausgehändigten Geeignetheitserklärung denkbar: Entweder werden Anlegerprofil und empfohlene (aber nicht geeignete) Anlage korrekt vermerkt. In diesem Fall ist eine Falschberatung für den Anleger in einem Haftungsprozess ohne weiteres nachweisbar. Oder aber das (eigentlich risikoarme) Anlegerprofil wird in der Geeignetheitserklärung an die (risikoreiche) Anlage „angepasst", so dass im Ergebnis in der Geeignetheitserklärung ein Anlegerprofil niedergelegt ist, welches eine höhere Risikobereitschaft der Anlegers ausweist, als dies tatsächlich der Fall ist. In diesem Fall kann der Anleger durch die Kontrolle der ausgehändigten Geeignetheitserklärung die Manipulation erkennen und von dem Geschäft Abstand nehmen. Wie beim Beratungsprotokoll nach § 34 Abs. 2a WpHG a.F. hat der Anleger damit auch im Rahmen der Geeignetheitserklärung die Möglichkeit, das ausgehändigte Dokument als Grundlage seiner Anlageentscheidung zu nutzen und bei Unstimmigkeiten von dem Geschäft Abstand zu nehmen. Die Geeignetheitserklärung erfüllt demnach also, ebenso wie das Beratungsprotokoll, eine informationsunterstützende Dokumentationswirkung. Dadurch, dass die Geeignetheitserklärung einerseits noch vor dem Geschäftsschluss ausgehändigt werden muss, und andererseits (sofern denn korrekt erstellt) alle relevanten Punkte beinhaltet, um einen Beratungsfehler nachweisen zu können, kommt ihr auch eine Beweissicherungswirkung zu. Ab dem

---

Gesprächsinhalt gewesen sein mussten, so dass de facto bereits das Beratungsprotokoll eine Dokumentation der Geeignetheitsprüfung enthalten musste wie sie heute durch die Geeignetheitserklärung vorgeschrieben ist.

[572] BT-Drucks. 18/11290, S. 16 (Gegenäußerung der BReg auf Stellungnahme des BR).

Zeitpunkt der Aushändigung der Geeignetheitserklärung können, wie beim Beratungsprotokoll, Manipulationen am Exemplar des WpDU nachvollzogen werden, so dass die Aushändigung der Geeignetheitserklärung auch der Manipulationssicherheit des Dokuments dient. Insgesamt bleibt damit festzuhalten, dass durch die Pflicht zur Anfertigung und Aushändigung der Geeignetheitserklärung dieselben Zwecke erfüllt werden, wie durch das Beratungsprotokoll nach § 34 Abs. 2a WpHG a.F. Allerdings wurde für die Geeignetheitserklärung kein eigener Anspruch des Kunden auf Herausgabe – vergleichbar mit § 34 Abs. 2b WpHG a.F. oder § 83 Abs. 9 WpHG – normiert, so dass die Beweissicherungsfunktion der Geeignetheitserklärung hinter der des Beratungsprotokolls zurückbleiben könnte. Dies wird gerade dann relevant, wenn dem Anleger zwar eine Geeignetheitserklärung vor Geschäftsschluss ausgehändigt wurde, er über diese aber nicht mehr verfügt und so einen möglichen Beratungsfehler nicht mehr nachweisen könnte. Dagegen ist allerdings einzuwenden, dass in einem solchen Fall jedenfalls ein Anspruch auf Einsichtnahme in das Exemplar des WpDU nach § 810 BGB bestünde, so dass auch in diesem Fall dem Anleger der Zugriff auf die Geeignetheitserklärung als Beweismittel nicht verwehrt bliebe.[573] Das WpDU wird sich in diesem Fall nicht darauf berufen können, die Aufzeichnungen lediglich zu internen Zwecken gefertigt zu haben.[574] Die Zwecke des Beratungsprotokolls werden somit auch von der Geeignetheitserklärung vollumfänglich erfüllt. Ein Individualschutz der Pflicht zur Anfertigung und Aushändigung der Geeignetheitserklärung liegt damit vor.

bb. Eigenständige Informationswirkung der Geeignetheitserklärung

Über die informationsunterstützende Dokumentationswirkung hinaus kommt der Geeignetheitserklärung eine eigenständige Informationswirkung zu. Nach § 64 Abs. 4 WpHG ist neben den Eigenschaften und Präferenzen des Kunden zu dokumentieren, wie sie auf „die Präferenzen, Anlageziele und die sonstigen Merkmale des Kunden abgestimmt wurde“. Art. 54 Abs. 12 MiFID II-DVO schreibt ebenfalls vor, dass die Geeignetheitserklärung „Informationen darüber mit einschließt, inwieweit sie auf die Anlageziele und persönlichen Umständen des Kunden […] abgestimmt wurde.“

---

[573] Da die Geeignetheitserklärung auch zu Beweiszwecken errichtet wurde, wurde sie im Interesse des antragstellenden Anlegers erstellt. Ein für den Anspruch aus § 810 BGB notwendiges rechtliches Interesse wird jedenfalls zu bejahen sein unter dem Aspekt, dass die Einsicht der Durchsetzung erhobener Ansprüche dienen soll, vgl. BGH, v. 08.04.1981 - VIII ZR 98/80 = NJW 1981, 7133; *Hoffmann* in BeckOGK-BGB, § 810 BGB Rn. 14. Eine unzulässige Ausforschung, welche ein rechtliches Interesse gerade ausschließen würde, wird hingegen abzulehnen sein, da der Anleger nach dem Zweck von § 64 Abs. 4 WpHG gerade in den Besitz der Informationen aus der Geeignetheitserklärung kommen soll.

[574] *Balzer* in Teuber/Schröer, Rn. 55; *ders.*, ZBB 2016, 226, 236 **a.A.** zur alten Regelung allerdings OLG Schleswig v. 28.02.2011 - 5 U 112/10 = SchlHA 2011, 404 = BeckRS 2011, 16047; LG Nürnberg v. 06.12.2006 - 8 U 1857/05 =WM 2007, 647ff.

Es ist also auch zu dokumentieren, warum eine Anlage einem Kunden empfohlen wurde. Hier ist der Entscheidungsfindungsprozess offen zu legen.[575] Im Rahmen der mündlichen Beratung ist dies nicht zwingend der Fall, jedenfalls nicht in der Tiefe wie dies im Rahmen der schriftlichen Begründung vorgesehen ist. Damit kommt der Geeignetheitserklärung eine eigene Informationswirkung zu, die über die der informationsunterstützenden Dokumentationswirkung des Beratungsprotokolls hinausgeht.[576] Dies spricht ebenfalls für einen Individualschutz von § 64 Abs. 4 WpHG.

cc. Historie und Systematik: § 64 Abs. 4 WpHG als rein aufsichtsrechtliche Wohlverhaltenspflicht

Hingegen erlauben Historie und Systematik eine abweichende Betachtungsweise. Die Geeignetheitserklärung soll zwar das Beratungsprotokoll nach § 34 Abs. 2a WpHG a.F. ersetzen.[577] Die Pflicht zur Erstellung und Aushändigung der Geeignetheitserklärung ist nach Umsetzung der MiFID II nun in § 64 Abs. 4 WpHG zu finden und stellt damit eine anlageberatungsbezogene Wohlverhaltenspflicht dar. Diese Einordnung lässt grundsätzlich darauf schließen, dass es sich bei der Norm um eine rein aufsichtsrechtliche Regelung handelt.[578] Der Gesetzgeber wollte eine 1:1-Umsetzung der Richtlinie, welche ihrerseits nur die Aufstellung eines aufsichtsrechtlichen Kontrollsystems vorsah.[579] Damit wäre trotz des von der Vorschrift eindeutig auch bezweckten Individualschutzes aufgrund des entgegenstehenden Willens des Gesetzgebers von einer aufsichtsrechtlichen Norm auszugehen. Allerdings kommen Zweifel an dieser Betrachtungsweise auf, wenn in Erwägungsgrund (82) der MiFID II formuliert wird, es solle „angemessene Schutzmechanismen geben um sicherzustellen, dass dem Kunden keine Verluste daraus entstehen, dass in der Erklärung die persönliche Empfehlung unzutreffend oder unfair dargestellt wird, einschließlich der Frage, wie sich die abgegebene Empfehlung für den Kunden eignet sowie der Nachteile der empfohlenen Vorgehensweise“. Daraus könnte gefolgert werden, dass für den Fall der unrichtigen Geeignetheitserklärung von Seiten der Richtlinie eine Ausnahme vom durchweg aufsichtsrechtlichen Konzept zugelassen werden soll und gerade eine privatrechtliche Rechtsfolge bestehen soll.[580] Dagegen spricht allerdings, dass eine solche zivilrechtliche Rechtsfolge in der MiFID II nicht angelegt ist.

---

575 *Buck-Heeb*, ZBB 2014, 221, 227; wohl auch *DAV Bank- und Kapitalmarktrechtsausschuss/DAV-Handelsrechtsausschuss*, NZG 2016, 1301, 1306 **A.A.**, wohl teilweise widersprüchlich *Trafkowski* in Teuber/Schröer, Rn. 260f.

576 *DAV Bank- und Kapitalmarktrechtsausschuss/DAV-Handelsrechtsausschuss*, NZG 2016, 1301, 1306.

577 BT-Drucks. 18/10936, S. 235, 244.

578 Vgl. Kapitel 2. B. II. 2. c.

579 BT-Drucks. 18/10936, S. 3; vgl. außerdem Kapitel 2. B. II. 2. c.

580 *Freitag*, ZBB 2016, 1, 10, der sich für eine Beweislastumkehr auf privatrechtlicher Ebene als Rechtsfolge ausspricht.

Demnach könnte eine zivilrechtliche Rechtsfolge bei einem Verstoß gegen die Pflicht zur Erstellung und Aushändigung der Geeignetheitserklärung lediglich vom nationalen Gesetzgeber vorgesehen worden sein. Allerdings hat sich der nationale Gesetzgeber auch im Rahmen der Geeignetheitserklärung explizit für eine 1:1-Umsetzung der Richtlinie ausgesprochen.[581]

Es liegt insoweit eine ähnliche Situation vor, wie es bereits im Rahmen von § 34 Abs. 2a S. 2 WpHG a.F. der Fall war. Die Gesetzgebungsmaterialien weisen darauf hin, dass § 64 Abs. 4 WpHG öffentlich-rechtlicher Natur sein soll. Gleichzeitig gehen die Materialien aber auch davon aus, dass die Geeignetheitserklärung zu Beweiszwecken für einen nachfolgenden Haftungsprozess wegen fehlerhafter Anlageberatung erstellt wird und darüber hinaus eine informationsunterstützende Dokumentationswirkung sowie eine eigenständige Informationswirkung der Geeignetheitserklärung bezweckt ist. Man könnte in diesem Fall daher die Frage aufwerfen, ob nicht seitens des Gesetzgebers zur Erfüllung der vorgesehenen Zwecke neben der aufsichtsrechtlichen Rechtsnatur auch eine zivilrechtliche Rechtnatur von § 64 Abs. 4 WpHG, und damit eine „Doppelnatur" der Norm gewollt war – wie es nach hier vertretener Auffassung bereits im Rahmen von § 34 Abs. 2a S. 2 WpHG a.F. der Fall war. Dies ist allerdings zu verneinen. Denn anders als bei § 34 Abs. 2a S. 2 WpHG a.F. liegt § 64 Abs. 4 WpHG eine eindeutige Äußerung des Gesetzgebers dahingehend zugrunde, dass dieser von einer 1:1-Umsetzung der MiFID II-Richtlinie ausgeht, welche eindeutig ausschließlich aufsichtsrechtliche Regelungen setzen wollte. Diese Entscheidung des Gesetzgebers ist – wenngleich damit zunächst eine Lücke im Rechtsschutz für den Anleger zurückbleibt – in dieser Form zu respektieren.

Damit ist nach dem eindeutigen Willen des Gesetzgebers von einer aufsichtsrechtlichen Rechtsnatur von § 64 Abs. 4 WpHG auszugehen.

c. Subordinationstheorie und modifizierte Subjektstheorie

Zwar wird nach dem Wortlaut der Norm mit dem WpDU ein Privater zur Anfertigung und Aushändigung der Erklärung verpflichtet, so dass nach der modifizierten Subjektstheorie von einer zivilrechtlichen Rechtsnatur auszugehen wäre. Auch wird die Aushändigung an den Anleger vorgeschrieben, so dass ein Gleichordnungsverhältnis vorliegt und damit nach der Subordinationstheorie ebenfalls von einer zivilrechtlichen Norm auszugehen wäre. Dagegen spricht allerdings eine Einordnung in das System: Die Einhaltung der Wohlverhaltenspflichten wird von der BaFin als zuständige Behörde kontrolliert, es liegt daher nach der Subordinationstheorie ein Über-

[581] BT-Drucks. 18/11290, S. 16 (Gegenäußerung der Bundesregierung).

Unterordnungsverhältnis vor.[582] Dieser Aspekt führt auch bei Anwendung der modifizierten Subjektstheorie dazu, dass die BaFin als Träger öffentlicher Gewalt zur Kontrolle der Pflicht aus § 64 Abs. 4 WpHG berechtigt und verpflichtet ist und die Pflicht aus § 64 Abs. 4 WpHG damit aufsichtsrechtlicher Natur ist. Dieses Ergebnis deckt sich mit dem Willen des Gesetzgebers, wonach die Pflicht zur Erstellung und Aushändigung der Geeignetheitserklärung, wie bereits erörtert, als Wohlverhaltenspflicht grundsätzlich aufsichtsrechtlich einzuordnen ist.[583]

d. Zwischenergebnis

Die Geeignetheitserklärung verfolgt auch individualschützende Zwecke, so dass § 64 Abs. 4 WpHG nach der Interessentheorie (auch) als zivilrechtliche Pflicht einzuordnen sein könnte. Auch die Subordinationstheorie und die modifizierte Subjektstheorie weisen bei alleiniger Betrachtung des Wortlautes ebenfalls in Richtung einer zivilrechtlichen Pflicht. Die systematische Auslegung vermag dieses Ergebnis für die Subordinations- und die modifizierte Subjektstheorie allerdings nicht zu stützen.

Klarheit bringt letztlich der eindeutige Wille des Gesetzgebers, welcher darauf gerichtet ist, die MiFID II, wie auch die MiFID I, ausschließlich aufsichtsrechtlich umzusetzen. Dies ist grundsätzlich zu respektieren. Dem stehen auch die Äußerungen des europäischen Gesetzgebers in Erwägungsgrund (82) der MiFID II nicht entgegen. Dass die Anwendung der Abgrenzungstheorien, insbesondere der Interessentheorie, im vorliegenden Fall nicht dazu führt, dass eine Norm mit Doppelcharakter vorliegt, ist dem expliziten Willen des nationalen Gesetzgebers geschuldet. Methodisch betrachtet hat der Gesetzgeber durch die explizite Stellungnahme, eine aufsichtsrechtliche Norm schaffen zu wollen, gewissermaßen die Anwendbarkeit der Abgrenzungstheorien eingeschränkt.

3. § 83 Abs. 1 und 2 WpHG, allgemeine Aufzeichnungspflicht und Pflicht zur Aufzeichnung von Kundenvereinbarungen

§ 83 Abs. 1 WpHG schreibt, wie bereits § 34 Abs. 1 WpHG a.F., eine Aufzeichnungspflicht der WpDU in Bezug auf sämtliche erbrachten Wertpapierdienstleistungen und Wertpapiernebendienstleistungen vor. Hintergrund ist, wie bereits bei § 34 Abs. 1 WpHG a.F., die Überprüfbarkeit der WpDU hinsichtlich der Einhaltung aufsichtsrechtlicher Pflichten. Während früher lediglich die Einhaltung nationaler Regelungen bezweckt war, überprüft die BaFin heute auch die Einhaltung der Pflichten aus den Verordnungen (EU) Nr. 600/2014 (MiFIR, v. engl. *Markets in Financial Instruments Regulation*) und (EU) Nr. 596/2014 (Marktmissbrauchsverordnung, MAR v.

[582] *Pfisterer,* Die neuen Regelungen der MiFID II, S. 40f.

[583] Siehe oben, Kapitel 2. B. IV. 2. b. cc.

engl. *Markets Abuse Regulation*). Grundsätzlich gleicht der Regelungsgehalt von § 83 Abs. 1 WpHG damit dem von § 34 Abs. 1 WpHG a.F., allerdings mit dem Unterschied, dass nun auch Pflichten, die nach europäischem Recht vorgeschrieben sind, von der BaFin kontrolliert werden. § 83 Abs. 2 WpHG schreibt, wie bereits § 34 Abs. 2 WpHG a.F., die Aufzeichnung von Vereinbarungen zwischen dem WpDU und dem Kunden vor. Zwar regelt die Vorschrift keine Pflicht zur Aufzeichnung einer Rahmenvereinbarung. Zur Konkretisierung der Aufzeichnungspflicht nach Satz 1 verweist der Gesetzgeber aber explizit auf Art. 58 der MiFID II-DVO, wo der Abschluss einer schriftlichen Rahmenvereinbarung vorgeschrieben ist.

Bereits § 34 Abs. 1 und Abs. 2 WpHG a.F. waren als rein aufsichtsrechtliche Normen einzuordnen.[584] Im Rahmen der Neufassung von § 34 Abs. 1 WpHG a.F zu § 83 Abs. 1 WpHG wurde die Vorschrift inhaltlich kaum verändert, lediglich der Umfang der zu dokumentierenden Inhalte wurde erweitert. Der Zweck der Norm, der bereits in deren Wortlaut Anklang findet, wurde aber durch die Neufassung der Vorschrift nicht verändert. Die BaFin ist nach §§ 88, 89 WpHG inzwischen sowohl zur Überwachung und Prüfung der Einhaltung der Wohlerhaltenspflichten wie auch der Pflichten aus der MiFIR und der MAR berechtigt und verpflichtet. Es kann daher für die Bestimmung der Rechtsnatur von § 83 Abs. 1 WpHG auf die Ausführungen zu § 34 Abs. 1 WpHG a.F. verwiesen werden.[585]

§ 34 Abs. 2 WpHG a.F. wurde zwar dahingehend neu gefasst, dass die Dokumentation des Abschlusses einer Rahmenvereinbarung zwischen Kunde und WpDU gestrichen wurde und von § 83 Abs. 2 WpHG nicht mehr explizit erfasst ist. Allerdings ist der Abschluss der Rahmenvereinbarung nun in Art. 58 MiFID II-DVO geregelt. Da es sich bei der Rahmenvereinbarung um eine Vereinbarung eines WpDU mit einem Kunden handelt, welche die Rechte und Pflichten der Vertragsparteien festlegt, unterfällt die Pflicht zur Dokumentation der Rahmenvereinbarung allerdings bereits der Aufzeichnungspflicht nach § 83 Abs. 2 Satz 1 WpHG. Insofern sind auch im Rahmen der Neufassung von § 83 Abs. 2 WpHG keine inhaltlichen Neuerungen in Bezug auf die Aufzeichnungspflichten zu verzeichnen.

Auch wurde die früher bestehende Aushändigungspflicht für die Rahmenvereinbarung nach § 34 Abs. 2 S. 4 WpHG a.F. gestrichen, so dass diese als möglicher Anknüpfungspunkt für eine zivilrechtliche Rechtsnatur der Norm nun gerade ausscheidet.[586] Die Kundenvereinbarungen sind für den individuellen Anleger auch nicht von besonderem Wert, weder unter dem Gesichtspunkt der

---

[584] Siehe oben Kapitel 2. B. III. 1. und 2.

[585] Siehe oben Kapitel 2. B. III. 1.

[586] Dazu, dass im Ergebnis aber auch die Aushändigungspflicht nach § 34 Abs. 2 S. 4 WpHG a.F. keinen Individualschutz begründete, siehe Kapitel 2. B. III. 2. b. bb. (2) (b).

Beweisführung im Rahmen eines Haftungsprozesses noch unter dem Aspekt einer Unterstützung der Entscheidungsfindung für oder gegen ein Investment.[587] Ein Individualschutz liegt damit auch der neuen Fassung der Norm nicht zugrunde, eine Änderung des Normzwecks liegt mit der Neufassung gerade nicht vor. Es kann daher für die Rechtsnatur des § 83 Abs. 2 WpHG auf die Ausführungen zu § 34 Abs. 2 WpHG a.F. verwiesen werden.[588]

Im Hinblick auf die nun der Vorschrift zugrunde liegende MiFID II bleibt dieses Ergebnis bestehen. Diese sieht eine rein aufsichtsrechtliche Umsetzung der aufgestellten Regelungen vor.[589] Der nationale Gesetzgeber wollte grundsätzlich eine 1:1-Umsetzung der von der MiFID II aufgestellten Regelungen.[590] § 83 Abs. 1 und Abs. 2 WpHG sind damit, da die Aufzeichnungspflichten lediglich der Kontrolle der WpDU durch die BaFin dienen und damit nur die Beziehung zwischen WpDU und der BaFin regeln, rein aufsichtsrechtlicher Natur.

4. § 83 Abs. 3 WpHG, Pflicht zur Aufzeichnung von Telefongesprächen

a. Überblick

Nach § 83 Abs. 3 Satz 1 WpHG hat das WpDU beim Handel für eigene Rechnung oder der Erbringung von Dienstleistungen, die sich auf Annahme, Übermittlung oder Ausführung von Kundenaufträgen beziehen, sämtliche Inhalte von Telefongesprächen oder elektronischer Kommunikation aufzuzeichnen. Nach Satz 2 müssen von der Aufzeichnung insbesondere die Teile der Kommunikation erfasst sein, in der Risiken, Ertragschancen oder die Ausgestaltung von Finanzinstrumenten oder Finanzdienstleistungen erörtert wurden. Satz 3 räumt dem WpDU hierzu das Recht ein, personenbezogene Daten des Anlegers zu verarbeiten. Satz 4 stellt klar, dass eine Aufzeichnung stets zu erfolgen hat, unabhängig von einem darauf folgenden (oder nicht folgenden) Geschäftsabschluss.

b. Rechtsnatur

aa. Europarechtliche Prägung der Vorschrift

Die Vorschrift basiert auf Art. 16 Abs. 6 und Abs. 7 MiFID II. Erwägungsgrund (57) Abs. 1 führt dazu aus, dass die Aufzeichnung von Telefongesprächen möglich sein soll, damit „die Bedingungen aller von den Kunden erteilten Aufträge und deren Übereinstimmung mit den von den Wertpapierfirmen ausgeführten Geschäften nachgewiesen werden können“. Darüber hinaus sollen „Verhaltensweisen aufgedeckt werden, die im Hinblick auf Marktmissbrauch relevant sein können“. Noch deutlicher wird

---

[587] Siehe oben Kapitel 2. B. III. 2. b. bb. (2) (b).

[588] Siehe oben Kapitel 2. B. III. 2.

[589] Siehe oben Kapitel 2. B. II. 2. c. aa.

[590] BT-Drucks. 18/10936, S. 3.

Erwägungsgrund (57) Abs. 2: Demnach sollen die „Aufzeichnungen […] den zuständigen Behörden zur Verfügung stehen, wenn sie ihre Aufsichtsaufgaben wahrnehmen und Maßnahmen zur Durchsetzung [der MiFID II], der [MiFIR], der [MAR] und der [MAD II- Richtlinie] ergreifen, damit die zuständigen Behörden anhand dieser Aufzeichnungen Verhaltensweisen ermitteln können, die nicht mit dem Rechtsrahmen in Bezug auf die Tätigkeit von Wertpapierfirmen in Einklang stehen.“ Diese Äußerungen unterstreichen den von der Richtlinie gewollten Schutz der Funktionsfähigkeit der Märkte. Darüber hinaus ist aber auch der Anlegerschutz ein Ziel der MiFID II und in Erwägungsgrund (57) Abs. 1 explizit erwähnt. Erwägungsgrund (57) Abs. 3 stellt klar, dass sowohl WpDU wie auch Kunden Zugriff auf die Aufzeichnungen haben sollten, „um ihnen die Nachverfolgung ihrer Beziehung hinsichtlich der von den Kunden erteilten Aufträge und der von den Firmen abgeschlossenen Geschäfte zu ermöglichen.“ Diese Äußerungen können allerdings nicht so gedeutet werden, dass die MiFID II damit zivilrechtliche Regelungen schaffen wollte. Dies wurde bereits an anderer Stelle deutlich gemacht.[591] Im Ergebnis kann daher nicht davon ausgegangen werden, dass die europarechtliche Prägung der Aufzeichnungen zu einer (auch) zivilrechtlichen Qualifikation der Aufzeichnungspflichten führt.

bb. Nationale Umsetzung der MiFID II-Vorgaben

Die Pflicht zur Aufzeichnung telefonischer und elektronischer Kommunikation wurde zwar bereits von der MiFID I erlaubt[592] und war auch im Entwurf des SchVG vorgesehen,[593] wurde aber auf Drängen des Rechtsausschusses hin durch das Rücktrittsrecht nach § 34 Abs. 2a Satz 4-6 WpHG a.F. ersetzt.[594] Insofern ist die Pflicht im nationalen Recht in der heutigen Fassung neu. Für die Feststellung von Zwecksetzung und Rechtsnatur der Vorschrift kann also grundsätzlich nicht auf die Erwägungen zu § 34 Abs. 2a WpHG a.F. zurückgegriffen werden.

Bereits der Wortlaut der neuen Norm gibt allerdings Hinweise auf deren Zwecksetzung. Demnach sind die Aufzeichnungen „für Zwecke der Beweissicherung“ anzufertigen. Zwar kann argumentiert werden, die Aufzeichnung der Telefonate und persönlichen Gespräche basiere auf Art. 16 Abs. 6 MiFID II und

[591] Siehe dazu oben Kapitel 2. B. II. 2. c. aa.

[592] Art. 51 Abs. 4 MiFID I-Durchführungsrichtlinie (RL 2006/73/EG v. 10.08.2006) eröffnete den Mitgliedstaaten explizit die Möglichkeit, Aufzeichnungen von Telefonaten durchzuführen.

[593] BT-Drucks. 16/12814, S. 27f.

[594] BT-Drucks. 16/13672, S. 22 (Stellungnahme des Rechtsausschusses); zur Begründung wurden erhebliche Kosten bei den WpDU und eine mögliche Verschlechterung der Kundenbeziehung genannt, die dazu führen könnten, dass manches Institut sich aus dem Feld der Anlageberatung zurückziehen könnte, vgl. auch *Philipp,* Dokumentationspflichten, S. 244ff.; *Klein,* Beratungsprotokollpflicht, S. 259f.

diene deshalb in erster Linie dazu, der Aufsichtsbehörde die Möglichkeit zu verschaffen, die Einhaltung der gesetzlichen Vorschriften zu kontrollieren.[595] Richtigerweise weist aber bereits der Wortlaut von § 83 Abs. 3 WpHG auf eine Aufzeichnung (auch) zugunsten des einzelnen Anlegers hin. Dass auch die Telefonaufzeichnungen zum Zwecke der Kontrolle durch die BaFin angefertigt werden, ergibt sich bereits aus der allgemeinen Aufzeichnungspflicht nach § 83 Abs. 1 WpHG. Die Erwähnung des Beweiszwecks im Wortlaut des § 83 Abs. 3 WpHG deutet deshalb darauf hin, dass von § 83 Abs. 3 WpHG noch weitere, über die reine Kontrolle durch die BaFin hinausgehende Zwecke verfolgt werden. Und der deutsche Gesetzgeber hat der Aufzeichnungspflicht nach § 83 Abs. 3 WpHG in der Tat mehrere Zwecke beigemessen: Sie soll der Stärkung des Anlegerschutzes, der Verbesserung der Marktüberwachung und der Schaffung von Rechtssicherheit im Interesse von Wertpapierfirmen und ihren Kunden dienen.[596] Die Aufzeichnung soll gewährleisten, dass die Bedingungen aller von den Kunden erteilten Aufträge und deren Übereinstimmung mit den von den Wertpapierfirmen ausgeführten Geschäften nachgewiesen werden können.[597] Die Beweissicherung soll ausweislich der Gesetzgebungsmaterialien explizit auch „zugunsten des Kunden“ wirken.[598] Passend dazu schreibt § 83 Abs. 3 Satz 2 WpHG vor, dass insbesondere die Teile der Kommunikation aufgezeichnet werden müssen, in welchen Risiken, die Ertragschancen oder die Ausgestaltung von Finanzdienstleistungen oder Finanzinstrumenten erörtert werden, womit letztlich insbesondere das Beratungsgespräch gemeint sein dürfte. Die Gesetzgebungsmaterialien bestätigen diese Vermutung.[599] Auch vom Gesetzgeber wird nochmals hervorgehoben, dass vor allem der Teil des Beratungsgespräches aufzuzeichnen ist, in dem der Anleger „über Risiken, die Risikoklasse des Finanzinstruments, die Ertragschancen oder die Ausgestaltung von Finanzinstrumenten, Wertpapierdienstleistungen oder strukturierten Anlagen beraten wird“.[600] Denn regelmäßig ist dieser Teil der Anlageberatung im Falle eines Haftungsprozesses streitig. Die Aufzeichnung ist damit für die BaFin von Bedeutung, um einen etwaigen Verstoß gegen die Wohlverhaltenspflichten festzustellen, daneben ist sie aber auch essentiell als Beweismittel in einem Haftungsprozess wegen Falschberatung. Dies gilt umso mehr, falls der Anleger nach § 64 Abs. 4 S. 4 WpHG auf die Aushändigung einer Geeignetheitserklärung vor Geschäftsschluss verzichtet hat und die im Nachhinein ausgehändigte Erklärung unvollständig oder unzutreffend ist. In diesem Fall steht und fällt der Haftungsprozess mit der Aufzeichnung des Beratungsgespräches. Damit ist klar, dass § 83 Abs. 3 WpHG auch individualschützenden Charakter besitzt. Die Interessentheorie

[595] So wohl *Balzer*, ZBB 2016, 226, 236.

[596] BT-Drucks. 18/10936, S. 244.

[597] BT-Drucks. 18/10936, S. 244.

[598] BT-Drucks. 18/10936, S. 244, 245.

[599] BT-Drucks. 18/10936, S. 244, 245.

[600] BT-Drucks. 18/10936, S. 244.

käme damit an dieser Stelle zu dem Ergebnis, dass die Pflicht zur Aufzeichnung von Telefongesprächen auch zivilrechtlicher Natur ist. Auch bei Anwendung der Subordinationstheorie ließe sich zumindest vertreten, dass die Dokumentation für den Anleger erstellt wurde und damit auch eine Beziehung zu diesem regle, was für ein Gleichordnungsverhältnis spräche und auf eine zumindest auch zivilrechtliche Rechtsnatur der Norm schließen ließe.

Allerdings gibt der Gesetzgeber an anderer Stelle klar zu erkennen, dass er eine 1:1-Umsetzung der rein aufsichtsrechtlich geprägten MiFID II beabsichtigt,[601] womit der explizite Wille des Gesetzgebers klar in Richtung einer rein aufsichtsrechtlichen Norm weist. Die Interessentheorie und möglicherweise auch die Subordiantionstheorie kommen damit an dieser Stelle zu einem anderen Ergebnis als dies vom Gesetzgeber explizit gewollt ist. Grundsätzlich ist diese eindeutige Entscheidung des Gesetzgebers jedoch zu akzeptieren und die Aufzeichnungspflicht nach § 83 Abs. 3 WpHG als rein aufsichtsrechtlich anzuerkennen.

cc. Zwischenergebnis

Die Aufzeichnungspflichten für telefonische und elektronische Kommunikation sind somit rein aufsichtsrechtlicher Natur, wenngleich auch ein Individualschutz mit den Normen bezweckt ist und daher nach der Interessentheorie und der Subordinationstheorie auch eine zivilrechtliche Rechtsnatur der Norm angenommen werden könnte. Wie bereits oben dargestellt, führt die eindeutige Stellungnahme des Gesetzgebers im vorliegenden Fall aber zu einer eingeschränkten Anwendbarkeit der Abgrenzungstheorien.

5. § 83 Abs. 6 WpHG, Aufzeichnungspflicht bei persönlicher Beratung

a. Überblick

§ 83 Abs. 6 WpHG schreibt vor, dass auch eine Auftragserteilung, die im Rahmen eines persönlichen Gesprächs erfolgt ist, zu dokumentieren ist. Es wird in Satz 2 darauf hingewiesen, dass dies auch mit Hilfe von schriftlichen Protokollen oder Vermerken über den Inhalt des Gesprächs stattfinden kann. Ein Protokoll des Beratungsgespräches, wie noch von § 34 Abs. 2a WpHG a.F. vorgeschrieben, wird hingegen nicht mehr zwingend verlangt.[602] Eine anderweitige Auftragserteilung ist nach Satz 3 nur möglich, falls diese über einen dauerhaften Datenträger erfolgt, beispielsweise per Fax oder E-Mail.

---

[601] BT-Drucks. 18/10936, S. 3.

[602] Dieses konnte nach Ansicht des Gesetzgebers aufgrund der Einführung der Geeignetheitserklärung und der europaweit harmonisierten Aufzeichnungs- und Protokollierungspflichten entfallen, vgl. BT-Drucks. 18/10936, S. 235 und Kapitel 2. B. IV. 2. b. aa.

Für den Fall der anderweitigen Auftragserteilung wird zur Konkretisierung der aufzuzeichnenden Inhalte auf Art. 76 Abs. 9 MiFID II-DVO verwiesen.

b. Rechtsnatur

aa. Europarechtliche Prägung der Vorschrift

§ 83 Abs. 6 WpHG basiert, wie bereits § 83 Abs. 3 WpHG, auf Art. 16 Abs. 6 und Abs. 7 MiFID II. § 83 Abs. 6 WpHG ist daher im Lichte von Erwägungsgrund (57) der MiFID II zu lesen. Insofern kann grundsätzlich auf die Ausführungen zu § 83 Abs. 3 WpHG verwiesen werden.[603] Damit ist eine zivilrechtliche Aufzeichnungsregelung von der Richtlinie grundsätzlich nicht gewollt. Möglicherweise ergibt sich für die Protokollierungspflichten, im Gegensatz zu den Aufzeichnungspflichten nach § 83 Abs. 3 WpHG, aber ein anderes Bild. Erwägungsgrund (57) der MiFID II lautet in Bezug auf die Aufzeichnungen bei Präsenzberatungen wie folgt:

„Wenn Kunden ihre Aufträge über andere Kanäle als das Telefon mitteilen, sollten solche Mitteilungen über einen dauerhaften Datenträger erfolgen, wie z. B. E-Mail, Fax oder während eines Treffens erstellte Aufzeichnungen über Kundenaufträge. Beispielsweise könnte der Inhalt der entsprechenden persönlichen Gespräche durch die Anfertigung schriftlicher Protokolle oder Vermerke aufgezeichnet werden. Diese Aufträge sollten als den telefonisch entgegengenommenen Aufträgen gleichwertig gelten. **Wenn Protokolle persönlicher Gespräche mit Kunden erstellt werden, sollten die Mitgliedstaaten dafür sorgen, dass es geeignete Schutzmechanismen gibt um sicherzustellen, dass dem Kunden keine Nachteile entstehen, wenn in dem Protokoll die Kommunikation zwischen den Parteien unzutreffend wiedergegeben wird**. Solche Schutzmechanismen sollten nicht dazu führen, dass der Kunde irgendeine Haftung übernimmt.“ *(Hervorhebungen durch Verfasser)*

Vor allem die Äußerungen hinsichtlich möglicher Schutzmechanismen bei einer unrichtig erstellten Aufzeichnung lassen zumindest eine gewollte Auswirkung auf das Zivilrecht erahnen. Dass damit allerdings die Schaffung einer zivilrechtlichen Norm verbunden sein soll, kann dem Erwägungsgrund nicht explizit entnommen werden. Es wird lediglich ein geeigneter „Schutzmechanismus“ verlangt. Vermutlich soll in der Äußerung angedeutet werden, dass im Streitfall das Protokoll keinen Beweiswert zugunsten des WpDU entfalten soll.[604] Eine solche Beweisregelung erfordert allerdings ebenfalls keine materiell-zivilrechtliche Norm, sondern kann durch flexible prozessuale Instrumente, wie beispielsweise den Rückgriff auf die Rechtsfigur der Beweisvereitelung gelöst werden. Insgesamt kann der Richtlinie daher auch für § 83 Abs. 6 WpHG nicht die Intention entnommen werden, zivilrechtliche Normen zu schaffen.

---

[603] Siehe oben, Kapitel 2. B. IV. 4. b. aa.

[604] *Buck-Heeb*, ZBB 2014, 221, 229 plädiert hingegen dafür, dass lediglich eine Unterzeichnung des Kunden keine Beweiswirkung zugunsten des WpDU begründet.

bb. Nationale Umsetzung der MiFID II-Vorgaben

Der Wortlaut von § 83 Abs. 6 WpHG selbst erwähnt nicht wie bereits § 83 Abs. 3 WpHG die Beweissicherung als expliziten Zweck der Aufzeichnungen. Auch die Gesetzgebungsmaterialien schweigen zum Zweck von § 83 Abs. 6 WpHG.[605] Allerdings zeigt eine systematische Betrachtung den starken Zusammenhang zwischen § 83 Abs. 3 und Abs. 6 WpHG. Die Pflicht zur Aushändigung der Aufzeichnungen an den Anleger nach § 83 Abs. 7 WpHG gilt ausschließlich für die Aufzeichnungen nach Abs. 3 und Abs. 6. Ebenso gilt die Aufbewahrungspflicht nach § 83 Abs. 8 WpHG nur für die Aufzeichnungen nach Abs. 3 und Abs. 6, soweit sie „für die dort genannten Zwecke" erforderlich sind. § 83 Abs. 9 WpHG schreibt ebenfalls vor, dass nur die nach den Absätzen 3 und 6 gefertigten Aufzeichnungen gegen Manipulationen zu sichern sind. Die Aufzeichnungen nach den Absätzen 3 und 6 nehmen innerhalb der Dokumentation von Wertpapierdienstleistungen eine Sonderstellung ein. Die Aufzeichnungen nach § 83 Abs. 1 und Abs. 2 WpHG, welche wie alle Aufzeichnungen zum Zwecke der Kontrolle durch die BaFin gefertigt wurden, sind dagegen nicht manipulationssicher zu erstellen, brauchen nicht mindestens 5 Jahre aufbewahrt werden und sind grundsätzlich auch nicht an den Kunden herauszugeben. Dies lässt darauf schließen, dass den Pflichten aus § 83 Abs. 3 und Abs. 6 WpHG noch weitere Zwecke als nur die Kontrolle durch die BaFin zugrunde liegen. Für § 83 Abs. 3 WpHG wurde bereits herausgearbeitet, dass von diesem auch die Sicherung von Beweisen für einen möglichen Haftungsprozess bezweckt wird.[606] Wegen des Gleichlaufs der Aufzeichnungspflichten für telefonische und elektronische Kommunikation nach Abs. 3 und den Protokollierungspflichten nach Abs. 6 ist davon auszugehen, dass die Protokollierungspflicht ebenfalls die Sicherung von Beweisen bezweckt. § 83 Abs. 6 WpHG soll daher der Beweissicherung dienen und damit auch individualschützend wirken. Allerdings gilt der Wille des Gesetzgebers, die MiFID II im Wege einer 1:1-Umsetzung im deutschen Recht zu implementieren,[607] mangels entgegenstehender Angaben grundsätzlich auch für die Protokollierungspflichten nach § 83 Abs. 6 WpHG. Ergebnis ist daher, wie für § 83 Abs. 3 WpHG ebenfalls, dass eine aufsichtsrechtliche Norm vorliegt, welche durch die Verfolgung des Zwecks der Beweissicherung individualschützend wirkt, allerdings wegen der klaren Äußerung des Gesetzgebers keine „Doppelnatur" der Norm aufweist.[608]

---

[605] Vgl. die sehr kurze Stellungnahme in den BT-Drucks. 18/10936, S. 245.

[606] Siehe oben, Kapitel 2. B. IV. 4. b. bb.

[607] BT-Drucks. 18/10936, S. 3.

[608] Siehe oben, Kapitel 2. B. IV. 4. b. cc.

6. Aufbewahrungspflichten, § 83 Abs. 8 WpHG

a. Aufbewahrungsfrist für Aufzeichnungen nach § 83 Abs. 1 und 2 WpHG

Die Aufbewahrungspflichten für Dokumentationen finden sich heute in § 83 Abs. 8 WpHG. Anders als § 34 Abs. 3 WpHG a.F. normiert § 83 Abs. 8 WpHG Aufbewahrungspflichten aber nur für die Aufzeichnungen nach § 83 Abs. 3 und Abs. 6 WpHG, nicht aber auch für Aufzeichnungen nach den § 83 Abs. 1 und 2 WpHG. Über die Dauer der Aufbewahrung von Aufzeichnungen, welche nach § 83 Abs. 1 und Abs. 2 WpHG anzufertigen sind, schweigen sich sowohl das Gesetz wie auch die nationalen Gesetzgebungsmaterialien aus. Auch Art. 16 Abs. 6 MiFID II, welcher der Aufzeichnungspflicht nach § 83 Abs. 1 WpHG zugrunde liegt, macht hierzu, ebenso wie Artt. 72ff. MiFID II-DVO, welche die Dokumentationspflichten aus § 83 Abs. 1 WpHG präzisieren, keine Angaben. Die Aufzeichnungen nach § 83 Abs. 2 WpHG hingegen fallen unter Art. 73 MiFID II-DVO, so dass diese mindestens für die Dauer der Geschäftsbeziehung zu dem jeweiligen Kunden aufzubewahren sind. Nachdem bei Verabschiedung des 2. FiMaNoG noch Unklarkeit in Bezug auf die Dauer der Aufbewahrung der nach § 83 Abs. 1 WpHG gefertigten Aufzeichnungen bestand, wurde zwischenzeitlich die WpDVerOV als nach § 83 Abs. 10 WpHG vom Finanzministerium oder der BaFin zu erlassenden Verordnung angepasst.

Für Aufzeichnungen nach § 83 Abs. 1 WpHG greift somit der Auffangtatbestand in § 9 Abs. 4 WpDVerOV. Die Aufzeichnungen sind demnach ab dem Zeitpunkt ihrer Erstellung fünf Jahre lang aufzubewahren. Die BaFin kann die Aufbewahrungsfrist um zwei Jahre verlängern, wenn sie vor Ablauf der zuvor genannten Frist Kenntnis von Umständen erhält, die eine Verlängerung der Aufbewahrungsfrist erforderlich machen.

b. Aufbewahrungspflicht gemäß § 83 Abs. 8 WpHG

Für die Aufzeichnungen aus § 83 Abs. 3 und 6 WpHG findet sich die zugehörige Aufbewahrungspflicht in § 83 Abs. 8 WpHG. Demnach sind die Aufzeichnungen für die Dauer von fünf Jahren aufzubewahren, soweit sie für die in § 83 Abs. 3 und 6 WpHG genannten Zwecke erforderlich sind. Sollte nach Ansicht der BaFin eine längere Speicherung erforderlich sein, insbesondere zum Zwecke der Beweissicherung, so kann die Frist nochmals um 2 Jahre verlängert werden.

Der Wortlaut selbst sagt explizit jedenfalls nichts über die Rechtsnatur der Norm aus. Allerdings zeigt die Regelung des § 83 Abs. 8 Satz 4 WpHG, wonach die BaFin bei Bedarf die Aufbewahrungsfrist verlängern kann, dass es sich um eine Regelung zwischen einer Behörde und einem Privaten handelt, nach der die Behörde auch einseitig berechtigt sein soll, dem Privaten verbindliche Pflichten aufzuerlegen. Bei Anwendung der Subordinations- wie auch der modifizierten Subjektstheorie läge damit eine öffentlich-rechtliche Regelung vor. Wie bereits erläutert, handelt es sich systematisch betrachtet bei den Aufbewahrungspflichten grundsätzlich um eine Fortsetzung der Aufzeichnungspflichten, so dass die Rechtsnatur der Aufbewahrungspflicht der Rechtsnatur der Aufzeichnungspflicht folgt.[609] Die Dokumentationspflichten nach § 83 Abs. 3 und 6 WpHG sind aufsichtsrechtlicher Natur.[610] Dies spricht grundsätzlich für eine aufsichtsrechtliche Natur der Aufzeichnungspflicht. Allerdings könnte sich etwas anderes daraus ergeben, dass die Aufzeichnungspflichten nach § 83 Abs. 3 und 6 WpHG dem Schutz des individuellen Anlegers dienen sollen. Auch § 83 Abs. 8 WpHG greift diesen Aspekt auf, wenn er normiert, dass Aufzeichnungen aufbewahrt werden sollen, „soweit sie für die dort genannten Zwecke erforderlich sind“. Auch dass die BaFin die Aufbewahrungsfrist verlängern kann, soweit dies „insbesondere zur Beweissicherung“ erforderlich ist, zeigt, dass die Aufbewahrungspflicht auch der Beweissicherung dient und damit individualschützend ist.

Allerdings ist aus demselben Grund wie bei § 83 Abs. 3 und 6 WpHG eine (auch) zivilrechtliche Rechtsnatur der Norm zu verneinen: Vom nationalen Gesetzgeber war eindeutig eine 1:1-Umsetzung der aufsichtsrechtlich ausgestalteten MiFID II gewollt,[611] so dass eine (auch) zivilrechtliche Ausgestaltung ausscheidet.

7. Zwischenergebnis

Alle heutigen Dokumentationspflichten sind aufsichtsrechtlich und damit öffentlich-rechtlich. Sie entfalten daher qua Gesetz keinerlei zivilrechtliche Rechtswirkung. Allerdings besitzen sowohl die Pflicht zur Erstellung und Aushändigung der Geeignetheitserklärung nach § 64 Abs. 4 WpHG wie auch die Aufzeichnungspflichten nach § 83 Abs. 3 und 6 WpHG individualschützenden Charakter, so dass eine mittelbare zivilrechtliche Wirkung, beispielsweise über Beweislastregelungen oder § 823 Abs. 2 BGB, jedenfalls nicht ausgeschlossen werden kann.

V. Anderweitige zivilrechtliche Geltung der Dokumentationspflichten

Nachdem weder die Aufzeichnungs- noch die Aufbewahrungspflichten aus dem WpHG zivilrechtlichen Charakter besitzen und damit jedenfalls eine direkte zivilrechtliche Wirkung dieser Normen aufgrund der existierenden Gesetzeslage ausgeschlossen ist, stellt sich allerdings die Frage, ob

[609] Siehe oben Kapitel 2. B. III. 4.

[610] Siehe oben Kapitel 2. B. IV. 4. b und Kapitel 2. B. IV. 5. b.

[611] BT-Drucks. 18/10936, S. 3.

nicht aus dem Beratungsvertrag selbst Pflichten zur Dokumentation abgeleitet werden können. Bereits zur alten Rechtslage wurde diese Frage intensiv diskutiert.[612]

1. Auffassung der Rechtsprechung zur Rechtslage vor dem FRUG - Urteil des BGH vom 24. 1. 2006 - XI ZR 320/04

Der BGH äußerte sich bereits im Jahr 2006 zu der Frage, ob eine zivilrechtliche Dokumentationspflicht für den Fall der Anlageberatung bestehe. Er war damals der Ansicht, dass dies nicht der Fall sei.[613] Weder aus dem Anlageberatungsvertrag, noch aus den damals in § 34 Abs. 1 und 2 WpHG a.F. normierten Dokumentationspflichten ergebe sich eine solche Pflicht.[614]

Eine zivilrechtliche Dokumentationspflicht folgte nach Ansicht des BGH jedenfalls nicht aus dem WpHG in seiner damaligen Fassung. Interessant ist allerdings, dass der BGH nicht die Frage aufwarf, inwiefern die Dokumentationspflichten aus dem WpHG auch zivilrechtlich wirken können, sondern eine Dokumentation der Anlageberatung schlicht am Tatbestand des § 34 Abs. 1 und 2 WpHG a.F. scheitern ließ. Die Dokumentationspflicht nach dieser Norm knüpfe an den Geschäftsabschluss an und damit erst nach der (unterlassenen) Beratung.[615] Heute bestehen allerdings entsprechende Aufzeichnungspflichten, so dass diesem Argument des BGH aus heutiger Sicht die Grundlage entzogen ist.[616]

Der BGH stellte darüber hinaus Überlegungen zu der Frage an, ob eine zivilrechtliche Aufzeichnungspflicht nicht aus der anlegerschützenden Funktion der §§ 31, 32 WpHG a.F. (Wohlverhaltenspflichten) hergeleitet werden könnte, verneinte dies aber im Ergebnis. Man könnte daher der Ansicht sein, dass die individualschützende Funktion von §§ 64 Abs. 4 und 83 Abs. 3 und 6 WpHG nicht ausreicht, um die Einbeziehung in den Beratungsvertrag zu rechtfertigen. Allerdings ist die Situation heute eine grundlegend andere als im Jahr 2006: Der BGH lehnte die Ableitung einer Dokumentationspflicht aus den §§ 31, 32 WpHG a.F. ab, weil damit nach Ansicht des Gerichts § 34 Abs. 1 und 2 WpHG a.F. ein sinnvoller Anwendungsbereich entzogen worden wäre.[617] Es erschien nach Ansicht des BGH widersprüchlich, neben einer im WpHG bereits explizit normierten

---

[612] Vgl. *Klein,* Beratungsprotokollpflicht, S. 132ff. zu Rechtslage nach dem SchVG; *Rothenhöfer,* Anlegerschutz durch Schriftform, S. 323ff. zur Rechtslage vor dem FRUG.

[613] BGH v. 24.01.2006 - XI ZR 320/04 = NJW 2006, 1429, 1430.

[614] BGH v. 24.01.2006 - XI ZR 320/04 = NJW 2006, 1429, 1430.

[615] BGH v. 24.01.2006 - XI ZR 320/04 = NJW 2006, 1429, 1430.

[616] Noch zur alten Rechtslage nach dem SchVG vgl. *Grundmann,* WM 2012, 1745, 1754.

[617] BGH v. 24.01.2006 - XI ZR 320/04 = NJW 2006, 1429, 1430.

Dokumentationspflicht, welche den zu entscheidenden Fall tatbestandlich nicht erfasste, weitere, nicht explizit normierte Dokumentationspflichten aus anderen Normen herzuleiten. Die Pflichten aus § 34 WpHG a.F. sollten nach Ansicht des Gerichts wohl als abschließend zu bewerten sein. Heute existieren mit § 64 Abs. 4 WpHG und § 83 Abs. 3 und 6 WpHG aber bereits Normen, die entsprechende Aufzeichnungen vorschreiben. Das in der Vergangenheit vom BGH vorgebrachte Argument, dass eine Aufzeichnung der Anlageberatung außerhalb des Pflichtenkanons der vom WpHG aufgestellten Dokumentationspflichten liege, ist heute deshalb nicht mehr zutreffend.

Der BGH erörterte ebenfalls die Frage, ob aus dem Beratungsvertrag eine zivilrechtliche Dokumentationspflicht abgeleitet werden könnte. Als Grundlage kam dafür nach Ansicht des Gerichts vor allem § 242 BGB in Betracht. Der BGH verwies auf die Situation bei der Arzthaftung, wo eine Dokumentationspflicht des behandelnden Arztes angenommen wurde, da dieser „die Belange eines anderen wahrzunehmen hat und dabei Maßnahmen oder Feststellungen trifft, die der andere nicht selbst erkennen oder beurteilen kann“.[618] Gleichzeitig stellte er allerdings fest, dass „eine solche Pflicht bei der Anlageberatung durch Kreditinstitute ebenso wenig wie bei der Beratung durch Rechtsanwälte oder Steuerberater“ besteht.[619] Der beratene Anleger könne auch ohne besondere Fachkunde eigene Aufzeichnungen über das Beratungsgespräch fertigen oder zu dem Gespräch einen Zeugen hinzuziehen. Selbst ohne Zeugen bestünde im Prozess die Möglichkeit, durch Abtretung oder durch Parteivernehmung eine beweisrechtlich ebenbürtige Stellung mit der Bank herzustellen.[620] Bereits in der Vergangenheit wurde diese Argumentation allerdings in der Literatur in Zweifel gezogen.[621] Ob sie heute noch so gelten kann, ist umso zweifelhafter. So war gerade die Tatsache, dass Finanzprodukte zunehmend komplexer werden und die Anleger offensichtlich nicht in der Lage sind, die Wirkungsweise und die Tragweite eines Anlagenkaufs zu überblicken, Grund für den Erlass des SchVG.[622] Im Übrigen verfügt der Anleger nicht über den notwendigen Sachverstand, die Angaben des Beraters im Detail nachzuvollziehen, geschweige denn zu protokollieren.[623] Denn dazu müsste der Anleger auch unterscheiden können, welche Angaben protokollierenswert sind und welche nicht.[624]

---

[618] BGH v. 24.01.2006 - XI ZR 320/04 = NJW 2006, 1429, 1430.

[619] BGH v. 24.01.2006 - XI ZR 320/04 = NJW 2006, 1429, 1430.

[620] BGH v. 24.01.2006 - XI ZR 320/04 = NJW 2006, 1429, 1430.

[621] *Rothenhöfer,* Anlegerschutz durch Schriftform, S. 327ff.

[622] BT-Drucks. 16/222, S. 24488 (D) (Beratungen zum SchVG, Parl. Staatssekr. Hartenbach des Justizministeriums) „Die Finanzmarktkrise hat gezeigt, dass viele Anleger die Risiken der von ihnen erworbenen Produkte nicht verstanden haben und – wenn man ehrlich ist – oft auch gar nicht verstehen konnten“.

[623] *Bömcke,* AG 2010, R184; *Rothenhöfer,* Anlegerschutz durch Schriftform, S. 328.

[624] *Rothenhöfer,* Anlegerschutz durch Schriftform, S. 327.

Dazu ist er mangels Rechtskundigkeit in der Regel nicht in der Lage. Im Übrigen ist das WpDU in der Regel sowohl rechtskundig wie auch fachkundig, was die von ihm vertriebenen Finanzprodukte betrifft. Es ist damit sogenannter „cheapest cost avoider"; daher ist es ihm auch zuzumuten, die Aufzeichnungen vorzunehmen.[625] Die Argumentation des BGH gegen eine zivilrechtliche Dokumentationspflicht aus dem Beratungsvertrag ist daher aus heutiger Sicht als verfehlt anzusehen.

2. Einbezug der Dokumentationspflichten in den Beratungsvertrag

Die Wohlverhaltenspflichten sind nach der hier vertretenen Ansicht jedenfalls durch Vereinbarung der Parteien in den Beratungsvertrag einbezogen und wirken daher auch zwischen dem WpDU und dem einzelnen Anleger.[626] Fraglich ist allerdings, ob unter demselben Aspekt auch eine Einbeziehung der Dokumentationspflichten in den Beratungsvertrag kraft Parteiwillens zu bejahen ist. Wie oben bereits dargestellt, ist davon auszugehen, dass die Einhaltung der aufsichtsrechtlichen Pflichten durch das WpDU zwischen den Parteien vertraglich vereinbart wird. Dies gilt jedenfalls dann, wenn die Pflichten aus dem WpHG die Beziehung zwischen WpDU und Anleger ausgestalten oder zumindest den Schutz des einzelnen Anlegers bezwecken.[627] Sowohl die Pflicht zur Erstellung und Aushändigung der Geeignetheitserklärung nach § 64 Abs. 4 WpHG, wie auch die Aufzeichnungspflichten nach § 83 Abs. 3 und 6 WpHG sind individualschützender Natur.[628] Es kann daher grundsätzlich davon ausgegangen werden, dass der Anleger ein Interesse daran besitzt, dass das WpDU diese Pflichten einhält. Für die Geeignetheitserklärung folgt dies schon daraus, dass mit § 64 Abs. 4 WpHG eine gesetzliche Pflicht zur Aushändigung dieser Aufzeichnungen an den Anleger besteht. Für die Aufzeichnungen nach § 83 Abs. 3 und 6 WpHG muss dies allerdings ebenfalls gelten, denn der einzelne Anleger besitzt nach § 83 Abs. 7 WpHG einen Anspruch auf Aushändigung der entsprechenden Aufzeichnungen. Im Übrigen hat der jeweilige Anleger gerade an der Erfüllung der o.g. Pflichten ein gesteigertes Interesse, da sowohl von der Geeignetheitserklärung wie auch von den Aufzeichnungen und deren Informations- und Überprüfungsfunktion einerseits und Beweissicherungsfunktion andererseits gerade der jeweilige Kunde profitieren soll. So schafft erst die Erfüllung dieser Pflichten für den Anleger die Möglichkeit, eine voll eigenverantwortliche Anlageentscheidung zu treffen und Verletzungen anderer Pflichten aus dem Beratungsvertrag zivilrechtlich zu sanktionieren. Es ist davon auszugehen, dass diese Umstände dem WpDU bekannt sind und dass der Kunde erwartet – und dies ohne expliziten individualvertraglichen Ausschluss auch erwarten kann –, dass diese Pflichten

---

[625] *Rothenhöfer*, Anlegerschutz durch Schriftform, S. 328.

[626] Siehe oben, Kapitel 2. B. II. 2. d.

[627] Siehe oben, Kapitel 2. B. II. 2. d.

[628] Siehe oben, Kapitel 2. B. IV. 2. b. aa und bb. für § 64 Abs. 4 WpHG; Kapitel 2. B. IV. 4. b. bb für § 83 Abs. 3 WpHG und Kapitel 2. B. IV. 5. b. bb für § 83 Abs. 6 WpHG.

eingehalten werden. Bei einer Auslegung nach §§ 133, 157 unter Zugrundelegung des objektiven Empfängerhorizonts kann daher davon ausgegangen werden, dass die Pflichten aus § 64 Abs. 4 WpHG und § 83 Abs. 3 und 6 WpHG zwischen dem WpDU und dem jeweiligen Anleger vertraglich vereinbart werden.

Diese vertragliche Vereinbarung der WpHG-Dokumentationspflichten steht auch im Einklang mit den Erwägungen der MiFID II. Nach Erwägungsgrund Nr. (82) der MiFID II sollte es „angemessene Schutzmechanismen geben, um sicherzustellen, dass dem Kunden keine Verluste daraus entstehen, dass in der *[Geeignetheits-]*Erklärung die persönliche Empfehlung unzutreffend oder unfair dargestellt wird". Erwägungsgrund Nr. (57) Abs. 2 MiFID II fordert, dass es auch bei Aufzeichnungen, die nicht von Telefongesprächen gefertigt wurden, „geeignete Schutzmechanismen gibt um sicherzustellen, dass dem Kunden keine Nachteile dadurch entstehen, wenn in dem Protokoll die Kommunikation zwischen den Parteien unzutreffend wiedergegeben wird". Zwar fehlt eine solche Stellungnahme des Richtliniengebers in Bezug auf die Aufzeichnungen von Telefongesprächen. Da nicht telefonisch erteilte Aufträge nach dem Willen des Richtliniengebers aber solchen gleichstehen sollen, die telefonisch erteilt wurden,[629] muss eine Gleichwertigkeit auch für die Aufzeichnungen gelten, die im Rahmen der telefonischen Erteilung von Aufträgen angefertigt wurden. Dies bedeutet, dass bei der Aufzeichnung von Telefongesprächen dem Kunden keinerlei Nachteile daraus entstehen dürfen, wenn ein WpDU eine Aufzeichnung nicht korrekt anfertigt oder eine Aufzeichnung sogar gänzlich unterlasst. Dass dies bei einer vertraglichen Haftung nach § 280 BGB auf nationaler Ebene und auf zivilrechtlichem Wege außerhalb der formalen (aufsichtsrechtlichen) Geltung der MiFID II geschieht, stellt keinen Widerspruch dar.

Denn wie bereits erläutert, setzt die MiFID II stillschweigend ein mitgliedstaatliches Vertragsrecht als Auffangrechtsordnung für diejenigen Punkte voraus, welche nicht durch verwaltungsrechtliche Maßnahmen geregelt werden.[630] Zwar ist der Verstoß gegen die in Rede stehenden Pflichten nach § 120 Abs. 8 Nr. 41 und Nr. 124 WpHG mit einem Bußgeld bedroht.[631] Dieses schützt den einzelnen Anleger allerdings nicht vor individuellen Vermögensverlusten durch einen Dokumentationsfehler. Ein solcher Schutz ist nur durch eine zivilrechtliche Ausgleichsmöglichkeit erreichbar, und ebendiese wird durch eine Inkorporation der Dokumentationspflicht in den Beratungsvertrag in Verbindung mit der

629 Siehe Erwägungsgrund Nr. (57) und Art. 16 Abs. 7 UAbs. 7 MiFID II.

630 Siehe oben unter Kapitel 2. B. II. 2. c. aa; *Freitag*, ZBB 2016, 1, 10; *Veil/Lerch*, WM 2012, 1605, 1610ff.; *Veil*, ZBB 2008, 34, 41f.

631 Ausgenommen von einem Bußgeld ist allerdings unverständlicherweise ein Verstoß gegen die Aufzeichnungspflicht aus § 83 Abs. 6 WpHG.

Haftung über § 280 BGB ermöglicht. Die Pflichten aus § 64 Abs. 4 WpHG und § 83 Abs. 3 und 6 WpHG erlangen daher über den Einbezug in den Beratungsvertrag zivilrechtliche Geltung zwischen den Parteien.

C. Art und Umfang der Dokumentation

I. Zivil- und aufsichtsrechtlich zu dokumentierende Inhalte

1. Geeignetheitserklärung, § 64 Abs. 4 WpHG

Nach § 64 Abs. 4 WpHG ist die erbrachte Beratung zu nennen sowie zu erläutern, wie sie auf die Präferenzen, Anlageziele und die sonstigen Merkmale des Privatkunden abgestimmt wurde. Die Geeignetheitserklärung ist demnach nur bei Privatkunden anzufertigen und auszuhändigen.[632] Art. 54 Abs. 12 MiFID II-DVO wird von § 64 Abs. 4 WpHG in Bezug genommen und präzisiert die Dokumentationsanforderungen dahingehend, dass die Geeignetheitserklärung einen Überblick über die erteilten Ratschläge geben muss und Angaben dahin gehend enthalten muss, inwiefern die abgegebene Empfehlung zum betreffenden Kleinanleger passt. Dies beinhaltet auch Informationen darüber, inwieweit die Empfehlung den Zielen und persönlichen Umständen des Kunden hinsichtlich der erforderlichen Anlagedauer, der Kenntnisse und Erfahrungen des Kunden sowie seiner Risikobereitschaft und Verlusttragfähigkeit gerecht wird. Außerdem muss das WpDU dem Kunden mitteilen, ob die empfohlenen Finanzprodukte oder Dienstleistungen es erforderlich machen, dass der Kleinanleger deren Bestimmungen regelmäßig überprüfen lässt. Die Erstellung einer inhaltlich korrekten Geeignetheitserklärung gestaltet sich damit nach aufsichtsrechtlichen Vorgaben wie folgt.[633] Zunächst müssen die persönlichen Umstände des Kunden erfasst werden: Dazu gehören vor allem die Informationen nach § 64 Abs. 3 WpHG und Art. 54 Abs. 12 MiFID II-DVO, namentlich die Kenntnisse und Erfahrungen des Kunden im Hinblick auf bestimmte Arten von Finanzprodukten, dessen finanzielle Verhältnisse, insbesondere die Fähigkeit, Verluste zu tragen, sowie seine Anlageziele, vor allem dessen Risikotoleranz und den beabsichtigten Anlagezeitraum. Im Übrigen müssen individuelle Wünsche des Kunden erfasst und dokumentiert werden, etwa dass nur besonders ethische oder auf Nachhaltigkeit ausgerichtete Anlagen empfohlen werden sollen.[634] In der Folge müssen die empfohlenen Anlagen aufgelistet werden. Im Anschluss muss schriftlich erläutert werden, wie die empfohlenen Anlagen zu dem Profil des Anlegers passen. Eine Dokumentation des Beratungsgesprächs selbst ist ebenfalls Teil der Geeignetheitserklärung.[635] Die oben genannten Anforderungen an die Geeignetheitserklärung gelten ausweislich des Art. 12 Nr. 1 Unterabs. 2 MiFID II-DVO auch bei automatisiert erstellten Anlageempfehlungen (sog. „Robo-Advice").[636]

---

[632] *Balzer,* ZBB 2016, 226, 235.

[633] Siehe bereits oben Kapitel 2. B. IV. 2. b. aa. (2), vgl. im Übrigen die Darstellung von *Knippschild/Isik* in Temporale, Europ. Finanzmarktregulierung, S. 105.

[634] **A.A.** wohl *Roth/Blessing,* CCZ 2016, 258, 264.

[635] Siehe oben Kapitel 2. B. IV. 2. b. aa. (2).

[636] *Roth/Blessing,* CCZ 2016, 258, 265.

Da sämtliche in der Geeignetheitserklärung dokumentierten Aspekte auch der Information und Beweissicherung des Anlegers dienen,[637] ist einleuchtend, dass der Anleger ein Interesse an deren Einhaltung besitzt und daher davon ausgeht, dass das WpDU diese in § 64 Abs. 4 WpHG statuierten Pflichten auch einhält. Festzuhalten ist daher, dass alle in § 64 Abs. 4 WpHG (und über die Verweisung auch in Art. 54 Nr. 12 MiFID II-DVO) festgelegten Pflichten auch im Verhältnis zwischen dem WpDU und dem Anleger gelten.

2. Aufzeichnungspflicht nach § 83 Abs. 3 WpHG

§ 83 Abs. 3 Satz 1 WpHG schreibt vor, dass die Inhalte der Telefongespräche und der elektronischen Kommunikation aufzuzeichnen sind, soweit diese sich auf Geschäfte beziehen, die für eigene Rechnung des WpDU vorgenommen werden, oder auf Dienstleistungen, die die Annahme, Übermittlung und Ausführungen von Kundeaufträgen zum Gegenstand haben. Im Unterschied zu § 64 Abs. 4 WpHG gilt § 83 Abs. 3 WpHG nicht nur für Privatkunden, sondern für alle Kunden.

Zunächst scheint es bei Betrachtung des Wortlautes, der lediglich die Aufzeichnung bei Annahme, Übermittlung und Ausführung der Kundenaufträge anordnet, so, als ob das Beratungsgespräch nicht von der Aufzeichnungspflicht umfasst sei.

Auch nach den europäischen Vorgaben ist die Aufzeichnung des Beratungsgesprächs zunächst nicht zwingend. Art. 16 Abs. 7 MiFID II nennt die Anlageberatung nicht explizit, so dass eine Aufzeichnungspflicht jedenfalls nicht unmittelbar besteht.[638] Auch nach Art. 16 Abs. 7 MiFID II besteht lediglich die Pflicht, Telefongespräche in Bezug auf die Erbringung von Dienstleistungen, die sich auf die Annahme, Übermittlung und Ausführung von Kundenaufträgen beziehen, aufzuzeichnen. In der Praxis wird ein Beratungsgespräch in der Regel allerdings gerade mit dem Ziel geführt, dass eine Annahme, Übermittlung oder Ausführung einer Kundenorder auf das Gespräch folgt, so dass eine Aufzeichnungspflicht für das Gespräch wohl allein deshalb zu bejahen ist.[639] Auch die ESMA weist darauf hin, dass zwar die Anlageberatung selbst nicht von Art. 16 Abs. 7 MiFID II erfasst wird, allerdings eine Aufzeichnung immer dann erforderlich wird, wenn das Resultat eines persönlichen Gesprächs die Annahme, Weiterleitung oder Übermittlung einer Kundenorder sein kann.[640] De facto besteht damit von europäischer Seite stets eine Aufzeichnungspflicht für das telefonische und elektronische Anlageberatungsgespräch.

---

[637] Siehe oben Kapitel 2. B. IV. 2. b. aa. (2).

[638] *Balzer,* ZBB 2016, 226, 236; *Teuber/Schröer* in Büter/Schröer, Rn. 308.

[639] *Teuber/Schröer* in Büter/Schröer, Rn. 308.

[640] ESMA Final Report, S. 41 (Nr. 6).

§ 83 Abs. 3 Satz 2 WpHG konkretisiert die nationalrechtliche Aufzeichnungspflicht nach § 83 Abs. 3 Satz 1 WpHG ebenfalls dahingehend, dass insbesondere diejenigen Teile der telefonischen und elektronischen Kommunikation aufzuzeichnen sind, in welchen Risiken, Ertragschancen oder die Ausgestaltung von Finanzinstrumenten oder Finanzdienstleistungen erörtert werden. Dies gilt auch, wenn das Telefongespräch oder die elektronische Kommunikation nicht zum Abschluss eines solchen Geschäftes oder einer solchen Dienstleistung führt. Damit ist klar, dass das Beratungsgespräch von der Aufzeichnungspflicht erfasst sein soll. Die Gesetzgebungsmaterialien sprechen sich dafür aus, dass das. Das Beratungsgespräch eine erhebliche Bedeutung für die Beweissicherung besitzt.[641] Gerade die Teile des Gespräches, in denen der Anleger über die Risiken, die Risikoklasse des Finanzinstruments, die Ertragschancen oder die Ausgestaltung von Finanzinstrumenten, Wertpapierdienstleistungen oder strukturierten Einlagen beraten wird, seien daher auf jeden Fall aufzuzeichnen.[642]

Der Kunde wird regelmäßig davon ausgehen, dass das WpDU die Pflichten nach § 83 Abs. 3 WpHG auch einhält und diese Annahme bei Vertragsschluss mit dem WpDU seiner Erklärung zugrunde legen. Insgesamt kann daher davon ausgegangen werden, dass sämtliche Aufzeichnungen, die die Geschäfte des Kunden betreffen und insbesondere die Kommunikation mit diesem, auch zivilrechtlich zu dokumentieren sind.

3. Dokumentationspflicht nach § 83 Abs. 6 WpHG

Wird der Auftrag des Kunden in einem persönlichen Gespräch erteilt, so hat das WpDU dies nach § 83 Abs. 6 Satz 1 WpHG auf einem dauerhaften Datenträger zu dokumentieren. Auch diese Pflicht erfasst alle Arten von Kunden und nicht nur Privatanleger. Satz 2 weist darauf hin, dass zum Zweck der Dokumentation auch schriftliche Protokolle oder Vermerke angefertigt werden „dürfen". Für Einzelheiten in Bezug auf die Aufzeichnungen wird auf Art. 76 Abs. 9 MiFID II-DVO verwiesen. Demnach sind Datum und Uhrzeit der Besprechungen, Ort der Besprechungen, persönliche Angaben der Anwesenden, Initiator der Besprechungen und wichtige Informationen über den Kundenauftrag, wie u. a. Preis, Umfang, Auftragsart und Zeitpunkt der vorzunehmenden Weiterleitung bzw. Ausführung aufzuzeichnen.

[641] BT-Drucks. 18/10936, S. 243f.

[642] BT-Drucks. 18/10936, S. 243f.

Grundsätzlich erfasst § 83 Abs. 6 WpHG auch vorbereitende Gespräche, wie die Anlegeberatung.[643] Auffällig ist allerdings, dass die nach § 83 Abs. 6 WpHG zu dokumentierenden Inhalte, jedenfalls nach dem Wortlaut der Vorschrift, weit hinter denen der Telefonaufzeichnungen nach § 83 Abs. 3 WpHG zurückbleiben. Vor allem ist nach § 83 Abs. 3 WpHG das Beratungsgespräch aufzuzeichnen, während die Anfertigung eines Gesprächsprotokolls nach § 83 Abs. 6 WpHG scheinbar in das Belieben des WpDU gestellt wird. Sowohl Art. 16 Abs. 7 UAbs. 7 MiFID II wie auch § 83 Abs. 6 WpHG bestimmen lediglich, dass der Inhalt persönlicher Gespräche durch schriftliche Protokolle oder Vermerke aufgezeichnet werden „darf". Ob der Hintergrund der europarechtlichen Formulierung sein sollte, dass den Mitgliedstaaten ein Ermessen in Bezug auf die Umsetzung zustehen sollte oder aber die WpDU ein Ermessen in Bezug auf die zu dokumentierenden Tatsachen besitzen sollten, ist unklar. Der deutsche Gesetzgeber hat bei der Umsetzung der Richtlinie diese Formulierung jedenfalls übernommen und damit de lege lata dem jeweiligen WpDU ein Ermessen bei der Erfüllung der Aufzeichnungspflicht eingeräumt.

Fraglich ist allerdings, wie der Ermessensspielraum nach dem Sinn der Vorschrift ausgestaltet sein soll: So könnte man annehmen, dass die Norm bereits die Anfertigung der Aufzeichnung eines persönliches Gespräches in das Ermessen des WpDU stellt. Damit wäre es für das WpDU möglich, auf eine Aufzeichnung des Beratungsgespräches zu verzichten. Dagegen spricht allerdings, dass nach Art. 76 Abs. 9 MiFID II-DVO alle relevanten Informationen in Bezug auf maßgebliche persönliche Kundengespräche aufzuzeichnen sind. Darunter fallen nach Art. 76 Abs. 9 lit. c) MiFID II-DVO auch persönliche Angaben der Anwesenden, womit wohl die in einem Beratungsgespräch geäußerten Kundenwünsche und Empfehlungen gemeint sind. Darüber hinaus würde eine Nichtaufzeichnung des Beratungsgespräches im Rahmen von § 83 Abs. 6 WpHG einen systematischen Bruch bedeuten. Während das Beratungsgespräch bei telefonischen Aufträgen nach § 83 Abs. 3 WpHG dokumentiert werden müsste, wäre dies bei einem persönlichen Auftrag nach § 83 Abs. 6 WpHG nicht erforderlich. Nach Art. 16 Abs. 7 UAbs. 7 MiFID II und Erwägungsgrund (57) MiFID II sollen aber persönliche und auf anderen Kommunikationswegen erteilte Aufträge solchen gleichstehen, die telefonisch erteilt wurden. Daher ist davon auszugehen, dass das Schutzniveau des betreffenden Anlegers in beiden Fällen gleich hoch sein sollte. Dies ist nur dann der Fall, wenn das Beratungsgespräch bei einem persönlichen Geschäftsabschluss aufgezeichnet werden muss. Dass im Rahmen von § 83 Abs. 6 WpHG auf die Aufzeichnung des Beratungsgespräches ganz verzichtet werden kann, ist daher nicht anzunehmen.

643 ESMA 35-43-349 v. 04.04.2017 Questions and Answers on MiFID II and MiFIR investor protection topics, Section 2 Answer 8: „These conversations may include conversations in the context of the provision of investment advice, if that advice results or may result in the provision of the services of reception, transmission and execution of client orders."; *Sajnovits* in Assmann/Schneider/Mülbert, § 83 WpHG Rn. 23.

Vielmehr ist davon auszugehen, dass auf europarechtlicher Ebene mit Art. 16 Abs. 7 UAbs. 7 MiFID II ein Sonderfall der telefonischen Aufzeichnungspflicht nach Art. 16 Abs. 7 Abs. 1 MiFID II normiert werden sollte und deshalb solche Aufträge, die nicht telefonisch erteilt wurden, ebenfalls aufgezeichnet werden sollen, dies aber nicht zwingend per Tonbandmitschnitt geschehen muss, sondern auch auf anderem Wege geschehen kann, namentlich durch ein Protokoll oder einen Vermerk.

§ 83 Abs. 6 Satz 2 WpHG ist daher ebenfalls so zu lesen, dass er ein „Minus" im Gegensatz zum Standard, der Tonbandaufzeichnung, ermöglicht und nicht etwa dem WpDU die Wahl lässt, persönliche Gespräche zu dokumentieren oder dies zu unterlassen.[644] Sowohl nach europarechtlichen wie auch nach nationalrechtlichen Vorgaben ist damit das Beratungsgespräch aufzuzeichnen.[645] Die Pflicht zur Aufzeichnung persönlicher Gespräche kann daher einerseits durch einen Audio-Mitschnitt des jeweiligen Gesprächs erfüllt werden, alternativ verbleibt dem WpDU aber auch die Möglichkeit, ein Protokoll bzw. einen Vermerk über das Gespräch oder den Auftrag anzufertigen.[646]

Da sämtliche der nach § 83 Abs. 6 WpHG aufzuzeichnenden Informationen die Platzierung von Aufträgen des Kunden betreffen, können auch jegliche dieser Informationen in einem späteren Prozess relevant werden. Unter diesen Umständen kann angenommen werden, dass ein Anleger ein Interesse daran hat und davon ausgeht, dass das WpDU diese Pflichten einhält und daher diese Annahme auch einem Beratungsvertrag zugrunde legt. Insgesamt sind daher sämtliche Pflichten aus § 83 Abs. 6 WpHG auch auf zivilrechtlicher Ebene zwischen den Parteien wirksam.

4. Konkurrenz von § 64 Abs. 4 WpHG und § 83 Abs. 6 WpHG

Teilweise wird bemängelt, dass es durch die Kombination von Aufzeichnungspflichten nach § 64 Abs. 4 WpHG und § 83 Abs. 6 WpHG zu einer Doppelung von Aufzeichnungen kommt, ohne dass dies aus aufsichtsrechtlicher Sicht notwendig sei.[647] Wegen des für die WpDU entstehenden Mehraufwands wird daher dafür plädiert, bei der Anlageberatung von Privatkunden alternativ eine Geeignetheitserklärung oder ein Gesprächsprotokoll anzufertigen.[648] Auch falls man diesem Vorstoß

---

644 Im Ergebnis ebenso *Sajnovits* in Assmann/Schneider/Mülbert, § 83 WpHG Rn. 23f.; *Balzer,* ZBB 2016, 226, 236.

645 *Büter/Schröer* in Teuber/Schröer, Rn. 310.

646 Für eine Verpflichtung zur Tonbandaufzeichnung auch bei persönlichen Gesprächen de lege ferenda *DAV Bank- und Kapitalmarktrechtsausschuss/DAV-Handelsrechtsausschuss,* NZG 2016, 1301, 1306.

647 *Balzer,* ZBB 2016, 226, 236; *Roth/Blessing,* CCZ 2017, 8, 15f.

648 *Roth/Blessing,* CCZ 2017, 8, 15f.

folgen möchte, so könnte dies jedenfalls nur für den Kreis der Privatkunden gelten, nur hier könnten sich Doppelungen zwischen der Geeignetheitserklärung und einem Beratungsprotokoll ergeben.[649]

Dagegen spricht allerdings, dass sowohl die Aufzeichnung der Geeignetheitserklärung wie auch die Aufzeichnung des Beratungsgespräches unabhängig voneinander aufsichtsrechtlich vorgeschrieben sind. Dies ist auch notwendig, denn das Beratungsprotokoll und die Geeignetheitserklärung haben in der Regel nicht denselben Inhalt.[650] Während das Beratungsprotokoll nur das Gespräch wiedergibt, welches unter Umständen sehr kurz gewesen sein kann, beinhaltet die Geeignetheitserklärung darüber hinaus eine schriftliche Begründung, warum das angebotene Produkt für den jeweiligen Kunden geeignet ist. Zweck der Aufzeichnung der Geeignetheitserklärung ist die Überprüfbarkeit der Einhaltung der Pflicht zur Erstellung und Aushändigung dieser Erklärung aus § 64 Abs. 4 WpHG. Es handelt sich also um die Überprüfbarkeit einer eigenen Wohlverhaltenspflicht. Zweck der Anfertigung des Beratungsprotokolls hingegen ist die Überprüfbarkeit der Wahrung sämtlicher Informationspflichten im Rahmen der Anlageberatung. Billigte man dem WpDU daher das Recht zu, alternativ eine Geeignetheitserklärung oder ein Beratungsprotokoll zu erstellen, so könnte das WpDU wahlweise auf die Überprüfbarkeit der Informationspflichten oder aber die Erfüllung einer Wohlverhaltenspflicht verzichten. Dieses Ergebnis kann offensichtlich nicht gewollt sein. Die Pflichten aus § 64 Abs. 4 WpHG und § 83 WpHG sind daher unabhängig voneinander zu erfüllen, ein Verzicht seitens des WpDU bei möglichen Doppelungen ist nicht möglich.[651]

II. Form und Zeitpunkt der Aufzeichnung

1. Dauerhafter Datenträger und Tonbandaufzeichnungen

§ 64 Abs. 4 WpHG schreibt die Aufzeichnung auf einem dauerhaften Datenträger vor. § 83 Abs. 6 WpHG schreibt vor, dass eine Auftragsplatzierung des Kunden jedenfalls über einen dauerhaften Datenträger erfolgen muss. Bezüglich der Protokolle und Vermerke eines persönlichen Gespräches ist nach dem Wortlaut der Norm lediglich eine schriftliche Aufzeichnung erforderlich. Art. 76 Abs. 9 MiFID II-DVO stellt klar, dass die WpDU alle relevanten Informationen in Bezug auf maßgebliche persönliche Kundengespräche „auf einem dauerhaften Datenträger" aufzuzeichnen haben. Insofern ist festzustellen, dass sämtliche Aufzeichnungen nach § 64 Abs. 4 WpHG und § 83 Abs. 3 und 6 WpHG auf einem dauerhaften Datenträger vorliegen müssen. In § 2 Abs. 43 WpHG ist der Begriff legal definiert. § 2 Abs. 43 WpHG enthält außerdem einen Verweis auf Art. 3 MiFID II-DVO.

---

[649] *Büter/Schröer* in Teuber/Schröer, Rn. 312ff.

[650] Siehe oben Kapitel 2. B. IV. 2. b. aa. (2); *DAV Bank- und Kapitalmarktrechtsausschuss/DAV-Handelsrechtsausschuss*, NZG 2016, 1301, 1306.

[651] So im Ergebnis für § 83 Abs. 3 WpHG ebenfalls *Fett* in Schwark/Zimmer, 5. Aufl. 2020, § 83 WpHG Rn. 27.

Demnach ist bei der Bereitstellung von Informationen grundsätzlich Papier zu verwenden, es sei denn dass die Aushändigung auf einem anderen Medium den Rahmenbedingungen des Geschäfts angemessen ist und sich der Kunde darüber hinaus ausdrücklich für eine Zurverfügungstellung auf einem anderen Medium entschieden hat.

Im Rahmen von § 83 Abs. 3 und 6 WpHG ist zwar keine explizite Form vorgesehen, allerdings ist die Audio-Aufzeichnung (sog. „Taping") nur auf einem Tonband oder als Audio-Datei möglich. Art. 76 Abs. 10 MiFID II-DVO stellt klar, dass die Aufzeichnungen „auf einem dauerhaften Datenträger gespeichert" werden, „so dass sie erneut abgespielt oder kopiert werden können". In der Praxis wird es sich in der Regel wohl um Audio-Dateien handeln, die auf einem Server oder einer Festplatte gespeichert werden.

2. Manipulationssicherheit

Nach § 83 Abs. 9 WpHG sind die Aufzeichnungen nach § 83 Abs. 3 und Abs. 6 WpHG gegen nachträgliche Verfälschung zu sichern, mit anderen Worten manipulationssicher zu gestalten. Auch Art. 76 Abs. 10 MiFID II-DVO ordnet an, dass die Aufzeichnungen „in einem Format aufbewahrt werden [müssen], durch das die Originalaufzeichnung weder verändert noch gelöscht werden kann." Auch § 9 Abs. 2 S. 2 WpDVerOV ordnet an, dass das WpDU sicherstellen muss, dass jede nachträgliche Änderung einer Aufzeichnung und der Zustand vor der Änderung deutlich erkennbar und die Aufzeichnungen vor sachlich nicht gebotenen Änderungen geschützt sind. Für die Geeignetheitserklärung besteht keine Verpflichtung zu einer manipulationssicheren Aufbewahrung. Dies ist allerdings verständlich, da mit deren Aushändigung der Anleger selbst über eine Ausfertigung des Originaldokuments verfügt und eine Manipulation seitens des WpDU durch Vergleich der beiden Versionen leicht aufzudecken wäre.

3. Zeitpunkt

Die Geeignetheitserklärung muss dem Kunden nach § 64 Abs. 4 S. 1 WpHG grundsätzlich vor Ausführung des Geschäfts ausgehändigt werden. § 64 Abs. 4 S. 4 WpHG sieht allerdings eine Ausnahme für den Fall vor, dass das Geschäft über ein Fernkommunikationsmittel geschlossen wird, das die vorherige Übermittlung der Geeignetheitserklärung an den Kunden nicht erlaubt, der Kunde der Übermittlung nach Geschäftsschluss zugestimmt hat und das WpDU dem Kunden explizit angeboten hat, die Ausführung des Geschäfts zu verschieben, damit der Kunde die Möglichkeit hat, die Geeignetheitserklärung zuvor zu erhalten.

Die Aufzeichnungen nach § 83 Abs. 3 WpHG können nur während des entsprechenden Telefonats stattfinden. Für die Dokumentation nach § 83 Abs. 6 WpHG ist kein expliziter Zeitpunkt normiert.

Allerdings ist unter dem Aspekt der Beweissicherung, welcher von § 83 Abs. 6 WpHG bezweckt wird, davon auszugehen, dass die Dokumentation noch relativ zeitnah zum vorgenommenen Geschäft oder ausgeführten Dienstleistung stattfinden muss. Ein Zeitraum von 24 Stunden nach dem jeweiligen dokumentationsbedürftigen Ereignis erscheint indes angemessen.

D. Zusammenfassung der Ergebnisse in Thesen

1. Die Wohlverhaltenspflichten nach §§ 63ff. WpHG sind öffentlich-rechtlicher Natur. Eine „Doppelnatur“ der Vorschriften oder gar eine rein zivilrechtliche Rechtsnatur – wie es teilweise in der Literatur vertreten wird – ist vor allem mit Blick auf die den Regelungen zugrunde liegende MiFID II-Richtlinie, die ausschließlich öffentliches Recht setzen wollte und die vom nationalen Gesetzgeber intendierte 1:1-Umsetzung in nationales Recht, abzulehnen.

2. Eine „Ausstrahlungswirkung“ der aufsichtsrechtlichen Wohlverhaltenspflichten auf das Zivilrecht, wie sie vom BGH lange vertreten wurde, ist abzulehnen

3. Den Erklärungen des Anlegers und des WpDU beim Abschluss des Beratungsvertrags im Wege der Auslegung nach §§ 133, 157 BGB zu entnehmen, dass die Parteien grundsätzlich davon ausgehen, dass das WpDU die ihm obliegenden aufsichtsrechtlichen Pflichten einhält. Dies jedoch mit der Einschränkung, dass nach dem Willen des Anlegers in der Regel für diesen nur von Bedeutung ist, ob das WpDU sich an diejenigen aufsichtsrechtlichen Pflichten hält, die die Beziehung zwischen WpDU und Anleger ausgestalten oder zumindest einen Individualschutz zugunsten des Anlegers bezwecken, wie dies jedenfalls bei Informations-, Leistungs- und Herausgabepflichten der Fall ist. Die Einhaltung dieser Pflichten ist daher auch zivilrechtlich aus dem Beratungsvertrag geschuldet.

4. Die Wohlverhaltenspflichten sind nicht als Schutzgesetze i.S.d. § 823 Abs. 2 BGB zu qualifizieren.

5. Die Organisationspflichten der WpDU sind, ebenso wie die Wohlverhaltenspflichten, unter Verweis auf die MiFID II und deren 1:1-Umsetzung durch den nationalen Gesetzgeber, als rein öffentlich-rechtliche Regelungen einzuordnen.

6. Die Pflicht zur Erstellung und Aushändigung einer Geeignetheitserklärung nach § 64 Abs. 4 WpHG ist ausschließlich öffentlich-rechtlicher Natur. .

7. Die Dokumentationspflichten nach § 83 Abs. 1 und 2 WpHG sind – wie bereits ihre Vorgängernormen § 34 Abs. 1 und 2 WpHG a.F. – ausschließlich öffentlich-rechtlicher Natur. Die Pflicht zur Aufzeichnung von Telefongesprächen nach § 83 Abs. 3 WpHG ist, trotz eindeutig bezwecktem Individualschutz des Anlegers, mit Verweis auf den expliziten Willen des Gesetzgebers als aufsichtsrechtlich und damit als öffentlich-rechtlich zu qualifizieren. § 83 Abs. 6 WpHGist aus demselben Grund, trotz des individualschützenden Zwecks der Beweissicherung, als rein öffentlich-rechtlich einzuordnen. Bei der in § 83 Abs. 8 WpHG normierten Aufbewahrungspflicht handelt es sich

um eine Fortsetzung der Aufzeichnungspflichten, so dass die Rechtsnatur der Aufbewahrungspflicht der Rechtsnatur der Aufzeichnungspflichten folgt. Die Aufbewahrungspflicht ist daher ebenfalls rein öffentlich-rechtlicher Natur.

8. Die Dokumentationspflichten nach § 83 Abs. 3 und 6 WpHG und die damit gleichlaufende Aufbewahrungspflicht nach § 83 Abs. 8 WpHG, wie auch die Pflicht zur Erstellung und Aushändigung der Geeignetheitserklärung nach § 64 Abs. 4 WpHG, sind wegen ihres individualschützenden Charakters und dem gesteigerten Interesse des Anlegers an der Erfüllung dieser Pflichten, in den Beratungsvertrag zwischen dem Anleger und der beratenden WpDU einbezogen.

9. Bei der Anlageberatung von Privatkunden im persönlichen Gespräch sind sowohl eine Geeignetheitserklärung nach § 64 Abs. 4 WpHG wie auch ein Gesprächsprotokoll nach § 83 Abs. 6 WpHG anzufertigen.

Kapitel 3. HAFTUNGSBEGRÜNDUNG BEI HAFTUNG FÜR DOKUMENTATIONSFEHLER

A. Zivilrechtliche Haftung: Materieller Dokumentationsfehler als Anknüpfungspunkt für Schadensersatzhaftung

I. Materieller und Formeller Dokumentationsfehlerbegriff

Zur Untersuchung der Haftung des Arztes und des WpDU wegen eines Dokumentationsfehlers, ist zunächst eine Definition des Begriffs des Dokumentationsfehlers notwendig. Unter den Dokumentationsfehlerbegriff, wie er Grundlage der vorliegenden Arbeit ist, ist zunächst jede Art der Verletzung einer Aufzeichnungs- und Aufbewahrungspflicht zu fassen. Ob eine solche vorliegt, hängt selbstverständlich von der Ausprägung der zugrunde liegenden Pflicht ab. Sowohl die ärztliche, als auch die kapitalanlagerechtliche Dokumentationspflicht stellen diverse Anforderungen hinsichtlich ihres Inhalts wie auch ihrer Form auf. Inhaltlich muss die jeweilige Dokumentation jedoch stets vollständig und richtig sein, mithin *materiell* richtig sein.[652] In formeller Hinsicht muss die Aufzeichnung auf einem dauerhaften Medium stattfinden, manipulationssicher sein und innerhalb eines gewissen zeitlichen Abstands zum dokumentationspflichtigen Ereignis stattfinden, also *formell* richtig sein. Es erscheint sinnvoll, auch bei der Haftung für den Dokumentationsfehler zwischen Verstößen gegen formelle und materielle Aspekte der Dokumentationspflicht zu differenzieren, da sich sowohl die tatsächlichen Folgen wie auch die Rechtsfolgen unterscheiden, je nachdem ob eine formell oder materiell unrichtige Dokumentation vorliegt.

II. Schadensersatzhaftung ausschließlich als Folge materiell unrichtiger Dokumentation

Während Schadensersatz als Rechtsfolge für eine materielle Unrichtigkeit der Dokumentation aufgrund ihrer Funktion als Informations- und Entscheidungsgrundlage bzw. Beweismittel grundsätzlich denkbar erscheint, ist dies als Konsequenz für eine nur formell unrichtige Dokumentation schwerlich vorstellbar. Dies sei an folgenden Beispielen illustriert. Falls ein Arzt aufgrund einer inhaltlich falschen Dokumentation eine mutmaßlich richtige, aber objektiv falsche Behandlungsmaßnahme vornimmt, so entsteht aufgrund der materiell unrichtigen Dokumentation beim Patienten ein Schaden.[653] Ein vergleichbarer Fall liegt vor, falls ein WpDU einem Kunden eine unrichtige Geeignetheitserklärung aushändigt, welche ein Produkt für ihn als geeignet ausweist, obwohl dies in Wirklichkeit nicht der Fall

---

[652] Entgegen *Veldhoff*, Die Haftung von Kreditinstituten, S. 349f. liegt daher bei der Dokumentation eines WpDU von nicht miteinander in Einklang zu bringenden Kundenvorstellungen kein Fall der Dokumentationspflichtverletzung vor, sondern ein korrekt dokumentierter Fall unzureichender Beratung, sofern der Kunde nicht auf die Widersprüchlichkeit hingewiesen und dennoch eine Anlageempfehlung ausgesprochen wurde. Ein Unterfall der Unvollständigkeit der Dokumentation stellen liegt hingegen bei der grob übermäßiger Standardisierung vor, vgl. *Klein*, Beratungsprotokollpflicht, S. 430.

[653] Siehe dazu en Detail unten Kapitel 3. C. II. 1.

S. N. Grimm, *Der Dokumentationsfehler im Medizin- und Kapitalanlagerecht*,
Schriften zum Stiftungs- und Gemeinnützigkeitsrecht,
https://doi.org/10.1007/978-3-658-50384-0_4

ist, und der betreffende Anleger – nachdem er die Geeignetheitserklärung als Informationsgrundlage genutzt hat – eine für ihn nicht geeignete Kapitalanlage erwirbt. Der Schaden geht in beiden Fällen auf die inhaltliche Unrichtigkeit der Dokumentation zurück, nicht aber die formelle Unrichtigkeit der Aufzeichnung. Nur schwerlich ist eine Fallkonstellation vorstellbar, in der eine Dokumentation, die nicht manipulationssicher, nicht auf einem dauerhaften Medium, oder zeitlich betrachtet erst in größerem Abstand zur vorgenommenen Behandlung erfolgt ist, allein zu einem nachfolgenden Schaden führt. Denkbar ist natürlich der Fall, in dem ein formeller Dokumentationsfehler zu einer materiellen Unrichtigkeit der Dokumentation führt, welche dann wiederum zu einem Schaden führt. Beispielhaft sei hier der Fall genannt, in dem eine ärztliche Dokumentation nicht manipulationssicher erstellt wurde und diese im Nachgang – möglicherweise auch unbeabsichtigt – verändert wird, und dann die Grundlage für eine Behandlung bildet, welche tatsächlich nicht angezeigt gewesen wäre und was bei ordnungsgemäßer Aufzeichnung auch erkennbar gewesen wäre. Ursache des nachfolgenden Schadens ist in diesem Fall aber bei Lichte betrachtet die materielle Unrichtigkeit der Dokumentation. Folge einer formell unrichtigen Dokumentation ist lediglich die Gefahr, dass diese darüber hinaus auch materiell unrichtig wird und dies letztlich zu einem Schaden führt. Sollte die durch die formell unrichtige Dokumentation geschaffene „Gefährdungslage" für die festgehaltenen Informationen aber tatsächlich in einen Informationsverlust umschlagen, so liegt ein Fall der materiellen Unrichtigkeit der Dokumentation vor. Erst wenn sich die durch die formelle Unrichtigkeit der Dokumentation gesetzte Gefahr auch tatsächlich verwirklicht hat, besteht mit der materiellen Unrichtigkeit der Aufzeichnungen auch eine mögliche Ursache für eine weitergehende Haftung. In diesem Fall gründet aber eine Haftung für den Dokumentationsfehler ausschließlich auf dieser materiellen Unrichtigkeit. Geht die formelle Unrichtigkeit ohne Dazwischentreten anderer Akteure in eine materielle Unrichtigkeit der Dokumentation über, so z.B. bei Verwendung von sog. Thermopapier, welches besonders zu Verblassen neigt,[654] so muss der Arzt sich ebenfalls einen materiellen Dokumentationsfehler vorwerfen lassen. Dagegen wird eine Haftung eines formell falsch dokumentierenden Arztes oder WpDU grundsätzlich zu verneinen sein, falls die materielle Unrichtigkeit der Dokumentation erst durch das Aktivwerden eines Dritten eingetreten ist, denn in diesem Fall liegt eine Unterbrechung der ursprünglichen Kausalität durch Schaffung einer neuen Gefahrenquelle vor.[655] Die rein formelle

[654] Vgl. OLG Frankfurt v. 08.02.2005 – 8 U 163/04 = BeckRS 2014, 00378.

[655] So sei beispielsweise an den Fall gedacht, in dem ein Arzt eine Dokumentation nicht manipulationssicher erstellt, ein Dritter diese im Nachhinein verfälscht und durch die Verwendung der inhaltlich falschen Dokumentation ein Schaden entsteht. Richtigerweise wird in diesem Fall wohl anzunehmen sein, dass der Dritte in diesem Fall eine neue Gefahrenquelle schafft, welche eine Unterbrechung des Kausalzusammenhangs begründet. Zwar sind grundsätzlich alle Schäden dem Erstschädiger zuzurechnen, die auf der vom Erstschädiger geschaffen Gefährdungslage beruhen, vgl. BGH v. 28.01.1992 -

Unrichtigkeit ist allerdings, da ihre Konsequenz lediglich eine „Gefährdungslage“ hinsichtlich einer materiellen Unrichtigkeit der Dokumentation begründet, mangels eines bezifferbaren Vermögensschadens, nicht über einen Schadensersatzanspruch kompensierbar.[656] Die in diesem Kapitel folgenden Ausführungen betreffen daher ausschließlich den Fall des materiellen Dokumentationsfehlers, bei dem die Dokumentation inhaltliche Defizite aufweist, mithin unvollständig – bis hin zum gänzlichen Nichtbestehen – oder falsch ist.

III. Aufbewahrungspflichtverstoß als materieller Dokumentationsfehler

Nicht notwendig ist darüber hinaus eine Differenzierung danach, ob ein Verstoß gegen eine Dokumentations- oder eine Aufbewahrungspflicht vorliegt. Dies geht bereits aus der Natur der Aufbewahrungspflichten hervor, welche dogmatisch betrachtet eine Fortsetzung der jeweiligen Dokumentationspflicht darstellen. Die Richtigkeit dieser Überlegungen zeigt sich auch daran, dass das tatsächliche Ergebnis der Pflichtverstöße identisch ist. Konsequenz einer unrichtigen Aufzeichnung ist die Unvollständigkeit, Unrichtigkeit oder das Fehlen einer Dokumentation. Auch der Verstoß gegen die Aufbewahrungspflicht führt zu diesem Ergebnis. Falls die Dokumentation oder Teile davon vernichtet werden, so liegt im Endeffekt ebenfalls eine unvollständige oder nicht bestehende Dokumentation vor. Folge der Verletzung beider Pflichten ist demnach die materielle Unrichtigkeit der Dokumentation. Sowohl der Fall der inhaltlich fehlerhaften Aufzeichnung, wie auch einer verfrühten (teilweisen) Vernichtung der Dokumentation sind damit als materieller Dokumentationsfehler zu bewerten. Im Folgenden wird daher konsequenterweise nicht zwischen der Pflicht zur Erstellung und der Pflicht zur Aufbewahrung der Dokumentation unterschieden, vielmehr beanspruchen die Erwägungen zur Haftung wegen eines materiellen Dokumentationsfehlers für beide Formen der Pflichtverletzung Geltung.

VI ZR 129/91 = NJW 1992, 1381ff; Eine Unterbrechung der Kausalität ist allerdings bei Schaffung einer neuen Gefahrenquelle anzunehmen, vgl. *Oetker* in MüKo-BGB, § 249 BGB Rn. 142ff.

[656] Zu den beweisrechtlichen Rechtsfolgen eines formellen Dokumentationsfehlers vgl. Kapitel 4.

B. Vertragliche Haftung des Arztes

I. Verstoß gegen § 630f BGB

1. Dogmatische Einordnung von § 630f BGB: Einführung und Problemdarstellung

Ein Anspruch auf Schadensersatz kann sich vor allem aus §§ 280ff. BGB in Verbindung mit dem Behandlungsvertrag ergeben. Dazu müsste es sich bei der Dokumentationspflicht aus § 630f BGB zunächst um eine schadensersatzbewehrte vertragliche Pflicht handeln. Falls dies zu bejahen ist, so wäre in einem zweiten Schritt zu klären, ob es sich um eine Nebenleistungspflicht – in diesem Fall wäre ein Anspruch aus §§ 280, 281 BGB herzuleiten –, oder aber um eine reine Schutzpflicht handelt, welche entweder über §§ 280 Abs. 1 in Verbindung mit § 241 Abs. 2 BGB oder § 282 BGB einen Schadensersatzanspruch begründet.

Problematisch ist in diesem Zusammenhang, dass die ärztliche Dokumentationspflicht ursprünglich aus dem Berufsrecht des Arztes stammt und erst „nachträglich" Eingang in das Verhältnis zwischen Arzt und Patient gefunden hat. Als Anknüpfungspunkt für eine dogmatische Einordnung der Dokumentationspflicht stand in der Vergangenheit lediglich die höchstrichterliche Rechtsprechung zur Verfügung. Eine genaue dogmatische Einordnung wurde seitens des BGH als „Schöpfer" dieser zivilrechtlichen Pflicht in seinem Grundsatzurteil vom 27.06.1978 allerdings nicht vorgenommen. Dies führte zu einer gewissen Rechtsunsicherheit und damit einhergehend auch zu einer entsprechenden Meinungsvielfalt in der Literatur.[657] Nachfolgend soll der Meinungsstand zur Rechtslage vor und nach Erlass des PatRG – allerdings ohne Anspruch auf Vollständigkeit – kurz dargestellt werden und in einem zweiten Schritt eine dogmatische Einordnung der Dokumentationspflicht durch Auslegung der nunmehr existierenden gesetzlichen Vorschriften erfolgen.

2. Abgrenzung von Obliegenheiten und die Einordnung als, Nebenleistungspflichten oder Schutzpflichten

Sowohl die Frage, wie eine schuldrechtliche Verpflichtung von einer Obliegenheit abzugrenzen ist, wie auch die Frage der Abgrenzung einer Nebenleistungspflicht von einer reinen Schutzpflicht sind bis heute nicht eindeutig geklärt. Klar ist allerdings, dass sich Obliegenheiten von „echten" Vertragspflichten dahingehend unterscheiden, dass ersteren keine verbindliche Wirkung zukommt.[658]

---

[657] Siehe dazu sogleich, Kapitel 3. B. I. 3.

[658] *Olzen* in Staudinger, § 241 BGB Rn. 120; *Ernst* in MüKo-BGB, Einleitung (Einl. SchuldR) vor §§ 241ff. BGB Rn. 14; *Mansel* in Jauernig, § 241 BGB Rn. 13; *Sutschet* in BeckOK-BGB, § 241 BGB Rn. 25; *Martens* in Erman, Einl. § 241 BGB Rn. 19.

So ist die Erfüllung von Obliegenheiten nicht gerichtlich durchsetzbar.[659] Deren Verletzung führt in der Regel nur zu einer Einbuße der Rechte des Verletzers, während bei der Verletzung einer schuldrechtlichen Verpflichtung ein Ausgleichsanspruch entsteht.[660] Wie allerdings die genaue Abgrenzung vorzunehmen ist, ist weiterhin Gegenstand der wissenschaftlichen Diskussion.[661]

Auch bei der Abgrenzung von Nebenleistungspflichten und reinen Schutzpflichten lassen sich lediglich Anhaltspunkte festhalten. Teilweise wird angenommen, dass Nebenleistungspflichten sich durch ihre isolierte Klagbarkeit und damit ihre selbständige Durchsetzbarkeit auszeichnen, während dies bei reinen Schutzpflichten nicht möglich sei.[662] Teilweise wird nach der Zielsetzung der jeweiligen Pflicht unterschieden. Eine Nebenleistungspflicht liege demnach vor, wenn eine Pflicht nicht im Synallagma zur Gegenleistung des Vertragspartners steht, aber dennoch der Wahrung des Äquivalenzinteresses diene.[663] Dies sei vor allem anzunehmen, wenn die Vorbereitung, interessengerechte Durchführung und Sicherung der Vertragszwecke betroffen ist. Teilweise wird auch darauf abgestellt, ob eine Pflicht zeitlich bereits im Zeitpunkt des Vertragsschlusses konkret fixiert war (Nebenleistungspflicht) oder sich erst nachträglich in der konkreten Situation ergeben hat (Schutzpflicht).[664]

Die Frage nach den „richtigen" Abgrenzungskriterien kann und soll vorliegend allerdings auch nicht beantwortet werden. Vielmehr sollen die verschiedenen Kriterien im Rahmen der Auslegung von § 630f BGB Beachtung finden und so zur Lösung der Frage beitragen, welchen dogmatischen Charakter § 630f BGB besitzt.

---

[659] *Olzen* in Staudinger, § 241 BGB Rn. 123; *Ernst* in MüKo-BGB, Einleitung (Einl. SchuldR) vor §§ 241ff. BGB Rn. 14; *Mansel* in Jauernig, § 241 BGB Rn. 13; *Sutschet* in BeckOK-BGB, § 241 BGB Rn. 25; *Martens* in Erman, Einl. § 241 BGB Rn. 19.

[660] Vgl. Nachweise bei Fn. 659.

[661] Vgl. den Überblick bei *Olzen* in Staudinger, § 241 BGB Rn. 128ff.

[662] Zur Einordnung von § 630f BGB anhand dieses Kriteriums vgl. *Glanzmann* in Bergmann/Pauge/Steinmeyer, § 630f BGB Rn. 2; zur allgemeinen Bedeutung für die Abgrenzung vgl. *Bachmann* in MüKo-BGB, § 241 BGB Rn. 77ff.; *Schulze* in Schulze, BGB, § 241 BGB Rn. 4; *Mansel* in Jauernig, § 241 BGB Rn. 9f.

[663] Zur Einordnung von § 630f BGB vgl. *Rosenberger* in FS Jaeger (2014), 97, 98; *Greiner* in Spickhoff, Medizinrecht, §§ 823-839 BGB Rn. 410; zur allgemeinen Abgrenzung anhand dieses Kriteriums vgl. *Sutschet* in BeckOK-BGB, § 241 BGB Rn. 14; *Martens* in Erman, § 241 BGB Rn. 2; *Krebs* in Dauner-Lieb/Langen, § 241 BGB Rn. 17; *Grüneberg* in Grüneberg, § 241 BGB Rn. 5;*Olzen* in Staudinger, § 241 BGB Rn. 151.

[664] *Weller,* Die Vertragstreue, S. 256f.; in diese Richtung auch *Grigoleit* in FS Canaris (2007), 275, 276 und *Medicus* in FS Canaris (2007), 835, 840.

3. Meinungsstand in Literatur und Rechtsprechung

a. Einordnung vor Erlass des PatRG

Vor Erlass des PatRG wurden zur oben aufgeworfenen Frage teilweise auch exponierte Meinungen vertreten, so z.B. dass den Arzt auch nach der Entscheidung des BGH vom 27.06.1978 keinerlei zivilrechtliche Dokumentationspflichten träfen,[665] oder aber die Dokumentationspflicht eine im Synallagma stehende Hauptleistungspflicht des Arztes sei.[666] Teilweise wurde auch angenommen, die Dokumentationspflicht sei eine reine Obliegenheit.[667] Überwiegend wurde die Dokumentationspflicht des Arztes aber in der Literatur als vertragliche Nebenpflicht klassifiziert.[668] Auch die bislang ergangenen Urteile des BGH sind in diese Richtung zu deuten.[669] Innerhalb der Klassifikation als vertragliche Nebenpflicht gingen die Meinungen in der Literatur jedoch bei der Frage auseinander, ob es sich bei der Aufzeichnungspflicht um eine Nebenleistungspflicht[670] oder aber um eine reine Schutzpflicht[671] handelte. Für die Diskussion kam erschwerend hinzu, dass für die aus dem Schuldverhältnis entspringenden Pflichten keine einheitliche Terminologie herrschte. So wurde teilweise auch unterschieden zwischen „selbständigen“ und „unselbständigen“ Nebenpflichten.[672] Letztlich wird man aber davon ausgehen dürfen, dass diejenigen Autoren, welche eine selbständige Einklagbarkeit der Dokumentationspflicht und damit eine „selbständige Nebenpflicht“ befürworteten, diese heute als Nebenleistungspflicht[673] i.S.d. § 241 Abs. 1 BGB klassifizieren würden, während eine

[665] *Bockelmann* in FS Jescheck (1985), 693, 702ff.

[666] So wohl LG Limburg v. 17.01.1979 - 3 S 244/78 = NJW 1979, 607; auch zur neuen Rechtslage *Spickhoff,* VersR 2013, 267, 271; **a.A.** allerdings, mit guter Begründung, *Dolle,* Dogmatik der Verletzung, S. 89ff.

[667] *Hähnchen,* Obliegenheiten und Nebenpflichten, S. 87f.; *Wendt,* Die ärztliche Dokumentation, S. 308 (die auch eine „Verhaltensanforderung eigener Art“ in Betracht zieht)

[668] *Dunz,* Zur Praxis der zivilrechtlichen Arzthaftung, S. 33; *Franzki/Franzki,* NJW 1975, 2225, 2227; *Daniels,* NJW 1976, 345, 348; *Lenkaitis,* Krankenunterlagen, S. 123f.; *Wasserburg,* NJW 1980, 617, 618; *Hohloch,* NJW 1982, 2577, 2581f.; *Schmid,* NJW 1987, 681, 683; *Rigizahn,* MedR 1995, 391; *Dolle,* Dogmatik der Verletzung, S. 78ff.

[669] So jedenfalls BGH v. 27.06.1978 - VI ZR 183/76 = NJW 1978, 2337ff. und v. 23.11.1982 - VI ZR 222/79 = NJW 1983, 328; in diesem Sinne wohl ebenfalls BGH v. 21.09.1982 - VI ZR 302/80 = NJW 1983, 332.

[670] *Lenkaitis,* Krankenunterlagen, S. 123f.; *Wasserburg,* NJW 1980, 617, 618; *Schmid,* NJW 1987, 681, 683.

[671] *Hohloch,* NJW 1982, 2577, 2581f.; *Schmidt-Beck,* Dokumentationspflichtverletzung, S. 55/56; *Ortner/Geiß,* MedR 1997, 337; *Bartlakowski,* Behandlungsdokumentation, S. 60ff.

[672] *Dolle,* Dogmatik der Verletzung, S. 86; danach unterscheidend z.B. *Bartlakowski,* Behandlungsdokumentation, S. 60ff.; *Wasserburg,* NJW 1980, 617, 618; *Schmidt-Beck,* Dokumentationspflichtverletzung, S. 55/56.

[673] Nebenleistungspflicht ist eine leistungsbezogene Nebenpflicht, welche nicht im Synallagma zur Gegenleistung des Vertragspartners steht, aber dennoch der Wahrung des Äquivalenzinteresses dient, Nebenleistungspflichten betreffen die Vorbereitung, interessengerechte Durchführung und Sicherung der Vertragszwecke, vgl. *Sutschet* in BeckOK-BGB, § 241 BGB Rn. 14; *Martens* in Erman, § 241 BGB Rn. 2; *Krebs* in Dauner-Lieb/Langen, § 241 BGB Rn. 17; *Grüneberg* in Grüneberg, § 241 BGB Rn. 5;*Olzen* in Staudinger, § 241 BGB Rn. 151.

Ablehnung der isolierten Klagbarkeit und damit einhergehend eine Einordnung als „unselbständige Nebenpflicht" für eine Klassifikation als reine Schutzpflicht[674] i.S.d. § 241 Abs. 2 BGB spricht.[675] Die jeweiligen Autoren verknüpften die Einordnung in der Regel damit, ob ein Erfüllungsanspruch in Bezug auf die Dokumentation bestand und dieser selbständig einklagbar sein sollte, was nach heutigem Verständnis in der Unterscheidung zwischen Nebenleistungspflicht und Schutzpflicht zum Ausdruck kommt. Im weiteren Verlauf der vorliegenden Arbeit soll im Interesse einer einheitlichen Terminologie daher allein zwischen Nebenleistungspflichten und Schutzpflichten differenziert werden. Festgehalten werden kann in Bezug auf die ärztliche Dokumentationspflicht jedenfalls, dass diese weit überwiegend als vertragliche Pflicht eingeordnet wurde, wenn auch über die genaue dogmatische Einordnung kein Konsens bestand.

b. Einordnung nach Erlass des PatRG

Mit der Normierung von § 630f BGB wurde diese Ansicht hinsichtlich der Einordnung der ärztliche Dokumentationspflicht als vertragliche Pflicht bestätigt.[676] Ob es sich allerdings um eine Nebenleistungspflicht oder um eine reine Schutzpflicht handelt, ist auch weiterhin nicht abschließend geklärt. Während sich die Mehrheit der Autoren in der Literatur auch zur neuen Rechtslage bei der Frage nach der dogmatischen Einordnung von § 630f BGB nicht eindeutig festlegt und die Dokumentationspflicht oft pauschal als „Nebenpflicht" beschrieben wird,[677] bestehen die bereits vor Erlass des PatRG gebildeten Meinungen fort. Teilweise wird angenommen, die Dokumentationspflicht

---

[674] Schutzpflichten dienen, im Gegensatz zu den Leistungspflichten, der Wahrung des Integritätsinteresses und damit der Erhaltung des Status Quo, vgl. *Sutschet* in BeckOK-BGB, § 241 BGB Rn. 15; *Martens* in Erman, § 241 BGB Rn. 2; *Krebs* in Dauner-Lieb/Langen, § 241 BGB Rn. 51; *Olzen* in Staudinger, § 241 BGB Rn. 153.

[675] *Inhester,* NJW 1995, 685, 688 sieht die Dokumentationspflicht als „unselbständige vertragliche Nebenpflicht" an, „die keinen isoliert einklagbaren Erfüllungsanspruch begründet"; *Bartlakowski,* Behandlungsdokumentation, S. 62 „unselbständige Nebenpflicht aus dem Behandlungsvertrag, die dem Patienten keinen Anspruch auf Erfüllung einer lückenlosen Dokumentation gewährt und daher nicht selbständig einklagbar ist"; die Begriffe „selbständige Nebenpflicht" und „Nebenleistungspflicht" synonym verwendend *Lenkaitis,* Krankenunterlagen, S. 124.

[676] *Franzki,* Der Behandlungsvertrag, S. 147; *Olzen* in Staudinger, § 241 BGB Rn. 197; *Rosenberger* in FS Jaeger (2014), 97, 98; *Greiner* in Spickhoff, Medizinrecht, §§ 823-839 BGB Rn. 410; *Grüneberg* in Grüneberg, § 242 BGB Rn. 29; *Glanzmann* in Bergmann/Pauge/Steinmeyer, § 630f BGB Rn. 2; *Katzenmeier* in BeckOK-BGB § 630f BGB Rn. 2; *ders.* in Laufs/Katzenmeier/Lipp, Arztrecht, Kap. XI Rn. 44f; *Mansel* in Jauernig, § 630f BGB Rn. 1; *Deutsch/Spickhoff,* Medizinrecht, Rn. 894; *Terbille/Feifel* in MünchAnwHdB MedR, § 1 Rn. 845f.; *Walter* in BeckOGK-BGB, § 630f BGB Rn. 1; *Wagner* in MüKo-BGB § 630f BGB Rn. 1f.; *Kern* in Ratzel/Lissel, HdB Medizinschadensrecht, § 6 Rn. 4.

[677] *Katzenmeier* in BeckOK-BGB § 630f BGB Rn. 2; *ders.* in Laufs/Katzenmeier/Lipp, Arztrecht, Kap. XI Rn. 44f; *Mansel* in Jauernig, § 630f BGB Rn. 1; *Deutsch/Spickhoff,* Medizinrecht, Rn. 894; *Terbille/Feifel* in MünchAnwHdB MedR, § 1 Rn. 845; *Walter* in BeckOGK-BGB, § 630f BGB Rn. 1; *Kern* in Ratzel/Lissel, HdB Medizinschadensrecht, § 6 Rn. 4.

sei eine reine Schutzpflicht i.S.d. § 241 Abs. 2 BGB,[678] teilweise wird die Aufzeichnungspflicht als Nebenleistungspflicht eingeordnet.[679]

c. Schadensersatz als mögliche Rechtsfolge bei Verletzung der Dokumentationspflicht

Ein von der Rechtsnatur des § 630f BGB zu unterscheidendes Problem liegt darin, ob eine Verletzung der Dokumentationspflicht letztlich auch zu einem durchsetzbaren Schadensersatzanspruch führt. In der Literatur wurde teilweise bereits früh in Betracht gezogen, Schadensersatzansprüche auf eine Verletzung der Dokumentationspflicht zu stützen. Wegweisend waren dafür die Aufsätze von *Wasserburg*[680] und *Hohloch*[681], deren Ansatz einige Jahre später von *Rigizahn*[682] nochmals aufgegriffen und bestätigt wurde. Andererseits wurde im Schrifttum auch des Öfteren pauschal behauptet, eine Dokumentationspflichtverletzung sei nicht schadensersatzbewehrt.[683] Dabei wurde nicht selten der Eindruck erweckt, dass es sich bei der Dokumentationspflicht selbst um eine Pflicht handelt, deren

---

678 *Glanzmann* in Bergmann/Pauge/Steinmeyer, § 630f BGB Rn. 2; *Kern* in HdB des Medizinschadensrechts, § 6 Rn. 59.

679 *Olzen* in Staudinger, § 241 BGB Rn. 197; *Rosenberger* in FS Jaeger (2014), 97, 98; *Greiner* in Spickhoff, Medizinrecht, §§ 823-839 BGB Rn. 410; *Grüneberg* in Grüneberg, § 242 BGB Rn. 29.

680 *Wasserburg*, NJW 1980, 617ff.

681 *Hohloch*, NJW 1982, 2577ff.

682 *Rigizahn*, MedR 1995, 391ff.

683 Für die alte Rechtslage: *Wendt*, Die ärztliche Dokumentation, S. 308 („bei [...] Verletzung der[...] Dokumentationspflicht [...] für den Patienten unmittelbar keine Schadensersatzansprüche entstehen können") ; *Schmidt-Beck*, Dokumentationspflichtverletzung, S. 122 (ordnet Dokumentationspflichtverletzung als Beweisvereitelung ein und lehnt als deren Rechtsfolge Schadensersatz ab); *Steffen/Dressler*, Arzthaftungsrecht (8.Aufl.), Rn. 464 („kein eigenständiger Anknüpfungspunkt für vertragliche oder deliktische Haftung"); *Hart*, Arzneimitteltherapie und ärztliche Verantwortung, S. 155 („Die Verletzung der Dokumentationspflicht ist nicht schadensersatzbewehrt"); *Laufs*, NJW 1989, 1521, 1527 („Eine unterlassene oder nur lückenhaft vorgenommene Dokumentation bildet keine eigenständige Anspruchsgrundlage"); *Schlund*, MedR 1994, 190, 192 („bildet juristisch keinen eigenen Haftungstatbestand"); für die neue Rechtslage *Jung/Lichtschlag-Traut/Ratzel* in Ratzel/Luxenburger, HdB Medizinrecht, Kap. 14 Rn. 363 („begründet keine eigenständige Anspruchsgrundlage"); *Greiner* in Geiß/Greiner, Arzthaftpflichtrecht, Kap. B. Rn. 206 („weder eine eigenständige Anspruchsgrundlage noch..."); *Kern* in Ratzel/Lissel, HdB Medizinschadensrecht, § 6 Rn. 60 („ Die Verletzung der Dokumentationspflicht führt daher zu keinem Schadensersatzanspruch"); *Glanzmann* in Bergmann/Pauge/Steinmeyer, § 630f BGB Rn. 19 („eigenständige Anspruchsgrundlage ist er nicht selbst"); *Katzenmeier* in BeckOK-BGB, § 630f BGB Rn. 18 („stellt regelmäßig keinen eigenständigen Haftungsgrund dar"); *Wenzel* in HdB des FA MedR, Kap. 4 Rn. 321 („unterlassene oder nur lückenhafte Dokumentation bildet keine eigenständige Anspruchsgrundlage"); *Middendorf* in Bergmann/Pauge/Steinmeyer, § 280 BGB Rn. 15 („Die Verletzung von Dokumentationspflichten führt nicht unmittelbar zu einer Schadensersatzpflicht"); *Deutsch/Spickhoff*, Medizinrecht, Rn. 903 („selbständiger Schadensersatzanspruch wird selten in Betracht kommen, da der Patient meist keine Vermögenseinbuße erlitten hat, wenn Aufzeichnungen nicht [...] gemacht worden sind").

Verletzung grundsätzlich keine Ersatzansprüche nach sich ziehen kann.[684] Dies lässt sich nach heutigem Verständnis nicht mehr halten, sind doch sämtliche Verletzungen vertraglicher Pflichten – auch Nebenleistungs- und Schutzpflichten – schadensersatzbewehrt.[685] Eine Einordnung als vertragliche Pflicht müsste damit grundsätzlich immer auch die Konsequenz mit sich bringen, dass Schadensersatz für deren Verletzung gefordert werden kann. Wer sich gegen einen Schadensersatz als Rechtsfolge für die Dokumentationspflichtverletzung ausspricht, müsste die Aufzeichnungspflichten hingegen konsequenterweise nicht als vertragliche Pflichten, sondern als Obliegenheiten einordnen. Die jeweiligen Autoren beriefen sich bei den entsprechenden Aussagen stets auf die Rechtsprechung des BGH. Dieser trug maßgeblich zur bestehenden Unsicherheit bei, indem er formulierte, dass eine unterlassene oder nur lückenhafte Dokumentation „keine eigenständige Anspruchsgrundlage" bilde.[686] Dies erscheint aus heutiger Sicht widersprüchlich, da gleichzeitig eine Einordnung als vertragliche Pflicht stattgefunden hatte, deren Verletzung aber jedenfalls grundsätzlich schadensersatzbewehrt ist. Eine genaue Betrachtung der Literatur offenbart allerdings, wie die Stellungnahmen wohl zu interpretieren sind. Dort wird zwar das „Dogma" des BGH vielfach rezitiert, dennoch wurde oft im selben Atemzug darauf hingewiesen, dass ein Schadensersatzanspruch bestehen soll, falls beispielsweise eine unvollständige oder unterlassene Dokumentation zu einem Behandlungsfehler durch den nachbehandelnden Arzt führt, oder ein nicht dokumentierter Befund erneut erhoben werden muss und dadurch Kosten verursacht werden.[687] Tatsächlich war Ausgangspunkt des BGH und der in der Literatur vertretenen Auffassungen wohl die Überlegung, dass eine Verletzung der Dokumentationspflicht – jedenfalls nach der Vorstellung des Gerichts und der jeweiligen Autoren – nicht zu einem kausalen Gesundheitsschaden führen konnte und sonstige Schadensposten nicht ersichtlich waren.[688] Richtigerweise sind die vorgenannten Äußerungen demnach so zu verstehen, dass der Dokumentationsfehler zwar als vertragliche Pflichtverletzung, aber nicht als typischer

---

[684] Siehe Zitate oben Fn. 683.

[685] *Lorenz* in BeckOK-BGB, § 280 BGB Rn. 3; *Grüneberg* in Grüneberg, § 280 BGB Rn. 6, 12; *Stadler* in Jauernig, § 280 BGB Rn. 1; *Ulber* in Erman, § 280 BGB Rn. 55ff.

[686] BGH v. 06.07.1999 - VI ZR 290–98 = NJW 1999, 3408, 3409; v. 14.02.1995 - VI ZR 272/93 = NJW 1995, 1611, 1612; v. 23.03.1993 - VI ZR 26/92 = NJW 1993, 2375, 2376; v. 28.06.1988 - VI ZR 217/87 = NJW 1988, 2949; v. 09.11.1982 - VI ZR 23/81 = NJW 1983, 332.

[687] *Kern* in Ratzel/Lissel, HdB Medizinschadensrecht, § 6 Rn. 60f.; *Wagner* in MüKo-BGB, § 630f BGB Rn. 23ff.; *Katzenmeier* in BeckOK-BGB, § 630f BGB Rn. 18; *Voigt* in Dauner-Lieb/Langen, § 630f BGB Rn. 3, 9; *Mansel* in Jauernig, § 630f BGB Rn. 6.

[688] *Wagner* in MüKo-BGB, § 630f BGB Rn. 23 „Dokumentationsmängel als solche verursachen jedoch normalerweise keinen Gesundheitsschaden – die nachlässige Führung einer Patientenakte macht niemanden krank".

Behandlungsfehler eingeordnet werden sollte,[689] und der eigentliche Haftungsausschluss auf der Ebene der Kausalität oder des ersatzfähigen Schadens stattfand.[690] Man wird daher wohl richtigerweise davon ausgehen können, dass der BGH mit der Aussage, der Dokumentationsfehler bilde „keine eigenständige Anspruchsgrundlage“,[691] ebenfalls ausschließlich klarstellen wollte, dass aus seiner Sicht *im Ergebnis* wegen eines Dokumentationsfehlers kein Schadensersatz gefordert werden kann, dieses Ergebnis allerdings auf der fehlenden Kausalität oder dem fehlenden Schaden beruhte. Vor diesem Hintergrund sind auch die Äußerungen in der Literatur dahingehend zu bewerten, dass nach Ansicht dieser Autoren jedenfalls *im Ergebnis* aufgrund einer Dokumentationspflichtverletzung kein Schadensersatz gefordert werden kann. Grund dafür ist allerdings nicht die Klassifikation der Dokumentationspflicht selbst, sondern entweder der fehlende Kausalzusammenhang zwischen Pflichtverletzung und Schaden, oder aber der fehlende ersatzfähige Schaden.[692]

d. Zwischenergebnis

Zusammenfassend war man sich also bereits in der Vergangenheit weitgehend einig, dass die Dokumentationspflicht aus dem Behandlungsvertrag geschuldet sein sollte. Uneinigkeit bestand allerdings dahingehend, ob diese als Nebenleistungspflicht oder Schutzpflicht zu qualifizieren war. Die Frage nach einer möglichen Geltendmachung von Schadensersatzansprüchen wegen Dokumentationspflichtverletzungen wurde etwas missverständlich beantwortet und dabei teilweise unrichtigerweise auf die Ebene der Rechtsnatur der Dokumentationspflicht verlagert, obwohl es sich tatsächlich um eine Frage der Kausalität und des ersatzfähigen Schadens handelte. In Anbetracht der heute noch bestehenden Unsicherheiten die Rechtsnatur betreffend, erscheint aber jedenfalls eine methodische Untersuchung der Dokumentationspflicht im Hinblick auf deren Rechtsnatur angebracht.

4. Ermittlung der Rechtsnatur der ärztlichen Dokumentationspflicht

a. Wortlaut und Systematik

Nach dem Wortlaut von § 630f Abs. 1 und Abs. 2 BGB ist der Behandelnde „verpflichtet“, eine Dokumentation anzufertigen. Dies spricht dafür, dass es sich bei der Dokumentationspflicht um eine

---

[689] *Kern* in Ratzel/Lissel, HdB Medizinschadensrecht, § 6 Rn. 60; *Wagner* in MüKo-BGB, § 630f BGB Rn. 23; OLG Saarbrücken v. 8.11.2006 – 1 U 582/05 = NJOZ 2007, 963 m.w.N.

[690] *Deutsch/Spickhoff*, Medizinrecht, Rn. 903; *Kern* in Ratzel/Lissel, HdB Medizinschadensrecht, § 6 Rn. 60; *Wagner* in MüKo-BGB, § 630f BGB Rn. 23ff.; *Katzenmeier* in BeckOK-BGB, § 630f BGB Rn. 18; *Bender*, MedR 2007, 533, 536.

[691] BGH v. 06.07.1999 - VI ZR 290–98 = NJW 1999, 3408, 3409; v. 14.02.1995 - VI ZR 272/93 = NJW 1995, 1611, 1612; v. 23.03.1993 - VI ZR 26/92 = NJW 1993, 2375, 2376; v. 28.06.1988 - VI ZR 217/87 = NJW 1988, 2949; v. 09.11.1982 - VI ZR 23/81 = NJW 1983, 332.

[692] Vgl. zu Fragen nach der Haftungsausfüllung vor allem die Ausführungen in Kapitel 5.

vertragliche Pflicht und nicht um eine Obliegenheit handelt.[693] Allerdings besitzt der Wortlaut der Vorschrift für ihre dogmatische Einordnung zunächst nur eine Indizwirkung.[694] Betrachtet man im Wege systematischer Auslegung die benachbarten §§ 630c bis 630e BGB und § 630g BGB, so verfestigt sich das bereits gewonnene Bild. Die genannten Normen sprechen ebenfalls davon, dass der Arzt zur Information und Aufklärung, der Einholung der Einwilligung und der Einsichtsgewährung „verpflichtet" ist. Grundsätzlich ist von einer Einheitlichkeit der Terminologie auszugehen, so dass bei Verwendung eines Begriffs in mehreren Normen, diesem immer die gleiche Bedeutung zukommt.[695] Dass der Gesetzgeber mit der Verwendung des Wortes „verpflichtet" auch „echte" Vertragspflichten normieren wollte, lässt sich auf systematischem Wege durch Einbeziehung der §§ 630c bis 630e BGB und § 630g BGB begründen. Denn diese verwenden allesamt den Begriff „verpflichtet", und stellen gleichsam auch jeweils „echte" vertragliche Pflichten aus dem Behandlungsvertrag dar.[696] Die bisherige Betrachtung spricht damit insgesamt gegen eine Einordnung als Obliegenheit und für eine Einordnung als vertragliche Pflicht. Ob allerdings mit der Verwendung des Wortes „verpflichtet" auch eine Einordnung als Nebenleistungspflicht oder als Schutzpflicht einhergehen sollte, geht aus dem Wortlaut allein nicht hervor. Es hilft auch in diesem Zusammenhang ein systematischer Vergleich mit den umstehenden Vorschriften. Die Pflicht zur Aufklärung und der Einholung der Einwilligung werden teilweise zwar als vertragliche Hauptpflichten qualifiziert.[697] Dagegen spricht allerdings, dass diese nicht im Synallagma zur Zahlungspflicht des Patienten stehen, sondern eher sicherstellen sollen, dass die Behandlung mit dem Willen des Patienten im Einklang steht. Es ist daher bei § 630d und § 630e BGB, wie auch bei § 630c und § 630g BGB, eher von einer vertraglichen Nebenpflicht auszugehen. Um deren genaue dogmatische Natur als Nebenleistungspflicht oder Schutzpflicht festzustellen, erscheint ein Rückgriff auf die in der Literatur entwickelten Abgrenzungskriterien hilfreich. Stellt man auf die isolierte Klagbarkeit der Pflicht ab, so wird man zunächst die

---

693 *Fiekas,* Die Dokumentation, S. 163, mit der Anmerkung, dass bei einer Obliegenheit wohl eher das Wort „soll" verwendet worden wäre, was im Rahmen von § 630c Abs. 1 BGB durchaus richtig sein mag, aber beispielsweise bei Betrachtung der Mängelrügeobliegenheit nach § 367 HGB [„hat…zu untersuchen"] keineswegs zwingend erscheint.

694 *Fiekas,* Die Dokumentation, S.164.

695 *Zippelius,* Methodenlehre, S. 43f.; *Beaucamp/Beaucamp,* Methoden, Rn. 150.

696 So auch *Fiekas,* Die Dokumentation, S. 167f.; für die Pflichten aus § 630d und § 630e BGB vgl. oben, Kapitel 1. B. III. 3. a. bb. (1) und die Nachweise bei Fn. 84; für die Informationspflicht aus § 630c BGB explizit *Spickhoff* in Spickhoff, Medizinrecht, § 630c BGB Rn. 8; auf Schadensersatz wegen Verletzung abstellend *Schneider* in Prütting/Wegen/Weinreich, § 630c BGB Rn. 7; *Mansel* in Jauernig, § 630f BGB Rn. 6; für die Pflicht aus § 630g BGB *Weidenkaff* in Grüneberg, § 630g BGB Rn. 1; *Rehborn/Gescher* in Erman, § 630g BGB Rn. 3; *Katzenmeier* in BeckOK-BGB, § 630g BGB Rn. 1; *Mansel* in Jauernig, § 630g BGB Rn. 1 bereits vor Erlass des PatRG BGH v. 23.11.1982 - VI ZR 222/79 = NJW 1983, 328ff.

697 Dies für die Pflichten aus § 630d und § 630e BGB annehmend *Weidenkaff* in Grüneberg, § 630d BGB Rn. 2 und § 630e BGB Rn. 1.

Aufklärungspflichten aus §§ 630c bis 630e BGB als Nebenleistungspflichten einordnen müssen. Denn dem Patienten muss es möglich sein, die Aufklärung und Einholung der Einwilligung seitens des Arztes zu erzwingen, da diese eigens aus dem Behandlungsvertrag als der Behandlung vorgelagerte Leistungen geschuldet sind, um dem Patienten die Entscheidung über die Vornahme der Behandlung zu ermöglichen und eine einvernehmliche Behandlung zu gewährleisten.[698] Wäre eine Aufklärung nicht erzwingbar, so wäre eine ordnungsgemäße Behandlung im Einklang mit dem Willen des Patienten nicht gewährleistet. Auch § 630g BGB muss in diesem Zusammenhang als Nebenleistungspflicht eingeordnet werden.[699] Denn dieser normiert einen Einsichtsanspruch, der gerichtlich durchsetzbar sein muss und daher isoliert klagbar ist.[700] Stellte man darauf ab, ob die jeweilige Pflicht dem Äquivalenz- oder dem Integritätsinteresse zu dienen bestimmt ist, so erhält man keine eindeutigen Antworten. Denn die ärztliche Behandlung ist dadurch gekennzeichnet, dass Äquivalenz- und Integritätsinteresse untrennbar miteinander verwoben sind. Denn Gegenstand der Erfüllung der Hauptleistungspflicht und damit die Verwirklichung des Äquivalenzinteresses (die Heilbehandlung) ist immer die Einwirkung auf das Integritätsinteresse (die Gesundheit). Jede behandlungsvertragliche Pflicht, die der Förderung des Äquivalenzinteresses dient, dient damit zugleich der Förderung des Integritätsinteresses.[701] Dieses Kriterium kann daher vorliegend nicht weiter helfen. Stellte man auf den Zeitpunkt als entscheidendes Kriterium ab, so kommt man wiederum zu dem Ergebnis, dass es sich um Nebenleistungspflichten handelt, da diese bereits im Zeitpunkt des Vertragsschlusses gesetzlich festgeschrieben waren. Insgesamt ist daher anzunehmen, dass es sich bei den Pflichten aus §§ 630c bis 630e BGB und § 630g BGB um vertragliche Nebenleistungspflichten handelt. Dies legt die Vermutung nahe, dass es sich auch bei § 630f BGB, der dieselbe Wortwahl wie die übrigen Normen trifft und den Behandler ebenfalls „verpflichtet", um eine vertragliche Nebenleistungspflicht handelt.[702] Der Wortlaut und die Systematik sprechen damit klar gegen eine Einordnung als Obliegenheit und deuten auf eine Qualifizierung als Nebenleistungspflicht hin.

b. Historische Auslegung

Die Gesetzesbegründung gibt zwar keine direkte Antwort auf die Frage, wie die Dokumentationspflicht aus § 630f BGB dogmatisch einzuordnen ist. Allerdings kann auch hier aus dem Zusammenhang ein Schluss auf die Intention des Gesetzgebers gezogen werden. § 630c Abs. 1 BGB sollte nach Ansicht

---

[698] *Fiekas,* Die Dokumentation, S. 175ff.

[699] Zur Einordnung von § 630g BGB vgl. en Detail unten Kapitel 3. B. II.

[700] Vgl. dazu sogleich, Kapitel 3. B. II. 1.

[701] *Schärtl,* NJW 2014, 3601, 3602.

[702] So auch *Fiekas,* Die Dokumentation, S. 177.

des Gesetzgebers als Obliegenheit ausgestaltet werden.[703] Dies wird auch im Rahmen des Wortlautes deutlich. Nach § 630c Abs. 1 BGB „sollen" Arzt und Patient im Rahmen der Behandlung zusammenwirken. Aus dem Vorgenannten lassen sich zwei Konsequenzen ableiten: Erstens hat der Gesetzgeber dort, wo er – zumindest im Rahmen der Umsetzung des PatRG – eine Obliegenheit statuieren wollte, dies anhand des Wortlautes („sollen") erkennen lassen.[704] Dies bestätigt das im Rahmen der Wortlaut- und systematischen Auslegung gefundene Ergebnis. Zweitens ist darüber hinaus davon auszugehen, dass der Gesetzgeber dort, wo er eine Obliegenheit schaffen wollte, dies in den Materialien explizit benannt hat.[705] Da im Rahmen der Ausführungen zu § 630f BGB vorliegend aber gerade keine besondere Äußerung in Bezug auf dessen Rechtsnatur stattgefunden hat, ist das Schweigen des Gesetzgebers in die Richtung zu deuten, dass eine „normale" vertragliche Pflicht geschaffen werden sollte. Dies stimmt mit dem Grundsatz überein, dass die Normierung von Pflichten im BGB die Regel ist, während die Schaffung von Obliegenheiten die Ausnahme darstellt.

Darüber hinaus war es eine Intention des Gesetzgebers, mit dem Erlass des PatRG an die bisherige Rechtsprechung anzuknüpfen und diese fortzuentwickeln.[706] Die bisherige Rechtsprechung schließt weder eine selbstständige Klagbarkeit der Dokumentationspflicht aus, noch äußert sie sich dahingehend, dass diese nicht vertraglich geschuldet sein soll. Lediglich ein an die Dokumentationspflichtverletzung anknüpfender Schadensersatzanspruch wird abgelehnt, dies allerdings nicht wegen Zweifeln an der Haftungsbegründung, sondern der Haftungsausfüllung.[707] Allerdings kann verschiedentlich aus der BGH-Rechtsprechung entnommen werden, dass die ärztliche Dokumentation aus dem Behandlungsvertrag geschuldet sein soll.[708] Mangels entgegenstehender Hinweise im Wortlaut der Norm, der Systematik oder den Gesetzgebungsmaterialien, ist davon auszugehen, dass jedenfalls die vertragliche Natur der Dokumentationspflicht weiterhin erhalten bleiben sollte. Auch die historische Auslegung lässt damit erkennen, dass es sich bei der Dokumentationspflicht nach § 630f BGB nicht um eine Obliegenheit, sondern vielmehr um eine vertraglich geschuldete Pflicht handeln sollte. Zur genaueren dogmatischen Einordnung – ob

---

703 BT-Drucks. 17/10488, S. 13, 21 „Mitwirkungsobliegenheit des Patienten aus § 630c Abs. 1 BGB-E"; „Abs. 1 statuiert die allgemeine Obliegenheit des Patienten und des Behandelnden"

704 *Fiekas,* Die Dokumentation, S. 170.

705 BT-Drucks. 17/10488, S. 21 „Abs. 1 statuiert die allgemeine Obliegenheit des Patienten und des Behandelnden".

706 BT-Drucks. 17/10488, S. 25.

707 Siehe bereits oben, Kapitel 3. B. I. 3. c, dies verkennend *Fiekas,* Die Dokumentation, S. 196.

708 So jedenfalls BGH v. 27. 6. 1978 - VI ZR 183/76 = NJW 1978, 2337ff.; v. 23.11.1982 - VI ZR 222/79 = NJW 1983, 328; in diesem Sinne wohl ebenfalls BGH v. 21.09.1982 - VI ZR 302/80 = NJW 1983, 332.

Schutzpflicht oder Nebenpflicht – lässt sich den Materialien allerdings unmittelbar keine Aussage entnehmen.

c. Sinn und Zweck

aa. Ordnungsgemäße (Weiter-)Behandlung und Rechenschaftslegung

Die ärztliche Dokumentation dient drei verschiedenen Zielen: der ordnungsgemäßen Behandlung und Weiterbehandlung, der Rechenschaftslegung zur Wahrung des allgemeinen Persönlichkeitsrechts und – nachrangig –der Beweissicherung.[709]

Die Dokumentation, welche aus medizinischen Gründen angefertigt wird und der ordnungsgemäßen Behandlung und Weiterbehandlung dient, stellt eine Grundlage des nachfolgenden Behandlungsschritts oder der nachfolgenden Behandlung dar. Sie muss daher vom Patienten schon allein deshalb durchsetzbar und einklagbar sein, weil nur bei Vorliegen einer vollständigen und richtigen Patientenakte eine ordnungsgemäße Weiterbehandlung gewährleistet werden kann.[710] Der Patient besitzt aus diesem Grunde ein eigenes Leistungsinteresse an der Erfüllung dieser Pflicht.[711] Teilweise wird eingewendet, dass eine isolierte Klagbarkeit der Dokumentationspflicht praktisch keinen Sinn ergebe, da es einerseits bis zu einer Verurteilung zu lange dauerte um zu gewährleisten, dass angesichts des beschränkten menschlichen Erinnerungsvermögens die Dokumentation noch ordnungsgemäß gefertigt werden kann und darüber hinaus eine Klage auch zu einem Zerwürfnis zwischen Arzt und Patienten führt.[712] Dagegen lässt sich allerdings einwenden, dass die Durchsetzung eines Rechts in der Praxis zwar schwierig sein kann, dies allerdings niemals ein Grund dafür sein kann, ein solches bereits von vornherein auf materiellrechtlicher Ebene nicht zuzugestehen.[713]

Das gerade gefundene Ergebnis muss indessen nicht zwangsweise bedeuten, dass die Dokumentationspflicht insgesamt einklagbar und daher als Nebenleistungspflicht zu klassifizieren ist. Vielmehr ist jedenfalls die Dokumentation jener Tatsachen, welche aus medizinischen Gründen aufzeichnungspflichtig sind, als einklagbar anzusehen. Allerdings ist der Kreis jener Tatsachen, welche aus medizinischen Gesichtspunkten zu dokumentieren sind, enger als die Gesamtheit aller

---

[709] Vgl. dazu en Detail Kapitel 1. B. II und III.

[710] *Fiekas,* Die Dokumentation, S. 202, *Dolle,* Dogmatik der Verletzung, S. 82; *Wasserburg,* NJW 1980, 617, 619; *Rosenberger* in FS Jaeger (2014), 97, 98.

[711] *Lenkaitis,* Krankenunterlagen, S. 124.

[712] *Wendt,* Die ärztliche Dokumentation, S. 306; in diesem Sinne auch die Ausführungen von *Lenkaitis,* Krankenunterlagen, S. 124.

[713] Im Ergebnis auch *Fiekas,* Die Dokumentation, S. 204 Fn. 954; *Lenkaitis,* Krankenunterlagen, S. 124.

dokumentationspflichtigen Tatsachen. Denn nach der hier vertretenen Ansicht können aus Gründen der Rechenschaftspflicht und der Beweissicherung auch solche Tatsachen aufzeichnungspflichtig sein, deren Dokumentation nicht medizinisch indiziert ist.[714] Falls die Verwirklichung dieser beiden letztgenannten Zwecke keine Einklagbarkeit der Dokumentationspflicht erfordert, so wären im Ergebnis diejenigen Tatsachen, welche aufgrund dieser Zwecke dokumentiert wurden, lediglich aufgrund einer Schutzpflicht oder gar Obliegenheit dokumentationspflichtig, während die Dokumentation medizinisch notwendiger Tatsachen als Nebenleistungspflicht ausgestaltet wäre.

Der Zweck der Rechenschaftslegung selbst dient dem Schutz des allgemeinen Persönlichkeitsrechts des Patienten sowie der Kontrolle des Arztes bezüglich der Erfüllung des Behandlungsvertrages.[715] Der Patient besitzt – gerade in Anbetracht seiner geringeren Fachkenntnis – ein Recht darauf, den Gang der Behandlung dargelegt zu bekommen, um einerseits schlicht nachvollziehen zu können, wie mit ihm und seinem höchsten Rechtsgut, seiner Gesundheit, umgegangen wurde, und andererseits prüfen zu lassen, ob dieser Umgang auch dem entspricht, was zuvor im Behandlungsvertrag vereinbart wurde. In der Literatur werden die Rechenschaftspflichten mehrheitlich als Nebenleistungspflichten eingeordnet, vor Allem unter dem Hinweis darauf, dass eine Verpflichtung zu einem künftigen Verhalten vorliegt, welche einklagbar sein muss.[716] Dem ist grundsätzlich zuzustimmen. Ginge man nicht von einer Einklagbarkeit der Dokumentationspflicht aus, so wäre das allgemeine Persönlichkeitsrecht des Patienten als Rechtsgut von Verfassungsrang gänzlich schutzlos gestellt.[717] Auch die von § 630h Abs. 3 BGB angeordnete Rechtsfolge vermag eine Verletzung des allgemeinen Persönlichkeitsrechts nicht zu verhindern oder zu kompensieren, eine Beweislastumkehr kann dem Patienten keine Kenntnis des Behandlungsverlaufs verschaffen.[718] Im Ergebnis muss daher ein einklagbarer Anspruch auf Erfüllung der Dokumentationspflicht auch zum Zwecke der Wahrung des allgemeinen Persönlichkeitsrechts und der damit verbundenen Rechenschaftslegung bestehen.[719]

Fraglich ist, ob dies auch bezüglich jener Tatsachen gilt, die nicht aufgrund des allgemeinen Persönlichkeitsrechts, sondern allein zu Zwecken der Rechenschaft über die Erfüllung des

---

[714] Siehe oben, Kapitel 1. B. IV. 2. a und 3.; **a.A.** hingegen *Spickhoff/Bleckwenn,* VersR 2013, 1350, 1354; *Reuter/Hahn,* VuR 2012, 247, 254; *Kubella,* Patientenrechtegesetz, S. 109, 167.

[715] Kapitel 1. B. III. 3. a. bb.

[716] *Sutschet* in BeckOK, § 241 BGB Rn. 70; *Olzen* in Staudinger, § 241 BGB Rn. 168ff.; *Schulze* in Schulze, BGB, § 241 BGB Rn. 4.

[717] Im Ansatz bereits *Dolle*, Dogmatik der Verletzung, S. 85f.

[718] *Fiekas,* Die Dokumentation, S. 174f.

[719] *Fiekas,* Die Dokumentation, S. 207f.

Behandlungsvertags dokumentiert wurden. Zu nennen sind in diesem Zusammenhang vor allem Aufklärungen und Einwilligungen des Patienten. Für eine Einordnung als Obliegenheit spricht vor allem, dass der Arzt gemäß § 630h Abs. 2 BGB darlegungs- und beweisbelastet für die Aufklärung und die Einholung der Einwilligung ist. Man könnte daher der Ansicht sein, dass eine Dokumentation in dieser Hinsicht nicht notwendig ist, um deren Ordnungsgemäßheit zu überprüfen und eine entsprechende Verletzung nachzuweisen, da letztlich der Arzt grundsätzlich für die Einhaltung dieser Pflicht beweisbelastet ist. Im Ergebnis tritt also mit der Verletzung der Dokumentationspflicht von Aufklärungen und Einwilligungen kein beweisrechtlicher Nachteil zu Lasten des Patienten ein. Dagegen ist allerdings einzuwenden, dass dem Arzt auch auf anderem Wege der Beweis der Aufklärung und Einwilligung gelingen kann, so dass nach einem gelungenen Hauptbeweis des Arztes, der Patient im Folgenden den Gegenbeweis führen müsste. In diesem Zusammenhang werden dem Arzt seitens der Rechtsprechung regelmäßig Beweiserleichterungen zugesprochen, so dass es nicht selten vorkommen dürfte, dass der Nachweis einer ordnungsgemäßen Aufklärung auch ohne deren Dokumentation als geführt angesehen wird.[720] In dieser Situation wird der Patient den Nachweis einer Aufklärungspflichtverletzung allerdings nur führen können, wenn ihm die Dokumentation der Aufklärung und Einwilligung zur Verfügung steht. Die Aufklärung und Einwilligung wird daher nicht nur für den Arzt zur eigenen Entlastung dokumentiert, sondern auch als Beweismittel für den Patienten, um eine mögliche Verletzung der Aufklärungspflicht nachweisen zu können. Auch bei der Aufzeichnung von Tatsachen, die allein zu Rechenschaftszwecken aufgezeichnet werden, ist daher letztlich von einer Nebenleistungspflicht und nicht von einer reinen Obliegenheit auszugehen.

bb. Beweissicherung

Die Beweissicherung ist nach der hier vertretenen Ansicht zwar ein nachrangiger, aber dennoch eigenständiger Zweck von § 630f BGB.[721] Ihre Nachrangigkeit kommt bereits darin zum Ausdruck, dass sie keinen eigenen Anwendungsbereich hinsichtlich dokumentationspflichtiger Tatsachen besitzt.[722] Für die Beweissicherung gilt, gerade auch deshalb, weil der Beweiszweck gewissermaßen in dem Zweck der Rechenschaftslegung verwurzelt ist, das bereits zu Letzterem Gesagte. Es handelt sich dabei um eine Verpflichtung zu einem künftigen Verhalten, welche grundsätzlich auch gerichtlich durchsetzbar sein muss. Dies spricht dafür, auch die Dokumentation zu Beweiszwecken als Nebenleistungspflicht einzuordnen. Auch die gesetzliche Fixierung der Pflicht durch § 630f BGB bereits zum Zeitpunkt des Vertragsschlusses bestätigt dieses Ergebnis. Insbesondere handelt es sich bei

---

[720] Vgl. hierzu noch Kapitel 4. A. II. 3. a.

[721] Vgl. bereits Kapitel 1. B. III. 5.

[722] Vgl. bereits Kapitel 1. B. IV. 3.

der Dokumentation zum Zwecke der Beweissicherung, was im Folgenden nochmals gesondert dargelegt werden soll, nicht um eine Obliegenheit. Zwar sind mit der Verletzung der Dokumentationspflicht beweisrechtliche Nachteile für den Arzt nach § 630h Abs. 3 BGB verbunden. Allerdings kann nicht davon ausgegangen werden, dass der Arzt allein für sich dokumentiert, etwa um sich im Rahmen möglicher Haftungsprozesse zu schützen. Vielmehr ist davon auszugehen, dass der Arzt nicht nur für sich (wie für eine Obliegenheit typisch), sondern auch für den Patienten (wie für eine Pflicht kennzeichnend) dokumentiert, damit letzterer überhaupt Ansprüche geltend machen kann. Für eine Obliegenheit typisch ist, dass eine Durchsetzung der Rechte der einen Partei grundsätzlich unabhängig von der Erfüllung der Obliegenheit der anderen Partei möglich ist. Falls aber die Obliegenheit nicht erfüllt wird, so ändert sich in der Regel das Kräfteverhältnis der Parteien und es gestaltet sich für die gegen die Obliegenheit verstoßende Partei schwieriger, einen Anspruch durchzusetzen oder abzuwehren. Im vorliegenden Fall ist die Situation aber eine gänzlich andere: Falls der Arzt seine Pflicht zur Dokumentation nicht erfüllt, so kann die Durchsetzung eines Haftungsanspruchs wegen eines Behandlungsfehlers bereits von Beginn an faktisch unmöglich sein, da dem Patienten die nötigen Beweismittel fehlen. An dieser Stelle wird besonders deutlich, dass eine Dokumentation eben nicht nur zugunsten des Arztes, sondern auch explizit zugunsten des Patienten stattfindet, um eine Waffengleichheit im Prozess erst herzustellen,[723] die aufgrund überlegenen Wissens des Arztes und den grundsätzlichen Beweislastregeln ohne eine Dokumentation nicht bestünde. Handelte es sich bei der Dokumentationspflicht hingegen um eine Obliegenheit, so würde der Arzt in einer grundsätzlich gleichberechtigten Situation der Vertragspartner – die allerdings, wie gerade gezeigt, nicht besteht – aufgrund eigener Versäumnisse einen Nachteil erleiden.

Nun mag man einwenden, dass sich die Abwehr eines Haftungsanspruchs für den Arzt wegen der in § 630h Abs. 3 BGB normierten Vermutung wahrscheinlich ebenfalls schwieriger gestalten wird, was – falls man die Unterschiede in der zugrunde liegenden Situation außer Acht ließe – für eine Obliegenheit sprechen würde. Ein Dokumentationsversäumnis führt allerdings keineswegs zwingend zu einem Nachteil zulasten des Arztes.

Im Gegenteil, denn durch die Vermutung der Vollständigkeit und Richtigkeit der Dokumentation kann auch eine inhaltlich fehlerhafte Dokumentation zugunsten des in Anspruch genommenen Arztes wirken.[724] Wird beispielsweise ein fehlerhaft vorgenommener Teil der Behandlung nicht oder falsch dokumentiert, so wird demnach vermutet, dass die Behandlung ohne Komplikationen verlaufen ist, ein

---

[723] Vgl. BGH v. 14.03.1978 - VI ZR 213/76 = NJW 1978, 1681, 1682.

[724] Vgl dazu noch Kapitel 4. A. II. 2.

Beweis des Gegenteils wird für den Patienten in einer solchen Situation praktisch nicht zu führen sein. Würde man § 630f BGB nun als Obliegenheit einordnen, so käme man letztlich zu dem Ergebnis, dass sich der Arzt durch einen Verstoß gegen die Dokumentationsobliegenheit gerade nicht, wie für eine Obliegenheit typisch, schlechter stellen würde, sondern im Gegenteil, aus der Nichterfüllung der „Dokumentationsobliegenheit“ Vorteile ziehen würde. Weder die zugrunde liegende Situation, noch die Rechtsfolgen der Nichtbeachtung entsprechen damit vorliegend denen bei einer Obliegenheit, obwohl Ähnlichkeiten bestehen. Die Dokumentationspflicht zum Zwecke der Beweissicherung ist daher jedenfalls als „echte“ behandlungsvertragliche Pflicht einzuordnen. Die normative Fixierung bereits im Vorfeld des Vertragsschlusses sowie deren notwendige Einklagbarkeit sprechen vielmehr für eine Einordnung als Nebenleistungspflicht.

d. Keine Notwendigkeit der Einordnung als klagbare Nebenpflicht wegen § 630g BGB?

Gegen eine Einklagbarkeit der Dokumentationspflicht könnte allerdings eingewandt werden, dass möglicherweise eine isolierte Durchsetzbarkeit von § 630f BGB gar nicht notwendig ist, weil eventuell bereits über § 630g BGB die Anfertigung einer vollständigen Dokumentation verlangt werden kann. Die Norm verpflichtet den Arzt zur Gewährung der Einsichtnahme in die „vollständige“ Patientenakte. Daraus ließe sich bei entsprechender Lesart ableiten, dass § 630g BGB auch die Vervollständigung der Patientenakte als Anspruchsziel beinhaltet. Der Wortlaut bietet jedenfalls ausreichend Spielraum für eine solche Auslegung.

Gegen eine solche Auslegung spricht hingegen die innere Systematik des § 630g Abs. 1 BGB. Dieser gibt dem Patienten das Recht auf Einsicht in die „vollständige, ihn betreffende Patientenakte […], soweit der Einsichtnahme nicht erhebliche therapeutische Gründe oder sonstige erhebliche Rechte Dritter entgegenstehen.“ Der Verweis auf die „vollständige, ihn betreffende“ Patientenakte deutet bereits an, dass Hintergrund der Normierung des Wortes „vollständige“ wohl nicht die Befürchtung des Gesetzgebers war, der Arzt würde nicht ausreichend dokumentieren. Vielmehr sollte die Verwendung des Wortes „vollständige“ klarstellen, dass dem Patienten grundsätzlich ein Recht auf Einsicht hinsichtlich aller „ihn betreffenden“ Aufzeichnungen zusteht und von der Behandlerseite nicht grundlos Teile der Dokumentation zurückgehalten werden dürfen. Die Richtigkeit dieser Erwägungen zeigt sich auch daran, dass nach der Normierung dieses grundsätzlichen, vollumfänglichen Rechts diejenigen Voraussetzungen genannt werden, unter denen eine ausnahmsweise Einschränkung dieses Rechts – und damit eine teilweise Zurückbehaltung der Dokumentation durch den Arzt – geboten erscheint, namentlich bei erheblichen therapeutischen Gründen oder sonstigen erheblichen Rechten Dritter. Die innere Systematik des § 630g Abs. 1 BGB spricht damit gegen einen Anspruch des Patienten auf Vervollständigung der Dokumentation.

Auch der systematische Zusammenhang zwischen § 630f BGB und § 630g BGB spricht gerade gegen einen solchen Anspruch. Grundsätzlich ist § 630g BGB nicht auf die Anfertigung von Aufzeichnungen gerichtet, sondern setzt diese voraus und baut logisch auf § 630f BGB auf.[725] § 630g BGB dient gewissermaßen als „Hilfsnorm" der Verwirklichung der Zwecke von § 630f BGB:

Die Dokumentation soll, als Teil des Zwecks der ordnungsgemäßen Behandlung und Weiterbehandlung, dem Patienten auch die Möglichkeit bieten, diese für einen unkomplizierten Wechsel des Behandlers oder zur Einholung einer Zweitmeinung zu nutzen.[726] Dafür ist allerdings zwingend erforderlich, dass der Patient sich eine Kopie der Dokumentation anfertigen und aushändigen lässt, mithin sein Recht aus § 630g BGB ausübt. Die Verwirklichung des Zwecks der ordnungsgemäßen Behandlung und Weiterbehandlung ist damit an die Ausübung des Rechts aus § 630g BGB gebunden.

§ 630f und § 630g BGB dienen außerdem beide demselben Zweck, namentlich der Ablegung von Rechenschaft des Arztes gegenüber dem Patienten über den Verlauf der Behandlung zur Wahrung von dessen Allgemeinem Persönlichkeitsrecht.[727] Die Ablegung von Rechenschaft erfolgt in der Regel in zwei Schritten: Zunächst sind Dokumente anzufertigen, die über den Umfang des Umgangs mit dem betreffenden Rechtsgut Auskunft geben können. Im Anschluss sind diese Dokumente dem Rechenschaftsberechtigten zugänglich zu machen. Diese beiden Akte einer Rechenschaftslegung sind grundsätzlich untrennbar miteinander verbunden, wie auch ein Blick in § 666 BGB zeigt, wo beide Vorgänge von nur einer Norm geregelt werden.[728] Auch für die behandlungsvertragliche Rechenschaftspflicht kann nichts anderes gelten. Die Dokumentationspflicht räumt hier eine Kontrollmöglichkeit ein, welche durch die Einsichtnahme ausgeübt wird.[729] In der aktuellen Regelung werden diese beiden Aspekte allerdings getrennt, § 630f BGB normiert die Informationsfixierung gesondert von der Zugänglichmachung, welche in § 630g BGB geregelt ist. § 630f BGB gibt auch in diesem Fall den Zweck vor, während dessen Verwirklichung durch die „Hilfsnorm" des § 630g BGB sichergestellt werden soll. Es erscheint daher im Ergebnis sinnvoll, die beiden Normen als zusammenhängende Teile eines Ganzen zu betrachten, allerdings mit unterschiedlichen Schwerpunkten. Ein Mangel in der Informationsfixierung sollte zunächst immer über § 630f BGB

[725] *Fiekas,* Die Dokumentation, S. 172.

[726] BT-Drucks. 17/10488, S. 26; zur Zweitmeinung siehe noch en Detail unter Kapitel 3. C. II. 3.

[727] BT-Drucks. 17/10488, S. 26.

[728] *Fischer* in BeckOK-BGB, § 666 BGB Rn. 10; *Berger* in Erman, § 666 BGB Rn. 15; *Beuthien* in Soergel, § 666 BGB Rn. 11; *Schäfer* in MüKo-BGB, § 666 BGB Rn. 34.

[729] *Bartlakowski,* Behandlungsdokumentation, S. 146f.

einklagbar sein, während eine unzureichende Zugänglichmachung stets primär über § 630g BGB zu lösen sein wird. Das Recht des Patienten auf Anfertigung einer vollständigen und richtigen Dokumentation ist daher eher in § 630f als in § 630g BGB verortet. Ein Anspruch auf Vervollständigung der Dokumentation aus § 630g Abs. 1 BGB erscheint daher unter Einbeziehung der inneren und äußeren Systematik, sowie der Zwecke der Normen eher abwegig.

Insgesamt ist damit nicht davon auszugehen, dass § 630g BGB einen Anspruch auf Vervollständigung der Dokumentation normiert, sondern lediglich der Zugänglichmachung der Dokumentation dient und daher ausschließlich einen Anspruch auf Einsichtnahme in die Dokumentation beinhaltet. Im Ergebnis spricht die Existenz von § 630g BGB damit nicht gegen die Einordnung von § 630f BGB als isoliert klagbare Nebenleistungspflicht.

5. Zwischenergebnis: § 630f BGB als vertragliche Nebenleistungspflicht

Als Zwischenergebnis kann damit festgehalten werden, dass es sich bei der ärztlichen Dokumentationspflicht nach § 630f BGB um eine „echte" vertragliche Pflicht und nicht um eine Obliegenheit handelt. Sowohl der Wortlaut („verpflichtet"), wie auch der systematische Vergleich mit den umliegenden Vorschriften der §§ 630c bis 630d BGB und § 630g BGB, als auch die Gesetzgebungsmaterialien und die Auslegung nach dem Sinn und Zweck der Vorschrift kommen zu diesem eindeutigen Ergebnis. Bezüglich der Abgrenzung zwischen vertraglicher Schutz- und Nebenleistungspflicht fällt die Abgrenzung zwar nicht ganz so leicht. Hier geben weder der Wortlaut, noch die Gesetzgebungsmaterialien Hinweise auf eine etwaige Rechtsnatur. Allerdings sprechen wiederum die Systematik und die Normzwecke für eine Einordnung der Dokumentationspflicht als selbständig einklagbare, vertragliche Nebenleistungspflicht aus dem Behandlungsvertrag. Auch etwaige Überschneidungen der Pflichtenkreise von § 630g BGB und § 630f BGB vermögen dies nicht zu ändern. Insgesamt ist daher davon auszugehen, dass es sich bei der in § 630f BGB normierten Dokumentationspflicht des Arztes um eine vertragliche Nebenleistungspflicht handelt.

II. Verstoß gegen § 630g BGB

1. Dogmatische Einordnung von § 630g BGB

§ 630g BGB regelt das Recht des Patienten zur Einsichtnahme in die ärztliche Dokumentation. Ein solches existiert nicht erst seit Verabschiedung des PatRG, sondern war bereits in der Vergangenheit anerkannt. Der BGH hatte dem Patienten bereits im Jahr 1982 ein Einsichtsrecht in Krankenunterlagen zugestanden.[730] Ein solcher Anspruch ergebe sich „aus dem durch grundrechtliche Wertung geprägten

[730] BGH v. 23.11.1982 - VI ZR 222/79 = NJW 1983, 328f.

Selbstbestimmungsrecht und der personalen Würde des Patienten, die es verbieten, ihm im Rahmen der Behandlung die Rolle eines bloßen Subjekts zuzuweisen".[731] Der BGH qualifizierte bereits zu dieser Zeit das Einsichtsrecht des Patienten als vertragliche Nebenpflicht des Arztes; es bestehe ein vertraglicher Anspruch auf Einsichtnahme.[732] Auch nach Ansicht des BVerfG gebieten es das Recht auf Selbstbestimmung und die personale Würde des Patienten, jedem Patienten einen Anspruch auf Einsichtnahme in die ihn betreffenden Krankenunterlagen einzuräumen.[733] Auch nach heutiger Ansicht handelt es sich bei der Pflicht zur Einsichtsgewährung in die Patientenakte um eine vertragliche Nebenpflicht des Arztes.[734] Zwar soll § 630g BGB auch – dogmatisch betrachtet über eine Analogie – im Rahmen vertragsloser Behandlungsverhältnisse Anwendung finden.[735] Allerdings handelt es sich bei der gesetzlich normierten Vorschrift richtigerweise trotzdem im Grundsatz um eine vertragliche Nebenpflicht. Die vertragliche Natur von § 630g BGB ergibt sich zum einen daraus, dass die Norm denselben Wortlaut („verpflichtet") verwendet, wie die §§ 630c bis 630e BGB, welche mit ebendiesem stets die Normierung von vertraglichen Pflichten vorgenommen haben.[736] Darüber hinaus sollte mit der Verabschiedung des PatRG die bereits bestehende Rechtsprechung kodifiziert werden, welche die Gewährung der Einsichtnahme in die Patientenakte stets als vertragliche Nebenpflicht einzuordnen pflegte.[737] Die genaue dogmatische Einordnung fällt für § 630g BGB auch beträchtlich leichter als für § 630f BGB. Es erscheint hier eindeutig, dass es sich beim Einsichtsrecht des Patienten um eine vertragliche Neben*leistungs*pflicht handeln muss. Denn normiert wird in diesem Fall ein Anspruch, welcher in jedem Fall gerichtlich durchsetzbar und damit auch einklagbar sein muss. Das Einsichtnahmerecht ist durch die gesetzliche Normierung in § 630g BGB auch bereits im Zeitpunkt des Vertragsschlusses klar umrissen. Bei § 630g BGB handelt es sich daher um eine vertragliche Nebenleistungspflicht.

2. Verletzung von § 630g BGB neben § 630f BGB

§ 630g BGB verpflichtet den Arzt dazu, Einsicht in die „vollständige" Patientenakte zu gewähren. Die Konsequenz daraus ist, dass sowohl eine Verweigerung der Einsichtnahme als auch eine Gewährung

---

[731] BGH v. 23.11.1982 - VI ZR 222/79 = NJW 1983, 328, 329.

[732] BGH v. 23.11.1982 - VI ZR 222/79 = NJW 1983, 328f.

[733] BVerfG v. 09.01.2006 - 2 BvR 443/02 = NJW 2006, 1116, 1117 [Rz. 24] m.w.N.

[734] *Weidenkaff* in Grüneberg, § 630g BGB Rn. 1; *Katzenmeier* in BeckOK-BGB, § 630g BGB Rn. 1; *Mansel* in Jauernig, § 630g BGB Rn. 1; *Habermalz,* NJW 2013, 3403; *Kensy,* MedR 2013, 767, 771.

[735] Vgl. BSG v. 08.09.2015 – B 1 KR 36/14 R = MedR 2016, 210, 213; VG Freiburg v. 29.10.2015 – 6 K 2245/14 = medstra 2016, 235, 237/238; *Rehborn/Gescher* in Erman, § 630g BGB Rn. 3; *Katzenmeier* in BeckOK-BGB, § 630g BGB Rn. 1.

[736] Vgl bereits oben, Kapitel 3. B. I. 4. a.

[737] *Kensy,* MedR 2013, 767, 771.

der Einsichtnahme in eine materiell unrichtige Dokumentation eine Verletzung von § 630g BGB darstellen.[738] Für die vorliegende Untersuchung ist allerdings nur der zweite Fall interessant. Immer dann, wenn Einsicht in eine falsche oder unvollständige Dokumentation gewährt wird oder eine Einsicht gar wegen unterlassener Dokumentation unmöglich ist, liegt neben einer Verletzung von § 630g BGB auch eine Verletzung von § 630f BGB vor. Jeder Dokumentationsfehler, der den Umfang der Dokumentation betrifft, stellt damit zugleich eine Verletzung des Einsichtsanspruchs aus § 630g BGB dar.[739] Man könnte daher – vor allem unter Bezugnahme auf die Einordnung von § 630g BGB als „Hilfsnorm" –[740] in Betracht ziehen, §§ 280, 630g BGB nicht als eigene Anspruchsgrundlage zu begreifen, sondern die Verletzung von § 630g BGB lediglich als „Reflex" der Verletzung von § 630f BGB zu sehen. Dafür spricht vor allem, dass § 630f BGB und § 630g BGB zwei Seiten derselben Medaille bilden, namentlich der Verwirklichung der Zwecke des § 630f BGB, und deshalb eine Verletzung derselben Pflicht nicht über zwei verschiedene Anspruchsgrundlagen verfolgt werden muss.[741] Dagegen spricht allerdings, dass eine Verletzung der Einsichtsgewährungspflicht de facto vorliegt, falls kein Einblick in die vollständige Dokumentation gewährt wird. Aus welchem Grund dies hingegen stattfindet, ob namentlich eine Verletzung der materiellen Dokumentationspflicht oder eine schlichte Verweigerung des Arztes zur Einsichtnahme vorliegen, ist für die Beurteilung der Pflichtverletzung zunächst ohne Bedeutung. Ausschlaggebend ist ausschließlich, dass der Patient ein Einsichtsrecht besitzt und dieses nicht in der geschuldeten Form ausüben kann. Darüber hinaus besteht im Zivilrecht grundsätzlich Anspruchsgrundlagenkonkurrenz,[742] was ebenfalls für ein Nebeneinander der Ansprüche aus §§ 280 BGB in Verbindung mit § 630f BGB und § 630g BGB spricht. Letztlich ist daher eine Verletzung von § 630g BGB, ebenso wie eine Verletzung von § 630f BGB, in Verbindung mit § 280 BGB jeweils gesondert als Anspruchsgrundlage für mögliche Schadensersatzansprüche einzuordnen.

---

[738] Für den Fall allerdings, dass ein Einsichtsrecht wegen erheblicher therapeutischer Gründe oder sonstiger erheblicher Rechte Dritter nach § 630g Abs. 1 Satz 2 BGB nicht besteht, liegt naturgemäß auch keine Pflichtverletzung vor, in diesem Fall kann ein Dokumentationsfehler von vornherein nur über eine Verletzung von § 630f BGB geltend gemacht werden.

[739] Vgl. dazu bereits Kapitel 3. B. I. 4. d.

[740] Vgl. dazu bereits Kapitel 3. B. I. 4. d.

[741] Vgl. dazu bereits Kapitel 3. B. I. 4. d.

[742] Vgl. z.B. BAG v. 23.11.2006 - AZR 317/06 – juris [Rn. 13] „ein und dieselbe Rechtsfolge kann aus ein und demselben Lebenssachverhalt und zugleich aus mehreren Normen des materiellen Rechts hergeleitet werden. Dann liegt Anspruchskonkurrenz [...] vor" vgl. auch *Förster,* BeckOK-BGB, § 823 BGB Rn. 791 und *Schärtl,* NJW 2014, 3601 bezüglich der Konkurrenz von vertraglicher und deliktsrechtlicher Haftung nach Einführung des PatRG.

III. Zwischenergebnis

Ein materieller Dokumentationsfehler begündet damit grundsätzlich einen Schadensersatzanspruch des Patienten nach §§ 280 Abs. 1, 241 Abs. 2 BGB in Verbindung mit § 630f Abs. 1 BGB, sofern alle Voraussetzungen des Anspruchs erfüllt sind, insbesondere die haftungbegründende und haftungsausfüllende Kausalität und ein ersatzfähiger Schaden vorliegen.[743]

[743] Vgl. Kapitel 3.C.II zur haftungsbegründenden Kausalität und denkbaren Haftungskonstellationen, sowie Kapitel 5.A zur haftungsausfüllenden Kausalität und zurechnenbaren Schäden.

C. Deliktsrechtliche Haftung des Arztes

I. Gang der Untersuchung und grundsätzliche Erwägungen zur deliktsrechtlichen Haftung wegen Dokumentationsmängeln

1. Notwendigkeit der Bildung von Haftungskonstellationen

Neben einer vertraglichen Haftung kann sich für den Arzt auch eine deliktsrechtliche Haftung wegen der Verletzungen von Dokumentationspflichten ergeben. Zwischen vertraglicher und deliktsrechtlicherr Haftung besteht grundsätzlich Idealkonkurrenz.[744] Die Haftungssysteme wurden, vor allem durch die Erstreckung der Regelverjährung auf das Deliktsrecht und die Möglichkeit, Schmerzensgeld auch für Vertragspflichtverletzungen zu fordern, bei gleichzeitiger Abschaffung des § 847 BGB a.F., weitestgehend angeglichen.[745] Die deliktsrechtliche Haftung hat in der Vergangenheit daher bereits an Bedeutung verloren.[746] Allerdings soll vorliegend nicht nur im Interesse an einer vollständigen wissenschaftlichen Darstellung auf eine deliktsrechtliche Haftung für Dokumentationsversäumnisse eingegangen werden. So ist anerkannt, dass wenn kein Behandlungsvertrag geschlossen wurde, § 630f BGB analoge Anwendung findet.[747] Gerade in den Fällen nicht geschlossener oder unwirksamer Behandlungsverträge, in denen der Arzt regelmäßig als Geschäftsführer ohne Auftrag tätig wird,[748] oder falls Vertragsbeziehungen nur mit dem Krankenhausträger oder dem Praxisinhaber bestehen, nicht aber mit dem behandelnden Arzt selbst, welcher dort nur angestellt ist,[749] sind die nachfolgenden Ausführungen daher ebenfalls von besonderem praktischen Interesse. Da der deliktsrechtliche Rechtsgüterschutz aber weit weniger umfassend ist als derjenige des Vertragsrechts, sollen im Folgenden diejenigen Fallgruppen erörtert werden, in welchen neben einer vertraglichen auch eine deliktsrechtliche Haftung für einen Dokumentationsfehler denkbar erscheint.

---

[744] *Bergmann* in Bergmann/Pauge/Steinmeyer, § 823 BGB Rn. 1; *Spindler* in BeckOGK-BGB, § 823 BGB Rn. 838; *Sprau* in Grüneberg, § 823 BGB Rn. 146; *Laufs/Kern* in Laufs/Kern, HdB Arztrecht (4. Aufl. 2010), § 93 Rn. 17; *Greiner* in Spickhoff, Medizinrecht, §§ 823-839 BGB Rn. 1.

[745] *Spindler* in BeckOGK-BGB, § 823 BGB Rn. 839; *Laufs/Kern* in Laufs/Kern, HdB Arztrecht (4. Aufl. 2010), § 93 Rn. 18.

[746] BT-Drucks. 17/10488, S. 17f.; *Wagner* in MüKo-BGB, § 823 BGB Rn. 1206.

[747] *Fiekas,* Die Dokumentation, S. 66ff.; *Kern* in Ratzel/Lissel, HdB Medizinschadensrecht, § 1 Rn. 29 und § 6 Rn. 4; *Katzenmeier* in Laufs/Katzenmeier/Lipp, Arztrecht, Kap. IX. Rn. 46.

[748] *Kern* in Ratzel/Lissel, HdB Medizinschadensrecht, § 1 Rn. 29; *Spickhoff,* VersR 2013, 267, 281.

[749] *Förster* in BeckOK-BGB, § 823 BGB Rn. 792; *Spickhoff,* VersR 2013, 267, 281; *Wagner* in MüKo-BGB, § 823 BGB Rn. 1218; *Kern* in Jauernig, § 823 BGB Rn. 111f.; *Sprau* in Grüneberg, § 823 BGB Rn. 147, 158; *Wilhelmi* in Erman, § 823 BGB Rn. 129.

Es sei nochmals daran erinnert, dass als Grundlage eines Schadensersatzanspruchs allein eine Verletzung der materiellen Dokumentationspflicht in Betracht kommt, während bei der Verletzung einer formellen Dokumentationspflicht nur sehr schwer vorstellbar ist, dass diese einen kausalen Schaden nach sich ziehen kann.[750] Im Folgenden erörterte Fragen der Kausalität gelten für die vertragliche Haftung des Arztes natürlich ebenfalls. Auf schadensrechtliche Fragen, die nicht die Haftungsbegründung, sondern die Haftungsausfüllung betreffen, soll nachfolgend zunächst nur soweit wie nötig eingegangen werden, auf sie wird noch gesondert an späterer Stelle einzugehen sein.[751]

2. Grundsätzliche Erwägungen für die Qualifikation von §§ 630f, 630g BGB als „Schutzgesetz" i.S.d. § 823 Abs. 2 BGB

a. Gesetzeseigenschaft und Feststellung des Individualschutzes

Eine deliktsrechtliche Haftung des Arztes kann sich vor allem aus § 823 Abs. 1 BGB und § 823 Abs. 2 BGB in Verbindung mit einem entsprechenden Schutzgesetz, namentlich § 630f BGB oder § 630g BGB, ergeben. Nachdem bereits vor Erlass des PatRG die Frage diskutiert wurde, ob ein Verstoß gegen die in der ärztlichen Berufsordnung festgeschriebene Dokumentationspflicht (§ 10 MBO-Ä) eine deliktsrechtliche Haftung für Dokumentationsfehler wegen einer Schutzgesetzverletzung i.S.d § 823 Abs. 2 BGB begründen kann,[752] soll im vorliegenden Fall der Fokus auf der zivilrechtlich normierten Dokumentationspflicht aus § 630f BGB und dem Einsichtsanspruch aus § 630g BGB liegen. Dazu müssten §§ 630f, 630g BGB als Schutzgesetze im Sinne von § 823 Abs. 2 BGB zu qualifizieren sein. Ein grundsätzliches Problem besteht in der Unsicherheit, wann eine Norm letztlich als Schutzgesetz i.S.d. § 823 Abs. 2 BGB anzusehen ist. Einigkeit besteht dahingehend, dass die in Frage kommende Norm ein Ge- oder Verbot statuieren muss und ein „Gesetz" sein muss, wobei sich dieser Begriff an Art. 2 EGBGB orientiert, wonach „Gesetz" im Sinn des BGB „jede Rechtsnorm" ist.[753] Diese Voraussetzungen werden von den o.g. Normen unproblematisch erfüllt. Darüber hinaus ist allgemein anerkannt und bereits aus dem Wortlaut von § 823 Abs. 2 BGB ersichtlich, dass die in Frage kommende Norm einen Individualschutz bezwecken muss („ein *den Schutz des anderen bezweckendes* Gesetz").[754] Ein solcher ist zu bejahen, wenn die verletzte Norm nicht lediglich dem

[750] Siehe oben, Kapitel 3. A. II.

[751] Siehe en Detail Kapitel 5.

[752] Vgl. *Hager* in Staudinger, § 823 BGB Rn. G31; *Spindler* in BeckOGK-BGB, § 823 BGB Rn. 263; jew. m.w.N.

[753] So bereits RG v. 18.02.1932 – VIII 537/31 = RGZ 135, 242, 245; BGH v. 25.01.1977 - VI ZR 29/75 = NJW 1977, 1147, 1148; statt aller: *Wilhelmi* in Erman, § 823 BGB Rn. 154; *Hager* in Staudinger, § 823 BGB Rn. G9; *Spickhoff* in Soergel, § 823 BGB Rn. 186; *Sprau* in Grüneberg, § 823 BGB Rn. 57.

[754] BGH v. 18.11.2003 - VI ZR 385/02 = NJW 2004, 356, 357; v. 22.06.2010 - VI ZR 212/09 = BeckRS 2010, 17425 [Rn. 26]; v. 10.02.2011 – I ZR 136/09 = EuZW 2011, 440, 441 [Rn. 18]; v. v. 13. 12. 2011 – XI ZR 51/10 = NJW 2012, 1800,

Allgemeininteresse, sondern zumindest auch dem Schutz von Einzelpersonen dienen soll; der Individualschutz darf dabei allerdings nicht lediglich reflexhaft auftreten, sondern muss von der jeweiligen Norm explizit auch bezweckt sein.[755] Ob ein Gesetz nicht nur dem Schutz der Allgemeinheit dient, sondern zumindest auch den Schutz eines Einzelnen bezweckt, ist durch Auslegung zu ermitteln. Dazu sind zunächst die klassischen Auslegungskanones heranzuziehen.[756] Der BGH stellt in diesem Zusammenhang formelhaft lediglich auf Inhalt, Zweck und Entstehungsgeschichte des Gesetzes ab, nimmt nachfolgend allerdings in der Regel ebenfalls eine umfassende Auslegung vor.[757] Für eine Haftung des Anspruchsgegners muss, über einen Individualschutzzweck der Norm hinaus, auch die konkrete Schutzgesetzverletzung vom jeweiligen Schutzbereich der Norm umfasst sein. Dabei wird üblicherweise nach persönlichem, sachlichem und modalem Schutzbereich der jeweiligen Rechtsnorm unterschieden.[758] Um eine Haftung zu begründen, muss die verletzte Norm demnach dem Schutz des Verletzten dienen (persönlicher Schutzbereich), es muss jenes Rechtsgut oder Interesse verletzt worden sein, welches auch von der Norm geschützt werden soll (sachlicher Schutzbereich) und die Verletzung muss sich in einer Art und Weise verwirklicht haben, wie sie durch das Schutzgesetz verhindert werden soll (modaler Schutzbereich).[759] Mit dieser Trennung zwischen (abstraktem) Individualschutz und konkreter Anspruchsberechtigung im jeweiligen Fall (durch Betroffenheit des jeweiligen Schutzbereichs) wird eine Abstufung in der Anspruchsprüfung vorgenommen, der es streng genommen nicht bedürfte.[760] Es erscheint daher zweckmäßig, die Prüfung der Betroffenheit des Schutzbereichs,

---

1802 [Rn. 21]; v. 14.05.2013 – VI ZR 255/11 = NJW 2014, 64 [Rn. 7]; *Spindler* in BeckOGK-BGB, § 823 BGB Rn. 257; *Förster* in BeckOK-BGB, § 823 BGB Rn. 276ff.; *Sprau* in Grüneberg, § 823 BGB Rn. 58; *Spickhoff* in Soergel, § 823 BGB Rn. 195; *Wilhelmi* in Erman, § 823 BGB Rn. 157; *Hager* in Staudinger, § 823 BGB Rn. G19.

755 BGH v. 18.11.2003 - VI ZR 385/02 = NJW 2004, 356, 357; v. 22.06.2010 - VI ZR 212/09 = BeckRS 2010, 17425 [Rn. 26]; v. 10.02.2011 – I ZR 136/09 = EuZW 2011, 440, 441 [Rn. 18]; v. v. 13. 12. 2011 – XI ZR 51/10 = NJW 2012, 1800, 1802 [Rn. 21]; v. 14.05.2013 – VI ZR 255/11 = NJW 2014, 64 [Rn. 7]; *Spindler* in BeckOGK-BGB, § 823 BGB Rn. 257; *Hager* in Staudinger, § 823 BGB Rn. G19; *Förster* in BeckOK-BGB, § 823 BGB Rn. 276; *Sprau* in Grüneberg, § 823 BGB Rn. 58 **a.A.** reflexhaften Schutz wohl für ausreichend haltend *Spickhoff* in Soergel, § 823 BGB Rn. 195.

756 *Wagner* in MüKo-BGB, § 823 BGB Rn. 614; *Schaub* in Prütting/Wegen/Weinreich, § 823 BGB Rn. 231; *Spindler* in BeckOGK-BGB, § 823 BGB Rn. 257; *Wilhelmi* in Erman, § 823 BGB Rn. 158.

757 BGH v. 18.11.2003 - VI ZR 385/02 = NJW 2004, 356, 357; v. 22.06.2010 - VI ZR 212/09 = BeckRS 2010, 17425 [Rn. 26]; v. 10.02.2011 – I ZR 136/09 = EuZW 2011, 440, 441 [Rn. 18]; v. v. 13. 12. 2011 – XI ZR 51/10 = NJW 2012, 1800, 1802 [Rn. 21]; v. 14.05.2013 – VI ZR 255/11 = NJW 2014, 64 [Rn. 7].

758 *Schramm*, Schutzbereich der Norm, S. 16ff.; *Lang*, Normzweck und duty of care, S. 82; *Spickhoff* in Soergel, § 823 BGB Rn. 195, 219; *Wagner* in MüKo-BGB, § 823 BGB Rn. 620, *Schaub* in Prütting/Wegen/Weinreich, § 823 BGB Rn. 234.

759 *Spickhoff* in Soergel, § 823 BGB Rn. 219; *Wagner* in MüKo-BGB, § 823 BGB Rn. 620; *Schaub* in Prütting/Wegen/Weinreich, § 823 BGB Rn. 234.

760 *Spickhoff* in Soergel, § 823 BGB Rn. 195.

mit der Frage nach einem Individualschutz der Norm zu verbinden.[761] Der persönliche Schutzbereich von § 630f BGB und § 630g BGB wird jedenfalls immer tangiert sein, wenn der Patient Ansprüche aus einem Dokumentationsfehler geltend macht. Darüber hinaus wird eine Haftung des Arztes stets davon abhängen, ob der zugrunde liegende Fall vom sachlichen und modalen Schutzbereich der Normen erfasst ist, ob also im konkreten Fall das von der Dokumentationspflicht und dem Einsichtsrecht verletzte Schutzgut oder Interesse tangiert wurde und dieses in einer Art und Weise verletzt wurde, wie sie durch das jeweilige Schutzgesetz verhindert werden sollte. Es zeigt sich, dass eine abstrakte Beurteilung der Schutzgesetzqualität der Normen nicht möglich ist. Vielmehr ist für die Beantwortung der Frage nach einem Individualschutz der Normen ebenfalls die bereits angesprochene Bildung von Fallgruppen notwendig.

b. „Tragbarkeit im haftungsrechtlichen Gesamtsystem"

Auch bei feststehendem Individualschutz einer Norm ist deren Eigenschaft als Schutzgesetz nach Ansicht des BGH allerdings noch nicht eindeutig. Dieser erkennt eine Schutzgesetzeigenschaft und eine damit verbundene Haftung nach § 823 Abs. 2 BGB nur dann an, wenn diese „im Lichte des haftpflichtrechtlichen Gesamtsystems tragbar erscheint".[762] Rechtfertigung für eine solche – im Gesetz nicht angelegte –[763] Beschränkung der Haftung ist der Gedanke, dass über die breitflächige Anerkennung von straf- und verwaltungsrechtlichen Verhaltensstandards die zentrale Wertung des BGB gegen eine allgemeine Fahrlässigkeitshaftung für reine Vermögensschäden nicht unterlaufen werden darf.[764] Falls ein Verstoß gegen die betreffende Norm lediglich als Ordnungswidrigkeit oder überhaupt nicht öffentlich-rechtlich sanktioniert ist, wie dies für einen Verstoß gegen § 630f BGB der Fall ist, so soll nach Ansicht des BGH für eine „Tragbarkeit im haftungsrechtlichen Gesamtsystem" entscheidend sein, ob der Geschädigte in ausreichender Weise anderweitig abgesichert ist.[765] Ist dies der Fall, so kommt eine Haftung nach § 823 Abs. 2 BGB nach Ansicht des BGH nicht in Betracht.

---

[761] *Spickhoff* in Soergel, § 823 BGB Rn. 195.

[762] BGH v. 08.06.1976 - VI ZR 50/75 = NJW 1976, 1740/1741; v. 13.04.1994 - II ZR 16/93 = DNotZ 1994, 638, 642; vom 06.05.2008 - XI ZR 56/07 = DNotZ 2008, 837 [Rn. 51].

[763] krit. daher *Karollus,* Schutzgesetzverletzung, S. 125ff.; *Spickhoff* in Soergel, § 823 BGB Rn. 199f.; *Klein,* WM 2016, 862, 865.

[764] BGH v. 08.06.1976 - VI ZR 50/75 = NJW 1976, 1740/1741.

[765] BGH v. 05.02.1980 - VI ZR 169/79 = NJW 1980, 1792/1793; v. 29.06.1982 - VI ZR 33/81 = NJW 1982, 2780, 2781; v. 21.10.1991 – II ZR 204/90 – juris [Rn. 19]; v. 13.04.1994 - II ZR 16/93 = DNotZ 1994, 638, 642; vgl. zur Problematik auch *Hager* in Staudinger, § 823 BGB Rn. G17f.; in der Literatur sind diese Einschränkungen, da sie insbesondere nicht aus dem Gesetz oder den Materialien zu § 823 Abs. 2 BGB unmittelbar herleitbar sind, auf Kritik gestoßen, vgl. *Spickhoff* in Soergel, § 823 BGB Rn. 199f.; *Karollus,* Schutzgesetzverletzung, S. 125ff.; *Spindler* in BeckOGK-BGB, § 823 BGB Rn. 266ff. m.w.N.; Stattdessen wird teilweise gefordert, die Einordnung als Schutzgesetz nur dann zu bejahen, wenn eine

Eine solche „anderweitige Absicherung“ ist vor allem dann anzunehmen, wenn der Geschädigte sich über einen anderen Schadensersatzanspruch schadlos halten kann.[766] Dies könnte im Fall des Dokumentationsfehlers deshalb anzunehmen sein, weil dem Patienten bereits über §§ 280, 630f BGB und §§ 280, 630g BGB ein Anspruch auf Schadensersatz für die Verletzung der materiellen Dokumentationspflicht zusteht. Auch in der Literatur wird teilweise die Auffassung vertreten, dass in Bezug auf einen möglichen Schadensersatz das Vertragsrecht im Verhältnis zum Deliktsrecht eine in sich abgeschlossene Spezialregelung und Sonderordnung bildet, mit der sich eine Einordnung von vertragsrechtlichen Normen als Schutzgesetze nicht vereinbaren ließe.[767] Gegen den Ansatz der Literatur spricht allerdings, dass sowohl die Dokumentationspflicht aus § 630f BGB, ebenso wie das Einsichtsrecht aus § 630g BGB, bereits keine vertragliche Pflicht im herkömmlichen Sinne darstellen, da sie – anders als die vertraglichen Regelungen des BGB normalerweise – nicht disponibel sind.[768] Sie sollen hingegen sogar dann gelten, wenn keine vertragliche Beziehung zwischen Arzt und Patient besteht.[769] Sie sind also vertragsunabhängig und unabdingbar und deshalb mit einer typischen Vertragspflicht gerade nicht vergleichbar. Dies lässt, selbst falls man eine „Sperrwirkung“ vertraglicher Pflichten im Rahmen des § 823 Abs. 2 BGB grundsätzlich zuließe, die Dokumentationspflicht und das Einsichtsrecht aus §§ 630f, 630g BGB im Ergebnis als begründete Ausnahme erscheinen, welche wegen ihrer vertragsunabhängigen Geltung dennoch als mögliche Schutzgesetze im Rahmen einer deliktsrechtlichen Haftung in Betracht zu ziehen sind.

Auch im Hinblick auf das Kriterium des „haftungsrechtlichen Gesamtzusammenhangs“[770] lässt sich aber ein Ausschluss des Dokumentationsfehlers von der deliktsrechtlichen Haftung nicht überzeugend begründen: Abgesehen von den grundsätzlichen Bedenken, die der Ansatz der „anderweitigen

---

Vergleichbarkeit zu den verschärften Haftungsvoraussetzungen des § 826 BGB oder den nach § 823 Abs. 1 BGB geschützten Rechtsgütern besteht, vgl. *Förster* in BeckOK-BGB, § 823 BGB Rn. 278; *Spindler* in BeckOGK-BGB, § 823 BGB Rn. 269; *Canaris* in FS Larenz, (1983), 27, 48.

[766] Vgl. BGH v. 19.02.1990 - II ZR 268/88 = NJW 1990, 1725, 1730.

[767] *Spickhoff*, Gesetzesverstoß und Haftung, S. 141ff., 147f. ; *ders.* in Soergel, § 823 BGB Rn. 201 m.w.N.

[768] Für § 630f BGB *Deutsch*, NJW 2012, 2009, 2012; *Fiekas*, Die Dokumentation, S. 179/180; ferner siehe oben, Kapitel 3. C. I. 1 für § 630g BGB siehe oben, Kapitel 3. B. II. 1.

[769] Siehe oben, Kapitel 3. C. I. 1und Kapitel 3. B. II. 1.

[770] BGH v. 08.06.1976 - VI ZR 50/75 = NJW 1976, 1740/1741; v. 13.04.1994 - II ZR 16/93 = DNotZ 1994, 638, 642; vom 06.05.2008 - XI ZR 56/07 = DNotZ 2008, 837 [Rn. 51].

ausreichenden Absicherung“[771] (sog. Subsidiarität) mit sich bringt,[772] ist der Patient über eine vertragliche Haftung bei Dokumentationsfehlern gerade nicht ausreichend anderweitig abgesichert. Denn im Fall eines unwirksamen oder nicht geschlossenen Behandlungsvertrages besteht gerade keine Möglichkeit, den Behandelnden über §§ 280ff. BGB in Anspruch zu nehmen. Gegenüber dem angestellten Arzt, welcher lediglich Arbeitnehmer ist, besteht ebenfalls keine vertragliche Haftung, dieser ist allerdings trotzdem als Behandelnder zur Dokumentation und zur Gewährung von Einsicht in diese verpflichtet.[773] Es wird somit offenbar, dass nicht nur keine anderweitige Absicherung des Patienten für die genannten Fälle existiert, sondern vielmehr eine Haftungslücke, deren Schließung angebracht erscheint. Ein Verweis auf die vertragliche Haftung erscheint daher nicht ausreichend, um §§ 630f, 630g BGB die Anerkennung als Schutzgesetz zu verweigern.

Allerdings könnte ein Anspruch aus § 823 Abs. 2 BGB in Verbindung mit § 630f BGB mit dem Argument abgelehnt werden, dass ein entsprechender Anspruch mit gleichem Inhalt bereits aus § 823 Abs. 2 BGB in Verbindung mit § 630g BGB bestünde und der Patient damit bereits anderweitig geschützt wäre. Gegen eine solche Argumentation spricht allerdings zunächst, dass auch Fälle denkbar sind, in denen ein Schadensersatzanspruch lediglich auf eine Verletzung von § 630f BGB, nicht aber zugleich auf eine Verletzung von § 630g BGB gestützt werden kann.[774] Für Fälle, in denen eine Haftung sowohl über eine Verletzung von § 630f BGB, wie auch § 630g BGB begründbar ist, bliebe das Argument bestehen. Allerdings könnte einem Anspruch aus § 823 Abs. 2 BGB in Verbindung mit § 630g BGB ebenfalls mit dem Argument entgegen getreten werden, ein entsprechender Anspruch bestehe bereits aus § 823 Abs. 2 BGB in Verbindung mit § 630g BGB. Dass dieses Ergebnis so nicht richtig sein kann, wird bereits daran deutlich, dass es sich inhaltlich betrachtet um einen Zirkelschluss handelt. Zur Lösung der Problematik ist das Verhältnis zwischen § 630f BGB und § 630g BGB ausschlaggebend. Wie bereits erwähnt, können § 630f und § 630g BGB nicht getrennt voneinander betrachtet werden, vielmehr sind beide Normen zur lückenlosen Durchsetzung der Zwecke der

[771] BGH v. 08.06.1976 - VI ZR 50/75 = NJW 1976, 1740/1741; v. 13.04.1994 - II ZR 16/93 = DNotZ 1994, 638, 642; vom 06.05.2008 - XI ZR 56/07 = DNotZ 2008, 837 [Rn. 51].

[772] *Spickhoff* in Soergel, § 823 BGB Rn. 199 stellt berechtigterweise die Frage, warum eine zusätzliche Anspruchsgrundlage des Geschädigten den Anspruch aus § 823 Abs. 2 BGB ausschließen soll.

[773] **A.A.** hingegen LG Göttingen v. 18.10.2016 – 12 T 4/16 = BeckRS 2016, 128486 [Rz. 20ff]; wonach als „Behandler“ i.S.d §§ 630aff. BGB ausschließlich der Vertragspartner des Patienten anzusehen sein soll.

[774] So z.B. im Fall des objektiven Behandlungsfehlers bei nachfolgender Behandlung. Der Patient wird in diesem Fall nicht behaupten können, dass ihm daraus, dass ihm die Dokumentation nicht zugänglich gemacht wurde, ein Schaden entstanden ist. Dieser beruht in der erwähnten Konstellation vielmehr darauf, dass *dem nachfolgenden Behandler* keine richtige und vollständige Dokumentation zugänglich gemacht wurde.

Dokumentation erforderlich.[775] Ohne den Anspruch auf Einsichtnahme können auch die Zwecke der Dokumentationserstellung nicht vollständig verwirklicht werden, beispielsweise die Vorlage bei einem anderen Arzt, die Kenntnisnahme des Behandlungsverlaufs, sowie die Kontrolle des Behandelnden. Trotzdem ist eine Abstufung der Normen erkennbar. So normiert § 630f BGB die Aufzeichnung zu einem bestimmten Zweck, während es sich bei § 630g BGB lediglich um eine Hilfsnorm handelt, die der Durchsetzung der § 630f BGB zugrunde liegenden Zwecke dient.[776] Richtigerweise kommt daher § 630g BGB bei der Frage nach einem Schadensersatz wegen materiell unrichtiger Dokumentation lediglich eine untergeordnete Rolle zu, den Schwerpunkt der Regelung bildet in diesem Zusammenhang aber § 630f BGB. Denn jeder Anspruch im Zusammenhang mit einer Dokumentationspflichtverletzung, der aus einem Verstoß gegen § 630g BGB denkbar ist, kann ebenfalls über §§ 280 Abs. 1 BGB oder § 823 Abs. 2 BGB in Verbindung mit § 630f BGB geltend gemacht werden, nicht so aber umgekehrt.[777] Eine zusätzliche Haftung nach § 823 Abs. 2 BGB in Verbindung mit § 630g BGB bräuchte es damit nicht, der Patient wäre über die Haftung nach § 630f BGB bereits ausreichend geschützt. Daher liegt bei einer Dokumentationspflichtverletzung schwerpunktmäßig eine Verletzung von § 630f BGB vor. Eine Haftung für Dokumentationsfehler nach § 823 Abs. 2 BGB in Verbindung mit § 630g BGB kommt bereits deshalb nicht in Betracht, weil der Patient über den Anspruch aus § 823 Abs. 2 in Verbindung mit § 630f BGB bereits anderweitig (und sogar weitreichender) geschützt ist, und damit eine Haftung aus § 823 Abs. 2 BGB in Verbindung mit § 630g BGB nach Ansicht des BGH wohl im haftpflichtrechtlichen Gesamtsystem nicht tragbar erschiene. Eine Haftung des Arztes nach § 823 Abs. 2 BGB in Verbindung mit § 630f BGB erscheint im haftungsrechtlichen Gesamtsystem tragbar. § 630f BGB ist damit, sofern im jeweiligen Fall ein Individualschutz bejaht werden kann, als Schutzgesetz einzuordnen.

II. Denkbare Fallgruppen und Anspruchsgrundlagen

1. Objektiver Behandlungsfehler bei nachfolgender Behandlung

Zunächst ist der Fall denkbar, in dem ein Behandelnder falsch dokumentiert und ein nachbehandelnder Arzt auf Basis dieser falschen Dokumentation eine Behandlung vornimmt, die in Wirklichkeit nicht indiziert gewesen wäre.[778] In diesem Fall liegt objektiv betrachtet ein Behandlungsfehler des

[775] Siehe oben, Kapitel 3. B. I. 4. d.

[776] Siehe oben, Kapitel 3. B. I. 4. d.

[777] So beispielsweise, wie bereits erwähnt (Fn. 774), im Fall eines objektiven Behandlungsfehlers bei der nachfolgenden Behandlung: Ein Schadensersatzanspruch kann sich hier aus § 823 Abs. 2 BGB in Verbindung mit § 630f BGB, nicht aber in Verbindung mit § 630g BGB ergeben.

[778] *Dolle,* Dogmatik der Verletzung, S. 97; *Rigizahn,* MedR 1995, 391; *Fiekas,* Die Dokumentation, S. 215ff.; *Rosenberger* in FS Jaeger (2014), 97, 98f.; *Kern* in Ratzel/Lissel, HdB Medizinschadensrecht, § 6 Rn. 61; *Glanzmann* in

nachbehandelnden Arztes vor, der diesem allerdings mangels Verschulden nicht anzulasten ist.[779] Letztlich besteht in diesem Fall eine Beeinträchtigung der Gesundheit des Patienten, die auf einer Verletzung der Dokumentationspflicht des vorbehandelnden Arztes beruht.[780] Eine Haftung kann in diesem Fall zunächst auf § 823 Abs. 1 BGB gestützt werden, da die Gesundheit des Patienten als geschütztes Rechtsgut von der Norm umfasst ist. Verletzungshandlung ist in diesem Fall das Unterlassen der eigentlich geschuldeten Dokumentation und die daraus resultierende Falschbehandlung durch den nachbehandelnden Arzt. Der Verstoß gegen die Dokumentationspflicht ist im Rahmen der deliktsrechtlichen Haftung nach § 823 Abs. 1 BGB als Verstoß gegen eine Verkehrssicherungspflicht einzuordnen.[781] Dass keine unmittelbare Schädigung durch den vorbehandelnden Arzt stattfindet, sondern lediglich eine Ursache für die Schädigung durch den nachbehandelnden Arzt gesetzt wird, ist hierbei unschädlich. Denn nach der h.M. sind auch mittelbare Schädigungen nach § 823 Abs. 1 BGB ersatzfähig.[782] Im Fall des objektiven Behandlungsfehlers durch den nachbehandelnden Arzt besteht damit jedenfalls eine Schadensersatzpflicht nach § 823 Abs. 1 BGB.[783]

Darüber hinaus kommt eine Haftung nach § 823 Abs. 2 BGB in Verbindung mit § 630f BGB in Betracht. Jedenfalls unproblematisch zu bejahen ist die Gesetzesqualität der Norm und die Betroffenheit des personellen Schutzbereichs. Auch soll die Dokumentation gerade dem Patienten dienen und für diesen eine ordnungsgemäße Behandlung und Weiterbehandlung sicherstellen.[784] Sie dient damit

---

Bergmann/Pauge/Steinmeyer, § 630f BGB Rn. 2; *Wagner* in MüKo-BGB, § 630f BGB Rn. 25; *Katzenmeier* in BeckOK-BGB, § 630f BGB Rn. 18; *ders.*, NJW 2013, 817, 821; *Mansel* in Jauernig, § 630f BGB Rn. 6; *Rehborn/Gescher* in Erman, § 630f BGB Rn. 17; *Rosenberger* in HdB des FA MedR, Kap. 7 Rn. 424; *Frahm/Walter*, Arzthaftungsrecht, Rn. 315; *Quaas* in Quaas/Zuck/Clemens, Medizinrecht, § 14 Rn. 114.

[779] *Rigizahn,* MedR 1995, 391; *Fiekas,* Die Dokumentation, S. 217; *ders.*, MedR 2016, 32, 35.

[780] Teilweise wird für den Fall, dass ein Arzt falsch dokumentiert und der nachbehandelnde Arzt daraufhin deshalb objektiv falsch behandelt, auch angenommen, der erstbehandelnde Arzt habe durch das Dokumentationsversäumnis seine Pflicht, den nachbehandelnden Kollegen zu informieren, verletzt, vgl. *Wendt,* Die ärztliche Dokumentation, S. 301. Gegen diese Ansicht spricht allerdings, dass die ärztliche Dokumentation als eigene, jedenfalls schadensersatzbewehrte vertragliche Pflicht gegenüber dem Patienten gesetzlich normiert ist und mit einem Schadensersatzanspruch zum selben Ergebnis führt, während der Rückgriff auf eine nicht normierte Informationspflicht des Arztes in diesem Fall eher konstruiert wirkt und wohl auch der Tatsache geschuldet ist, dass die erwähnte Ansicht aus der Zeit vor Erlass des PatRG stammt und heute wohl als nicht mehr zeitgemäß eingeordnet werden kann.

[781] *Spickhoff,* VersR 2013, 267, 281; *Wilhelmi* in Erman, § 823 BGB Rn. 127.

[782] *Hager* in Staudinger, § 823 BGB, Rn. A9ff., *Wagner* in MüKo-BGB, § 823 BGB Rn. 21f.; *Spindler* in BeckOGK-BGB, § 823 BGB Rn. 105; krit. zur Unterscheidung zwischen unmittelbaren und mittelbaren Schäden *Spickhoff* in Soergel, § 823 BGB Rn. 12.

[783] So auch *Rigizahn,* MedR 1995, 391, 392f.

[784] Siehe oben, Kapitel 1. B. II und Kapitel 1. B. IV. 1.

unmittelbar dem Schutz der Gesundheit des Patienten,[785] genauer wohl der Erhaltung der bestehenden Gesundheit einerseits und der Förderung der Heilung und damit der Verbesserung des Gesundheitszustands andererseits. Der sachliche Schutzbereich der Norm ist damit jedenfalls betroffen, wenn aufgrund des Dokumentationsfehlers ein Gesundheitsschaden zustande kommt. Sinn und Zweck der Dokumentationspflicht ist dabei vor allem, vor den Gefahren einer Fehlbehandlung aufgrund einer unzulänglichen Dokumentation zu schützen.[786] Im zugrunde liegenden Fall des objektiven Behandlungsfehlers bei der nachfolgenden Behandlung ist damit auch der modale Schutzbereich der Norm betroffen. Damit ist § 630f BGB für die Fallgruppe des objektiven Behandlungsfehlers bei einer nachfolgenden Behandlung als Schutzgesetz zu qualifizieren. Eine Haftung des falsch dokumentierenden Arztes ist daher in diesem Fall auch nach § 823 Abs. 2 BGB in Verbindung mit § 630f BGB gegeben.

2. Unnötige Doppeluntersuchung

a. Fallgruppe und denkbare Schadensposten

Auch ist der Fall denkbar, dass wegen unzureichender Dokumentation eines vorbehandelnden Arztes auf dessen Befunderhebungen bzw. Untersuchungsergebnisse im weiteren Verlauf der Behandlung nicht zurückgegriffen werden kann und daher eine erneute Untersuchung und Befunderhebung stattfinden muss (sog. „Doppeluntersuchung").[787] Von diesem Fall abzugrenzen ist der Fall, dass aufgrund einer nicht dokumentierten *Behandlung* diese irrtümlicherweise erneut stattfindet (sog. „Doppelbehandlung"). In diesem Fall, in dem die irrtümlich stattfindende zweite Behandlung unnötig bzw. schädigend ist (z.B. bei der erneuten Gabe eines Medikaments, das bereits verabreicht wurde und daher zu einer Überdosierung führt), handelt es sich bei Lichte betrachtet um einen Fall des objektiven Behandlungsfehlers bei der nachfolgenden Behandlung, der der bereits genannten Fallgruppe zuzuordnen ist.[788]

---

[785] Siehe oben, Kapitel 1. B. II und Kapitel 1. B. IV. 1; so kann eindeutig davon ausgegangen werden, dass wenn nach der Intention des Gesetzgebers Behandlungsfehler und Doppeluntersuchungen vermieden werden sollen, auch die Integrität des Patienten geschützt ist; **a.A.** wohl allerdings *Greiner* in Geiß/Greiner, Arzthaftpflichtrecht, Kap. B. Rn. 211 („Dokumentationspflicht schützt das Integritätsinteresse des Patienten nicht unmittelbar").

[786] *Rosenberger* in FS Jaeger (2014), 97, 98.

[787] *Wasserburg*, NJW 1980, 617, 620; *Dolle,* Dogmatik der Verletzung, S. 97; *Fiekas,* Die Dokumentation, S. 215ff.; *ders.*, MedR 2016, 32, 36 *Rosenberger* in FS Jaeger (2014), 97, 98f.; *Kern* in Ratzel/Lissel, HdB Medizinschadensrecht, § 6 Rn. 61; *Wagner* in MüKo-BGB, § 630f BGB Rn. 24; *Weidenkaff* in Grüneberg, § 630f BGB Rn. 1; *Rosenberger* in HdB des FA MedR, Kap. 7 Rn. 424; *Quaas* in Quaas/Zuck/Clemens, Medizinrecht, § 14 Rn. 114.

[788] Siehe oben, Kapitel 3. C. II. 1.

Als Konsequenz einer auf Dokumentationsversäumnisse zurückzuführenden Doppel*untersuchung* ergeben sich zunächst die weiteren Kosten, die diese verursacht, sowie ein entsprechender Zeitaufwand bzw. Verdienstausfall. Darüber hinaus kann die Untersuchung allerdings auch einen Eingriff in den Körper des Patienten erforderlich machen, der mit Schmerzen oder Gesundheitsschäden verbunden sein kann, wie z.B. bei einer Biopsie, einer Magen-/Darmspiegelung oder einer Röntgenaufnahme.[789]

b. Haftung nach § 823 Abs. 1 BGB

In dem Fall, in dem Schadensersatz in Form von Schmerzensgeld gem. § 253 Abs. 2 BGB verlangt wird für eine Untersuchung, die einen (erneuten) Eingriff in den Körper erfordert, kann eine Geltendmachung über § 823 Abs. 1 BGB erfolgen. Es liegt mit dem erneuten Eingriff eine Verletzung der Gesundheit des Patienten vor, als Schädigungshandlung ist wiederum das Dokumentationsversäumnis des zuerst untersuchenden Arztes in Form einer Verletzung von Verkehrssicherungspflichten zu werten.[790] Auch ist eine Gesundheitsschädigung, die durch eine Verletzung von Dokumentationspflichten zu Stande gekommen ist, nicht von einer Einwilligung des Patienten umfasst, so dass auch an der Rechtswidrigkeit in diesem Fall keine Zweifel bestehen.

Die Kosten einer erneuten Untersuchung sind hingegen grundsätzlich nicht über § 823 Abs. 1 BGB erstattungsfähig, da in diesem Fall allein das Vermögen des Patienten betroffen ist und dieses kein „sonstiges Recht" i.S.d. § 823 Abs. 1 BGB darstellt.[791] Lediglich im Rahmen des Spezialfalls einer Untersuchung, die einen Eingriff in den Körper des Patienten erforderlich macht und damit eine Gesundheitsschädigung als Anknüpfungspunkt schafft, kommt eine Liquidation der Kosten der zweiten Untersuchung nach § 823 Abs. 1 BGB möglicherweise als Vermögensfolgeschaden in Betracht.[792]

c. Haftung nach § 823 Abs. 2 BGB

Fraglich ist darüber hinaus ein Schadensersatzanspruch aus § 823 Abs. 2 BGB in Verbindung mit § 630f BGB. Auch hierbei ist zu unterscheiden zwischen Untersuchungen, die einen Eingriff in die Gesundheit des Patienten erfordern, und solchen, die lediglich eine Vermögensbeeinträchtigung zur Folge haben. Zunächst soll der Fall untersucht werden, bei dem durch die zweite Untersuchung ein Eingriff in die Gesundheit erforderlich wird. Zweck der Dokumentationspflicht ist der Schutz der Gesundheit des Patienten.[793] Falls diese durch die zweite Untersuchung beeinträchtigt wurde, so sind

---

[789] *Rosenberger* in FS Jaeger (2014), 97, 98; *Fiekas,* Die Dokumentation, S. 219.

[790] Siehe oben, Kapitel 3. C. II. 1.

[791] Statt aller *Wagner* in MüKo-BGB, § 823 BGB Rn. 3344; *Hager* in Staudinger, § 823 BGB Rn. B192; jeweils m.w.N.

[792] Vgl. noch Kapitel 5. A. I. 2.

[793] Siehe oben, Kapitel 1. B. II und Kapitel 1. B. IV. 1.

sowohl der persönliche als auch der sachliche Schutzbereich der Norm betroffen. Fraglich ist in diesem Fall lediglich, ob auch der modale Schutzbereich der Norm betroffen ist. Dazu müsste der Schaden gerade aus den Gefahren erwachsen, um derentwillen die Norm erlassen wurde; die Verletzung muss sich also in einer Art und Weise verwirklicht haben, wie sie durch das Schutzgesetz verhindert werden sollte.[794] Ausweislich der Gesetzesmaterialien soll die Dokumentationspflicht die „sachgerechte therapeutische Behandlung und *Weiter*behandlung“[795] gewährleisten. Es soll also ein „normaler“, aus fachlicher Sicht nicht zu beanstandender Behandlungsverlauf gewährleistet werden. Ein solcher liegt aber gerade nicht vor, wenn eine Untersuchung wegen einer Pflichtverletzung des Personals wiederholt werden muss. Dies gilt insbesondere, wenn damit ein Eingriff am Patienten verbunden ist, der für diesen sowohl Schmerzen als auch ein allgemeines Operations- und Eingriffsrisiko mit sich bringt. Noch konkreter wird der Gesetzgeber, wenn er verlauten lässt, dass „unnötige Doppeluntersuchungen vermieden“ und dadurch „körperliche Belastungen [...] gering gehalten werden“ sollen.[796] Der modale Schutzbereich von § 630f BGB ist damit bei Gesundheitsbeeinträchtigungen in Folge von Doppeluntersuchungen ebenfalls betroffen.

Problematischer erscheint hingegen die Frage nach einem Ersatz von Vermögensschäden als Konsequenz einer Doppeluntersuchung. Dass die Gesetzgebungsmaterialien ausdrücklich von der Sicherung der *therapeutischen* Behandlung und Weiterbehandlung sprechen, deutet darauf hin, dass die Dokumentationspflicht grundsätzlich nur vor gesundheitlichen Beeinträchtigungen durch unzureichende Dokumentationen schützen soll, nicht aber auch zwingend vor Beeinträchtigungen des Vermögens. Allerdings hat sich der Gesetzgeber auch explizit dahingehend geäußert, dass durch die ärztliche Dokumentation „unnötige Doppeluntersuchungen vermieden“ und dadurch auch „Behandlungskosten gering gehalten“ werden sollen.[797] Damit ist jedenfalls klar, dass die Kosten der zweiten (unnötigen) Untersuchung, welche durch den Dokumentationsfehler entstanden sind, sowohl vom sachlichen wie auch vom modalen Schutzbereich von § 630f BGB umfasst und damit nach § 823 Abs. 2 BGB ersatzfähig sind. Zu anderen Vermögensschäden schweigen sich die Materialien allerdings aus. Daraus könnte der Schluss gezogen werden, dass ausschließlich die Behandlungskosten, nicht aber darüber hinaus auch weitere Vermögensschäden als ersatzfähig anzusehen sind. Allerdings erscheint es widersprüchlich, zwar die Behandlungskosten als ersatzfähig anzusehen, jedoch andere Vermögensschäden, die ebenfalls kausal auf den Dokumentationsfehler zurückzuführen sind und im Zusammenhang mit der unnötigen Doppeluntersuchung stehen, als nicht liquidationsfähig einzustufen.

---

[794] OLG München v. 14.06.1982 - 21 U 3250/80 = VersR 1983, 887, 888.

[795] BT-Drucks. 17/10488, S. 25.

[796] BT-Drucks. 17/10488, S. 26.

[797] BT-Drucks. 17/10488, S. 26.

Vielmehr wird man die erwähnte Äußerung des Gesetzgebersdahingehend verstehen müssen, dass mit dem Verweis auf „körperliche Belastungen“[798] sämtliche Gesundheitsschäden, und mit dem Verweis auf „Behandlungskosten“[799] sämtliche Vermögensschäden aufgrund von Doppeluntersuchungen ersatzfähig sein sollten. Sowohl der sachliche wie auch der modale Schutzbereich von § 630f BGB sind daher in dem Fall betroffen.

3. Falschinformation des Patienten

a. Fallgruppe und denkbare Schadensposten

Grundsätzlich stellt sich die Frage, inwieweit der falsch dokumentierende Arzt für die Auswirkungen haftet, die sich aus der Kundgabe falsch fixierter Informationen gegenüber dem Patienten ergeben. Der Patient wird die Dokumentation in der Regel nicht selbst auswerten können, sondern dazu auf die Hilfe eines anderen Arztes angewiesen sein. Es ergeben sich in dieser Situation insbesondere zwei denkbare, praktisch relevante Konstellationen.

Zunächst kommt der Fall in Betracht, in dem ein Patient sich unter Vorlage seiner falschen Dokumentation an einen anderen Arzt wendet und von diesem lediglich eine „Übersetzung“ und Erklärung der dokumentierten Inhalte verlangt. Auf Basis dieser Informationen trifft der Patient dann eine Entscheidung, die ihrerseits eine Beeinträchtigung seiner Rechtsgüter nach sich zieht. Beispielhaft sei an dieser Stelle der Fall genannt, in dem sich der Patient aufgrund der durch die Dokumentation vermittelten Information entscheidet, keinerlei weitere Behandlung in Anspruch zu nehmen und im Nachhinein vorträgt, bei ordnungsgemäßer Dokumentation aber eine weitere Therapie in Anspruch genommen zu haben. Gleichfalls denkbar ist, dass der Patient sich dazu entschließt, sich aufgrund der durch die Dokumentation erlangten Informationen selbst zu „therapieren“ und hierbei durch die eigenmächtige Einnahme von Medikamenten einen Gesundheitsschaden erleidet.

Der vorstehend genannte Fall, in dem ein Patient allein aufgrund der Dokumentation autonom eine weitere Entscheidung trifft, wird wohl nur relativ selten vorkommen. Denn ein Patient, der nicht zum Verständnis der Dokumentation fähig ist und deshalb einen anderen Arzt aufsucht, wird regelmäßig auch nicht zur Interpretation der darin enthaltenen Informationen fähig sein. Weitaus häufiger ist daher der Fall, in dem ein Patient, der sich hinsichtlich einer Diagnose oder einer vorgeschlagenen Behandlung vergewissern möchte, eine Zweitmeinung wünscht, und damit einhergehend auch stets eine Interpretation der vorgelegten Befunde. Aufgrund der unrichtigen Dokumentation, die dem Arzt als

[798] BT-Drucks. 17/10488, S. 26.

[799] BT-Drucks. 17/10488, S. 26.

Informationsgrundlage für seine Zweitmeinung dient, wird in diesem Fall letztlich auch die Zweitmeinung unrichtig. Als Folge der unrichtigen Zweitmeinung kommen wiederum Schäden an der Gesundheit und dem Vermögen des Patienten in Betracht.[800]

Zu denken ist im Rahmen von Gesundheitsschäden insbesondere an eine objektiv falsche (Weiter-)Behandlung,[801] oder eine psychische Schädigung wegen einer falschen (vermeintlich sehr schlimmen oder lebensbedrohlichen) Diagnose, bis hin zum Extremfall eines möglichen Suizids wegen einer vermeintlich aussichtslosen Diagnose.[802] Als unmittelbare Vermögensschäden kommen wiederum die Kosten der unrichtigen, und daher wertlosen Zweitmeinung in Betracht.

In beiden vorstellbaren Konstellationen hat bereits der nicht korrekt dokumentierende Arzt mit seinem Dokumentationsfehler die Falschinformation geschaffen. Der nachfolgende Arzt, der die Dokumentation für den Patienten verständlich macht oder eine Zweitmeinung auf deren Basis abgibt, sorgt mit seinem Handeln lediglich dafür, dass diese beim Patienten ihre schädliche Wirkung entfalten kann. Solange für den zweiten Arzt keine Anhaltspunkte dahingehend bestehen, dass für eine Zweitmeinung weitere Befunderhebungen oder Diagnosen notwendig sind, liegt bei diesem jedoch mit der Erteilung einer falschen Information oder einer falschen Zweitmeinung keine vorwerfbare Pflichtverletzung vor.

b. Haftung nach § 823 Abs. 1 BGB

Für die beiden genannten Fallkonstellationen kommt eine Haftung nach § 823 Abs. 1 BGB in Betracht. Fraglich ist, ob im vorliegenden Fall wegen der Einschränkung der Entscheidungsfreiheit des Patienten auch eine Verletzung des allgemeinen Persönlichkeitsrechts in Form des Selbstbestimmungsrechts vorliegt. Der BGH hat zur vergleichbar gelagerten Frage des verletzten Rechtsguts bei einer fehlerhaften Selbstbestimmungsaufklärung klargestellt, dass eine Haftung allein wegen einer

---

[800] Dieser Fall weist enge Parallelen zum Fall des „objektiven Behandlungsfehlers bei nachfolgender Behandlung" auf, unterscheidet sich allerdings von diesem dahingehend, dass bei jenem der Schaden schwerpunktmäßig auf einer Desinformation des nachbehandelnden Arztes fußt, während beim vorliegenden Fall der Schwerpunkt auf der Desinformation des Patienten liegt. Natürlich sind auch Kombinationen denkbar, falls beispielsweise ein Patient sich bei einem anderen Arzt eine Zweitmeinung einholt und dieser auf Basis der Dokumentation zu einer (behandlungsfehlerhaften) Weiterbehandlung rät und der Patient ebendiese bei einem dritten Arzt, wiederrum auf Basis der falschen Dokumentation, vornehmen lässt.

[801] Vgl. hierzu bereits Kapitel 3. C. II. 1.

[802] Sowohl das Hervorrufen einer psychischen Störung, wie auch eine Veranlassung zur Selbstschädigung (bis hin zum Suizid, vgl. BGH v. 10.06.1958 - VI ZR 120/57 = NJW 1958, 1579, 1580) sind als ersatzfähige Schadensposten anerkannt, vgl. *Hager* in Staudinger, § 823 BGB Rn. B27f.

Verletzung des Persönlichkeitsrechts ohne einen zusätzlichen Gesundheitsschaden nicht in Betracht kommt.[803] Der BGH begründete dies damit, dass eine Haftung in diesen Fällen zu einer uferlosen Haftung der Ärzte führen würde, die auch bei der gebotenen Berücksichtigung der Interessen der Patienten nicht vertretbar sei.[804] Diese Ansicht wirkt auf den ersten Blick dogmatisch nicht besonders überzeugend. Tatsächlich wird die Aussage des BGH allerdings dahingehend zu verstehen sein, dass nicht eine Verletzung des allgemeinen Persönlichkeitsrechts per se abzulehnen ist, sondern nach Ansicht des Gerichts wohl die im Rahmen der Rechtswidrigkeit vorzunehmende Interessenabwägung zugunsten des Arztes ausfällt und daher lediglich im Ergebnis eine Haftung abzulehnen ist. Dies ist durchaus nachvollziehbar. Denn im Falle einer fehlerhaften Aufklärung liegt zunächst ausschließlich eine Falschinformation des Patienten vor. Den Arzt allein hierfür haften zu lassen, ohne dass eine weitere Beeinträchtigung der Gesundheit vorliegt, erscheint in der Tat zu streng. Denn jene Fälle, in denen die Verletzung besonders gravierend ist und daher besondere Folgen hervorruft, wurden von der Rechtsprechung bereits als Gesundheitsschäden klassifiziert, so z.B. bei einer psychischen Schädigung wegen einer falschen Diagnose, oder dem Extremfall eines Suizids wegen einer (vermeintlich) aussichtslosen Diagnose.[805] Die Fälle einer reinen Persönlichkeitsrechtsverletzung stellen in der genannten Konstellation daher für gewöhnlich Bagatellfälle dar, so dass im Rahmen der vorzunehmenden Interessenabwägung das Interesse des Arztes regelmäßig überwiegen wird. Hinzu kommt, dass bei Verabschiedung des PatRG die bereits bestehende Rechtsprechung des BGH in Gesetzesform gegossen werden sollte. Dies gilt auch für die Körperverletzungsdoktrin, was sich in der Schaffung von § 630h Abs. 2 BGB niederschlägt.[806] Auch nach Ansicht des Gesetzgebers war daher eine Haftung für reine Persönlichkeitsrechtsverletzungen durch eine Verletzung der Aufklärungspflicht nicht beabsichtigt. Für die Verletzung des Persönlichkeitsrechts des Patienten durch eine fehlerhafte oder unvollständige Dokumentation kann daher nichts anderes gelten. Im Ergebnis ist daher eine Verletzung des allgemeinen Persönlichkeitsrechts im Rahmen der untersuchten Fallgruppe abzulehnen. Als verletztes Rechtsgut kommt allein die Gesundheit des Patienten in Betracht.

---

803 BGH v. 19.07.2016 – VI ZR 75/15 = NJW 2016, 3523, 3524 [Rn. 12]; v. 27.05.2008 - VI ZR 69/07 = NJW 2008, 2344, 2345 [Rn. 19]; **a.A.** OLG Jena v. 03.12.1997 - 4 U 687/97 = VersR 1998, 586, 588; *Katzenmeier* in Laufs/Katzenmeier/Lipp, Arztrecht, Kap. V. Rn. 83ff.; *ders.* in BeckOK-BGB, § 630e BGB Rn. 70.

804 BGH v. 27.05.2008 - VI ZR 69/07 = NJW 2008, 2344, 2345 [Rn. 19].

805 Sowohl das Hervorrufen einer psychischen Störung, wie auch eine Veranlassung zur Selbstschädigung (bis hin zum Suizid, vgl. BGH v. 10.06.1958 - VI ZR 120/57 NJW 1958, 1579, 1580) sind als ersatzfähige Schadensposten anerkannt, vgl. *Hager* in Staudinger, § 823 BGB Rn. B27f.

806 BT-Drucks. 17/10488, S. 27, 28f.

Die Verletzung der Dokumentationspflicht ist als Verletzung einer Verkehrssicherungspflicht zu werten,[807] so dass eine Verletzungshandlung bei einem Dokumentationsfehler zu bejahen ist. Fraglich ist, ob der Dokumentationsfehler kausal für eine Gesundheitsverletzung des Patienten sein kann.

Die Kausalität bestimmt sich nach der Äquivalenztheorie in ihrer nach der Adäquanztheorie eingeschränkten Form. Demnach ist eine Handlung kausal für einen Schadenseintritt, falls das schädigende Ereignis im Allgemeinen geeignet ist, einen Erfolg der eingetretenen Art herbeizuführen und nicht nur unter besonders eigenartigen, unwahrscheinlichen und nach dem gewöhnlichen Verlauf der Dinge außer Acht zu lassenden Umständen.[808] In den genannten Fällen erscheint es nicht besonders ungewöhnlich oder unwahrscheinlich, dass durch eine unvollständige oder falsche Dokumentation eine falsche Grundlage für eine Entscheidung des Patienten oder eine Zweitmeinung eines konsultierten zweiten Arztes geschaffen wird. Der Dokumentationsfehler ist daher grundsätzlich kausal für eine in den untersuchten Fällen eingetretene Rechtsgutsverletzung.

In beiden Fallkonstellationen stellt sich die Frage nach einer möglichen Unterbrechung der Kausalität durch die autonome Entscheidung des Patienten bzw. den Rat des zweiten konsultierten Arztes. Grundsätzlich sind alle Schäden dem Erstschädiger zuzurechnen, die auf der vom Erstschädiger geschaffen Gefährdungslage beruhen.[809] Eine Unterbrechung der Kausalität ist hingegen nur bei Schaffung einer neuen Gefahrenquelle anzunehmen.[810] Eine Unterbrechung der Kausalität wird daher bejahen sein, falls die Empfehlung des zweiten Arztes, bei Unterstellung der Richtigkeit der Dokumentation, als Verstoß gegen fachliche Standards zu werten wäre, mithin ein fachkundiger Arzt unter Einbeziehung der Dokumentation als Informationsgrundlage zu einer anderen Empfehlung hätte kommen müssen. Denn dann hat allein der zweite Arzt durch seine Empfehlung eine neue Gefahrenquelle geschaffen, die geeignet ist, die von der fehlerhaften Dokumentation als Schadensursache ausgehende Kausalität zu unterbrechen. Für die Frage nach einer neuen Gefahrenquelle ist zudem ausschlaggebend, ob der zweite Arzt weitere Befunde erhoben hat oder nach den Regeln der ärztlichen Kunst hätte erheben müssen, aufgrund derer er die Möglichkeit hatte oder gehabt hätte, eine Fehlerhaftigkeit der Dokumentation bzw. der vorherigen Diagnose zu erkennen und damit zu einer anderen Empfehlung gegenüber dem Patienten zu kommen. Ist dies nicht der Fall, so ist

---

[807] Siehe oben unter Kapitel 3. C. II. 1.

[808] BGH v. 11.01.2005 - X ZR 163/02 = NJW 2005, 1420, 1421; v.23. 10.1951 – I ZR 31/51 = BGHZ 3, 261, 267; v. 25.09.1952 – III ZR 322/51 = BGHZ 7, 198, 204; *Luckey* in Prütting/Wegen/Weinreich, § 249 BGB Rn. 52; *Flume* in BeckOK-BGB, § 249 BGB Rn. 284.

[809] BGH v. 28.01.1992 - VI ZR 129/91 = NJW 1992, 1381ff.

[810] Vgl. *Oetker* in MüKo-BGB, § 249 BGB Rn. 142ff.

in den genannten Fällen davon auszugehen, dass die fehlerhafte Dokumentation kausal für eine Gesundheitsverletzung des Patienten ist.

Dass die Gesundheit nicht unmittelbar durch den falsch dokumentierenden Arzt geschädigt wurde, ist für die Kausalität ebenso irrelevant wie die Tatsache, dass die Gesundheitsschädigung auf einem eigenen Willensentschlusses des Patienten beruht, solange dieser nur seinem Inhalt nach nicht besonders eigenartig oder unwahrscheinlich ist und daher im Rahmen der Adäquanztheorie nach dem gewöhnlichen Verlauf der Dinge außer Acht zu lassen ist. Die Kausalität entfällt daher nicht bereits deshalb, weil nur eine mittelbare Verletzung der Gesundheit oder ein eigener Willensentschluss des Verletzten vorliegt.[811] Maßgeblich ist, dass der unrichtig dokumentierende Arzt eine Ursache gesetzt hat, aufgrund derer sich eine Rechtgutsverletzung verwirklicht hat.

Einzuschränken ist die Kausalität nach der Theorie vom Schutzzweck der Norm dahingehend, dass lediglich für solche Fälle Schadensersatz geleistet werden muss, die vom Schutzzweck der verletzen Norm umfasst sind. Der Gesetzgeber bezweckte mit dem Erlass von § 630f BGB grundsätzlich, dass Gesundheitsbeeinträchtigungen des Patienten vermieden werden sollten.[812] Außerdem sollte die Dokumentation die Möglichkeit eröffnen, „einen anderen Behandelnden zu konsultieren und diesem die Anamnese umfassend und vollständig vorzutragen“.[813] Nach dem Modell des mündigen Patienten, welches einen Grundpfeiler der Regelungen des PatRG darstellt, soll dieser grundsätzlich in die Lage versetzt werden, eigenverantwortlich und selbstbestimmt im Rahmen der Behandlung entscheiden zu können.[814] § 630f BGB dient ausweislich der Gesetzesbegründung zum PatRG dem Schutz der Persönlichkeitsrechte des Patienten.[815]

Man könnte daher davon ausgehen, dass die vorliegend untersuchten Fallkonstellationen beide vom Schutzzweck der Norm umfasst sind. Hiergegen spricht jedoch, dass die Dokumentation in fachlich üblicher Art abgefasst sein kann, so dass der bisherige Behandlungsverlauf nur für einen fachkundigen Dritten – mit anderen Worten: einen anderen Arzt und nicht auch einen medizinischen Laien nachzuvollziehbar sein muss.[816] Dies zeigt, dass der Gesetzgeber wohl grundsätzlich davon ausging,

---

[811] *Spindler* in BeckOGK-BGB, § 823 BGB Rn. 105.

[812] BT-Drucks. 17/10488, S. 25f.

[813] BT-Drucks. 17/10488, S. 26.

[814] BT-Drucks. 17/10488, S. 9.

[815] BT-Drucks. 17/10488, S. 26.

[816] BGH v. 24.01.1984 - VI ZR 203/82 = NJW 1984, 1403; *J. Prütting/Friedrich* in Prütting, MedR-Komm, § 630f BGB Rn. 19; *Glanzmann* in Bergmann/Pauge/Steinmeyer, § 630f BGB Rn. 7.

dass die Dokumentation keine alleinige Entscheidungsgrundlage des Patienten über den weiteren Behandlungsverlauf sein sollte. Die Dokumentation sollte vielmehr dazu dienen, diese einem anderen Arzt vorzulegen, um von diesem einen Rat oder eine Einschätzung bezüglich des Gesundheitszustands zu bekommen.[817] Es sollten unnötige Doppeluntersuchungen vermieden und die körperlichen Belastungen für den Patienten, wie auch die Behandlungskosten gering gehalten werden.[818] Da die Dokumentation die Gesundheit des Patienten schützen soll, ist davon auszugehen, dass der Patient nicht ohne ärztlichen Rat über seine Gesundheit entscheiden sollte, da dies stets die Gefahr einer Schädigung mit sich bringt. Ein Patient ist als medizinischer Laie in der Regel ohne ärztlichen Rat nicht fähig abzusehen, welche Konsequenzen eine Entscheidung für oder gegen eine Behandlung mit sich bringt. Dies spricht dafür, nur den Fall, in dem eine Zweitmeinung auf Basis der Dokumentation eingeholt wurde, und diese dem Patienten als Entscheidungsgrundlage dient, als vom Schutzzweck der Norm umfasst anzusehen. Eine Haftung ist daher unter dem Gesichtspunkt des Schutzzwecks der Norm für den Fall ausgeschlossen, dass der Patient auf Basis der falschen Dokumentation ohne die Einholung einer Zweitmeinung eine nachteilige Entscheidung trifft und deshalb einen Gesundheitsschaden erleidet. Im Ergebnis ist daher nur der Fall, in dem eine ärztliche Zweitmeinung auf Basis der Dokumentation eingeholt wird, der Patient diesem Rat folgt und letztlich hierdurch einen Gesundheitsschaden erleidet, von § 823 Abs. 1 BGB umfasst.

c. Haftung nach § 823 Abs. 2 BGB

Darüber hinaus kommt eine Haftung nach § 823 Abs. 2 BGB in Verbindung mit § 630f BGB in Betracht. Hinsichtlich des sachlichen und modalen Schutzbereichs muss zwischen Gesundheits- und Vermögensschäden unterschieden werden.

Für den Fall, dass ein Gesundheitsschaden zu bejahen ist, ist der sachliche Schutzbereich von § 630f BGB jedenfalls eröffnet, da die Dokumentation dem Schutz der Gesundheit des Patienten dienen soll.[819] Fraglich ist allerdings, ob auch der modale Schutzbereich im Fall eines Gesundheitsschadens betroffen ist, falls dieser auf einer Willensentscheidung des Patienten beruht und die Entscheidung ihrerseits auf einem Dokumentationsfehler. Dazu müsste der Schaden gerade aus den Gefahren erwachsen, um derentwillen die Norm erlassen wurde, und die Verletzung sich also in einer Art und Weise verwirklicht haben, wie sie durch das Schutzgesetz verhindert werden soll.[820] Die Dokumentation soll dazu dienen, einen anderen Behandelnden zu konsultieren und diesem die

---

[817] BT-Drucks. 17/10488, S. 26.

[818] BT-Drucks. 17/10488, S. 26.

[819] Siehe oben, Kapitel 1. B. II und Kapitel 1. B. IV. 1.

[820] OLG München v. 14.06.1982 - 21 U 3250/80 = VersR 1983, 887, 888.

Anamnese umfassend und vollständig vorzutragen, dadurch sollen unnötige Doppeluntersuchungen vermieden und sowohl die körperlichen Belastungen für den Patienten als auch die Behandlungskosten gering gehalten werden.[821] Diesen Ausführungen zugrunde gelegt ist offensichtlich auch der Fall, dass ein Patient die Einholung einer Zweitmeinung begehrt.[822] Ziel der Dokumentation ist, durch Fixierung von Informationen die Gesundheit des Patienten zu schützen.Gesundheitsschäden des Patienten müssen daher, unabhängig davon, ob diese – wie im Fall der unnötigen Doppeluntersuchung – unmittelbar auf einem Dokumentationsfehler beruhen, oder wie im vorliegenden Fall durch eine die Kausalität nicht beeinträchtigende Entscheidung des Patienten vermittelt sind, grundsätzlich ersatzfähig sein. Der modale Schutzbereich des § 630f BGB ist mithin für Gesundheitsschäden eröffnet, die auf einer unrichtigen Zweitmeinung beruhen, die ihrerseits auf eine fehlerhafte Dokumentation zurückgeht.

In sehr geringem Umfang umfasst der sachliche und der modale Schutzbereich von § 630f BGB auch die Ersatzfähigkeit von Vermögensschäden. Die Dokumentation dient zwar grundsätzlich nicht dazu, Vermögensinteressen des Patienten zu schützen. Eine Ausnahme hiervon muss aber dann gelten, wenn erlittene Vermögensschäden im Zusammenhang mit der Verletzung eines von der Dokumentation verfolgten Zwecks stehen. Ausweislich der Gesetzesmaterialien sollen durch die Dokumentation die Behandlungskosten gering gehalten werden.[823] Weil die Dokumentation auch die Einholung einer Zweitmeinung ermöglichen soll und dabei explizit auch die Minimierung von Kosten bezweckt, muss im Umkehrschluss auch eine Vereitelung dieses Zwecks zu einer Ausgleichspflicht des falsch dokumentierenden Arztes führen. Wenn aufgrund einer fehlerhaften Dokumentation unnötige Kosten dadurch anfallen, dass eineZweitmeinung nicht verwertbar ist, weil sie auf unrichtigen Annahmen einer falschen Dokumentation beruht oder erneute Befunderhebungen stattfinden müssen, so sind die Kosten hierfür nach dem Schutzzweck der Norm vom zuvor fehlerhaft dokumentierenden Arzt zu ersetzen. Dieser Fallist sowohl vom sachlichen wie auch vom modalen Schutzbereich des § 630f BGB umfasst.

Im Ergebnis sind damit Gesundheitsschäden, die der Patient durch eine falsche Zweitmeinung aufgrund eines Dokumentationsfehlers erlitten hat, nach § 823 Abs. 2 BGB in Verbindung mit § 630f BGB ersatzfähig. Ebenfalls ersatzfähig sind nach § 823 Abs. 2 BGB in Verbindung mit § 630f BGB die Kosten einer aufgrund eines Dokumentationsfehlers wertlosen Zweitmeinung oder erneuten Befunderhebung.

---

[821] BT-Drucks. 17/10488, S. 26.

[822] Siehe dazu bereits oben, Kapitel 3. C. II. 3. a.

[823] BT-Drucks. 17/10488, S. 26.

4. Unwissenheit des Patienten über den Behandlungsverlauf

a. Fallgruppe

Eine weitere, sich nicht unmittelbar aufdrängende, aber deshalb nicht minder wichtige Fallgruppe, ist diejenige der Unwissenheit des Patienten über den Behandlungsverlauf. So ist es möglich, dass der Patient im Laufe der Behandlung – möglicherweise behandlungsbedingt – ohnmächtig war und diese unzureichend oder gar nicht dokumentiert wurde, weshalb der Patient im Nachhinein keinerlei Informationen darüber besitzt, was mit ihm passiert ist und wie mit ihm im Rahmen der Behandlung umgegangen wurde. Auf den ersten Blick mag es überzogen und nicht zum heutigen Medizinbetrieb passend erscheinen, wenn der Patient unter Berufung auf etwaige „Befindlichkeiten" wissen möchte, wie mit ihm während einer Behandlung verfahren wurde. Bei näherem Hinsehen offenbart sich allerdings die absolute Berechtigung einer solchen Nachfrage. Denn der Behandelnde ist verpflichtet, durch Erstellung der Dokumentation dem Patienten Rechenschaft über den Gang der Behandlung abzulegen, dies ergibt sich aus dessen allgemeinem Persönlichkeitsrecht und ist vom Gesetzgeber intendierter Zweck der Dokumentation.[824] Zwar wird bei einer gelungenen Operation kaum jemand tiefere Nachforschungen über den Hergang der Behandlung anstellen. Im Falle einer nicht wie geplant verlaufenen oder nicht geglückten Behandlung ist dies hingegen wahrscheinlich. Denn negative Behandlungsverläufe können zwar schlicht eine schicksalhafte Verwirklichung des allgemeinen Behandlungsrisikos darstellen. Allerdings können sie auch die Folge eines Behandlungsfehlers des behandelnden Arztes sein. Um dem Patienten hier eine Kontrollmöglichkeit im Hinblick auf die seitens des Arztes erbrachten Leistungen zu schaffen – und damit den Rechenschaftsaspekt der Dokumentation zu verwirklichen, bedarf es der Dokumentation der erbrachten Leistung.[825] Die Dokumentation unter dem Aspekt des allgemeinen Persönlichkeitsrechts des Patienten umfasst allerdings mehr als die Dokumentation zum Zweck der Leistungskontrolle. Es geht vielmehr bereits um das grundsätzliche Interesse des Patienten, von seiner Krankengeschichte Kenntnis nehmen zu können.[826] Dies wird auch dann deutlich, wenn man an eine nicht geglückte Behandlung denkt. Für den Patienten wird es in diesem Fall wichtig sein, im Hinblick auf die damit einhergehenden physischen und vor allem psychischen Leiden, Gewissheit über den Verlauf der Behandlung zu erlangen, um sich überzeugen zu können, dass es sich um einen schicksalhaften Verlauf handelte um mit den möglicherweise tiefgreifenden Folgen umzugehen und diese letztlich akzeptieren zu können.[827]

---

[824] Vgl. BT-Drucks. 17/10488, S. 26.

[825] Siehe oben, Kapitel 1. B. III. 3. a. bb. (1).

[826] *Walter* in MüKo-BGB, § 630f BGB Rn. 3.

[827] Ebenso *Rosenberger* in FS Jaeger (2014), 97, 101. In vielen Fällen gerät der Behandler als möglicher Verursacher der jeweiligen Lage ins Visier des enttäuschten Patienten, was letztlich in einem Behandlungsfehlervorwurf endet. Kann an diesem Punkt aber mit einer lückenlosen Dokumentation der Behandlung absolute Transparenz hergestellt werden, so kann

b. Haftung nach § 823 Abs. 1 BGB

Eine Haftung könnte sich in der o.g. Fallgruppe vor allem aus § 823 Abs. 1 BGB ergeben. Im Fall der Unwissenheit des Patienten über den Behandlungsverlauf durch Dokumentationsversäumnisse kommt insbesondere eine Verletzung des allgemeinen Persönlichkeitsrechts des Patienten in Betracht. Dieses ist als „sonstiges Recht“ i.S.d. § 823 Abs. 1 BGB anerkannt.[828] Es umfasst auch das Recht des Patienten, durch die Dokumentation Kenntnis über den Verlauf der Behandlung zu erlangen.[829] Wird dies durch eine unvollständige oder unterlassene Dokumentation (teilweise) unmöglich, so liegt eine Verletzung des allgemeinen Persönlichkeitsrechts vor. Die Rechtswidrigkeit ist bei der Haftung wegen einer Verletzung des allgemeinen Persönlichkeitsrechts nicht durch die Rechtsverletzung indiziert, sondern durch eine Interessenabwägung positiv festzustellen, so dass diese nur vorliegt, wenn das Schutzinteresse des Betroffenen die schutzwürdigen Belange der anderen Seite überwiegt.[830] Im vorliegenden Fall stehen das allgemeine Persönlichkeitsrecht des Patienten und dessen Interesse an der Kenntnis über den Behandlungsverlauf der Berufsfreiheit des Arztes und dessen Interesse an einer zügigen und reibungslosen Behandlungsdurchführung gegenüber. Und im Grundsatz hat der Gesetzgeber für diesen Fall mit der Normierung des § 630f BGB bereits eine Abwägungsentscheidung zugunsten des allgemeinen Persönlichkeitsrechts des Patienten getroffen. In jedem Fall einer unvollständigen, falschen oder gar gänzlich unterlassenen Dokumentation liegt damit auch eine Verletzung des allgemeinen Persönlichkeitsrechts des Patienten vor. Tatsächlich findet allerdings die Abwägung der Interessen des Arztes gegenüber denen des Patienten auf einer anderen Ebene statt. Denn bereits der Frage, ob eine Tatsache aus Gründen der Rechenschaft über den Behandlungsverlauf dokumentationspflichtig ist, liegt ebendiese Interessenabwägung zugrunde.[831] Zwar wird – vor allem von der Rechtsprechung – vertreten, dass die Dokumentationspflichtigkeit einer Tatsache stets davon abhängt, ob deren Aufzeichnung auch medizinisch geboten erscheint.[832] Wie bereits an anderer Stelle ausführlich erläutert, besitzt richtigerweise allerdings das allgemeine Persönlichkeitsrecht auch im Rahmen der ärztlichen Dokumentation einen eigenen Anwendungsbereich, welcher durch eine

---

der Patient sich vergewissern, dass mit ihm und seiner Gesundheit unter Einhaltung höchster Standards und Professionalität umgegangen wurde.

[828] Vgl. BGH v. 27.05.2014 – VI ZR 153/13 = NJW 2014, 3154; *Förster* in BeckOK-BGB, § 823 BGB Rn. 177; *Specht* in BeckOGK-BGB, § 823 BGB Rn. 1175; *Sprau* in Grüneberg, § 823 BGB Rn. 84; *Wilhelmi* in Erman, § 823 BGB Rn. 48; *Spickhoff* in Soergel, § 823 BGB Rn. 90.

[829] BT-Drucks. 17/10488, S. 26; *Hager* in Staudinger, § 823 BGB Rn. C240; vgl. bereits BGH v. 03.02.1987 - VI ZR 56/86 = NJW 1987, 1482, 1483.

[830] Statt aller *Sprau* in Grüneberg, § 823 BGB Rn. 95; *Specht* in BeckOGK, § 823 BGB Rn. 1355ff.; *Hager* in Staudinger, § 823 BGB Rn. A3.

[831] Vgl. bereits Kapitel 1. B. IV. 2. b.

[832] Vgl. bereits Kapitel 1. B. II m.w.N.

Interessenabwägung festzulegen ist.[833] Falls eine unvollständige, falsche oder gänzlich unterlassene Dokumentation vorliegt, ist mithin immer auch von einer rechtwidrigen Verletzung des allgemeinen Persönlichkeitsrechts des Patienten auszugehen. Eine Haftungsbegründung nach § 823 Abs. 1 BGB ist somit in diesem Fall gegeben.

c. Haftung nach § 823 Abs. 2 BGB

Eine Haftung kommt darüber hinaus aus § 823 Abs. 2 BGB in Verbindung mit § 630f BGB in Betracht. Dazu müsste es sich bei § 630f BGB um ein Schutzgesetz für den zugrunde liegenden Fall handeln. Der persönliche Schutzbereich ist, da die Dokumentation gerade zum Schutz und im Interesse des Patienten erstellt wurde, eröffnet. Da es ausweislich der Gesetzesmaterialien auch Zweck der Dokumentation ist, dem Patienten Kenntnis über den Behandlungsverlauf zu verschaffen und so dessen Allgemeines Persönlichkeitsrecht zu wahren,[834] ist der sachliche Schutzbereich der Norm ebenfalls eröffnet. Und da letztlich mit der Dokumentation des Behandlungsverlaufs die Kenntnis des Patienten über den Verlauf aus Gründen der Wahrung seines Persönlichkeitsrechts erreicht werden soll, ist der modale Schutzbereich der Norm eröffnet. Im vorliegenden Fall handelt es sich daher bei § 630f BGB auch um ein Schutzgesetz i.S.d. § 823 Abs. 2 BGB. Ein Anspruch auf Schadensersatz besteht daher aufgrund der Norm ebenfalls.

5. Fehlerhafte Entscheidungsgrundlage für Entscheidungen Dritter

Denkbar ist auch der Fall, dass die Dokumentation einem Dritten als Informations- und Entscheidungsgrundlage dient und der Patient aufgrund der fehlerhaften Dokumentation eine für ihn nachteilige Entscheidung erleidet.[835] Zu denken ist hier beispielsweise an die Entscheidung einer Behörde oder Versicherung.[836] Die ärztliche Dokumentation ist in solchen Fällen regelmäßig Grundlage eines ärztlichen Gutachtens, welches bei einer falschen Dokumentation letztlich zu einer falschen Entscheidungsgrundlage des Dritten führt. Im Ergebnis kann sich dies beispielsweise darin niederschlagen, dass ein Patient aufgrund gesundheitlicher Bedenken nicht verbeamtet wird oder diesem die Eingruppierung in einen günstigen Versicherungstarif innerhalb der PKV verweigert wird. Eine Inanspruchnahme des behandelnden Arztes aus § 823 Abs. 1 BGB ist in diesem Fall ausgeschlossen, da einziges geschädigtes Rechtsgut in diesem Fall das Vermögen des Patienten ist. Eine Haftung kommt allenfalls nach § 823 Abs. 2 BGB in Verbindung mit § 630f BGB in Betracht.

---

833 Siehe oben, Kapitel 1. B. IV. 2.

834 BT-Drucks. 17/10488, S. 26.

835 *Dolle,* Dogmatik der Verletzung, S. 97; *Wasserburg,* NJW 1980, 617, 620; *Fiekas,* Die Dokumentation, S. 213f.

836 *Wasserburg,* NJW 1980, 617, 620; *Fiekas,* Die Dokumentation, S. 213f.

Der persönliche Schutzbereich ist jedenfalls, da die Dokumentation zugunsten des Patienten erstellt wurde, und dieser im zugrunde liegenden Fall Geschädigter und Anspruchsteller ist, eröffnet.[837]

Ob der sachliche und der modale Schutzbereich von § 630f BGB auch den Schutz von Vermögensinteressen des Patienten umfasst, die beeinträchtigt werden durch die Falschinformation eines Dritten, erscheint hingegen zweifelhaft. Um vom sachlichen Schutzbereich der Norm umfasst zu sein, müsste die Dokumentation dazu dienen, auch Vermögensinteressen des Patienten zu schützen. Dies kann zwar nicht sicher ausgeschlossen werden, sollen doch ausweislich der Gesetzesmaterialien durch die Dokumentation auch die Behandlungskosten gering gehalten werden.[838] Jedoch sollte die Dokumentation grundsätzlich nicht dazu dienen, Vermögensinteressen des Patienten zu schützen. Eine Ausnahme hiervon kann nur dann angenommen werden, wenn die geltend gemachten Vermögensschäden im Zusammenhang mit der Verletzung eines von der Dokumentation verfolgten Zwecks stehen. Dies ist vorliegend allerdings zweifelhaft. Die ärztliche Dokumentation dient der ordnungsgemäßen „Behandlung und Weiterbehandlung" und damit dem Schutz der Gesundheit sowie der „Wahrung der Persönlichkeitsrechte des Patienten",[839] nicht aber für Dritte als Entscheidungsgrundlage zum Abschluss von Rechtsgeschäften. Nach der Vorstellung des Gesetzgebers sollten primär Informationen, die „für die weitere Behandlung unverzichtbar" sein können, nicht verloren gehen.[840] Wenn der Gesetzgeber anschließend aufzeigt, dass die Dokumentation auch dazu dient, einem anderen Arzt – und damit einem Dritten – vorgelegt zu werden, so ist auch davon lediglich eine behandlungs- und persönlichkeitsrechtsbezogene Nutzung intendiert. Denn nach dem Ansinnen des Gesetzgebers sollte die Vorlage bei einem anderen Arzt lediglich im Zusammenhang mit der Einholung einer Zweitmeinung erfolgen oder der Frage, wie mit dem Patienten während der vorangegangenen Behandlung verfahren wurde. Ein weitergehender Schutz von Vermögensinteressen ist daher richtigerweise abzulehnen.

---

[837] Es sei nur am Rande erwähnt, dass sich ein Dokumentationsfehler in einem solchen Fall natürlich auch zugunsten des Patienten auswirken kann: So kann, falls die Dokumentation gesundheitliche Einschränkungen verschweigt, beispielsweise ein vorteilhafter Versicherungstarif abgeschlossen worden sein oder eine Berufung in ein Beamtenverhältnis stattgefunden haben. In diesem Fall stellt sich die Frage, inwiefern der Dokumentierende von einem Dritten, der auf die Richtigkeit der Dokumentation vertraut hat, in Regress genommen werden kann. Da die ärztliche Dokumentation allerdings ausschließlich dem Patienten dienen soll, scheitert die Liquidation von Vermögensschäden nach § 823 Abs. 2 BGB in Verbindung mit § 630f BGB in diesem Fall bereits daran, dass Dritte nicht in den persönlichen Schutzbereich von § 630f BGB einbezogen sind.

[838] BT-Drucks. 17/10488, S. 26.

[839] BT-Drucks. 17/10488, S. 25f.

[840] BT-Drucks. 17/10488, S. 26.

Selbst wenn der sachliche Schutzbereich als eröffnet anzusehen wäre, so wäre der vorliegende Fall nicht vom modalen Schutzbereich von § 630f BGB umfasst. Hierzu müsste die Dokumentation dazu dienen, vor den Gefahren einer falschen Einordnung durch *Dritte* bei der Begründung eines Rechtsverhältnisses zu schützen.

Unbestritten ist zwar, ob die Dokumentation nicht nur Gedächtnisstütze des behandelnden Arztes ist, sondern auch der Information anderer dienen soll, vor allem dem Patienten selbst. Davon umfasst ist der Fall, dass eine Weitergabe der Dokumentation an einen Dritten erfolgt, um diesem als Entscheidungsgrundlage zu dienen. Die Gesetzesmaterialien erwähnen hierzu explizit die Vorlage der Dokumentation bei einem anderen Arzt, um „diesem die Anamnese umfassend und vollständig vorzutragen".[841] Damit kann dem reinen Wortlaut nach sowohl ein weiterbehandelnder als auch ein mit einer Zweitmeinung beauftragter Arzt, grundsätzlich aber auch ein (Amts-)Arzt gemeint sein, der von einem Dritten mit der Erstellung eines Gutachtens beauftragt wurde. In den genannten Fällen wird der jeweilige Arzt die Dokumentation entweder selbst als Grundlage einer Entscheidung, wenigstens aber als Grundlage einer Empfehlung nutzen, welche wiederum eine Entscheidung ermöglichen soll. Darüber hinaus soll die Dokumentation ausweislich der Stellungnahme des Gesetzgebers als Beweismittel dienen.[842] Man könnte daher darauf abstellen, dass damit dem Patienten in jeglicher Hinsicht ermöglicht werden sollte, seinen Gesundheitszustand nachzuweisen, und mithin auch die Vorlage bei Behörden und Versicherungen ermöglichen sollte.

Dagegen spricht allerdings, dass der Gesetzgeber lediglich eine behandlungs- und persönlichkeitsrechtsbezogene Nutzung der Dokumentation intendiert hat.[843] Diese umfasst nicht die Vorlage bei beliebigen Dritten als Informationsgrundlage für vermögensbezogene Entscheidungen.[844] Auch der Verweis des Gesetzgebers auf den Beweissicherungszweck führt nicht zu einem anderen Ergebnis. Die Vorlage im Arzthaftungsprozess stellt zwar bei genauer Betrachtung eine Vorlage an einen Dritten dar, um diesen über den Gesundheitszustand des Patienten zu informieren. Dieser nutzt die Dokumentation jedoch nicht als Entscheidungsgrundlage zum Abschluss eines Rechtsgeschäfts. Die Gesetzgebungsmaterialien erwähnen den Beweissicherungszweck darüber hinaus nur im

---

[841] BT-Drucks. 17/10488, S. 26.

[842] BT-Drucks. 17/10488, S. 26.

[843] Siehe oben, Kapitel 3. C. II. 3. c.

[844] Dies ist auch nicht zwingend notwendig, da im zugrunde liegenden Fall ohne weiteres sowohl eine Patientenbefragung, wie auch eine (Amts-)ärztliche Untersuchung vorgenommen werden kann, welche ebenfalls als Grundlage eines solchen Gutachtens dienen kann.

Zusammenhang mit dem „Fall eines etwaigen Behandlungsfehlers".[845] Eine weitere Nutzung wird seitens des Gesetzgebers nicht erwähnt. Und dies ist, mit Blick auf die bereits gewonnenen Erkenntnisse zum Zweck der Dokumentationspflicht, nicht zufällig, sondern beabsichtigt. Denn auch die Vorlage im Arzthaftungsprozess ist behandlungsbezogen. Während die meisten Funktionen der Dokumentation präventiv wirken sollen,[846] wirkt der Beweissicherungszweck der Dokumentation hingegen repressiv. Er soll eine Perpetuierung des möglicherweise bereits durch den Behandlungsfehler entstandenen Schadens verhindern[847] und ist gerade deshalb noch als behandlungsbezogen zu bewerten. Der Zweck der Beweissicherung erstreckt sich deshalb nicht auf die Vorlage bei Dritten um diesen als Entscheidungsgrundlage zu dienen. Denn eine Vorlage an Dritte zur Entscheidungsfindung ist nach dem Willen des Gesetzgebers nur dann geschützt, wenn die Entscheidung behandlungs- oder persönlichkeitsrechtsbezogen ist. Bei der Entscheidung einer Behörde oder Versicherung über die Begründung eines Rechtsverhältnisses mit dem Patienten ist dies allerdings nicht der Fall. Der modale Schutzbereich ist daher im vorliegenden Fall nicht eröffnet.

6. Bekanntwerden von Patientendaten

Eine große praktische Relevanz besitzt der Fall, in dem Gesundheitsdaten des Patienten bekannt werden.[848] Es liegt in diesem Fall ein Verstoß gegen die Pflicht zur (gesicherten) Aufbewahrung der Dokumentation nach § 630f Abs. 3 BGB vor.[849] In diesem Fall kann eine Haftung zunächst auf § 823 Abs. 1 BGB in Verbindung mit dem allgemeinen Persönlichkeitsrecht gestützt werden.[850] Das allgemeine Persönlichkeitsrecht umfasst auch den Schutz vor der Offenlegung von Privatgeheimnissen. Anknüpfungspunkt hierfür ist der strafrechtliche Schutz durch § 203 StGB.[851] Dieser regelt explizit die Strafbarkeit entsprechender Berufsgruppen für die unbefugte Weitergabe von Privatgeheimnissen, die

---

[845] BT-Drucks. 17/10488, S. 26.

[846] Vgl. etwa *Fiekas,* Die Dokumentation, S. 216.

[847] *Nolte,* Betriebliche Dokumentation, S. 270f.

[848] Patienteninformationen: Millionen Daten ungeschützt im Netz, https://www.tagesschau.de/investigativ/br-recherche/patientendaten-101.html (zuletzt abgerufen am 05.12.2019); Asklepios Klinik verschickt mehrfach Patientendaten falsch, https://www.spiegel.de/gesundheit/diagnose/hamburg-asklepios-klinik-verschickt-mehrfach-patientendaten-falsch-a-1299427.html (zuletzt abgerufen am 31.07.2025); Datenleck durch Router: Patientendaten aus Praxis online, https://www.sueddeutsche.de/politik/datenschutz-celle-datenleck-durch-router-patientendaten-aus-praxis-online-dpa.urn-newsml-dpa-com-20090101-191126-99-895792 (zuletzt abgerufen am 30.07.2025).

[849] *Rehborn/Gescher* in Erman, § 630f BGB Rn. 17.

[850] OLG Bamberg v. 10.04.2013 – 3 U 282/12 = NJW-RR 2014, 158f.; OLG München v. 04.02.2010 - 1 U 4650/08 = BeckRS 2010, 8711; OLG Köln v. 13.01.2010 – 5 U 41/09 = BeckRS 2010, 1905; *Ulsenheimer* in Laufs/Kern/Rehborn, HdB Arztrecht, § 147 Rn. 4.

[851] *Hager* in Staudinger, § 823 BGB Rn. C170; *Ulsenheimer* in Laufs/Kern/Rehborn, HdB Arztrecht, § 139 Rn. 16.

auch die unbefugte Weitergabe von Gesundheitsdaten umfasst. Erfasst sind hiervon Informationen aus Anamnese, Diagnose und Therapie sowie familiäre, persönliche und finanzielle Umstände des Patienten einschließlich etwaiger Beziehungen zu Dritten, auch die Tatsache der Behandlung selbst und der Patientenname.[852] Die im Rahmen der Rechtswidrigkeit vorzunehmende Interessenabwägung wird regelmäßig zugunsten des betroffenen Patienten ausfallen. Denn die Bekanntgabe von Gesundheitsdaten unterfällt der Intimsphäre des Patienten und wird daher nur unter besonderen Umständen zulässig sein.[853]

Im Fall des Bekanntwerdens von Patientendaten liegt darüber hinaus eine Haftung gemäß § 823 Abs. 2 BGB in Verbindung mit § 630f BGB vor. Sowohl der persönliche als auch der sachliche Schutzbereich sind im vorliegenden Fall eröffnet. Die Dokumentation wird für den Patienten aufbewahrt und zu dem Zweck, sie – mit Einverständnis des Patienten – einem anderen Arzt oder dem Patienten selbst zugänglich zu machen. Daraus ergibt sich im Umkehrschluss, dass niemand anderes als die genannten Personen Zugriff auf die Dokumentation haben soll und mit der Aufbewahrung der Aufzeichnungen der Schutz des allgemeinen Persönlichkeitsrechts dem Arzt übertragen wird. Werden Teile der Dokumentation unbefugten Dritten bekannt, so verletzt der Arzt genau diese Pflicht zur Wahrung des allgemeinen Persönlichkeitsrechts, so dass der modale Schutzbereich der Norm im vorliegenden Fall ebenfalls eröffnet ist.

Zudem dürfte im Fall des Bekanntwerdens von Patientendaten ein Schadensersatzanspruch des Patienten gegen den Arzt nach Art. 82 Abs. 1 in Verbindung mit Art. 5 Abs. 1 a) DS-GVO[854] bestehen, der aber nicht Gegenstand der vorliegenden Arbeit sein soll.

7. Verschlechterung der Beweisposition im Arzthaftungsprozess

Von besonderer Bedeutung ist auch der Fall, in dem ein Patient geltend macht, aufgrund einer unzureichenden Behandlungsdokumentation einen Anspruch gegen den behandelnden Arzt wegen eines (vermeintlichen) Behandlungsfehlers nicht beweisen zu können.[855] Die Frage, ob eine – im

---

[852] *Knauer/Brose* in Spickhoff, Medizinrecht, §§ 203-205 StGB Rn. 2.

[853] OLG Bamberg v. 10.04.2013 – 3 U 282/12 = NJW-RR 2014, 158f.; *Klass* in Erman, Anh. § 12 BGB Rn. 125; *Sprau* in Grüneberg, § 823 BGB Rn. 87; **a.A.** wohl aber BGH v. 18.09.2012 – VI ZR 291/10 = NJW 2012, 3645, 3646 [Rn. 17]; v. 04.10.2008 - VI ZR 272/06 = NJW 2009, 754, 755 [Rn. 20] – lediglich Verletzung der Privatsphäre.

[854] Verordnung (EU) 2016/679 des Europäischen Parlaments und des Rates vom 27. April 2016 zum Schutz natürlicher Personen bei der Verarbeitung personenbezogener Daten, zum freien Datenverkehr und zur Aufhebung der Richtlinie 95/46/EG.

[855] *Wasserburg*, NJW 1980, 617, 620.

vorliegenden Fall durch eine vollständige Dokumentation verschaffte – Beweisposition als „sonstiges Recht“ von § 823 Abs. 1 BGB umfasst sein kann, wurde in der Vergangenheit bereits diskutiert.[856] Dabei vertrat insbesondere *Maassen* die Ansicht, dass die Beweisposition, in die eingriffen werde, als absolutes Recht zu qualifizieren sei und in diesem Fall daher eine Haftung aus § 823 Abs. 1 BGB hergeleitet werden könne.[857] Dagegen spricht allerdings, dass das Recht auf Beweis zunächst nur Bestandteil des verfassungsrechtlichen Justizanspruchs einer Partei gegen den Staat ist, und keine unmittelbare Drittwirkung entfaltet.[858] Als Abwehrrecht des Bürgers gegenüber dem Staat ist davon lediglich das Recht auf Gleichbehandlung durch den Richter nach Maßgabe des Grundsatzes der prozessualen Waffengleichheit umfasst, nicht aber die Schaffung eines Anspruch zwischen den Parteien des Rechtsstreits.[859] Darüber hinaus orientiert sich der Begriff des „sonstigen Rechts“ i.S.d. § 823 Abs. 1 BGB an den zuvor genannten absoluten Rechten, welche stets sowohl eine positive Nutzungsfunktion wie auch eine negative absolute Abwehrfunktion gewähren.[860] Die Beweisposition selbst kann allerdings nicht als ein eigentumsähnliches Recht angesehen werden, da sie lediglich eine Chance auf einen Prozessgewinn darstellt, diesen aber nicht garantiert.[861] Daher bleibt festzustellen, dass die vorprozessuale Beweissicherung nicht als „absolutes Recht“ von § 823 Abs. 1 BGB umfasst ist und eine Inanspruchnahme des unzulänglich dokumentierenden Arztes aus dieser Anspruchsgrundlage mithin ausscheidet.

Eine Haftung des nicht dokumentierenden Arztes kommt damit lediglich nach § 823 Abs. 2 BGB in Verbindung mit § 630f BGB in Betracht. Der sachliche Schutzbereich ist in diesem Fall eröffnet, da die Beweissicherung nach der hier vertretenen Ansicht gerade von der Dokumentation bezweckt ist.[862] Auch der modale Schutzbereich ist im Fall der Verschlechterung der Beweisposition aufgrund eines Dokumentationsfehlers eröffnet. Die Dokumentation soll gerade dazu dienen, dem Patienten für den Fall eines etwaigen Behandlungsfehlers ein Beweismittel zur Verfügung zu stellen.[863] Ein Anspruch

---

[856] Dafür *Maassen,* Beweismaßprobleme, S. 182; dies grundsätzlich möglich haltend *Krautstrunk*, Beweisvereitelung, S. 221, im Ergebnis verneinend *Nolte,* Betriebliche Dokumentation, S. 269-270; *Schatz,* Die Beweisvereitelung, S. 48f.; *Walter,* Beweiswürdigung, S. 243 Fn. 189.

[857] *Maassen,* Beweismaßprobleme, S. 182.

[858] Vgl. *Nolte,* Betriebliche Dokumentation, S. 269, m.w.N.

[859] Vgl. *Nolte,* Betriebliche Dokumentation, S. 269, m.w.N.

[860] Vgl. *Schatz,* Die Beweisvereitelung, S. 48.

[861] Vgl. *Schatz,* Die Beweisvereitelung, S. 48; *Nolte,* Betriebliche Dokumentation, S. 269.

[862] Siehe oben, Kapitel 1. B. III. 5.

[863] BT-Drucks. 17/10488, S. 26.

auf Schadensersatz wegen Verschlechterung der Beweisposition im Behandlungsfehlerprozess besteht damit dem Grunde nach jedenfalls nach § 823 Abs. 2 BGB in Verbindung mit § 630f BGB.

D. Vertragliche Haftung des WpDU

I. Verstoß gegen beratungsvertragliche Dokumentationspflicht[864]

1. Beratungsvertragliche Dokumentationspflicht als Vertragspflicht

Da sowohl die Einhaltung von § 64 Abs. 4 WpHG, wie auch von § 83 Abs. 3 und 6 WpHG zwischen den Parteien beratungsvertraglich vereinbart ist,[865] kommt auch als Rechtsfolge für den kapitalanlagerechtlichen Dokumentationsfehler, wie bereits beim ärztlichen Dokumentationsfehler, ein vertraglicher Schadensersatzanspruch aus §§ 280ff. BGB in Betracht. Auch hier stellt sich allerdings wiederum - wie bereits im Rahmen der ärztlichen Dokumentationspflicht - die Frage, welchen dogmatischen Charakter die beratungsvertragliche Dokumentationspflicht besitzt. Handelte es sich dabei um eine reine Obliegenheit, so wäre ein Schadensersatzanspruch von vornherein ausgeschlossen, während bei einer Einordnung als Nebenleistungs- oder Schutzpflicht ein Anspruch aus §§ 280, 281 BGB bzw. §§ 282, 241 Abs. 2 BGB, jeweils in Verbindung mit dem Beratungsvertrag, in Betracht käme.[866] Die zivilrechtliche Dokumentationspflicht der WpDU ist, anders als die ärztliche Pflicht zur Dokumentation, zivilrechtlich nicht vorgeschrieben, sondern von den Parteien ausschließlich vertraglich vereinbart.[867] Die Antwort auf die Frage nach der dogmatischen Natur der beratungsvertraglichen Dokumentationspflicht ist daher, wie bei der Auslegung eines jeden Vertrags, nach §§ 133, 157 BGB primär im Willen der Parteien zu suchen. Zur dogmatischen Einordnung der Pflicht kann wiederum darauf abgestellt werden, ob nach dem Willen der Parteien die jeweiligen bereits dargestellten Kriterien, welche zur Abgrenzung von Obliegenheiten, Schutzpflichten und Nebenleistungspflichten herangezogen werden, erfüllt sein sollten.[868]

---

864 Da letztlich die beratungsvertraglichen Aufbewahrungspflichten eine denklogische Fortsetzung der beratungsvertraglichen Dokumentationspflichten sind, orientieren sich die Aufbewahrungspflichten auch bezüglich ihrer Rechtsnatur an diesen. Vorliegend werden daher lediglich die Dokumentationspflichten untersucht, während das Ergebnis allerdings auch für die Aufbewahrungspflichten Geltung beansprucht. Auch die Pflicht zur Erstellung einer Geeignetheitserklärung nach § 64 Abs. 4 WpHG wird im Folgenden – da letztlich die Einhaltung der Wohlverhaltenspflichten gegenüber dem Kunden dokumentiert wird – unter den Begriff der „Dokumentationspflicht" gefasst.

865 Vgl. dazu bereits oben, Kapitel 2. B. V. 2.

866 Vgl dazu bereits die Ausführungen zur ärztlichen Dokumentationspflicht, Kapitel 3. B. I. 1.

867 Siehe oben, Kapitel 2. B. V. 2.

868 Vgl. dazu oben, Kapitel 3. B. I. 2.

2. Zugrunde liegende Erwägungen bei der vertraglichen Einbeziehung

a. Zivilrechtliche Durchsetzbarkeit der Dokumentation und Sanktionierbarkeit bei Nichterfüllung

Prägend für den Inhalt des Parteiwillens ist der Grund, weswegen eine Regelung überhaupt Eingang in den Beratungsvertrag gefunden hat und welche Wirkung mit dem Einbezug in den Beratungsvertrag bezweckt war. Vorliegend hat eine Einbeziehung der Pflicht deshalb stattgefunden, weil zuvor bereits eine aufsichtsrechtliche Dokumentationspflicht bestand und der Kunde, wie für das WpDU auch ersichtlich war, beim Vertragsschluss davon ausging, dass sich dieses an die aufsichtsrechtlichen Verpflichtungen halten werde.[869] Allerdings ist davon auszugehen, dass nach dem Parteiwillen nur die Einhaltung derjenigen Bestimmungen zum Inhalt des Vertrags geworden ist, welche die Beziehung zwischen WpDU und Anleger ausgestalten oder zumindest den Schutz des einzelnen Anlegers bezwecken sollten.[870] § 83 Abs. 3 und Abs. 6 WpHG bezwecken die Herstellung von Rechtssicherheit und die Beweissicherung bei der Beratung über Wertpapierdienstleistungen,[871] § 64 Abs. 4 WpHG dient der Information des Kunden sowie der Beweissicherung.[872] Die Normen bezwecken damit zwar einen gewissen Individualschutz, allerdings entfalten sie aufgrund ihres öffentlich-rechtlichen Charakters keine unmittelbare Rechtswirkung zwischen den Parteien. Konsequenz daraus ist, dass das WpDU zwar gezwungen ist, sich an die o.g. wertpapierhandelsrechtlichen Regelungen zu halten, die im Interesse und zum Schutz des einzelnen Kunden erlassen wurden. Im Falle eines Verstoßes gegen diese Pflichten könnte das WpDU aber durch den Anleger nicht zu deren Einhaltung verpflichtet werden; darüber hinaus wäre das WpDU nicht verpflichtet, den Schaden, welcher dem Anleger durch jenen Verstoß möglicherweise entstanden ist, zu ersetzen. Der Anleger geht seinerseits davon aus, dass das WpDU dazu bereit ist, die aufsichtsrechtlichen Regelungen, insbesondere diejenigen, die dem Schutz des Anlegers dienen, einzuhalten. Er würde wohl hingegen keine Geschäftsbeziehung zum betreffenden WpDU eingehen, falls klar wäre, dass sich das WpDU nicht an solche Vorschriften gebunden fühlt, die die Rechtsgüter des Anlegers zu schützen vermögen, und darüber hinaus bei einem möglichen Schaden des Anlegers keinerlei Möglichkeit bestünde, vom schädigenden WpDU eine Kompensation zu erlangen. Das WpDU erkennt seinerseits, dass der Anleger nur unter der Bedingung der Einbeziehung der jeweiligen Regelungen zu einem Vertragsschluss bereit ist und legt seiner Erklärung hinsichtlich des Beratungsvertrages konkludent ein Einverständnis dahingehend zugrunde.[873]

---

869 Siehe oben, Kapitel 2. B. V. 2.

870 Siehe oben, Kapitel 2. B. V. 2.

871 BT-Drucks. 18/10936, S. 244.

872 Siehe oben, Kapitel 2. B. IV. 2. b.

873 Siehe oben, Kapitel 2. B. V. 2.

Der Grund für die vertragliche Einbeziehung der wertpapierrechtlichen Pflichten ist demnach die Tatsache, dass bereits Regelungen bestehen, die von staatlicher Seite zur Reglementierung der Beziehung der Vertragsparteien erlassen wurden, dem Schutz einer Partei dienen und deren Missachtung zwar zu faktischen Nachteilen für eine Vertragspartei führt, für diese Partei aber ohne vertragliche Regelung keinerlei rechtliche Möglichkeiten zur Einforderung der geregelten Verhaltensweisen oder aber der Sanktion oder Kompensation bei Pflichtverletzungen bestehen. Dies legt eine Einordnung als Nebenleistungspflicht oder zumindest als Schutzpflicht, jedenfalls aber als „echte“ vertragliche Pflicht nahe, und nicht lediglich als Obliegenheit, da augenscheinlich mit der vertraglichen Vereinbarung die Möglichkeit einer klagweisen Durchsetzung der Dokumentationspflicht geschaffen werden soll, sowie die Möglichkeit, Schadensersatz für erlittene Einbußen verlangen zu können.

b. Orientierung des Parteiwillens an den aufsichtsrechtlichen Dokumentationspflichten

aa. Aufsichtsrechtliche Regelungen als Orientierung

Weitere Klarheit in Bezug auf den Willen der Vertragsparteien können die einzubeziehenden WpHG-Vorschriften selbst und deren systematischer Kontext und historischer Hintergrund liefern. Die beratungsvertragliche Dokumentationspflicht leitet sich durch die vertragliche Einbeziehung seitens der Parteien sozusagen aus den wertpapierrechtlichen Pflichten des § 64 Abs. 4 WpHG sowie § 83 Abs. 3 und Abs. 6 WpHG ab und kann daher auch als „derivative Pflicht“ bezeichnet werden. Für die Ermittlung des Parteiwillens ist daher auch entscheidend, wie diejenigen Regeln aufgebaut und auszulegen sind, die nach dem Parteiwillen im vertraglichen Verhältnis zwischen ihnen Geltung erlangen sollten. Es ist deshalb für die Auslegung der jeweiligen beratungsvertraglichen Regelungen notwendig, die der Vereinbarung zugrunde liegenden wertpapierrechtlichen Vorschriften heranzuziehen.

bb. Parteiwillen vor dem Hintergrund bestehender aufsichtsrechtlicher Regelungen

Aus dem Wortlaut von § 83 Abs. 3 und 6 WpHG lässt sich noch kein Rückschluss auf den Willen der Parteien ziehen. Dieser sagt sowohl für § 83 Abs. 3 WpHG („hat […] aufzuzeichnen“) als auch für § 83 Abs. 6 WpHG („hat […] zu dokumentieren“) nichts über die Qualifikation der darin geregelten Verpflichtungen aus, was allerdings auch nicht sonderlich verwundert angesichts der Tatsache, dass hier seitens des Gesetzgebers ausschließlich öffentliches Recht gesetzt werden sollte.[874]

[874] Zur öffentlich-rechtlichen Qualifikation der Normen vgl. bereits eingehen oben unter Kapitel 2. B. IV. 3 und 4.

Der Wortlaut von § 64 Abs. 4 S. 1 WpHG, welcher normiert, dass das WpDU die Geeignetheitserklärung „dem Privatkunden [...] zur Verfügung stellen" muss, sowie die Existenz von § 83 Abs. 7 WpHG sprechen hingegen explizit für einen Anspruch des Kunden auf Anfertigung der jeweiligen Dokumentation und damit für eine Nebenleistungspflicht. Nach § 83 Abs. 7 WpHG kann der Kunde verlangen, dass ihm die Aufzeichnungen nach § 83 Abs. 3 WpHG und die Dokumentation nach § 83 Abs. 6 WpHG zu Verfügung gestellt werden. Es ist davon auszugehen, dass die Parteien ihre Vereinbarung in Kenntnis der Aushändigungspflicht des § 64 Abs. 4 S. 1 WpHG und des Anspruchs aus § 83 Abs. 7 WpHG getroffen haben und dass das Ziel ihrer Übereinkunft auch war, dabei der Intention des Gesetzgebers zu folgen und ihre Vereinbarung an der Architektur des bereits bestehenden Gesetzes auszurichten, also die Aushändigungspflicht nach § 64 Abs. 4 S. 1 WpHG und den Anspruch nach § 83 Abs. 7 WpHG im Rahmen der vertraglichen Inkorporation der Dokumentationspflichten zu beachten. Der Gesetzgeber wollte mit der Schaffung von § 64 Abs. 4 S. 1 WpHG und § 83 Abs. 7 WpHG offensichtlich dem Anleger die Möglichkeit einräumen, die Geeignetheitserklärung oder die Dokumentation „in Händen zu halten", was dafür spricht, dass nach dem Willen der Parteien der Dokumentationspflicht des WpDU ein eigener, originärer Anspruch auf Anfertigung der Aufzeichnungen zugrunde liegen sollte. Die Geeignetheitserklärung besitzt eine Informations- und Beweisfunktion zugunsten des Anlegers.[875] § 83 Abs. 3 und 6 WpHG sollen vor allem Rechtssicherheit durch Beweissicherung schaffen und dafür sorgen, dass im Falle eines möglichen Haftungsprozesses gegen das WpDU wegen fehlerhafter Anlageberatung ausreichend Belege vorhanden sind, um die Situation lückenlos rekonstruieren zu können.[876]

Zugleich soll die Dokumentation aber auch der Stärkung des Anlegerschutzes dienen.[877] Zwar bietet die Dokumentation für das WpDU auch die Möglichkeit, Beweise zu seiner eigenen Entlastung zu schaffen,[878] was als Indiz für eine Obliegenheit gewertet werden könnte. Allerdings geht die Intention des Gesetzgebers eher dahin, dass das Institut nicht nur Beweise für sich selbst zur eigenen Entlastung schafft, sondern vor allem auch Beweise *für* den Anleger und in dessen Interesse, um eine Haftung des WpDU schlüssig darlegen und beweisen zu können. Ein solcher Inhalt geht in diesem Fall damit allerdings über das hinaus, was von einer Obliegenheit normalerweise geregelt wird, nämlich die Vornahme einer Handlung im rein eigenen Interesse. Vorliegend kann daher wiederum von einer

---

875 Siehe oben, Kapitel 2. B. IV. 2. b. aa und bb.

876 BT-Drucks. 18/10936, S. 244; Erwägungsgrund (53) MiFID II; vgl außerdem die Ausführungen zu § 83 Abs. 3 WpHG in Kapitel 2. B. IV. 3.

877 BT-Drucks. 18/10936, S. 244; Erwägungsgrund (53) MiFID II; vgl außerdem die Ausführungen zu § 83 Abs. 3 WpHG in Kapitel 2. B. IV. 3.

878 *Möllers* in KK-WpHG, § 34 WpHG Rn. 10 zum „alten" Beratungsprotokoll.

„echten" vertraglichen Pflicht ausgegangen werden. Ansinnen sowohl des europäischen, wie auch des nationalen Gesetzgebers war, dass dem Anleger ein Beweismittel an die Hand gegeben wird, womit dieser seinen möglicherweise bestehenden Anspruch wegen Falschberatung im Falle eines Haftungsprozesses durchsetzen kann.[879] Dies ist allerdings nur dann möglich, wenn der Anleger auch einen Anspruch auf die Erstellung eines Beweismittels besitzt. Außerdem liefe der Anspruch aus § 83 Abs. 7 WpHG, welcher die Beweismittel*verschaffung* betrifft, weitgehend leer, falls seitens des Kunden nicht auch ein Anspruch auf Beweis*sicherung*, mithin Erstellung einer Dokumentation bestünde. Ein solcher bestünde aber gerade nicht bei Vereinbarung einer Obliegenheit oder einer Schutzpflicht, sondern nur unter Zugrundelegung einer Nebenleistungspflicht. Insgesamt erscheint der Parteiwille damit klar gegen eine Obliegenheit und für eine Nebenleistungspflicht zu sprechen.

Die MiFID II und deren grundsätzliche Erwägungen sprechen, im Falle einer privatautonomen Vereinbarung der Dokumentationspflichten, ebenfalls eher für eine vertragliche Schutz- oder Nebenleistungspflicht als für eine Obliegenheit. Denn der europäische Gesetzgeber ging beim Erlass der MiFID II von einem mitgliedstaatlichen vertragsrechtlichen Regelwerk aus, das eine Sanktionierung und eine Schadloshaltung bei Verstößen gegen anlegerschützende Regelungen ermöglicht.[880] Bei Verstößen gegen die in § 83 Abs. 3 und 6 WpHG geregelten Dokumentationspflichten sollte nach dem Willen des Richtliniengebers sichergestellt sein, dass dem Kunden keine Nachteile dadurch entstehen, dass in dem Protokoll die Kommunikation unzutreffend wiedergegeben wird, vor allem sollte der Kunde in diesem Fall keine Haftung übernehmen.[881] Richtigerweise wird mit der Äußerung, dass der Kunde keine „Haftung" übernehmen sollte, gemeint sein, dass dieser möglicherweise erlittene Schäden nicht hinnehmen muss, sondern diese beim Schädiger liquidieren kann. Auch bei der Geeignetheitserklärung nach § 64 Abs. 4 WpHG sollte es nach Ansicht des europäischen Richtliniengebers „angemessene Schutzmechanismen geben um sicherzustellen, dass dem Kunden keine Verluste daraus entstehen, dass in der Erklärung die persönliche Empfehlung unzutreffend oder unfair dargestellt wird".[882] Auch diese Formulierung zielt darauf ab, dass im Ergebnis keine Verluste beim Kunden verbleiben sollten und daher solche Verluste, die auf einer inhaltlich falschen Geeignetheitserklärung beruhen, jedenfalls über einen Schadensersatzanspruch durch das WpDU auszugleichen sind. Es ist anzunehmen, dass die Vertragsparteien dieser Intention des europäischen Gesetzgebers genügen wollten und mit ihrer Vereinbarung ein zum WpHG parallel verlaufendes Vertragswerk schaffen wollten, welches auch die

[879] Erwägungsgrund (57) MiFID II; BT-Drucks. 18/10936, S. 244f.

[880] Siehe oben, Kapitel 2. B. II. 2. c. aa.

[881] Erwägungsgrund (57) MiFID II.

[882] Erwägungsgrund (82) MiFID II.

Möglichkeit einer Schadloshaltung durch den Anleger bei Dokumentationspflichtverletzungen bietet. Dazu ist allerdings jedenfalls die Vereinbarung einer „echten“ Vertragspflicht notwendig, da als Rechtsfolge einer Obliegenheitsverletzung kein Schadensersatz in Betracht kommt.[883] Was darüber hinaus gegen eine Obliegenheit spricht, ist, dass in diesem Fall auch die Rechtsfolgen einer Verletzung hätten normiert werden müssen. Dies ist aber vorliegend gerade nicht der Fall. Zwar ging der nationale Gesetzgeber bereits bei der Normierung des Beratungsprotokolls davon aus, dass als Rechtsfolge eines Dokumentationsfehlers Beweiserleichterungen in Betracht kommen.[884] Allerdings handelte es sich dabei nicht, wie man wohl fälschlicherweise meinen könnte, um die gesetzliche Normierung einer Rechtsfolge für eine Obliegenheitsverletzung, sondern um einen Verweis auf allgemeine Rechtsgrundsätze. Dies ergibt sich vor allem daraus, dass die Schaffung einer zivilrechtlichen Rechtsfolge in Form einer Beweislastumkehr nach § 34 Abs. 2c WpHG a.F. RefE, derer es bei einer Obliegenheit explizit bedurft hätte, seinerzeit gerade unter Verweis auf allgemeine Grundsätze abgelehnt wurde.[885] Im Ergebnis ist daher auch mangels einer gesetzlich angeordneten oder vertraglich vereinbarten Rechtsfolge für einen Verstoß gegen Aufzeichnungs- und Dokumentationspflichten nicht von einer vereinbarten Obliegenheit, sondern von einer „echten“ vertraglichen Schutz- oder Nebenleistungspflicht auszugehen.

c. Keine Entbehrlichkeit vertraglicher Ansprüche wegen § 83 Abs. 7 WpHG

Man könnte argumentieren, dass der Wille der Parteien nicht auf die Vereinbarung einer „echten“ vertraglichen Dokumentationspflicht, sondern lediglich einer Obliegenheit gerichtet sein könnte, da möglicherweise bereits über § 83 Abs. 7 WpHG ein (mittelbarer) Anspruch des Anlegers auf Anfertigung der Dokumentation besteht. Ein solcher besteht allerdings, wie bereits an anderer Stelle erläutert, in Wirklichkeit nicht.[886] Grund für die vertragliche Einbeziehung der Dokumentationspflicht durch die Parteien war vor allem die zivilrechtliche Durchsetzbarkeit dieser Pflicht. Dem Anleger wird vor allem an einem Primäranspruch hinsichtlich der korrekten Erstellung der Dokumentation bzw. Geeignetheitserklärung gelegen sein, da eine Pflichtverletzung diesbezüglich in den meisten Fällen eine Desinformation der Anlegers oder eine unüberwindbare Beweisnot mit sich bringt, und der Anleger verständlicherweise ein Interesse an deren Vermeidung besitzt.[887] Da ein solcher Anspruch aber über § 83 Abs. 7 WpHG gerade nicht besteht, sondern allenfalls aus Vertrag bestehen kann, ist eine vertragliche Einbeziehung der aufsichtsrechtlichen Dokumentationspflicht und Ausgestaltung als

883 *Krebs* in Dauner-Lieb/Langen, § 241 BGB Rn. 15.

884 BT-Drucks. 16/12814, S. 36.

885 BT-Drucks. 16/12814, S. 36.

886 Siehe oben, Kapitel 2. B. V. 2.

887 Siehe oben, Kapitel 2. B. V. 2.

einklagbare Nebenleistungspflicht in diesem Zusammenhang gerade notwendig, um dem Willen der Parteien gerecht zu werden.

3. Bezug zur Hauptleistung und Parteiinteressen

Als Kriterium für die Rechtsnatur einer vertraglichen Pflicht wird teilweise auch auf deren Bezug zur vertraglichen Hauptleistungspflicht abgestellt. Eine Nebenleistungspflicht liegt demnach vor, wenn die entsprechende Pflicht nicht im Synallagma zur Gegenleistung des Vertragspartners steht, aber dennoch der Wahrung des Äquivalenzinteresses dient.[888] Schutzpflichten hingegen sind Verhaltensanweisungen, die der Sicherung des vom Leistungsaustausch unabhängigen Integritätsinteresses dienen.[889] Teilweise wird als Kriterium für eine Nebenleistungspflicht auch darauf abgestellt, ob diese die Vorbereitung, interessengerechte Durchführung und Sicherung der Vertragszwecke betrifft.[890] Der Bezug der Dokumentationspflicht zu einem Interesse der Parteien ist maßgeblich abhängig von dem hinter ihr stehenden Zweck.[891] Die Geeignetheitserklärung dient, wie auch die Beratung selbst, der Information des Anlegers und damit eindeutig der Wahrung des Äquivalenzinteresses. Für den Fall der ärztlichen Dokumentationspflicht wird ein Bezug zur Hauptpflicht und damit dem Äquivalenzinteresse vor allem deshalb anzunehmen sein, weil hier mit der Dokumentation eine Informationsgrundlage für den nachbehandelnden Arzt geschaffen werden soll und damit einhergehend eine Sicherung des bereits vollzogenen Behandlungsschritts erfolgen soll.[892] Die Dokumentation, welche aufsichtsrechtlich in § 83 Abs. 3 und 6 WpHG geregelt ist, bezweckt hingegen allein die Beweissicherung. Man könnte daher der Ansicht sein, dass jene gänzlich unabhängig von der Hauptpflicht sein soll und gerade nicht deren Förderung und Sicherung, sondern der Ermöglichung von Regressforderungen im Fall der Schlechtleistung dient. Allerdings greift diese Ansicht zu kurz. Denn der Regress kann auch darauf gerichtet sein, gemäß § 249 Abs. 1 BGB den Zustand herzustellen, der bestünde, wenn ordnungsgemäß geleistet worden wäre, mithin richtig beraten

---

[888] Zur Einordnung von § 630f BGB vgl. *Rosenberger* in FS Jaeger (2014), 97, 98; *Greiner* in Spickhoff, Medizinrecht, §§ 823-839 BGB Rn. 410; zur allgemeinen Abgrenzung anhand dieses Kriteriums vgl. *Martens* in Erman, § 241 BGB Rn. 2; *Krebs* in Dauner-Lieb/Langen, § 241 BGB Rn. 17; *Grüneberg* in Grüneberg, § 241 BGB Rn. 5;*Olzen* in Staudinger, § 241 BGB Rn. 151.

[889] *Bachmann* in MüKo-BGB, § 241 BGB Rn. 168; *Olzen* in Staudinger, § 241 BGB Rn. 153; *Sutschet* in BeckOK-BGB, § 241 BGB Rn. 15.

[890] *Sutschet* in BeckOK-BGB, § 241 BGB Rn. 14; *Mansel* in Jauernig, § 241 BGB Rn. 9; *Olzen* in Staudinger, § 241 BGB Rn. 151.

[891] Pauschale Behauptungen, die eine Einordnung jeglicher Dokumentationspflichten als Nebenleistungs- oder Schutzpflicht postulieren, gehen daher fehl, so aber z.B. *Riehm* in BeckOGK-BGB, § 282 BGB Rn. 48; vorsichtiger hingegen *Bachmann* in MüKo-BGB, § 241 BGB Rn. 169; *Böttcher* in Erman, § 242 BGB Rn. 78.

[892] Siehe oben, Kapitel 3. B. I. 4. c. aa.

worden wäre. Die beratungsvertragliche Dokumentation hilft in diesem Fall dem Anleger, so gestellt zu werden, als ob die Leistung ordnungsgemäß erbracht wurde. Im Ergebnis wird man daher in der Dokumentationspflicht eine die Hauptleistung sichernde Pflicht sehen müssen, was wiederum für eine Nebenleistungspflicht spricht. Dafür spricht auch, dass die an § 83 Abs. 3 und 6 WpHG angelehnte beratungsvertragliche Dokumentation durch eine bessere Überprüfbarkeit der Hauptleistung letztlich für eine interessengerechtere Durchführung und Sicherung des Vertragszwecks, namentlich der fehlerfreien Beratung sorgt. Denn im Fall einer ordnungsgemäßen Hauptleistung steht zunächst nicht Schadensersatz im Fokus der beratungsvertraglichen Dokumentation, sondern in erster Linie die Überprüfbarkeit der Hauptleistung. Und eine solche Überprüfbarkeit sorgt dafür, dass die Qualität der Hauptleistung steigt, da Verstöße leichter identifiziert werden können.[893]

Auch unter Zugrundelegung der Interessen- und Leistungserwägungen der Parteien ist die beratungsvertragliche Dokumentationspflicht damit eher als Nebenleistungspflicht zu qualifizieren.

II. Verstoß gegen § 83 Abs. 7 WpHG

Möglicherweise stellt ein Dokumentationsfehler der auf § 83 Abs. 3 und 6 WpHG fußenden Dokumentationspflichten ebenfalls eine Verletzung von § 83 Abs. 7 WpHG dar, so dass auch deshalb ein Schadensersatzanspruch gegenüber dem WpDU bestehen könnte. § 83 Abs. 7 WpHG normiert einen Anspruch des Anlegers gegenüber dem WpDU, die Aufzeichnungen nach § 83 Abs. 3 und 6 WpHG oder eine Kopie davon zur Verfügung gestellt zu bekommen. § 83 Abs. 7 WpHG ist erkennbar an § 34 Abs. 2b WpHG a.F. angelehnt und dient, wie dieser bereits, der Beweismittelverschaffung des Anlegers. Für die Auslegung von § 83 Abs. 7 WpHG kann daher weitgehend auf die Literatur und Rechtsprechung zu § 34 Abs. 2b WpHG a.F. zurückgegriffen werden. Zwar entfaltet § 83 Abs. 7 WpHG Individualschutz zugunsten des jeweiligen Kunden des WpDU, wenn er diesem ermöglichen soll, mit Hilfe der Dokumentation etwaige Schadensersatzansprüche gegenüber dem WpDU durchzusetzen, was gerade für eine Einbeziehung in den Beratungsvertrag spräche. Bei näherer Betrachtung offenbart sich allerdings, dass eine solche von den Parteien nicht gewollt ist: Denn § 83 Abs. 7 WpHG ist, wie bereits § 34 Abs. 2b WpHG a.F. als eigenständiges gesetzliches Schuldverhältnis zu qualifizieren, welches einen vertragsunabhängigen zivilrechtlichen Anspruch normiert.[894] Da die Norm bereits zivilrechtliche Rechtswirkung entfaltet, besteht für die

---

[893] So bereits die Intention des Gesetzgebers zum Beratungsprotokoll, vgl. Plenarprotokoll 16/222, 16. Wahlperiode – 222. Sitzung v. 14. Mai 2009, S. 24483, 24484, 24485, 24489 (Vorträge der Abgeordneten Wanderwitz (CDU), Benneter (SPD), Dyckmans (FDP) und des Parl. Staatssekr. d. Ministeriums des Justiz Hartenbach).

[894] BT-Drucks. 16/12814, S. 14, 28; statt aller: *Möllers* in KK-WpHG, § 34 WpHG Rn. 116; *Koller* in Assmann/Schneider, § 34 WpHG Rn. 33; *Schäfer* in Heidel, § 34 WpHG Rn. 24; *Fett* in Schwark/Zimmer, § 34 WpHG Rn. 7; *Leuering/Zetzsche,*

Parteien kein Anlass mehr für eine vertragliche Vereinbarung, um eine Wirkung aufsichtsrechtlicher Pflichten auf privatrechtlicher Ebene zu erreichen.

Im Fall eines Dokumentationsfehlers kommt somit ein Anspruch aus § 280 BGB, welcher auf gesetzliche Schuldverhältnisse ebenfalls Anwendung findet,[895] in Verbindung mit § 83 Abs. 7 WpHG in Betracht. Allerdings umfasst eine Haftung wegen einer Verletzung von § 83 Abs. 7 WpHG ebenfalls nur den Fall des materiellen Dokumentationsfehlers, da liquidierbare Schäden auf Basis eines rein formellen Dokumentationsfehlers nicht denkbar sind.[896]

Keine Bedenken bestehen hinsichtlich einer möglichen Überschneidung der Haftung aus § 280 BGB in Verbindung mit dem Beratungsvertrag und der Haftung aus § 280 BGB in Verbindung mit § 83 Abs. 7 WpHG. Es gilt, wie bereits im Rahmen der Arzthaftung ausgeführt,[897] der Grundsatz der freien Anspruchskonkurrenz im Zivilrecht.

NJW 2009, 2856, 2058; *Philipp,* Dokumentationspflichten, S. 218; *Veldhoff,* Die Haftung von Kreditinstituten, S. 329; *Heese,* Beratungspflichten, S. 448; *Klein*, Beratungsprotokollpflicht, S. 162f.

[895] Statt aller *Grüneberg* in Grüneberg, § 280 BGB Rn. 9; *Schwarze* in Staudinger, § 280 BGB, Rn. B5, B8ff.; *Lorenz* in BeckOK-BGB, § 280 BGB Rn. 2ff; *Ernst* in MüKo-BGB, § 280 BGB Rn. 6.

[896] Siehe oben, Kapitel 3. A. II.

[897] Siehe oben, Kapitel 3. B. II. 2.

E. Deliktsrechtliche Haftung des WpDU

I. Grundsätzliche Erwägungen zur deliktsrechtlichen Haftung und denkbare Haftungskonstellationen

Selbstverständlich kommt wegen Verstoßes gegen die Dokumentationspflicht auch für WpDU eine deliktsrechtliche Haftung in Betracht. In diesem Fall sind allerdings lediglich zwei Szenarien denkbar, die einer möglichen Haftung zugrunde liegen könnten.

Im ersten Fall nutzt ein Anleger die materiell unrichtige Dokumentation oder Geeignetheitserklärung als Grundlage für eine (ungünstige) Anlageentscheidung und macht geltend, diese bei Kenntnis der inhaltlich richtigen Dokumentation nicht getroffen zu haben. Im zweiten Fall strengt der Anleger im Nachgang zu einem Anlagenerwerb einen Prozess wegen fehlerhafter Anlageberatung gegen das beratende WpDU an und gerät infolge materiell unrichtiger Dokumentation in Beweisnot, so dass er im Ergebnis dem Institut einen Beratungsfehler nicht nachweisen kann. Letztlich kommt in beiden Fällen allein eine Haftung des WpDU aus § 823 Abs. 2 BGB in Verbindung mit § 64 Abs. 4 WpHG bzw. § 83 Abs. 3, 6 und 7 WpHG in Betracht. Ein Anspruch aus § 823 Abs. 1 BGB wird hingegen jeweils bereits an einer relevanten Rechtsgutsverletzung scheitern. Im ersten Fall kommt als geschädigtes Rechtsgut allein das Vermögen in Betracht, welches allerdings nicht von § 823 Abs. 1 BGB geschützt ist.[898] Im zweiten Fall ist einzig möglicher Schaden die Verschlechterung der Beweisposition des Anlegers im Zivilprozess, welche ebenfalls kein „sonstiges Recht“ i.S.d. § 823 Abs. 1 BGB darstellt.[899]

II. Haftung nach § 823 Abs. 2 BGB

1. Individualschutz im konkreten Fall

Während die Gesetzeseigenschaft von § 64 Abs. 4 WpHG und § 83 Abs. 3, Abs. 6 und Abs. 7 WpHG unproblematisch bejaht werden kann, ist allerdings der Individualschutz im konkreten Fall gesondert festzustellen. Hierbei bietet es sich an, sowohl nach Fallgruppen als auch nach Pflichten zu unterscheiden. Um eine Haftung zu begründen, muss die verletzte Norm demnach dem Schutz des Verletzten dienen (persönlicher Schutzbereich), es muss jenes Rechtsgut oder Interesse verletzt worden sein, welches auch von der Norm geschützt werden sollte (sachlicher Schutzbereich) und die Verletzung muss sich in einer Art und Weise verwirklicht haben, wie sie durch das Schutzgesetz verhindert werden soll (modaler Schutzbereich).[900]

---

[898] Vgl bereits oben unter Kapitel 3. C. II. 2. b und die Nachweise in Fn. 791.

[899] Siehe oben, Kapitel 3. C. II. 7.

[900] *Spickhoff* in Soergel, § 823 BGB Rn. 219; *Wagner* in MüKo-BGB, § 823 BGB Rn. 620; *Schaub* in Prütting/Wegen/Weinreich, § 823 BGB Rn. 234.

Was die Fallgruppe der Verfälschung bzw. des Entzugs der Dokumentation als Entscheidungsgrundlage betrifft, so wird der persönliche Schutzbereich sowohl von § 64 Abs. 4 WpHG als auch von § 83 Abs. 3 und 6 WpHG eröffnet sein. Denn die Dokumentation wird für den Anleger angefertigt und dieser ist im zugrunde liegenden Fall Anspruchssteller.

Allerdings sind sowohl der sachliche als auch der modale Schutzbereich nur in Bezug auf § 64 Abs. 4 WpHG eröffnet. Bereits zweifelhaft ist, ob die Dokumentation nach § 83 Abs. 3 und 6 WpHG den Vermögensschutz des Anlegers bezweckt und damit der sachliche Schutzbereich eröffnet wäre. Zwar könnte darauf verwiesen werden, dass mit dem Zweck, ein Beweismittel für den Fall eines Haftungsprozesses wegen fehlerhafter Anlageberatung zu schaffen, ein durch die fehlerhafte Beratung bereits eingetretener Schaden nicht perpetuiert werden soll und die Dokumentation daher mittelbar auch den Vermögensschutz des Anlegers bezweckt. Dagegen kann allerdings eingewendet werden, dass der Schutz des Vermögens als Zweck des etwaige Schutzgesetzes i.S.d. § 823 Abs. 2 BGB, in den Gesetzgebungsmaterialien besonders ausgewiesen sein muss.[901]

Jedenfalls ist der modale Schutzbereich in jenem Fall nicht eröffnet: Es ist nicht ersichtlich, dass durch die Dokumentation nach § 83 Abs. 3 und 6 WpHG die Entscheidungsfreiheit des Anlegers geschützt sein sollte. Zwar sollte das Beratungsprotokoll nach § 34 Abs. 2a WpHG a.F. als Vorgänger der heutigen Dokumentation auch als Informationsgrundlage für die Anlageentscheidung des Anlegers dienen.[902] Im Zuge der Neufassung des WpHG aufgrund der MiFID II wurde diese Funktion allerdings allein der Geeignetheitserklärung nach § 64 Abs. 4 WpHG zugeschrieben.[903] Die Dokumentation nach § 83 Abs. 3 und Abs. 6 WpHG dient demnach allein der „Schaffung von Rechtssicherheit im Interesse von Wertpapierfirmen und ihren Kunden“ durch Beweissicherung.[904] Die Nutzung als Entscheidungsgrundlage ist hingegen seitens des Gesetzgebers nicht vorgesehen. Die Dokumentation nach § 83 Abs. 3 und 6 WpHG soll daher in ihrer heutigen Ausprägung dem Anleger nicht mehr als Entscheidungsgrundlage beim Erwerb einer Anlage dienen. Der modale Schutzbereich der Norm ist daher im genannten Fall nicht eröffnet.

Allerdings ist sowohl der sachliche als auch der modale Schutzbereich von § 64 Abs. 4 WpHG im Rahmen der genannten Fallgruppe eröffnet. Die Geeignetheitserklärung soll dem Anleger– neben dem

---

[901] BGH v. 03.02.1987 - VI ZR 32/86 = NJW 1987, 1818, 1819; v. 27.11.1963 - V ZR 201/61 = NJW 1964, 396, 397; v. 27.01.1954 - VI ZR 309/52 = NJW 1954, 675.

[902] BT-Drucks. 16/12814, S. 27; vgl. auch en détail Kapitel 2. B. III. 3. b. dd. (1) (b) (bb).

[903] BT-Drucks. 18/10936, S. 235; vgl auch im Einzelnen Kapitel 2. B. IV. 2. b.

[904] BT-Drucks. 18/10936, S. 244.

Beratungsgespräch – als zusätzliche Entscheidungsgrundlage dienen. Mit der Anfertigung und Aushändigung einer unvollständigen oder unrichtigen Geeignetheitserklärung wird damit gerade das Informationsinteresse des Anlegers verletzt, welches durch Einhaltung der Vorschrift gewahrt werden soll.[905] Auch soll durch die Aushändigung einer inhaltlich richtigen Geeignetheitserklärung verhindert werden, dass der Anleger eine Kapitalanlage erwirbt, die für ihn in Wirklichkeit ungeeignet ist.[906] Da bei Erstellung und Aushändigung einer unrichtigen oder unvollständigen Geeignetheitserklärung genau diese Gefahr einzutreten droht, ist der modale Schutzbereich von § 64 Abs. 4 WpHG im vorliegenden Fall eröffnet.

Für die Fallgruppe der Verschlechterung der Beweisposition des Anlegers ist der persönliche Schutzbereich von § 64 Abs. 4 WpHG sowie von § 83 Abs. 3 und 6 WpHG eröffnet, da die Dokumentation für den Anleger angefertigt wird und dieser im zugrunde liegenden Fall auch Anspruchsinhaber ist. Der sachliche Schutzbereich der Normen ist im Rahmen dieser Fallgruppe eröffnet, da Zweck der Regelungen die Sicherung von Beweismitteln ist.[907] Der modale Schutzbereich ist ebenfalls betroffen, da die Sicherung von Beweismitteln durch die Dokumentation einer Beweisnot des Anlegers für den Fall eines nachfolgenden Haftungsprozesses wegen fehlerhafter Anlageberatung vorbeugen soll.[908]

Schließlich stellt sich die Frage, ob auch § 83 Abs. 7 WpHG in den beiden oben genannten Fällen Individualschutz zugunsten des Anlegers entfaltet. Jedenfalls der persönliche Schutzbereich der Norm ist in beiden Fällen eröffnet, in denen der Anleger Inhaber des Anspruchs aus § 83 Abs. 7 WpHG ist,. Fraglich ist allerdings, ob die genannten Fälle vom sachlichen und modalen Schutzbereich des § 83 Abs. 7 WpHG umfasst sind. Die Norm soll, wie bereits § 34 Abs. 2b WpHG a.F., dem Anleger die Dokumentation zugänglich machen, damit diese ihre Zwecke, für die eine Aushändigung an den Kunden erforderlich ist, verwirklichen kann. Mit anderen Worten orientiert sich der Schutzbereich des § 83 Abs. 7 WpHG an demjenigen von § 83 Abs. 3 und 6 WpHG. Insofern kann hinsichtlich des sachlichen und modalen Schutzbereichs des § 83 Abs. 7 WpHG auf die Ergebnisse zu § 83 Abs. 3 und 6 WpHG verwiesen werden. Ein Anleger wird keinen Erfolg haben mit der Behauptung, dass ihm der Zugang zur Dokumentation verwehrt blieb und er deshalb eine nachteilige Entscheidung getroffen hat,

---

[905] BT-Drucks. 18/10936, S. 235.

[906] BT-Drucks. 18/10936, S. 235.

[907] Für § 83 Abs. 3 WpHG ergibt sich dies bereits aus dem Gesetzeswortlaut („*für Zwecke der Beweissicherung*"); für § 64 Abs. 4 WpHG ergibt sich dies aus der Stellung als Nachfolgerin der Beratungsprotokollpflicht, die ebenfalls der Schaffung von Beweismitteln für den Anleger diente (vgl. Kapitel 2.B.III.3.b.dd(1)(b)(aa)).

[908] BT-Drucks. 18/10936, S. 244f.; vgl. auch Kapitel 2. B. IV. 4 und 5.

wenn bereits die Dokumentation selbst nicht als Entscheidungsgrundlage dienen sollte. Hingegen erscheint es berechtigt, wenn ein Anleger vorträgt, dass er bei Aushändigung einer materiell ordnungsgemäßen Dokumentation diese als Beweismittel in einem nachfolgenden Prozess hätte verwenden können, da die Dokumentation selbst zu diesem Zweck angefertigt wurde. § 83 Abs. 7 WpHG entfaltet damit, wie bereits § 83 Abs. 3 und 6 WpHG, lediglich für den Fall der Verschlechterung der Beweisposition Individualschutz, nicht aber im Fall der Behauptung der Verschlechterung oder des Entzugs einer Entscheidungsgrundlage.

2. Tragbarkeit im haftungsrechtlichen Gesamtsystem

Fraglich ist allerdings, ob das vom BGH aufgestellte Kriterium der „Tragbarkeit im haftungsrechtlichen Gesamtsystem"[909] möglicherweise in den zugrunde liegenden Fällen nicht vorliegt und damit eine Schutzgesetzeigenschaft ausgeschlossen ist. Eine deliktsrechtliche Haftung für den Dokumentationsfehler ist ausschließlich über § 823 Abs. 2 BGB in Verbindung mit § 64 Abs. 4 WpHG bzw. § 83 Abs. 3, 6 und 7 WpHG begründbar. Für die Wohlverhaltenspflichten in ihrer alten Fassung nach §§ 31ff. WpHG a.F. wurde seitens des BGH eine Einordnung als Schutzgesetz mit dem Argument verneint, dass in diesem Fall eine persönliche Haftung der Mitarbeiter oder Organe des jeweiligen WpDU drohe, welche nicht angemessen sei.[910] Selbst wenn man die genannten Dokumentationspflichten als Wohlverhaltenspflichten des WpDU einordnen wollte - was jedenfalls für die Pflicht aus § 64 Abs. 4 WpHG bejaht werden kann -, spricht für eine Schutzgesetzeigenschaft die Tatsache, dass eine Haftung von Organen und Mitarbeitern des jeweiligen Instituts deshalb ausgeschlossen ist, weil Adressat der entsprechenden Vorschriften das betreffende Institut ist, nicht aber die jeweiligen Organe oder Mitarbeiter.[911] Unter diesem Aspekt kann eine „Tragbarkeit im haftungsrechtlichen Gesamtsystem" nicht verneint werden. Dafür soll nach Ansicht des BGH allerdings, soweit ein Verstoß gegen die betreffende Norm lediglich als Ordnungswidrigkeit oder gänzlich überhaupt nicht sanktioniert ist, entscheidend sein, ob der Geschädigte in anderer Weise hinreichend abgesichert ist.[912]

---

[909] BGH v. 05.02.1980 - VI ZR 169/79 = NJW 1980, 1792/1793; v. 29.06.1982 - VI ZR 33/81 = NJW 1982, 2780, 2781; v. 21.10.1991 – II ZR 204/90 – juris [Rn. 19]; v. 13.04.1994 - II ZR 16/93 = DNotZ 1994, 638, 642.

[910] BGH v. 19.02.2008 - XI ZR 170/07 = NJW 2008, 1734, 1735f. [Rn. 16ff.]; v. 22. 6. 2010 - VI ZR 212/09 = NJW 2010, 3651, 3653 [Rn. 31].

[911] *Wagner* in MüKo-BGB, § 823 BGB Rn. ; *Freitag*, ZBB 2014, 357, 363.

[912] BGH v. 05.02.1980 - VI ZR 169/79 = NJW 1980, 1792/1793; v. 29.06.1982 - VI ZR 33/81 = NJW 1982, 2780, 2781; v. 21.10.1991 – II ZR 204/90 – juris [Rn. 19]; v. 13.04.1994 - II ZR 16/93 = DNotZ 1994, 638, 642; vgl. zur Problematik auch *Hager* in Staudinger, § 823 BGB Rn. G17f.; in der Literatur sind diese Einschränkungen, da sie insbesondere nicht aus dem Gesetz oder den Materialien zu § 823 Abs. 2 BGB unmittelbar herleitbar sind, auf Kritik gestoßen, vgl. *Spickhoff* in Soergel,

Ein Verstoß gegen § 64 Abs. 4 WpHG bzw. § 83 Abs. 3 WpHG ist nach § 120 Abs. 8 Nr. 41 und Nr. 124 WpHG als Ordnungswidrigkeit sanktioniert. Ein Verstoß gegen § 83 Abs. 6 WpHG ist, wie auch ein Verstoß gegen § 83 Abs. 7 WpHG, sanktionslos. Nach der Rechtsprechung des BGH ist damit entscheidend, ob der betroffene Anleger „anderweitig abgesichert“[913] ist. Dies wird insbesondere zu bejahen sein, falls der durch den Dokumentationsfehler entstandene Schaden bereits auf anderem Wege ersatzfähig ist.[914] Grundsätzlich kann in diesem Zusammenhang auf den Anspruch aus § 280 BGB in Verbindung mit dem Beratungsvertrag verwiesen werden. Da die ordnungsgemäße Dokumentation nach der hier vertretenen Ansicht bereits aus dem Beratungsvertrag geschuldet ist,[915] stellt ein wertpapierrechtlicher Dokumentationsfehler zugleich eine schadensersatzbewehrte Verletzung der vertraglichen Pflichten dar.

Im Fall des Nichtbestehens eines Beratungsvertrages wird der Anleger im Rahmen der ersten Fallgruppe geltend machen, er habe, falls eine vollständige Dokumentation vorgelegen hätte, diese und nicht die unvollständige oder fehlerhafte Dokumentation seiner Anlageentscheidung zugrunde gelegt, und sich daher gegen den Erwerb der jeweiligen Anlage entschieden.
Allerdings kommt in diesem Fall der deliktsrechtlichen Haftung keine eigene Bedeutung zu. Denn tatsächlich gesehen betrifft der genannte Fall einen Anleger, der unerkannt geschäftsunfähig ist und dessen Anlageberatungsvertrag deshalb nach § 105 Abs. 1 BGB nichtig ist. In einem solchen Fall wird aber davon auszugehen sein, dass immer auch der nachfolgend geschlossene Anlagenkaufvertrag nichtig sein wird. In diesem Fall steht dem Anleger jedoch ein bereicherungsrechtlicher Rückabwicklungsanspruch nach § 812 Abs. 1 Satz 1 Var. 1 BGB in Bezug auf den Anlagenkauf zu. Durch diesen Anspruch ist der Anleger in dieser Situation ausreichend anderweitig abgesichert, so dass ein weiterer deliktsrechtlicher Anspruchs im haftungsrechtlichen Gesamtsystem nicht tragbar erschiene. Auch im Fall eines unwirksamen Beratungsvertrags kommt daher einer deliktsrechtlichen Haftung keine eigene Bedeutung zu.

---

§ 823 BGB Rn. 199f.; *Karollus,* Schutzgesetzverletzung, S. 125ff.; *Spindler* in BeckOGK-BGB, § 823 BGB Rn. 266ff. m.w.N.; Stattdessen wird teilweise gefordert, die Einordnung als Schutzgesetz nur dann zu bejahen, wenn eine Vergleichbarkeit zu den verschärften Haftungsvoraussetzungen des § 826 BGB oder den nach § 823 Abs. 1 BGB geschützten Rechtsgütern besteht, vgl. *Förster* in BeckOK-BGB, § 823 BGB Rn. 278ff.; *Spindler* in BeckOGK-BGB, § 823 BGB Rn. 269; *Canaris* in FS Larenz, (1983), 27, 48.

913 BGH v. 05.02.1980 - VI ZR 169/79 = NJW 1980, 1792/1793; v. 29.06.1982 - VI ZR 33/81 = NJW 1982, 2780, 2781; v. 21.10.1991 – II ZR 204/90 – juris [Rn. 19]; v. 13.04.1994 - II ZR 16/93 = DNotZ 1994, 638, 642.

914 Vgl. BGH v. 19.02.1990 - II ZR 268/88 = NJW 1990, 1725, 1730.

915 Siehe oben, Kapitel 2. B. V. 2.

Für die zweite Fallgruppe der Beweisnot und die in diesem Fall verletzten Vorschriften, namentlich § 83 Abs. 3, Abs. 6 und Abs. 7 WpHG ist dies allerdings nicht der Fall. Denn im Fall eines nicht bestehenden Beratungsvertrags ergibt sich ein Schadensersatzanspruch wegen Entzugs der Beweisgrundlage, der auf eine materielle Unrichtigkeit der Dokumentation gestützt wird, jedenfalls dem Grunde nach aus § 280 BGB in Verbindung mit § 83 Abs. 7 WpHG.[916] Mit dem Anspruch auf Einsichtnahme und Aushändigung einer Kopie besteht ein gesetzliches Schuldverhältnis, welches unabhängig von einem Beratungsvertrag existiert. Und im genannten Fall wird der Anleger die Dokumentation des WpDU anfordern, um diese auswerten und als Beweismittel fruchtbar machen zu können. Sollte diese allerdings nur teilweise oder gar nicht vorhanden sein, so ergibt sich daraus ein Anspruch des Anlegers aus §§ 280, 281 bzw. 283 BGB in Verbindung mit § 83 Abs. 7 WpHG. Zwar ist umstritten, ob die Verschlechterung einer Beweisposition einen ersatzfähigen Schaden darstellt,[917] womit die Werthaltigkeit eines entsprechenden Schadensersatzanspruchs in Frage steht. Jedenfalls bestehen bei der Verletzung von Dokumentationspflichten, die der Sicherung von Beweisen dienen sollen, aber Sanktionen auf beweisrechtlicher Ebene.[918] Diese sind grundsätzlich geeignet, den Anleger schadlos zu stellen, indem sie den erlittenen Beweisnachteil wenigstens zu kompensieren vermögen.[919]

Da der Fall der Beweisnot des Anlegers entweder über einen Schadensersatzanspruch wegen der Verletzung von § 83 Abs. 7 WpHG lösbar ist, oder aber über beweisrechtliche Sanktionen kompensiert wird, ist davon auszugehen, dass der Anleger auch in diesem Fall ausreichend anderweitig geschützt ist, so dass eine Qualifikation von § 83 Abs. 3, Abs. 6 und Abs. 7 WpHG als Schutzgesetz i.S.d. § 823 Abs. 2 BGB „im haftungsrechtlichen Gesamtsystem" nicht tragbar erscheint. Eine Schutzgesetzeigenschaft dieser Vorschriften scheidet damit ebenfalls aus.

[916] So bereits für § 34 Abs. 2a und 2b WpHG a.F., *Philipp*, Dokumentationspflichten, S. 299f.

[917] Vgl. hierzu noch Kapitel 5. C.

[918] Vgl. hierzu noch Kapitel 4. B. IV.

[919] Vgl. hierzu noch Kapitel 4. B. IV.

F. Strafrechtliche Sanktionen wegen Dokumentationspflichtverletzungen

I. Ärztliche Dokumentationspflichtverletzung

Eine in Papierform geführte Krankenakte stellt eine Urkunde bzw. eine Gesamturkunde im Sinne des § 267 StGB dar.[920] Veränderungen an der Krankenakte können zwar grundsätzlich vorgenommen werden, allerdings endet die Dispositionsbefugnis des dokumentierenden Arztes in dem Zeitpunkt, in dem die während der Behandlung eines Patienten erhobenen Befunde vollständig schriftlich dokumentiert und in die Krankenakte eingelegt sind.[921] Demnach liegt sowohl beim Erstellen einer falschen Dokumentation als auch beim nachträglichen Verfälschen der Patientenakte eine Strafbarkeit nach § 267 Var. 1 bzw. Var. 2 StGB vor.[922] Auch das Verändern eines Einwilligungsformulars begründet eine Strafbarkeit nach § 267 Var. 2 StGB.[923] Patientenakten werden heute zum größten Teil elektronisch geführt. Die elektronischen Daten sind dann keine Urkunden im Sinne des § 267 StGB, ihre Veränderung ist aber nach § 269 StGB strafbar.[924] Falls der Inhalt einer Aufzeichnung kein menschlicher Gedanke ist, wie z.B. bei einem Ultraschall- oder Röntgenbild, EKG oder MRT, so kommt eine Urkundenfälschung nicht in Betracht, allerdings kann eine Fälschung technischer Aufzeichnungen nach § 268 StGB oder eine Fälschung beweiserheblicher Daten nach § 269 StGB vorliegen.[925] Im Übrigen kann mit der Abänderung der Dokumentation auch ein (versuchter)

---

[920] *Schuhr* in Spickhoff, Medizinrecht, § 267 StGB Rn. 19ff.; *Schroth* in Roxin/Schroth, Handbuch des Medizinstrafrechts, 11.5 B.; *Ulsenheimer/Gaede* in Ulsenheimer/Gaede, Arztstrafrecht, Rn. 1140; *Bernsmann/Geilen* in HdB des FA MedR, Kap. 4 Rn. 594.

[921] *Schroth* in Roxin/Schroth, Handbuch des Medizinstrafrechts, 11.5 B.; *Ulsenheimer/Gaede* in Ulsenheimer/Gaede, Arztstrafrecht Rn. 1141.

[922] *Ulsenheimer* in Ulsenheimer/Gaede, Arztstrafrecht, Rn. 1140f.; *Heine/Schuster* in Schönke/Schröder, § 267 StGB Rn. 67; OLG Koblenz v. 19.09.1994 - 2 Ss 123/94 = NJW 1995, 1624; für nachträgliche Veränderungen Str., richtigerweise wird anzunehmen sein, dass die Dispositionsbefugnis des Arztes mit der vollständigen schriftlichen Dokumentation und dem Einlegen der Blätter in die Akte endet, bei einer Berichtigung darüber hinaus muss der ursprüngliche Inhalt in Übereinstimmung mit § 630f Abs. 1 BGB stets erkennbar bleiben; so auch *Schroth* in Roxin/Schroth, Handbuch des Medizinstrafrechts, 11.5 B.; *Ulsenheimer/Gaede* in Ulsenheimer/Gaede, Arztstrafrecht, Rn. 1141; *Bernsmann/Geilen* in HdB des FA MedR, Kap. 4 Rn. 595.

[923] *Schroth* in Roxin/Schroth, Handbuch des Medizinstrafrechts, 11.5 B.; *Gaidzik* in Bergmann/Pauge/Steinmeyer, §§ 267-274 StGB Rn. 6; *Ulsenheimer/Gaede* in Ulsenheimer/Gaede, Arztstrafrecht, Rn. 1142

[924] *Schuhr* in Spickhoff, Medizinrecht, § 267 StGB Rn. 23; *Ulsenheimer/Gaede* in Ulsenheimer/Gaede, Arztstrafrecht, Rn. 1143.

[925] *Schuhr* in Spickhoff, Medizinrecht, § 267 StGB Rn. 23f.; *ders.* in Spickhoff, Medizinrecht, §§ 268-270 StGB Rn. 3ff.; *Ulsenheimer/Gaede* in Ulsenheimer/Gaede, Arztstrafrecht, Rn. 1143; *Gaidzik* in Bergmann/Pauge/Steinmeyer, §§ 267-274 StGB Rn. 1.

Prozessbetrug vorliegen.[926] Nicht verwirklicht ist mit dem Verfassen einer unrichtigen Dokumentation allerdings der Tatbestand der Ausstellung unrichtiger Gesundheitszeugnisse gem. § 278 StGB.[927]

II. Kapitalanlagerechtliche Dokumentationspflichtverletzung

Das Nichterstellen einer Aufzeichnung nach § 83 Abs. 3 WpHG und das Nicht-zur-Verfügung-Stellen einer Geeignetheitserklärung nach § 64 Abs. 4 WpHG stellt nach § 120 Abs. 8 Nr. 124 WpHG bzw. § 120 Abs. 8 Nr. 41 WpHG ebenfalls eine Ordnungswidrigkeit dar.[928] Soweit ersichtlich wurde in der Literatur und der Rechtsprechung noch nicht erörtert, ob mit der wertpapierrechtlichen Falschdokumentation auch strafrechtliche Tatbestände, insbesondere solche der Urkundendelikte nach §§ 267ff. StGB erfüllt sind. Bei einer Subsumtion unter § 267 StGB ist dies wohl anzunehmen. Eine *Urkunde* ist jede verkörperte menschliche Gedankenerklärung, die allgemein oder für Eingeweihte verständlich, zum Beweis im Rechtsverkehr geeignet und bestimmt ist und ihren Aussteller erkennen lässt.[929] Die Geeignetheitserklärung nach § 64 Abs. 4 WpHG sowie die Protokolle nach § 83 Abs. 6 WpHG sind menschliche Gedankenerklärungen, soweit sie in Papierform vorliegen. Ausweilich ihres Zwecks dienen sie auch der Beweissicherung.[930] Ebenso lassen sie ihren Aussteller erkennen. Damit stellen diese Aufzeichnungen Urkunden i.S.d. § 267 StGB dar. Je nachdem, ob die Aufzeichnungen von vornherein falsch ausgestellt werden oder im Nachhinein verfälscht werden, liegt damit eine Strafbarkeit nach § 267 Var. 1 oder 2 StGB vor. Bei Audioaufzeichnungen nach § 83 Abs. 3 WpHG, oder falls die Dokumente nach § 83 Abs. 6 WpHG bzw. § 64 Abs. 4 WpHG in elektronischer Form vorliegen, ist bei einer unberechtigten Veränderung § 268 StGB oder § 269 StGB einschlägig.

---

926 *Feifel* in Ratzel/Lissel, HdB Medizinschadensrecht, § 34 Rn. 25.

927 *Ulsenheimer/Gaede* in Ulsenheimer/Gaede, Arztstrafrecht, Rn. 1135; *Fischer,* StGB, § 278 StGB Rn. 3.

928 Nicht Bußgeldbewehrt ist hingegen ein Verstoß gegen § 83 Abs. 6 WpHG.

929 Statt aller *Weidemann* in BeckOK-StGB, § 267 StGB Rn. 3; *Fischer*, StGB, § 267 StGB Rn. 3; *Heine/Schuster* in Schönke/Schröder, § 267 StGB Rn. 2; jeweils m.w.N.

930 So bereits der Wortlaut von § 83 Abs. 3 WpHG, vgl. außerdem Kapitel 2. B. IV. 2. b. aa und Kapitel 2. B. IV. 4. b.

G. Zusammenfassung der Ergebnisse in Thesen

1. Eine Haftung auf Schadensersatz kommt nur in Betracht, wenn die Dokumentation materiell unrichtig ist. Ein formeller Dokumentationsfehler ist kein tauglicher Anknüpfungspunkt für einen Schadensersatzanspruch, wohl aber für beweisrechtliche Rechtsfolgen..

2. Die Dokumentationspflicht des Arztes ist als „echte" Vertragspflicht in Form einer Nebenleistungspflicht und nicht als bloße Obliegenheit einzuordnen.

3. § 630f BGB ist als Schutzgesetz i.S.d. § 823 Abs. 2 BGB zu qualifizieren.

4. Bei einer deliktsrechtlichen Haftung des Arztes ist danach zu unterscheiden, ob mit der Dokumentationspflichtverletzung auch eine Gesundheitsschädigung einhergeht. Ist dies der Fall, so liegt regelmäßig eine Haftung nach § 823 Abs. 1 BGB und § 823 Abs. 2 BGB vor. Auch Vermögensschäden, die kausal auf einer haftungsbegründenden Gesundheitsschädigung beruhen, sind in diesem Fall grundsätzlich ersatzfähig.

5. Ist durch die Dokumentationspflichtverletzung das allgemeine Persönlichkeitsrecht des Patienten verletzt, so dass dieser den Verlauf der Behandlung nicht mehr so nachvollziehen kann, oder Patientendaten unbefugten Dritten bekanntgegeben werden, so ist eine Haftung des Behandelnden nach § 823 Abs. 1 BGB und § 823 Abs. 2 BGB gegeben.

6. Eine deliktsrechtliche Haftung nach §§ 823 Abs. 1 und Abs. 2 BGB besteht nicht, soweit die Dokumentation im Einzelfall zu anderen Zwecken als der Behandlung und Weiterbehandlung oder der Rechenschaftslegung gegenüber dem Patienten genutzt wird.

7. Für die Verschlechterung der Beweisposition durch einen Dokumentationsfehler in einem nachfolgenden Haftungsprozess haftet der Arzt nach § 823 Abs. 2 BGB dem Grunde nach.

8. Die Pflicht des WpDU zur Dokumentation nach § 83 Abs. 3 und 6 WpHG und zur Erstellung und Aushändigung der Geeignetheitserklärung nach § 64 Abs. 4 WpHG, ist als „echte" Vertragspflicht aus dem Beratungsvertrag in Form einer Nebenleistungspflicht zu qualifizieren.

9. Eine deliktsrechtliche Haftung des WpDU für einen Verstoß gegen § 83 Abs. 3 und 6 WpHG sowie § 64 Abs. 4 WpHG folgt nicht aus § 823 Abs. 1 BGB, da sowohl die vorprozessuale Beweissicherung und die Beweisposition, wie auch das Vermögen kein von § 823 Abs. 1 BGB geschütztes Rechtsgut

sind. Eine Haftung nach § 823 Abs. 2 BGB i.V.m. § 64 Abs. 4 WpHG und § 83 Abs. 3 und 6 WpHG scheidet ebenfalls aus, da die genannten Normen nach dem Willen der Parteien in den Anlageberatungsvertrag mit einbezogen sind und eine Verletzung der spiegelbildlichen Vertragspflichten in der Regel Ansprüche nach §§ 280, 281, 283 i.V.m. dem Beratungsvertrag begründet, so dass eine deliktsrechtliche Haftung im haftungsrechtlichen Gesamtsystem nicht tragbar erscheint.

Kapitel 4. BEWEISRECHTLICHE RECHTSFOLGEN DES DOKUMENTATIONSFEHLERS

A. Beweisrechtliche Rechtsfolgen des ärztlichen Dokumentationsfehlers

I. Darlegungs- und Beweislastverteilung im Arzthaftungsprozess

Auch im Arzthaftungsprozess trägt der Patient als Kläger die Darlegungs- und Beweislast hinsichtlich aller anspruchsbegründenden Tatsachen.[931] Dies gilt selbstverständlich auch für das Vorliegen eines Behandlungsfehlers.[932] Er hat insoweit den Hauptbeweis nach § 286 Abs. 1 ZPO zu führen, muss also den Richter vollständig vom Vorliegen der anspruchsbegründenden Tatsachen überzeugen.[933] Unter Berufung auf den Grundsatz der Waffengleichheit der Parteien im Zivilprozess wurde in der Vergangenheit jedoch umfassende richterliche Rechtsfortbildung betrieben, die zu einer gewissen Modifikation der allgemeinen Grundsätze führte. Der BGH hat dabei immer wieder betont, dass es darum ginge, eine gerechte Rollenverteilung im Arzt-Patienten-Verhältnis zu schaffen.[934] Aus dem Grundsatz der Waffengleichheit der Parteien folgt zunächst eine von Amts wegen gesteigerte Pflicht des Gerichts zur Sachverhaltsaufklärung nach § 139 ZPO.[935] Darüber hinaus führt der Grundsatz der Waffengleichheit auch zu einer verminderten Vortragslast des Patienten.[936] So werden, vor allem soweit die medizinische Seite des Sachvortrags betroffen ist, an diesen wegen des Informationsgefälles zwischen Arzt und Patienten nur maßvolle Anforderungen gestellt.[937] Auf der Ebene der Beweislast wurden beispielsweise eine Beweislastumkehr zugunsten des Patienten bei Dokumentationsfehlern und bei grobem Behandlungsfehler sowie bei Befunderhebungs- und Befundsicherungsfehlern etabliert.[938] Daher bestehen heute, nach der gesetzlichen Verankerung bestimmter Rechtsprechungslinien, auf dem

---

[931] *Gehrlein,* Arzthaftungsrecht, Kap. B. Rn. 63; *Walter,* GesR 2013, 129, 130; BGH v. 08.07.2003 – VI ZR 304/02 = MedR 2004, 107, 108; v. 28.06.1988 – VI ZR 217/87 = NJW 1988, 2942; v. 10.01.1984 – VI ZR 158/82 = NJW 1984, 1400, 1401; Brandenburgisches OLG v. 10.03.1999 – 1 U 54/98 = MedR 2000, 85, 88.

[932] BGH NJW 1995, 1611, 1612; *Rosenberger* in HdB des FA MedR, Kap. 7 Rn. 379; *Wagner* in MüKo-BGB, § 630h BGB Rn. 61; *Glanzmann* in Bergmann/Pauge/Steinmeyer, §§ 286, 287 ZPO Rn. 9.

[933] *Frahm/Walter*, Arzthaftungsrecht,Rn. 263; *Glanzmann* in Bergmann/Pauge/Steinmeyer, §§ 286, 287 ZPO Rn. 9.

[934] BGH v. 14.02.1995 - VI ZR 272/93 = NJW 1995, 1611, 1612; v. 28.06.1988 - VI ZR 217/87 = NJW 1988, 2949; v. 09.11.1982 - VI ZR 23/81 = NJW 1983, 332; v. 27.06.1978 - VI ZR 183/76 = NJW 1978, 2337, 2338f.

[935] *Rosenberger* in HdB des FA MedR, Kap. 7 Rn. 300; *Stimmler* in Wenzel, Der Arzthaftungsprozess, Kap. 19 Rn. 24; *Frahm/ Walter*, Arzthaftungsrecht, Rn. 595; BGH v. 10.01.1989 - VI ZR 25/88 = NJW-RR 1989, 1275; v. 08.01.1991 - VI ZR 102/90 = NJW 1991, 1541, 1542; OLG Oldenburg v. 25.02.2008 - 5 W 10/08 = NJOZ 2008, 2042f.

[936] *Rosenberger* in HdB des FA MedR, Kap. 7 Rn. 300; BGH v. 08.06.2004 - VI ZR 199/03 = NJW 2004, 2825ff.

[937] *Rosenberger* in HdB des FA MedR, Kap. 7 Rn. 303; BGH v. 08.06.2004 - VI ZR 199/03 = NJW 2004, 2825, 2827; v. 08.01.1991 - VI ZR 102/90 = NJW 1991, 1541, 1542.

[938] Vgl. weiterführend *Gehrlein*, Arzthaftungsrecht, Kap. B. Rn. 63ff.

S. N. Grimm, *Der Dokumentationsfehler im Medizin- und Kapitalanlagerecht*, Schriften zum Stiftungs- und Gemeinnützigkeitsrecht,
https://doi.org/10.1007/978-3-658-50384-0_5

Gebiet der Arzthaftung auch von Gesetzes wegen Beweiserleichterungen. Mit § 630h Abs. 3 BGB wurde auch eine Rechtsfolge für den Fall der Verletzung der ärztlichen Dokumentationspflicht normiert.[939]

II. Beweiswert der ärztlichen Dokumentation

1. Beweisrechtliche Würdigung der Dokumentation nach allgemeinen Grundsätzen

Grundsätzlich würdigt das Zivilgericht die erhobenen Beweise – gemäß dem Grundsatz der freien Beweiswürdigung – nach freiem richterlichem Ermessen, § 286 Abs. 1 ZPO.[940] Für die Beweiskraft von Urkunden enthalten die §§ 415 bis 418 ZPO allerdings Spezialregelungen, die seitens des Gerichts zwingend zu beachten sind und diesen Grundsatz einschränken.[941] § 416 ZPO regelt die formelle Beweiskraft von Privaturkunden.[942] Demnach begründen Privaturkunden den vollen Beweis dafür, dass die in ihnen enthaltenen Erklärungen von ihren Ausstellern abgegeben worden sind, sofern die Urkunde von diesen unterschrieben ist. Jedenfalls die hand- oder maschinenschriftliche, nichtelektronische ärztliche Dokumentation stellt eine Privaturkunde im Sinne des § 416 ZPO dar.[943] Da sie, anders als eine Tatbestandsurkunde kein „Träger rechtlicher Disposition“ ist, sondern lediglich Auskunft darüber gibt, dass eine Person von gewissen Vorgängen berichtet hat,[944] ist sie als Zeugnisurkunde einzuordnen. Zwar fordert § 630f Abs. 2 BGB, dass auch Einwilligungen zu dokumentieren sind, so dass bei genauerem Hinsehen die Dokumentation möglicherweise als Tatbestandsurkunde einzuordnen wäre. Allerdings stellt nach h.M. die Einwilligung in die Behandlung keine Willenserklärung dar.[945] Damit ist die Dokumentation auch nicht Träger der rechtlichen Disposition über die Gesundheit des Patienten. Auch das unterzeichnete Aufklärungs- und Einwilligungsformular stellt daher keine Tatsachen-,

---

[939] Vgl. hierzu noch eingehend unten Kapitel 4. A. III.

[940] Statt aller vgl. *Greger* in Zöller, § 286 ZPO Rn. 1f.; *Nober* in Anders/Gehle, § 286 ZPO Rn. 2; *Laumen* in Baumgärtel/Laumen/Prütting, HdB Beweislast, Kap. 4, Rn. 1ff.; *ders.* in Prütting/Gehrlein, § 286 ZPO Rn. 1ff.; *Ahrens,* Der Beweis im Zivilprozess, Kap. 15 , Rn. 1ff.

[941] *Feskorn* in Zöller, Vor § 415 ZPO Rn. 1; *Greger* in Zöller, § 286 ZPO Rn. 3; *Foerste* in Musielak/Voit, § 286 ZPO Rn. 14; *Prütting* in MüKo-ZPO, § 286 ZPO Rn. 24f.; *Laumen* in Baumgärtel/Laumen/Prütting, HdB Beweislast, Kap. 4, Rn. 17f.; *Nober* in Anders/Gehle, § 286 ZPO Rn. 56.

[942] *Krafka* in BeckOK-ZPO, § 416 ZPO Rn. 8ff.; *Röß* in Musielak/Voit, § 416 ZPO Rn. 3f.; *Schreiber* in MüKo-ZPO, § 416 ZPO Rn. 9f.

[943] BGH v. 5.12.2023 – VI ZR 108/21 = NJW 2024, 445, 446 [Rn. 16]; *Pauge* in Bergmann/Pauge/Steinmeyer, §§ 415-419 ZPO Rn. 2.

[944] *Schreiber* in MüKo-ZPO, § 416 ZPO Rn. 8.

[945] *Förster* in BeckOK-BGB, § 823 BGB Rn. 881; BGH v. 05.12. 1958 - VI ZR 266/57 =NJW 1959, 811ff.; v. 28.06.1988 - VI ZR 288/87 = NJW 1988, 2946ff.; missverständlich wohl BGH v. 07.02.1984 - VI ZR 188/82 = NJW 1984, 1395ff.

sondern lediglich eine Zeugnisurkunde dar.[946] § 416 ZPO trifft, anders als die Vorschriften über öffentliche Urkunden, keine Unterscheidung zwischen Zeugnis- und Tatbestandsurkunden. Private Zeugnisurkunden sind vom Anwendungsbereich des § 416 ZPO umfasst.[947] Falls die Dokumentation von Seiten des Arztes unterschrieben ist und die Echtheit der Unterschrift unzweifelhaft ist, entfaltet sie nach § 416 ZPO damit folglich die volle formelle Beweiskraft von Privaturkunden.[948] Allerdings ist die Unterzeichnung der Dokumentation durch den behandelnden Arzt nicht obligatorisch.[949] Weist die Dokumentation keine Unterschrift des Ausstellers aus, so unterfällt sie nicht der Wirkung des § 416 ZPO. Sie stellt in diesem Fall eine einfache Privaturkunde dar, deren formeller Beweiswert nach § 286 Abs. 1 ZPO durch das Gericht frei zu würdigen ist.[950] Nach § 416 ZPO steht mit der Unterschrift des Ausstellers zwar sowohl die Echtheit der Urkunde fest, wie auch dass der Unterzeichner die enthaltenen Erklärungen abgegeben hat, bzw. von gewissen Vorgängen berichtet hat, nicht aber, dass die in der Urkunde enthaltene Aussage auch wahr ist.[951] Eine unterzeichnete ärztliche Dokumentation beweist also im Ergebnis lediglich, dass der unterzeichnende Arzt zum Zeitpunkt der Erstellung der Dokumentation von gewissen Vorgängen berichtet hat. Ob sich die Vorgänge hingegen wie berichtet ereignet haben, richtet sich nach der materiellen Beweiskraft der Urkunde, die unabhängig vom Vorliegen der formellen Beweiskraft nach § 416 ZPO der freien richterlichen Beweiswürdigung nach § 286 Abs. 1 ZPO unterliegt.[952] Auf der Ebene der materiellen Beweiskraft entfaltet eine unterschriebene Zeugnisurkunde, wie auch beispielsweise eine Sammlung von Notizen des Behandlers oder Dritter, allenfalls Indizwirkung für die in ihr beschriebenen Vorgänge, welche vom Gericht

---

946 *Ahrens*, Der Beweis im Zivilprozess, Kap. 25 Rn. 129.

947 *Schreiber* in MüKo-ZPO, § 416 ZPO Rn. 8; *Preuß* in Prütting/Gehrlein, § 416 ZPO Rn. 15; *Ahrens*, Der Beweis im Zivilprozess, Kap. 25 Rn. 129; *ders.* in Wieczorek/Schütze, § 416 ZPO Rn. 3; *Rosenberg/Schwab/Gottwald*, Zivilprozessrecht, § 120 Rn. 28; **a.A.** *Jauernig/Hess*, Zivilprozessrecht, (30. Aufl.) § 55 Rn. 27.

948 BGH v. 5.12.2023 – VI ZR 108/21 = NJW 2024, 445, 446 [Rn. 16]. Wird die Echtheit der Privaturkunde hingegen bestritten, so muss sich der Gegner – im Arzthaftungsprozess der beklagte Arzt – darüber erklären und diese beweisen, §§ 439 Abs. 1, Abs. 3, 440 Abs. 1 ZPO. Ist die Echtheit der Unterschrift unter der Urkunde bewiesen, so wird vermutet, dass der darüber stehende Text ebenfalls echt ist, § 440 Abs. 2 ZPO. Diese Vermutung wird allerdings wiederum erschüttert, wenn die Urkunde äußerliche Mängel aufweist, beispielsweise Durchstreichungen oder Radierungen, § 419 ZPO. Ob die äußere Gestaltung der Urkunde den Verdacht einer Fälschung rechtfertigt, ist nach freier richterlicher Beweiswürdigung zu entscheiden, vgl. *Ahrens,* der Beweis im Zivilprozess, Kap. 27 Rn. 9, BGH v. 15.11.1979 - III ZR 93/78 = NJW 1980, 893.

949 *Wenzel* in Wenzel, Der Arzthaftungsprozess, Kap. 99 Rn. 358.

950 *Berger* in Stein/Jonas, § 416 ZPO Rn. 20; *Ahrens*, Der Beweis im Zivilprozess, Kapitel 26 Rn. 74.

951 BGH v. 5.12.2023 – VI ZR 108/21 = NJW 2024, 445, 446 [Rn. 16]; *Berger* in Stein/Jonas § 416 ZPO Rn. 12; *Ahrens*, Der Beweis im Zivilprozess, Kap. 26 Rn. 65; *Preuß* in Prütting/Gehrlein, § 416 ZPO Rn. 17ff..

952 BGH v. 5.12.2023 – VI ZR 108/21 = NJW 2024, 445, 446 [Rn. 16]; *Berger* in Stein/Jonas, § 416 ZPO Rn. 13; *Ahrens*, Der Beweis im Zivilprozess, Kap. 26 Rn. 67; *Preuß* in Prütting/Gehrlein, § 416 ZPO Rn. 19; *Gehle* in Anders/Gehle, § 416 ZPO Rn. 10.

wiederum frei nach § 286 Abs. 1 ZPO zu würdigen sind.[953] In die tatrichterliche Würdigung, ob die in der Urkunde bezeugten tatsächlichen Vorgänge wirklich so geschehen sind oder nicht, sind bei einer Privaturkunde, die tatsächliche Vorgänge bezeugt, auch alle vom Beweisgegner als Gegenbeweises vorgetragenen Umstände einzubeziehen; der Beweisgegner muss nicht die inhaltliche Richtigkeit des in der Urkunde Erklärten widerlegen.[954] Vielmehr genügt es, wenn er dartut, dass die inhaltliche Richtigkeit zweifelhaft bleibt, das Beweisergebnis also keine Überzeugung im Sinne des § 286 ZPO rechtfertigt.[955] Die aufgrund der Beweisregel des § 416 ZPO formell erwiesenen Erklärungen können – je nach ihrem Inhalt – geeignet sein, dem Tatrichter allein oder im Zusammenhang mit weiteren Umständen die Überzeugung davon zu verschaffen, dass die in der Urkunde aufgeführten Tatsachen und Vorgänge der Wirklichkeit entsprechen.[956]

Falls die Dokumentation nicht unterschrieben ist, so ist sowohl die Frage, ob die dokumentierende Person von den aufgezeichneten Vorgängen berichtet hat (formelle Beweiskraft), als auch die Frage, ob diese Vorgänge sich so wie berichtet ereignet haben (materielle Beweiskraft), vom Gericht nach § 286 Abs. 1 ZPO zu würdigen. Sollte die Dokumentation hingegen vom Aussteller unterschrieben sein, so muss das Gericht unterstellen, dass die dokumentierende Person von den aufgezeichneten Vorgängen berichtet hat (formelle Beweiskraft). Allerdings ist die Frage, ob diese Vorgänge sich so wie berichtet ereignet haben (materielle Beweiskraft), vom Gericht dennoch nach § 286 Abs. 1 ZPO zu würdigen, wobei der Inhalt der Dokumentation bestenfalls eine Indizwirkung hinsichtlich der dokumentierten Umstände entfaltet.

Eine elektronische Dokumentation stellt zwar keine Urkunde i.S.d. §§ 415ff. ZPO dar.[957] Allerdings ist auch eine elektronische Dokumentation grundsätzlich zum Beweis im Zivilprozess geeignet. Falls keine qualifizierte elektronische Signatur vorhanden ist, so kann der Beweis über § 371 Abs. 1 Satz 2 ZPO angetreten werden, indem die entsprechende Datei in Augenschein genommen wird.[958] Sollte die Dokumentationssoftware über eine qualifizierte elektronische Signatur verfügen, so finden gemäß § 371a Abs. 1 ZPO die Vorschriften über die Beweiskraft privater Urkunden entsprechende Anwendung.

---

[953] *Ahrens*, Der Beweis im Zivilprozess, Kap. 26 Rn. 67; *Schreiber* in MüKo-ZPO, § 416 ZPO Rn. 8; *Berger* in Stein/Jonas, Vor § 415 ZPO Rn. 19.

[954] BGH v. 5.12.2023 – VI ZR 108/21 = NJW 2024, 445, 446 [Rn. 16].

[955] BGH v. 5.12.2023 – VI ZR 108/21 = NJW 2024, 445, 446 [Rn. 16].

[956] BGH v. 5.12.2023 – VI ZR 108/21 = NJW 2024, 445, 446 [Rn. 16].

[957] *Spickhoff/Bleckwenn,* VersR 2013, 1350, 1356.

[958] *Glanzmann* in Bergmann/Pauge/Steinmeyer, § 630f BGB Rn. 14; *Kern* in Ratzel/Lissel, HdB Medizinschadensrecht, § 6 Rn. 75; *Spickhoff/Bleckwenn,* VersR 2013, 1350, 1356; *Terbille/Feifel* in MünchAnwHdB MedR, § 1 Rn. 859.

Insofern sind die für die Beweiskraft von Urkunden genannten Grundsätze übertragbar. Falls keine elektronische Signatur verwendet wurde, so sind sowohl die formelle als auch die materielle Beweiskraft der Dokumentation vom Gericht frei nach § 286 Abs. 1 ZPO zu würdigen. Sollte eine elektronische Signatur verwendet worden sein, so entfaltet die Dokumentation den vollen formellen Beweis hinsichtlich der Abgabe der dokumentierten Erklärungen, während für die Inhaltliche Richtigkeit der Dokumentation (materielle Beweiskraft) ebenfalls bestenfalls eine Indizwirkung besteht.

Die genannten Grundsätze gelten jedenfalls für den Fall, dass der Patient im Arzthaftungsprozess eine Dokumentation vorlegt. Problematischer gestaltet sich die Sachlage hingegen, wenn der Arzt eine Dokumentation vorlegt. In diesem Zusammenhang muss berücksichtigt werden, dass der Arzt derjenige ist, der die Dokumentation angefertigt hat und bei deren Vorlage letztlich ein Beweisstück vorlegt, welches er, möglicherweise sogar in dem Bewusstsein, dass dieses einmal prozessentscheidend sein könnte, selbst erstellt hat. Zu Recht wird auf diese Problematik auch in der Literatur und der jüngeren Rechtsprechung des BGH hingewiesen.[959] Daher wird in der Literatur teilweise die Dokumentation, die der Arzt zu seinen Gunsten vorlegt, lediglich als Parteivortrag und nicht als Beweisantritt angesehen.[960] Im Ergebnis wird dieser Ansicht allerdings nicht zu folgen sein. So sind die Zweifel, die an dieser Stelle vorgebracht werden, sicherlich berechtigt. Allerdings kennt der Urkundenbegriff der ZPO kein Ausschlusskriterium, wonach die Urkundeneigenschaft – und damit die Möglichkeit eines Beweisantritts – entfällt, falls der Aussteller die Urkunde selbst angefertigt hat. Stattdessen wird an eine Urkunde, die eine Partei selbst erstellt hat und mit der diese für sie günstige Tatsachen zu belegen versucht, im Rahmen der Beweiswürdigung nach § 286 Abs. 1 ZPO ein besonders strenger Maßstab anzulegen sein. So wird der Beweiswert einer solchen Urkunde von vornherein nicht gleichzusetzen sein mit dem Beweiswert einer Urkunde, die von der Gegenseite oder einem Dritten erstellt wurde. Im Ergebnis liegt mit der ärztlichen Dokumentation, auch wenn der Arzt sie vorlegt, eine Urkunde im Sinne der ZPO vor. Allerdings ist auf der Ebene der Beweiswürdigung mit einzubeziehen, dass die Urkunde im Hinblick auf einen etwaigen Haftungsfall möglicherweise interessengeleitet erstellt worden sein könnte.

---

[959] BGH v. 5.12.2023 – VI ZR 108/21 = NJW 2024, 445, 447 [Rn. 19]; *Oehler,* VersR 2000, 1078, 1080; *Wendt,* Die ärztliche Dokumentation, S. 119; *Spindler* in BeckOK-BGB (37. Edition), § 823 BGB Rn. 803.

[960] *Glanzmann* in Bergmann/Pauge/Steinmeyer, § 630f BGB Rn. 12; wohl ebenfalls *Wendt,* Die ärztliche Dokumentation, S. 119; *Oehler,* VersR 2000, 1078, 1080; unklar BGH v. 14.03.1978 - VI ZR 213/76 = NJW 1978, 1681f., der einerseits einen „Beweis" des Arztes durch Vorlage der Dokumentation annimmt, aber gleichzeitig einen vorgelegten Operationsbericht „zunächst als Parteivortrag" einordnet (s.u.).

2. Positive Vermutungswirkung „vertrauenswürdiger“ Dokumentation

a. Etablierung positiver Vermutungswirkung „vertrauenswürdiger“ Dokumentation durch die Rechtsprechung

Der Patient ist im Rahmen des Arzthaftungsprozesses in besonderem Maße auf die Dokumentation als Beweismittel angewiesen, um dem behandelnden Arzt einen Behandlungsfehler nachweisen zu können. Denn gerade ein ansonsten naheliegender Zeugenbeweis oder eine subsidiäre Parteivernehmung droht regelmäßig an mangelnder Fachkompetenz (beim Patienten oder dessen Angehörigen) oder an mangelnder Erinnerung infolge einer Vielzahl von Fällen (beim Klinikpersonal) zu scheitern. Zugleich stellt die Dokumentation aber auch für den behandelnden Arzt ein bedeutendes Beweismittel dar, um seinerseits das Nichtvorliegen eines Behandlungsfehlers nachweisen zu können. Zwar liegt die Darlegungs- und Beweislast für einen Behandlungsfehler grundsätzlich beim Patienten (s.o.). Um einen Beweis zu entkräften, den der Patient für das Vorliegen eines Behandlungsfehlers erbracht hat, kann der Arzt allerdings seinerseits auf die Vorlage einer Dokumentation angewiesen sein. Auch der BGH war sich der Problematik, dass im Arzthaftungsprozess sowohl für den Patienten als auch für den Arzt Beweisnöte bestehen, bereits sehr früh bewusst. In seinem Urteil vom 14.03.1978 führte er hierzu wie folgt aus:[961]

„[Die Beweislastverteilung] darf beim Arztfehlerprozeß nicht außer acht lassen, daß es hier spezifische Beweisnöte auf *beiden* Seiten gibt. Auf der einen Seite steht die Beweisnot des Patienten, der zwar grundsätzlich einen Fehler des Arztes als Anspruchsgrundlage zu beweisen hat, dem aber ein Einblick in das Tun des Arztes nur begrenzt, häufig, etwa infolge Narkotisierung, gar nicht möglich ist. Andererseits steht der Arzt vor der Schwierigkeit, daß Zwischenfälle, die in der Regel auf ärztliches Fehlverhalten hindeuten, in vielen Bereichen infolge der Unberechenbarkeit des lebenden Organismus ausnahmsweise auch schicksalhaft eintreten können; daß letzteres der Fall war, könnte er nur hinreichend sicher beweisen, wenn er jede Einzelheit seines Handelns durch Dokumentation und Zeugengegenwart beweismäßig absicherte. Daß dies die Effektivität und Zügigkeit ärztlichen, vor allem operativen Handelns weitgehend lähmen müßte, bedarf keiner näheren Ausführung.“

Um dennoch eine adäquate Sachverhaltsaufklärung im Arzthaftungsprozess zu ermöglichen und hierbei zugleich die individuellen Schwierigkeiten sowohl des klagenden Patienten als auch des beklagten Arztes zu berücksichtigen, etablierte der BGH verschiedene Modifikationen in Bezug auf die Darlegungs- und Beweislast als auch auf den Beweiswert der Dokumentation. Er berief sich hierbei auf den Grundsatz der Waffengleichheit der Parteien im Zivilprozess:[962]

[961] BGH v. 14.03.1978 - VI ZR 213/76 = NJW 1978, 1681f.

[962] BGH v. 14.03.1978 - VI ZR 213/76 = NJW 1978, 1681f.

„Damit erfordert es der Grundsatz der „Waffengleichheit" im Arztfehlerprozeß (Franzki-Franzki, NJW 1975, 2225) zunächst, daß der Arzt dem klagenden Patienten Aufschluß über sein Vorgehen in dem Umfang gibt, in dem ihm dies ohne weiteres möglich ist, und insoweit auch zumutbare Beweise erbringt. Dieser Beweispflicht genügt der Arzt weithin durch Vorlage einer ordnungsmäßigen Dokumentation im Operationsbericht, Krankenblatt oder Patientenkarte, wie sie auch gutem ärztlichen Brauch entspricht (vgl. auch Senat, NJW 1972, 1520 = VersR 1972, 887). Vertrauenswürdigen Unterlagen dieser Art kann und soll in der Regel der Tatrichter bis zum Beweis der Unrichtigkeit Glauben schenken. Das bedeutet aber noch nicht, wie das BerGer. anzunehmen scheint, daß etwa jeder im Prozeß vorgelegte Operationsbericht des Arztes schon die Vermutung der Richtigkeit für sich hätte, obwohl er sich zunächst als Parteivortrag darstellt. Die „Waffengleichheit" erfordert es vielmehr, daß die Beklagtenseite gleichzeitig in zumutbarem Umfange Umstände darlegt und unter Beweis stellt, aus denen sich die allgemeine Vertrauenswürdigkeit der Aufzeichnung ergibt. Dazu gehört im vorliegenden Falle vor allem auch, daß der von dem Drittbekl. erstellte Bericht in unmittelbarem Zusammenhang mit der Operation abgefaßt und vor allem nicht etwa erst nach Erkennbarwerden des Zwischenfalls abgewandelt worden ist. Auch dieser Nachweis muß der Beklagtenseite bei ordnungsmäßiger Organisation des Krankenhausbetriebs unschwer möglich sein und ist ihr daher zuzumuten; er ist dann freilich tatrichterlich nicht starr, sondern verständnisvoll und fallbezogen zu würdigen."

Durch diese Rechtsprechung gab der BGH dem Arzt im Ergebnis – gestützt auf den Grundsatz der Waffengleichheit im Zivilprozess – eine Darlegungs- und Beweislast in Bezug auf den Ablauf der Behandlung auf.[963] Er begründete diese Modifikation vor allem damit, dass dem Patienten ein Einblick in das Tun des Arztes nur begrenzt oder gar nicht möglich ist.[964] Bei Lichte betrachtet bemühte er zur Begründung der Informationspflicht über die Behandlung also vor allem den Sphärengedanken, wonach einer Partei, die außerhalb des erheblichen Geschehens(ablaufs) steht, nähere Angaben zum Sachverhalt deshalb nicht möglich sind, während der anderen Partei sämtliche wesentlichen Tatsachen bekannt sind und ihr nähere Angaben auch zumutbar sind.[965] Diese Konstellation löst allerdings in der Regel lediglich eine sekundäre Darlegungslast der kenntnisreicheren Partei aus, nicht aber auch eine Beweispflichtigkeit für diese Tatsachen, was im Ergebnis einer Umkehr der Beweislast gleichkäme.[966] Trotzdem forderte der BGH vom beklagten Arzt, dass dieser den Verlauf der Behandlung auch zu beweisen habe.[967]

[963] Dies für die heutige Rechtslage anerkennend *Bacher* in BeckOK-ZPO, § 284 ZPO Rn. 85.14; *Rosenberger* in HdB des FA MedR, Kap. 7 Rn. 311; OLG München v. 22.07.2011 – 1 U 333/11 –, juris.

[964] BGH v. 14.03.1978 - VI ZR 213/76 = NJW 1978, 1681f.

[965] Vgl. hierzu BGH v. 07.12.1998 – II ZR 266/97 = BGHZ 140, 156, 158; v. 01.12.1982 - VIII ZR 279/81 = NJW 1983, 687, 688.

[966] Statt aller *Ahrens* in Wieczorek/Schütze, Vor § 286 Teil A Rn. 46; *Greger* in Zöller, Vor § 284 ZPO Rn. 34; *Kern* in Stein/Jonas, § 138 ZPO Rn. 32; allg. zur sekundären Darlegungslast vgl. noch en détail Kapitel 4. B. II. 2.

[967] BGH v. 14.03.1978 - VI ZR 213/76 = NJW 1978, 1681f.

Zugleich billigte der BGH dem Arzt aber auch zu, diese Darlegungs- und Beweispflicht durch die Vorlage einer „ordnungsmäßigen" Dokumentation zu erfüllen.[968] Grund hierfür war, dass der Arzt die ihm aufgegebene Darlegungs- und Beweislast in Bezug auf den Behandlungsverlauf nach Ansicht des Gerichts grundsätzlich nur dann hinreichend sicher erfüllen könne „wenn er jede Einzelheit seines Handelns durch Dokumentation und Zeugengegenwart beweismäßig absicherte", [969] was angesichts des Aufwands und der damit einhergehenden Einschränkung für die Effektivität und Zügigkeit ärztlichen Handelns, unzumutbar erschien. Konsequenz der Vorlage einer „vertrauenswürdigen" Dokumentation sollte nach Ansicht des BGH sein, dass die in der Dokumentation beschriebenen Tatsachen und Vorgänge damit sowohl als dargelegt als auch als bewiesen gelten.[970] Dies geht aus der Formulierung hervor, dass einer vertrauenswürdigen Dokumentation „bis zum Beweis der Unrichtigkeit" Glauben geschenkt werden sollte.[971]

Mit anderen Worten sollte eine „vertrauenswürdige" Dokumentation einen formellen und materiellen Beweiswert hinsichtlich der darin vermerkten Tatsachen entfalten und damit letztlich eine Vermutung hinsichtlich der Darlegung und des Beweises der darin beschriebenen Tatsachen begründen. Um in den Genuss dieser Vermutung zu kommen, musste der Arzt allerdings „gleichzeitig" mit der Vorlage der Dokumentation auch deren „allgemeine Vertrauenswürdigkeit" darlegen und beweisen, so z.B. die Tatsache, dass diese in unmittelbarem zeitlichen Zusammenhang mit der Behandlung angefertigt wurde.[972] Durch die Schaffung der genannten Vermutungswirkung wurde auch die Schwierigkeit behoben, dass die Dokumentation nach Ansicht des BGH wohl grundsätzlich nur als Parteivortrag des Arztes zu werten war. Der BGH wollte damit wohl der Tatsache Rechnung tragen, dass die Dokumentation allein durch den Arzt angefertigt wird und daher auch interessengeleitet erstellt worden sein könnte. Widersprüchlich erscheint im Rahmen der Bewertung durch den BGH allerdings, dass nach seiner Ansicht vom Arzt mittels Vorlage der Dokumentation der „Beweis" der erfolgten Behandlung erbracht werden könne, was denklogisch eine Qualifikation der Dokumentation als Beweismittel voraussetzt. Nach der Lösung des BGH würde die Dokumentation vom reinen Parteivortrag zum Beweismittel werden, wenn deren Vertrauenswürdigkeit erwiesen ist. Ein solcher „Kunstgriff", dessen dogmatische Anknüpfung unklar bleibt, ist allerdings nicht notwendig. Vielmehr kann eine Dokumentation grundsätzlich als Urkunde, und damit als Beweismittel angesehen werden.[973]

---

[968] BGH v. 14.03.1978 - VI ZR 213/76 = NJW 1978, 1681f.

[969] BGH v. 14.03.1978 - VI ZR 213/76 = NJW 1978, 1681f.

[970] BGH v. 14.03.1978 - VI ZR 213/76 = NJW 1978, 1681f.

[971] BGH v. 14.03.1978 - VI ZR 213/76 = NJW 1978, 1681f.

[972] BGH v. 14.03.1978 - VI ZR 213/76 = NJW 1978, 1681f.

[973] Siehe oben, Kapitel 4. A. II. 1.

Solange deren Vertrauenswürdigkeit allerdings nicht erwiesen ist, kann der Dokumentation nach § 286 Abs. 1 ZPO ein Beweiswert zugemessen werden, der entsprechend einem Parteivortrag bei null anzusetzen ist. Ist die Vertrauenswürdigkeit einer Dokumentation hingegen erwiesen, so entfaltet diese einen gesteigerten Beweiswert, welcher nach § 286 Abs. 1 ZPO zu berücksichtigen ist.[974] Nach der Rechtsprechung des BGH kann der Arzt damit im Ergebnis durch die Vorlage einer „vertrauenswürdigen" Dokumentation darlegen und beweisen, dass eine Behandlung auch so stattgefunden hatte, wie sie dokumentiert ist.

b. Vertrauenswürdigkeit der Dokumentation und Erschütterung ebendieser

Die o.g. Rechtsprechung des BGH wurde auch von den Instanzgerichten übernommen.[975] Sie fand darüber hinaus auch breite Zustimmung in der Literatur.[976] Wann eine Dokumentation nicht „vertrauenswürdig" erschien, wurde nachfolgend ebenfalls von der Rechtsprechung konkretisiert. Insbesondere sollte dies – wie bereits der BGH festgestellt hatte – dann der Fall sein, wenn die Dokumentation nicht in unmittelbarem zeitlichen Zusammenhang mit der Behandlung erstellt wurde.[977] Einer formell und materiell ordnungsgemäßen Dokumentation, die keinerlei Anhaltspunkte für Veränderungen, Verfälschungen oder Widersprüchlichkeiten bietet, sollte hingegen seitens der Gerichte Glauben geschenkt werden.[978] Im Umkehrschluss kann daraus allerdings gefolgert werden, dass eine Dokumentation, die an äußerlichen wie inhaltlichen Unregelmäßigkeiten leidet, nicht vertrauenswürdig ist. Dies ist beispielsweise anzunehmen, wenn an der Dokumentation nachträglich

---

[974] Siehe noch Kapitel 4. A. II. 2. c).

[975] OLG Dresden v. 26.02.2018 - 4 U 1663/17 = BeckRS 2018, 7494; OLG Koblenz v. 20.02.2017 - 5 U 1349/16 = BeckRS 2017, 108208 [Rn. 16]; OLG Frankfurt a.M. v. 18.12.2014 - 22 U 57/12 = BeckRS 2015, 08040; KG Berlin v. 10.01.2013 – 20 U 225/10 = GesR 2013, 608; OLG des Landes Sachsen-Anhalt v. 15.11.2011 – 1 U 31/11 – juris; OLG Oldenburg v. 28.02.2007 – 5 U 147/05 = NJOZ 2008, 69, 75f.; OLG Düsseldorf v. 17.03.2005 - 8 U 56/04 = BeckRS 2005, 07029; OLG Zweibrücken v. 12.01.1999 - 5 U 30/96 [Rn. 38ff.] – juris.

[976] *Jung/Lichtschlag-Traut/Ratzel* in Ratzel/Luxenburger, HdB Medizinrecht, Kap. 14 Rn. 369; *Martis/Winkhart,* Arzthaftungsrecht, Rn. D 202; *Kern* in Ratzel/Lissel, HdB Medizinschadensrecht, § 6 Rn. 63; *Glanzmann* in Bergmann/Pauge/Steinmeyer, § 630f BGB Rn. 12ff.; *Rehborn/Gescher* in Erman, § 630h BGB Rn. 24; *Katzenmeier* in BeckOK-BGB, § 630h BGB Rn. 46; *Lafontaine/K.Schmidt* in JurisPK, § 630h BGB Rn. 135; *Frahm//Walter*, Arzthaftungsrecht, Rn. 315; *Wenzel* in Wenzel, Der Arzthaftungsprozess, Kap. 99 Rn. 350; krit. *Oehler,* VersR 2000, 1078, 1080, der darauf hinweist, dass eine solche Vermutung im z.B. Sozialrecht nicht existiere.

[977] BGH v. 14.03.1978 - VI ZR 213/76 = NJW 1978, 1681f.; KG Berlin v. 10.01.2013 - 20 U 225/10 = BeckRS 2013, 03450; OLG Zweibrücken v. 12.01.1999 - 5 U 30/96 [Rn. 41ff.] – juris; OLG Köln v. 17.02.1993 - 27 U 42/92 = NJW-RR 1993, 919.

[978] OLG Frankfurt a.M. v. 18.12.2014 - 22 U 57/12 = BeckRS 2015, 08040; OLG Köln v. 21.01.2016 - 5 U 120/15 = BeckRS 2016, 06003 [Rn. 6]; OLG München v. 15.07.2011 - 1 U 5092/10 = BeckRS 2011, 19020.

Änderungen vorgenommen worden sind, ohne diese kenntlich zu machen[979] wenn Unterlagen nachträglich „ins Reine geschrieben" wurden und zugleich die Originalunterlagen abhandengekommen waren,[980] oder wenn an den Unterlagen erkennbar äußerlich manipuliert wurde, wie z.B. bei Ergänzungen, Radierungen oder Eintragungen mit verschiedenfarbigen Stiften.[981] Neben den genannten äußerlichen Mängeln, die lediglich den Verdacht einer inhaltlichen Unrichtigkeit der Dokumentation begründen, hat eine erwiesene inhaltliche Unrichtigkeit ein Entfallen der Vermutungswirkung zur Folge.[982]

Die soeben erwähnte Rechtsprechung ist zur Rechtslage vor Verabschiedung des PatRG ergangen. Bei genauerer Betrachtung fällt allerdings auf, dass sämtliche Handlungen, die eine „Erschütterung" der Vermutung der Richtigkeit und Vollständigkeit der Dokumentation bedingten, heute Verstöße gegen die Pflichten aus § 630f Abs. 1 und Abs. 2 BGB darstellen. So sind die verspätete Dokumentation, wie auch die Dokumentation, an der Veränderungen vorgenommen wurden, ohne diese kenntlich zu machen, als Verstoß gegen § 630f Abs. 1 Satz 1 und Satz 2 BGB und damit als formeller Dokumentationsfehler zu werten. Eine Dokumentation, die inhaltlich unrichtig ist, stellt einen Verstoß gegen § 630f Abs. 2 BGB und damit einen materiellen Dokumentationsfehler dar. Richtigerweise ist daher anzunehmen, dass eine Dokumentation nach heutiger Rechtslage nur dann vertrauenswürdig ist, wenn sie den Anforderungen von § 630f Abs. 1 und Abs. 2 BGB entspricht. Beim Vorliegen eines Dokumentationsfehlers entfaltet die Dokumentation hingegen keine positive Vermutungswirkung mehr.[983] Daraus ergibt sich auch eine Änderung bisheriger rechtlicher Bewertungen. So sollte nach alter Rechtsprechung die Verwendung einer nicht manipulationssicheren Software noch keinen Verlust der Vertrauenswürdigkeit der Dokumentation zur Folge haben und nicht dazu führen, dass der Arzt für die aufgezeichneten Maßnahmen weitergehend beweispflichtig ist.[984] Diese Auffassung ist allerdings nach

---

[979] OLG Naumburg v. 26.01.2012 – 1 U 45/11 = NJOZ 2012, 2066, 2067; OLG Oldenburg v. 23.07.2008 - 5 U 28/08 = BeckRS 2010, 04175; *Frahm/ Walter*, Arzthaftungsrecht, Rn. 314; *Martis/Winkhart*, Arzthaftungsrecht, Rn. D 203.

[980] BGH v. 27.06.1978 - VI ZR 183/76 = NJW 1978, 2337, 2339; *Frahm/ Walter*, Arzthaftungsrecht, Rn. 314; *Martis/Winkhart*, Arzthaftungsrecht, Rn. D 203.

[981] OLG Frankfurt a.M. v. 14.03.1991 - 1 U 218/89 = VersR 1992, 578ff.; *Frahm/ Walter*, Arzthaftungsrecht, Rn. 314; *Martis/Winkhart*, Arzthaftungsrecht (4. Aufl.), Rn. D 203; *Kern* in Ratzel/Lissel, HdB Medizinschadensrecht, § 6 Rn. 63; *Laufs/Kern* in Laufs/Kern, HdB Arztrecht (4. Aufl. 2010), § 111 Rn. 14.

[982] OLG Köln v. 07.02.1994 - 5 U 66/94 = MDR 1995, 52, 53 (Dokumentation „unvollständig und dürftig"); BGH v. 27.06.1978 - VI ZR 183/76 = NJW 1978, 2337, 2339 (Dokumentation erwiesenermaßen unrichtig).

[983] Zur Konsequenz für den Arzthaftungsprozess vgl. Kapitel 4. A. III. 3.

[984] OLG Hamm v. 26.01.2005 – 3 U 161/04 –, juris [Rn. 16]; OLG Naumburg v. 26. 1. 2012 – 1 U 45/11 = NJOZ 2012, 2066; (jeweils mit der Einschränkung, dass der Arzt plausibel darlegen kann, dass seine Eintragung richtig ist, und sie

Verabschiedung des PatRG und dem eindeutigen Wortlaut von § 630f Abs. 1 Satz 3 BGB nunmehr auch nach Auffassung des BGH nicht mehr haltbar.[985]

c. Dogmatischer Anknüpfungspunkt der Vermutungswirkung

Fraglich ist, wie die Vermutung der Vollständigkeit und Richtigkeit der Dokumentation rechtsdogmatisch einzuordnen ist. Die Ausführungen des BGH in seinem Urteil aus dem Jahr 1978 legen vor allem eine Einordnung als Anscheinsbeweis nahe.

Der Anscheinsbeweis[986] ist zwar nicht gesetzlich geregelt, seine Existenz ist allerdings im Schrifttum und in der Rechtsprechung weitgehend unbestritten.[987] Er erlaubt unter Rückgriff auf Erfahrungssätze der allgemeinen Lebenserfahrung den Schluss von einem typischen tatsächlichen Geschehensablauf auf das Vorliegen anderer Tatsachen oder Umstände.[988] Es soll letztlich durch einen Rückgriff auf die allgemeine Lebenserfahrung eine Lücke in der Sachverhaltsfeststellung überbrückt werden.[989] Es werden in diesem Zusammenhang Erfahrungssätze bemüht, die geeignet sind, die volle richterliche Überzeugung von der Wahrheit einer Tatsache zu begründen.[990] Ein Erfahrungssatz ist zu bejahen, wenn aus vielen sinnesmäßig beobachteten gleichförmigen Einzeltatsachen eine Allgemeinregel abgeleitet werden kann, wonach nach oftmaliger Wiederholung gewisser Vorgänge in der Vergangenheit ihre Wiederkehr auch in der Zukunft erwartet werden kann.[991] Kennzeichnend für den Anscheinsbeweis ist außerdem, dass sich das Beweisthema verändert. Nicht mehr die Haupttatsache, welche nachgewiesen werden soll, sondern die Vermutungsgrundlage, also die Tatsachen, aus denen

---

aus medizinischen Gesichtspunkten schlüssig erscheint) OLG Oldenburg v. 23.07.2008 - 5 U 28/08 = BeckRS 2010, 04175; insg. zust. *Muschner,* VersR 2006, 621, 627.

985 So inzwischen auch BGH v. 27.4.2021 – VI ZR 84/19 = NJW 2021, 2364 [Rn. 26]; so bereits zuvor *Fiekas,* Die Dokumentation, S. 109; *Katzenmeier* in Lauf/Katzenmeier/Lipp, Arztrecht, Kap. IX Rn. 53 und Kap. XI Rn. 110; *ders.* in BeckOK-BGB, § 630f BGB Rn. 10 und § 630h BGB Rn. 46; *Glanzmann* in Bergmann/Pauge/Steinmeyer, § 630f BGB Rn. 16; *Jung/Lichtschlag-Traut/Ratzel* in Ratzel/Luxenburger, HdB Medizinrecht, Kap. 14 Rn. 351f.; *Walter,* GesR 2013, 129, 133; *Greiner* in Geiß/Greiner, Arzthaftpflichtrecht, Kap. B. Rn. 204; *Terbille/Feifel* in MünchAnwHdB MedR, § 1 Rn. 859; *Martis/Winkhart,* Arzthaftungsrecht, Rn. D 438f., teilw. widersprüchlich insofern *dies.,* Arzthaftungsrecht, Rn. P 80a.

986 Auch „prima-facie-Beweis“ (lat. „Beweis des ersten Anscheins“).

987 *Greger* in Zöller, Vor § 284 ZPO Rn. 29; *Nober* in Anders/Gehle, § 286 ZPO Rn. 75; *Prütting* in MüKo-ZPO, § 286 ZPO Rn. 50.

988 *Saenger* in Saenger, § 286 ZPO Rn. 38; *Prütting* in MüKo-ZPO, § 286 ZPO Rn. 50; *Thole* in Stein/Jonas, § 286 ZPO Rn. 213.

989 *Rosenberg/Schwab/Gottwald,* Zivilprozessrecht, § 114 Rn. 17; *Laumen* in Baumgärtel/Laumen/Prütting, HdB Beweislast, Kap. 17 Rn. 4.

990 *Laumen* in Baumgärtel/Laumen/Prütting, HdB Beweislast, Kap. 17 Rn. 26.

991 *Doukoff,* SVR 2015, 245, 246; *Musielak/Stadler,* Grundfragen des Beweisrechts, Rz. 164.

sich der typische Geschehensablauf ergibt, bedürfen des Beweises.[992] Die Darlegungs- und Beweislast für die Voraussetzungen des Anscheinsbeweises trägt die Partei, die aus ihm für sich vorteilhafte Rechtsfolgen herleitet.[993]

Gegen die Einordnung als Anscheinsbeweis könnte sprechen, dass der BGH die Bezeichnung „tatsächliche Vermutung" verwendet und nicht etwa den Begriff des „Anscheinsbeweises".[994] Bei näherer Betrachtung ist allerdings festzustellen, dass die Rechtsprechung die Begriffe der tatsächlichen Vermutung und des Anscheinsbeweises nicht trennscharf voneinander abgrenzt, sondern oft in einem Atemzug nennt und eine tatsächliche Vermutung oft als „schwächere Variante" des Anscheinsbeweises zu begreifen scheint.[995] Unter Berufung auf den Wortlaut des Urteils aus dem Jahr 1978 kann daher das Vorliegen eines Anscheinsbeweises nicht ausgeschlossen werden.

Der Arzt sollte nach Ansicht des BGH zunächst für den Ablauf der Behandlung darlegungs- und (wenngleich auch untypisch)[996] beweisbelastet sein.[997] Allerdings sollte zur Darlegung und zum Beweis des Behandlungsablaufs die Vorlage einer ordnungsgemäßen Dokumentation ausreichend sein, da eine beweismäßige Sicherung sämtlicher Behandlungsschritte durch Zeugengegenwart dem Arzt nicht zumutbar sei.[998] Im Ergebnis erkannte der BGH damit an, dass eine gänzliche Aufklärung des Behandlungsgeschehens nicht möglich war. Zwar wird teilweise in der Literatur, wie vom BGH vorliegend angenommen, eine Beweisnot als Voraussetzung des Anscheinsbeweises bejaht.[999] Die Rechtsprechung sieht dieses Merkmal allerdings nicht als Voraussetzung für einen Anscheinsbeweis

[992] *Laumen* in Baumgärtel/Laumen/Prütting, HdB Beweislast, Kap. 17 Rn. 32.

[993] BGH v. 26.01.2016 – XI ZR 91/14 = NJW 2016, 2024, 2027f.; v. 14.09.2005 - VIII ZR 369/04 = NJW 2006, 300f.; *Greger* in Zöller, Vor § 284 ZPO Rn. 29; *Thole* in Stein/Jonas, § 286 ZPO Rn. 214 Fn. 569; *Saenger* in Saenger, § 286 ZPO Rn. 40.

[994] Vgl. BGH v. 14.03.1978 - VI ZR 213/76 = NJW 1978, 1681f.

[995] BGH v. 19.01. 2001 - V ZR 437/99 = NJW 2001, 1127, 1128f. („Ob die Schlussfolgerung […] derart zwingend ist, dass sie im Wege des Anscheinsbeweises vollen Beweis […] erbringen könnte, oder ob ihr Bedeutung lediglich als Indizienbeweis zukommt, bedarf keiner Entscheidung. Jedenfalls handelt es sich um eine beweiserleichternde tatsächliche Vermutung, die vom Tatrichter im Bereich der Beweiswürdigung zu berücksichtigen ist."); OLG Hamm v. 01.02.2006 – 3 U 182/05 –, juris [Rn. 18] („Für ihr Verschulden spricht jedoch eine tatsächliche Vermutung, […]. Diese auch nach den Grundsätzen des Anscheinsbeweises bestehende Vermutung…").

[996] In den Fällen des Rückgriffs auf die Sphärentheorie ist in der Regel lediglich eine sekundäre Darlegungslast, nicht aber auch eine darüber hinausgehende Beweispflichtigkeit für jene beizubringenden Tatsachen als Rechtsfolge vorgesehen, vgl. Kapitel 4. A. II. 2. a.

[997] BGH v. 14.03.1978 - VI ZR 213/76 = NJW 1978, 1681f.

[998] BGH v. 14.03.1978 - VI ZR 213/76 = NJW 1978, 1681f.

[999] *Rosenberg/Schwab/Gottwald*, Zivilprozessrecht, § 114 Rn. 33.

an, so dass aus der Beweisnot allein noch keine Folgerung für einen Anscheinsbeweis gezogen werden kann.

Für eine Einordnung der Vermutung der Vollständigkeit und Richtigkeit durch den BGH als Anscheinsbeweis spricht, dass eine Lücke in der Sachverhaltsfeststellung vorliegt, welche durch eine Anknüpfung an eine Vermutungsgrundlage statt der nicht nachweisbaren Haupttatsache geschlossen wird. Tatsachengrundlage soll statt des tatsächlichen (nicht feststellbaren) Sachverhalts der in der Dokumentation aufgezeichnete Sachverhalt sein.[1000] Voraussetzung ist allerdings eine ordnungsgemäße, vertrauenswürdige Dokumentation.[1001] Die Vertrauenswürdigkeit der Dokumentation allerdings ist wiederum vom vorlegenden Arzt darzulegen und zu beweisen.[1002] Damit liegt im Ergebnis eine Verschiebung des Beweisthemas vor, wie dies auch typisch für den Anscheinsbeweis ist. Statt der Darlegung und des Beweises der Haupttatsache, namentlich des Behandlungsverlaufs, sollte die Darlegung und der Beweis einer Vermutungsgrundlage, nämlich der ordnungsgemäßen Dokumentation, genügen.

Für die Annahme eines Anscheinsbeweises durch den BGH spricht auch, dass der ersatzweise Rückgriff auf die Vermutungsgrundlage – also die „vertrauenswürdige" Dokumentation – nach Ansicht des BGH wohl auf einem Erfahrungssatz beruht. Auch der BGH geht in seinem Urteil aus dem Jahr 1978 bei dem Schluss von einer ordnungsgemäßen Dokumentation auf deren inhaltliche Richtigkeit von einem zugrunde liegenden Erfahrungssatz dahingehend aus, dass falls eine Dokumentation „vertrauenswürdig" ist, der Arzt also so aufgezeichnet hat, wie es „gutem ärztlichen Brauch" entspricht,[1003] diese auch inhaltlich richtig ist und daher eine Behandlung auch wie dokumentiert stattgefunden hat.[1004]

Für die Annahme eines Anscheinsbeweises durch den BGH spricht darüber hinaus, dass nach Ansicht des Gerichts der Arzt für die „Vertrauenswürdigkeit" der Dokumentation ebenfalls darlegungs- und beweisbelastet sein soll.[1005] Die „Vertrauenswürdigkeit" der Dokumentation stellt im vorliegenden Fall die Vermutungsgrundlage für die Annahme der Haupttatsache dar. Für die Vermutungsgrundlage ist im Rahmen des Anscheinsbeweises grundsätzlich die Partei darlegungs- und beweisbelastet, welche

[1000] BGH v. 14.03.1978 - VI ZR 213/76 = NJW 1978, 1681f.

[1001] BGH v. 14.03.1978 - VI ZR 213/76 = NJW 1978, 1681f.

[1002] BGH v. 14.03.1978 - VI ZR 213/76 = NJW 1978, 1681f.

[1003] Heute wohl „in Übereinstimmung mit § 630f Abs. 1 bis 3 BGB dokumentiert hat", vgl. Kapitel 4. A. II. 2. b.

[1004] BGH v. 14.03.1978 - VI ZR 213/76 = NJW 1978, 1681f.

[1005] BGH v. 14.03.1978 - VI ZR 213/76 = NJW 1978, 1681f.

aus dem Anscheinsbeweis positive Rechtsfolgen für sich herleitet.[1006] Dies ist vorliegend der Arzt, denn sollte er seiner Darlegungs- und Beweispflicht mittels einer ordnungsgemäßen Dokumentation nicht nachkommen, so waren nach alter Rechtslage „Beweiserleichterungen bis zur Beweislastumkehr" die Folge.[1007] Sollte der Arzt allerdings die Vertrauenswürdigkeit der Dokumentation nachweisen können, so wird „bis zum Beweis der Unrichtigkeit" vermutet, dass sich die Behandlung wie aufgezeichnet ereignet hat,[1008] was in der Regel für den Arzt – im Gegensatz zu Beweisnachteilen – von Vorteil sein wird. Für die Einordnung als Anscheinsbeweis durch den BGH spricht daher, dass letztlich der Arzt derjenige ist, der von der Vermutung der Vollständigkeit und Richtigkeit profitiert und daher hierfür nach Ansicht des BGH auch beweisbelastet ist.

Auch die Rechtsfolge der Vermutung der Vollständigkeit und Richtigkeit der Dokumentation spricht letztlich dafür, dass diese nach Ansicht des BGH als Anscheinsbeweis zu qualifizieren ist. Der BGH nahm als Rechtsfolge der Vermutung an, dass vertrauenswürdigen Unterlagen „bis zum Beweis der Unrichtigkeit" Glauben geschenkt werden sollte.[1009] Dies lässt vermuten, dass der Patient die Unrichtigkeit zur vollen Überzeugung des Richters darzulegen hat und somit nicht nur den Gegenbeweis, sondern den Beweis des Gegenteils zu führen hat. Als Rechtsfolge des Anscheinsbeweises sieht die Rechtsprechung aber grundsätzlich nur eine Umkehr der konkreten Beweisführungslast vor.[1010]

In einer jüngeren Entscheidung hat der BGH erneut ausführlich zur beweisrechtlichen Einordnung der Behandlungsdokumentation entschieden und die Vermutung der Vollständigkeit und Richtigkeit der Dokumentation – entgegen einer möglicherweise anderen Auffassung als im Jahr 1978 –als Indizienbeweis qualifiziert.[1011] Zugleich stellte der BGH in dieser Entscheidung fest, dass wenn dem früheren Urteil diesbezüglich anderes zu entnehmen sei, daran nicht festgehalten werde.[1012]

[1006] Vgl. Nachweise Fn. 993.

[1007] Vgl. Kapitel 4. A. III. 1.

[1008] BGH v. 14.03.1978 - VI ZR 213/76 = NJW 1978, 1681f.

[1009] BGH v. 14.03.1978 - VI ZR 213/76 = NJW 1978, 1681f.

[1010] BGH v. 17.01.1995 - X ZR 82/93 = VersR 95, 723, 724; BGH v. 05.02.1987 – I ZR 210/84 = BGHZ 100, 31, 34 [Rn. 22]; zust. *Ahrens* in Wieczoreck/Schütze § 286 ZPO Rn. 57; im Ergebnis ebenfalls *Thole* in Stein/Jonas, § 286 ZPO Rn. 226.

[1011] BGH v. 5.12.2023 – VI ZR 108/21 = NJW 2024, 445, 447 [Rn. 18]

[1012] BGH v. 5.12.2023 – VI ZR 108/21 = NJW 2024, 445, 447 [Rn. 18]

Der Indizienbeweis ist, wie auch der Anscheinsbeweis, gesetzlich nicht geregelt, besitzt aber in der Praxis eine sehr große Bedeutung.[1013] Er erlaubt, ähnlich wie der Anscheinsbeweis, die Schlussfolgerung von einer Hilfstatsache auf eine Haupttatsache.[1014] Der Anscheinsbeweis ist nur bei einem „typischem Geschehensablauf" anwendbar, er setzt einen bestimmten feststehenden Tatbestand voraus, an den er anknüpft. Der Indizienbeweis hingegen lässt den Schluss von einer individuellen Sachlage auf eine Haupttatsache zu.[1015] Der Indizienbeweis bezieht sich auf Hilfstatsachen, die erst durch ihr Zusammenwirken mit anderen Tatsachen den Schluss auf das Vorliegen des Tatbestandsmerkmals selbst rechtfertigen.[1016] Diese Hilfstatsachen – meist Indiz, Indiztatsachen oder Anzeichen genannt – sind Tatsachen, aus denen auf andere erhebliche Tatsachen geschlossen wird.[1017] Der Richter ist im Rahmen des Indizienbeweises freier gestellt als bei sonstigen Beweisanträgen; er darf und muss vor der Beweiserhebung prüfen, ob der Indizienbeweis schlüssig ist, ob also die Gesamtheit aller vorgetragenen Indizien – ihre Richtigkeit unterstellt – ihn von der Wahrheit der Haupttatsache überzeugen würde.[1018]

In seiner jüngeren Entscheidung spricht der BGH explizit von einer „Indizwirkung", die einer ordnungsgemäßen, zeitnah erstellten Dokumentation in Papierform, die keinen Anhalt für Veränderungen, Verfälschungen oder Widersprüchlichkeiten bietet, zugunsten der Behandlungsseite beigemessen werden kann.[1019] Diese Indizwirkung sei im Rahmen der freien tatrichterlichen Beweiswürdigung nach § 286 ZPO zu berücksichtigen.[1020] Eine in diesem Sinne vertrauenswürdige Dokumentation könne dem Tatrichter die Überzeugung davon vermitteln, dass die dokumentierten Maßnahmen tatsächlich getroffen worden sind.[1021] Ihr dürfe der Tatrichter im Rahmen der freien tatrichterlichen Beweiswürdigung nach § 286 Abs. 1 ZPO grundsätzlich Glauben schenken.[1022]

Eindeutig äußerte sich der BGH auch zu der Frage, welcher Grad an richterlicher Überzeugung zur Erschütterung der Vermutung der Vollständigkeit und Richtigkeit der Dokumentation notwendig ist.

1013 *Laumen* in Baumgärtel/Laumen/Prütting, HdB Beweislast, Kap. 18 Rn. 1.

1014 BGH v. 29.06.1982 - VI ZR 206/80 = NJW 1982, 2447, 2448.

1015 *Ahrens* in Wieczorek/Schütze, § 286 ZPO Rn. 51; *Laumen* in Baumgärtel/Laumen/Prütting, HdB Beweislast, Kap. 18 Rn. 19.

1016 BGH v. 17.02.1970 - III ZR 139/67 = NJW 1970, 946ff. „Anastasia-Urteil".

1017 BGH v. 17.02.1970 - III ZR 139/67 = NJW 1970, 946ff. „Anastasia-Urteil".

1018 BGH v. 29.06.1982 - VI ZR 206/80 = NJW 1982, 2447, 2448.

1019 BGH v. 5.12.2023 – VI ZR 108/21 = NJW 2024, 445, 446 [Rn. 17].

1020 BGH v. 5.12.2023 – VI ZR 108/21 = NJW 2024, 445, 446 [Rn. 17].

1021 BGH v. 5.12.2023 – VI ZR 108/21 = NJW 2024, 445, 447 [Rn. 17].

1022 BGH v. 5.12.2023 – VI ZR 108/21 = NJW 2024, 445, 447 [Rn. 17].

Folgerichtig geht der BGH davon aus, dass in die Beweiswürdigung alle vom Beweisgegner vorgebrachten Gesichtspunkte einzubeziehen sind.[1023] Zur Erschütterung der Vermutungswirkung der Dokumentation ist es nach Ansicht des BGH ausreichend, wenn der Beweisgegner Umstände dartut, die bleibende Zweifel daran begründen, dass das Dokumentierte der Wahrheit entspricht, das Beweisergebnis also keine Überzeugung im Sinne von § 286 ZPO rechtfertigt.[1024] So verhält es sich insbesondere, wenn der Beweisgegner Umstände aufzeigt, die den Indizwert – die abstrakte Beweiskraft – der Dokumentation infrage stellen.[1025] Der Beweisgegner muss daher nicht die inhaltliche Richtigkeit der Dokumentation widerlegen; ihm obliegt nicht der Beweis des Gegenteils.[1026] Der BGH begründet dies damit, dass ein Indizienbeweis nur überzeugungskräftig ist, wenn andere Schlüsse aus den Indiztatsachen ernstlich nicht in Betracht kommen.[1027] Die Hilfstatsache reicht für den Nachweis der Haupttatsache dann nicht aus und ist unerheblich, wenn das Indiz für sich allein und im Zusammenhang mit weiteren Indizien sowie dem sonstigen Sachverhalt nicht den ausreichend sicheren Schluss auf die Haupttatsache zulässt.[1028]

Die jüngere Rechtsprechung des BGH ist überzeugend. Dies gilt sowohl in Bezug auf die dogmatische Einordnung der Vermutung der Vollständigkeit und Richtigkeit der Dokumentation als Indizienbeweis als auch hinsichtlich der Entscheidung, welcher Grad an richterlicher Überzeugung zur Erschütterung der Vermutung notwendig ist. Eine Einordnung als Anscheinsbeweis würde einen zugrunde liegenden Erfahrungssatz voraussetzen, was aber in manchen Konstellationen zu einer unnötig starren Betrachtungsweise und unbilligen Ergebnissen führt. Dies zeigt der vom BGH zu entscheidende Fall. In diesem stand im Raum, dass der Behandelnde Umstände in der Patientenakte festgehalten hatte, die sich zulasten des im konkreten Fall in Anspruch genommenen Mitbehandelnden auswirkten, und nicht ausgeschlossen werden konnte, dass die Dokumentation aus eigenem Interesse an einer Vermeidung oder Verringerung der eigenen Haftung erfolgte.[1029] Würde in diesem Fall der Erfahrungssatz gelten, dass bei einer äußerlich unauffälligen und inhaltlich nicht widersprüchlichen Dokumentation der Arzt das Geschehen so dokumentiert hat, wie es sich ereignet hat, so würde vermutet werden, dass das Geschehen sich wie dokumentiert zugetragen habe. Der Einwand, ein Arzt habe zur Vermeidung der eigenen Haftung falsch dokumentiert, würde regelmäßig nicht zu einer Erschütterung der

[1023] BGH v. 5.12.2023 – VI ZR 108/21 = NJW 2024, 445, 447 [Rn. 18].

[1024] BGH v. 5.12.2023 – VI ZR 108/21 = NJW 2024, 445, 447 [Rn. 18].

[1025] BGH v. 5.12.2023 – VI ZR 108/21 = NJW 2024, 445, 447 [Rn. 18].

[1026] BGH v. 5.12.2023 – VI ZR 108/21 = NJW 2024, 445, 447 [Rn. 18].

[1027] BGH v. 5.12.2023 – VI ZR 108/21 = NJW 2024, 445, 447 [Rn. 18].

[1028] BGH v. 5.12.2023 – VI ZR 108/21 = NJW 2024, 445, 447 [Rn. 18].

[1029] BGH v. 5.12.2023 – VI ZR 108/21 = NJW 2024, 445, 447 [Rn. 19].

Vermutungswirkung führen. Anders ist dies bei einer Qualifikation der Vermutung der Vollständigkeit und Richtigkeit als Indizienbeweis. In diesem Fall kann, wie auch in dem vom BGH jüngst zu entscheidenden Fall, die Dokumentation der jeweiligen Maßnahme als Indiztatsache ambivalent sein, falls sie sich sowohl mit dem vom Patienten zu haltenden Vortrag, der Dokumentierende habe die von ihm festgehaltene Maßnahme tatsächlich ergriffen, als auch mit dem von dem in Anspruch genommenen Mitbehandler zu erwartenden Vortrag vereinbaren lässt, der Dokumentierende habe in Wirklichkeit nicht gegebene Umstände dokumentiert, um seine eigene Verantwortung für das Geschehen in Abrede zu stellen.

Nach alledem ist die Vermutung der Vollständigkeit und Richtigkeit der ärztlichen Dokumentation nach der hier vertretenen Auffassung, der jüngeren Rechtsprechung des BGH[1030] zustimmend, als Indizienbeweis zu qualifizieren. Dieser wirkt jedenfalls in die positive Richtung, wonach vermutet wird, dass dasjenige, was in der Dokumentation vermerkt ist, tatsächlich auch geschehen ist. Logischerweise müsste aus der Qualifikation als Indizienbeweis demnach auch hervorgehen, dass vermutet wird, dass dasjenige, was nicht in der Dokumentation enthalten ist, als nicht erfolgt gilt. Für den Fall der ordnungsgemäßen Dokumentation ist dies auch korrekt. Sollte der Patient behaupten, der Arzt habe eine (schädigende) nicht dokumentationspflichtige Maßnahme vorgenommen und diese ist nicht in der Dokumentation vermerkt, so wird zugunsten des Arztes vermutet, dass diese nicht erfolgt ist (was natürlich deren Beweisbarkeit auf anderem Wege nicht ausschließt). Nicht vermischt werden darf hingegen die Vermutung der Vollständigkeit und Richtigkeit der Dokumentation mit der gesetzlichen Vermutung des § 630h Abs. 3 BGB, wonach bei Fehlen einer dokumentationspflichtigen Maßnahme in der Dokumentation vermutet wird, dass der Behandelnde diese Maßnahme nicht getroffen hat.[1031]

d. Darlegungs- und Beweislast für die fehlende Vertrauenswürdigkeit der Dokumentation

Als grundsätzlich unstreitig – und inhaltlich wohl auch interessengerecht – kann die Rechtsprechung des BGH angesehen werden, wonach im Fall des Arzthaftungsprozesses zunächst der Arzt Aufschluss über das Behandlungsgeschehen geben muss, aber mit der Vorlage einer ordnungsgemäßen Dokumentation seiner Pflicht zur erweiterten Sachverhaltsaufklärung im Rahmen des Arzthaftungsprozesses genügt.[1032] Als ebenfalls richtig und konsequent kann die Äußerung angesehen werden, dass der Arzt „gleichzeitig“ mit der Vorlage der Dokumentation in zumutbarem Umfang

[1030] BGH v. 5.12.2023 – VI ZR 108/21 = NJW 2024, 445, 447 [Rn. 18].

[1031] Vgl. hierzu Kapitel 4. A. III.

[1032] Vgl. BGH v. 14.03.1978 - VI ZR 213/76 = NJW 1978, 1681f.

Umstände darlegen und unter Beweis stellen muss, aus denen sich die allgemeine Vertrauenswürdigkeit der Aufzeichnung ergibt.[1033]

Daraus ergibt sich, dass nach Ansicht des BGH grundsätzlich der Arzt darlegungs- und beweisbelastet für die Vertrauenswürdigkeit der Dokumentation sein soll.[1034] Dieser Ansatz ist aus heutiger Sicht ebenfalls als richtig einzuschätzen. Denn die Vertrauenswürdigkeit der Dokumentation knüpft letztlich an das Vorliegen der formellen und materiellen Richtigkeit der Aufzeichnungen und damit an die Erfüllung der Voraussetzungen von § 630f Abs. 1 und Abs. 2 BGB an.[1035] Mit der ordnungsgemäßen Erfüllung der Pflichten aus § 630f Abs. 1 und Abs. 2 BGB – deren Darlegung und Beweis sowieso dem Arzt obliegt – liegt also zugleich auch die Darlegung und der Beweis einer „vertrauenswürdigen" Dokumentation vor. Aus heutiger Sicht handelt es sich bei den genannten Pflichten zur Dokumentation aber um Nebenleistungspflichten,[1036] für deren Erfüllung grundsätzlich der Schuldner, also der Arzt, darlegungs- und beweisbelastet ist. Es überzeugt daher, den Arzt letztlich als darlegungs- und beweisbelastet für die Vertrauenswürdigkeit der Dokumentation anzusehen.

Richtigerweise ist davon auszugehen, dass der Arzt dieser Darlegungspflicht genügt, wenn er eine Dokumentation vorlegt, die äußerlich ordnungsgemäß und manipulationssicher gestaltet ist, aus welcher hervorgeht, dass zeitnah aufgezeichnet wurde, und die – nach sachverständiger Begutachtung – auch keine inhaltlichen Widersprüche aufwirft. Erst dann ist von einer ausreichenden Darlegung der Tatsachen, welche die Vertrauenswürdigkeit der Dokumentation begründen, auszugehen. Wenn vom Arzt eine (scheinbar) tadellose Dokumentation vorgelegt wurde, obliegt es dem Patienten, dieser – aus seiner Sicht falschen – Darlegung entgegenzutreten.[1037] Dieser Umstand wird vielerorts nur verkürzt als Floskel wiedergegeben, wenn es heißt, einer „formell und materiell ordnungsgemäßen Dokumentation" sei „bis zum Beweis der Unrichtigkeit Glauben zu schenken".[1038]

[1033] Vgl. BGH v. 14.03.1978 - VI ZR 213/76 = NJW 1978, 1681f.

[1034] Vgl. BGH v. 14.03.1978 - VI ZR 213/76 = NJW 1978, 1681f.

[1035] Siehe oben, Kapitel 4. A. II. 2. b.

[1036] Siehe oben, Kapitel 3. B. I. 5.

[1037] Dies entspricht auch den Ausführungen von *Frahm/Nixdorf*, Arzthaftungsrecht (1. Aufl. 1996), Rn. 130 und *Frahm/Walter*, Arzthaftungsrecht (6.Aufl.), Rn. 152 S. 201/202, wonach bei äußerlich erkennbaren Manipulationen die Vermutung der Vollständigkeit ohne weiteres entfallen soll, während ansonsten konkrete Anhaltspunkte seitens des Patienten für die mangelnde Vertrauenswürdigkeit der Dokumentation vorgebracht werden müssen.

[1038] Vgl. die in Fn. 1044 genannten Urteile und die in Fn. 1045 genannte Literatur.

Nach Ansicht des BGH, der zuzustimmen ist und die den allgemeinen Grundsätzen zur Beweiswürdigung von Privaturkunden entspricht, ist für die Erschütterung der Vermutung der Vollständigkeit und Richtigkeit der Dokumentation durch den Patienten nicht der Beweis des Gegenteils, also der inhaltlichen Unrichtigkeit des in der Dokumentation Erklärten erforderlich.[1039] Vielmehr genügt es, wenn der Patient dartut, dass die inhaltliche Richtigkeit zweifelhaft bleibt, das Beweisergebnis also keine Überzeugung iSv § 286 ZPO rechtfertigt.[1040]

Umstritten ist allerdings bis heute, in welcher Form der Patient die Tatsachen, welche die Vertrauenswürdigkeit der Dokumentation begründen, bestreiten muss. Der BGH formulierte seinerseits zur Frage des Bestreitens der die Vertrauenswürdigkeit begründenden Umstände durch den Patienten wie folgt:[1041]

„Das BerGer. hätte diesen Gesichtspunkten Beachtung schenken müssen, obgleich die Kl. die Verläßlichkeit des Operationsberichts **nur allgemein in Frage gestellt** hat. Mehr war von ihr mangels Einblick in die Einzelheiten des klinischen Betriebs nicht zu erwarten. Und wenigstens im Sinne dieser Zumutbarkeitsgrenze kann der Formulierung zugestimmt werden, daß im Arztfehlerverfahren eine ganz „typenreine Verhandlungsmaxime" nicht möglich sei (Franzki-Franzki, NJW 1975, 2227; vgl. auch Franzki, DRiZ 1977, 36)."

Der BGH machte damit deutlich, dass er ein „allgemeines" und damit ein unsubstantiiertes bzw. einfaches Bestreiten der Vertrauenswürdigkeit der Dokumentation für ausreichend erachtet, um den beklagten Arzt zum Beweisantritt zu zwingen.[1042] Diese Rechtsprechung zog bereits zur damaligen Zeit Kritik nach sich. Stimmen in der Literatur verlangten zumindest eine „begründete Behauptung", die zwar keinen detaillierten Sachvortrag voraussetzen sollte, wohl aber einen „vernünftigen Grund" für die allgemeine Behauptung der Falschdokumentation beinhalten sollte.[1043] Auch die Instanzgerichte betonen bis zum heutigen Tage, dass für eine Unrichtigkeit der Dokumentation „konkrete Anhaltspunkte" dahingehend vorliegen müssten.[1044] In der heutigen Literatur scheint ebenfalls die

[1039] BGH v. 5.12.2023 – VI ZR 108/21 = NJW 2024, 445, 446f. [Rn. 16, 18].

[1040] BGH v. 5.12.2023 – VI ZR 108/21 = NJW 2024, 445, 446 [Rn. 16].

[1041] BGH v. 14.03.1978 - VI ZR 213/76 = NJW 1978, 1681f.

[1042] Zust. *Wittmann,* JR 1979, 69.

[1043] *Stürner*, NJW 1979, 1225, 1229, 1226 (für analoge Anwendung von § 426 S. 1 ZPO und damit anschließende Parteivernehmung des beklagten Behandlers); diesem teilweise folgend *Frahm/Nixdorf*, Arzthaftungsrecht (1. Aufl. 1996), Rn. 130.

[1044] OLG Zweibrücken vom 12. 1. 1999 - 5 U 30/96 [Rn. 38 ff.], - juris; OLG Düsseldorf v. 17.03.2005 - 8 U 56/04 = GesR 2005, 464 = BeckRS 2005, 07029; OLG Naumburg v. 15.11.2011 - 1 U 31/11 = GesR 2012, 310 = NJOZ 2012, 2068; OLG

Ansicht zu überwiegen, dass der Vortrag des Patienten hinsichtlich der fehlenden Vertrauenswürdigkeit der Dokumentation (bzw. deren Unrichtigkeit) nicht gänzlich unsubstantiiert erfolgen darf.[1045]

Wenn nach Ansicht des BGH in diesem Moment dem Patienten ein allgemeines Bestreiten bzw. ein Bestreiten mit Nichtwissen ausreichend sein soll,[1046] so ist dem grundsätzlich nicht zuzustimmen. Denn ein Bestreiten mit Nichtwissen kommt nach § 138 Abs. 4 ZPO regelmäßig nur bei der jeweiligen Partei unbekannten Tatsachen in Betracht. Wird die Dokumentation aber vorgelegt, so können aus ihr selbst gerade Anhaltspunkte gewonnen werden, die auf ihre mangelnde Vertrauenswürdigkeit hindeuten.[1047] Ob und inwieweit ein Bestreiten durch Hinzufügung positiver Angaben erforderlich ist, ist eine Frage des Einzelfalls.[1048] Ein nicht nur allgemeines Bestreiten der Vertrauenswürdigkeit der Dokumentation durch Vorbringen weiterer konkreter Anhaltspunkte ist dem Patienten aber gerade wegen deren Erkennbarkeit anhand der vorgelegten Dokumentation zumutbar. Problematisch erscheinen jedoch die Fälle, in denen eine Unvollständigkeit oder inhaltliche Unrichtigkeit der Aufzeichnungen (mit eingeschlossen die inhaltliche Rüge, der Zeitpunkt der Dokumentation sei falsch notiert) im Raum steht.[1049] Diese sind nicht ohne weiteres an der äußeren Form erkennbar. Allerdings sind auch diese Fälle im Ergebnis über die vorgelegte Dokumentation lösbar. Denn im Rahmen des Prozesses wird regelmäßig ein gerichtliches Sachverständigengutachten eingeholt, dessen Grundlage die Dokumentation des Arztes bildet. Sollte diese Widersprüchlichkeiten aufweisen, so würden diese spätestens im Rahmen des stets einzuholenden Sachverständigengutachtens offenbar werden. Auch eine inhaltliche Unrichtigkeit würde also bei Vorlage der Dokumentation erkennbar sein, so dass weiterhin davon auszugehen ist, dass für ein Bestreiten der die Vertrauenswürdigkeit begründenden Tatsachen konkrete Anhaltspunkte durch den Patienten vorzubringen sind.

Die Richtigkeit dieser Überlegung zeigt sich auch darin, dass im Falle eines einfachen Bestreitens oder eines Bestreitens der inhaltlichen Richtigkeit der Dokumentation mit Nichtwissen sich für den Arzt wiederum diejenige Beweisnot ergäbe, der durch Aufstellung der durch den BGH genannten

---

Oldenburg v. 28.02.2007 – 5 U 147/05 = NJOZ 2008, 69, 75f.; KG Berlin v. 10.01.2013 – 20 U 225/10 = BeckRS 2013, 03450.

1045 *Rehborn/Gescher* in Erman, § 630h BGB Rn. 25; *Kern* in Ratzel/Lissel, HdB Medizinschadensrecht, § 6 Rn. 63; *Jung/Lichtschlag-Traut/Ratzel* in Ratzel/Lissel, HdB MedR Kap. 13, Rn. 356; *Martis/Winkhart,* Arzthaftungsrecht, Rn. D 202a; *Glanzmann* in Bergmann/Pauge/Steinmeyer, § 630f BGB Rn. 12.

1046 BGH v. 14.03.1978 - VI ZR 213/76 = NJW 1978, 1681f.

1047 *Stürner,* NJW 1979, 1225, 1229.

1048 *Kern* in Stein/Jonas, § 138 ZPO Rn. 30.

1049 *Stürner,* NJW 1979, 1225, 1229.

Grundsätze entgegen gewirkt werden sollte. Der Arzt sollte gerade nicht sämtliche Einzelheiten seines Handelns durch Dokumentation oder Zeugen beweismäßig absichern müssen.[1050] Würde nun aber vom jeweiligen Behandler erwartet, nach beliebigem allgemeinem Bestreiten des Patienten sämtliche Umstände darzulegen und zu beweisen, aus denen sich die inhaltliche Richtigkeit der Dokumentation ergibt, so würde letztlich vom behandelnden Arzt wiederum erwartet, jede Dokumentation nur in Gegenwart eines Zeugen vorzunehmen, der bestenfalls auch bei der gesamten Behandlung anwesend war, um letztlich durch diesen eine Richtigkeit der Dokumentation nachweisen zu können. Dies war aber seitens des BGH gerade nicht gewollt. Vielmehr erscheint in diesem Zusammenhang die Ansicht der Instanzgerichte und der Literatur grundsätzlich angemessen. Denn mit der Vorlage einer äußerlich korrekten und widerspruchsfreien Dokumentation ist zunächst von einer vertrauenswürdigen Dokumentation auszugehen, so dass ein „Nachforschen" nur bei Vortrag entgegenstehender konkreter Anhaltspunkte angemessen erscheint. Mit dem Verzicht auf ein gänzlich substantiiertes Bestreiten und der Beschränkung auf „konkrete Anhaltspunkte"[1051] ist dem seitens des BGH angesprochenen Umstand Rechnung getragen, dass die Dokumentation in der Sphäre des Arztes angefertigt wird und dem Patienten die genauen Vorgänge in der Regel verborgen bleiben. Daher ist davon auszugehen, dass eine Darlegung des Patienten, eine ärztliche Dokumentation sei nicht vertrauenswürdig, grundsätzlich den Vortrag konkreter Anhaltspunkte dahingehend voraussetzt.

Hingegen besteht eine Ausnahme von dem gerade genannten Grundsatz, nach welchem im Regelfall zumindest konkrete Anhaltspunkte für die fehlende Vertrauenswürdigkeit vorgetragen werden müssen. Das Argument, dass sich sämtliche Voraussetzungen einer vertrauenswürdigen Dokumentation bereits aus dieser selbst ergeben, mag zwar auf die papiermäßig erstellte Dokumentation zutreffen. Anders stellt sich die Situation jedoch bei mit Blick auf die heute in der Regel elektronisch geführte Dokumentation dar, gerade was die Manipulationssicherheit der Aufzeichnung betrifft. In der Regel wird die ärztliche Dokumentation heute im Falle des Prozesses entweder als Ausdruck der elektronischen Dokumentation, oder als CD-Rom, welche eine digitale Kopie der elektronischen Dokumentation enthält, zu den Gerichtsakten gegeben. Problematisch ist hierbei allerdings, dass anhand der digitalen Kopie oder des Ausdrucks der Dokumentation nicht nachvollzogen werden kann, ob die ursprüngliche Aufzeichnung mit einem Programm erstellt wurde, welches nachträgliche Veränderungen kennzeichnet. Was die Manipulationssicherheit betrifft, so wird man dem Patienten zugestehen müssen, diese mit Nichtwissen gemäß § 138 Abs. 4 ZPO zu bestreiten. Denn der Patient hat regelmäßig keinen Einblick in die verwendeten Programme und die IT-Infrastruktur des beklagten

[1050] BGH v. 14.03.1978 - VI ZR 213/76 = NJW 1978, 1681f.

[1051] BGH v. 14.03.1978 - VI ZR 213/76 = NJW 1978, 1681f.

Arztes oder Krankenhauses, während dem Beklagten in der Regel diese Auskunft ohne weiteres möglich und zumutbar sein wird.

3. Sonderfall: Haftung wegen Aufklärungsfehler

a. Besonderheiten im Aufklärungsfehlerprozess und Modifikationen der Rechtsprechung

Eine Sonderkonstellation besteht im Fall des sogenannten Aufklärungsfehlers, wenn der Patient seinen Anspruch also darauf stützt, nicht richtig aufgeklärt worden zu sein bzw. keine Einwilligung für einen entsprechenden Eingriff erteilt zu haben. Bei einem solchen Aufklärungsfehler liegt auf vertraglicher Ebene ein Verstoß gegen § 630e BGB (bei fehlerhafter Aufklärung) bzw. § 630d BGB (bei fehlender Einwilligung) vor. Der vertragliche Schadensersatzanspruch des Patienten ergibt sich in diesem Fall aus § 280 BGB in Verbindung mit § 630e BGB bzw. § 630d BGB. Auf deliktsrechtlicher Ebene ergibt sich der Schadenersatzanspruch – mangels rechtfertigender Einwilligung für den Eingriff – aus § 823 Abs. 1 BGB.

Die beweisrechtliche Situation stellt sich bei der Geltendmachung eines Aufklärungsfehlers allerdings anders dar, als im Prozess wegen eines behaupteten Behandlungsfehlers. Denn nach § 630h Abs. 2 S. 1 BGB trägt grundsätzlich der Arzt die Beweislast für die ordnungsgemäße Aufklärung und Einwilligung des Patienten.

In der Rechtsprechung wird der Dokumentation von Aufklärung und Einwilligung aber überwiegend ein geringerer Beweiswert zugestanden als der Dokumentation der medizinischen Behandlung. Zwar wird teilweise auch die Auffassung vertreten, das vom Patienten unterschriebene Aufklärungs- und Einwilligungsformular entfalte eine Vermutung der Vollständigkeit und Richtigkeit in Bezug auf das Stattfinden des Aufklärungsgesprächs und dessen Inhalt.[1052]

Allerdings geht der BGH davon aus, dass das von dem Arzt und dem Patienten unterzeichnete Formular, mit dem der Patient sein Einverständnis zu dem ärztlichen Eingriff gegeben hat, lediglich ein Indiz für das Stattfinden und den Inhalt des Aufklärungsgesprächs darstellt.[1053] Dies gelte in positiver

---

[1052] OLG Hamm v. 12.05.2010 - 3 U 134/09 [Rn. 32] – juris; OLG Hamm v. 18.04.2005 – 3 U 259/04 [Rn. 35] – juris; OLG Frankfurt am Main v. 13.05.1993 – 13 U 138/92 = VersR 1994, 986; OLG Frankfurt am Main v. 07.04.1998 – 8 U 206/97 = VersR 1999, 758; **a.A.** *Glanzmann* in Bergmann/Pauge/Steinmeyer, § 630h BGB Rn. 82; *Greiner* in Geiß/Greiner, Arzthaftpflichtrecht, Kap. C. Rn. 134.

[1053] StRspr., vgl. BGH v. 11.10.2016 – VI ZR 462/15 = NJW-RR 2017, 533, 534 [Rn. 8]; BGH v. 28.1.2014 – VI ZR 143/13 = NJW 2014, 1527, 1528 [Rn. 13]; v. 22.05.2001 - VI ZR 268/00 = NJW-RR 2001, 1431, 1432; BGH, v. 1406.1994 - VI ZR 178/93 = NJW 1994, 3010; v. 08.01.1985 - VI ZR 15/83 = NJW 1985, 1399.

wie in negativer Hinsicht, auch was den Inhalt des Aufklärungsgesprächs betrifft.[1054] Zugleich geht der BGH davon aus, dass ein unterschriebenes Aufklärungs- und Einwilligungsformular allein nicht den Schluss darauf zulässt, dass ein entsprechendes Gespräch auch stattgefunden hat.[1055]

Darüber hinaus werden dem Arzt seitens der Rechtsprechung weitere beweismäßige Erleichterungen gewährt, um die ordnungsgemäße Aufklärung und Einwilligung nachzuweisen. Grundsätzlich bestehe ein erheblicher Freiraum des Tatrichters bei der Würdigung der vorgelegten Beweise.[1056] Allerdings seien an den Nachweis der ordnungsgemäßen Aufklärung auch keine übertriebenen oder unbilligen Anforderungen zu stellen.[1057] Für den Nachweis einer ordnungsgemäßen Aufklärung sei nicht einmal unbedingt erforderlich, dass sich der Arzt an das konkrete Aufklärungsgespräch (Ort, Umstände, genauer Inhalt) erinnere, angesichts der Vielzahl von Informations- und Aufklärungsgesprächen, die Ärzte täglich führten, könne dies nicht erwartet werden.[1058] Auch wenn man in der stationären Behandlung eine Dokumentation der Tatsache eines Aufklärungsgesprächs und des wesentlichen Inhalts erwarten könne, dürfe sogar an das gänzliche Fehlen einer Dokumentation keine allzu weitgehende Beweisskepsis geknüpft werden.[1059] So sollte dem Arzt eine behauptete Aufklärung im Zweifel geglaubt werden, falls dessen Darstellung in sich schlüssig sei und er einigen Beweis für ein Aufklärungsgespräch erbracht habe.[1060]

Nachdem der Arzt „einigen Beweis“[1061] für Aufklärung und Einwilligung geführt hat, eröffnet die Rechtsprechung diesem regelmäßig die Möglichkeit einer Parteivernehmung von Amts wegen gem.

1054 BGH v. 28.1.2014 – VI ZR 143/13 = NJW 2014, 1527, 1528 [Rn. 13]; OLG Nürnberg v. 30.04.2015 - 5 U 2282/13 = BeckRS 2015, 9105 [Rn. 32].

1055 BGH v. 28.1.2014 – VI ZR 143/13 = NJW 2014, 1527, 1528 [Rn. 15].

1056 St Rspr., vgl. BGH v. 30.9.2014 – VI ZR 443/13 = NJW 2015, 74, 75 [Rn. 9]; v. 28.1.2014 – VI ZR 143/13 = NJW 2014, 1527, 1528 [Rn. 11]; v. 08.01.1985 - VI ZR 15/83 = NJW 1985, 1399; v.28.02.1984 - VI ZR 70/82 = NJW 1984, 1807, 1809; v. 10.03.1981 - VI ZR 202/79 = NJW 1981, 2002, 2003f.

1057 StRspr., vgl. BGH v. 30.9.2014 – VI ZR 443/13 = NJW 2015, 74, 75 [Rn. 9]; v. 28.1.2014 – VI ZR 143/13 = NJW 2014, 1527, 1528 [Rn. 13], v. 08.01.1985 - VI ZR 15/83 = NJW 1985, 1399, jeweils m.w.N.

1058 BGH v. 28.1.2014 – VI ZR 143/13 = NJW 2014, 1527, 1528 [Rn. 13], OLG Koblenz v. 04.03.2016 – 5 U 1076/15 –, juris [Rn. 33]; OLG Köln v. 28.09.2015 – I-5 U 81/15 –, juris [Rn. 3].

1059 BGH v. 28.1.2014 – VI ZR 143/13 = NJW 2014, 1527, 1528 [Rn. 12], v. 08.01.1985 - VI ZR 15/83 = NJW 1985, 1399.

1060 BGH v. 28.1.2014 – VI ZR 143/13 = NJW 2014, 1527, 1528 [Rn. 13], unter „einigem“ Beweis ist ein Anfangsbeweis i.S.d. § 448 ZPO zu verstehen, vgl. auch *Glanzmann* in Bergmann/Pauge/Steinmeyer, § 630h BGB Rn. 80*Greger* in Zöller, § 448 ZPO Rn. 4.

1061 BGH v. 14.03.1978 - VI ZR 213/76 = NJW 1978, 1681f.

§ 448 ZPO, um noch bestehende Zweifel auszuräumen.[1062] In diesem Zusammenhang erachtet es der BGH allerdings als ausreichend, wenn der Arzt darlegt und beweist, in vergleichbaren Fällen einen Patienten stets in der behaupteten Art und Weise („immer-so") aufzuklären.[1063]

b. Kritische Würdigung der Rechtsprechung

aa. Keine Vermutung der Vollständigkeit und Richtigkeit der Aufklärungsdokumentation

In der Rechtsprechung der Oberlandesgerichte wird teilweise die Auffassung vertreten, das vom Patienten unterschriebene Aufklärungs- und Einwilligungsformular entfalte eine Vermutung der Vollständigkeit und Richtigkeit was das Stattfinden des Aufklärungsgesprächs und dessen Inhalt betrifft.[1064] Die entsprechenden Oberlandesgerichte verweisen dabei auf §§ 440 Abs. 2, 416 ZPO und die sich hieraus ergebende Vermutung der Vollständigkeit und Richtigkeit von Privaturkunden,[1065] oder berufen sich darauf, dass mit der „Einverständniserklärung" (womit wohl die Einwilligungserklärung gemeint ist) eine „privatschriftliche Vertragsurkunde" vorliege.[1066]

Man wird bei der Bewertung dieser Ansicht zunächst unterscheiden müssen zwischen dem unterschriebenen Aufklärungsformular einerseits und andererseits der Unterschrift, mit der die Einwilligung in den entsprechenden Eingriff erteilt wird.[1067]

Bei einem unterschriebenen Aufklärungsformular, womit in der Regel bestätigt werden soll, dass ein Aufklärungsgespräch geführt wurde und dieses auch verstanden wurde, liegt in der Regel ein Verstoß gegen § 309 Nr. 12 b) BGB vor, da es sich um eine unzulässige Verschiebung der Beweislast zulasten des Patienten handelt.[1068] Der BGH hat dies jüngst anders entschieden im Fall einer Klausel, in der der Patient bestätigte, die Patienteninformation zur Früherkennung des Grünen Stars (Glaukom) gelesen

---

[1062] Vgl. BGH v. 30.9.2014 – VI ZR 443/13 = NJW 2015, 74, 75 [Rn. 9, 13ff.].

[1063] BGH v. 30.9.2014 – VI ZR 443/13 = NJW 2015, 74, 75 [Rn. 9]; v. 28.1.2014 – VI ZR 143/13 = NJW 2014, 1527, 1528 [Rn. 13]; v. 10.03.1981 - VI ZR 202/79 = NJW 1981, 2002, 2003f.

[1064] OLG Hamm v. 12.05.2010 - 3 U 134/09 [Rn. 32] – juris; OLG Hamm v. 18.04.2005 – 3 U 259/04 [Rn. 35] – juris; OLG Frankfurt am Main v. 13.05.1993 – 13 U 138/92 = VersR 1994, 986; OLG Frankfurt am Main v. 07.04.1998 – 8 U 206/97 = VersR 1999, 758; **a.A.** *Glanzmann* in Bergmann/Pauge/Steinmeyer, § 630h BGB Rn. 82; *Greiner* in Geiß/Greiner, Arzthaftpflichtrecht, Kap. C. Rn. 134.

[1065] OLG Hamm v. 12.05.2010 - 3 U 134/09 [Rn. 32] – juris; OLG Hamm v. 18.04.2005 – 3 U 259/04 [Rn. 35] – juris; OLG Frankfurt am Main v. 07.04.1998 – 8 U 206/97 = VersR 1999, 758.

[1066] OLG Frankfurt am Main v. 13.05.1993 – 13 U 138/92 = VersR 1994, 986.

[1067] *Glanzmann* in Bergmann/Pauge/Steinmeyer, § 630h BGB Rn. 82.

[1068] *Glanzmann* in Bergmann/Pauge/Steinmeyer, § 630h BGB Rn. 82; *Spickhoff/Bleckwenn*, VersR 2013, 1350, 1358 jeweils m.w.N.

und darüber aufgeklärt worden zu sein, dass trotz des Fehlens typischer Beschwerden eine Früherkennungsuntersuchung ärztlich geboten ist.[1069] Die Klausel weiche weder von Rechtsvorschriften ab noch ergänze sie diese, so dass eine Inhaltskontrolle nach den §§ § 307 Abs.1 und Abs. 2, § 308 oder § 309 BGB gem. § 307 Abs. 2 S. 1 BGB nicht stattfinde.[1070] Der Gesetzgeber bei der Schaffung der §§ 630a ff. BGB auch das von der Rechtsprechung entwickelte Aufklärungs- und Beweisregime kodifiziert und auch die Beweiswirkung einer formularmäßigen Aufklärungsbestätigung für zulässig gehalten.[1071] Dieses Aufklärungs- und Beweisregime werde durch die angegriffene Klausel weder verändert noch ergänzt.[1072] Vielmehr füge sie sich in dieses ein, so dass gem. § 307 Abs. 3 S. 1 BGB eine Kontrolle nach § 307 Abs. 1 und Abs. 2, §§ 308, 309 BGB nicht stattfinde.[1073] Der Argumentation des BGH wurde jedoch zurecht entgegen gehalten, dass für eine Herausnahme aus der Inhaltskontrolle eine Rechtsvorschrift erforderlich ist.[1074] Eine Norm, die eine formularmäßige Aufklärung erlaubt oder deren Inhalt festlegt, ist jedoch nicht gegeben, unabhängig davon, dass der Gesetzgeber die bisherigen richterrechtlich entwickelten Grundsätze des Arzthaftungs- und Behandlungsrechts kodifizieren wollte.[1075]

Auch hinsichtlich des unterschriebenen Einwilligungsformulars wird man nicht von einer Vermutung der Vollständigkeit und Richtigkeit der Urkunde ausgehen können. Der Verweis auf die Einwilligungserklärung als „privatschriftliche Vertragsurkunde“ zur Begründung einer entsprechenden Vermutung geht fehl. Die Vermutung der Vollständigkeit und Richtigkeit von unterzeichneten Vertragsurkunden war seinerzeit vom Reichsgericht für Fälle entwickelt worden, in denen zwei Parteien einen Vertrag ausgehandelt hatten und diesen in der Folge schriftlich fixierten.[1076] Der vorliegende Fall ist damit allerdings nicht vergleichbar: Bei der Einwilligung in eine Behandlung handelt es sich gerade nicht um einen Vertrag, sondern um eine einseitige Erklärung. Im Übrigen stellt die Einwilligung in eine Behandlung nicht einmal eine Willenserklärung dar.[1077] Eine Übertragung der Rechtsprechung des Reichsgerichts erscheint daher verfehlt.

[1069] BGH v. 2.9.2021 – III ZR 63/20 = NJW 2021, 3528f.

[1070] BGH v. 2.9.2021 – III ZR 63/20 = NJW 2021, 3528f. [Rn. 11].

[1071] BGH v. 2.9.2021 – III ZR 63/20 = NJW 2021, 3528f. [Rn. 13f.].

[1072] BGH v. 2.9.2021 – III ZR 63/20 = NJW 2021, 3528f. [Rn. 14].

[1073] BGH v. 2.9.2021 – III ZR 63/20 = NJW 2021, 3528f. [Rn. 14].

[1074] *Weiler* in BeckOGK-BGB, § 309 Nr. 12 BGB Rn. 90.

[1075] *Weiler* in BeckOGK-BGB, § 309 Nr. 12 BGB Rn. 90.

[1076] RG v. 13.06.1902 – VII 106/02 = RGZ 52, 23, 25f. „Die Niederschrift eines Vertrages ist die Zusammenfassung und Festlegung desjenigen, was die Parteien gewollt und was sie namentlich auch in ihren mündlichen Beredungen zum Ausdrucke gebracht haben“.

[1077] Vgl. Kapitel 4. A. II. 1, und die Nachweise bei Fn. 945.

Auch der Hinweis auf §§ 440 Abs. 2, 416 ZPO als Grundlage einer solchen Vermutungswirkung überzeugt nicht. Da es sich bei der Einwilligung in die Behandlung durch Unterschrift nicht um eine Willenserklärung handelt, liegt mit der Dokumentation keine Tatbestands-, sondern lediglich eine Zeugnisurkunde vor.[1078] Diese entfaltet auf der Ebene der materiellen Beweiskraft allenfalls Indizwirkung für die in ihr beschriebenen Vorgänge, diese sind vom Gericht wiederum frei nach § 286 Abs. 1 ZPO zu würdigen.[1079]

Es scheint darüber hinaus keine Einigkeit hinsichtlich des Begriffs der Vermutung der Vollständigkeit und Richtigkeit der Dokumentation vorzuliegen. Von den jeweiligen Oberlandesgerichten wird der Begriff hinsichtlich Tatbestand und Rechtsfolge in dem Sinne verwendet, wie es das Reichsgericht bei der Etablierung der tatsächlichen Vermutung für Vertragsurkunden ursprünglich getan hatte. Demnach greift, falls über ein Rechtsgeschäft eine Urkunde aufgenommen worden ist, die Vermutung, dass die im Rahmen des Rechtsgeschäfts getroffenen Vereinbarungen durch die Urkunde richtig und vollständig wiedergegeben werden.[1080] Die Vermutung sollte anwendbar sein, wenn zwei Parteien einen Vertrag ausgehandelt hatten und diesen in der Folge schriftlich fixierten.[1081] Das Reichsgericht leitete aus der Tatsache, dass beide Parteien an der Formulierung der Vertragsurkunde mitwirken konnten, die Vermutung ab, dass die Parteien dasjenige, was sie als endgültige Vereinbarung gelten lassen wollten, schließlich auch schriftlich festhielten und dies daher den Willen der Parteien darstellte.[1082] Es konnte deshalb vermutet werden, dass dasjenige, was die Parteien zuvor nur „hin- und hergeredet“ [1083] hatten, was aber nicht Eingang in die Vertragsurkunde gefunden hatte, auch von den Parteien nicht aufrecht erhalten habe werden wollen. Der BGH hatte bei Etablierung der Vermutungswirkung ordnungsgemäßer Dokumentation im Jahre 1978 aber nicht diese Ausgangssituation vor Augen. Die Vermutung der Vollständigkeit und Richtigkeit der ärztlichen Dokumentation hingegen leitet sich – wie bereits ausführlich dargestellt – daraus ab, dass der Arzt unmöglich jede Handlung, die im Rahmen der Behandlung vorgenommen wird, zu dokumentieren imstande ist.[1084]

[1078] Vgl. Kapitel 4. A. II. 1.

[1079] Vgl. Kapitel 4. A. II. 1.

[1080] BGH v. 29.04.1970 – VIII ZR 120/68 – juris, [Rn. 28]; v. 19.03.1980 - VIII ZR 183/79 =NJW 1980, 1680, 1681; *Ellenberger* in Grüneberg, § 125 BGB Rn. 21; *Ahrens* in Prütting/Wegen/Weinreich, § 125 BGB Rn. 26.

[1081] RG v. 13.06.1902 – VII 126/02 = RGZ 52, 23, 26.

[1082] RG v. 13.06.1902 – VII 126/02 = RGZ 52, 23, 25 „Die Niederschrift eines Vertrages ist die Zusammenfassung und Festlegung desjenigen, was die Parteien gewollt und was sie namentlich auch in ihren mündlichen Beredungen zum Ausdrucke gebracht haben“.

[1083] RG v. 13.06.1902 – VII 126/02 = RGZ 52, 23, 26.

[1084] Vgl. Kapitel 4. A. II. 2. a.

Eine Vermutung der Vollständigkeit und Richtigkeit der Aufklärungs- und Einwilligungsdokumentation wird sich auch nicht durch den schlichten Verweis auf die Rechtslage zur Behandlungsdokumentation begründen lassen. Dass hinsichtlich des Beweiswertes der jeweiligen Dokumentationen eine Differenzierung zwischen Aufklärungs- und Einwilligungsdokumentation einerseits und der Behandlungsdokumentation andererseits notwendig ist, ergibt sich bereits aus den zugrunde liegenden Situationen und den aufzuzeichnenden Inhalten. Denn Hintergrund der Vermutung der Vollständigkeit und Richtigkeit der Behandlungsdokumentation war die Tatsache, dass im Behandlungsfehlerprozess eine Beweisnot auf beiden Seiten herrscht und der Arzt nicht sämtliches Handeln durch Zeugengegenwart beweismäßig absichern konnte.[1085]. Zwar besteht auch im Fall der Haftung wegen fehlerhafter Aufklärung eine Beweisnot des Arztes, denn dieser ist aus § 630h Abs. 2 BGB darlegungs- und beweisbelastet für die korrekte Aufklärung und Einwilligung. Aufklärungen kommen in Kliniken in Massen vor, und nicht selten erinnert sich ein Arzt angesichts der vorgenommenen Zahl an Aufklärungen in seinem beruflichen Alltag nicht mehr an einzelne Aufklärungsgespräche oder deren Inhalt.[1086] Als zusätzliches Erschwernis kommt hinzu, dass das Aufklärungsgespräch nicht selten unter vier Augen stattfindet und daher kein Dritter als Zeuge zur Verfügung steht.[1087] Allerdings wird dem Arzt der Nachweis der Aufklärung seitens der Rechtsprechung bereits deutlich erleichtert.[1088] Insofern bestehen bereits Zweifel an einer Beweisnot des Arztes, welche auch ausschlaggebend für die Etablierung der Vermutung der Vollständigkeit und Richtigkeit der Behandlungsdokumentation war. Ein weiterer Grund für die Etablierung der Vermutungswirkung war seinerzeit, dass der Arzt nach Ansicht des BGH unmöglich jede Kleinigkeit ärztlichen Handelns beweismäßig absichern konnte, da in diesem Fall die Effizienz und Zügigkeit ärztlichen Handelns bedroht sei. Der BGH stellte also darauf ab, dass wegen der Masse an Behandlungsschritten, die an einem Patienten vorgenommen würden, eine beweismäßige Absicherung nicht möglich sei. Dieser Gedanke ist allerdings auf den Fall der Aufklärung und Einwilligung nicht übertragbar. Hierbei handelt es sich nur um eine genau bestimmbare Handlung pro Patient. Diese kann, falls erforderlich und gewünscht, beweismäßig abgesichert werden, z.B. durch Tonbandaufzeichnungen. Die Effektivität und Zügigkeit ärztlichen Handelns ist dadurch jedenfalls nicht bedroht, wenn man bedenkt, dass die Aufklärung sowieso geschuldet ist. Damit unterscheidet sich bereits die Tatsachengrundlage der Aufklärungs- und Einwilligungsdokumentation von derjenigen bei

---

[1085] Vgl. Kapitel 4. A. II. 2. a.

[1086] BGH v. 28.1.2014 – VI ZR 143/13 = NJW 2014, 1527, 1528 [Rn. 13] – allerdings mit fragwürdiger Konsequenz, dazu sogleich unter Kapitel 4. A. II. 3. b. bb.

[1087] *Katzenmeier* in BeckOK-BGB, § 630h BGB Rn. 33.

[1088] Hierzu sogleich unter Kapitel 4. A. II. 3. b. bb.

der Behandlungsdokumentation. Die Rechtsfolgen der beiden Dokumentationen sind somit losgelöst voneinander zu beurteilen.

Eine entsprechende Vermutung der Vollständigkeit und Richtigkeit der Aufklärungs- und Einwilligungsdokumentation könnte aber möglicherweise auf die Rechtsfigur des Anscheinsbeweises gestützt werden. Dazu müssten die Voraussetzungen des Anscheinsbeweises auch im Fall der Aufklärungs- und Einwilligungsdokumentation vorliegen.
Fraglich ist allerdings, ob im Fall der Aufklärungs- und Einwilligungsdokumentation, insbesondere in Form eines vorgefertigten Formulars, ein für den Anscheinsbeweis notwendiger Erfahrungssatz besteht.[1089] Ein entsprechender Erfahrungssatz müsste sinngemäß lauten: „Es entspricht der allgemeinen Lebenserfahrung, dass die Aufklärung und Einwilligung eines Patienten genauso stattgefunden hat, wie diese in der Dokumentation vermerkt ist oder nach dem (unterschriebenen) vorgefertigten Aufklärungsformular, welches der Dokumentation beigefügt wurde, vorgeschrieben ist." Gegen einen solchen Erfahrungssatz spricht aber vor allem der Zweck der Aufzeichnung. Denn anders als die Behandlungsdokumentation findet die Dokumentation der Aufklärung und Einwilligung nicht unter medizinischen Gesichtspunkten, also zur Sicherung der ordnungsgemäßen Behandlung und Weiterbehandlung statt.[1090] Vielmehr dient die Aufzeichnung vor allem dem Nachweis des Arztes, die Behandlung oder einen Eingriff innerhalb der vom Patienten durch die Einwilligung vorgegebenen Grenzen durchgeführt zu haben und diesen vorab über mögliche Risiken des Eingriffs informiert zu haben. Dem Interesse an der korrekten Dokumentation stünde im Fall einer nicht ordnungsgemäßen Aufklärung ein Interesse an einer Haftungsbegrenzung entgegen, das ihn zu einer falschen Dokumentation verleiten könnte. Zugleich kann der Arzt ein Eigeninteresse an der Durchführung einer Behandlung haben, was wiederum im Gegensatz zu einem Interesse an einer korrekten Aufklärung stehen könnte. Dies kommt insbesondere bei nicht kassenärztlich, sondern privat abgerechneten Eingriffen und Behandlungen in Frage, für welche in der Regel höhere Sätze veranschlagt werden, als bei einer Kostenübernahme durch die gesetzliche Krankenversicherung.[1091] In diesem Fall besitzt der Arzt ein finanzielles Eigeninteresse an der Durchführung der Behandlung. Ein Eigeninteresse kann sich aber auch bei Ärzten ergeben, die nicht selbst abzurechnen berechtigt sind, beispielsweise angestellten Klinikärzten. In Kliniken bestehen oftmals Zielvorgaben in Bezug auf durchgeführte Eingriffe, die

---

[1089] Vgl. zu den Voraussetzungen des Anscheinsbeweises en Detail Kapitel 4. A. II. 2. c.

[1090] Vgl. bereits Kapitel 1. B. III. 3. a. bb.

[1091] Walendzik/Greß/Manouguian/Wasem, Vergütungsunterschiede im ärztlichen Bereich zwischen PKV und GKV auf Basis des standardisierten Leistungsniveaus der GKV und Modelle der Vergütungsangleichung (2008), S. 4 „Der behandelnde Arzt erhält im Durchschnitt für eine medizinisch im Grundsatz gleiche Leistung bei einem privat versicherten Patienten mehr als die doppelte Vergütung als für einen gesetzlich versicherten Patienten".

seitens des Managements aufgestellt werden, um eine gewisse wirtschaftliche Rentabilität zu gewährleisten.[1092] Es besteht begründeter Anlass zu der Annahme, dass der einzelne Arzt an die Einhaltung entsprechender Zielvorgaben seitens seines Vorgesetzen erinnert wird und aus diesem Grund ein Eigeninteresse an der Durchführung einer Behandlung oder eines Eingriffs entwickelt.[1093] Darüber hinaus können auch bestehende Zielvereinbarungen in entsprechenden Chefarztverträgen, die einen Bonus versprechen, zu Interessenkollisionen beitragen.

Insgesamt bestehen also durchaus Anreize des Arztes, die Aufklärung falsch zu dokumentieren. Dies bedeutet natürlich nicht, dass damit jedem Arzt von vornherein unterstellt werden kann, die Aufklärung und Einwilligung grundsätzlich falsch zu dokumentieren. Allerdings sind die vorgebrachten Erwägungen zu einer möglichen Interessenkollision des Arztes geeignet, einen Erfahrungssatz für eine richtige Dokumentation der Aufklärung und Einwilligung im Ergebnis zu verneinen. Eine Vermutung der Vollständigkeit und Richtigkeit der Aufklärungs- und Einwilligungsdokumentation ist daher auch unter dem Gesichtspunkt eines möglichen Anscheinsbeweises zu verneinen.

Eine Vermutung der Vollständigkeit und Richtigkeit der Aufklärungs- und Einwilligungsdokumentation ist somit nicht gerechtfertigt. Dies gilt unabhängig davon, ob das Aufklärungsgespräch „qualifiziert" durch die Nutzung und Ergänzung von Aufklärungsformularen, oder „einfach" durch Eintragung in der Patientenakte dokumentiert wurde.

bb. Indizwirkung der Dokumentation und Nachweis ordnungsgemäßer Aufklärung

Der BGH stützte das Nichtvorliegen einer Vermutungswirkung des unterschriebenen Aufklärungs- und Einwilligungsformulars – und damit verbunden dessen reine Indizwirkung – vor allem auf den Umstand, dass eine Unterschrift des Patienten leicht zu erlangen sei und dessen Unterschrift keine Garantie dafür geben könne, dass der Patient das Formular gelesen, geschweige denn verstanden

---

1092 Zur Problematik von Zielvorgaben in der Medizin vgl. https://www.deutsche-apotheker-zeitung.de/news/artikel/2016/03/30/befehl-von-oben, zuletzt abgerufen am 19.08.2019 „2014 hat die Klinik mit ihren Ärzten eine feste Zahl an Hüft- und Wirbelsäulen-OPs vereinbart – unabhängig von der Zahl der Patienten, die eine solche OP brauchen.".

1093 Vgl. https://www.deutsche-apotheker-zeitung.de/news/artikel/2016/03/30/befehl-von-oben , zuletzt abgerufen am 19.08.2019 „Am Telefon ist der Chefarzt und sagt, es seien drei Plätze für Funktionaldiagnostik frei geworden. Es wäre gut, wenn er die Kapazitäten heute auslaste. Brandenburg antwortet: „Und woher soll ich die Fälle nehmen, wenn sie nicht reinkommen?" Worauf der Chefarzt entgegnet, Brandenburg erinnert sich genau an den Wortlaut: „Man könnte ja die Indikation etwas weiter stellen." Anders ausgedrückt: Brandenburg soll an drei Patienten eine Magen- oder Darmspiegelung vornehmen. Auch wenn das überflüssig ist.".

habe.[1094] Mit dem BGH ist, wie bereits dargestellt, davon auszugehen, dass die Aufklärungs- und Einwilligungsdokumentation keine Vermutung der Vollständigkeit und Richtigkeit entfaltet (s.o.). Fraglich ist, ob sich daraus eine Qualifikation der Aufklärungs- und Einwilligungsdokumentation als Indiztatsache ergibt.[1095]

Ein unmittelbarer Beweis des Gespräches ist durch die Dokumentation nicht möglich. Auch ein Erfahrungssatz in Bezug auf die inhaltliche Richtigkeit der Aufklärungs- und Einwilligungsdokumentation scheidet aus,[1096] so dass auch gewissermaßen die „Fiktion eines unmittelbaren Beweises" nicht vorliegt. Insofern bleibt für den Nachweis bezüglich des Stattfindens und Inhalts des Aufklärungsgespräches nur noch der Weg des mittelbaren Beweises. Da die inhaltliche Richtigkeit der Aufklärungs- und Einwilligungsdokumentation weder zweifelsfrei festgestellt noch durch einen Erfahrungssatz vermutet werden kann (s.o.), wird deren alleinige Vorlage zum Nachweis des ordnungsgemäß geführten Aufklärungsgespräches nicht ausreichen. Vielmehr wird die Kumulation mit anderen Beweismitteln notwendig sein, um den Tatrichter vom Vorliegen einer ordnungsgemäßen Aufklärung nach § 286 Abs. 1 ZPO vollständig zu überzeugen. Die Dokumentation besitzt daher letztlich nur einen Indizwert in Bezug auf das Stattfinden und den Inhalt des Aufklärungsgespräches. Zusammen mit anderen Beweismitteln kann sie einen sogenannten „Beweisring" bilden, bei dem sich die einzelnen Indizien wie ein Ring um die Haupttatsache schließen und diese mit jedem weiteren Indiz im Rahmen einer Gesamtschau an Überzeugungskraft gewinnen.[1097] Im Ergebnis handelt es sich damit bei der Aufklärungs- und Einwilligungsdokumentation um eine Indiztatsache, weil sie zusammen mit anderen Indiztatsachen einen Indizienbeweis dahingehend begründen kann, dass das Gespräch stattgefunden hat und welchen Verlauf es genommen hat.

Auch die Rechtsprechung hat die Aufklärungs- und Einwilligungsdokumentation als Indiztatsache qualifiziert und (wohl mit Blick auf den Grundsatz des freien Verfahrens) um dem Arzt den Nachweis einer ordnungsgemäßen Aufklärung zu ermöglichen, zu dessen Gunsten einige Modifikationen im Rahmen des Haftungsprozesses wegen fehlerhafter Aufklärung vorgenommen.[1098]

[1094] BGH v. 08.01.1985 - VI ZR 15/83 = NJW 1985, 1399; v. 07.02.1984 – VI ZR 174/82 = NJW 1984, 1397; aus der neueren Rechtsprechung vgl. BGH v. 28.01.2014 – VI ZR 143/13 = NJW 2014, 1527, 1528 [Rn. 13].

[1095] Zu den Voraussetzungen des Indizienbeweises vgl. Kapitel 4.A.II.2.c.

[1096] Vgl. Kapitel 4. A. II. 3. b. aa.

[1097] Zum Begriff des „Beweisrings" vgl. *Laumen* in Baumgärtel/Laumen/Prütting, HdB Beweislast, Kap. 18 Rn. 30 m.w.N.

[1098] StRspr., vgl. BGH v. 11.10.2016 – VI ZR 462/15 = NJW-RR 2017, 533, 534 [Rn. 8]; BGH v. 28.1.2014 – VI ZR 143/13 = NJW 2014, 1527, 1528 [Rn. 13]; v. 22.05.2001 - VI ZR 268/00 = NJW-RR 2001, 1431, 1432; BGH, v. 1406.1994 - VI ZR 178/93 = NJW 1994, 3010; v. 08.01.1985 - VI ZR 15/83 = NJW 1985, 1399.

Die Frage, ob und mit welchem Inhalt ein Aufklärungsgespräch stattgefunden hat, ist letztlich eine tatsächliche Frage und stark von den vorliegenden Beweisen und deren Glaubwürdigkeit abhängig. Die Rechtsprechung billigt dem erkennenden Tatrichter daher einen erheblichen Freiraum im Rahmen der Beweiswürdigung zu.[1099]

Nach Ansicht der Rechtsprechung sind an den Nachweis der ordnungsgemäßen Aufklärung keine übertriebenen oder unbilligen Anforderungen zu stellen.[1100] So lässt der BGH es ausreichen, wenn der Arzt im Hinblick auf die Aufklärung und Einwilligung „einigen" Beweis erbringt, um diesem sodann eine Parteianhörung nach § 448 ZPO zu ermöglichen.[1101] In der dann folgenden Parteivernehmung wiederum wird von der ständigen Übung des Arztes, in einer bestimmten Art und Weise aufzuklären, auf das im Einzelfall nicht rekonstruierbare, konkrete Aufklärungsgespräch geschlossen („immer-so").[1102] Auch in diesem Fall liegt bei näherer Betrachtung eine Reduzierung des Beweismaßes im Rahmen der Parteianhörung vor. Diese wird seitens des BGH allerdings durch eine Beweisnot des Arztes gerechtfertigt, die sich aus der Vielzahl der Aufklärungen im normalen Klinikbetrieb ergebe.[1103]

Als Begründung für beweismäßige Erleichterungen des Nachweises der ordnungsgemäßen Aufklärung wurde unter anderem vorgebracht, dass ein Missbrauch der Beweislast des Arztes durch den Patienten zu haftungsrechtlichen Zwecken drohe.[1104] Zusätzlich führt der BGH „die besondere Situation, in der sich der Arzt während der Behandlung des Patienten befindet" [1105] als Argument an, ohne hierbei allerdings ins Detail zu gehen. *Prütting* interpretiert diese Aussage so, dass damit darauf hingewiesen werde, dass der Arzt laufend Aufklärungsgespräche führen müsse, dementsprechend viele Patienten zu versorgen habe, an die er sich nicht vollumfänglich erinnern könne, und dass auch häufig keine Zeit bleibe, um eine geordnete Dokumentation immer zu sichern.[1106]

1099 BGH v. 28.01.2014 – VI ZR 143/13 = NJW 2014, 1527, 1528 [Rn. 15]; v. 30.09.2014 – VI ZR 443/13 = NJW 2015, 74, 76 [Rn. 9]; v. 10.03.1981 - VI ZR 202/79 = NJW 1981, 2002, 2003; v. 08.01.1985 - VI ZR 15/83 = NJW 1985, 1399.

1100 BGH v. 30.09.2014 – VI ZR 443/13 = NJW 2015, 74, 76 [Rn. 9].

1101 BGH v. 28.01.2014 – VI ZR 143/13 = NJW 2014, 1527, 1528 [Rn. 13]; BGH v. 30.09.2014 – VI ZR 443/13 = NJW 2015, 74, 76 [Rn. 13f.].

1102 BGH v. 30.09.2014 – VI ZR 443/13 = NJW 2015, 74, 76 [Rn. 13ff.], im konkreten Fall allerdings „einiger" Beweis verneint.

1103 BGH v. 30.09.2014 – VI ZR 443/13 = NJW 2015, 74, 76 [Rn. 13ff.]

1104 BGH v. 30.09.2014 – VI ZR 443/13 = NJW 2015, 74, 75 [Rn. 9];krit. *Prütting*, GesR 2017,681, 686, *ders.* in FS Dahm (2017), 359, 360, mit der zutreffenden Anmerkung, dass hierzu keine empirische Datengrundlage besteht.

1105 BGH v. 28.01.2014 – VI ZR 143/13 = NJW 2014, 1527, 1528 [Rn. 11].

1106 *Prütting*, GesR 2017, 681, 686.

In dogmatischer Hinsicht sind die dargestellten Beweiserleichterungen – wie von *Prütting* bereits zutreffend beschrieben – als Indizienbeweise zu werten.[1107] Grundsätzlich erscheint die Rechtsprechung des BGH als Gesamtkonzept auch sinnvoll. Angesichts der hohen Anzahl an Patienten kann von einem Arzt gerade im Klinikbetrieb tatsächlich nicht verlangt werden, dass er sich an jedes geführte Aufklärungsgespräch erinnert. Dass in diesem Zusammenhang auf Indizien zurückgegriffen wird, aus denen sich zumindest eine gewisse Wahrscheinlichkeit eines ordnungsgemäß geführten Aufklärungsgespräches ergibt, erscheint daher sachgerecht. Auch die seitens der Rechtsprechung praktizierte „Abstufung" erscheint sinnvoll und dogmatisch tragbar. So muss zunächst ein „Anbeweis" gem. § 448 ZPO in Bezug auf das entsprechende Aufklärungsgespräch vorliegen, um dem Arzt im Rahmen einer Parteivernehmung eine Ausräumung letzter Zweifel zu ermöglichen.[1108] In der dann folgenden Parteivernehmung wiederum wird von der ständigen Übung des Arztes, in einer bestimmten Art und Weise aufzuklären, auf das im Einzelfall nicht rekonstruierbare, konkrete Aufklärungsgespräch geschlossen. Die in diesem Fall vorgenommene Reduzierung des Beweismaßes im Rahmen der Parteianhörung kann wiederum mit der beschriebenen Beweisnot des Arztes begründet werden.

Allerdings sind die Ausprägungen, in denen dem Arzt Beweiserleichterungen zugutekommen, teilweise kritikwürdig. So ist der Ansicht des BGH, „einiger" Beweis hinsichtlich des geführten Aufklärungsgesprächs könne auch dann vorliegen, wenn nicht oder nicht ausreichend dokumentiert sei,[1109] zu widersprechen. Der BGH bringt als Argument für diese Ansicht vor, dass eine Dokumentation der Aufklärung aus medizinischer Sicht – anders als bei Behandlungsmaßnahmen – nicht erforderlich sei.[1110] Richtig daran ist, dass *aus medizinischer Sicht* keine Dokumentation der Aufklärung geboten ist.[1111] Dass jene allerdings nach der Normierung von § 630f Abs. 2 BGB dennoch geschuldet ist, kann nicht ernstlich geleugnet werden.[1112] Es erscheint daher im Ergebnis widersprüchlich, einem Arzt beweismäßige Vorteile zukommen zu lassen, obwohl dieser gegen eine ihm obliegende Pflicht verstoßen hat, die ihrerseits die Sicherung von Beweisen bezweckt.[1113] Darüber hinaus dient die Dokumentationspflicht dem Arzt, um diesem den Beweis einer ordnungsgemäßen

---

[1107] *Prütting* in FS Dahm (2017), 359, 370ff.

[1108] BGH v. 30.09.2014 – VI ZR 443/13 = NJW 2015, 74, 76 [Rn. 13].

[1109] BGH v. 30.09.2014 – VI ZR 443/13 = NJW 2015, 74, 76 [Rn. 9ff.].

[1110] BGH v. 28.01.2014 – VI ZR 143/13 = NJW 2014, 1527, 1528 [Rn. 12].

[1111] Die Dokumentation erfolgt vielmehr aus Gründen der Rechenschaft und der Beweissicherung des Arztes gegenüber dem Patienten, vgl. Kapitel 1. B. III. 3. a. bb.

[1112] Vgl. hierzu bereits Kapitel 1. B. III. 3. a. aa und bb; ebenso *Wagner* in MüKo-BGB,§ 630h BGB Rn. 40; *Greiner* in Geiß/Greiner, Arzthaftpflichtrecht, Kap. C. Rn. 134; *Prütting* in FS Dahm (2017), 359, 370f.

[1113] *Prütting* in FS Dahm (2017), 359, 370f.

Aufklärung zu ermöglichen.[1114] Die fehlende oder unvollständige Dokumentation von Aufklärung und Einwilligung stellt allerdings darüber hinaus auch eine Beweisvereitelung dar, da auch die Interessen des Patienten an einer Beweisführung verletzt sind.[1115] Eine Verletzung der Dokumentationspflichten muss sich daher im Ergebnis zu Lasten des Arztes auswirken.[1116]

Eine Beweiserleichterung zugunsten des Arztes, wie sie auf der Ebene der Parteivernehmung durch die sog. „immer-so"-Rechtsprechung etabliert wurde, erscheint letztlich nicht angezeigt, wenn dieser die Beweisnot mindestens fahrlässig selbst verschuldet hat. Im Fall der unterlassenen Dokumentation der Aufklärung ist dies – jedenfalls bei Nichtvorliegen der Dokumentation – grundsätzlich zu unterstellen. In einem solchen Fall ist nicht einzusehen, weshalb der Arzt in den Genuss eines Indizienbeweises bzw. herabgesenkten Beweismaßes kommen soll.[1117]

Liegt hingegen eine ordnungsgemäße Dokumentation vor, so sollte diese – entsprechend den allgemeinen Grundsätzen und der Rechtsprechung des BGH – als Indiz in Bezug auf das Stattfinden und den Inhalt des Aufklärungsgesprächs gewertet werden. Diese kann, insbesondere wenn sie formularmäßig ist und weitere handschriftliche Ergänzungen enthält und neben weitere Indizien für eine regelmäßig gute Aufklärungspraxis tritt, den Beweis für eine ordnungsgemäße Aufklärung erbringen.[1118]

III. Rechtsfolgen des Dokumentationsfehlers nach § 630h Abs. 3 BGB

1. Historische Entwicklung und heutige Regelung des § 630h Abs. 3 BGB

Bereits in seiner Entscheidung aus dem Jahre 1978, in der der BGH erstmals eine zivilrechtliche Wirkung der Dokumentationspflicht zugunsten des Patienten anerkannt hatte, musste sich das Gericht mit der Frage auseinandersetzen, welche Rechtsfolgen eine Verletzung der nun zivilrechtlich anerkannten Dokumentationspflicht nach sich ziehen sollte.[1119] Klar war, dass ein

---

[1114] *Katzenmeier* in BeckOK-BGB, § 630h BGB Rn. 35.

[1115] *Glanzmann* in Bergmann/Pauge/Steinmeyer, §§ 286, 287 ZPO Rn. 45, 47; *Repgen* in Baumgärtel/Laumen/Prütting, HdB Beweislast, § 630f BGB Rn. 3; *Deutsch/Spickhoff*, Medizinrecht, Rn. 775; *Laumen* in Baumgärtel/Laumen/Prütting, HdB Beweislast, Kap. 16 Rn. 7; *ders.*, NJW 2002, 3739, 3745; *ders.* in Prütting/Gehrlein, § 286 ZPO Rn. 100; *Foerste* in Musielak/Voit, § 286 ZPO Rn. 66; *Prütting* in MüKo-ZPO, § 286 Rn. 87; wohl auch BGH v. 03.02.1987 - VI ZR 56/86 = NJW 1987, 1482, 1483 und BGH v. 17.6.1997 – X ZR 119/94 = NJW 1998, 79, 81.

[1116] *Greiner* in Geiß/Greiner, Arzthaftpflichtrecht, Kap. C. Rn. 134; *Prütting* in FS Dahm (2017), 359, 370f.; 372.

[1117] *Prütting* in FS Dahm (2017), 359, 370f.; 372.

[1118] *Prütting* in FS Dahm (2017), 359, 371 „Hier ergänzen sich die Indizien zu einem Bild, bei welchem im Rahmen der Beweiswürdigung nach § 286 ZPO eine Überzeugung zu Gunsten des Arztes auf belastbarer Basis gefunden werden kann".

[1119] BGH v. 27.06.1978 - VI ZR 183/76 = NJW 1978, 2337, 2338.

Dokumentationsfehler nach Ansicht des entscheidenden Senats jedenfalls beweisrechtliche Konsequenzen haben musste. Allerdings wurde in der erwähnten Entscheidung keine verbindliche Rechtsfolge für Verstöße gegen Dokumentationspflichten festgesetzt, sondern eine Lösung etabliert, die dem jeweiligen erkennenden Tatrichter wohl ermöglichen sollte, flexibel auf den entsprechenden Einzelfall zu reagieren. Als Rechtsfolge wurden „Beweiserleichterungen, die bis zur Umkehr gehen können“ postuliert, falls „nach tatrichterlichem Ermessen dem Patienten die (volle) Beweislast für einen Arztfehler angesichts der vom Arzt verschuldeten Aufklärungshindernisse billigerweise nicht mehr zugemutet werden kann“.[1120] Wenn auch die Intention bei Schaffung dieser Rechtsfolge, namentlich eine höhere Einzelfallgerechtigkeit, eine positive gewesen sein mag, so trug die Äußerung allerdings zu einer erheblichen Rechtsunsicherheit bei, die folglich zu einer uneinheitlichen Rechtsprechung der Instanzgerichte führte und letztlich auch Kritik durch die Literatur erntete.[1121]

Im Laufe der Zeit wurde die Rechtsfolge des Dokumentationsfehlers nach und nach konkretisiert. So wurde klargestellt, dass die „Beweiserleichterung“ dem Patienten nur insoweit hilft, „als sie die Vermutung begründet, dass eine nicht dokumentierte Maßnahme auch nicht getroffen wurde“.[1122] Dies führte allerdings nur vordergründig zu einer Verbesserung der rechtlichen Situation, da über die Rechtsfolgen der begründeten Vermutung wiederum keine Einigkeit herrschte; insofern war trotz der getroffenen Äußerungen weiterhin kein besonderer Zugewinn an Klarheit und Rechtssicherheit zu verzeichnen.[1123]

Deutlich klarer wurde allerdings in einer nachfolgenden Entscheidung darauf abgestellt, dass der „Tatrichter aus der Nichtdokumentation einer aufzeichnungspflichtigen Maßnahme *bis zum Beweis des Gegenteils* durch die Behandlungsseite darauf schließen“ dürfe, „dass die Maßnahme unterblieben

---

[1120] BGH v. 27.06.1978 - VI ZR 183/76 = NJW 1978, 2337, 2338.

[1121] En Detail *Hausch*, VersR 2006, 612ff. m.w.N, insb. OLG Bremen v. 21.03.1979 – 3 U 24/77 = BeckRS 1979, 01267; OLG Saarbrücken v. 10.06.1987 - 1 U 103/85 = VersR 1988, 916; OLG Köln v. 15.11.1993 - 27 U 231/92 = BeckRS 1994, 00332; OLG Stuttgart v. 23.09.1997 - 14 U 71/96 = BeckRS 1999, 02025.

[1122] BGH v. 28.06.1988 - VI ZR 217/87 = NJW 1988, 2949.

[1123] Da es sich bei der durch den BGH erwähnten „Vermutung“ nicht um eine gesetzliche Vermutung handelte, war auch § 292 ZPO nicht anwendbar, der anderenfalls im Ergebnis für diesen Fall eine Beweislastumkehr zu Lasten des Behandlers begründet hätte. Auf die seitens des BGH in diesem Fall etablierte „tatsächliche Vermutung“ findet § 292 ZPO allerdings keine Anwendung, vgl. *Rosenberg/Schwab/Gottwald*, Zivilprozessrecht, § 112 Rn. 36; *Prütting* in MüKo-ZPO, § 292 ZPO Rn. 7; *Leipold* in Stein/Jonas, § 292 ZPO Rn. 7; *Saenger in* Saenger, § 292 ZPO Rn. 4; die Rechtsfolgen einer sog. „tatsächlichen Vermutung“ sind vielmehr besonders umstritten, vgl. hierzu en détail: *Laumen* in Baumgarten/Laumen/Prütting, HdB Beweislast, Kap. 19 Rn. 44ff.

ist."[1124] Diese Formulierung ließ jedenfalls die Folgerung zu, dass durch das Abstellen auf den „Beweis des Gegenteils", auf welchen auch § 292 ZPO Bezug nimmt, für eine entsprechende Widerlegung der Vermutung der Hauptbeweis erbracht werden muss und als Rechtsfolge der Dokumentationspflichtverletzung damit eine Beweislastumkehr und nicht lediglich eine Beweiserleichterung vorliegt.[1125]

Die dargestellte Rechtsprechung des BGH bildete die Grundlage für das PatRG, woraus letztlich § 630f BGB und § 630h BGB hervorgegangen sind.[1126] Die Rechtsfolgen des Dokumentationsfehlers sind heute in § 630h Abs. 3 BGB geregelt. Dieser bestimmt, dass bis zum *Beweis des Gegenteils* vermutet wird, dass eine nicht dokumentierte Maßnahme nicht stattgefunden hat. § 630h Abs. 3 BGB stellt eine gesetzliche Vermutung i.S.d. § 292 ZPO dar.[1127] Hierbei handelt es sich gerade nicht um eine Beweisregel, sondern eine Beweislastnorm, die den eigentlich Beweispflichtigen von seiner Beweispflicht entbindet und der Gegenpartei die Beweislast auferlegt.[1128] Ein lediglich herabgesenktes Beweismaß, wie von verschiedenen Instanzgerichten in der Vergangenheit teilweise bejaht,[1129] kann damit heute nicht mehr als Rechtsfolge des Dokumentationsfehlers angenommen werden. Vielmehr liegt eine echte Beweislastumkehr in Bezug auf die nicht dokumentierte Maßnahme vor.[1130] Zusammenfassend handelt es sich im Ergebnis bei § 630h Abs. 3 BGB somit um eine Vermutung hinsichtlich des Bestehens einer negativen Tatsache. Konsequenz der Regelung ist, dass ein Arzt, der sich auf das Bestehen einer dokumentationspflichtigen, aber nicht dokumentierten Tatsache beruft, für deren Vorliegen den Hauptbeweis erbringen muss.[1131] Dem Behandelnden steht grundsätzlich

---

[1124] BGH v. 14.02.1995 - VI ZR 272/9 = NJW 1995, 1611, 1612; in diesem Sinne auch BGH v. 29.09.1998 - VI ZR 268–97 = NJW 1999, 863, 864; für den Fall des groben Behandlungsfehlers ganz eindeutig: „Beweiserleichterung" soll neben Beweislastumkehr keine eigenständige Bedeutung zukommen, vgl. BGH v. 27.04.2004 – VI ZR 34/03 – juris .

[1125] **A.A.** *Laumen*, NJW 2002, 3739, 3745, weiterhin für Beweiserleichterung.

[1126] BT-Drucks. 17/10488, 27, 29f.

[1127] BT-Drucks. 17/10488, 30; *Katzenmeier* in BeckOK-BGB, § 630h BGB Rn. 45;*Wagner* in MüKo-BGB, § 630h BGB Rn. 72; *Himmen* in Schulze, BGB, § 630h BGB Rn. 7.

[1128] *Rosenberg/Schwab/Gottwald*, Zivilprozessrecht, § 112 Rn. 34.

[1129] Kapitel 4. A. III. 1.

[1130] BT-Drucks. 17/10488, 30; /*Rehborn/Gescher* in Erman, § 630h BGB Rn. 27; *Mansel* in Jauernig, § 630h BGB Rn. 10; *Weidenkaff* in Grüneberg, § 630h BGB Rn.6; *Schneider* in Prütting/Wegen/Weinreich, § 630h BGB Rn. 3; *Himmen* in Schulze, BGB, § 630h BGB Rn. 7

[1131] Vgl. dazu eingehend sogleich unter Kapitel 4. A. III. 2.

weiterhin die Möglichkeit offen, das Bestehen der jeweiligen Tatsache auch auf anderem Wege als durch Vorlage der Dokumentation zu beweisen.[1132]

2. Anwendungsbereich von § 630h Abs. 3 BGB

Beachtlich ist zunächst, dass § 630h Abs. 3 BGB, anders als § 630f Abs. 2 BGB, von der Aufzeichnung einer „medizinisch gebotene[n] wesentliche[n] Maßnahme" spricht. Daraus ist ersichtlich, dass die Rechtsfolge des § 630h Abs. 3 BGB nur für den Fall der Nichtdokumentation einer Maßnahme eintreten soll, die aus medizinischen Gründen – mit anderen Worten: zum Zwecke der ordnungsgemäßen Behandlung und Weiterbehandlung – aufgezeichnet wurde. Die Nichtdokumentation solcher Umstände, die lediglich unter dem Aspekt der Rechenschaftslegung aufzuzeichnen sind (so z.B. nach hier vertretener Ansicht Aufklärungen und Einwilligungen)[1133], soll hingegen keine Beweislastumkehr auslösen.[1134]

§ 630h Abs. 3 BGB normiert als Voraussetzung außerdem, dass „der Behandelnde […] eine Maßnahme und ihr Ergebnis entgegen § 630f Absatz 1 oder Absatz 2 nicht in der Patientenakte aufgezeichnet" oder „die Patientenakte entgegen § 630f Absatz 3 nicht aufbewahrt" hat. Es liegt nahe, wegen Wortlauts „nicht […] aufgezeichnet" anzunehmen, dass § 630h Abs. 3 BGB lediglich den Fall regelt, in dem die Aufzeichnung einer Tatsache geschuldet war und diese unterlassen wurde.[1135] Damit wäre lediglich das „Ob" der Dokumentation betroffen und nur die (teilweise) Nichtaufzeichnung als Unterfall des materiellen Dokumentationsfehlers von § 630h Abs. 3 BGB erfasst. Sowohl der materielle Dokumentationsfehler in Form der Falschdokumentation als auch sämtliche Fälle des formellen Dokumentationsfehlers wären nicht vom Anwendungsbereich von § 630h Abs. 3 BGB umfasst. Dieses Ergebnis mutet seltsam an, erscheint doch gerade die Differenzierung zwischen Falschdokumentation und (teilweise) unterlassener Dokumentation willkürlich.

[1132] BT-Drucks. 17/10488, S. 30; *Wagner* in MüKo-BGB, § 630h BGB Rn. 72; *Greiner* in Geiß/Greiner, Arzthaftpflichtrecht, Kap. B. Rn. 209; *Jung/Lichtschlag-Traut/Ratzel* in HdB MedR, Kap. 13 Rn. 350.

[1133] Siehe oben, Kapitel 1. B. III. 3. a. bb.

[1134] In diesem Sinne ebenfalls *Katzenmeier* in BeckOK-BGB, § 630h BGB Rn. 45; im Ergebnis auch *J. Prütting/Friedrich* in Prütting, MedR-Komm., § 630h BGB Rn. 43; und *Martis/Winkhart,* Arzthaftungsrecht, Rn. D 201d; **a.A.** *Wagner* in MüKo-BGB, § 630h BGB Rn. 40, 64, der Aufklärung und Einwilligung als „medizinische Maßnahmen" klassifiziert; *Glanzmann* in Bergmann/Pauge/Steinmeyer, § 630f BGB Rn. 16, der zwar anerkennt, dass Aufklärungen und Einwilligungen nicht aus medizinischen Gründen dokumentationspflichtig sind, diese aber unter Verweis auf § 630f Abs. 2 BGB dennoch als von § 630h Abs. 3 BGB umfasst ansieht, gleichzeitig aber zugestehen muss, dass die Norm mit Blick auf § 630h Abs. 2 BGB insoweit leerläuft.

[1135] BGH v. 27.4.2021 – VI ZR 84/19 NJW 2021, 2364, 2366f. [Rn. 27].

Die Formulierung „*entgegen* Absatz 1 oder Absatz 2 nicht […] aufgezeichnet“ deutet hingegen darauf hin dass, sämtliche Verstöße gegen § 630f Abs. 1 bis Abs. 3 BGB von § 630h Abs. 3 BGB erfasst sind.[1136] In systematischer Hinsicht spricht hierfür vor allem die Tatsache, dass § 630h Abs. 3 BGB auch auf § 630f Abs. 1 BGB verweist, welcher keinerlei Angaben dazu enthält, was inhaltlich dokumentiert werden soll, sondern lediglich das „Wie“ der Dokumentation betrifft.[1137] Auch die Gesetzgebungsmaterialien lassen explizit erkennen, dass jeglicher Verstoß gegen § 630f BGB ausreichend sein soll, um die Rechtsfolge des § 630h Abs. 3 BGB auszulösen.[1138] Damit ist § 630h Abs. 3 BGB richtigerweise wie folgt zu lesen: „Hat der Behandelnde bei der Aufzeichnung einer medizinisch gebotenen wesentlichen Maßnahme oder ihres Ergebnisses gegen § 630f Absatz 1 oder Absatz 2 verstoßen, oder hat er die Patientenakte entgegen § 630f Absatz 3 nicht aufbewahrt, so wird vermutet, dass er diese Maßnahme nicht getroffen hat.“ Damit eröffnet sich ein viel weiterer Anwendungsbereich von § 630h Abs. 3 BGB. Denn nach obiger Auslegung sind sowohl der materielle Dokumentationsfehler in Form der Falschdokumentation – wegen des Verstoßes gegen § 630f Abs. 2 BGB –,[1139] wie auch sämtliche Formen des formellen Dokumentationsfehlers, namentlich die verspätete Dokumentation, die Korrektur ohne Bestehenlassen des ursprünglichen Inhalts, sowie die Nichtgewährleistung der technischen Manipulationssicherheit – wegen eines Verstoßes gegen § 630f Abs. 1 BGB – von § 630h Abs. 3 BGB erfasst.[1140] Jegliche Dokumentation, die nicht den Anforderungen nach § 630f Abs. 1, Abs. 2 oder Abs. 3 BGB genügt, löst damit die in § 630h Abs. 3 BGB normierte Beweislastumkehr aus. Nicht erfasst von § 630h Abs. 3 BGB ist hingegen der Fall, wenn die Dokumentation nach Ablauf der Aufbewahrungsfrist vernichtet wird.[1141] In diesem Fall liegt bereits keine Pflichtverletzung des Arztes vor, so dass hieran schwerlich nachteilige Beweisfolgen geknüpft werden können.

[1136] *Franzki,* Der Behandlungsvertrag, S. 172; im Ergebnis ebenso *Glanzmann* in Bergmann/Pauge/Steinmeyer, § 630f BGB Rn. 16; *Katzenmeier* in BeckOK-BGB, § 630h BGB Rn. 46; unklar *Walter* in BeckOGK-BGB, § 630h BGB Rn. 24; *Spickhoff* in Spickhoff, Medizinrecht, § 630h BGB Rn. 11 die jedenfalls nur die verspätete Dokumentation erwähnen.

[1137] *Franzki,* Der Behandlungsvertrag, S. 172.

[1138] *Franzki,* Der Behandlungsvertrag, S. 172; Vgl. BT-Drucks. 17/10488, S. 29: „Verstößt der Behandelnde gegen die Dokumentationspflicht aus § 630f, führt die Vermutung in [630h] Absatz 3 in Anknüpfung an die bisherige Rechtsprechung dazu, dass die dokumentationspflichtigen Maßnahmen als unterblieben und von dem Behandelnden nicht getroffen anzusehen sind“.

[1139] Selbstverständlich hat die Dokumentation nach § 630f Abs. 1 BGB vollständig und richtig zu erfolgen, so dass eine Falschdokumentation einen Verstoß gegen die Norm darstellt.

[1140] *Franzki,* Der Behandlungsvertrag, S. 172ff.; *Glanzmann* in Bergmann/Pauge/Steinmeyer, § 630f BGB Rn. 16.

[1141] BT-Drucks. 17/10488, S. 30; *Katzenmeier* in BeckOK-BGB, § 630h BGB Rn. 44; *Wagner* in MüKo-BGB, § 630h BGB Rn. 66; *Weidenkaff* in Grüneberg, § 630h BGB Rn. 6; **a.A.** *Glanzmann* in Bergmann/Pauge/Steinmeyer, § 630f BGB Rn. 18.

3. Rechtsfolge von § 630h Abs. 3 BGB

In der Literatur ist häufig die relativ pauschale Formulierung anzutreffen, dass nach § 630h Abs. 3 BGB das Unterlassen einer medizinisch gebotenen wesentlichen Tatsache vermutet wird, falls diese dokumentationspflichtig war und sich in der Patientenakte diesbezüglich keine Aufzeichnungen finden.[1142] Vereinfacht gesprochen gelte die Faustformel „was nicht dokumentiert ist, fand auch nicht statt“.[1143] Dies ist, soviel sei vorweggenommen, grundsätzlich auch richtig. Es wird, soweit eine medizinisch wesentliche Maßnahme materiell oder formell falsch dokumentiert wurde, vermutet, dass diese auch nicht vorgenommen wurde.[1144]

Der Dokumentationsfehler stellt zwar eine Pflichtverletzung des Arztes dar. Die Literatur und die Rechtsprechung betonen aber weiterhin, dass die Pflichtverletzung – richtigerweise – selbst keinen Behandlungsfehler darstellt.[1145] Vielmehr wird von § 630h Abs. 3 BGB lediglich die Nichtvornahme einer Handlung vermutet. Diese unterlassene Handlung wiederum ist Anknüpfungspunkt für eine mögliche weitere schadensersatzbewehrte und weitere Beweiserleichterungen (z.B. eine Vermutung der Kausalität zugunsten des Patienten) auslösende Pflichtverletzung des Arztes.

In Betracht kommen insoweit ein einfacher Behandlungsfehler, Befunderhebungs- und Befundsicherungsfehler, sowie grobe Behandlungsfehler. In den drei letztgenannten Fällen sind weitere Beweiserleichterungen zugunsten des Patienten die Folge. Der Gesetzgeber hat dies für den Befunderhebungs- und den Befundsicherungsfehler eigens klargestellt und hierbei zugleich erläutert, dass zusätzliche Voraussetzungen einer ärztlichen Pflichtverletzung vorliegen müssen, falls diese notwendig sind, um eine weitergehende Rechtsfolge zu bejahen.[1146] Für den Fall des Befunderhebungs- und Befundsicherungsfehlers wird in der Regel nur vermutet, dass der Befund ein für den Behandelnden reaktionspflichtiges Ergebnis erbracht hätte.[1147]

[1142] BT-Drucks. 17/10488, 29f.; BGH v. 11.11.2014 – VI ZR 76/13 = NJW 2015, 411f.; *Walter* in MüKo-BGB, § 630h BGB Rn. 63; *Spickhoff* in Spickhoff, Medizinrecht, § 630h BGB Rn. 10; *Terbille* in MünchAnwHdB MedR, § 1 Rn. 852; *Kern* in HdB des Medizinschadensrechts, § 6 Rn. 66; *Jung/Lichtschlag-Traut/Ratzel* in HdB MedR, Kap. 13 Rn. 350; *Fiekas,* Die Dokumentation, S. 44/45.

[1143] *Walter* in BeckOGK-BGB, § 630h BGB Rn. 22.

[1144] *Franzki,* Der Behandlungsvertrag, S. 172ff.; *Glanzmann* in Bergmann/Pauge/Steinmeyer, § 630f BGB Rn. 16.

[1145] Vgl. die Nachweise und Zitate in Kapitel 3. B. I. 3. c, Fn. 683.

[1146] BT-Drucks. 17/10488, S. 29.

[1147] BT-Drucks. 17/10488, S. 29.

Franzki bringt in diesem Zusammenhang aber berechtigterweise vor, dass die genannte Rechtsfolge gerade für die Unterformen des formellen Dokumentationsfehlers als sehr harte Konsequenz und damit möglicherweise unverhältnismäßig erscheint.[1148] Den Arzt, der eine Maßnahme inhaltlich zwar richtig, aber formell unkorrekt aufzeichnet, so zu behandeln, als wäre die Maßnahme überhaupt nicht aufgezeichnet worden – und damit auch gemäß § 630h Abs. 3 BGB nicht vorgenommen worden – erscheint als zu hart.

Der Ansicht *Franzkis* folgend ist daher in Bezug auf die Rechtsfolge abhängig vom jeweils zugrunde liegenden formellen Dokumentationsfehler zu unterscheiden. Im Fall der nicht rechtzeitigen Behandlungsdokumentation erscheint es nicht sachgerecht, den Arzt mit der Rechtsfolge zu belasten, dass sämtliche zu spät aufgezeichneten Maßnahmen als nicht vorgenommen gelten. Dies gilt umso mehr, weil dem Arzt damit ein Anreiz gegeben würde, nach einer gewissen Zeit überhaupt nicht mehr zu dokumentieren, da die Rechtsfolge des § 630h Abs. 3 BGB ohnehin eingetreten ist.[1149] Für den Patienten brächte dies allerdings nicht unerhebliche Nachteile mit sich. Denn auch eine späte Dokumentation hat für den Patienten dennoch erheblichen Wert im Hinblick auf dessen Weiterbehandlung oder eine Beweissicherung.[1150] Im Ergebnis ist daher dem von *Franzki* vorgeschlagenen Mittelweg zu folgen: Die grundsätzliche Rechtsfolge eines Verstoßes gegen § 630h Abs. 3 BGB muss zwar lauten, dass die (auch formell) falsch dokumentierte Maßnahme unterblieben ist. Allerdings sollte dem Arzt nach Ablauf des Zeitraums, innerhalb dessen nach § 630f Abs. 2 BGB dokumentiert werden muss („in unmittelbarem zeitlichem Zusammenhang"), ein weiterer Zeitraum zugebilligt werden, innerhalb dessen er die Dokumentation nachtragen kann.[1151] Sollte innerhalb dieses Zeitraumes nachgetragen werden, so solle dem Behandelnden der Beweis der ordnungsgemäßen Behandlung erleichtert werden.[1152] *Franzki* ist zuzustimmen, wenn er vorschlägt, den Beweis als erbracht anzusehen, wenn neben der plausiblen nachträglichen Dokumentation einzelne, weitere Tatsachen vorgetragen werden, die zumindest in gewissem Umfange darauf hindeuten, dass der Arzt die fragliche Maßnahme getroffen hat.[1153] Im Ergebnis ist also davon auszugehen, dass die verspätete Aufzeichnung zwar grundsätzlich die Rechtsfolge des § 630h Abs. 3 BGB auslöst und zu einer Beweislastumkehr führt. Allerdings entfällt der Beweiswert der verspäteten Dokumentation nicht gänzlich, solange diese innerhalb eines gewissen „Kulanzzeitraums" angefertigt wird. Jedoch kann der

---

[1148] *Franzki,* Der Behandlungsvertrag, S. 173ff.

[1149] *Franzki,* Der Behandlungsvertrag, S. 173.

[1150] *Franzki,* Der Behandlungsvertrag, S. 173.

[1151] *Franzki,* Der Behandlungsvertrag, S. 173f. schlägt hierfür einen Zeitraum von 3bis 7 Tagen vor.

[1152] *Franzki,* Der Behandlungsvertrag, S. 173f.

[1153] *Franzki,* Der Behandlungsvertrag, S. 174.

verspäteten Dokumentation nur noch eine Indizwirkung zugemessen werden, welche erst durch Vorbringen weiterer Indiztatsachen den Beweis hinsichtlich des Stattfindens der aufgezeichneten Tatsache zu erbringen vermag.

Im Falle einer Veränderung der Dokumentation, ohne dass die ursprüngliche Dokumentation erhalten bleibt, wird grundsätzlich vermutet, dass die im Rahmen der Veränderung dokumentierte Maßnahme nicht vorgenommen wurde.[1154] Entscheidend für den Umfang der Vermutung ist in diesem Zusammenhang der Umfang der nicht kenntlich gemachten Änderungen und deren Erkennbarkeit. Ist eindeutig klar, dass sich die Änderung nur auf einen Teil der Dokumentation bezieht, so ist auch zu vermuten, dass nur der betroffene Teil nicht vorgenommen wurde. Ist hingegen unklar, welche Teile von einer nicht erkennbaren Änderung betroffen sind, so geht diese Unsicherheit zulasten des Arztes. In diesem Fall kann sich die Vermutung auf die gesamte Behandlungsdokumentation erstrecken.[1155]

Auch falls Änderungen vorgenommen wurden und diese kenntlich gemacht wurden, aber der Änderungszeitpunkt nicht dokumentiert wurde, greift streng genommen § 630h Abs. 3 BGB ein mit der Folge, dass die ohne Zeitangabe aufgezeichnete Maßnahme als nicht vorgenommen gilt. Der ursprüngliche Inhalt der Patientenakte wird allerdings in diesem Fall nicht von der Vermutung erfasst. *Franzki* ist zuzustimmen, wenn er in diesem Fall des nicht besonders schwer wiegenden Verstoßes dem Arzt – vor allem im Hinblick auf die ansonsten weitreichenden Konsequenzen – eine vereinfachte Ermöglichung des Gegenbeweises zugestehen will.[1156] Dogmatisch betrachtet wird dies als Indizienbeweis in Bezug auf den Gegenbeweis mit herabgesenktem Beweismaß zu qualifizieren sein.

Auch wenn die technische Manipulationssicherheit nicht durch den Einsatz entsprechender Software sichergestellt ist, greift nach der hier vertretenen Ansicht die Vermutung des § 630h Abs. 3 BGB ein. Der BGH entschied für diesen Fall zwar, eine solche elektronische Dokumentation dürfe dennoch nicht vollständig unberücksichtigt bleiben, müsse aber im Zweifelsfall „sehr kritisch gewürdigt" werden.[1157] Diese Betrachtungsweise ist jedoch abzulehen. Zwar erscheint in diesem Fall die Rechtsfolge für den Arzt, der möglicherweise inhaltlich korrekt dokumentiert hat, aber schlicht eine falsche IT-Infrastruktur verwendet, sehr hart. Allerdings ist diesem Einwand entgegenzuhalten, dass für die Ärzte die Einführung des PatRG nicht gänzlich überraschend kam und ausreichend Zeit für eine Umstellung verblieb. Letztlich sind die allermeisten Dokumentationen heutzutage ohnehin elektronisch. Die einzige

[1154] *Spickhoff*, ZRP 2012, 56, 69; *Franzki*, Der Behandlungsvertrag, S. 174.

[1155] *Franzki*, Der Behandlungsvertrag, S. 174.

[1156] *Franzki*, Der Behandlungsvertrag, S. 175.

[1157] BGH v. 27.4.2021 – VI ZR 84/19 = NJW 2021, 2364, 2367 [Rn. 30].

Aufgabe besteht für die betroffenen Ärzte darin, ein Programm zu verwenden, welches den Anforderungen des § 630f Abs. 1 BGB entspricht. Diese Umstellung auf ein entsprechendes Programm innerhalb eines entsprechenden Zeitraums ist zumutbar. Die Einhaltung von § 630f Abs. 1 BGB bereitet daher für den Arzt keine besondere Schwierigkeit. Die Rechtsfolge von § 630h Abs. 3 BGB erscheint daher in diesem Fall insgesamt gerechtfertigt.[1158]

Teilweise wird die Auffassung vertreten, dass § 630h Abs. 3 BGB über die negative Vermutungswirkung hinaus auch die Vermutung aufstelle, dass sich der Sachverhalt so wie seitens des Patienten behauptet dargestellt hat.[1159] Der BGH bejaht eine solche Vermutung mit der Einschränkung, dass auf ein positive vorgetragene Tatsache nur zu schließen ist, wenn eine solche hinreichend wahrscheinlich ist.[1160]

Dagegen wird allerdings berechtigterweise eingewandt, dass sich eine positive Beweisvermutung dieser Art nicht auf den Wortlaut von § 630h Abs. 3 BGB stützen lässt.[1161] Auch die Gesetzesmaterialien lassen nicht erkennen, dass die Norm eine positive Vermutungswirkung entfalten soll.

Rehborn/Gescher verweisen darauf, dass die entsprechende Vermutung sich rechtsdogmatisch aus einer analogen Anwendung des § 630h Abs. 3 BGB ergebe.[1162] Sie verweisen dazu auf den Fall, in dem zwar eine Maßnahme (z.B. die Verabreichung einer Injektion) dokumentiert ist, allerdings ebenfalls dokumentationspflichtige Begleitumstände (z.B. das konkret injizierte Arzneimittel) nicht aufgezeichnet wurden.[1163] Bei genauerer Betrachtung ist allerdings festzustellen, dass es einer analogen Anwendung des § 630h Abs. 3 BGB bzw. einer positiven Vermutungswirkung des Vortrags des Patienten in diesem Fall gar nicht bedarf. Denn da auch die erwähnten Begleitumstände im o.g. Beispielsfall dokumentationspflichtig sind (im Beispielsfall die unterbliebene Aufzeichnung des injizierten Arzneimittels), ergibt sich aus deren Nichtdokumentation bereits die direkte Anwendbarkeit

---

[1158] Ebenso *Franzki,* Der Behandlungsvertrag, S. 175f.

[1159] *Rehborn/Gescher* in Erman, § 630h BGB Rn. 26; *Rehborn,* GesR 2013, 257, 270; *Lafontaine/K. Schmidt* in jurisPK-BGB (8.Aufl.), § 630h BGB Rn. 142, anders nun *Lafontaine/Trost* in jurisPK-BGB, § 630h BGB Rn. 165; für die Rechtlage vor Inkrafttreten des PatRG *Wenzel* in Wenzel, Der Arzthaftungsprozess (1. Aufl.), Rn. 3635.

[1160] BGH v. 22.10.2019 – VI ZR 71/17 = NJW 2020, 1071f. [Rn. 10ff.].

[1161] *Spickhoff,* NJW 2013, 1714, 1720.

[1162] *Rehborn/Gescher* in Erman, § 630h BGB Rn. 26; *Rehborn,* GesR 2013, 257, 270 in diesem Sinne wohl auch *Lafontaine/K. Schmidt* in jurisPK-BGB (8. Aufl.), § 630h BGB Rn. 142 „Die Vermutungswirkung erfasst nicht nur das Negativum der Nichtdurchführung der nicht dokumentierten Maßnahme. Darüber hinaus wird auch positiv vermutet, dass sich das Behandlungsgeschehen insoweit gerade so abgespielt hat".

[1163] *Rehborn/Gescher* in Erman, § 630h BGB Rn. 26; *Rehborn,* GesR 2013, 257, 270.

von § 630h Abs. 3 BGB, sodass im Ergebnis vermutet wird, dass die dokumentationspflichtige Maßnahme nicht stattgefunden hat (im Beispielsfall würde vermutet, dass keine Injektion des behaupteten Arzneimittels stattgefunden hat). Es besteht im Ergebnis keine planwidrige Regelungslücke. Eine analoge Anwendung des § 630h Abs. 3 BGB dahingehend, dass vermutet wird, dass sich der Sachverhalt so wie seitens des Patienten behauptet dargestellt hat, ist daher abzulehnen.[1164]

Teilweise wird dafür plädiert, § 630h Abs. 3 BGB erweiternd dahingehend auszulegen, diesem eine positive Vermutungswirkung in Bezug auf dokumentierte Umstände und Maßnahmen zu entnehmen.[1165] Dabei soll sich diese Vermutung – wegen des Zwecks von § 630h Abs. 3 BGB, dem Schutz des Patienten – allerdings nur auf solche Tatsachen beziehen, die sich im Ergebnis zugunsten des Patienten auswirken.[1166] Dagegen spricht allerdings, dass eine Positivvermutung nicht mit dem Wortlaut der Norm in Einklang zu bringen ist.[1167] Darüber hinaus lässt sich auch den Gesetzesmaterialien kein Hinweis darauf entnehmen, dass eine solche Auslegung gewollt sein sollte. Im Übrigen ist eine solche Auslegung auch nicht notwendig. Die Vermutung der Vollständigkeit und Richtigkeit der Dokumentation wirkt sowohl zulasten, wie auch zugunsten des Patienten. Falls eine Maßnahme dokumentiert ist, die einen Behandlungsfehler darstellt, so kann der Patient sich hierauf unter Vorlage der Dokumentation im Wege des Urkundenbeweises berufen. Eine zusätzliche Vermutung über § 630h Abs. 3 BGB erscheint in diesem Kontext nur schwer begründbar und ist darüber hinaus entbehrlich.

IV. Darlegungs- und Beweislast hinsichtlich der Voraussetzungen von § 630h Abs. 3 BGB

Im Schrifttum wird angemerkt, dass der Beweis der Unrichtigkeit der Dokumentation schwer zu führen sei und der Nachweis erst dann erbracht sei, wenn ein Sachverständiger überzeugend darlegt, dass die Dokumentation in einem Punkt schlechterdings nicht richtig sein kann.[1168] Nach der Rosenberg'schen Formel trägt jede Partei grundsätzlich die Darlegungs- und Beweislast für das Vorliegen der für sie günstigen Tatsachen.[1169] Demnach ist grundsätzlich der Patient für das Vorliegen eines Dokumentationsfehlers darlegungs- und beweisbelastet, weil er hierauf die für ihn günstige Vermutung

[1164] So auch *Greiner* in Geiß/Greiner, Arzthaftpflichtrecht, Kap. B. Rn. 206.

[1165] *Wagner* in MüKo-BGB § 630h BGB Rn. 67.

[1166] *Wagner* in MüKo-BGB § 630h BGB Rn. 67.

[1167] BGH v. 5.12.2023 – VI ZR 108/21 = NJW 2024, 445, 447 [Rn. 20] mit Verweis auf *Spickhoff*, NJW 2013, 1714, 1720.

[1168] *Rosenberger,* FS Jäger (2014), S. 97, 102f.

[1169] Statt aller *Rosenberg*, Die Beweislast, S. 98 ff.; *Ahrens*, Der Beweis im Zivilprozess, Kap. 9 Rn. 35f.; BGH v. 18.05.2005 - VIII ZR 368/03 = NJW 2005, 2395, 2396; v. 14.01.1991 - II ZR 190/89 = NJW 1991, 1052, 1053.

des § 630h Abs. 3 BGB stützt. Damit müsste grundsätzlich der Patient den Vollbeweis gemäß § 286 ZPO in Bezug auf die Unrichtigkeit der Dokumentation erbringen.

Allerdings sind in diesem Zusammenhang Darlegungs- und Beweisregeln zu beachten, die bereits im Rahmen der Vermutung der Vollständigkeit und Richtigkeit der Dokumentation aufgestellt wurden und die konsequenterweise auch im vorliegenden Fall beachtlich sind. Der BGH hat bereits früh festgestellt, dass der Arzt dem klagenden Patienten über den Behandlungsverlauf Aufschluss zu geben hat, und dies durch die Vorlage einer ordnungsgemäßen Dokumentation zu erfolgen hat.[1170] Außerdemwurde dem Arzt auch aufgegeben, in zumutbarem Umfang Umstände darzulegen und unter Beweis zu stellen, aus denen sich die allgemeine Vertrauenswürdigkeit der Aufzeichnungen ergibt.[1171] Heute ist anerkannt, dass einer formell und materiell ordnungsgemäßen Dokumentation, die keinerlei Anhaltspunkte für Veränderungen, Verfälschungen oder Widersprüchlichkeiten bietet, Glauben geschenkt werden soll.[1172] Es wurde bereits darauf hingewiesen, dass die Vertrauenswürdigkeit der Dokumentation heute gleichbedeutend mit der Erfüllung der Pflichten aus § 630f Abs. 1 und 2 BGB ist.[1173] Nach der Vorlage der Dokumentation durch den Arzt obliegt nach heutigem Verständnis dem Patienten die Aufgabe, die Vertrauenswürdigkeit der Dokumentation – also die Erfüllung der Pflichten aus § 630f Abs. 1 und 2 BGB – qualifiziert zu bestreiten, um die Vermutung der Vollständigkeit und Richtigkeit zu entkräften.[1174] Eine Erschütterung der Vermutung der Vollständigkeit und Richtigkeit der Dokumentation hat zur Konsequenz, dass sich der Arzt nicht darauf berufen kann, er habe Maßnahmen wie dokumentiert vorgenommen.

Die gerade genannten Grundsätze müssen allerdings auch für den Fall der Darlegung und des Beweises eines Dokumentationsfehlers gelten, der die Vermutung des § 630h Abs. 3 BGB auslösen soll. Es erscheint widersprüchlich, die Darlegungs- und Beweislast für die ordnungsgemäße Dokumentation anders zu regeln, je nachdem welche Rechtsfolge im konkreten Fall daran geknüpft ist. Denn tatsächlich handelt es sich auch nicht um zwei verschiedene Fälle, sondern um ein und denselben Fall. Lediglich die Rechtsfolge divergiert, je nachdem ob dem Arzt der Nachweis einer ordnungsgemäßen Dokumentation gelingt, oder nicht. Der Arzt ist hierzu grundsätzlich darlegungs- und beweisbelastet. Sollte ihm der Nachweis, die Dokumentationspflicht erfüllt zu haben, gelingen, so ist zu vermuten, dass

---

[1170] BGH v. 14.03.1978 - VI ZR 213/76 = NJW 1978, 1681f.

[1171] BGH v. 14.03.1978 - VI ZR 213/76 = NJW 1978, 1681f.

[1172] OLG Frankfurt a.M. v. 18.12.2014 - 22 U 57/12 = BeckRS 2015, 08040; OLG Köln v. 21.01.2016 - 5 U 120/15 = BeckRS 2016, 06003 [Rn. 6]; OLG München v. 15.07.2011 - 1 U 5092/10 = BeckRS 2011, 19020.

[1173] Vgl. Kapitel 4. A. II. 2. b.

[1174] Vgl. Kapitel 4. A. II. 2. b.

sich der Sachverhalt wie dokumentiert ereignet hat. Sollte dem Arzt der Nachweis einer ordnungsgemäßen Dokumentation hingegen nicht gelingen, so liegt ein Dokumentationsfehler vor, der die Vermutung des § 630h Abs. 3 BGB nach sich zieht.

Die Richtigkeit dieser Betrachtungsweise zeigt sich daran, dass auch in der Rechtsprechung jeweils bei einer Erschütterung der Vermutung der Vollständigkeit und Richtigkeit der Dokumentation darauf abgestellt wurde, dass die Dokumentation unrichtig sei und daher Beweiserleichterungen bis hin zur Umkehr der Beweislast zugunsten des Patienten nach sich zöge.[1175] Nachdem mit dem PatRG die bestehende Rechtsprechung umgesetzt werden sollte, ist davon auszugehen, dass diese Rechtsprechung weiterhin Geltung beansprucht.[1176] Diese Verlagerung der Darlegungs- und Beweislast ist dem Arzt auch ohne weiteres zumutbar. Bereits der BGH verwies seinerzeit darauf, dass der Nachweis der Vertrauenswürdigkeit der Dokumentation dem Arzt bei ordnungsgemäßer Organisation des Krankenhausbetriebs unschwer möglich ist und ihm daher auch zumutbar sei.[1177] Im Übrigen werden auch an die Darlegung und den Beweis der Erfüllung der Dokumentationspflichten keine unzumutbaren Anforderungen gestellt. Zwar müssen die formellen Anforderungen an die Dokumentation genau eingehalten werden. Deren Einhaltung bereitet jedoch, wie auch der BGH erkannte, bei ordnungsgemäßer Organisation des Klinikbetriebs keinerlei Schwierigkeiten. Im Hinblick auf die materielle Richtigkeit der Dokumentation ist gerade nicht erforderlich, dass durch Zeugenbeweis nachgewiesen wird, dass sich die dokumentierten Umstände wie aufgezeichnet ereignet haben. Vielmehr ist zunächst ausreichend, dass dargelegt wird – was in der Regel von gerichtlich bestellten Sachverständigen überprüft wird – dass die Dokumentation frei von inhaltlichen Widersprüchen ist.

[1175] KG Berlin v. 10.01.2013 - 20 U 225/10 = BeckRS 2013, 03450; OLG Zweibrücken v. 12.01.1999 - 5 U 30/96 = NJW-RR 2000, 27, 28.

[1176] BT-Drucks. 17/10488, S. 25.

[1177] BGH v. 14.03.1978 - VI ZR 213/76 = NJW 1978, 1681f.

B. Beweisrechtliche Rechtsfolgen des kapitalanlagerechtlichen Dokumentationsfehlers

I. Grundsätzliche Darlegungs- und Beweislastverteilung im Prozess wegen fehlerhafter Anlageberatung

Im Prozess wegen fehlerhafter Anlageberatung stehen sich in der Regel der beratene Anleger und das beratende WpDU gegenüber. Haftungsgrundlage ist regelmäßig eine Pflichtverletzung aus dem Beratungsvertrag.[1178] Der Haftungsprozess bringt einige Besonderheiten auf der Tatsachenebene mit sich, die die Wahrheitsfindung erschweren. Prozesse wegen fehlerhafter Anlageberatung sind oft davon geprägt, dass zwischen der streitigen Beratungssituation und der mündlichen Verhandlung einige Zeit vergangen ist. Es ist daher naheliegend, dass sowohl seitens der Parteien als auch der etwaigen Zeugen keine genauen Erinnerungen an das Gespräch mehr vorhanden sind. Ebenfalls kann es vorkommen, dass der Mitarbeiter der Bank, der das entscheidende Gespräch geführt hat, inzwischen nicht mehr bei dem WpDU beschäftigt ist und daher ein entscheidender Zeuge nicht auffindbar ist und deshalb nicht vernommen werden kann. Auch kann der Tod des Anlegers eintreten, womit dessen Befragung unmöglich wird. Selbst wenn aber Zeugen benannt werden können, so werden an der Richtigkeit ihrer Aussagen stets Zweifel bleiben, da sie in der Regel offensichtlich „im Lager" einer der Prozessparteien stehen.[1179]

Die Darlegungs- und Beweislastverteilung folgt auch im Haftungsprozess wegen fehlerhafter Anlageberatung grundsätzlich dem allgemeinen Beweisrecht.[1180] Für alle anspruchsbegründenden Tatbestandsmerkmale ist demnach der Anspruchsteller darlegungs- und beweisbelastet, für alle rechtshindernden, rechtsvernichtenden und rechtshemmenden Merkmale der Anspruchsgegner (sog. Rosenberg'sche Formel).[1181] Der Anleger trägt mithin die Darlegungs- und Beweislast für die anspruchsbegründende Falschberatung.[1182]

[1178] Zwar kann zwischen dem Beratungsgespräch und dem Prozess eine Abtretung oder ein sonstiger Forderungsübergang stattgefunden haben (z.B. durch Erbfolge), allerdings ist letztlich dennoch eine Verletzung der Pflichten aus dem Beratungsvertrag entscheidend.

[1179] *Seibert*, Recht der Kapitalanlageberatung, Teil D, § 3 Rn. 31ff.

[1180] BGH v. 11.05. 2006 - III ZR 205/05 = NJW-RR 2006, 1345, 1346 [Rn. 7]; v. 14.07.2009 - XI ZR 152/08 = NJW 2009, 3429, 3432 [Rn. 37f.] mit Verweis auf BGH v. 09.06.1994 – IX ZR 125/93 = NJW 1994, 3295 v. 24.01.2006 - XI ZR 320/04 = NJW 2006, 1429, 1430 [Rn. 15]; v. 11.10.2007 - IX ZR 105/06 = WM 2007, 2351, 2352 [Rn. 11f.].

[1181] Statt aller *Prütting* in MüKo-ZPO, § 286 ZPO Rn. 116ff.; *Thole* in Stein/Jonas, § 286 ZPO Rn. 106 jeweils m.w.N.

[1182] Vgl. die Nachweise bei Fn. 1180; **a.A.** *Einsele,* ZRP 2014, 190ff.; *dies.*, JZ 2006, 1080ff.; *dies.*, Bank und Kapitalmarktrecht, § 8 Rn. 39a.

Der Kläger muss im Prozess schlüssig darlegen, dass der von ihm behauptete Anspruch besteht, indem er einen Lebenssachverhalt vorträgt, unter welchen sich die anspruchsbegründenden Tatbestandsvoraussetzungen subsumieren lassen. Dabei muss der Vortrag des Klägers schlüssig und substantiiert genug sein, um die „Schwelle" der Streitigkeit im Sinne des § 138 Abs. 3 ZPO zu überschreiten. In diesem Zusammenhang sind grundsätzlich zwei Szenarien einer behaupteten Pflichtverletzung denkbar. Zum einen könnte der Anleger sich darauf berufen, dass das WpDU ihn über einen Umstand falsch informiert hat. Zum anderen – und das wird in den allermeisten Fällen geschehen – könnte der Anleger behaupten, über bestimmte Aspekte der Anlage nicht oder nicht ausreichend aufgeklärt worden zu sein. In letzterem Fall ist der Anleger zur Darlegung und zum Beweis einer negativen Tatsache gezwungen. Dieser gestaltet sich in der Praxis denkbar schwierig.[1183]

II. Beweisrechtliche Besonderheiten im Prozess wegen fehlerhafter Anlageberatung

1. Beweislastumkehr zulasten des WpDU

Teilweise wird in der Literatur zur Lösung dieser Problematik grundsätzlich eine Beweislastumkehr zulasten des beklagten WpDU gefordert.[1184] Eine solche ist aber, wie bereits *Philipp* ausführlich dargetan hat,[1185] abzulehnen.[1186] Richtigerweise verweist er darauf, dass eine allgemeine Beweislastumkehr nicht gesetzlich kodifiziert ist und daher nur als ultima ratio in Betracht käme, falls diese erforderlich wäre.[1187] Im vorliegenden Fall kann dies aber nicht angenommen werden, da dem Anleger mit Vorlage der Dokumentation und der Geeignetheitserklärung Nachweismöglichkeiten zur Verfügung stehen, um die Pflichtverletzung des beratenden Instituts nachzuweisen.

Auch wegen der strukturellen Vergleichbarkeit der Haftung für fehlerhafte Kapitalanlageberatung zur Haftung des Arztes für einen Aufklärungsfehler kommt eine Beweislastumkehr unter systematischen Gesichtspunkten nicht in Betracht. Im Arzthaftungsrecht ist der Arzt nach § 630h Abs. 2 BGB für die Richtigkeit der Aufklärung darlegungs- und beweisbelastet. Eine solche gesetzliche Regelung fehlt allerdings für die Haftung für fehlerhafte Anlageberatung. Eine Übertragung des Regelungsgehaltes von § 630h Abs. 2 BGB – möglicherweise im Wege analoger Anwendung – erscheint allerdings mit Blick auf die Entstehungsgeschichte der Norm und deren Zweck nicht angebracht. Denn § 630h Abs. 2 BGB beruht auf der bisherigen Beweislastverteilung aus dem Deliktsrecht für den Fall eines ärztlichen Eingriffs, der (wegen fehlerhafter Aufklärung) nicht von der Einwilligung des Patienten

[1183] Zu den möglichen Folgen auf rechtlicher Ebene siehe sogleich unter Kapitel 4.B.II.

[1184] *V. Greyerz*, Beweis negativer Tatsachen, S. 42ff. zum schweizerischen Recht.

[1185] *Philipp*, Dokumentationspflichten, S. 120f.

[1186] *Edelmann* in Assmann/Schütze/Buck-Heeb, § 3 Rn. 107; *Philipp*, Dokumentationspflichten, S. 120f.

[1187] *Philipp*, Dokumentationspflichten, S. 120f., 128.

gedeckt ist.[1188] Der Anspruch fußt dort auf § 823 Abs. 1 BGB und die Rechtswidrigkeit des Eingriffs wird durch die Tatbestandsmäßigkeit der Verletzung des Körpers durch den Eingriff indiziert, so dass den behandelnden Arzt deshalb die Darlegungs- und Beweislast im Hinblick auf die pflichtgemäße Aufklärung und Einwilligung trifft. § 630h Abs. 2 BGB soll einen Gleichlauf dieser deliktsrechtlichen Regelung mit dem Recht des Behandlungsvertrages schaffen.[1189] Der Fall der Anlageberatungshaftung ist hiervon allerdings abzugrenzen. Hier ist bereits – wegen des verletzten Rechtsgutes – die deliktsrechtliche Haftung anders ausgeprägt als bei der Arzthaftung. So ist im Fall der fehlerhaften Anlageberatung bereits der Tatbestand von § 823 Abs. 1 BGB nicht erfüllt, da das Vermögen kein „sonstiges Recht" im Sinne von § 823 Abs. 1 BGB darstellt. Eine analoge Anwendung von § 630h Abs. 2 BGB auf den Fall der fehlerhaften Anlageberatung verbietet sich somit.

2. Sekundäre Darlegungslast des beratenden Instituts

Um dem Anleger, der eine fehlende Aufklärung des WpDU rügt, die Darlegung der Aufklärungspflichtverletzung zu ermöglichen, hat die Rechtsprechung dem in diesem Fall darlegungs- und beweisbelasteten Anleger eine prozessuale Erleichterung eingeräumt, indem es dem beratenden WpDU eine sekundäre Darlegungslast[1190] hinsichtlich der Tatsachen, über die aufgeklärt und beraten wurde, auferlegt hat.[1191] Im kapitalanlagerechtlichen Haftungsprozess war diese Ausnahme vom Grundmuster bisher der Regelfall.[1192]

Im Rahmen der sekundären Darlegungslast ist eine Partei verpflichtet, ihren Vortrag näher zu substantiieren, nachdem die andere Partei ihrer Darlegungslast genügt hat. Deren Umfang ist wiederum abhängig davon, was dieser Partei unter Berücksichtigung der für sie zugänglichen Informationen zugemutet werden kann. Eine sekundäre Darlegungslast trifft den Bestreitenden nach der Rechtsprechung des BGH grundsätzlich immer dann, wenn die beweispflichtige (und damit auch darlegungspflichtige) Partei außerhalb des von ihr darzulegenden Geschehensablaufs steht und keine nähere Kenntnis der jeweiligen Tatsachen hat, während die Gegenseite alle wesentlichen Tatsachen kennt und ihr nähere Angaben zuzumuten sind.[1193]

In der Praxis führt dies dazu, dass der Anleger zu seinem Wissensstand, seiner Risikobereitschaft und seinem Anlageziel konkret vortragen muss und im Anschluss das WpDU die behauptete Fehlberatung

---

[1188] BT-Drucks. 17/10488, S. 28f.

[1189] BT-Drucks. 17/10488, S. 28f.

[1190] Auch „sekundäre Behauptungslast" genannt.

[1191] Vgl. Nachweise bei Fn. 1180.

[1192] *Seibert,* Recht der Kapitalanlageberatung, Teil D, § 2 Rn. 24.

[1193] BGH v. 11.06.1990 - II ZR 159/89 = NJW 1990, 3151, 3152.

substantiiert bestreiten und darlegen muss, wie im Einzelnen beraten bzw. aufgeklärt wurde.[1194] Im Ergebnis soll diese Darlegungslastverteilung dem Anleger die Darlegung der negativen Tatsache der unterlassenen Aufklärung erleichtern und zu einer besseren Sachverhaltsaufklärung beitragen, was angesichts des oft unter vier Augen geführten Beratungsgesprächs verständlich ist. Hintergrund der Verschiebung der Darlegungslast ist der Gedanke, dass der Berater wegen bestehender Informationasymmetrien besser in der Lage ist, den Beratungsvorgang nachzuvollziehen, als der Anleger.[1195]

Berechtigterweise wirft *Philipp* die Frage nach der Anwendbarkeit der sekundären Darlegungslast im Rahmen des Haftungsprozesses für fehlerhafte Anlageberatung auf.[1196] Tatsächlich ist ein Mehrwert für den Anleger durch die sekundäre Darlegungslast nicht zu erkennen. In der Praxis steht vielmehr zu befürchten, dass auf die mehr oder weniger pauschale Behauptung des Anlegers hin, er sei nicht ordnungsgemäß aufgeklärt worden, das WpDU darlegen (wohlgemerkt nicht beweisen, sondern lediglich behaupten) wird, dass der Anleger im Rahmen des Beratungsgespräches auf sämtliche relevanten Risiken hingewiesen wurde. Es dürfte in diesem Fall eine Aufzählung der für das Produkt relevanten Risiken folgen, ohne dass deren Erwähnung tatsächlich nachgewiesen werden müsste. Die genannte Problematik der Nachweisbarkeit der Pflichtverletzung wäre damit auf die Ebene der Beweislast verlagert, wo wiederum der Anleger den Beweis der Pflichtverletzung erbringen muss. Sollte dem beklagten Institut also gelingen dazulegen, dass es pflichtgerecht beraten hat, so steht der Anleger vor dem erheblichen Problem, die Pflichtverletzung des WpDU nachweisen zu müssen.[1197]

Darüber hinaus ist aber die Anwendbarkeit der sekundären Darlegungslast auch aus rechtlichen Gesichtspunkten fragwürdig. Die sekundäre Darlegungslast setzt voraus, dass die beweisbelastete (und damit auch darlegungsbelastete) Partei außerhalb des von ihr darzulegenden Geschehensablaufs steht und keine nähere Kenntnis der maßgebenden Tatsachen besitzt. Dies trifft auf den Anleger nicht zu. Vielmehr war er bei dem Beratungsgespräch zugegen und kann sich daher nicht darauf berufen, dass ihm dessen Inhalt unbekannt ist.[1198] Auch ist die sekundäre Darlegungslast des beratenden Instituts nicht damit zu rechtfertigen, dass der Berater die besseren Fähigkeiten besitzt, die entscheidenden

[1194] OLG Frankfurt v.13.03.2014 – 22 U 115/12 [Rn. 41]–, juris; LG Bückeburg, Urt. v. 24.6.2014, Az. 2 O 117/13; [Rn. 41] – juris; LG Lüneburg v. 25.03.2014, Az. 5 O 58/14 [Rn. 39]; OLG Karlsruhe v. 28.06.2006 = 7 U 225/05 = *IBRRS 2006, 2195*; OLG Frankfurt a. M. Urt. v. 8.5.2007, Az. 10 U 105/06 = BeckRS 2008, 7201 [Rn. 26].

[1195] *Philipp,* Dokumentationspflichten, S. 122; *Klein,* Beratungsprotokollpflicht, S. 407.

[1196] *Philipp,* Dokumentationspflichten, S. 122.

[1197] *Philipp,* Dokumentationspflichten, S. 123; *Klein,* Beratungsprotokollpflicht, S. 408.

[1198] *Philipp,* Dokumentationspflichten, S. 122.

Inhalte der erfolgten Beratung zu erinnern.[1199] Vielmehr handelt es sich bei der Anlageberatung für den Berater um Tagesgeschäft, an dessen Einzelheiten er sich nach einer gewissen Zeitspanne gerade nicht mehr erinnern wird. Vielmehr besitzt heute der klagende Anleger mit der Geeignetheitserklärung und der Dokumentation nach § 83 Abs. 3 und 6 WpHG ausreichend Informationen über den Verlauf des Beratungsgesprächs, um substantiiert zur Verletzung der Beratungs- oder Aufklärungspflicht vorzutragen. Hier besteht auch ein Unterschied zur Rechtslage vor Umsetzung der MiFID II, als die Beratungsprotokollpflicht in § 34 Abs. 2a WpHG a.F. geregelt war. Denn die dem Anleger zur Verfügung stehende Informationsdichte ist heute höher: Die Geeignetheitserklärung ist insgesamt informativer als das Beratungsprotokoll,[1200] und die Dokumentation ist insgesamt engmaschiger, da zusätzlich zur Geeignetheitserklärung entweder eine Audioaufzeichnung des telefonischen Beratungsgespräches nach § 83 Abs. 3 WpHG oder eine Aufzeichnung nach § 83 Abs. 6 WpHG vorliegt. Auch falls die Geeignetheitserklärung und die Dokumentation nicht pflichtgemäß angefertigt worden sein sollten und dem Anleger daher Informationen zur Darlegung des Anspruchs fehlen, bedarf es keiner sekundären Darlegungslast des WpDU. Denn in diesem Fall kann die Beweisnot des Anlegers durch eine Darlegungs- und Beweiserleichterung bezüglich der dokumentierten Inhalte kompensiert werden.[1201] Dies ist auch im Sinne des Richtliniengebers der MiFID II, der einen Ausgleich für die fehlerhafte Anfertigung der Dokumentation und der Geeignetheitserklärung fordert, sich aber nicht zur grundsätzlichen Darlegungs- und Beweislastverteilung äußert.[1202]

Ein Rückgriff auf die Rechtsfigur der sekundären Darlegungslast erscheint daher nicht mehr erforderlich.[1203] Auch eine Unterscheidung, wie *Philipp*[1204] sie vornimmt, nach dem Kriterium, ob eine unterlassene Aufklärung oder eine Falschberatung vorliegt, erscheint in diesem Zusammenhang nicht notwendig. Zum einen ist die Abgrenzung zwischen konkludenter Falschberatung in Form einer Handlung (Tun) und unterlassener Aufklärung über aufklärungspflichtige Tatsachen (Unterlassen) im

---

[1199] **A.A.** aber *Philipp*, Dokumentationspflichten, S. 122, der zwischen unterlassener Beratung/Aufklärung und Falschberatung/-aufklärung unterscheidet und einen Wegfall der sekundären Darlegungslast nur bei letzterem in Erwägung zieht.

[1200] Vgl. Kapitel 2. B. IV. 2. b. aa. (2).

[1201] Siehe dazu noch unten unter Kapitel 4. B. IV.

[1202] Erwägungsgründe (57) und (82) MiFID II.

[1203] *Philipp*, Dokumentationspflichten, S. 131 hält dies zwar grundsätzlich auch für möglich, bleibt in dieser Hinsicht aber vage und macht den Wegfall der sekundären Darlegungslast von den etwaigen Sanktionen für einen Dokumentationsfehlers abhängig.

[1204] *Philipp*, Dokumentationspflichten, S. 119ff., 130ff.

Zweifel sehr schwierig.[1205] Eine Besserstellung der aktiven Falschberatung im Vergleich zur unterlassenen Aufklärung würde sogar für WpDU einen Anreiz setzen, eher aktiv falsch zu beraten - also den Anleger aktiv zu täuschen -, als relevante Informationen wegzulassen. Dies kann im Ergebnis nicht gewollt sein. Eine Anwendbarkeit der Rechtsfigur der sekundären Darlegungslast ist daher im Rahmen des Haftungsprozesses bei fehlerhafter Anlageberatung wegen der dem Anleger durch die Dokumentation und die Geeignetheitserklärung vermittelten Informationen grundsätzlich abzulehnen.

III. Beweiswert der Telefonaufzeichnung, Dokumentation und Geeignetheitserklärung

1. Beweisrechtliche Qualifikation der Aufzeichnungen und Würdigung nach allgemeinen Grundsätzen

Sowohl für die wertpapierrechtliche Dokumentation nach § 83 Abs. 3 und Abs. 6 WpHG als auch die Geeignetheitserklärung nach § 64 Abs. 4 WpHG stellt sich die Frage, welche zivilprozessualen Vorschriften auf die jeweiligen Dokumente Anwendung finden.

Die Dokumentation nach § 83 Abs. 3 WpHG wird regelmäßig als Audiodatei vorliegen. Bei einer Audiodatei bzw. einem Tonband handelt es sich mangels äußerer Beweiskraft nicht um eine Urkunde.[1206] Stattdessen ist davon auszugehen, dass die Aufnahmen, wie für Tonbandaufnahmen üblich, im Wege des Augenscheinsbeweises in den Prozess einzuführen sind.[1207] Damit sind die Aufnahmen grundsätzlich nach § 286 Abs. 1 ZPO frei zu würdigen. Allerdings wird der Beweiswert der Audioaufnahme entsprechend hoch sein, wenn die Aufnahme klar und deutlich ist, die Teilnehmer anhand ihrer Stimmen identifizierbar sind und aus dem aufgezeichneten Gespräch keine Anhaltspunkte dafür hervorgehen, dass im Vorfeld oder im Nachgang der Aufzeichnung über aufzeichnungspflichtige Inhalte gesprochen wurde.[1208]

Die Dokumentation der face-to-face-Beratung gemäß § 83 Abs. 6 WpHG hat nach dem Gesetzeswortlaut „mittels eines dauerhaften Datenträgers" zu erfolgen. § 2 Abs. 43 WpHG definiert einen „dauerhaften Datenträger", ebenso wie Art. 4 Abs. 1 Nr. 62 MiFID II, als „jedes Medium, das es dem Kunden gestattet, an ihn persönlich gerichtete Informationen derart zu speichern, dass er sie in der

---

[1205] Die Aussage „Die Anlage ist sicher wie ein Sparbuch" kann beispielsweise nicht ohne weiteres als aktive Falschberatung oder unterlassene Aufklärung eingeordnet werden, vielmehr bedarf es stets einer Einzelfallbetrachtung unter Einbeziehung des jeweiligen Kontextes, die wiederum für Rechtsunsicherheit sorgt.

[1206] Vgl. *Feskorn* in Zöller, Vor §§ 415- 444 ZPO Rn. 2; *Berger* in Stein/Jonas, vor § 371 ZPO Rn. 6.

[1207] *Feskorn* in Zöller, Vor §§ 415- 444 ZPO Rn. 2a; *Greger* in Zöller, § 371 ZPO Rn. 1; *Seiler* in Thomas/Putzo, Vorbem. vor § 371 ZPO Rn. 6; *Berger* in Stein/Jonas, vor § 371 ZPO Rn. 4.

[1208] Vgl. en Detail unten Kapitel 4. B. III. 3. d.

Folge für eine Dauer, die für die Zwecke der Informationen angemessen ist, einsehen kann, und die unveränderte Wiedergabe der gespeicherten Informationen ermöglicht." Als „dauerhafter Datenträger" sind demnach sowohl Papier als auch sämtliche elektronischen Datenträger geeignet, soweit eine Unveränderbarkeit der Wiedergabe gewährleistet ist. Bei der Auswahl der Art des „dauerhaften Datenträgers" wird dem WpDU ein Ermessen zustehen. Soweit die Aufzeichnung auf Papier erfolgt, ist die Dokumentation als Privaturkunde im Sinne des § 416 ZPO zu qualifizieren. Sie ist daher, wie auch die ärztliche Papierdokumentation, als Zeugnisurkunde einzuordnen, da sie lediglich Auskunft darüber gibt, dass eine Person von gewissen Vorgängen berichtet hat. Anders als § 34 Abs. 2a S. 2, 1.HS WpHG a.F. fordert § 83 Abs. 3 WpHG in der heutigen Fassung keine Unterschrift des Beraters mehr. Gleichwohl ist zu erwarten, dass die beratenden Institute die jeweiligen Anleger auffordern werden, die angefertigte Dokumentation des Beratungsgesprächs zu unterzeichnen, um hierdurch (möglicherweise) in den Genuss beweisrechtlicher Vorteile zu kommen. Dabei dürfte jedoch, wie dies auch im Rahmen der ärztlichen Aufklärungsdokumentation der Fall ist,[1209] vor allem bei der Verwendung entsprechender Vordrucke, wie sie in der Regel genutzt werden, ein Verstoß gegen § 309 Abs. 1 Nr. 12 b) BGB vorliegen.[1210] Ist die Dokumentation hingegen lediglich vom jeweiligen Berater unterschrieben und die Echtheit der Unterschrift unbestritten, so entfaltet sie nach § 416 ZPO die formelle Beweiskraft von Privaturkunden. Weist die Dokumentation keine Unterschrift des Beraters aus, so stellt sie eine einfache Privaturkunde dar, deren formeller Beweiswert nach § 286 Abs. 1 ZPO durch das Gericht frei zu würdigen ist.[1211] Wie bereits im Rahmen der ärztlichen Dokumentation ausgeführt, beweist selbst eine nach § 416 ZPO unterschriebene Privaturkunde nur, dass der Unterzeichner die enthaltenen Erklärungen abgegeben hat oder von gewissen Vorgängen berichtet hat, nicht aber, dass die in der Urkunde enthaltene Aussage auch wahr ist.[1212] Ob sich die Vorgänge hingegen wie berichtet ereignet haben, richtet sich nach der materiellen Beweiskraft der Urkunde, die unabhängig vom Vorliegen einer formellen Beweiskraft nach § 416 ZPO, der freien richterlichen Beweiswürdigung nach § 286 Abs. 1 ZPO unterliegt.[1213]

Die elektronische Dokumentation stellt als elektronisches Dokument im Gegensatz zur analogen Dokumentation keine Urkunde dar, sondern kann gemäß § 371 Abs. 1 S. 2 ZPO nur als

---

1209 Siehe oben Kapitel 4. A. II. 3. b. aa.

1210 Für das Beratungsprotokoll bereits *Dietrich,* WM 2016, 199, 202; *Philipp,* Dokumentationspflichten, S. 264; *Heese,* Beratungspflichten, S. 281.

1211 *Berger* in Stein/Jonas, § 416 ZPO Rn. 20; *Ahrens*, Der Beweis im Zivilprozess, Kap. 26 Rn. 74.

1212 Siehe oben Kapitel 4. A. II. 1.

1213 *Berger* in Stein/Jonas, § 416 ZPO Rn. 13; *Ahrens*, Der Beweis im Zivilprozess, Kap. 26 Rn. 67; *Preuß* in Prütting/Gehrlein, § 416 ZPO Rn. 19; *Gehle* in Anders/Gehle, § 416 ZPO Rn. 10.

Augenscheinsbeweis in den Prozess eingeführt werden.[1214] Bei Verwendung einer qualifizierten elektronischen Signatur finden gemäß § 371a Abs. 1 ZPO allerdings die Vorschriften über die Beweiskraft privater Urkunden entsprechende Anwendung. Insofern sind die bereits für die analoge Dokumentation genannten Grundsätze übertragbar. Falls keine elektronische Signatur verwendet wurde, so sind sowohl die formelle als auch die materielle Beweiskraft der Dokumentation vom jeweiligen Tatrichter nach § 286 Abs. 1 ZPO frei zu würdigen. Bei Verwendung einer qualifizierten elektronischen Signatur entfaltet die Dokumentation zwar die volle formelle Beweiskraft, die materielle Beweiskraft – und damit einhergehend auch die inhaltliche Richtigkeit der Dokumentation – ist allerdings wiederrum nach § 286 Abs. 1 ZPO frei zu würdigen.

Die Geeignetheitserklärung ist dem Anleger gemäß § 64 Abs. 4 WpHG ebenfalls auf einem „dauerhaften Datenträger" zur Verfügung zu stellen. Insofern kann für die Frage nach den einschlägigen Beweismittelvorschriften und dem Beweiswert der Geeignetheitserklärung auf die obigen Ausführungen zur Dokumentation von Präsenzberatungen nach § 83 Abs. 6 WpHG verwiesen werden.

2. Vermutung der Vollständigkeit und Richtigkeit der Telefonaufzeichnung

Fraglich ist, ob die Aufzeichnung des Telefongesprächs nach § 83 Abs. 3 WpHG eine Vermutung der Vollständigkeit und Richtigkeit entfaltet. Eine solche Vermutung kommt insbesondere auf der Basis eines Anscheinsbeweises in Betracht. Er erlaubt unter Rückgriff auf Erfahrungssätze der Lebenserfahrung den Schluss von einem typischen tatsächlichen Geschehensablauf auf das Vorliegen anderer Tatsachen oder Umstände.[1215] Es müsste demnach ein Erfahrungssatz dahingehend bestehen, dass die durch den Berater erstellte Aufzeichnung des Telefongespräches regelmäßig vollständig ist und diese das telefonische Beratungsgespräch so wiedergibt, wie es tatsächlich stattgefunden hat.

Für einen solchen Erfahrungssatz spricht vor allem, dass die Aufzeichnung Dokumentation in der Regel wortgenau das Beratungsgespräch wiedergibt und eine Identifikation der teilnehmenden Personen anhand der jeweiligen Stimmen zulässt. Daher besteht nur ein eingeschränktes Risiko, dass das Gespräch falsch wiedergegeben wird. Eine Verfälschung der Aufnahme käme allein in Betracht, falls Teile des Gespräches nicht aufgezeichnet werden. Grundsätzlich sind Aufnahmen nach § 83 Abs. 9 WpHG gegen nachträgliche Verfälschung zu sichern. Eine nachträgliche „Anpassung" durch entsprechendes Schneiden der Aufnahme, etc. scheint insbesondere wegen dieser Sicherung

[1214] *Berger* in Stein/Jonas, vor § 371 ZPO Rn. 7; *Gehle* in Anders/Gehle, § 371 ZPO Rn. 8; *Greger* in Zöller, § 371 ZPO Rn. 1.

[1215] *Saenger* in Saenger, § 286 ZPO Rn. 38; *Prütting* in MüKo-ZPO, § 286 ZPO Rn. 50; *Thole* in Stein/Jonas, § 286 ZPO Rn. 213, vgl. hierzu bereits die Ausführungen oben bei Kapitel 4. A. II. 2. c.

gegen nachträgliche Verfälschungen nur sehr schwer vorstellbar. Auch muss aufgrund von § 83 Abs. 9 WpHG sichergestellt sein, dass eine Unterbrechung und Wiederaufnahme der Aufzeichnung technisch nicht möglich ist. Ist diese technische Voraussetzung im Rahmen der seitens des WpDU eingesetzten Software gegeben, so kann eine unbemerkte Unterbrechung der Aufzeichnung ausgeschlossen werden.

Möglich bliebe in diesem Fall lediglich, dass ein Berater bereits vor Beginn der Aufzeichnung mit der Beratung beginnt oder nach Ende der Aufzeichnung weiter zum Erwerb der Anlage berät. Allerdings werden sich in diesem Fall aus der Aufzeichnung selbst bereits regelmäßig Anhaltspunkte in Bezug auf ein solches Vorgehen ergeben. Ein entsprechender Erfahrungssatz im Hinblick auf die Vollständigkeit und Richtigkeit der telefonischen Aufzeichnung ist daher zu bejahen. Für den Tatrichter bedeutet dies, dass er bei der Auswertung eines Audiomitschnitts besonders darauf zu achten hat, ob sich aus der Aufnahme Anhaltspunkte dahingehend ergeben, dass bereits zuvor aufzeichnungspflichtige Inhalte besprochen wurden oder möglicherweise einzelne Aspekte später besprochen werden sollen. Soweit sich keine entgegenstehenden Anhaltspunkte ergeben, entfaltet die Aufzeichnung des telefonischen Anlageberatungsgesprächs eine entsprechende Vermutung.

3. Vermutung der Vollständigkeit und Richtigkeit der Dokumentation und der Geeignetheitserklärung bei Vorlage durch das WpDU

a. Vermutung der Vollständigkeit und Richtigkeit des Beratungsprotokolls

Teilweise wurde in der Literatur dem Beratungsprotokoll nach § 34 Abs. 2a WpHG a.F. eine Vermutung der Vollständigkeit und Richtigkeit zugebilligt.[1216] Dies wirft die Frage nach einer entsprechenden Vermutung für die Aufzeichnungen nach § 83 Abs. 3 und 6 WpHG sowie der Geeignetheitserklärung auf. Von den Vertretern einer entsprechenden Vermutung wurde argumentiert, dass für die Beratungsdokumentation von Versicherungsvermittlern anerkannt sei, dass dieser eine entsprechende Vermutungswirkung zukomme.[1217] Bei der Vermutung handle es sich um einen Unterfall des Anscheinsbeweises.[1218] Der zugrunde liegende Erfahrungssatz sei, dass ein Berater, der ein Beratungsgespräch dokumentiert, typischerweise ein Protokoll anfertige, das der tatsächlich

[1216] *Philipp,* Dokumentationspflichten, S. 258; *Klein,* Beratungsprotokollpflicht, S 410f.; *Sethe,* AcP 212 (2012), 80, 151f.; *Rothenhöfer,* Anlegerschutz durch Schriftform, S. 350; *Veldhoff,* Die Haftung von Kreditinstituten, S. 348 Fn. 1607; *Pondewils,* DStR 2009, 1914, 1919; **a.A.** *Koller* in FS Schneider (2011), 651, 666; *Edelmann* in Assmann/Schütze/Buck-Heeb, § 3 Rn. 107; *Grundmann,* WM 2012, 1745, 1754; *ders.*in EBJS (3. Aufl.), BankR VI Rn. 346 (zu § 34 WpHG).

[1217] *Philipp,* Dokumentationspflichten, S. 258.

[1218] *Philipp,* Dokumentationspflichten, S. 258; *Rothenhöfer,* Anlegerschutz durch Schriftform, S. 350; zumindest für eine gewisse Ähnlichkeit mit dem Anscheinsbeweis *Klein,* Beratungsprotokollpflicht, S. 411.

erfolgten Beratung entspreche.[1219] Rechtsfolge der Vermutung sei, dass grundsätzlich davon auszugehen sei, dass bei einer fehlenden Aufzeichnung der Erfüllung einer Beratungspflicht der Anschein begründet werde, dass diesbezüglich auch keine Beratung erfolgt sei.[1220] Allerdings könne die beschriebene Vermutung ausschließlich zulasten des beklagten WpDU wirken und nicht gegen den klagenden Anleger.[1221] Dies ergebe sich daraus, dass eine Vermutung der Vollständigkeit und Richtigkeit stets nur zulasten des Ausstellers streiten könne, im vorliegenden Fall also des WpDU.[1222] Bei Vorlage des Protokolls seitens des WpDU sei dieses hingegen lediglich als Indiztatsache zu werten.[1223]

b. Vermutung der Vollständigkeit und Richtigkeit von Privaturkunden

Eine Vermutung der Vollständigkeit und Richtigkeit könnte sich aufgrund der Rechtsfigur der Vermutung der Vollständigkeit und Richtigkeit von Privaturkunden ergeben. Gegen eine uneingeschränkte Anwendung einer solchen Vermutung spricht allerdings, dass die Vermutung der Vollständigkeit und Richtigkeit von Privaturkunden eine Privaturkunde im Sinne des § 416 ZPO voraussetzt. Die Aufzeichnungen nach § 83 Abs. 6 WpHG und die Geeignetheitserklärung kann das WpDU aber jeweils auch in elektronischer Form zur Verfügung stellen. Sollte das jeweilige Dokument in diesem Fall nicht über eine qualifizierte elektronische Signatur verfügen, so findet § 371a ZPO keine Anwendung und mangels Anwendbarkeit der Vorschriften über Urkunden als Beweismittel ist auch eine Vermutung der Richtigkeit und Vollständigkeit von Privaturkunden ausgeschlossen.

Selbst wenn die Dokumentation oder Geeignetheitserklärung aber in Urkundenform vorläge, so ist eine Anwendung der Rechtsfigur der Vermutung der Vollständigkeit und Richtigkeit von Privaturkunden zweifelhaft.

Wie bereits erläutert, besteht nach der Vermutung der Vollständigkeit und Richtigkeit von Urkunden, falls über ein Rechtsgeschäft eine Urkunde aufgenommen worden ist, die Vermutung, dass die im Rahmen des Rechtsgeschäfts getroffenen Vereinbarungen durch die Urkunde richtig und vollständig

---

1219 *Philipp,* Dokumentationspflichten, S. 259; *Rothenhöfer,* Anlegerschutz durch Schriftform, S. 350.

1220 *Philipp,* Dokumentationspflichten, S. 259.

1221 *Philipp,* Dokumentationspflichten, S. 259; *Klein,* Beratungsprotokollpflicht, S 410; **a.A.** *Pondewils,* DStR 2009, 1914, 1919.

1222 *Philipp,* Dokumentationspflichten, S. 259.

1223 *Philipp,* Dokumentationspflichten, S. 259, 261; *Klein,* Beratungsprotokollpflicht, S. 412; *Maier,* VuR 2011, 3, 7 (Fn. 50).

wiedergegeben werden.[1224] Weder bei der Dokumentation nach § 83 Abs. 6 WpHG, noch bei der Geeignetheitserklärung handelt es sich aber um eine Vertragsurkunde, die eine Abrede belegen soll. Auch wurde die Urkunde nicht von beiden gemeinsam verhandelt, wie es einst das Reichsgericht im Rahmen der Herleitung der Rechtsfigur verlangt hat.[1225] Das Reichsgericht leitete gerade aus der Tatsache, dass beide Parteien an der Formulierung der Vertragsurkunde mitwirken konnten, die Vermutung ab, dass die Parteien das, was sie als endgültige Vereinbarung gelten lassen wollten, schließlich auch schriftlich festhielten und dies daher den Willen der Parteien darstelle.[1226] Sowohl die Dokumentation nach § 83 Abs. 6 WpHG als auch die Geeignetheitserklärung wurden vom jeweiligen WpDU und damit allein von einer Partei erstellt, ohne dass die andere Seite auf deren Inhalt Einfluss nehmen konnte. Darüber hinaus fehlt es an dem für die Vermutung der Vollständigkeit und Richtigkeit konstituierenden Erfordernis der Unterschriften der Parteien. Anders als noch § 34 Abs. 2a S.2, 1.HS WpHG a.F. seinerzeit, schreibt heute weder § 83 Abs. 6 WpHG, noch § 64 Abs. 4 WpHG vor, dass die erstellten Dokumente zu unterschreiben sind. Eine Anwendung der Vermutung der Vollständigkeit und Richtigkeit von Privaturkunden auf die Geeignetheitserklärung oder die Dokumentation der face-to-face-Beratung kommt daher nicht in Betracht.

c. Vermutung der Vollständigkeit und Richtigkeit wegen Gleichlauf mit dem Versicherungsrecht

Fraglich ist, ob sich aus einer systematischen Vergleichbarkeit mit dem Versicherungsrecht eine entsprechende Anwendbarkeit der Rechtsfigur oder eine vergleichbare Rechtsfolge herleiten lässt. Nach § 6 Abs. 1 S. 2 VVG und § 61 Abs. 1 S. 2 VVG sind sowohl der Versicherer als auch der Versicherungsvermittler verpflichtet, bei einer Beratung über den Abschluss einer Versicherung die erfolgte Beratung zu dokumentieren. In diesem Zusammenhang wird von Teilen der Literatur die Ansicht vertreten, die Beratungsdokumentation des Versicherers bzw. Versicherungsvermittlers entfalte eine Vermutung der Vollständigkeit und Richtigkeit der Urkunde dahingehend, dass vermutet werde, dass der dokumentierte Inhalt dem tatsächlichen Geschehen entspreche und dasjenige, was nicht

---

1224 Siehe oben, Kapitel 4. A. II. 3. b. aa; vgl. BGH v. 29.04.1970 – VIII ZR 120/68 [Rn. 28] – juris; v. 19.03.1980 - VIII ZR 183/79 = NJW 1980, 1680, 1681; *Ellenberger* in Grüneberg, § 125 BGB Rn. 21; *Ahrens* in Prütting/Wegen/Weinreich, § 125 BGB Rn. 26.

1225 Siehe oben, Kapitel 4. A. II. 3. b. aa.

1226 RG v. 13.06.1902 – VII 126/02 = RGZ 52, 23, 25 „Die Niederschrift eines Vertrages ist die Zusammenfassung und Festlegung desjenigen, was die Parteien gewollt und was sie namentlich auch in ihren mündlichen Beredungen zum Ausdrucke gebracht haben“.

dokumentiert ist, auch nicht besprochen worden sei.[1227] Im Wesentlichen wird zur Untermauerung dieser Ansicht auf die Rechtsprechung des BGH[1228] und der Oberlandesgerichte Saarbrücken,[1229] München[1230] und Karlsruhe[1231] verwiesen. Allerdings lassen die Entscheidungsgründe der zitierten Urteile nicht zwingend den Schluss auf eine entsprechende Vermutung zu.

Alle genannten Gerichte stellen zunächst klar, dass grundsätzlich der Versicherungsnehmer darlegungs- und beweispflichtig für die Beratungspflichtverletzung ist.[1232] Den Versicherer trifft nach Ansicht aller Gerichte zwar eine sekundäre Darlegungslast hinsichtlich der vorgenommenen Beratung. Falls er dieser aber genüge, so sei nachfolgend der Versicherungsnehmer beweisbelastet in Hinblick auf den Beratungsfehler. Hierzu diene dem Versicherungsnehmer vor allem das Beratungsprotokoll. Seien allerdings in diesem hinsichtlich eines beratungspflichtigen Aspekts des jeweiligen Versicherungsprodukts keine Aufzeichnungen vorhanden, so läge eine Dokumentationspflichtverletzung vor mit der Konsequenz, dass der Versicherer für die Erfüllung der jeweiligen Beratungspflicht beweisbelastet sei.

Die obergerichtliche Rechtsprechung bemüht sich allerdings nicht besonders um eine entsprechende dogmatische Herleitung. Sie beschränkt sich im Wesentlichen darauf, floskelhaft wegen der Verletzung der Dokumentationspflicht „Beweiserleichterungen bis hin zur Beweislastumkehr" anzunehmen, um sodann festzustellen, dass der Versicherer die Beweislastlast für das Nichtvorliegen einer Beratungspflichtverletzung trage.[1233] Allein der BGH hat sich in seinem Urteil aus dem Jahr 2014 zur dogmatischen Herleitung der Beweislastumkehr wie folgt geäußert:[1234]

[1227] *Armbrüster* in MüKo-VVG, § 6 VVG Rn. 366; *Rudy* in Prölss/Martin, § 6 VVG Rn. 34; *Münkel* in Rüffer/Halbach/Schimikowski, § 6 VVG Rn. 58; **a.A.** *Rixecker* in Langheid/Rixecker, § 6 VVG Rn. 25.

[1228] BGH v. 13.11.2014 – III ZR 544/13 = NJW 2015, 1026 [Rn. 18].

[1229] OLG Saarbrücken v. 27.01.2010 – 5 U 337/09 = BeckRS 2010, 6443.

[1230] OLG München v. 22.06.2012 – 25 U 3343/11 = VersR 2012, 1292, 1293.

[1231] OLG Karlsruhe v. 15.01.2013 - 12 U 121/12 = VersR 2013, 885, 886; auffallend ist, dass allein das OLG Karlsruhe den Begriff der „tatsächlichen Vermutung" im Rahmen der Urteilsgründe verwendet und sich hierbei auf eine der genannten Literaturquellen bezieht.

[1232] Vgl hierzu bereits BGH v. 23.05.2007 - IV ZR 93/06 = BeckRS 2007, 10249.

[1233] Das OLG Saarbrücken (5 U 337/09 = BeckRS 2010, 6443) beruft sich unter anderem Verweis auf die entsprechenden Gesetzgebungsmaterialien BT-Drucks. 16/1935, S. 25/26 auf „die von der Rechtsprechung entwickelten Grundsätze der Beweislastverteilung nach Gefahren- und Verantwortungsbereichen", geht hierzu allerdings (wie auch die Gesetzgebungsmaterialien) nicht näher ins Detail.

[1234] BGH v. 13.11.2014 – III ZR 544/13 = NJW 2015, 1026 [Rn. 18].

„Die Nichtbeachtung der Dokumentationspflicht des Versicherungsvermittlers nach §§ 61 I 2, 62 VVG kann Beweiserleichterungen zu Gunsten des Versicherungsnehmers bis hin zu einer Beweislastumkehr nach sich ziehen (Senat, Urt. v. 25.9.2014 – III ZR 440/13, BeckRS 2014, 19132 mwN; s. auch BT-Drs. 16/1935, 26). Die Funktion der vom Gesetzgeber vorgeschriebenen Dokumentationspflicht liegt vornehmlich darin, dass der Versicherungsnehmer mit einer Beratungsdokumentation die wesentlichen Inhalte der Beratung vor Augen geführt und an die Hand bekommt; hierdurch wird er in die Lage versetzt, seine Entscheidung des Näheren zu überprüfen und den ihm sonst kaum möglichen Nachweis über den Inhalt der Beratung zu führen. **Wird ihm diese Nachweismöglichkeit durch das Fehlen einer Dokumentation abgeschnitten, so hat dies zu seinen Gunsten Auswirkungen auf die Verteilung der Beweislast.** Ist ein erforderlicher Hinweis von wesentlicher Bedeutung – wie er auch hier in Rede steht – nicht, auch nicht im Ansatz, dokumentiert worden, so muss grundsätzlich der Versicherungsvermittler beweisen, dass dieser Hinweis erteilt worden ist (vgl. OLG München, VersR 2012, 1292 [1293] = BeckRS 2012, 15241; OLG Saarbrücken, VersR 2011, 1441 [1443] = BeckRS 2011, 18059 und r+s 2011, 496 = VersR 2010, 1181 [1182]; MüKoVVG/Reiff, § 63 Rn. 49). Gelingt ihm dieser Beweis nicht, so ist zu Gunsten des Versicherungsnehmers davon auszugehen, dass der betreffende Hinweis nicht erteilt worden ist, der Versicherungsvermittler mithin pflichtwidrig gehandelt hat." [*Hervorhebungen durch Verf.*]

Bei näherer Betrachtung fällt auf, dass der BGH die Beweislastumkehr vor allem damit begründet, dass der Versicherer dem Versicherungsnehmer mit der Erstellung der Dokumentation zur Anfertigung eines Beweismittels für einen möglichen Haftungsfall verpflichtet ist und eine Verletzung dieser Pflicht eine Beweisnot des Versicherungsnehmer zur Folge hat, die durch die Beweislastumkehr kompensiert werden soll. Dies ist aber nicht typisch für die Rechtsfigur der tatsächlichen Vermutung der Vollständigkeit und Richtigkeit von Urkunden, sondern stellt vielmehr einen Fall der Beweisvereitelung dar.[1235] Dafür, dass der BGH keine Vermutung der Vollständigkeit und Richtigkeit etablieren wollte, sondern einen Fall der Beweisvereitelung annahm, spricht ebenfalls, dass deren Voraussetzungen im zugrunde liegenden Fall erfüllt sind. In objektiver Hinsicht verlangt die Beweisvereitelung ein Tun oder Unterlassen, ohne welches die Klärung des Sachverhaltes möglich gewesen wäre, das also ursächlich für die Nichtaufklärung eines entscheidungserheblichen Umstands geworden ist.[1236] Keine Rolle spielt hierbei, ob die Beweisvereitelung vor oder während des Prozesses begangen wurde.[1237] Irrelevant ist, ob durch das beweisvereitelnde Tun oder Unterlassen eine völlige

[1235] Die Rechtsfigur der Beweisvereitelung ist jedenfalls allgemein anerkannt. Die sehr streitige Frage ihrer Herleitung soll daher in diesem Zusammenhang nicht erläutert werden, vgl. hierzu stattdessen *Krautstrunk,* Beweisvereitelung, S. 199ff.; *Laumen* in Baumgärtel/Laumen/Prütting, HdB Beweislast, Kap. 16 Rn. 9ff.; *Adloff,* Vorlagepflichten und Beweisvereitelung, S. 289ff.

[1236] BGH v. 15.11.1984 - IX ZR 157/83 = NJW 1986, 59, 60f. m.w.N.; OLG Köln v. 21.11.1991 - 7 U 52/91 = NZV 1992, 365, 366; *Prütting* in MüKo-ZPO, § 286 ZPO Rn. 88; *Seiler* in Thomas/Putzo, § 286 ZPO Rn. 17a.

[1237] BGH v. 15.11.1984 - IX ZR 157/83 = NJW 1986, 59, 60;OLG Celle v. 28.08.1996 - 20 U 67/95 = NJW-RR 1997, 568, 570; *Greger* in Zöller, § 286 ZPO Rn. 14b; *Prütting* in MüKo-ZPO, § 286 ZPO Rn. 88.

Beweisvereitelung oder lediglich eine Erschwerung der Beweisführung eingetreten ist.[1238] Die Nichterstellung sowie die Erstellung eines unvollständigen oder falschen Versicherungsprotokolls verwirklicht den objektiven Tatbestand der Beweisvereitelung, da die Nichtaufklärung des Inhalts des Beratungsgesprächs hierdurch bedingt ist und durch das jeweilige Tun oder Unterlassen jedenfalls erschwert worden ist.

In subjektiver Hinsicht ist ein doppeltes Verschulden der beweisvereitelnden Partei erforderlich.[1239] Bezugspunkt des Verschuldens ist sowohl die Vernichtung des Beweisgegenstands als auch die Beseitigung seiner Beweisfunktion. Für letzteres ist erforderlich, dass für die betreffende Partei die Beweisfunktion des Objektes erkennbar war.[1240] Für das Verschulden ist jede Form des Vorsatzes oder der Fahrlässigkeit ausreichend.[1241] Eine Fahrlässigkeit ist bei vorprozessualer Beweisvereitelung nur zu bejahen, falls die betreffende Partei unter Berücksichtigung aller Umstände erkennen musste, dass das Beweismittel in einem zukünftigen Prozess Bedeutung erlangen könnte.[1242] Teilweise wird für eine fahrlässige Begehung darüber hinaus eine gesetzliche oder vorprozessuale Pflicht zur Aufbewahrung oder Schaffung des Beweismittels gefordert.[1243] Eine Zurechnung des Verschuldens von Hilfspersonen ist über § 278 BGB (analog) möglich.[1244]

Demnach stellt die Nichtanfertigung eines Beratungsprotokolls auch in subjektiver Hinsicht eine Beweisvereitelung dar. Hinsichtlich der Nichtanfertigung oder der Anfertigung eines unvollständigen bzw. falschen Protokolls ist davon auszugehen, dass dieses oft genug vorsätzlich geschieht. In diesem

---

[1238] So jedenfalls die Rechtsprechung RG v. 07.01.1916 – II 386/15 = RGZ 87, 434, 440; BGH v. 06.11.1962 - VI ZR 29/62 = NJW 1963, 389, 390; v. 25.01.1983 - VI ZR 24/82 = NJW 1983, 2935, 2936f. und ganz überwiegende Ansicht in der Literatur, *Prütting* in MüKo-ZPO, § 286 ZPO Rn. 88; *Matties,* JZ 1986, 959, 962; *Nober* in Anders/Gehle, § 286 ZPO Rn. 79; *Prütting* in MüKo-ZPO, § 286 ZPO Rn. 86.

[1239] So jedenfalls die h.M., BGH v. 17.01.2008 - III ZR 239/06 = NJW 2008, 982, 985; v. 23.09.2003 - XI ZR 380/00 = NJW 2004, 222; v. 24.06.1975 - VI ZR 72/74 = VersR 1975, 952; *Seiler* in Thomas/Putzo, § 286 ZPO Rn. 17; *Foerste* in Musielak/Voit, § 286 ZPO Rn. 65; *Prütting* in MüKo-ZPO, § 286 ZPO Rn. 89; *Ahrens* in Wieczorek/Schütze, § 444 ZPO Rn. 4.

[1240] BGH v. 01.02.1994 - VI ZR 65/93 = NJW 1994, 1594, 1595.

[1241] BGH v. 06.11.1962 - VI ZR 29/62 = NJW 1963, 389, 390; v. 01.02.1994 - VI ZR 65/93 = NJW 1994, 1594, 1595; *Ahrens* in Wieczorek/Schütze, § 444 ZPO Rn. 4; *Laumen* in Baumgärtel/Laumen/Prütting, HdB Beweislast, Kap. 16 Rn. 29.

[1242] BGH v. 23.11.2005 - VIII ZR 43/05 = NJW 2006, 434, 436; *Matties,* JZ 1986, 959, 962; *Laumen* in Baumgärtel/Laumen/Prütting, HdB Beweislast, Kap. 16 Rn. 24.

[1243] *Konzen,* Rechtsverhältnisse zwischen Prozessparteien, S. 241; *Stürner,* Die Aufklärungspflicht der Parteien, S. 159; *Taupitz,* ZZP 100 (1987), 287, 305f.

[1244] *Foerste* in Musielak/Voit, § 286 ZPO Rn. 65; *Laumen* in Baumgärtel/Laumen/Prütting, HdB Beweislast, Kap. 16 Rn. 29.

Fall geschieht die Beseitigung der Beweisfunktion vorsätzlich. Sollte keine vorsätzliche Begehung vorliegen, die naturgemäß sehr schwer nachzuweisen sein wird,[1245] so ist jedenfalls eine fahrlässig Begehung gegeben. Denn der jeweilige Berater weiß, dass das Beratungsprotokoll als Beweismittel im Fall eines späteren Haftungsprozesses dienen soll und musste daher erkennen, dass dieses in einem zukünftigen Prozess als solches Bedeutung erlangen könnte. Eine Nicht- oder Falschdokumentation des Beratungsgesprächs ist in diesem Fall als fahrlässig zu qualifizieren. Nichts anderes kann in Bezug auf die Beseitigung der Beweisfunktion gelten. Wegen der Kenntnis des Beraters, dass das Protokoll zur Beweissicherung für einen möglichen Haftungsprozess angefertigt wird, ist bei einem Dokumentationsfehler insofern von einer zumindest fahrlässigen Begehung auszugehen. Nach § 6 Abs. 1 S. 2 VVG und § 61 Abs. 1 S. 2 VVG bestand eine gesetzliche Pflicht zur Schaffung des Beweismittels. Zwar ist die Rechtsfolge einer Beweisvereitelung grundsätzlich umstritten, aber eine seitens des BGH angenommene Beweislastumkehr – ob hier die objektive oder subjektive Beweislast gemeint ist, mag dahin stehen – wird in diesem Zusammenhang vertreten und erscheint daher möglich.[1246] Es ist daher davon auszugehen, dass im Versicherungsrecht keine Vermutung der Vollständigkeit und Richtigkeit der Dokumentation gelten soll, sondern vielmehr eine Beweisvereitelung bei Vorliegen eines Dokumentationsfehlers. Im Ergebnis scheitert eine Begründung der Vermutung der Vollständigkeit und Richtigkeit der Aufzeichnungen aus § 83 Abs. 6 WpHG und der Geeignetheitserklärung bereits daran, dass auch im Versicherungsrecht keine entsprechende Vermutung besteht.

d. Anscheinsbeweis für Richtigkeit und Vollständigkeit der Geeignetheitserklärung und der schriftlichen Dokumentation

Fraglich ist, ob eine entsprechende Vermutung der Vollständigkeit und Richtigkeit der Beratungsdokumentation und der Geeignetheitserklärung – in Anlehnung an die Literaturansichten zum Beratungsprotokoll – über die Rechtsfigur des Anscheinsbeweises begründet werden kann. Dieser erlaubt unter Rückgriff auf Erfahrungssätze der allgemeinen Lebenserfahrung den Schluss von einem typischen tatsächlichen Geschehensablauf auf das Vorliegen anderer Tatsachen oder Umstände.[1247]

Fraglich ist, ob im zugrunde liegenden Fall aus dem typischen Geschehensablauf, dass der Berater eine Dokumentation bzw. Geeignetheitserklärung erstellt hat, mittels eines Erfahrungssatzes darauf

---

[1245] *Laumen* in Baumgärtel/Laumen/Prütting, HdB Beweislast, Kap. 16 Rn. 31.

[1246] OLG Celle v. 28.08.1996 - 20 U 67/95 = NJW-RR 1997, 568, 570; Vgl. *Laumen* in Baumgärtel/Laumen/Prütting, HdB Beweislast, Kap. 16 Rn. 35 m.w.N.

[1247] *Saenger* in Saenger, § 286 ZPO Rn. 38; *Prütting* in MüKo-ZPO, § 286 ZPO Rn. 50; *Thole* in Stein/Jonas, § 286 ZPO Rn. 213, vgl. hierzu die Ausführungen oben bei Kapitel 4. A. II. 2. c.

geschlossen werden kann, dass deren Anfertigung pflichtgemäß erfolgte und insbesondere die erstellten Dokumente inhaltlich richtig und vollständig sind.

Für das Beratungsprotokoll nach § 34 Abs. 2a WpHG a.F. wurde in der Vergangenheit ein solcher Erfahrungssatz bejaht.[1248] Nur im Einzelfall sei davon auszugehen, dass ein Protokoll falsch erstellt würde.[1249] Bereits zu jener Zeit war die Annahme eines solchen Erfahrungssatzes allerdings zweifelhaft. Auch heute darf nicht unberücksichtigt bleiben, dass die Aufzeichnung durch einen Angestellten des WpDU erfolgt, und dies möglicherweise sogar in dem Bewusstsein, dass diese Aufzeichnungen einmal prozessentscheidend sein könnten. In der Literatur wurde bereits zu Zeiten des Beratungsprotokolls auf diese Problematik hingewiesen.[1250] Es bestand bereits damals die Ansicht, dass sich eine Falschberatung selten aus dem Beratungsprotokoll würde entnehmen lassen.[1251] Ein erfahrener Mitarbeiter wisse, wie er zu protokollieren habe, ohne auf Protest des Anlegers zu stoßen.[1252] Eine Untersuchung der Stiftung Warentest aus dem Jahr 2010 ergab, dass bei 146 untersuchten Anlageberatungsgesprächen, von denen 126 Wertpapiere betrafen, nur in 65 Fällen überhaupt ein Beratungsprotokoll ausgegeben wurde, und von diesen 65 Fällen in 59 Fällen das Beratungsprotokoll mit Mängeln behaftet war.[1253] Eine Studie aus dem Jahr 2014 untersuchte insgesamt 119 Fälle, wobei im Rahmen der Tests sowohl Kapitalanlage- als auch Versicherungsberatungen durchgeführt wurden.[1254] Zwar wurden den Testkäufern zahlreiche Unterlagen übergeben, aber in nur 29 Fällen wurde auch tatsächlich eine Beratungsdokumentation ausgehändigt.[1255] Ein erneuter Test der Stiftung Warentest im Jahr 2016, bei dem 23 Banken und Sparkassen getestet wurden und dort je sieben Filialen besucht wurden (insgesamt also 161 Testereignisse), ergab zwar kein ganz so desaströses Bild mehr,

---

[1248] *Philipp,* Dokumentationspflichten, S. 259 mit Hinweis auf das ansonsten nach § 39 Nr. 19 a-c WpHG a.F. drohende Bußgeld.

[1249] *Philipp,* Dokumentationspflichten, S. 259.

[1250] *Veldhoff,* Die Haftung von Kreditinstituten, S. 340; *Maier,* VuR 2011, 3, 11f.; *Strohmeyer,* ZBB 2009, 197, 203; *Klein,* Beratungsprotokollpflicht, S. 411ff.

[1251] *Veldhoff,* Die Haftung von Kreditinstituten, S. 340; *Strohmeyer,* ZBB 2009, 197, 203; *Klein,* Beratungsprotokollpflicht, S. 411ff.

[1252] *Veldhoff,* Die Haftung von Kreditinstituten, S. 340; *Strohmeyer,* ZBB 2009, 197, 203; *Klein,* Beratungsprotokollpflicht, S. 411ff.; *Sethe,* ZBB 2010, 265, 269.

[1253] https://www.handelsblatt.com/finanzen/vorsorge/versicherung/qualitaetstest-bankberater-haben-nichts-dazugelernt/3495354.html, zuletzt abgerufen am 30.07.2019.

[1254] *Ortmann/Tutone,* Evaluierung der Beratungsdokumentation im Geldanlage- und Versicherungsbereich (Version 18.2.2014), ITA Institut für Transparenz GmbH, Az. 314-06.01-2811HS022, abrufbar unter https://bdvm.de/wp-content/uploads/2019/01/20140625_beratungsprotokolle_studie.pdf, zuletzt abgerufen am 02.08.2025.

[1255] *Ortmann/Tutone,* Evaluierung der Beratungsdokumentation (s.o.), S. 109.

aber immerhin waren hier noch 15 Verstöße gegen die Beratungsprotokollpflicht ermittelt worden.[1256] Ein Erfahrungssatz der ordnungsgemäßen Erfüllung der Dokumentationspflichten durch das WpDU erscheint vor diesem Hintergrund also nicht gegeben.

Für die aktuelle Rechtslage fehlt bis dato eine Erhebung, die entsprechende Zahlen liefern könnte. Jedoch leuchtet nicht ein, weshalb inzwischen für die Beratungsdokumentation und die Geeignetheitserklärung ein entsprechender Erfahrungssatz einer vollständigen und richtigen Dokumentation bestehen sollte, während für das Beratungsprotokoll hiervon eher nicht auszugehen war.

Für die Bejahung eines entsprechenden Erfahrungssatzes könnte allerdings angeführt werden, dass auch dem Arzt eine Vermutung der Vollständigkeit und Richtigkeit der Behandlungsdokumentation auf Basis eines Anscheinsbeweises zugebilligt wird.[1257] Allerdings ergibt sich ein solcher Erfahrungssatz für den behandelnden Arzt vor allem aus dem Zweck der Behandlungsdokumentation. Diese soll der ordnungsgemäßen Behandlung und Weiterbehandlung und nicht primär der Beweissicherung dienen.[1258] Der Arzt ist also zur Erfüllung der Hauptleistungspflicht, namentlich der medizinischen Behandlung, zu einem späteren Zeitpunkt möglicherweise selbst nochmals auf seine erstellten Aufzeichnungen angewiesen. Beim WpDU ist dies gerade nicht der Fall. Dessen Aufzeichnungen dienen ausschließlich der Kontrolle durch die BaFin und der Beweissicherung für einen möglichen Haftungsprozess.[1259] Für das WpDU besteht daher kein grundsätzliches Interesse daran, ordnungsgemäß zu dokumentieren. Vielmehr wird es im Prozess sogar mit einer günstigen Beweislage dafür „belohnt“, fehlerhaft dokumentiert zu haben.[1260]

1256 https://www.handelsblatt.com/finanzen/steuern-recht/recht/stiftung-warentest-prueft-anlageempfehlung-verbraucherschuetzer-rueffeln-bankberater/12848566-all.html, zuletzt abgerufen am 30.07.2019.

1257 Siehe oben, Kapitel 4. A. II. 2.

1258 Siehe oben, Kapitel 1. B. IV. 1.

1259 Vgl. im Einzelnen Kapitel 2. B. IV.

1260 Dem könnte zwar entgegengehalten werden, dass für das WpDU daran kein Interesse besteht, da ihm eine Sanktion nach § 120 Abs. 8 Nr. 124 WpHG bzw. § 120 Abs. 8 Nr. 41 WpHG droht. Diese Geldbuße kann nach § 120 XX WpHG bis zu 5 Mio. Euro betragen. Im Einzelfall mag eine Geldbuße im Vergleich zu einem möglichen Prozessverlust je nach Streitwert aber sogar verkraftbar erscheinen (Extremfall: Quelle-Erbin Madeleine Schickedanz gegen SAL Oppenheim u. a. wegen fehlerhafter Anlageberatung, Streitwert 1,9 Mrd.: https://www.handelsblatt.com/finanzen/steuern-recht/recht/einigung-im-schickedanz-prozess-millionen-statt-milliarden-fuer-die-quelle-erbin/14980746.html?ticket=ST-39170353-qSb9ntGXfVeESrYNpDBT-ap2, zuletzt abgerufen am 20.12.2019). Dennoch bleibt das ursprüngliche Problem bestehen, dass der Nachweis eines Dokumentationsfehlers in der Regel schwer zu führen sein wird und daher auch die aufsichtsrechtlichen Sanktionen deshalb ins Leere zu gehen drohen.

Im Gegensatz zum WpDU besitzt der Arzt aber ein Eigeninteresse an der Anfertigung einer inhaltlich richtigen Behandlungsdokumentation, da eine inhaltlich unrichtige Dokumentation das Risiko eines Behandlungsfehlers bei einer Folgebehandlung und somit auch das Haftungsrisiko des Arztes erhöht. Für das WpDU hingegen gibt es keine Anreize, richtig zu dokumentieren. Vielmehr überwiegen die Anreize, bei einem Pflichtenverstoß unrichtig zu dokumentieren, um einer Bußgeldsanktion oder einer zivilrechtlichen Haftung zu entgehen. Darüber hinaus wurde die Vermutung der Vollständigkeit und Richtigkeit der Behandlungsdokumentation vor allem darauf gestützt, dass es dem Arzt weder zumutbar noch möglich sei, jede Einzelheit einer Behandlung beweismäßig abzusichern, es sollte also eine Beweisnot abgemildert werden.[1261] Im Rahmen der anlageberatenden Tätigkeit des WpDU besteht hingegen keine Unmöglichkeit oder Unzumutbarkeit in Bezug auf eine mögliche Beweissicherung. Bei der Anlageberatung handelt es sich – im Gegensatz zu einer medizinischen Behandlung – um eine zeitlich und räumlich gut ab- und eingrenzbare Tätigkeit, deren Durchführung einfach beweismäßig sicherbar ist. Dies kann beispielsweise durch einen Audiomitschnitt geschehen, wie es bereits für die telefonische Anlageberatung nach § 83 Abs. 3 WpHG verpflichtend ist. Die Situation der Anlageberatung wäre allenfalls mit jener des arztrechtlichen Aufklärungsgespräches vergleichbar. Gegen eine Vergleichbarkeit der Situationen – und damit auch der Rechtsfolgen – spricht allerdings, dass im Arzthaftungsrecht der Arzt als Beklagter für die Aufklärung nach § 630h Abs. 2 BGB die Darlegungs- und Beweislast trägt. Im Kapitalanlagerecht ist dies nicht der Fall, hier trägt der Anleger die Darlegungs- und Beweislast für die Beratungspflichtverletzung.[1262] Selbst falls man aber eine Vergleichbarkeit der Situationen bejahte, so könnte darauf ebenfalls keine entsprechende Vermutung gestützt werden. Denn auch im Arzthaftungsrecht kommt dem Aufklärungsbogen keine Vermutungswirkung hinsichtlich der Vollständigkeit und Richtigkeit zu.[1263] Vielmehr ist aufgrund des möglichen Eigeninteresses des Arztes an einer Falschdokumentation eine Vermutung der Vollständigkeit und Richtigkeit der Aufklärungs- und Einwilligungsdokumentation abzulehnen und dieser stattdessen lediglich eine Indizwirkung zuzubilligen.[1264]

Gegen die Rechtsfolge eines entsprechenden Anscheinsbeweises, nämlich dass eine möglicherweise auch unrichtig erstellte Beratungsdokumentation oder Geeignetheitserklärung zugunsten des WpDU streitet, spricht außerdem, dass dies seitens des Richtliniengebers nicht gewollt war. Die Erwägungsgründe der MiFID II und die Gesetzgebungsmaterialien des 2. FiMaNoG zur Geeignetheitserklärung zeigen, dass es sowohl nach Ansicht des Richtliniengebers als auch des

[1261] Siehe oben, Kapitel 4. A. II. 2. a.

[1262] Siehe oben, Kapitel 4. B. I.

[1263] Siehe oben, Kapitel 4. A. II. 3. b. aa.

[1264] Siehe oben, Kapitel 4. A. II. 3. b. aa und bb.

deutschen Gesetzgebers „angemessene Schutzmechanismen geben [sollte] um sicherzustellen, dass *dem Kunden* keine Verluste daraus entstehen, dass in der Erklärung die persönliche Empfehlung unzutreffend oder unfair dargestellt wird".[1265] Hierunter wird zu verstehen sein, der Geeignetheitserklärung keine Vermutung der Vollständigkeit und Richtigkeit zuzubilligen, falls diese vom beklagten WpDU vorgelegt wird, um eine ordnungsgemäße Beratung nachzuweisen. Auch für die Vorlage der Beratungsdokumentation hat der Richtliniengeber vorgegeben, dass die Mitgliedstaaten dafür sorgen sollten, „dass es geeignete Schutzmechanismen gibt um sicherzustellen, dass *dem Kunden* keine Nachteile entstehen, wenn in dem Protokoll die Kommunikation zwischen den Parteien unzutreffend wiedergegeben wird. Solche Schutzmechanismen sollten nicht dazu führen, dass der Kunde irgendeine Haftung übernimmt."[1266] Bei Vorlage der Dokumentation durch das WpDU zu dessen Gunsten einen Anscheinsbeweis anzunehmen mit der Folge der Vermutung der Vollständigkeit und Richtigkeit der Dokumentation würde dieser Intention des Richtliniengebers zuwider laufen.

4. Vermutung der Vollständigkeit und Richtigkeit der Geeignetheitserklärung und der Dokumentation bei Vorlage durch den Anleger

Die vorstehenden Ausführungen müssen jedenfalls in Bezug auf eine Dokumentation und eine Geeignetheitserklärung gelten, welche inhaltlich eine ordnungsgemäße Anlageberatung und Geeignetheitsprüfung beschreiben und vom jeweiligen WpDU zur eigenen Entlastung vorgelegt werden. Es ist – wie bereits für das Beratungsprotokoll festgestellt – davon auszugehen, dass ein Berater, der nicht ausreichend zu den Risiken einer Anlage aufgeklärt hat, dies nicht in dieser Form dokumentieren wird. Vielmehr wird in diesen Fällen eine Beratungsdokumentation oder eine Geeignetheitserklärung erstellt werden, die auf das empfohlene Produkt angepasst sein wird. Mit anderen Worten werden sich in der Dokumentation und der Geeignetheitserklärung Informationen zum empfohlenen Produkt und zum konkreten Anleger finden, die nicht Gegenstand des Beratungsgespräches waren. Nur eine so gestaltete Dokumentation oder Geeignetheitserklärung könnte im Fall eines Prozesses den Vortrag des WpDU untermauern, eine (in Wahrheit pflichtwidrig erfolgte) Beratung sei ordnungsgemäß erfolgt. Da das WpDU kein Eigeninteresse an einer inhaltlich richtigen Dokumentation besitzt, kann grundsätzlich nicht von einem Erfahrungssatz ausgegangen werden, wonach die Dokumentation und Geeignetheitserklärung inhaltlich korrekt sind, falls diese vom WpDU zur eigenen Entlastung vorgelegt werden.

[1265] Erwägungsgrund (82) MiFID II und BT-Drucks. 18/10936, S. 235.

[1266] Erwägungsgrund (57) MiFID II.

Allerdings kann eine von einem Anleger zum Nachweis eines Beratungsfehlers vorgelegte Dokumentation oder Geeignetheitserklärung einen Anscheinsbeweis dahingehend entfalten, dass ein schriftlich dokumentierter Beratungsfehler sich auch tatsächlich so wie dokumentiert zugetragen hat. Für einen entsprechenden Erfahrungssatz sprechen durchaus gewichtige Argumente. So ist der Berater grundsätzlich nicht gewillt, Beweismittel für eine Falschberatung zu schaffen.[1267] Es bestand bereits für die alte Rechtslage zum Beratungsprotokoll die Ansicht, dass sich eine Falschberatung wohl selten aus diesem würde entnehmen lassen.[1268] Was bereits damals zum Beratungsprotokoll gesagt wurde, kann heute jedenfalls für die Dokumentation nach § 83 Abs. 6 WpHG und die Geeignetheitserklärung Geltung beanspruchen. Sollte eine Falschberatung daher ausnahmsweise doch einmal dokumentiert sein, so ist – weil dies gerade gegen eine interessengelenkte Dokumentation spricht und für eine wahrheitsgemäße Anfertigung – umso mehr davon auszugehen, dass sich der dokumentierte Sachverhalt wie dokumentiert zugetragen hat. Ein Erfahrungssatz in dieser Konstellation ist somit also grundsätzlich zu bejahen. Ein Anscheinsbeweis durch die Beratungsdokumentation und die Geeignetheitserklärung ist hinsichtlich der tatsächlich erfolgten Beratung daher anzunehmen, falls der Anleger die Dokumentation vorlegt, um einen Beratungsfehler nachzuweisen.

5. Geeignetheitserklärung und Dokumentation als Indiztatsache bei Vorlage durch das WpDU

Weder die Geeignetheitserklärung noch die Dokumentation der face-to-face-Beratung sind geeignet, einen unmittelbaren Beweis für den Inhalt des Beratungsgespräches zu erbringen. Es besteht bereits kein Erfahrungssatz in Bezug auf die Vollständigkeit und Richtigkeit der Aufzeichnung, so dass ein Anscheinsbeweis diesbezüglich ausscheidet. Insofern bleibt für den Nachweis in Bezug auf das Stattfinden und den Inhalt des Beratungsgespräches nur der mittelbare Beweis.

Da die inhaltliche Richtigkeit der Geeignetheitserklärung weder feststeht noch vermutet werden kann, reicht deren alleinige Vorlage zum Nachweis der ordnungsgemäßen Beratung nicht aus. Vielmehr wird die Kumulation mit anderen Beweismitteln notwendig sein, um den Tatrichter vom Vorliegen einer ordnungsgemäßen Aufklärung nach § 286 Abs. 1 ZPO vollständig zu überzeugen. Auch die Geeignetheitserklärung und die Dokumentation der face-to-face-Beratung besitzen daher letztlich – wie bereits die Dokumentation des ärztlichen Aufklärungs- und Einwilligungsgespräches – nur einen Indizwert in Bezug auf das Stattfinden und den Inhalt des Beratungsgespräches. Gemeinsam mit anderen Beweismitteln, vor allem der Zeugenaussage des jeweiligen Beraters, können sie allerdings

[1267] Siehe oben, Kapitel 4. B. III. 3. d.

[1268] *Veldhoff,* Die Haftung von Kreditinstituten, S. 340; *Strohmeyer,* ZBB 2009, 197, 203; *Klein,* Beratungsprotokollpflicht, S. 411ff.

einen Indizienbeweis in Bezug auf die Haupttatsache erbringen. Im Ergebnis handelt es sich damit bei der Geeignetheitserklärung und der Dokumentation der face-to-face-Beratung um eine Indiztatsache, die zusammen mit anderen Indiztatsachen einen Indizienbeweis dahingehend begründen kann, dass das Gespräch stattgefunden hat und welchen Verlauf es genommen hat.

IV. Rechtsfolge des Dokumentationsfehlers des WpDU

1. Meinungsstand in der Literatur

Die Frage, welche Rechtsfolge eine Verletzung der kapitalanlagerechtlichen Dokumentationspflicht zur Folge haben soll, wurde bereits zu Zeiten des Beratungsprotokolls nach § 34 Abs. 2a und 2b WpHG a.F. diskutiert. Teilweise wurde in der Literatur als Rechtsfolge pauschal eine Umkehr der Beweislast gefordert.[1269] Unklar blieb hierbei allerdings meistens, ob damit eine Umkehr der objektiven Beweislast (Feststellungslast) oder lediglich der subjektiven Beweislast (konkrete Beweisführungslast) gemeint sein sollte. Teilweise wurde eine widerlegliche Vermutung oder ein Anscheinsbeweis gefordert.[1270] Teilweise wurde der Dokumentationsfehler auch als (gesetzlich geregelte oder nicht geregelte) Beweisvereitelung eingeordnet, allerdings mit teils unterschiedlichen Rechtsfolgen.[1271] Für die Rechtslage nach Erlass der MiFID II bestehen bislang nur sehr wenige Stellungnahmen im Schrifttum. *Freitag* fordert als Rechtsfolge für die fehlerhafte Erstellung einer Geeignetheitserklärung eine „Beweislastumkehr".[1272] Eine detaillierte Begründung dieser beweisrechtlichen Sanktion wird allerdings auch in diesem Zusammenhang nicht vorgebracht. Letztlich lohnt zur Klärung dieser Frage ein genauerer Blick auf die einschlägigen gesetzlich normierten Tatbestände, Möglichkeiten einer Rechtsfortbildung und anerkannten richterrechtlichen Rechtsfiguren.

1269 Bereits für Rechtslage vor dem FRUG: *Podewils/Reisich,* NJW 2009, 116, 120f.; *Einsele*, JZ 2008, 477, 483; für Rechtslage nach dem SchVG: *Frhr. von Butlar* in Fandrich/Karper, MüAnwHdB Bank- und Kapitalmarktrecht (2. Aufl.) , § 8 Rn. 635; *Lenenbach* in Albrecht/Karahan/Lenenbach, § 41 Rn. 259q; *ders.*, Kapitalmarktrecht (2. Aufl.), Rn. 5.268 und Rn. 11.391; *Veldhoff,* Die Haftung von Kreditinstituten, S. 353; *Grundmann*, WM 2012, 1745, 1754; *ders.* in EBJS (3. Aufl.), BankR § 34 WpHG Rn. VI 346; wohl ebenfalls *Heese*, Beratungspflichten, S. 283 **a.A.** *Edelmann* in Assmann/Schütze/Buck-Heeb, § 3 Rn. 107ff.

1270 *Maier,* VuR 2011, 3, 10.

1271 *Rothenhöfer*, Anlegerschutz durch Schriftform, S. 351ff.; *Philipp,* Dokumentationspflichten, S. 275ff.; *Klein*, Beratungsprotokollpflicht, S. 416ff.; in dieser Richtung gehend auch *Heese*, Beratungspflichten, S. 282ff.

1272 *Freitag*, ZBB 2016, 1, 10.

2. Gesetzlich geregelte Beweisvereitelung

a. Vernichtung einer Urkunde, § 444 ZPO

§ 444 ZPO regelt den Fall, in dem eine Partei eine Urkunde beseitigt oder zur Benutzung untauglich macht in der Absicht, deren Benutzung für die Gegenseite unmöglich zu machen. Die Norm setzt tatbestandlich eine Urkunde i.S.d. §§ 416ff. ZPO voraus.[1273] Der Anwendungsbereich der Vorschrift erfasst damit lediglich den Fall, in dem die Aufzeichnung auf Papier vorgenommen wurde.[1274] Somit kann nur der Fall, in dem eine Beratungsdokumentation nach § 83 Abs. 6 WpHG oder eine Geeignetheitserklärung auf Papier aufgezeichnet wurden, von § 444 ZPO erfasst sein, während die Telefonaufzeichnung als Audiodatei sowie eine elektronische Dokumentation der Vorschrift von vornherein tatbestandlich nicht unterfallen. Von der Norm erfasst sind jedenfalls Verstöße gegen die Aufbewahrungspflicht des § 83 Abs. 8 WpHG, welcher die Aufbewahrung relevanter Aufzeichnungen für mindestens 5 Jahre voraussetzt. Eine Vernichtung nach Ablauf dieser Frist kann jedoch nicht mehr als Beweisvereitelung angesehen werden, da das WpDU hiernach zur Beseitigung berechtigt ist. Auch die Geeignetheitserklärung ist nach § 83 Abs. 1 WpHG aufzuzeichnen (Art. 24 Abs. 6 MiFID II bzw. Art. 54 MiFID II-DVO),[1275] so dass eine Vernichtung durch das WpDU– jedenfalls innerhalb eines gewissen Zeitraumes – nicht zulässig ist und bei einer Vernichtung von einer Beseitigung i.S.d. § 444 ZPO auszugehen ist. In diesem Fall besteht nach § 9 Abs. 4 WpDVerOV eine gesetzliche Mindestaufbewahrungsfrist, so dass das WpDU erst berechtigt ist, die Aufzeichnung nach Ablauf dieser Zeitspanne zu vernichten. Fraglich ist, ob auch bereits die (teilweise) Nichterstellung oder die Erstellung einer inhaltlich fehlerhaften Urkunde von § 444 ZPO erfasst ist. Hiergegen spricht der Wortlaut der Norm („beseitigt“ bzw. „untauglich gemacht“), der von einer existierenden Urkunde ausgeht, was denklogisch ihre vorherige Erstellung voraussetzt. Auch in der Literatur wird daher richtigerweise angenommen, dass das pflichtwidrige Unterlassen einer Dokumentation nicht von § 444 ZPO erfasst wird.[1276]

[1273] *Ahrens* in Wieczorek/Schütze, § 444 ZPO Rn. 2; *Preuß* in Prütting/Gehrlein, § 444 ZPO Rn. 2; *Berger* in Stein/Jonas, § 444 ZPO Rn. 1; *Schreiber* in MüKo-ZPO, § 444 ZPO Rn. 2; *Krafka* in BeckOK-ZPO, § 444 ZPO Rn. 1; *Röß* in Musielak/Voit, § 444 ZPO Rn. 2; *Siebert* in Saenger, § 444 ZPO Rn. 2.

[1274] Eine Anwendung von § 444 ZPO auf elektronische Dokumente, welche mit einer qualifizierten elektronischen Signatur versehen sind nach § 371a Abs. 1 ZPO scheitert daran, dass dieser lediglich die „Vorschriften über die Beweiskraft privater Urkunden“ für entsprechend anwendbar erklärt, wozu § 444 ZPO allerdings nicht gehört.

[1275] Siehe auch Anhang I zur MiFID II-DVO unter „Kommunikation mit Kunden“.

[1276] *Ahrens* in Wieczorek/Schütze, § 444 ZPO Rn. 2; *Preuß* in Prütting/Gehrlein, § 444 ZPO Rn. 2.

Als zusätzliche Voraussetzung setzt § 444 ZPO eine Pflicht des Beweisvereitelnden zur Vorlage der Urkunde voraus.[1277] Eine solche ist mit § 83 Abs. 7 WpHG bzw. § 810 BGB gegeben. Außerdem erfasst § 444 ZPO lediglich vorsätzliche Fälle („in der Absicht"), eine rein fahrlässige Begehung ist nicht ausreichend.[1278]

Im Ergebnis erfasst § 444 ZPO damit lediglich den Fall einer Beratungsdokumentation gemäß § 83 Abs. 6 WpHG oder einer Geeignetheitserklärung, welche in Papierform vorliegt und anschließend zumindest innerhalb der 5-Jahres-Frist des § 83 Abs. 8 WpHG vorsätzlich beseitigt oder untauglich gemacht wird.

b. Nichtvorlegung einer Urkunde, § 427 ZPO

§ 427 ZPO regelt den Fall, in dem eine Partei zur Vorlage einer Urkunde verpflichtet ist, dieser Vorlagepflicht aber nicht nachkommt. Auch § 427 ZPO findet ausschließlich auf Urkunden Anwendung, so dass – wie bereits bei § 444 ZPO – lediglich die Fälle erfasst sind, in denen die Geeignetheitserklärung oder die Beratungsdokumentation in Papierform und damit als Urkunde vorliegen. Eine Vorlagepflicht für das WpDU in Bezug auf die Beratungsdokumentation nach § 83 Abs. 6 WpHG ergibt sich aus § 83 Abs. 7 WpHG. Für die Dokumentation der Geeignetheitserklärung ergibt sich eine entsprechende Pflicht aus § 810 BGB.[1279] Wegen der vorgenannten materiellrechtlichen Vorlageverpflichtungen kann der Anleger die Vorlage der Urkunden im Prozess außerdem nach § 422 ZPO verlangen.

Fraglich ist, ob § 427 ZPO tatbestandlich auch den Fall des pflichtwidrigen Unterlassens einer Dokumentation erfasst. Der Wortlaut der Norm spricht eher dagegen, die Nichterstellung einer geschuldeten Urkunde unter den Anwendungsbereich der Norm zu fassen. Die Vorschrift geht – wie bereits § 444 ZPO – davon aus, dass eine entsprechende Urkunde bereits existiert, aber von der betreffenden Partei pflichtwidrig nicht beigebracht wird. Nach der hier vertretenen Ansicht ist der Fall der unterlassenen Dokumentation, in dem eine Urkunde pflichtwidrig nicht erstellt wird, daher nicht von § 427 ZPO erfasst.

[1277] *Preuß* in Prütting/Gehrlein, § 444 ZPO Rn. 4; *Feskorn* in Zöller, § 444 ZPO Rn. 2; *Berger* in Stein/Jonas, § 444 ZPO Rn. 1; *Ahrens* in Wieczorek/Schütze, § 444 ZPO Rn. 3.

[1278] *Schreiber* in MüKo-ZPO, § 444 ZPO Rn. 2; *Ahrens* in Wieczorek/Schütze, § 444 ZPO Rn. 4; *Berger* in Stein/Jonas, § 444 ZPO Rn. 1; *Preuß* in Prütting/Gehrlein, § 444 ZPO Rn. 6.

[1279] Vgl bereits Kapitel 2. B. IV. 2. b. aa. (3).

Von § 427 ZPO sind damit im Ergebnis ausschließlich solche Fälle erfasst, in denen eine Geeignetheitserklärung oder Beratungsdokumentation angefertigt wurde, diese aber auf Vorlageanordnung des Gerichts durch das WpDU nicht vorgelegt wurde. Auch der Fall des pflichtwidrig nicht ausgehändigten Beratungsprotokolls wurde bereits seinerzeit als Beweisvereitelung nach § 427 ZPO eingeordnet.[1280]

c. Vereitelung der Inaugenscheinnahme, § 371 Abs. 3 ZPO

§ 371 Abs. 3 ZPO regelt den Fall der Vereitelung einer Inaugenscheinnahme durch eine Partei. Darunter fallen insbesondere Fälle, in denen der Augenscheinsgegenstand zerstört oder beiseite geschafft wird, aber auch die Verweigerung der Herausgabe des Augenscheinsgegenstands.[1281] Als Augenscheinsobjekte sind vor allem Aufzeichnungen der telefonischen Anlageberatung gemäß § 83 Abs. 3 WpHG, aber auch die in elektronischer Form vorliegende Geeignetheitserklärung oder Dokumentation der face-to-face-Beratung erfasst. Die Aufzeichnungen nach § 83 Abs. 3 und 6 WpHG sind gemäß § 83 Abs. 8 WpHG für mindestens fünf Jahre aufzubewahren, während die Geeignetheitserklärung jedenfalls nach § 83 Abs. 1 WpHG aufzeichnungs- und nach § 9 Abs. 4 WpDVerOV aufbewahrungspflichtig ist. Eine Vernichtung durch das WpDU ist daher, jedenfalls innerhalb dieses Zeitraumes, nicht zulässig. Eine Vernichtung der genannten Aufzeichnungen innerhalb dieses Zeitraums oder eine Weigerung, diese in einem Prozess zur Inaugenscheinnahme zur Verfügung zu stellen, stellt daher eine Beweisvereitelung im Sinne des § 371 Abs. 3 ZPO dar. Fraglich ist, ob bereits die Nichterstellung der genannten Aufzeichnungen den Tatbestand des § 371 Abs. 3 ZPO erfüllt. Die „Vereitelung" der Inaugenscheinnahme wird relativ weit ausgelegt, hierunter ist bereits jedes Unterlassen einer gebotenen Mitwirkungshandlung durch die jeweilige Partei zu verstehen.[1282] Unter diese Definition könnte auch die pflichtwidrige Nichterstellung des Augenscheinsobjektes im Vorfeld des Prozesses fallen. Allerdings spricht hiergegen der Wortlaut der Norm: Denn dieser setzt das Bestehen eines entsprechenden Augenscheinsobjekts bereits voraus. Diese Auslegung wird auch von der systematischen Stellung von § 371 Abs. 3 ZPO gestützt. Denn § 371 Abs. 3 ZPO ist als „Parallelvorschrift" zu §§ 444 und 427 ZPO zu verstehen. Diese Normen setzen aber ebenfalls ein bereits bestehendes Beweismittel voraus und umfassen die pflichtwidrige Nichterstellung eines Beweismittels gerade nicht.[1283] Daher ist im Ergebnis ein Verstoß gegen die eigentliche Aufzeichnungspflicht auch von § 371 Abs. 3 ZPO nicht erfasst. Zum gleichen Ergebnis kommt man,

[1280] *Klein*, Beratungsprotokollpflicht, S. 420f.; *Philipp*, Dokumentationspflichten, S. 275ff.

[1281] *Trautwein* in Prütting/Gehrlein, § 371 ZPO Rn. 15; *Greger* in Zöller, § 371 ZPO Rn. 7; *Berger* in Stein/Jonas, § 371 ZPO Rn. 38.

[1282] *Berger* in Stein/Jonas, § 371a ZPO Rn. 42.

[1283] Vgl. Kapitel 4. B. IV. 2. a und b.

falls man – was bereits zweifelhaft erscheinen mag –[1284] über die Verweisung in § 371 Abs. 2 ZPO auf § 427 ZPO abstellt, denn die Nichterstellung einer Dokumentation fällt jedenfalls nicht unter § 427 ZPO.[1285]

d. Rechtsfolge gesetzlich geregelter Beweisvereitelung

Die gesetzlich geregelten Fälle der Beweisvereitelung gemäß §§ 427, 444 ZPO, welche die Nichtvorlegung oder Vernichtung von Urkunden betreffen, sehen als Rechtsfolge vor, dass die Behauptungen der jeweils geschädigten Partei hinsichtlich der Beschaffenheit und des Inhalts der Urkunde als bewiesen angesehen werden können. § 371 Abs. 3 ZPO, der die Beweisvereitelung für den Fall der Vereitelung der Inaugenscheinnahme eines Augenscheinsobjekts regelt, sieht als Rechtsfolge – in Anlehnung §§ 427, 444 ZPO – vor, dass die Behauptungen des Gegners über die Beschaffenheit des Gegenstandes als bewiesen angesehen werden können.

Mit dem „Inhalt" der Urkunde ist nicht – wie möglicherweise anzunehmen sein könnte – deren materieller Inhalt gemeint.[1286] Es wird nicht in die Beweiswürdigung des Tatrichters eingegriffen. Vielmehr wird dem Tatrichter die Möglichkeit eingeräumt, ein bestimmtes Ergebnis der Beweisaufnahme zu fingieren. Es kann in diesem Fall fingiert werden, dass die beweisbelastete Partei eine Urkunde, so wie sie sie beschrieben hat, vorgelegt hat. Die beweisrechtliche Würdigung der (fingierten) Urkunde, namentlich ob die beschriebenen Inhalte der Wahrheit entsprechen und daher dem Urteil zugrunde gelegt werden können, obliegt jedoch weiterhin dem erkennenden Tatrichter.[1287] Die Rechtsfolge von §§ 444, 427 ZPO liegt damit in zweifacher Hinsicht im Ermessen des Tatrichters. Erstens obliegt es seiner Entscheidung, ob er die Behauptungen des Anlegers als darlegungs- und beweisbelaste Partei über die Beschaffenheit und den Inhalt der jeweiligen Urkunde als bewiesen zugrunde legt. Zweitens ist die Frage, welchen Beweiswert der Richter den so gewonnenen Erkenntnissen zumisst, ebenfalls Gegenstand des tatrichterlichen Ermessens. Als bestmögliche Rechtsfolge für den Anleger ergibt sich somit, dass der Tatrichter den Vortrag des Anlegers als bewiesen ansieht und auf dieser Grundlage vom Vorliegen einer Beratungspflichtverletzung ausgeht,

---

1284 vgl. *Bach* in BeckOK-ZPO, § 371 ZPO Rn. 12; *Zimmermann* in MüKo-ZPO, § 371 ZPO Rn. 15f.; § 371 Abs. 3 ZPO enthält eine Spezialregelung zur Beweisvereitelung, der Verweis in § 371 Abs. 2 S. 2 ZPO auf § 427 ZPO läuft daher wohl richtigerweise leer.

1285 Vgl. Kapitel 4. B. IV. 2. b.

1286 *Krafka* in BeckOK-ZPO, § 444 ZPO Rn. 4; *Röß* in Musielak/Voit, § 444 ZPO Rn. 3.

1287 Wenngleich das Beweisergebnis auch in der Regel nicht völlig offen sein wird, sondern regelmäßig von der Richtigkeit der Behauptung des Beweisführers auszugehen sein wird (s.u.), vgl. *Ahrens* in Wieczorek/Schütze, § 444 ZPO Rn. 1; *Berger* in Stein/Jonas, § 444 ZPO Rn. 3.

mit anderen Worten diese als bewiesen ansieht.[1288] Im Ergebnis liegt damit als Rechtsfolge für den Anleger im denkbar besten Fall eine Umkehr der konkreten Beweisführungslast vor. Teilweise wird für die Beweisvereitelung nach § 444 ZPO davon ausgegangen, dass der Vortrag der beweisbelasteten Partei regelmäßig als richtig anzusehen sein wird.[1289] Dafür wird vorgebracht, dass es sich bei § 444 ZPO um eine besondere Rechtsfolge für ein arglistiges Verhalten handelt und nicht lediglich um eine Wiederholung des Grundsatzes der freien Beweiswürdigung.[1290] Dem ist zuzustimmen. Es ist nicht einzusehen, warum eine Partei vorsätzlich in Kenntnis der Beweisträchtigkeit einer Urkunde diese Vernichten sollte, außer um sich dadurch für einen zukünftigen Prozess Beweisvorteile zu verschaffen. Zwar normiert der Wortlaut von §§ 444, 427 ZPO („*kann*") ein freies Ermessen des Gerichts. Allerdings ist davon auszugehen, dass dieses Ermessen wegen des Sanktionscharakters der Normen grundsätzlich intendiert sein soll, wenn der Vortrag des Beweisführers über die Beschaffenheit und den Inhalt der Urkunde substantiiert, widerspruchsfrei und nachvollziehbar erfolgt.[1291] Dies wird beispielsweise zu verneinen sein, wenn der Beweisführer seinen Vortrag über den Inhalt der Urkunde ändert, nachdem deren Vernichtung bekannt wurde.[1292]

Für die Vereitelung der Inaugenscheinnahme gilt das zu §§ 444, 427 ZPO Gesagte entsprechend. Auch hier kann das Gericht die „Beschaffenheit" des Augenscheinsobjekts als fingiert ansehen und damit das Ergebnis einer Beweiserhebung entsprechend dem Vortrag der geschädigten Partei unterstellen. Die Würdigung dieses Ergebnisses obliegt auch hier grundsätzlich dem erkennenden Gericht.[1293] § 371 Abs. 3 ZPO sieht in Bezug auf die Rechtsfolge ein doppeltes Ermessen des erkennenden Gerichts vor. Und auch in diesem Fall kann das Gericht im besten Fall aus der Weigerung der Vorlage der Aufzeichnung des Telefongespräches folgern, dass diese den Beweis einer Aufklärungspflichtverletzung durch das WpDU erbracht hätte. Auch in diesem Fall liegt damit als Rechtsfolge von § 371 Abs. 3 ZPO im besten Fall eine Umkehr der konkreten Beweisführungslast vor. Allerdings gilt auch für § 371 Abs. 3 ZPO, wie bereits für §§ 444, 427 ZPO, dass in der Regel der Vortrag der beweisbelasteten Partei als richtig anzusehen ist, soweit dieser substantiiert, widerspruchsfrei und nachvollziehbar erfolgt (s.o.).

1288 Für das Beratungsprotokoll bereits *Klein*, Beratungsprotokollpflicht, S. 420f.; *Philipp*, Dokumentationspflichten, S. 276ff.

1289 *Ahrens* in Wieczorek/Schütze, § 444 ZPO Rn. 1; wohl ebenfalls *Berger* in Stein/Jonas, § 444 ZPO Rn. 3.

1290 *Berger* in Stein/Jonas, § 444 ZPO Rn. 3.

1291 Zum Erfordernis des Vortrags bei § 427 ZPO vgl. BGH v. 28.04.1992 - XI ZR 193/91 = NJW-RR 1992, 1072ff.

1292 *Berger* in Stein/Jonas, § 444 ZPO Rn. 3.

1293 *Berger* in Stein/Jonas, § 371 ZPO Rn. 42.

3. Analoge Anwendung von § 630h Abs. 3 BGB

a. Rechtsfortbildung des Kapitalanlagerechts unter Rückgriff auf das Arzthaftungsrecht

Mit Rücksicht auf die Ähnlichkeiten zum Arzthaftungsrecht könnte möglicherweise als Rechtsfolge für die übrigen von §§ 444, 427, 371 Abs. 3 ZPO nicht erfassten Fälle, eine Umkehr der objektiven Beweislast unter Rückgriff auf den Rechtsgedanken von § 630h Abs. 3 BGB in Betracht kommen. In der Literatur finden sich zahlreiche Autoren, Gerichte und sogar Äußerungen des Gesetzgebers, die einen Vergleich zwischen dem Kapitalanlagerecht und dem Arztrecht ziehen, um hieraus eine Rechtsfortbildung zu begründen.[1294] So stellte *Rothenhöfer* die Dokumentationspflicht des Arztes und des WpDU gegenüber, um der Frage nachzugehen, ob § 34 WpHG a.F. den Zweck der Beweissicherung verfolgt.[1295] *Grundmann* argumentierte unter Verweis auf das Arzthaftungsrecht für eine Beweislastumkehr bei einem Verstoß gegen § 34 Abs. 2a WpHG a.F.[1296] *Freitag* bejaht eine Beweislastumkehr für den Fall, dass das WpDU gegen seine Pflicht aus § 64 Abs. 4 WpHG verstößt.[1297] Auch der Gesetzgeber äußerte sich in der Gesetzesbegründung zum SchVG dahingehend, dass er die Einführung eines § 34 Abs. 2c WpHG a.F. – welcher eine Beweislastumkehr für den Fall der unterlassenen Dokumentation normieren sollte – nicht befürwortete, da in diesem Fall auf die allgemeinen Grundsätze zur Beweislastverteilung zurückgegriffen werden könne, wie sie von der Rechtsprechung z.B. auch zur ärztlichen Dokumentation entwickelt wurden.[1298] Demnach könne zwar eine Dokumentationspflichtverletzung zu Beweiserleichterungen führen, allerdings sei eine generelle Beweislastumkehr, wie auch bei der Arzthaftung, nicht angebracht.[1299] Diese Äußerungen stammen wohlgemerkt aus der Zeit vor der Einführung des § 630h Abs. 3 BGB, der eine solche generelle Beweislastumkehr für das Arzthaftungsrecht nunmehr explizit vorschreibt. In der Vergangenheit wurden also desöfteren Vergleiche zwischen der Arzthaftung und der Haftung von WpDU gezogen, um eine Rechtsfortbildung auf dem Gebiet des Kapitalanlagerechts zu begründen, auch in Bezug auf die Folgen einer Dokumentationspflichtverletzung.[1300] Methodisch betrachtet wäre ein solches Ergebnis unter Zugrundelegung der heutigen Rechtslage wohl allein mit einer analogen Anwendung von § 630h Abs. 3 BGB zu begründen.

1294 **A.A.** hingegen *Maier,* VuR 2011, 3, 9f. der sich wegen unterschiedlicher Zwecke der Dokumentation gegen eine Übertragung von arztrechtlicher Beweislastumkehr auf das Wertpapierrecht ausspricht; diesem folgend *Klein*, Beratungsprotokollpflicht, S. 425.

1295 *Rothenhöfer,* Anlegerschutz durch Schriftform, S. 324ff.

1296 *Grundmann* in EBJS (3. Aufl.), BankR VI Rn. VI 350; *ders.*, WM 2012, 1745, 1754.

1297 *Freitag,* ZBB 2016, 1, 10.

1298 BT-Drucks. 16/12814, S. 36.

1299 BT-Drucks. 16/12814, S. 36.

1300 Vgl. auch *Heese*, Beratungspflichten, S. 278 (Fn. 595) m. w. N.

b. Planwidrige Regelungslücke

Hierfür müsste eine planwidrige Regelungslücke vorliegen. Zwar bestehen für einzelne Fälle des Dokumentationsfehlers mit den §§ 444, 427, 371 Abs. 3 ZPO gesetzliche Regelungen. Diese Fälle können daher bereits mangels planwidriger Regelungslücke nicht über § 630h Abs. 3 BGB analog gelöst werden. Für die übrigen Fälle bleibt allerdings festzustellen, dass der nationale Gesetzgeber bei der Umsetzung der MiFID II durch das 2. FiMaNoG keine Regelungen zur Rechtsfolge eines Verstoßes gegen § 83 Abs. 3 und 6 WpHG bzw. § 64 Abs. 4 WpHG getroffen hat. Der Gesetzesbegründung zum 2. FiMaNoG lassen sich keine Anhaltspunkte dahingehend entnehmen, dass der Gesetzgeber den Fall des Dokumentationsfehlers bedacht hatte und bewusst ungeregelt lassen wollte. In die andere Richtung – namentlich für eine eigentlich gewollte Regelungstendenz des Gesetzgebers – spricht vielmehr, dass dieser den jeweiligen Anleger in der Situation des Anlagenerwerbs als besonders schutzbedürftig angesehen hat und mit den Vorschriften zur Aufzeichnung der telefonischen Anlageberatung und der Dokumentation der face-to-face-Beratung vorbeugen wollte, dass der Anleger in einem möglichen nachfolgenden Haftungsprozess in Beweisnot gerät. So hat der Gesetzgeber in den Materialien zu § 83 Abs. 3 WpHG besonders betont, dass die Aufzeichnungen der Beweissicherung des Kunden dienen und daher in dessen Interesse mit einer Aufzeichnung besonders frühzeitig begonnen werden sollte.[1301]

Diesem Zweck folgend, wäre es seitens des Gesetzgebers eigentlich konsequent gewesen, eine Regelung zu schaffen, die dem Anleger eine Kompensation für eine durch einen Dokumentationsfehler eingetretene Beweisnot verschafft. Dies gilt jedenfalls für die Aufzeichnung der telefonischen Anlageberatung und die Dokumentation der face-to-face-Beratung. Für den Fall der nicht erstellten oder nicht ausgehändigten Geeignetheitserklärung schreibt der nationale Gesetzgeber in den Motiven zu § 64 Abs. 4 WpHG vor, dass es angemessene Schutzmechanismen geben sollte um sicherzustellen, dass dem Kunden keine Verluste daraus entstehen, dass in der Erklärung die persönliche Empfehlung unzutreffend oder unfair dargestellt wird, einschließlich der Frage, wie sich die abgegebene Empfehlung für den Kunden eignet sowie der Nachteile der empfohlenen Vorgehensweise.[1302] Eine Regelung für diesen Fall wurde allerdings nicht getroffen. Offensichtlich scheinen teilweise für das nationale Gesetzgebungsverfahren schlicht die Erwägungsgründe der Richtlinie in die nationalen Gesetzgebungsmaterialien übernommen worden zu sein, während jedoch an den Stellen, an welchen

---

[1301] BT-Drucks. 18/10936, S. 244.

[1302] BT-Drucks. 18/10936, S. 235.

im Rahmen der Umsetzung durch die Mitgliedstaaten eine weitere Ausformung der Regelungen notwendig gewesen wäre, diese gerade unterlassen wurde.[1303]

Erwägungsgrund (82) der MiFID II gibt für die Geeignetheitserklärung vor, dass es „angemessene Schutzmechanismen" geben sollte „um sicherzustellen, dass dem Kunden keine Verluste daraus entstehen, dass in der Erklärung die persönliche Empfehlung unzutreffend oder unfair dargestellt wird, einschließlich der Frage, wie sich die abgegebene Empfehlung für den Kunden eignet sowie der Nachteile der empfohlenen Vorgehensweise".[1304] Für die Dokumentation der face-to-face-Beratung gibt die MiFID II vor, dass „wenn Protokolle persönlicher Gespräche mit Kunden erstellt werden, die Mitgliedstaaten dafür sorgen sollten, dass es geeignete Schutzmechanismen gibt um sicherzustellen, dass dem Kunden keine Nachteile entstehen, wenn in dem Protokoll die Kommunikation zwischen den Parteien unzutreffend wiedergegeben wird."; solche Schutzmechanismen sollten nicht dazu führen, dass der Kunde irgendeine Haftung übernimmt.[1305]

Der Richtliniengeber sah also durch die MiFID II Schutzmechanismen vor, die den jeweiligen Anleger vor den Konsequenzen einer inhaltlich unrichtigen oder nicht (rechtzeitig) erstellten Geeignetheitserklärung oder einer unrichtigen Aufzeichnung der telefonischen oder face-to-face erfolgten Anlageberatung schützen sollten.[1306] Es ist davon auszugehen, dass damit die nationalen Gesetzgeber aufgerufen sind, Regelungen zu treffen, um dies sicher zu stellen. Der deutsche nationale Gesetzgeber ist in dieser Hinsicht allerdings untätig geblieben. Eine Regelungslücke ist somit jedenfalls gegeben. Vor dem Hintergrund, dass diese offensichtlich vom europäischen Gesetzgeber nicht gewollt war und sogar der nationale Gesetzgeber in den Materialien deren Umsetzung anstrebte, diese aber letztlich unterlassen hat, ist davon auszugehen, dass diese Regelungslücke auch nicht gewollt und damit planwidrig ist.

Zwar könnte dagegen eingewandt werden, dass sich der nationale Gesetzgeber bereits in der Vergangenheit gegen eine Beweislastumkehr als Rechtsfolge für einen entsprechenden

---

1303 Vgl hierzu den Wortlaut MiFID II, Erwägungsgrund (82): „Die Wertpapierfirma ist dafür verantwortlich, die Geeignetheitsprüfung durchzuführen und die schriftliche Erklärung zur Geeignetheit zur Verfügung zu stellen, und es sollte angemessene Schutzmechanismen geben um sicherzustellen, dass dem Kunden keine Verluste daraus entstehen, dass in der Erklärung die persönliche Empfehlung unzutreffend oder unfair dargestellt wird, einschließlich der Frage, wie sich die abgegebene Empfehlung für den Kunden eignet sowie der Nachteile der empfohlenen Vorgehensweise."

1304 Erwägungsgrund (82) MiFID II.

1305 Erwägungsgrund (57) MiFID II.

1306 Vgl. Erwägungsgründe (57) und (82) MiFID II.

Dokumentationsfehler ausgesprochen haben könnte. So wurde bei Einführung des § 34 Abs. 2a und 2b WpHG a.F. durch das SchVG von Seiten des Bundesrates auch die Einfügung eines Absatzes 2c angeregt, welcher eine Beweislastumkehr in den Fällen eines nicht angefertigten, unvollständigen oder verspätet ausgehändigten Beratungsprotokolls vorsah.[1307] Der Gesetzgeber hat zu jener Zeit allerdings eine entsprechende gesetzlich geregelte Beweislastumkehr abgelehnt, weil sie sich bereits aus allgemeinen Grundsätzen ergebe,[1308] und verwies auf die Rechtslage im Arzthaftungsrecht, welche Beweiserleichterungen ermögliche.[1309] Nach heutiger Betrachtungsweise würde dies allerdings gerade einem Verweis auf § 630h Abs. 3 BGB entsprechen, was im Ergebnis nicht gegen, sondern für eine Beweislastumkehr bei der Verletzung einer Dokumentationspflicht spräche. Im Ergebnis kann daher aus der Weigerung des Gesetzgebers im Gesetzgebungsverfahren des SchVG, eine Beweislastumkehr nicht einzuführen, nicht darauf geschlossen werden, dass aus denselben Gründen auch bei der Umsetzung der MiFID II durch das 2. FiMaNoG explizit keine Beweislastumkehr geschaffen werden sollte. Für diese Betrachtungsweise spricht auch, dass die Schaffung des Beratungsprotokolls durch das SchVG seinerzeit einen Alleingang des nationalen Gesetzgebers darstellte, während das 2. FiMaNoG und die damit getroffenen Regelungen auf der Umsetzung einer EU-Richtlinie basierte. Die im Gesetzgebungsverfahren zum SchVG geäußerte Ansicht kann also nicht ohne weiteres auf das Gesetzgebungsverfahren zum 2. FiMaNoG übertragen werden. Es ist daher im Ergebnis nicht von einer bewussten Lücke unter Berufung auf allgemeine Beweislastverteilungsgrundsätze und mögliche Beweiserleichterungen auszugehen, sondern von einer planwidrigen Regelungslücke.

c. Vergleichbare Interessenlage

Es müsste außerdem eine vergleichbare Interessenlage vorliegen. Eine Angleichung der Rechtsfolgen kann nur gefordert werden, wenn spiegelbildlich auch eine Vergleichbarkeit der zugrunde liegenden Situationen und deren Wertungen besteht. Diese wäre jedenfalls zu bejahen, wenn eine Vergleichbarkeit der tatsächlichen und rechtlichen Voraussetzungen der jeweiligen Dokumentation und der tatsächlichen Folgen des Dokumentationsfehlers bestünde. Die jeweiligen Fundstellen in der Literatur, die eine entsprechende Rechtsfortbildung vom Arzt- ins Kapitalanlagerecht bejahen, gehen

---

[1307] BT-Drucks. 16/12814, S. 32, die Fassung von § 34 Abs. 2c WpHG Reg-E lautete „Sofern das Anlageprotokoll gemäß Absatz 2a nicht, nicht vollständig oder nicht rechtzeitig angefertigt wird, obliegt dem Wertpapierdienstleistungsunternehmen die Beweislast bei Schadenersatzansprüchen des Kunden wegen fehlerhafter Anlageberatung.“.

[1308] BT-Drucks. 16/12814, S. 36.

[1309] BT-Drucks. 16/12814, S. 36.

oft nur oberflächlich oder überhaupt nicht auf eine solche Vergleichbarkeit ein. Vielmehr wird diese zumeist vorausgesetzt oder unterstellt.[1310]

Für eine vergleichbare Interessenlage spricht, dass bereits die Sachverhalte, für welche § 630f Abs. 2 BGB und § 83 Abs. 3 und 6 WpHG jeweils Dokumentationspflichten vorsehen, zahlreiche Parallelen aufweisen. In beiden Fällen geht es im Grundsatz darum, dass eine nicht fachkundige Person einen fachkundigen Berater aufsucht, um sich zunächst über die Chancen und Risiken zu erkundigen, die eine Verfügung über ein bestimmtes Rechtsgut – beim Arzt handelt es sich um die Gesundheit, beim WpDU um das Vermögen – mit sich bringen kann.[1311] Der Berater erbringt daraufhin eine Beratungsleistung und erörtert Chancen und Risiken einer solchen Verfügung, namentlich eines medizinischen Eingriffs oder des Erwerbs einer Kapitalanlage. In der Regel wird der Berater dabei eine Empfehlung abgeben. Sowohl bei der Anlageberatung als auch bei der medizinischen Aufklärung ist eine Dokumentation dieses Gesprächs anzufertigen. Falls der Beratene sich im Nachhinein dazu entschließt, über das jeweilige Rechtsgut zu verfügen, so wird er dies in der Regel auf der Grundlage des Beratungsgesprächs und etwaiger zusätzlich ausgehändigter Dokumente tun. Bei der Verfügung wirkt der jeweilige Berater in der Regel mit, sei es als Arzt, welcher die therapeutische Behandlung durchführt, oder als depotführende Bank, welche die entsprechenden Anlagen für ihren Kunden erwirbt. Auch diese Mitwirkung an der Verfügung über das Rechtsgut ist zu dokumentieren. Der Arzt ist zur Dokumentation der Behandlung verpflichtet, während das WpDU zur Dokumentation der Ausführung von Kundenaufträgen verpflichtet ist. Falls am jeweiligen Rechtsgut in der Zukunft ein Schaden eintritt, sei es durch eine Verschlechterung des Gesundheitszustands, durch einen erfolglosen oder fehlerhaften Eingriff oder eine Minderung des Vermögens durch Wertverlust der erworbenen Anlage, so stellt sich in beiden Fällen die Frage nach der Haftung des jeweiligen Vertragspartners. Die Dokumentation stellt in diesen Fällen oft das einzige und damit auch entsprechend wichtige Beweismittel dar.

Für eine vergleichbare Interessenlage spricht auch, dass die bestehenden Pflichten des WpDU und des Arztes sich in besonderer Weise gleichen. Wegen der Ähnlichkeit der geregelten Sachverhalte und der damit verbundenen tatsächlichen Probleme sind auch die rechtlichen Verpflichtungen des Arztes und des WpDU heute weitgehend gleichlaufend ausgestaltet. Die jeweiligen Aufzeichnungen sind inhaltlich

---

[1310] *Rothenhöfer,* Anlegerschutz durch Schriftform, S. 324ff.; *Grundmann* in EBJS (3. Aufl.), BankR VI Rn. VI 350; *ders.*, WM 2012, 1745, 1754; *Freitag,* ZBB 2016, 1, 10.

[1311] So auch *Peter,* Das Recht auf Einsicht in Krankenunterlagen, S. 79, *Francke/Hart,* Ärztliche Verantwortung und Patienteninformation, S. 7f.; die hervorheben, dass beide gerade wegen ihrer besonderen Fachkenntnis in Anspruch genommen werden.

richtig und vollständig aufzuzeichnen. Die Dokumentation ist in beiden Fällen auf einem dauerhaften Datenträger anzufertigen.[1312] Darüber hinaus sind sowohl die Aufzeichnungen des Arztes als auch des WpDU in einer Form aufzubewahren, die eine nachträgliche Verfälschung verhindert oder erkennbar macht gemäß § 630f Abs. 1 S. 2 und 3 BGB sowie § 83 Abs. 9 WpHG; in beiden Fällen ist damit eine Manipulationssicherheit der Aufzeichnungen verbunden.[1313] Die entsprechenden Dokumentationen sind dem jeweiligen Vertragspartner nach § 630g BGB bzw. § 83 Abs. 7 WpHG auf dessen Verlangen hin zugänglich zu machen. Im Hinblick auf den Zeitpunkt der Dokumentation verlangt § 630f Abs. 1 S. 1 BGB einen „unmittelbaren zeitlichen Zusammenhang“ zwischen Behandlung und Dokumentation.[1314] § 83 Abs. 3 und 6 WpHG geben diesbezüglich keinen Zeitrahmen vor, allerdings ist eine Aufzeichnung des Telefonats nach § 83 Abs. 3 WpHG nur im Zeitpunkt des Telefonats möglich und die Aufzeichnungen nach § 83 Abs. 6 WpHG werden sich an diesem zeitlichen Rahmen messen lassen müssen, so dass auch die Anfertigung dieser Aufzeichnungen nicht länger als notwendig aufgeschoben werden darf.[1315] Die jeweilige Dokumentation ist für eine gewisse Zeit aufzubewahren gemäß § 83 Abs. 8 WpHG und § 630f Abs. 3 BGB. Allerdings bestehen Unterschiede beim Schwerpunkt der jeweiligen Dokumentation. Im Kapitalanlagerecht liegt der Fokus eher auf der Beratung, welche der Verfügung über das Rechtsgut vorgelagert ist, während bei der ärztlichen Dokumentation der Fokus eher auf der eigentlichen Verfügung über das Rechtsgut, der Behandlung durch den Eingriff in die Gesundheit liegt. Der Anlagenerwerb durch das WpDU wird in einer eher standardisierten Form dokumentiert. Bei der ärztlichen Dokumentation erfolgt hingegen die Aufzeichnung der Aufklärung und Einwilligung eher standardisiert anhand eines vorgefertigten Aufklärungsbogens, der nach Unterzeichnung durch den Patienten schlicht zu den Akten genommen

---

[1312] § 630f Abs. 1 Satz 1 BGB nennt hier explizit die Papierform oder eine elektronische Form, während § 83 WpHG lediglich die Aufzeichnung auf einem „dauerhaften Datenträger“ fordert. § 2 Abs. 43 WpHG definiert den „dauerhaften Datenträger“ als jedes Medium, das es dem Kunden gestattet, an ihn persönlich gerichtete Informationen derart zu speichern, dass er sie in der Folge für eine Dauer, die für die Zwecke der Informationen angemessen ist, einsehen kann, und die unveränderte Wiedergabe der gespeicherten Informationen ermöglicht. Nach Art. 3 MiFID II-DVO darf, falls ein dauerhafter Datenträger vorgeschrieben ist, nur unter weiteren Voraussetzungen ein anderes Medium als Papier gewählt werden. Im Ergebnis wird in beiden Fällen jedenfalls entweder eine elektronische- oder eine Papierdokumentation angefertigt werden.

[1313] Zwar ist der Wortlaut der Vorschriften verschieden, so dass dadurch Zweifel an einem vergleichbaren Inhalt bestehen könnten. Inhaltlich schreibt § 83 Abs. 9 WpHG eine Sicherung gegen „nachträgliche Verfälschung“ vor, während § 630f Abs. 1 Satz 2 Änderungen erlaubt, falls der ursprüngliche Inhalt erkennbar bleibt. Im Ergebnis wird aber in beiden Fällen dem Umstand entgegengewirkt, dass im Nachhinein eine fehlerhafte Dokumentation geschaffen wird.

[1314] Wobei allerdings der Wortlaut in dem Sinne teleologisch zu erweitern ist, dass auch Aufklärungen und Einwilligungen in unmittelbarem zeitlichem Zusammenhang zum betreffenden Gespräch bzw. der Erklärung zu dokumentieren sind, vgl. Kapitel 1. B. V.

[1315] Siehe oben, Kapitel 2. C. II. 3.

wird. Diese Unterschiede in der konkreten Durchführung der Dokumentation vermögen aber nicht darüber hinwegzutäuschen, dass im Ergebnis ein weitgehender inhaltlicher und systematischer Gleichlauf der ärztlichen und der kapitalanlagerechtlichen Dokumentation vorliegt.

Eine Sonderstellung nimmt bei dieser Betrachtung die Geeignetheitserklärung nach § 64 Abs. 4 WpHG ein. Das Arztrecht geht davon aus, dass der Patient seine Entscheidung über die Vornahme einer Behandlung allein aufgrund des Gespräches mit dem Arzt und der in diesem Zusammenhang erfolgten Aufklärung trifft.[1316] Zwar sind Unterlagen, welche vom Patienten unterzeichnet wurden, diesem nach § 630e Abs. 2 S. 2 BGB auszuhändigen. Insofern scheint eine gewisse Parallele zur Geeignetheitserklärung des WpDU vorzuliegen. Allerdings besitzen die Unterlagen nach § 630e Abs. 2 S. 2 BGB gerade keine Informationswirkung. Denn der Patient bekommt diese lediglich als beweissichernde Maßnahme für einen möglichen nachfolgenden Haftungsprozess ausgehändigt.[1317] Informationsmaterialien, die zur Aufklärung des Patienten unterstützend herangezogen werden, sind nicht auszuhändigen.[1318] Die Geeignetheitserklärung hingegen besitzt, da deren Inhalt über das, was im Beratungsgespräch erläutert wurde, hinausgeht und diese zusätzlich als Entscheidungsgrundlage für oder gegen den Erwerb einer Anlage dienen soll, eine eigene Informationswirkung.[1319] Zwar soll sie wohl mittelbar auch der Beweissicherung dienen. Denn eine Pflicht zur Aushändigung auch *nach* Geschäftsschluss, wie von § 64 Abs. 4 S. 4 WpHG vorgeschrieben, wäre anderenfalls entbehrlich. Allerdings liegt ihr Schwerpunkt klar auf der zusammenfassenden Information des Anlegers vor dessen Verfügung über sein Vermögen. Das Arztrecht kennt kein vergleichbares Dokument. Eine vergleichbare Interessenlage liegt daher in Bezug auf die Geeignetheitserklärung nach § 64 Abs. 4 WpHG nicht vor. Eine analoge Anwendung von § 630h Abs. 3 BGB verbietet sich daher für den Fall der nicht (vollständig) erstellten oder nicht ausgehändigten Geeignetheitserklärung.

Für eine besondere Vergleichbarkeit der übrigen ärztlichen und der kapitalanlagerechtlichen Dokumentation spricht jedoch auch die Entwicklung der Dokumentationsverpflichtungen und deren Hintergründe. Die Dokumentationspflicht für Ärzte war nach inzwischen überholter Auffassung ursprünglich rein berufsrechtlicher Natur.[1320] Wie bereits erläutert, wurde Ende der 1970er Jahre die

---

[1316] BT-Drucks. 17/10488, S. 24.

[1317] Vgl. Kapitel 1. B. VI.

[1318] *Katzenmeier* in BeckOK-BGB, § 630e BGB Rn. 51; *Rehborn*, GesR 2013, 257, 265.

[1319] Vgl. Kapitel 2. B. IV. 2. b. bb.

[1320] Siehe oben Kapitel 1. A. I, vgl. BGH v. 06.11.1962 - VI ZR 29/62 = NJW 1963, 389; auch heute findet sich in § 10 MBO-Ä noch eine berufsrechtliche Dokumentationspflicht des Arztes.

berufsrechtliche Pflicht auch als zwischen Arzt und Patient geltend anerkannt.[1321] Dies brachte die Konsequenz mit sich, dass ein Dokumentationsfehler nicht mehr nur berufsrechtlich sondern auch zivilrechtlich sanktionierbar war. Es kann insoweit von einer „Transformation" der berufsrechtlichen Pflichten in das Zivilrecht gesprochen werden.

Auch im Wertpapierhandelsrecht ist die Dokumentationspflicht nach § 83 Abs. 3 und 6 WpHG grundsätzlich als originäres Aufsichtsrecht ohne unmittelbare zivilrechtliche Wirkung ausgestaltet.[1322] Ob und in welcher Form aufsichtsrechtliche Verhaltenspflichten von WpDU dennoch zivilrechtliche Wirkung entfalten, ist in Deutschland bereits seit langem Gegenstand der Diskussion.[1323] Einigkeit besteht allerdings darin, dass im Ergebnis jedenfalls eine Geltung der aufsichtsrechtlichen Vorschriften im Zivilrecht bejaht wird.[1324] Auch für die wertpapierrechtlichen Dokumentationspflichten wird damit letztlich eine „Übertragung" auf das Zivilrecht angenommen. Im Ergebnis bleibt somit festzuhalten, dass sowohl die ärztliche Dokumentationspflicht als auch die Dokumentationspflicht des WpDU sich historisch gleich entwickelt haben. Beide waren ursprünglich nicht zivilrechtlicher Natur und wurden „nachträglich" in das Vertragsverhältnis zwischen den Parteien „überführt".

Für eine vergleichbare Interessenlage der ärztlichen und der kapitalanlagerechtlichen Dokumentation spricht darüber hinaus, dass bereits in der Vergangenheit eine Rechtsfortbildung unter Berufung auf die Parallelen zwischen der vermögensverwaltenden Bank und dem Arzt als „Vverwalter"[1325] der Gesundheit des Patienten stattgefunden hat. Für die ärztliche Dokumentation entschied der BGH seinerzeit, wegen ihrer Bedeutung für den Behandlungsfehlerprozess sei „die Pflicht zur Dokumentation […] dem Arzt auch außerprozessual als eine Art Rechenschaftspflicht aufzuerlegen, ähnlich der, die bei der Verwaltung fremden *Vermögens* seit langem selbstverständlich ist."[1326] Ein „Vergleich der Interessenlagen" könne „hier mindestens nicht zu einer verminderten Aufzeichnungspflicht des Arztes (vor allem des den Patienten im ganzen „verwaltenden" Klinikers) im Vergleich zum Vermögensverwalter führen".[1327] In der Literatur fand diese Begründung für die

---

1321 Siehe oben Kapitel 1. A. I; vgl. BGH v. 27.06.1978 - VI ZR 183/76 = NJW 1978, 2337, 2339.

1322 Vgl. en Detail oben Kapitel 2. B. IV. 4 und 5.

1323 Zum Stand der Diskussion vgl. en Detail oben Kapitel 2. B. II. 2. a. - c.

1324 Vgl. Kapitel 2. B. II. 2. e; nach der hier vertretenen Auffassung ist die Dokumentationspflicht nach § 83 Abs. 3 und Abs. 6 WpHG in den Beratungsvertrag zwischen dem Anleger und dem WpDU mit einbezogen, so dass letztlich eine „Übertragung" der aufsichtsrechtlichen Pflichten in das privatrechtliche Verhältnis auf dem Willen der Parteien beruht.

1325 BGH v. 27.06.1978 - VI ZR 183/76 = NJW 1978, 2337, 2339.

1326 BGH v. 27.06.1978 - VI ZR 183/76 = NJW 1978, 2337, 2339.

1327 BGH v. 27.06.1978 - VI ZR 183/76 = NJW 1978, 2337, 2339.

„Übertragung“ der Dokumentationspflicht vom Recht der Vermögensverwaltung auf das Arzthaftungsrecht überwiegend Zuspruch. Es sei „einfach nicht einzusehen, weshalb gute Verkehrsübung es als selbstverständlich betrachtet, daß über fremdes Geld auf den Pfennig minutiös abgerechnet wird, während man mit fremder Gesundheit so freihändig sollte umgehen dürfen.“[1328] Die Interessenlagen des Kunden bei der Vermögensverwaltung und des Patienten bei der ärztlichen Behandlung glichen sich.[1329] In beiden Rechtsverhältnissen sei aufgrund einer „Experte-Klient-Beziehung“, die sich durch überlegene Fach- und Sachkenntnis des einen Teils und Angewiesenheit des anderen Teils auszeichne, eine Rechenschaftspflicht des Experten zu bejahen.[1330] Grund für die Rechenschaftslegung sei gerade, dass mangels eigener Fachkunde des Patienten ein Experte zu Rate gezogen wird.[1331] Sowohl der Vermögensverwalterals auch der Arzt unterlägen dabei wegen fehlender Sachkunde des Vertragspartners keiner *unmittelbaren* Kontrolle.[1332] Dass dem Arzt eine Pflicht zur Dokumentation obliege, könne darauf zurückgeführt werden, dass dieser wegen überlegener Sach- und Fachkenntnis in der Vertragsbeziehung die strukturell überlegene Partei sei und deshalb ihm die Erfüllung dieser Pflicht eher zuzumuten sei.[1333] Es bleibt festzuhalten, dass bereits in der Vergangenheit eine Rechtsfortbildung des Arztrechts unter Rückgriff auf eine vergleichbare Interessenlage mit dem Gebiet des Kapitalanlagerechts bejaht wurde.

Schließlich müssten auch die Folgen der Dokumentationsfehler auf beiden Rechtsgebieten vergleichbar sein. Im Fall des Dokumentationsfehlers des Arztes gerät der Patient in Beweisnot, falls dieser gegen den Arzt wegen eines mutmaßlichen Behandlungsfehlers vorgehen möchte. Denn die Beweislast im Hinblick auf den Behandlungsfehler obliegt dem Patienten.[1334]

Auch der Anleger gerät bei einem Dokumentationsfehler des WpDU in eine gewisse Beweisnot. Denn auch er trägt die Darlegungs- und Beweislast für das Vorliegen eines Aufklärungsfehlers,[1335] und auch

---

[1328] *Dunz,* Zur Praxis der zivilrechtlichen Arzthaftung, S. 33.

[1329] *Bartlakowski,* Behandlungsdokumentation, S. 48ff.; *Hohloch,* NJW 1982, 2577, 2581.

[1330] *Peter,* Das Recht auf Einsicht in Krankenunterlagen, S. 79; *Bender,* Das postmortale Einsichtsrecht in Krankenunterlagen, S. 94f.; *Francke/Hart,* Ärztliche Verantwortung und Patienteninformation, S. 7ff.; *Hohloch,* NJW 1982, 2577, 2581.

[1331] *Peter,* Das Recht auf Einsicht in Krankenunterlagen, S. 79; *Bender,* Das postmortale Einsichtsrecht in Krankenunterlagen, S. 94f.; *Francke/Hart,* Ärztliche Verantwortung und Patienteninformation, S. 7ff.

[1332] *Peter,* Das Recht auf Einsicht in Krankenunterlagen, S. 79; *Bender,* Das postmortale Einsichtsrecht in Krankenunterlagen, S. 94f.

[1333] *Rothenhöfer,* Anlegerschutz durch Schriftform, S. 324ff.

[1334] Vgl. Kapitel 4. A. I.

[1335] Vgl. Kapitel 4. B. I.

für ihn wird ohne Dokumentation ein solcher schwerlich nachzuweisen sein. Man könnte daher auch eine Vergleichbarkeit der Folgen bejahen. Bei näherer Betrachtung fällt allerdings auf, dass es durchaus beachtliche Unterschiede gibt.[1336] Denn beim Behandlungsfehler des Arztes handelt es sich um eine Pflichtverletzung bei der unmittelbaren Einwirkung auf das Rechtsgut der Gesundheit. Vergleichbar damit wäre ein Fehler des depotführenden Instituts bei der Durchführung eines Wertpapiergeschäfts. Bei der Verletzung der Aufklärungspflichten im Rahmen der Anlageberatung handelt es sich hingegen um die Verletzung von Informationspflichten, die der Entscheidung des Anlegers als Rechtsgutsinhaber dienen, ob dieser eine Verfügung über sein Rechtsgut durch das WpDU wünscht. Die Verletzung der Aufklärungspflicht des WpDU ist daher allenfalls vergleichbar mit der Verletzung der Aufklärungspflicht des Arztes. Auch in diesem Fall handelt es sich um eine Pflicht zur Information des Patienten als Rechtsgutsinhaber über seine Gesundheit, um diesem die Entscheidung über eine Verfügung über sein Rechtsgut zu ermöglichen. Allerdings kann sich ein Dokumentationsfehler bei der Aufzeichnung der Aufklärung und Einwilligung nicht zulasten des Patienten auswirken. Denn die Darlegungs- und Beweislast hinsichtlich der ordnungsgemäßen Aufklärung obliegt gemäß § 630h Abs. 2 S. 1 BGB dem Arzt. Durch einen Dokumentationsfehler in Bezug auf Aufklärung und Einwilligung gerät der Patient nicht in Beweisnot. Vielmehr kann sich ein solcher Dokumentationsfehler sogar zugunsten des Patienten auswirken, falls dem Arzt der Nachweis einer ordnungsgemäßen Aufklärung mangels einer entsprechenden Aufzeichnung nicht gelingt. Dieser grundlegende Unterschied in der Darlegungs- und Beweislastverteilung ist den zugrunde liegenden, vom Vertragszweck geschützten Rechtsgütern geschuldet. Während für die Verletzung der Gesundheit die Körperverletzungsdoktrin gilt, und daraus eine Rechtswidrigkeit der Rechtsgutverletzung als indiziert gilt, ist dies bei der Verletzung des Vermögens nicht der Fall. Die Folgen des Dokumentationsfehlers in den verschiedenen Rechtsgebieten sind daher nicht vergleichbar. Im Ergebnis ist daher eine vergleichbare Interessenlage, und damit im Fall eines Dokumentationsfehlers auch eine analoge Anwendung von § 630h Abs. 3 BGB auf den Haftungsprozess wegen fehlerhafter Anlageberatung zu verneinen.[1337]

d. Zwischenergebnis

Eine Rechtsfortbildung im Wege der analogen Anwendung von § 630h Abs. 3 BGB auf die von einem WpDU gemäß § 64 Abs. 4 WpHG nicht korrekt angefertigte Geeignetheitserklärung oder gemäß § 83 Abs. 3 und 6 WpHG nicht richtig erstellte Dokumentation – und damit einhergehend eine Umkehr der

---

1336 Dies ebenfalls herausstellend BGH v. 08.05.2012 – XI ZR 262/10 = NJW 2012, 2427, 2430; v. 28.03.1989 - VI ZR 157/88 = NJW 1989, 2320, 2321.

1337 Im Ergebnis bereits für das Beratungsprotokoll verneinend *Klein*, Beratungsprotokollpflicht, S. 424f.; *Maier*, VuR 2011, 3, 9f.

objektiven Beweislast als Rechtsfolge für diese Fälle – ist damit abzulehnen. Es wurden vom nationalen Gesetzgeber keine beweisrechtlichen Rechtsfolgen für Verstöße gegen die genannten Pflichten normiert, obwohl diese von der MiFID II vorgesehen waren und ursprünglich auch vom nationalen Gesetzgeber gewollt waren. Eine planwidrige Regelungslücke liegt daher vor. Für eine analogeAnwendung von § 630h Abs. 3 BGB fehlt es aber an einer vergleichbaren Interessenlage im Wertpapierhandelsrecht. Für die Geeignetheitserklärung gilt dies bereits deshalb, weil es hierfür kein äquivalentes Dokument im Arztrecht gibt. Für die Dokumentation nach § 83 Abs. 3 und 6 WpHG scheitert eine vergleichbare Interessenlage an der fehlenden Vergleichbarkeit der Folgen des Dokumentationsfehlers in den beiden Rechtsgebieten.

4. Gesetzlich nicht geregelte Beweisvereitelung

a. Voraussetzungen der gesetzlich nicht geregelten Beweisvereitelung

Der Dokumentationsfehler könnte allerdings einen Fall der gesetzlich nicht geregelten Beweisvereitelung darstellen. In der Vergangenheit wurde dies für das Beratungsprotokoll nach § 34 Abs. 2aWpHG a.F. in der Literatur teilweise bejaht.[1338]

Die dogmatische Begründung der gesetzlich nicht geregelten Beweisvereitelung ist umstritten, an ihrer Existenz besteht allerdings im Ergebnis kein Zweifel.[1339] In objektiver Hinsicht verlangt die Beweisvereitelung ein Tun oder Unterlassen, ohne welches die Klärung des Sachverhaltes möglich gewesen wäre, das also ursächlich für die Nichtaufklärung eines entscheidungserheblichen Umstands geworden ist.[1340] Keine Rolle spielt hierbei, ob die Beweisvereitelung vor oder während des Prozesses begangen wurde.[1341] Irrelevant ist auch, ob durch das beweisvereitelnde Tun oder Unterlassen eine völlige Beweisvereitelung oder lediglich eine Erschwerung der Beweisführung eingetreten ist.[1342] Teilweise wird für eine fahrlässige Begehung darüber hinaus eine gesetzliche oder vorprozessuale

---

1338 *Heese*, Beratungspflichten, S. 276ff.; *Philipp*, Dokumentationspflichten, S. 275ff., 287; *Klein*, Beratungsprotokollpflicht, S. 417ff.; *Maier*, VuR 2011, 3, 10; *Rothenhöfer*, Anlegerschutz durch Schriftform, S. 351ff. (für den Fall des formellen Dokumentationsfehlers und Rechtslage vor dem FRUG), **a.A.** *Koller* in Assmann/Schneider, vor § 34 WpHG Rn. 33; *Fuchs* in Fuchs (2. Aufl.), § 34 WpHG Rn. 3.

1339 Zur sehr streitigen Frage ihrer Herleitung vgl. *Krautstrunk*, Beweisvereitelung, S. 199ff.; *Adloff*, Vorlagepflichten und Beweisvereitelung, S. 289ff.; *Laumen* in Baumgärtel/Laumen/Prütting, HdB Beweislast, Kap. 16 Rn. 9ff.; *Laumen*, MDR 2009, 177ff.; *Thole*, JR 2011, 327ff.

1340 Vgl. Nachweise bei Fn. 1236.

1341 Vgl. Nachweise bei Fn. 1237.

1342 Vgl. Nachweise bei Fn. 1238.

Pflicht zur Aufbewahrung oder Schaffung des Beweismittels gefordert.[1343] Da allerdings in Bezug auf sämtliche Aufzeichnungen auch eine materiellrechtliche Pflicht des WpDU zur Schaffung und Aufbewahrung besteht – jedenfalls auf Basis der vertraglichen Einbeziehung der WpHG-Pflichten – ,[1344] liegt diese Voraussetzung jedenfalls vor. Das Versäumnis einer Dokumentation kann tatbestandlich grundsätzlich unter die gesetzlich nicht geregelte Beweisvereitelung fallen,[1345] anders als dies bei den gesetzlich geregelten Fällen der Beweisvereitelung der Fall ist (s.o.).

Sowohl die Nichterstellung der telefonischen als auch der face-to-face-Beratungsdokumentation und der Geeignetheitserklärung stellt ein beweisvereitelndes Verhalten im o.g. Sinne dar.[1346] Für den Fall der teilweisen Nichterstellung ist jedoch danach zu unterschieden, ob sich die Dokumentationslücke im Ergebnis zulasten des Anlegers auswirkt oder nicht. Sollte beispielsweise eine Angabe zur Eingruppierung des Anlegers in eine Risikoklasse fehlen, so ist davon auszugehen, dass eine Eingruppierung auch nicht stattgefunden hat und daher eine Geeignetheitsprüfung nicht wie geschuldet durchgeführt wurde, was eine Falschberatung zur Folge hat. In diesem Fall streitet ein Anscheinsbeweis für eine falsche Beratung, so dass sich der Dokumentationsfehler nicht zulasten des Anlegers auswirkt und damit keine Beweisvereitelung darstellt.[1347] Sollte sich die Dokumentationslücke hingegen negativ für den Anleger auswirken, so ist eine Beweisvereitelung anzunehmen. Dies ist beispielsweise der Fall, wenn die Anlageziele des Kunden zwar erfragt, aber nicht dokumentiert wurden.[1348] Dasselbe gilt für den Fall, in dem falsche Aussagen in Bezug auf die Anlage gemacht, diese aber nicht dokumentiert

---

[1343] *Konzen,* Rechtsverhältnisse zwischen Prozessparteien, S. 241; *Stürner,* Die Aufklärungspflicht der Parteien des Zivilprozesses, S. 159; *Taupitz,* ZZP 100 (1987), 287, 305f.

[1344] Vgl. hierzu Kapitel 2. B. V. 2.

[1345] *Ahrens*, Der Beweis im Zivilprozess, Kap. 8 Rn. 144; *Laumen,* MDR 2009, 177; Für die ärztliche Dokumentation vgl. Nachweise bei Fn. 1115; für Dokumentation festgestellter Werkmängel vor Ersatzvornahme BGH v. 23.10.2008 - VII ZR 64/07 = NJW 2009, 360ff.; wohl ebenfalls BGH v. 09.11.1995 - III ZR 226/94 = NJW 1996, 315ff. für Dokumentationspflicht einer Ordnungsbehörde bezüglich des Zustandes einer Wohnung vor Einweisung eines Obdachlosen.

[1346] Dies für die teilweise Nichterstellung iRd Beratungsprotokolls anzweifelnd *Philipp*, Dokumentationspflichten, S. 295f., und wohl auch *Heese*, Beratungspflichten, S. 283, da in diesem Fall bereits die Vermutung der Vollständigkeit und Richtigkeit der Dokumentation zugunsten des Anlegers streite, denn eine fehlende Aufklärung ergebe sich aus dem unvollständigen Protokoll. Dies lässt allerdings den Fall der bewusst fehlerhaften Aufklärung außer Acht („sicher wie ein Sparbuch"), die in der Regel nicht dokumentiert wird, aber durch eine Dokumentationslücke verborgen werden soll. Eine solche Dokumentationslücke nachzuweisen ist im Rahmen der face-to-face-Dokumentation sicherlich schwieriger als bei der Telefonaufzeichnung. Ein Hinweis kann allerdings sein, dass die Beratungsdokumentation nur die Pflichtinhalte enthält, aber aus der Aufzeichnung auch hervorgeht, dass die Beratung überdurchschnittlich lange gedauert hat, also deutlich mehr gesprochen wurde als dokumentiert ist.

[1347] In diesem Sinne auch *Philipp*, Dokumentationspflichten, S. 295f., *Heese*, Beratungspflichten, S. 283.

[1348] Für das Beratungsprotokoll *Philipp*, Dokumentationspflichten, S. 295f.

wurden. In diesen Fällen liegt eine Beweisvereitelung durch die teilweise Nichtdokumentation vor. Auch die Vernichtung einer entsprechenden Dokumentation oder Geeignetheitserklärung erfüllt die objektiven Voraussetzungen einer Beweisvereitelung. Die Weigerung, eine Dokumentation oder Geeignetheitserklärung herauszugeben, welche für den streitgegenständlichen Anspruch relevante Informationen beinhaltet, ist nach der genannten Definition ebenfalls als Beweisvereitelung anzusehen. In sämtlichen erwähnten Fällen ist davon auszugehen, dass eine nicht in Gänze erfolgte Aufklärbarkeit des Inhalts des Beratungsgesprächs durch das jeweilige Verhalten des WpDU bedingt ist oder durch das jeweilige Tun oder Unterlassen zumindest erschwert wurde. Zumindest die aufgezeigten Fälle der inhaltlichen Unrichtigkeit der zu erstellenden Dokumente, wie auch deren (teilweise) Unvollständigkeit, sowie deren verweigerte Zugänglichmachung erfüllen damit die objektiven Voraussetzungen des Instituts der nicht gesetzlich geregelten Beweisvereitelung.

Fraglich ist allerdings, ob auch bei formellen Mängeln der genannten Dokumente eine Beweisvereitelung vorliegt.[1349] Entscheidend für die Beantwortung dieser Frage ist letztendlich, ob durch den formellen Mangel der Dokumentation die Beweisführung des Anlegers im Haftungsprozess zumindest erschwert wird.[1350] Als formelle Mängel der Dokumentation kommen vor allem der Fall der nicht zeitnah erstellten face-to-face-Beratungsdokumentation,[1351] sowie ein Verstoß gegen das Gebot der Fälschungssicherheit der Aufzeichnungen nach § 83 Abs. 9 WpHG in Betracht.

Für den Fall der verspäteten Aufzeichnung könnte argumentiert werden, dass auch bei einer späteren Aufzeichnung die Informationen jedenfalls im Ergebnis niedergelegt sind und daher kein Erschwernis der Beweisführung des Anlegers vorliegt. Diese Argumentation berücksichtigt allerdings nicht, dass die Erinnerungsfähigkeit des menschlichen Gehirns begrenzt ist und daher eine umso später erstellte Dokumentation auch umso allgemeiner und ungenauer sein wird. Darüber hinaus besteht mit fortschreitender Zeit auch die Gefahr einer unrichtigen Dokumentation. Beispielhaft sei hier der

---

1349 Der Anleger wird in dieser Situation allerdings wohl stets behaupten, dass die Dokumentation tatsächlich inhaltlich unrichtig ist und tatsächlich ein materieller Dokumentationsfehler vorliegt, der durch die formelle Unrichtigkeit erst möglich wurde. Im Fall der zu späten Dokumentation wird der Einwand sein, dass sich der Berater nicht mehr an die Details der Beratung erinnern konnte und daher im Ergebnis eine unrichtige oder zumindest teilweise unvollständige Dokumentation angefertigt hat. Bei der zu spät ausgehändigten Geeignetheitserklärung, wie auch bei der nicht fälschungssicher aufbewahrten Dokumentation wird der Einwand sein, dass im Nachhinein eine Verfälschung der Geeignetheitserklärung oder der Dokumentation stattgefunden hat.

1350 Hierzu bereits *Rothenhöfer,* Anlegerschutz durch Schriftform, S. 351ff.

1351 Nach hier vertretener Auffassung ist auch diese innerhalb eines gewissen Zeitfensters nach der Beratung zu dokumentieren, Vgl. Kapitel 2. C. II. 3.

Extremfall genannt, in dem eine Beratung hin zu einer risikoreichen Anlage stattgefunden hat und sich im Nachhinein der Kursverlauf negativ entwickelt. In einer solchen Situation kann von Seiten des WpDU durchaus eine gewisse Motivation dahingehend bestehen, die Dokumentation in Bezug auf gewisse Risiken des Kursverfalls besonders ausgeprägt zu erstellen. Zusammenfassend lässt sich damit festhalten, dass eine verspätete Dokumentation, je später sie stattfindet, ein gewisses Risiko einer materiellen Unrichtigkeit mit sich bringt. Sie ist insofern mit dem Makel der höheren Wahrscheinlichkeit einer inhaltlichen Unrichtigkeit belastet als die rechtzeitig erstellte Dokumentation.

Für den Fall der nicht fälschungssicher erstellten Telefon- oder face-to-face Beratungsdokumentation gilt letztlich dasselbe. Auch diese Aufzeichnungen sind, da sie einer erhöhten Gefahr der Manipulation im Nachhinein ausgeliefert sind, mit dem Makel der erhöhten Wahrscheinlichkeit einer inhaltlichen Unrichtigkeit belastet.

Der Anleger läuft daher Gefahr, eine inhaltlich unrichtige Dokumentation zu erhalten, wodurch diesem die Beweisführung des Anlegers im Haftungsprozess zumindest erschwert wird. Der Fall des Verstoßes gegen § 83 Abs. 9 WpHG sowie die nicht rechtzeitige Erstellung der face-to-face-Beratungsdokumentation ist daher jeweils als Beweisvereitelung zu werten.

Für den formellen Dokumentationsfehler bleibt damit festzuhalten, dass dessen Besonderheit darin besteht, dass eine materielle Unrichtigkeit der Dokumentation nicht vorliegt oder jedenfalls nicht nachweisbar ist. In sämtlichen Fällen besteht aber die Möglichkeit einer inhaltlichen Unrichtigkeit – die auf ein Fehlverhalten des WpDU zurückgeht – ohne dass eine inhaltliche Unrichtigkeit erkennbar wäre. Durch die Gefahr einer inhaltlichen Unrichtigkeit ist die formell unrichtige Dokumentation mit dem Makel der höheren Wahrscheinlichkeit einer inhaltlichen Unrichtigkeit belastet, und daher einer inhaltlich unrichtigen Dokumentation gleichgestellt. Dadurch ist auch im Fall eines „nur“ formellen Dokumentationsfehlers eine Beweisvereitelung zu bejahen.

Fraglich ist, ob auch die Nichtaushändigung der Geeignetheitserklärung vor Geschäftsabschluss (bzw. unmittelbar nach Vertragsschluss bei Vorliegen der Voraussetzungen von § 64 Abs. 4 S. 4 WpHG) als Beweisvereitelung zu bewerten ist. Es handelt sich hierbei zwar grundsätzlich nicht um einen Verstoß gegen eine Aufzeichnungspflicht. Allerdings kann eine entsprechende Pflichtverletzung dennoch eine Beweisvereitelung darstellen. Denn im zu beurteilenden Fall ist die Geeignetheitserklärung nicht vor nachträglicher Manipulation durch das WpDU geschützt.[1352] Die Situation ist also mit derjenigen bei Vorliegen eines formellen Dokumentationsfehlers vergleichbar: Durch den Pflichtenverstoß wird die Gefahr des Eintritts eines materiellen Dokumentationsfehlers erhöht. Da dies für die Fälle des formellen Dokumentationsfehlers ausreichend ist, eine Beweisvereitelung zu begründen, kann im Fall der verspäteten Aushändigung der Geeignetheitserklärung nichts anderes gelten. Die verspätete Aushändigung der Geeignetheitserklärung stellt somit ebenfalls eine Beweisvereitelung dar.

In subjektiver Hinsicht ist ein doppeltes Verschulden der beweisvereitelnden Partei erforderlich.[1353] Bezugspunkt des Verschuldens ist sowohl die Vernichtung des Beweisgegenstands als auch die Beseitigung seiner Beweisfunktion. Für letzteres ist erforderlich, dass für die betreffende Partei die Beweisfunktion des Objektes erkennbar war.[1354] Für das Verschulden ist jede Form des Vorsatzes oder der Fahrlässigkeit ausreichend.[1355] Eine Fahrlässigkeit ist bei vorprozessualer Beweisvereitelung nur zu bejahen, falls die betreffende Partei unter Berücksichtigung aller Umstände erkennen musste, dass das Beweismittel in einem zukünftigen Prozess Bedeutung erlangen könnte.[1356] Eine Zurechnung des Verschuldens von Hilfspersonen ist über § 278 BGB (analog) möglich.[1357]

Sämtliche genannten Verstöße stellen auch in subjektiver Hinsicht eine Beweisvereitelung dar. Auch wenn eine vorsätzliche Begehung wohl in den meisten Fällen nicht nachweisbar sein wird, so ist jedenfalls eine fahrlässige Begehung zu bejahen. Denn dem jeweiligen Berater des WpDU ist bekannt, dass sowohl die Aufzeichnung der telefonischen Anlageberatung als auch die Dokumentation der face-to-face-Beratung und die Geeignetheitserklärung im Fall eines späteren Haftungsprozesses als Beweismittel dienen sollen. Er muss daher auch erkennen, dass die Aufzeichnungen in einem zukünftigen Prozess als Beweismittel Bedeutung erlangen könnten. Ein Verstoß gegen die entsprechenden Pflichten ist daher jedenfalls als fahrlässig zu qualifizieren. Nichts anderes kann in Bezug auf die Beseitigung der Beweisfunktion gelten. Wegen der Kenntnis des Beraters, dass sämtliche genannten Aufzeichnungen auch zur Beweissicherung für einen möglichen Haftungsprozess angefertigt werden, ist ein doppelter Schuldvorwurf zumindest in Form der fahrlässigen Begehung zu bejahen.

1352 Für das Beratungsprotokoll ebenso *Klein*, Beratungsprotokollpflicht, S. 427f.; hingegen für sekundäre Darlegungslast in Bezug auch auf protokollierte Aussagen *Philipp*, Dokumentationspflichten, S. 274.

1353 Vgl. Nachweise bei Fn. 1239.

1354 Vgl. Nachweise bei Fn. 1240.

1355 Vgl. Nachweise bei Fn. 1241.

1356 Vgl. Nachweise bei Fn. 1242.

1357 Vgl. Nachweise bei Fn. 1244.

b. Rechtsfolge der gesetzlich nicht geregelten Beweisvereitelung

aa. Grundsätzliche Rechtsfolge der Beweisvereitelung

Fraglich ist, welche Rechtsfolge die Fälle der gesetzlich nicht geregelten Beweisvereitelung nach sich ziehen. Diese ist in der Literatur und Rechtsprechung stark umstritten. Die Varianz der Ansichten in der Literatur reicht von einer Umkehr der Beweislast (wobei in der Regel nicht klar wird, ob eine Umkehr der objektiven oder subjektiven Beweislast gemeint ist),[1358] über eine Herabsetzung des Beweismaßes,[1359] bis hin zu einer Berücksichtigung im Rahmen der freien Beweiswürdigung des Gerichts.[1360] Teilweise wird auch die Auffassung vertreten, dass die Behauptungen des Beweisführers als wahr zu unterstellen sind,[1361] oder eine widerlegbare Fiktion zulasten der beweisvereitelnden Partei eintritt.[1362] Die Rechtsprechung nimmt als Rechtsfolge für die Beweisvereitelung „Beweiserleichterungen bis zur Beweislastumkehr“ an.[1363] Eine „Umkehr der Beweislast“ nimmt der BGH an, falls „dem Geschädigten nach tatrichterlichem Ermessen die auch nur teilweise Beweisführungslast billigerweise nicht mehr zugemutet werden kann“,[1364] wobei es sich mit Rücksicht auf die Wortwahl des Gerichts („Beweis*führungs*last“) wohl um eine Umkehr der subjektiven Beweislast handeln dürfte.

[1358] *Blomeyer*, AcP 158 (1959/60), 97, 102f.; *Prölss*, Beweiserleichterungen, S. 93ff.; *Wahrendorf*, Prinzipien der Beweislast, S. 128ff.; *Dubischar*, JuS 1971, 385, 392; *Rosenberg/Schwab/Gottwald*, Zivilprozessrecht, § 116 Rn. 17f.; *Berger* in Stein/Jonas, § 444 ZPO Rn. 9; für Umkehr der subjektiven Beweislast *Laumen* in Baumgärtel/Laumen/Prütting, HdB Beweislast, Kap. 16 Rn. 46ff.; *Rosenberg*, Die Beweislast, S. 191.

[1359] *Foerste* in Musielak/Voit, § 286 ZPO Rn. 63; *Saenger* in Saenger, § 286 ZPO Rn. 96; *Maassen*, Beweismaßprobleme, S. 181; *Jäckel*, Beweisrecht der ZPO, Rn. 127; *Walter*, Freie Beweiswürdigung, S. 236.

[1360] *Gerhardt*, AcP 169 (1969), 289, 307, 315; *Greger* in Zöller, § 286 ZPO Rn. 14b; *Lepa*, NZV 1992, 129, 136; *Musielak*, Grundlagen der Beweislast, S. 139; *ders./Stadler*, Grundfragen des Beweisrechts, Rn. 188; wohl ebenfalls *Ahrens* in Wieczorek/Schütze, § 444 ZPO Rn. 16, der eine differenzierte Betrachtung im Einzelfall fordert.

[1361] *Thole* in Stein/Jonas, § 286 ZPO Rn. 205; *E. Schneider*, Beweis und Beweiswürdigung, Rn. 152.

[1362] *Stürner*, Aufklärungspflicht der Parteien, S. 242ff.; *ders.*, NJW 1979, 1225, 1229; *Adloff*, Vorlagepflichten und Beweisvereitelung, S. 301; *Matties*, JZ 1986, 959, 960f.

[1363] BGH v. 15.11.1984 - IX ZR 157/83 = NJW 1986, 59, 61; v. 17.06.1997 - X ZR 119/94 = NJW 1998, 79, 81; v. 27.09.2001 - IX ZR 281/00 = NJW 2002, 825, 827; v. 23.09.2003 - XI ZR 380/00 = NJW 2004, 222; v. 23.11.2005 - VIII ZR 43/05 = NJW 2006, 434, 436; v. 17.01.2008 - III ZR 239/06 = NJW 2008, 982, 985; v. 23.10.2008 - VII ZR 64/07 = NJW 2009, 360, 362; v. 11.11.2008 - VIII ZR 265/07 = NJW 2009, 580, 582; v. 29.09.2010 – XII ZR 41/09 = NJW 2011, 778, 780; v. 12.10.2016 – VIII ZR 103/15 = NJW 2017, 1093, 1100.

[1364] BGH v. 15.11.1984 - IX ZR 157/83 = NJW 1986, 59, 61.

Eine Umkehr der objektiven Beweislast erscheint jedenfalls als Rechtsfolge für die Beweisvereitelung – wovon auch ganz überwiegend in der Literatur ausgegangen wird – unangemessen.[1365] Dafür spricht vor allem, dass ein Eingriff in die gesetzlich vorgegebene Beweislastverteilung nicht auf konkrete Umstände des Einzelfalls gestützt werden kann, denn dann stünde mitunter erst im Laufe des Prozesses fest, wen die Feststellungslast trifft.[1366] Auch würde bei einer Umkehr der objektiven Beweislast die beweisbelastete Partei besser gestellt, als dies der Fall wäre ohne die Beweisvereitelung.[1367] Denn bei Nichtbestehen der Beweisvereitelung hätte die beweisbelastete Partei bestenfalls den jeweiligen Beweis führen können. Auf die Ebene der Beweislast übertragen, entspräche dies allerdings lediglich einer Umkehr der subjektiven, nicht aber der objektiven Beweislast. Auch in den Fällen der gesetzlich geregelten Beweisvereitelung ist, wie gezeigt, als Rechtsfolge bestenfalls eine Umkehr der konkreten Beweisführungslast für den Anleger möglich.[1368] Es leuchtet nicht ein, warum in den Fällen der gesetzlich nicht geregelten Beweisvereitelung die Rechtsfolge über diejenige der gesetzlich geregelten Fälle hinausgehen sollte.[1369]

Ausgangspunkt einer Festlegung der Rechtsfolge müssen richtigerweise die gesetzlich geregelten Fälle der Beweisvereitelung bilden.[1370] Zwar regeln diese lediglich Fälle der vorsätzlichen Beweisvereitelung. Allerdings wird, da die gesetzlich nicht geregelte Beweisvereitelung auch fahrlässig begehbar ist, auch eine einheitliche Rechtsfolge zu bejahen sein.[1371] Die gesetzlich geregelten Fälle der Beweisvereitelung sehen vor, dass, wie bereits dargestellt, das Ergebnis einer Beweisaufnahme unterstellt werden *kann*, ohne dass diese stattgefunden hat.[1372] Dies entspricht der Fiktion eines

---

[1365] *Saenger* in Saenger, § 286 ZPO Rn. 97; *Prütting* in MüKo-ZPO, § 286 ZPO Rn. 91; *Foerste* in Musielak/Voit, § 286 ZPO Rn. 63; *Greger* in Zöller, § 286 ZPO Rn. 14b; *Gerhardt*, AcP 169 (1969), 289, 307, 315; *Musielak*, Grundlagen der Beweislast, S. 139; *Thole* in Stein/Jonas, § 286 ZPO Rn. 203; *ders.*, JR 2011, 327, 331; *Adloff*, Vorlagepflichten und Beweisvereitelung, S. 125, 300; OLG Frankfurt v. 12.07.2010 – 4 U 138/10 [Rn. 7] –, juris.

[1366] *Prütting* in MüKo-ZPO, § 286 ZPO Rn. 91; *Thole* in Stein/Jonas, § 286 ZPO Rn. 203; *Laumen* in Prütting/Gehrlein, § 286 ZPO Rn. 103.

[1367] *Saenger* in Saenger, § 286 ZPO Rn. 97; *Krautstrunk*, Beweisvereitelung, S. 279; *Laumen* in Prütting/Gehrlein, § 286 ZPO Rn. 103.

[1368] Siehe oben, Kapitel 4. B. IV. 2. d.

[1369] *Laumen*, NJW 2002, 3739, 3745; *ders.*, MDR 2009, 177, 179; *ders.* in Baumgärtel/Laumen/Prütting, HdB Beweislast, Kap. 16 Rn. 37.

[1370] *Prütting* in MüKo-ZPO, § 286 ZPO Rn. 96; *Matties*, JZ 1986, 959, 960; *Musielak/Stadler*, Grundfragen des Beweisrechts, Rn. 188; *Stürner*, NJW 1979, 1225, 1229; *Thole*, JR 2011, 327, 333; *Taupitz*, ZZP 100 (1987), 287, 340; OLG Frankfurt v. 12.07.2010 – 4 U 138/10 [Rn. 7] –, juris.

[1371] *Taupitz*, ZZP 100 (1987), 287, 340.

[1372] Vgl. Kapitel 4. B. IV. 2. d.

Beweismittels nach Maßgabe einer Beschreibung durch den von der Beweisvereitelung belasteten Beweisführer. Richtigerweise wirkt diese Fiktion aber nicht auf der Ebene der freien Beweiswürdigung.[1373] Ebenfalls ist damit keine Herabsetzung des Beweismaßes verbunden.[1374] Erst in einem zweiten Schritt, nachdem das Ergebnis der Fiktion durch das Gericht im Rahmen einer Ermessensentscheidung festgelegt wurde („*kann*“), erfolgt eine Würdigung des Ergebnisses.[1375] Hierbei gilt der normale Maßstab des § 286 Abs. 1 ZPO, das Gericht muss grundsätzlich vollständig vom Vorliegen der durch das Beweismittel zu beweisenden Tatsache überzeugt sein. Auch für die gesetzlich nicht geregelten Fälle der Beweisvereitelung ist daher grundsätzlich von der Rechtsfolge, die bereits für die gesetzlich geregelte Beweisvereitelung besteht, auszugehen. Diese Rechtsfolge bietet den Vorteil, dass der Richter flexibel auf die Umstände des Einzelfalls zu reagieren vermag.[1376] Zwar führt dieser Lösungsansatz zu einer gewissen Rechtsunsicherheit, da eine Prognostizierbarkeit der Rechtsfolge erschwert wird. Diese Unsicherheit ist allerdings hinzunehmen. Der Gesetzgeber hat diese ebenfalls für die gesetzlich geregelten Fälle der Beweisvereitelung normiert, so dass davon auszugehen ist, dass diese auch im Fall der ungeschriebenen Beweisvereitelung zu tolerieren sind. Gegen die genannte Lösung mag eingewandt werden, dass durch die Fiktion eines Beweismittels nach den Vorgaben des Beweispflichtigen letztlich möglicherweise dem Urteil des Gerichts ein ergiebigeres Beweismittel zugrunde gelegt wird, als dies bei einer unterlassenen Beweisvereitelung der Fall gewesen wäre. Damit läge im Ergebnis eine Überkompensation der durch die Beweisvereitelung geschaffenen Beweisnot des Beweispflichtigen vor. Dieses Risiko ist allerdings unter Beachtung der Gesamtumstände hinzunehmen. Denn einerseits kann dies auch bei den Fällen der gesetzlich geregelten Beweisvereitelung passieren, wo es allerdings von Seiten des Gesetzgebers hingenommen wurde. Darüber hinaus liegt mit der Beweisvereitelung letztlich ein pflichtwidriges Verhalten vor, dessen Rechtsfolge auch Sanktionscharakter besitzt.[1377] Auch unter diesem Aspekt wird eine mögliche Überkompensation zu Lasten der beweisvereitelnden Partei zu tolerieren sein. Außerdem besteht für die beweisvereitelnde Partei die Möglichkeit, dieses Risiko einer möglichen Überkompensation auszuschließen, indem sie den Beweis nicht vereitelt. Es erscheint daher angemessen, der beweisvereitelnden Partei das Risiko einer möglichen Überkompensation im Rahmen der Rechtsfolge

---

[1373] *Laumen* in Baumgärtel/Laumen/Prütting, HdB Beweislast, Kap. 16 Rn. 47.

[1374] *Weber*, Der Kausalitätsbeweis, S. 217.

[1375] *Laumen* in Baumgärtel/Laumen/Prütting, HdB Beweislast, Kap. 16 Rn. 47f.; *ders.*, NJW 2002, 3739, 3745; *Prütting* in MüKo-ZPO, § 286 ZPO Rn. 98; *Thole*, JR 2011, 327, 333.

[1376] *Laumen* in Baumgärtel/Laumen/Prütting, HdB Beweislast, Kap. 16 Rn. 48; OLG Frankfurt v. 12.07.2010 – 4 U 138/10 [Rn. 7] –, juris.

[1377] *Prütting* in MüKo-ZPO, § 286 ZPO Rn. 97f.; *Blomeyer*, AcP 158 (1959/60), 97, 103; *Ahrens* in Wieczorek/Schütze, § 444 ZPO Rn. 1; *Berger* in Stein/Jonas, § 444 ZPO Rn. 3.

aufzubürden. Als Rechtsfolge der gesetzlich nicht geregelten Beweisvereitelung ist mithin davon auszugehen, dass das Gericht – in Anlehnung an §§ 444, 427, 376 Abs. 3ZPO – vom Vorliegen eines Beweismittels ausgehen kann, so wie es die beweisführungsbelastete Partei vorgetragen hat, dieses aber auf einer zweiten Ebene nach den allgemeinen Grundätzen der Beweiswürdigung zu würdigen hat.

Es stellt sich die Frage, ob möglicherweise auch für die Fiktion des Beweismittels, die typischerweise eine Ermessensentscheidung des Tatrichters darstellt, eine typisierte Rechtsfolge anzunehmen ist. Nach der hier vertretenen Ansicht ist dies bereits für die gesetzlich geregelten Fälle der Beweisvereitelung der Fall.[1378] *Rosenberg* bejaht auch für die Fälle der gesetzlich nicht geregelten Beweisvereitelung einen grundsätzlichen Erfahrungssatz dahingehend, dass die beweisvereitelnde Partei, wenn die von der beweisbelasteten Partei zu beweisende Tatsache unwahr wäre, den Beweis nicht vereiteln würde, sondern unterstützt haben würde, mit der Konsequenz, dass die Richtigkeit der Aussage der beweisbelasteten Partei als „Normalfall" zu unterstellen sei.[1379] Nähme man einen entsprechenden Erfahrungssatz an, so würde dieser dogmatisch betrachtet einen Fall des intendierten Ermessens des Tatrichters darstellen. Ein solches intendiertes Ermessen käme wohl grundsätzlich nur auf der ersten „Stufe" der Rechtsfolge in Betracht, namentlich bei der Frage, ob ein Beweismittel wie vom Beweisbelasteten vorgetragen fingiert werden *kann*, oder dieses, mit Rücksicht auf einen entsprechenden Erfahrungssatz, sogar zugrunde gelegt werden *soll*.[1380] Ein allgemeiner Erfahrungssatz, wie *Rosenberg* ihn vertritt, kann allerdings nicht befürwortet werden.[1381] Gegen dessen These spricht, dass der behauptete Erfahrungssatz in allen Fällen der fahrlässigen Beweisvereitelung nicht greift.[1382] Denn eine versehentliche Beweisvereitelung kann mangels planenden Elements nicht zur Verbesserung der Beweissituation in einem möglichen Haftungsprozess erfolgt sein. Dass aus einem bestimmten zugrunde liegenden Lebenssachverhalt ein Erfahrungssatz abgeleitet werden kann, der eine stets gleiche Bewertung durch den Richter zumindest nahelegt, mag zwar mit Blick auf den Anscheinsbeweis richtig sein. Allerdings liegt auch beim Anscheinsbeweis stets ein *konkreter* Lebenssachverhalt zugrunde. Die

---

1378 Für die Fälle der gesetzlich normierten Beweisvereitelung vgl. Kapitel 4. B. IV. 2. d.

1379 *Rosenberg*, Die Beweislast, S. 191, mit der Konsequenz, dass „die Gerichte die bestrittene Behauptung als bewiesen ansehen können", womit wohl der Hauptbeweis als erbracht anzusehen sein soll und nicht lediglich das Beweismittel nach dem Vortrag des Gegners fingiert und anschließend der Urteilsfindung unter freier Beweiswürdigung gem. § 286 Abs. 1 ZPO zugrunde gelegt werden soll.

1380 Eine Ermessensreduktion auf Null, mit dem Ergebnis dass eine entsprechende Fiktion zugrunde gelegt werden *muss*, wird wohl allerdings genauso wie eine Bindung auf der zweiten Stufe der Beweiswürdigung, als unzulässiger Eingriff in die richterliche Unabhängigkeit abzulehnen sein.

1381 Ebenso *Gerhardt*, AcP 169 (1969), 289, 298; *Prölss*, Beweiserleichterungen, S. 92f.; *Blomeyer*, AcP 158 (1959/60), 97, 98.

1382 *Gerhardt*, AcP 169 (1969), 289, 298.

Feststellung, dass eine Partei der anderen die Beweisführung vereitelt hat, stellt aber gerade keinen konkreten Sachverhalt dar, sondern eine abstrakte Bewertung sämtlicher zugrunde liegender möglicher Sachverhalte. Ein allgemeiner Erfahrungssatz für sämtliche Fälle der Beweisvereitelung ist daher abzulehnen.

bb. Konkrete Rechtsfolge der jeweiligen Dokumentationspflichtverletzung

Anders ist die Situation allerdings zu bewerten, wenn ein hinreichend konkreter Sachverhalt feststeht und dieser geeignet ist, einen entsprechenden Erfahrungssatz zu begründen. Die einzelnen Fallkonstellationen, in denen ein Dokumentationsfehler auftreten kann, stellen jeweils einen entsprechend konkreten Sachverhalt dar. Für die grundsätzliche Möglichkeit, ein intendiertes Ermessen annehmen zu können, und dem Richter bei der Bewertung der Dokumentationspflichtverletzung eine gewisse „Marschroute" vorzugeben, sprechen bereits die Erwägungsgründe der MiFID II als unionsrechtliche Vorgaben, denen nach dem Grundsatz des „effet utile" so weit wie möglich zur Durchsetzung verholfen werden soll.[1383] Nach der Richtlinie sollen dem Anleger keine Nachteile bzw. Verluste daraus entstehen, dass die Geeignetheitserklärung bzw. die Beratungsdokumentation der face-to-face-Beratung unrichtig sind.[1384] Zu den Rechtsfolgen einer falschen Telefonaufzeichnung findet sich in den Erwägungsgründen der Richtlinie nichts. Dass aber auch bei der Verletzung der Aufzeichnungspflicht von telefonischen Anlageberatungsgesprächen gelten muss, dass dieser Verstoß nicht zulasten des Kunden gehen darf, ergibt sich bereits daraus, dass nach dem Willen des Richtliniengebers die Aufzeichnung der telefonischen Beratung der face-to-face-Beratungsdokumentation gleichgestellt sein soll.[1385] Dafür, dass sämtliche Formen des materiellen Dokumentationsfehlers im Ergebnis nicht zu Verlusten bzw. Nachteilen beim Kunden führen sollen, spricht auch die anlegerschützende Zielrichtung der Richtlinie. Es ist daher im Ergebnis davon auszugehen, dass der europäische Gesetzgeber die Möglichkeit einer falschen Telefonaufzeichnung nicht bedacht hatte, aber im Falle eines entsprechenden Verstoßes für den Anleger dasselbe Schutzniveau bestehen sollte wie bei einer Verletzung von § 64 Abs. 4 WpHG und § 83 Abs. 6 WpHG. Grundsätzlich spricht damit nichts gegen die Annahme eines intendierten Ermessens, falls dies im konkreten Fall des Dokumentationsfehlers angezeigt ist.

[1383] *Freitag*, ZBB 2016, 1, 10 leitet aus den Erwägungsgründen sogar eine Beweislastumkehr als Rechtsfolge bei Verletzung der Pflicht zur Erstellung der Geeignetheitserklärung her. Zur Begründung eines intendierten Ermessens durch den „effet utile" vgl. *Iglesias/Carlos,* EuGRZ 1997, 289, 293; für das Beratungsprotokoll einen Anscheinsbeweis oder eine tatsächliche Vermutung für den Vortrag des Anlegers für möglich haltend *Klein*, Beratungsprotokollpflicht, S. 426f.

[1384] Erwägungsgründe (82) und (57) MiFID II.

[1385] Erwägungsgrund (57) MiFID II.

Jedenfalls für den Fall der vorsätzlichen Begehung eines materiellen Dokumentationsfehlers ist ein gewisser Erfahrungssatz dahingehend zu bejahen, dass die Behauptung des Anlegers in Bezug auf die Beschaffenheit der Dokumentation oder Geeignetheitserklärung richtig ist. Es ist nicht nachzuvollziehen, warum ein Berater eine Dokumentation oder Geeignetheitserklärung absichtlich falsch oder (teilweise) nicht anfertigen sollte, außer um sich dadurch für einen zukünftigen Prozess Beweisvorteile zu verschaffen. Zwar begründet ein vorsätzlicher materieller Dokumentationsfehler einen entsprechenden Erfahrungssatz zunächst nur dahingehend, dass eine Dokumentation oder Geeignetheitserklärung wahrscheinlich einen Beweis gegen das beratende WpDU erbracht hätte, nicht aber, dass der Vortrag des Anlegers die (zu fingierende) Dokumentation betreffend auch der Wahrheit entspricht. Jedoch ist dieses Risiko – wie bereits das Risiko der Überkompensation –[1386] hinzunehmen, da es letztlich vom beratenden WpDU selbst verschuldet ist. Daher wird man den Vortrag des Anlegers hinsichtlich einer „fiktiven" Dokumentation als richtig unterstellen können, soweit er in sich konsistent, widerspruchsfrei und glaubwürdig ist.

Fraglich ist, ob für den Fall des fahrlässigen materiellen Dokumentationsfehlers ebenfalls ein entsprechender Erfahrungssatz anzunehmen ist. Dagegen spricht, dass eine versehentlich falsch oder (teilweise) nicht erstellte Dokumentation mangels planenden Elements nicht zur Verbesserung der Beweissituation in einem möglichen Haftungsprozess erfolgt sein kann. Dafür, dennoch einen entsprechenden Erfahrungssatz anzunehmen, spricht aber, dass eine sichere Trennung zwischen vorsätzlicher und fahrlässiger Begehungsweise für den Fall des Dokumentationsfehlers nur schwer möglich scheint. Vielmehr sind die Übergänge im Fall des Dokumentationsfehlers fließend. Dass im Rahmen der Rechtsfolge des Dokumentationsfehlers nicht zwingend danach zu unterscheiden ist, ob eine vorsätzliche oder fahrlässige Begehungsweise vorliegt, entspricht auch der Rechtsprechungslinie im Versicherungsrecht, welches einige Parallelen zum Kapitalanlagerecht aufweist.[1387] Auch die Erwägungsgründe der MiFID II unterscheiden nicht zwischen vorsätzlicher oder fahrlässiger Begehungsweise des Dokumentationsfehlers, sondern stellen lediglich auf den Erfolg, nämlich die Verletzung der Dokumentationspflicht ab.[1388]

Gerechtfertigt erscheint eine Vermutung der Richtigkeit des Klägervortrags in Bezug auf den Inhalt der Dokumentation vor allem, weil der Dokumentationsfehler einen Sonderfall der Beweisvereitelung darstellt. Denn die Dokumentationspflichtverletzung knüpft an eine Beweismittel*verschaffungs*pflicht,

[1386] Vgl. hierzu Kapitel 4. B. IV. 4. b. aa.

[1387] Vgl. BGH v. 13.11.2014 – III ZR 544/13 = NJW 2015, 1026, 1027 [Rn. 18].

[1388] MiFID II Erwägungsgrund (57) und (82).

und nicht wie die meisten Fälle der Beweisvereitelung, an eine Beweismittel*erhaltungs*pflicht an. Sich einer Sache zu entledigen oder diese zu vernichten, und hierbei möglicherweise – wenngleich vorwerfbar – nicht bedacht zu haben, dass diese als Beweismittel für einen möglichen Prozess in Betracht kommt, erscheint im Rahmen normaler betrieblicher Abläufe ohne weiteres denkbar. Im Fall der Dokumentationspflichtverletzung wird hingegen eine Pflicht nicht erfüllt, die zum Tagesgeschäft des Beraters gehört, für die er in der Regel besonders geschult sein wird und deren Zweck ihm sehr genau bekannt sein dürfte. Entsprechend sorgfältig sollte regelmäßig auch die Erfüllung dieser Pflicht sein. Es liegt daher nicht allzu fern, aus der fehlenden Dokumentation wesentlicher Arbeitsschritte, die zur Prüfung der Geeignetheit und der nachfolgenden Aufklärung und Empfehlung notwendig sind, darauf zu schließen, dass von vornherein auf die Erteilung einer bereits feststehenden Empfehlung hingearbeitet wurde – und damit eine vorsätzliche Aufklärungspflichtverletzung vorliegt.[1389] Denn für das WpDU besteht, wie bereits erläutert, ein gewisser Anreiz, unrichtig zu dokumentieren.[1390] Ein schlichtes „Vergessen" der Aufzeichnung oder lückenhaftes Aufzeichnen wird daher, ebenso wie ein „versehentlich" falsches Aufzeichnen, nicht immer tatsächlich auf Fahrlässigkeit beruhen. Trotzdem wird im konkreten Fall ein Vorsatz des Beraters kaum nachweisbar sein, so dass die fahrlässige Begehungsweise der Regelfall sein wird und der vorsätzliche Dokumentationsfehler die seltene Ausnahme. Wegen der aufgezeigten Besonderheiten erscheint es daher sachgerecht, auch wenn nur eine fahrlässige Begehung des Dokumentationsfehlers nachweisbar ist, eine besondere Sanktion dergestalt anzunehmen, dass der Vortrag des Anlegers in Bezug auf die Dokumentation als richtig zu unterstellen ist. Dies stellt auch keine unzumutbare Belastung des beklagten WpDU dar, da dieses letztlich die Abwendung der Rechtsfolge durch die Anfertigung einer ordnungsgemäßen Dokumentation selbst in der Hand hat. Darüber hinaus kann in besonderen Fällen, wie beispielsweise der Umstellung des Klägervortrags bezüglich des Inhalts der Dokumentation nach Bekanntwerden des Dokumentationsfehlers, die Vermutung der Richtigkeit des Vortrags als erschüttert angesehen werden.

[1389] OLG Dresden v. 30.06.2011 - 8 U 1603/08 = BeckRS 2012, 10869 für die Erteilung eines uneingeschränkten Prüfvermerks durch einen Wirtschaftsprüfer bei fehlender Dokumentation in der Handakte: „Dass aber wesentliche Prüfungsschritte - entgegen der Verpflichtung des Beklagten als Wirtschaftsprüfer, seine Prüfung in seinen Handakten und Arbeitspapieren so zu dokumentieren, dass ein sachverständiger Dritter damit in die Lage versetzt wird, aus Arbeitspapieren und Prüfungsbericht den gesamten Verlauf der Prüfung (sachliche Planung, Zeitplanung, Personalplanung) und der Prüfungsdurchführung nachzuvollziehen (Ebke, a. a. O., § 317 Rdnr. 88 m. w. N.) - zumindest nicht dokumentiert worden sind, ist nicht nur ein Hinweis darauf, dass diese Prüfungshandlungen tatsächlich nicht durchgeführt wurden, sondern liefert zumindest ein weiteres Indiz dafür, dass vorliegend von vornherein auf eine unbeschränkte Erteilung des Prüfvermerkes, unabhängig vom Ergebnis der Prüfung, hingearbeitet wurde.".

[1390] Siehe oben, Kapitel 4. B. III. 3. d.

Fraglich ist, ob ein entsprechender Erfahrungssatz oder eine anderweitige Vermutung der Richtigkeit des Vortrags des Anlegers auch im Fall des lediglich formellen Dokumentationsfehlers besteht. In Betracht kommen als formelle Dokumentationsfehler vor allem die verspätete Anfertigung der face-to-face-Beratungsdokumentation, die verspätete Aushändigung der Geeignetheitserklärung sowie die nicht fälschungssichere Aufbewahrung nach § 83 Abs. 8 WpHG. Es bleibt an dieser Stelle zunächst erneut festzuhalten, dass auch der formelle Dokumentationsfehler eine Beweisvereitelung darstellt. Sollte ein WpDU eine Maßnahme inhaltlich zwar richtig, aber formell unrichtig aufgezeichnet haben, kann es zwar unverhältnismäßig sein, dieses so zu behandeln, als ginge aus der Dokumentation eine Beratungspflichtverletzung hervor. Beispielsweise kann der Tatrichter auch im Fall einer lediglich verspäteten, aber ansonsten inhaltlich korrekten Beratungsdokumentation, seinem Urteil den Vortrag des Anlegers statt die – ansonsten tadellose – Dokumentation des WpDU zugrunde legen. Diese Rechtsfolge mag zwar etwas hart erscheinen, rechtfertigt sich aber aus der Belastung der Dokumentation mit dem Makel der erhöhten Wahrscheinlichkeit einer inhaltlichen Unrichtigkeit. Abgemildert wird die Rechtsfolge jedoch durch das freie Ermessen des Gerichts im Rahmen der Beweiswürdigung. Dadurch besteht eine sehr große Flexibilität für den jeweils konkreten Fall, so dass beispielsweise auch ein Mitverschulden des Anlegers berücksichtigt werden kann.

Für das verspätet angefertigte Beratungsprotokoll kann ein entsprechender Erfahrungssatz oder eine anderweitige Vermutung der Richtigkeit des Vortrags des Anlegers nicht grundsätzlich angenommen werden. Vielmehr wird nach den jeweiligen Umständen des Einzelfalls zu unterscheiden sein, ob eine Erstellung mit unrichtigem Inhalt nahe liegt oder nicht.[1391] Ist ein Protokoll beispielsweise nur eine Woche zu spät erstellt worden und beruft sich der Anleger auf diese Pflichtverletzung, nachdem Jahre später ein Kursverfall der Anlage eingetreten ist und ein Prozess angestrengt wird, so erscheint es sehr unwahrscheinlich, dass das Protokoll im Hinblick auf einen möglichen Prozess inhaltlich unrichtig angefertigt wurde. Wird allerdings ein Protokoll erst nach einem drastischen Kursverfall angefertigt, so kann dies bereits den Verdacht begründen, dass die Anfertigung vorausschauend im Hinblick auf eine mögliche Inanspruchnahme erfolgt ist. Sollte ein Protokoll hingegen erst dann angefertigt worden sein, nachdem das WpDU Kenntnis von einer drohenden Inanspruchnahme erlangt hat, oder gar während eines laufenden Prozesses, so wird darin wohl relativ sicher der Versuch der Schaffung eines für das WpDU günstigen Beweismittels liegen und das Protokoll sehr wahrscheinlich inhaltlich unrichtig sein.

In den beiden letztgenannten (exemplarischen) Fällen sollte eine entsprechende Vermutung der Richtigkeit des Vortrags des Anlegers bejaht werden. Dies ergibt sich unter anderem daraus, dass in der

[1391] Ähnlich bereits für das Beratungsprotokoll *Klein*, Beratungsprotokollpflicht, S. 428f.

verspäteten Dokumentation der Versuch einer weiteren Verschleierung des tatsächlichen Geschehens gesehen werden kann, der einen weiteren Beweisvorteil des Anlegers zu rechtfertigen vermag.

Das gerade Gesagte muss in dieser Form auch für die zu späte Aushändigung der Geeignetheitserklärung gelten. Auch in diesem Fall ist entscheidend, ob möglicherweise ein Anlass für das WpDU bestand, die Geeignetheitserklärung vor der Herausgabe inhaltlich unrichtig anzufertigen. So ist beispielsweise der Fall denkbar, dass die Geeignetheitserklärung nachweisbar während oder direkt nach dem Gespräch angefertigt wurde und zwar nicht ausgehändigt, aber fälschungssicher aufbewahrt wurde. In diesem Fall erscheint eine Vermutung dahingehend, den Vortrag des Anlegers als richtig zu unterstellen, als zu weit gehend. Denn eine Verfälschung im Nachhinein wäre in diesem Fall praktisch ausgeschlossen. Ist der Fall allerdings so gelagert, dass die Geeignetheitserklärung nicht angefertigt wurde, und erst auf Anfrage des Anlegers nach einiger Zeit angefertigt und anschließend herausgegeben wird, so wird – auch unter Einbeziehung der Entwicklung des Kurses der Anlage – möglicherweise eine Vermutung der Richtigkeit des Vortrags des Anlegers gelten. Wird hingegen eine Geeignetheitserklärung erst erstellt und herausgegeben, nachdem das WpDU Kenntnis von der Inanspruchnahme erlangt hat, so wird eine entsprechende Vermutung zu bejahen sein.

Für den Fall des Verstoßes gegen das Gebot der fälschungssicheren Aufbewahrung gemäß § 83 Abs. 8 WpHG ist eine entsprechende Vermutung der Richtigkeit des Vortrags des Anlegers zu bejahen. In diesem Fall ist es unmöglich zu kontrollieren oder einzuschätzen, ob das beklagte WpDU die Dokumentation inhaltlich verändert hat. Dies bedeutet ein erhebliches Risiko für den Anleger, dass die Dokumentation inhaltlich zu seinem Nachteil verändert werden könnte. Demgegenüber steht der für das WpDU verhältnismäßig geringe Aufwand, dieses Risiko auszuschließen. Zu bedenken ist, dass für das WpDU nur ein einmaliger Aufwand entsteht, eine entsprechende Softwarelösung im Unternehmen zu etablieren, die Handhabung einer Software in der Regel entsprechend einfach ist und meist sogar die Möglichkeit einer Automatisierung der fälschungssicheren Aufzeichnung bietet. Vor diesem Hintergrund und dem enorm hohen Risiko einer inhaltlichen Unrichtigkeit der Dokumentation, erscheint die Annahme einer Vermutung der Richtigkeit des Vortrags des Anlegers gerechtfertigt.

V. Darlegungs- und Beweislast für den Dokumentationsfehler

Grundsätzlich liegt die Darlegungs- und Beweislast für den Dokumentationsfehler, da er eine Beweisvereitelung darstellt und sich daher zugunsten des Anlegers auswirkt, auch bei diesem.[1392]

[1392] Für das Beratungsprotokoll *Klein*, Beratungsprotokollpflicht, S. 430; *Philipp*, Dokumentationspflichten, S. 296.

Unproblematisch wird jedenfalls der Fall der unterlassenen Dokumentation nachweisbar sein. Je nach Ausgestaltung des konkreten Einzelfalls können sich aber beim Nachweis einer teilweise unvollständigen Protokollierung Probleme für den Anleger ergeben. So wird es zwar grundsätzlich möglich sein, durch Abgleich mit der jeweiligen Dokumentation festzustellen, ob das WpDU sämtliche nach § 64 Abs. 4, 83 Abs. 3 und 6 WpHG und Artt. 54, 76 MiFID II -DVO aufzeichnungspflichtigen Inhalte protokolliert hat. Sollte dies nicht der Fall sein, so wird von einer Dokumentationslücke auszugehen sein, die auch entsprechend nachweisbar ist. Wenn diese Tatsachen betrifft, deren Fehlen sich im Ergebnis über den Anscheinsbeweis zugunsten des Anlegers auswirkt, so wird die teilweise Nichtdokumentation im Ergebnis nicht als Beweisvereitelung zu qualifizieren sein.[1393] Bei Inhalten, deren Dokumentation dem Kunden zugutekäme, liegt dagegen ein Fall der Beweisvereitelung vor.[1394] In diesem Fall dürfte der Nachweis einer unvollständigen Dokumentation dem Kunden aber regelmäßig schwer fallen und nur über weitere Beweismittel, etwa über Zeugen gelingen.[1395]

Liegt ein Fall der offensichtlichen inhaltlichen Unschlüssigkeit vor, so wird der Beweis des Dokumentationsfehlers leicht zu führen sein. Ist das Protokoll aber inhaltlich schlüssig und behauptet der Anleger, das Protokollierte sei inhaltlich dennoch unrichtig, so wird ein entsprechender Nachweis schwer fallen. Es sei beispielsweise an den Fall gedacht, in dem der Anleger sich als risikoscheu bezeichnet und eine risikoarme Anlage wünscht, aber letztlich der Berater eine risikoreiche Anlage empfiehlt. In diesem Fall wird ein erfahrener Berater den Anleger in der Geeignetheitserklärung und dem Protokoll in die passende Anlegerklasse (z.B. „chancenorientiert“) einordnen und ein entsprechendes Dokument anfertigen, wonach der Anleger zum empfohlenen Produkt passt. Eine solche Dokumentation ist zwar inhaltlich schlüssig, aber tatsächlich unrichtig. Der Nachweis eines Dokumentationsfehlers gestaltet sich in diesem Fall für den Anleger als schwierig.

Fraglich ist, ob wegen der möglichen Probleme des Anlegers, den Nachweis einer unvollständigen Dokumentation oder einer Falschdokumentation zu erbringen, möglicherweise eine Beweiserleichterung zugunsten des Anlegers dahingehend angezeigt ist. Dafür könnten die Erwägungsgründe der MiFID II sprechen, die explizit die genannten Fälle betreffen, wenn sie vorschreiben, dass dem Kunden keine Verluste daraus entstehen sollen, dass die Geeignetheitserklärung unzutreffend ist und dem Kunden keine Nachteile daraus entstehen sollen, wenn in dem Protokoll der face-to-face-Beratung die Kommunikation zwischen den Parteien unzutreffend wiedergegeben

---

1393 Siehe oben, Kapitel 4. B. IV. 4. a.

1394 *Philipp*, Dokumentationspflichten, S. 296 nennt für das Beratungsprotokoll beispielsweise die wesentlichen Anlageziele des Kunden.

1395 *Philipp*, Dokumentationspflichten, S. 297.

wird.[1396] Auch für die Rechenschaftspflicht im Rahmen des Auftrags ist es anerkannt, dass den Auftragnehmer die Beweislast für die Richtigkeit der Aufzeichnungen trifft.[1397] Auf den vorliegenden Fall können diese Grundsätze allerdings nicht übertragen werden. Im vorliegenden Fall dienen die Aufzeichnungen nicht der Ablegung einer Rechenschaft, sondern allein der Verbesserung der Beweissituation des Anlegers. Zwar beinhaltet die Pflicht zur Rechenschaftslegung auch immer ein Beweiselement,[1398] allerdings kann dieses im vorliegenden Fall nicht ausreichen, um Beweiserleichterungen in Bezug auf die Richtigkeit der Dokumentation zu begründen. Auch die Erwägungsgründe der MiFID II führen nicht zu einer entsprechenden Beweiserleichterung. Denn auch für das WpDU ist der Nachweis der inhaltlichen Richtigkeit der Dokumentation sehr schwer zu führen. Eine gänzliche Sicherung vor einer inhaltlichen Unrichtigkeit kann in dieser Hinsicht nicht erreicht werden. Die einzige Möglichkeit, die dem WpDU bliebe, wäre, sich für eine andere, sicherere Dokumentationsform zu entscheiden, um eine bessere Nachweismöglichkeit zu besitzen, und daher beispielsweise auch Präsenzberatungen per Audio- oder gar Videoaufzeichnung aufzuzeichnen. Dies würde aber verkennen, dass der europäische Gesetzgeber mehrere gleichwertige, nebeneinander stehende Möglichkeiten der Aufzeichnung geschaffen hat. Denn mit einer faktischen Drängung des WpDU zu einer Telefon- oder Videoaufzeichnung bliebe die vom Gesetzgeber intendierte Gleichwertigkeit der Aufzeichnungsformen nicht gewahrt. Die Intention der Richtlinie, dass eine inhaltliche Unrichtigkeit der Aufzeichnung möglichst nicht zulasten des Anlegers gehen sollte, wird außerdem durch die Beweiswürdigung der Dokumentation gewährleistet, falls das WpDU diese zu seinen Gunsten vorlegt. Demnach handelt es sich bei der Dokumentation lediglich um ein Indiz in Bezug auf das erfolgte Beratungsgespräch,[1399] ein Gericht wird also nur sehr selten eine Klage eines Anlegers allein aufgrund einer inhaltlich unrichtigen Dokumentation abweisen. Die Beibehaltung der ursprünglichen Darlegungs- und Beweislast ist für den Anleger daher zumutbar.

Auch der Nachweis formeller Mängel der Dokumentation erscheint für den Anleger teilweise nicht einfach. Ob eine Geeignetheitserklärung oder eine Beratungsdokumentation zu spät erstellt wurde, ergibt sich zwar in der Regel aus dem Dokument selbst. Der Nachweis, dass eine Geeignetheitserklärung nicht oder zu spät ausgehändigt wurde, kann sich in der Praxis aber als schwierig herausstellen. Da der Anleger jedoch mit der fehlenden Aushändigung eine negative Tatsache beweisen müsste, erscheint es angemessen, wie es für den Beweis negativer Tatsachen die Regel ist,

---

[1396] Erwägungsgründe (57) und (82) MiFID II.

[1397] *Beuthien* in Soergel, § 666 BGB Rn. 18; *Mansel* in Jauernig, § 666 Rn. 4; *Schwab* in Dauner-Lieb/Langen, § 666 BGB Rn. 15.

[1398] Vgl. Kapitel 1. B. III. 3. a. bb. (2).

[1399] Vgl. Kapitel 4. B. III. 5.

der anderen Partei eine sekundäre Darlegungslast diesbezüglich aufzuerlegen.[1400] Auch für das WpDU erscheint diese Lösung nicht unbillig, da das WpDU sich die Aushändigung der Geeignetheitserklärung ohne weiteren Aufwand durch die Unterschrift des Anlegers bestätigen lassen kann.[1401]

Auch einen Verstoß gegen die Pflicht zur fälschungssicheren Aufbewahrung nach § 83 Abs. 8 WpHG nachzuweisen wird dem Anleger schwer fallen, da er regelmäßig mangels Einblicks in den Betriebsablauf des WpDU nicht weiß, welche Software im konkreten Fall zum Einsatz kommt und ob diese die Voraussetzungen des § 83 Abs. 8 WpHG erfüllt. Da diese Frage aber gerade einen innerbetrieblichen Ablauf des WpDU betrifft, wird eine sekundäre Darlegungslast dahingehend zu bejahen sein, dass das WpDU Auskunft darüber geben muss, welche Software es einsetzt und wie eine Sicherung der Aufzeichnungen erfolgt. Für die Tatsache, dass die eingesetzte Software die Anforderungen von § 83 Abs. 7 WpHG nicht erfüllt, ist dann wiederum der Anleger darlegungs- und beweisbelastet. Dies ist dem Anleger jedoch – notfalls unter Rückgriff auf einen IT-Sachverständigen – zuzumuten.

[1400] Vgl. hierzu bereits unter Kapitel 4. B. II. 2.

[1401] Es liegt in diesem Fall kein Verstoß gegen § 309 Nr. 12 BGB vor, da dieser lediglich Fälle erfasst, in denen der Verwender die Beweislast zum Nachteil des anderen Teils ändert, nicht aber auch Fälle in denen der Verwender für sich die Möglichkeit eines Nachweises schafft.

C. Zusammenfassung der Ergebnisse in Thesen

1. Die vom BGH entwickelte Vermutung der Vollständigkeit und Richtigkeit der ärztlichen Dokumentation ist dogmatisch betrachtet als Indizienbeweis einzuordnen.Der Arzt ist für die Erfüllung der Pflichten aus § 630f BGB darlegungs- und beweisbelastet, um die Vermutungswirkung der Vollständigkeit und Richtigkeit der Dokumentation für sich beanspruchen zu können. Beim Vorliegen eines formellen oder materiellen Dokumentationsfehlers entfaltet die Dokumentation keine entsprechende Vermutungswirkung.

2. Eine fehlende Vertrauenswürdigkeit derDokumentation muss der Patient nicht substantiiert bestreiten, aber „konkrete Anhaltspunkte“ vorbringen, aus denen sich diese ergibt. Eine Ausnahme für den Vortrag, die Dokumentation sei nicht manipulationssicher erstellt worden, .der Patienten kann die manipulationssichere Aufzeichnung mit Nichtwissen gemäß § 138 Abs. 4 ZPO bestreiten.

3. Eine Vermutung der Vollständigkeit und Richtigkeit der Aufklärungs- und Einwilligungsdokumentation besteht nicht. Die Aufklärungs- und Einwilligungsdokumentation stellt eine Indiztatsache dar, sie kann gemeinsam mit anderen Indiztatsachen einen Indizienbeweis dahingehend begründen, dass das jeweilige Gespräch stattgefunden hat und welchen Verlauf es genommen hat.

4. Die sog. „immer-so“-Rechtsprechung des BGH ist abzulehnen. Eine Beweiserleichterung hinsichtlich der durchgeführten Aufklärung zugunsten des Arztes auf der Ebene der Parteianhörung durch den Vortrag, der Arzt kläre immer in einer bestimmten Art und Weise auf, erscheint nicht angezeigt, wenn der Arzt die Beweisnot mindestens fahrlässig selbst verschuldet hat. Dies ist bei einer unterlassenen Dokumentation der Aufklärung grundsätzlich zu unterstellen.

5. § 630h Abs. 3 BGB findetauf sämtliche Arten von Verstößen gegen § 630f Abs. 1 bis 3 BGB Anwendung. Eine Einschränkung der Anwendbarkeit der Norm, wie es der Wortlaut nahe legt, ist nicht angezeigt.

6. Bei der Rechtsfolge eines formellen Dokumentationsfehlers ist nach der jeweiligen konkreten Pflichtverletzung zu differenzieren. Eine verspätete Aufzeichnung löst grundsätzlich die Rechtsfolge des § 630h Abs. 3 BGB aus und führt zu einer Beweislastumkehr bezüglich der dokumentierten Tatsache. Allerdings entfällt der Beweiswert der verspäteten Dokumentation nicht gänzlich, solange diese innerhalb eines gewissen weiteren „Kulanzzeitraums“ angefertigt wird. Im Falle einer Veränderung der Dokumentation, ohne dass die ursprüngliche Dokumentation erhalten bleibt, wird

vermutet, dass die im Rahmen der Veränderung dokumentierte Maßnahme nicht vorgenommen wurde. Falls die technische Manipulationssicherheit nicht durch den Einsatz entsprechender Software sichergestellt ist, ist die Vermutung des § 630h Abs. 3 BGB anwendbar.

7. § 630h Abs. 3 BGB entfaltet keine positive Vermutung dahingehend, dass sich der Sachverhalt so wie seitens des Patienten behauptet dargestellt hat.

8. Der Arzt trägt die Darlegungs- und Beweislast für die Einhaltung der in § 630f Abs. 1 bis 3 BGB normierten Pflichten. Die Einhaltung der Dokumentationspflichten gilt als nachgewiesen, falls der Arzt eine ordnungsgemäße vertrauenswürdige Dokumentation vorlegt, die keinerlei Anhaltspunkte für Veränderungen, Verfälschungen oder Widersprüchlichkeiten bietet.

9. Im Prozess wegen fehlerhafter Anlageberatung ist der Anleger darlegungs- und beweispflichtig für eine Aufklärungs- und Beratungspflichtverletzung. Eine Beweislastumkehr zulasten des beratenden WpDU besteht nicht, auch nicht aus § 630h Abs. 2 BGB analog. Eine sekundäre Darlegungslast des WpDU – wie sie der BGH vertritt – ist im Rahmen des Haftungsprozesses bei fehlerhafter Anlageberatung wegen der dem Anleger durch die Dokumentation und die Geeignetheitserklärung zur Verfügung stehenden Informationen grundsätzlich unnötig und daher abzulehnen.

10. Die Telefonaufzeichnung als Audioaufnahme entfaltet eine Vermutung der Vollständigkeit und Richtigkeit der Aufzeichnung. Es besteht ein Anscheinsbeweis in Bezug auf den Gesprächsablauf, wie er aufgezeichnet wurde.

11. Ob die Geeignetheitserklärung und die Beratungsdokumentation eine Vermutung der Vollständigkeit und Richtigkeit entfalten, richtet sich danach, ob das WpDU oder der Anleger das Dokument vorlegen und welchen Inhalt dieses aufweist. Legt das WpDU das Dokument vor und geht aus diesem eine ordnungsgemäße Beratung hervor, so ist eine entsprechende Vermutung abzulehnen. Auch ein Anscheinsbeweis, der eine entsprechende Rechtsfolge begründen könnte, liegt in diesem Fall nicht vor. Legt ein Anleger ein entsprechendes Dokument vor, welches auf eine Aufklärungs- oder Beratungspflichtverletzung hinweist, so entfaltet dieses eine entsprechende Vermutungswirkung. Es besteht in diesem Fall ein Anscheinsbeweis dahingehend, dass die dokumentierte Beratung sich so zugetragen hat.

12. Eine Vernichtung der Beratungsdokumentation und der Geeignetheitserklärung innerhalb der genannten 5-Jahres-Frist, stellteinen Fall der in § 371 Abs. 3 ZPO bzw. § 444 ZPO gesetzlich geregelten Beweisvereitelung dar.

13. § 630h Abs. 3 BGB ist auf den kapitalanlagerechtlichen Dokumentationsfehler, sowohl in Bezug auf die Geeignetheitserklärung, wie auch die Beratungsdokumentation, nicht analog anwendbar.

14. Ein formeller oder materieller Dokumentationsfehler erfüllt die objektiven Voraussetzungen der nicht gesetzlich geregelten Beweisvereitelung, soweit er sich zulasten des Anlegers auswirkt. Rechtsfolge der Beweisvereitelung ist nach der hier vertretenen Auffassung eine Umkehr der konkreten Beweisführungslast. Eine weitergehende typisierte Rechtsfolge dahingehend, dass ein Beweismittel grundsätzlich stets so wie vom Beweisbelasteten vorgetragen fingiert werden soll, ist mangels eines entsprechenden Erfahrungssatzes abzulehnen. Teilweise ist in konkreten Situationen ein entsprechender Erfahrungssatz allerdings zu bejahen, mit der Konsequenz, dass ein Beweismittel so, wie es der beweisbelastete Anleger vorgetragen hat, fingiert wird.

15. Der Anleger ist für das Vorliegen eines formellen wie auch materiellen Dokumentationsfehlers darlegungs- und beweisbelastet. Erleichterungen für den Anleger bestehen für dessen Vorbringen, dass die Geeignetheitserklärung nicht oder zu spät ausgehändigt wurde oder ein Verstoß gegen die Pflicht zur fälschungssicheren Aufbewahrung nach § 83 Abs. 8 WpHG vorliegt. In den genannten Fällen ist dem WpDU eine sekundäre Darlegungslast im Hinblick auf den Vortrag des Anlegers aufzuerlegen.

Kapitel 5. SCHADEN UND SCHADENSZURECHNUNG BEI MATERIELL-RECHTLICHER HAFTUNG FÜR DOKUMENTATIONSFEHLER

A. Schaden und Schadenszurechnung bei ärztlichem Dokumentationsfehler

I. Falschinformation des nachfolgenden Arztes

1. Objektiver Behandlungsfehler bei nachfolgender Behandlung

a. Ersatzfähiger Schaden

In der Literatur und der Rechtsprechung ist des Öfteren die pauschale Stellungnahme zu finden, ein Dokumentationsfehler bilde „keine eigenständige Anspruchsgrundlage".[1402] Dass dies nicht der Fall ist, wurde im Rahmen der Arbeit bereits ausführlich dargelegt.[1403] Tatsächlich sind entsprechende Aussagen wohl dahingehend zu verstehen, dass lediglich bezweifelt wurde, dass auf einem Dokumentationsfehler ein kausaler ersatzfähiger Schaden beruhen könnte.[1404] In Teilen der Literatur wird daher konsequenterweise ein ersatzfähiger Schaden, der auf einer Dokumentationspflichtverletzung beruhen könnte, verneint.[1405]

Ausnahmsweise scheint ein Schadensersatzanspruch als Rechtsfolge eines Dokumentationsfehlers in einer Fallkonstellation inzwischen anerkannt zu sein. Falls der vorbehandelnde Arzt einen materiellen Dokumentationsfehler begeht und einem nachbehandelnden Arzt deshalb ein Behandlungsfehler unterläuft, so soll der vorbehandelnde Arzt hierfür haftbar sein.[1406] Dass damit allerdings genau das „Dogma" des BGH widerlegt ist und sich eine pauschale Aussage zu diesem Thema deshalb verbietet, wurde in der Literatur bislang noch nicht gewürdigt. Es kommen zahlreiche Ausprägungen der genannten Fallkonstellation in Betracht.[1407] So kann es z.B. vorkommen, dass der erstbehandelnde Arzt eine Allergie des Patienten nicht dokumentiert und der nachbehandelnde Arzt ein Arzneimittel verabreicht, auf welches der Patient allergisch reagiert.[1408] Oder es erscheint denkbar, dass einem Patienten nach der Dokumentation einer falschen Blutgruppe im Rahmen einer Eilbehandlung eine unpassende Bluttransfusion verabreicht wird.[1409] Ebenfalls kann es passieren, dass einem stationär aufgenommenen Patienten ein notwendiges Medikament verabreicht wurde, die Verabreichung aber

---

1402 Vgl. die Nachweise bei Kapitel 3. B. I. 3. c, Fn. 683 und Fn. 686.

1403 Siehe oben, Kapitel 3. B. I. 3. c.

1404 Siehe oben, Kapitel 3. B. I. 3. c.

1405 Vgl. die Zitate oben bei Fn. 683.

1406 Siehe oben, Kapitel 3. C. II. 1 und die Nachweise bei Fn. 778.

1407 Vgl. auch die Beispiele bei *Fiekas*, MedR 2016, 32, 35f.

1408 *Rehborn/Gescher* in Erman § 630f BGB, Rn. 16; *Fiekas*, MedR 2016, 32, 35f.

1409 *Wasserburg*, NJW 1980, 617, 620; *Fiekas*, Die Dokumentation, S. 215.

S. N. Grimm, *Der Dokumentationsfehler im Medizin- und Kapitalanlagerecht*,
Schriften zum Stiftungs- und Gemeinnützigkeitsrecht,
https://doi.org/10.1007/978-3-658-50384-0_6

nicht aufgezeichnet wurde und infolge der fehlenden Aufzeichnung eine unverträgliche Kombination von Medikamenten,[1410] oder eine erneute Gabe des Mittels erfolgt, was letztlich zu einer Überdosierung führt.[1411]

Der Inhalt des Schadensersatzanspruchs ist in den §§ 249ff. BGB geregelt. Nach § 249 Abs. 1 BGB ist der Schadensersatz grundsätzlich im Wege der Naturalrestitution zu leisten. Der Schädiger hat demnach den hypothetischen Zustand herzustellen, der ohne das schadensstiftende Ereignis bestanden hätte. Dies ist im zugrunde liegenden Fall der Zustand, der ohne den Dokumentationsfehler und den darauf beruhenden Behandlungsfehler bestünde. Da eine genaue Herstellung des hypothetischen Zustands, wie er ohne das schädigende Ereignis bestünde, in der Realität allerdings kaum möglich ist, ist es schadensersatzrechtlich ausreichend, wenn ein vergleichbarer oder „wirtschaftlich gleichwertiger" Zustand hergestellt wird.[1412] Im vorliegenden Fall der Dokumentationspflichtverletzung ist der Patient also grundsätzlich so zu stellen, wie er stünde, wenn ordnungsgemäß dokumentiert worden wäre und der nachfolgende Arzt deshalb keinen Behandlungsfehler begangen hätte. Streng genommen müsste der Arzt also den Behandlungsfehler „korrigieren" und sämtliche auf dem Behandlungsfehler beruhenden Folgekosten ersetzen. § 249 Abs. 2 BGB gibt dem Gläubiger bei Verletzung einer Person aber die Möglichkeit, statt der Wiederherstellung des schadensfreien Zustands, den dazu erforderlichen Geldbetrag zu verlangen. Grund hierfür ist, dass dem Gläubiger nicht zugemutet werden soll, dem Schädiger das verletzte Rechtsgut zur Wiederherstellung erneut anvertrauen zu müssen.[1413] In der Realität wird sich wohl kein Patient wegen des zwischenzeitlich verlorenen Vertrauens erneut von einem schon einmal pflichtenverletzend handelnden Arzt behandeln lassen. Der Ersatz in Geld stellt daher in der arzthaftungsrechtlichen Praxis den Normalfall dar.[1414] Von § 249 Abs. 2 BGB sind jedoch, da dieser einen Sonderfall der Naturalrestitution darstellt, nur diejenigen Kosten erfasst, die zur Wiederherstellung des „schadensfreien" Zustands erforderlich sind. Dies sind im vorliegenden Fall, wie bereits erwähnt, die Kosten einer ordnungsgemäßen Heilbehandlung und einer „Korrektur" des Behandlungsfehlers sowie damit verbundene Folgekosten. Nicht von § 249 Abs. 2 BGB erfasst ist aber ein angemessenes Schmerzensgeld für die Schmerzen, die durch den Behandlungsfehler verursacht

---

[1410] *Quaas* in Quaas/Zuck/Clemens, Medizinrecht, § 14 Rn. 114.

[1411] *Mansel* in Jauernig, § 630f BGB Rn. 6.

[1412] So bereits RG v. 19.04.1911 - V 459/10 = RGZ 76, 146, 147f.; v. 04.06.1919 - I 31/19 = RGZ 96, 121, 123; BGH v. 21. 12. 2004 - VI ZR 306/03 = NJW-RR 2005, 611, 613; v. 28.10.2014 – VI ZR 15/14 = NJW-RR 2015, 275, 277 [Rn. 25]; *Flume* in BeckOK-BGB, § 249 BGB Rn. 56; *Oetker* in MüKo-BGB, § 249 BGB Rn. 325f.

[1413] BGH v. 29.10.1974 - VI ZR 42/73 = NJW 1975, 160, 161; *Grüneberg* in Grüneberg, § 249 BGB Rn. 5; *Oetker* in MüKoBGB, § 249 BGB Rn. 357.

[1414] *J. Prütting* in Prütting, MedR-Komm, § 249 BGB Rn. 5ff..

wurden. Diese sind lediglich als immaterieller Schaden nach § 253 Abs. 1 und 2 BGB ersatzfähig. Das Schmerzensgeld bemisst sich in diesem Fall vor allem nach der Art und Schwere der durch die fehlerhafte Behandlung erlittenen Verletzungen; der Anzahl an (Folge-) Operationen (die erste Operation ist bei der Schmerzensgeldbemessung nicht zu berücksichtigen); der Dauer der auf den Behandlungsfehler zurückzuführenden (weiteren) stationären und ambulanten Heilbehandlung, sowie eine auf den ärztlichen Fehler zurückzuführende Arbeitsunfähigkeit.[1415] Daneben sind auch psychische Schäden des Patienten zu kompensieren, wie z.B. Depressionen, Persönlichkeitsveränderungen des Geschädigten, Angstzustände und Suizidgedanken.[1416]

b. Schadenszurechnung

aa. Haftungsbegründende und haftungsausfüllende Kausalität

Der Schaden muss dem Schädiger darüber hinaus auch zurechenbar sein. Dies geschieht über die Rechtsfigur der haftungsausfüllenden Kausalität.

Die Abgrenzung zwischen der haftungsbegründenden und der haftungsausfüllenden Kausalität war lange Zeit nicht hinreichend geklärt. So war streitig, welche Handlungen und Ereignisse noch zum Haftungsgrund gehörten und wo die Haftungsausfüllung beginnen sollte. Der BGH entschied in Bezug auf die haftungsbegründende Kausalität, dass die Frage, ob eine Person von einem bestimmten Ereignis, auf das ein Schaden angeblich zurückgeführt wird, rein tatsächlich „betroffen" ist, zum Haftungsgrund gehöre – der nach § 286 ZPO zu beweisen sei –, wohingegen der Kausalzusammenhang zwischen dem konkreten Haftungsgrund und dem Schaden sich als haftungsausfüllende Kausalität nach § 287 ZPO richte.[1417] Diese Rechtsprechung trug wegen der Dehnbarkeit des Begriff des „Betroffenseins" zu einer gewissen Rechtsunsicherheit bei und führte zu Diskussionen in der Literatur. Teilweise wurde zur Abgrenzung eine Differenzierung nach Haftungstatbeständen vorgeschlagen, so dass bei Eingriffstatbeständen (z.B. § 823 Abs. 1 BGB) die Entstehung des realen Schadens – und damit die haftungsbegründende Kausalität – noch zum Haftungsgrund gehöre, während bei einer Verhaltenspflichtverletzung (wie z.B. einer Vertragspflichtverletzung) der Haftungsgrund bereits in der Verletzung der Pflicht liege.[1418] Teilweise wurde auch gefordert, für den Haftungsgrund jeweils auf die Pflichtverletzung abzustellen, ganz gleich ob diese deliktsrechtlicher oder vertraglicher Natur ist, und sowohl die haftungsbegründende wie auch die haftungsausfüllende Kausalität nach § 287 ZPO zu

---

[1415] *Cramer/Luig* in Ratzel/Lissel, HdB Medizinschadensrecht, § 22 Rn. 38.

[1416] *Cramer/Luig* in Ratzel/Lissel, HdB Medizinschadensrecht, § 22 Rn. 43; *Wenker* in Bergmann/Pauge/Steinmeyer, § 253 BGB Rn. 1.

[1417] BGH v. 13.12.1951 – IV ZR 123/51 = BGHZ 4, 192, 196; v. 28.04.1982 - IV a ZR 8/81 = NJW 1983, 998, 999.

[1418] *Arens*, ZZP 88 (1975), 1, 20.

beurteilen.[1419] Hiergegen spricht aber bereits der Wortlaut des § 286 ZPO („wahr“, nicht „wahrscheinlich“).[1420] In systematischer Hinsicht ist darüber hinaus einzuwenden, dass sämtliche materiellrechtlichen Normen, die eine nur wahrscheinliche Tatsachengrundlage erfordern, so z.B. § 252 S. 2 BGB, eine unnötige Wiederholung des Beweismaßes von § 287 ZPO enthielten, falls man dieses als Regelbeweismaß ansähe.[1421] Auch besteht keine praktische Notwendigkeit dahingehend, dem Kläger den Beweis der haftungsbegründenden Kausalität durch eine Heranziehung von § 287 ZPO zu erleichtern, da auch für deren Nachweis in entsprechenden Fällen Beweiserleichterungen bestehen.[1422] Richtigerweise wird außerdem eingewandt, dass mit der vorgeschlagenen Lösung eine mögliche Haftung zu weit ausgedehnt würde, letztlich käme es zu einer Haftung aufgrund von Vermutungen und Wahrscheinlichkeitserwägungen.[1423]

In Bezug auf die Arzthaftung hat auch der BGH inzwischen wiederholt klargestellt, dass bei der vertraglichen, wie auch der deliktsrechtlichen Haftung des Arztes wegen eines Behandlungsfehlers, der Haftungsgrund – dessen Nachweis sich nach § 286 ZPO richtet – die Rechtsgutsverletzung der Gesundheit des Patienten als „erste Verletzungshandlung“ oder sog. „Primärschaden“ ist.[1424] Richtigerweise stellt der BGH als Begründung darauf ab, dass sowohl die vertraglicheals auch die deliktsrechtliche Haftung des Arztes für einen Behandlungsfehler stets an die Verletzung der Gesundheit des Patienten als absolutem Rechtsgut anknüpfen.[1425] Inhalt der vertraglichenund deliktsrechtlichen Pflichten ist stets, den Schutz der Gesundheit des Patienten zu wahren. Da vertragliche und deliktsrechtliche Verhaltenspflichten übereinstimmen, besteht eine „Strukturgleichheit“ von vertraglichen und deliktsrechtlichen Sorgfaltspflichten, weshalb auch der

---

1419 *Rosenberg/Schwab/Gottwald*, Zivilprozessrecht, § 115 Rn. 13ff.; *Gottwald*, Schadenszurechnung und Schadensschätzung, S. 78 ff.; *Hanau*, Kausalität der Pflichtwidrigkeit, S. 117 ff., 135 f.; *Maassen*, Beweismaßprobleme, S. 155ff.; für die Arzthaftung wegen Behandlungsfehlers explizit *Wagner* in MüKo-BGB (5. Aufl. 2009), § 823 BGB Rn. 814; *Deutsch/Spickhoff*, Medizinrecht, Rn. 757.

1420 *Weber*, Der Kausalitätsbeweis, S. 139ff.; *Foerste* in Musielak/Voit, § 287 ZPO Rn. 4; *Prütting* in MüKo-ZPO, § 286 ZPO Rn. 36; *Katzenmeier* in MedR-Komm, § 286 ZPO Rn. 5; *Mäsch*, Chance und Schaden, S. 128.

1421 *Weber*, Der Kausalitätsbeweis, S. 140f.; *Prütting* in MüKo-ZPO, § 286 ZPO Rn. 36; *Katzenmeier* in MedR-Komm, § 286 ZPO Rn. 5; *Mäsch*, Chance und Schaden, S. 128

1422 *Greger* in Zöller, § 287 ZPO Rn. 3.

1423 BGH v. 04.11.2003 - VI ZR 28/03 = NJW 2004, 777, 778f.; *Glanzmann* in Bergmann/Pauge/Steinmeyer, §§ 286, 287 ZPO Rn. 10; *Foerste* in FS Deutsch (2009), S. 165, 169; *ders.* in Musielak/Voit, § 287 ZPO Rn. 5; *Prütting* in MüKo-ZPO, § 286 ZPO Rn. 40.

1424 BGH v. 24.06.1986 - VI ZR 21/85 = NJW 1987, 705f.; v. 21.07.1998 - VI ZR 15–98 = NJW 1998, 3417, 3148; v. 12.02.2008 - VI ZR 221/06 = NJW 2008, 1381, 1382; v. 02.07.2013 – VI ZR 554/12 = NJW 2013, 3094, 3095 [Rn. 15f.].

1425 BGH v. 24.06.1986 - VI ZR 21/85 = NJW 1987, 705f.

Haftungsgrund gleich definiert werden muss, eine Differenzierung würde jedenfalls in diesem Bereich zu unhaltbaren Ergebnissen führen.[1426] Die Gesetzesbegründung zum PatRG spricht außerdem davon, dass sowohl die Verletzungshandlung als auch die haftungsbegründende Kausalität vom Patienten „nach den allgemeinen Regeln“ zu beweisen sind.[1427] Da mit dem PatRG im Wesentlichen die Rechtsprechung vor Erlass des PatRG umgesetzt werden sollte – welche die haftungsbegründende Kausalität zum Haftungsgrund zählte – und die Vertreter der anderen Ansicht in der Gesetzesbegründung keine Erwähnung finden, darf davon ausgegangen werden, dass nach dem Willen des Gesetzgebers die haftungsbegründende Kausalität nach § 286 ZPO nachzuweisen ist.[1428] Dies entspricht auch der heute herrschenden Ansicht in der Literatur.[1429]

Die haftungsbegründende Kausalität betrifft demnach im zugrunde liegenden Fall den Zusammenhang zwischen dem Dokumentationsfehler und der Gesundheitsverletzung des Patienten als „Primärschaden“. Da die haftungsbegründende Kausalität und die Gesundheitsverletzung als „Primärschaden“ Teil des Haftungsgrundes sind, sind sie nach § 286 ZPO im Wege des Vollbeweises nachzuwiesen. Das Gericht muss demnach nicht mit „an Sicherheit grenzender Wahrscheinlichkeit“ von der Wahrheit einer Behauptung überzeugt sein, ausreichend ist vielmehr ein für das praktische Leben brauchbarer Grad an Gewissheit, der Zweifeln Schweigen gebietet, ohne sie völlig auszuschließen.[1430] Die haftungsbegründende Kausalität bestimmt sich nach der Äquivalenztheorie in ihrer nach der Adäquanztheorie eingeschränkten Form. Demnach ist eine Handlung kausal für einen Schadenseintritt, wenn das schädigende Ereignis im Allgemeinen geeignet ist, einen Erfolg der eingetretenen Art herbeizuführen und nicht nur unter besonders eigenartigen, unwahrscheinlichen und nach dem gewöhnlichen Verlauf der Dinge außer Acht zu lassenden Umständen.[1431] Im vorliegenden Fall erscheint es nicht besonders ungewöhnlich oder unwahrscheinlich, dass aufgrund einer unvollständigen oder falschen Dokumentation eines vorbehandelnden Arztes eine falsche Informationsgrundlage für einen nachbehandelnden Arzt geschaffen wird, welche im Rahmen einer

---

[1426] BGH v. 24.06.1986 - VI ZR 21/85 = NJW 1987, 705f.

[1427] BT-Drucks. 17/10488, S. 30.

[1428] *Katzenmeier* in BeckOK-BGB, § 630h BGB Rn. 77; *ders.* in MedR-Komm, § 286 ZPO Rn. 7, § 287 Rn. 2.

[1429] *Glanzmann* in Bergmann/Pauge/Steinmeyer, §§ 286, 287 ZPO Rn. 12f.; *Ahrens* in Wieczorek/Schütze, § 287 ZPO Rn. 17; *Greger* in Zöller, § 287 ZPO Rn. 3; *Thole* in Stein/Jonas, § 287 ZPO Rn. 15; *Stoll*, AcP 176 (1976), 187f.

[1430] BGH v. 06.06.1973 - IV ZR 164/71 = NJW 1973, 1924, 1925; v. 14.01.1993 - IX ZR 238/91 = NJW 1993, 935, 937; v. 23.11.2011 – IV ZR 70/11 = NJW 2012, 392, 393 [Rn. 16]; v. 16.04.2013 – VI ZR 44/12 = NJW 2014, 71, 72 [Rn. 8]; *Greger* in Zöller, § 286 ZPO Rn. 19; *Glanzmann* in Bergmann/Pauge/Steinmeyer, §§ 286, 287 ZPO Rn. 4.

[1431] BGH v. 11.01.2005 - X ZR 163/02 = NJW 2005, 1420, 1421; v.23. 10.1951 – I ZR 31/51 = BGHZ 3, 261, 267; v. 25.09.1952 – III ZR 322/51 = BGHZ 7, 198, 204; *Luckey* in Prütting/Wegen/Weinreich, § 249 BGB Rn. 52; *Flume* in BeckOK-BGB, § 249 BGB Rn. 284.

nachfolgenden Behandlung ursächlich für einen objektiven Behandlungsfehler wird, der seinerseits zu einer Gesundheitsschädigung beim Patienten führt.

Nach heute nahezu einhelliger Auffassung ist für die haftungsausfüllende Kausalität das Beweismaß des § 287 ZPO anwendbar.[1432] § 287 Abs.1 ZPO lässt als Ausnahme vom Beweismaß des § 286 ZPO eine lediglich überwiegende Wahrscheinlichkeit genügen.[1433] Dies gilt ebenfalls in Bezug auf das Vorliegen und die Höhe eines Schadens.[1434] Die herrschende Meinung wendet § 287 ZPO auch auf Folgeschäden und den haftungsausfüllenden Kausalzusammenhang, an den sie jeweils anknüpfen, an.[1435] Im vorliegenden Fall sind Folgeschäden (auch „Sekundärverletzungen") sämtliche Kosten, die erst mittelbar durch die (auf dem durch den Dokumentationsfehler kausal vermittelten Behandlungsfehler beruhende) Gesundheitsverletzung des Patienten entstehen. Auch diese sind als Schäden, wie auch die an sie anknüpfende haftungsausfüllende Kausalität, im zugrunde liegenden Fall nach § 287 ZPO nachzuweisen. Die Höhe eines etwaigen Schmerzensgeldes und die Tatsachen, die der Berechnung des Schmerzensgeldes zugrunde liegen, sind unter den Begriff der „Höhe des entstandenen Schadens" i.S.d. § 287 ZPO zu fassen und daher ebenfalls nach § 287 ZPO nachzuweisen.[1436]

Für den vorliegenden Fall bleibt abschließend festzuhalten, dass sämtliche Voraussetzungen bis zu einem (fehlerhaften) Eingriff in das Rechtsgut der Gesundheit des Patienten, etwa durch eine (objektiv fehlerhafte) Operation oder eine (objektiv fehlerhafte) Medikation, nach § 286 ZPO zu beweisen sind. Sämtliche Folgeschäden, die auf dieser Rechtsgutsverletzung beruhen, wie auch deren Höhe, sowie die

---

[1432] Statt aller *Greger* in Zöller, § 287 ZPO Rn. 3; *Ahrens* in Wieczorek/Schütze, § 287 ZPO Rn. 17; *Thole* in Stein/Jonas, § 287 ZPO Rn. 18, *Foerste* in Musielak/Voit, § 287 ZPO Rn. 3 jeweils m.w.N.; BGH v. 24.06.1986 - VI ZR 21/85 = NJW 1987, 705f.; v. 28.01.2003 - VI ZR 139/02 = NJW 2003, 1116, 1117; v. 04.11.2003 - VI ZR 28/03 = NJW 2004, 777, 778; **a.A.** noch *Prölss*, Beweiserleichterungen, S. 53 ff.; *Wahrendorf*, Die Prinzipien der Beweislast, S. 47 ff.

[1433] *Greger* in Zöller, § 287 ZPO Rn. 1; *Ahrens* in Wieczorek/Schütze, § 287 ZPO Rn. 1; *Foerste* in Musielak/Voit, § 287 ZPO Rn. 7; *Bacher* in BeckOK-ZPO, § 287 ZPO Rn. 17; *Saenger* in Saenger, § 287 ZPO Rn. 15; BGH v. 24.06.1986 - VI ZR 21/85 = NJW 1987, 705f.; BGH v. 21.10.1986 - VI ZR 15/85 = VersR 1987, 310; v. 22.09.1992 - VI ZR 293/91 = VersR 1993, 55f.; im Detail allerdings str., ob eine „überwiegende Wahrscheinlichkeit" ausreichend ist oder eine „deutlich höhere Wahrscheinlichkeit" notwendig ist, vgl. *Thole* in Stein/Jonas, § 287 ZPO Rn. 46.

[1434] *Ahrens* in Wieczorek/Schütze, § 287 ZPO Rn. 12; *Foerste* in Musielak/Voit, § 287 ZPO Rn. 3.

[1435] BGH v. 07.07.1970 - VI ZR 233/69 = NJW 1970, 1970, 1971; v. 27.02.1973 - VI ZR 27/72 = NJW 1973, 1413, 1414; v. 02.12.1975 - VI ZR 79/74 = NJW 1976, 1145, 1146; v. 21.10.1986 - VI ZR 15/85 = NJW-RR 1987, 339, 340; v. 22.09.1992 - VI ZR 293/91 = NJW 1992, 3298; v. 12.02.2008 - VI ZR 221/06 = NJW 2008, 1381, 1382; *Seiler* in Thomas/Putzo, § 287 ZPO Rn. 4; *Greger* in Zöller, § 287 ZPO Rn. 3; *Thole* in Stein/Jonas, § 287 ZPO Rn. 21; *Prütting* in MüKo-ZPO, § 287 ZPO Rn. 13; *Ahrens* in Wieczorek/Schütze, § 287 ZPO Rn. 19 Fn. 49; **a.A.** *Arens*, ZPP 88 (1975), 1, 42; *Stoll*, AcP 176 (1976), 145, 193; *Hainmüller*, Anscheinsbeweis und Fahrlässigkeitstat, S. 140ff.

[1436] *Thole* in Stein/Jonas, § 287 ZPO Rn. 22.

haftungsausfüllende Kausalität, sind hingegen nach dem herabgesenkten Beweismaß des § 287 ZPO zu beweisen.

bb. Beweiserleichterungen iRd Kausalitätsfeststellung

Möglicherweise bestehen bezüglich der Kausalität jedoch gesetzliche Beweiserleichterungen zugunsten des Patienten. Dies gilt insbesondere für die in § 630h BGB normierten Beweiserleichterungen. Die Norm beinhaltet zwar eine Rechtsfolge für den Fall des Dokumentationsfehlers,[1437] betrifft allerdings nicht die vorliegende Konstellation, sondern den Fall, in dem Schadensersatz wegen eines Behandlungsfehlers gefordert wird, so dass die Vorschrift für die vorliegende Konstellation keine beweismäßigen Vorteile zugunsten des Patienten bringen kann. Eine für den Patienten vorteilhafte Rechtsfolge könnte sich in der vorliegenden Konstellation jedoch aus § 630h Abs. 5 BGB ergeben. Dieser normiert, dass im Falle eines groben Behandlungsfehlers die haftungsbegründende Kausalität zwischen diesem und einem beim Patienten eintretenden Primärschaden vermutet wird – was natürlich nur dann von Relevanz ist, falls Behandlungsfehler und Primärschaden nicht zusammen fallen.[1438] Im Falle eines Befunderhebungsfehlers, der ebenfalls als Behandlungsfehler zu qualifizieren ist, soll ebenfalls eine Beweislastumkehr greifen, falls der Befund Anlass zu weiteren Maßnahmen gebracht hätte und wenn ein Unterlassen in diesem Fall als grober Behandlungsfehler zu werten gewesen wäre. Fraglich ist, ob auch für den Fall, dass lediglich der nachbehandelnde Arzt die Voraussetzungen des § 630h Abs. 5 BGB verwirklicht, die haftungsbegründende Kausalität zwischen dessen Pflichtverletzung, namentlich dem groben Behandlungsfehler gemäß § 630h Abs. 5 S. 1 BGB oder dem Befunderhebungsfehler gemäß § 630h Abs. 5 S. 2 BGB, und dem Primärschaden vermutet wird.

Der Wortlaut der Norm stellt lediglich auf das Vorliegen eines Behandlungsfehlers ab, bzw. dass die Rechtsfolge auch gelte, wenn es „der Behandelnde“ unterlassen habe, Befunde entsprechend zu erheben und zu sichern. Sie trifft damit keine eindeutigen Einschränkungen in Bezug auf den Adressaten der Norm. Zwar spricht unter systematischen Gesichtspunkten einiges dafür, den Behandelnden iSd § 630h Abs. 5 BGB als den jeweiligen Arzt zu sehen, der die aktuelle Behandlung vornimmt. Dafür spricht ein Vergleich mit dem Anwendungsbereich der übrigen §§ 630a-630g BGB. Auch diese regeln stets nur die jeweilige schuldrechtliche Beziehung zum behandelnden Arzt. Damit wäre im vorliegenden Fall lediglich der nachbehandelnde Arzt vom Anwendungsbereich des

---

[1437] Vgl. hierzu ausführlich Kapitel 4. A. III.

[1438] BT-Drucks. 17/10488, S. 30; *Katzenmeier* in BeckOK-BGB, § 630h BGB Rn. 76; *Weidenkaff* in Grüneberg, § 630h BGB Rn. 10.

§ 630h Abs. 5 BGB erfasst. Unter Beachtung des Zwecks der Regelung ergibt sich jedoch ein differenzierteres Bild. Nach den Gesetzesmaterialien des PatRG hat der Behandelnde durch einen groben Behandlungsfehler eine Lage geschaffen, die nicht erkennen lässt, wie der Verlauf bei ordnungsgemäßer Behandlung gewesen wäre.[1439] Es ist deshalb nach Ansicht des Gesetzgebers davon auszugehen, dass der Behandelnde „näher dran" ist, das Beweisrisiko zu tragen, wohingegen der Patient im Regelfall kaum etwas zur Klärung des Sachverhalts wird beitragen können.[1440] Um den Anwendungsbereich des §630h Abs. 5 Satz 1 BGB zu eröffnen, ist lediglich erforderlich, dass der grobe Behandlungsfehler geeignet war, den Schaden herbeizuführen und damit die Aufklärbarkeit des Sachverhalts zu erschweren.

Gegen eine Anwendung von § 630h Abs. 5 BGB im vorliegenden Fall spricht daher, dass die Norm an die originäre Pflichtverletzung jenes Behandelnden anknüpft, der den Behandlungsfehler begangen hat, da gerade dieser eine überlegene Sachkenntnis der Umstände der vorgenommenen Behandlung besitzt und ihm gerade aus diesem Grund eine Umkehr der Beweislast auch zumutbar ist. Der falsch dokumentierende Arzt besitzt diese Kenntnis als quasi Außenstehender gerade nicht, so dass im vorliegenden Fall zunächst keine Rechtfertigung für eine entsprechende Beweislastumkehr besteht.

Hiergegen ist jedoch einzuwenden, dass bei einer Nichtanwendung auf den vorliegenden Fall der Zweck von § 630h Abs. 5 BGB, dem Patienten beim Vorliegen der genannten Voraussetzungen über seine Beweisnot hinwegzuhelfen, leerliefe. Denn da im zugrunde liegenden Fall eine Inanspruchnahme des pflichtverletzenden Zweitbehandlers am fehlenden Verschulden scheitert, würde der Patient, trotz einer durch den Behandlungs- oder Befunderhebungsfehler des Zweitbehandlers bedingten Beweisnot, letztlich bei der Inanspruchnahme des Erstbehandelnden keine Kompensation durch eine entsprechende Beweislastumkehr erfahren, obwohl dieser durch den Dokumentationsfehler die Ursache für den Behandlungs- oder Befunderhebungsfehler gesetzt hat. Für eine Erstreckung der Rechtsfolgen des § 630h Abs. 5 BGB auf den vorliegenden Fall spricht daher ebenfalls, dass letztlich die Beweisnot des Patienten durch den nachbehandelnden Arzt – jedenfalls solange dessen Pflichtverletzung kausal auf dem Dokumentationsfehler beruht – auf den vorbehandelnden Arzt zurückzuführen ist. Es erscheint nur konsequent, dem Erstbehandler nicht nur die Haftung zuzurechnen, sondern auch anderweitige nachteilige Rechtsfolgen, die letztlich kausal auf der Dokumentationspflichtverletzung beruhen. Sollte daher der nachbehandelnde Arzt wegen des Dokumentationsfehlers des Erstbehandlers eine Pflicht

[1439] BT-Drucks. 17/10488, S. 30.

[1440] BT-Drucks. 17/10488, S. 30.

verletzen und so die Rechtsfolgen des § 630h Abs. 5 BGB auslösen, so gilt diese auch zulasten des vorbehandelnden Arztes.

Schließlich könnte man erwägen, § 630h Abs. 5 S. 1 BGB im vorliegenden Fall analog anzuwenden, und die haftungsbegründende Kausalität zu vermuten, soweit ein „grober Dokumentationsfehler" vorliegt. Bereits in Bezug auf das Vorliegen der Voraussetzungen einer Analogie bestehen jedoch Bedenken: Der Gesetzgeber hat die Folgen des Dokumentationsfehlers in § 630h Abs. 3 BGB geregelt. Es ist grundsätzlich davon auszugehen, dass diese Regelung abschließend sein sollte und keine weiteren spezifischen Rechtsfolgen des Dokumentationsfehlers intendiert waren. Selbst falls man aber argumentierte, dass der Gesetzgeber möglicherweise den Fall der Schadensersatzhaftung für einen Dokumentationsfehler nicht bedacht hat, wie möglicherweise unter Einbeziehung der missverständlichen Rechtsprechung („der Dokumentationsfehler bildet keine Anspruchsgrundlage") zu vermuten sein könnte, so zeigt die Wertung des § 630h Abs. 5 S. 2 BGB, dass ein Dokumentationsfehler allein nach der Wertung des Gesetzgebers nicht ausreichen sollte, um eine Beweislastumkehr in Bezug auf die haftungsbegründende Kausalität zu begründen. Aus der Norm lässt sich vielmehr die Wertung entnehmen, dass – wie im Fall des Befunderhebungs- und Befundsicherungsfehlers zu bejahen – dem pflichtverletzenden Arzt zusätzlich zu dem Dokumentationsfehler auch ein Behandlungsfehler unterlaufen sein muss, um eine entsprechende Beweislastumkehr zu rechtfertigen. Eine analoge Anwendung von § 630h Abs. 5 S. 1 BGB auf den Fall des Dokumentationsfehlers ist daher bereits mangels planwidriger Regelungslücke, jedenfalls aber mangels vergleichbarer Interessenlage abzulehnen.

cc. Einschränkung der Schadenszurechnung

Allerdings kann die Haftung des Arztes im zugrunde liegenden Fall je nach den Umständen des Einzelfalles wegen fehlender Schadenszurechnung ausgeschlossen sein. Dass im zugrunde liegenden Fall sowohl der vor- als auch der nachbehandelnde Arzt, und damit mehrere Verursacher für den Schaden verantwortlich sind, ist für die haftungsbegründende Kausalität zunächst unschädlich. Es ist grundsätzlich eine Mitursächlichkeit des Schädigers ausreichend, um eine Haftungsbegründung zu bejahen.[1441]

Auf die Schadenszurechnung für den Dokumentationsfehler müssen sich darüber hinaus alle Zurechnungsbeschränkungen auswirken, die für die Kausalität zwischen dem Behandlungsfehler des Arztes und dem Gesundheitsschaden des Patienten von Bedeutung sind. Solche Einschränkungen

1441 BGH v. 27.06.2000 - VI ZR 201/99 = NJW 2000, 3423ff.; zust. *J. Prütting* in MedR-Komm, § 249 BGB Rn. 102.

können sich zunächst aus der Anwendung der Theorie vom Schutzzweck der Norm ergeben. Demnach ist ein Schaden nur dann ersatzfähig, wenn die verletzte Norm vor Eintritt eines Schadens durch die Verwirklichung einer konkreten Gefahr schützen soll und sich gerade diese Gefahr im Schadenseintritt manifestiert hat.[1442] Die Bestimmung des Schutzzwecks der Norm ist im Deliktsrecht regelmäßig auf den ersten Blick ersichtlich. Der Gesetzgeber hatte bei Erlass eines Gesetzes regelmäßig die Verwirklichung einer Gefahr im Sinne, deren Verwirklichung verhindert werden sollte und derentwegen ein bestimmtes Verhalten untersagt wurde. Die Theorie vom Schutzzweck der Norm ist auch bei der Haftung wegen der Verletzung vertraglicher Pflichten ganz überwiegend anerkannt, in diesem Fall ist die verletzte Vertragsbestimmung darauf zu untersuchen, ob sie einen Schaden wie den eingetretenen gerade verhindern sollte.[1443] Geschützt sind in diesem Fall jene Interessen, die die Parteien vor dem Hintergrund des Vertragszwecks als für den jeweils anderen Vertragspartner erkennbar in das Vertragsverhältnis einbezogen haben.[1444] Die Dokumentationspflicht des Arztes soll nach der Intention des Gesetzgebers in allererster Linie, wie bereits erwähnt und allgemein anerkannt,[1445] durch die Aufzeichnung des Behandlungsgeschehens eine sachgerechte therapeutische Behandlung und Weiterbehandlung gewährleisten.[1446] Behandlungsfehler eines nachfolgenden Arztes sollen also durch eine adäquate Dokumentation gerade vermieden werden.[1447] Daraus ergibt sich, dass Vermögens- und Nichtvermögensschäden, die auf einem durch den Dokumentationsfehler vermittelten Behandlungsfehler beruhen, nach der Intention der Norm grundsätzlich ersatzpflichtig sein sollen.[1448]

Auch der praktisch relevante Einwand des sog. rechtmäßigen Alternativverhaltens ist als Unterfall der Zurechnungsbegrenzung unter dem Gesichtspunkt des Schutzzwecks der Norm zu fassen.[1449] Der

---

1442 BGH v. 20.05.2014 – VI ZR 381/13 = NJW 2014, 2190, 2191; v. 22.09.2016 – VII ZR 14/16 = NJW 2016, 3715, 3716; v. 08.05.2018 – VI ZR 295/17 = VersR 2018, 1067, 1069; *Grüneberg* in Grüneberg, Vorb. v. § 249 BGB Rn. 29; *Oetker* in MüKo-BGB, § 249 BGB Rn. 120f.

1443 BGH NJW 1990, 2057 (2058); 2001, 2714 (2715); 2002, 2459 (2460); VersR 2003, 1411; NJW-RR 2003, 1035 (1036); BGHZ 163, 223 (230) = NJW 2005, 3071; BGH NJW-RR 2007, 742 (743); NJW 2008, 3436; *Grüneberg* in Grüneberg, Vorb. v. § 249 BGB Rn. 30; *Oetker* in MüKo-BGB, § 249 BGB Rn. 123; *Schramm*, Schutzbereich der Norm, S. 49ff.; **a.A.** *Schack*, JZ 1986, 305ff.

1444 *Schramm*, Schutzbereich der Norm, S. 49.

1445 Vgl. Kapitel 1. B. IV. 1.

1446 BT-Drucks. 17/10488, S. 25.

1447 Vgl. Kapitel 1. B. IV. 2. b. bb.

1448 *Greiner* in Spickhoff, Medizinrecht, §§ 823-839 BGB Rn. 500.

1449 BGH v. 09.03.2012 – V ZR 156/11 = NJW 2012, 2022, 2023; v. 26.10.1999 - X ZR 30/98 = NJW 2000, 661, 663; v. 24.10.1985 - IX ZR 91/84 = NJW 1986, 576, 579; Auch unter dem Begriff der „hypothetischen Kausalität" im Schrifttum anzutreffen, da allerdings nach h.M. gerade kein Fall der fehlenden Kausalität vorliegt, erscheint dieser Begriff eher unpassend.

Schädiger wendet in diesem Fall ein, dass auch ein rechtmäßiges Verhalten in gleicher Weise zu dem entstandenen Schaden geführt hätte. Auf den vorliegenden Fall übertragen bedeutet dies, dass der Behandlungsfehler des nachbehandelnden Arztes auch bei ordnungsgemäßer Dokumentation eingetreten wäre. Für den Einwand des rechtmäßigen Alternativverhaltens ist der Arzt als Schädiger darlegungs- und beweisbelastet.[1450] Dieser wird regelmäßig begründet sein, wenn nachgewiesen ist, dass der nachbehandelnde Arzt nicht auf die Dokumentation als Informationsgrundlage für seine (fehlerhafte) Behandlung zurückgegriffen hat. Davon wird beispielsweise auszugehen sein, wenn die Dokumentation dem nachbehandelnden Arzt überhaupt nicht zugänglich war (wie beispielsweise bei einem Notfall), dieser geltend macht, die Dokumentation überhaupt nicht als Informationsgrundlage herangezogen zu haben, oder durch den Dokumentationsfehler eine Information verfälscht oder dem nachbehandelnden Arzt vorenthalten wurde, die für die nachfolgende Behandlung ohne Relevanz war.[1451]

Eine weitere Einschränkung des Zurechnungszusammenhangs erfolgt beim Vorliegen sogenannter „Reserveursachen". In diesem Fall kann sich der Schädiger darauf berufen, dass der von ihm verursachte Schaden aufgrund eines anderen Ereignisses sowieso eingetreten wäre. Die Frage, ob und in welchen Fällen sich der Schädiger auf eine sog. Reserveursache berufen kann, war in der Vergangenheit bereits Gegenstand der Diskussion in Literatur und Rechtsprechung.[1452] Für den Fall der sog. Schadensanlage, der im zugrunde liegenden Fall eingewandt werden könnte, besteht allerdings weitestgehend Einigkeit.[1453] Besteht bei dem geschädigten Patienten im Zeitpunkt des Behandlungsfehlers bereits eine sog. Schadensanlage, die auch ohne den Behandlungsfehler des Arztes zum gleichen Schaden geführt hätte, wie er durch den Behandlungsfehler eingetreten ist, so führt dies zu einer Begrenzung der Schadenszurechnung. Ersatzfähig sind in diesem Fall nur die Nachteile, die durch den verfrühten Schadenseintritt bedingt sind.[1454] Als Beispiel sei der Fall genannt, in dem ein Patient durch einen Behandlungsfehler erwerbsunfähig geworden ist, die Erwerbsunfähigkeit aber infolge einer bereits bestehenden Krankheit sowieso in Kürze eingetreten wäre.[1455] Da der Umstand,

---

1450 BGH v. 22.03. 2016 – VI ZR 467/14 = NJW 2016, 3522, 3523 [Rn. 14]; BGH v. 05.04.2005 - VI ZR 216/03 = NJW 2005, 2072, 2073; *J. Prütting* in Prütting, MedR-Komm, § 249 BGB Rn. 111.

1451 Für den letztgenannten Fall sei z.B. an eine falsche Dokumentation des vorbehandelnden Orthopäden in Bezug auf das Kniegelenk gedacht, die in der Regel nicht ursächlich werden kann für einen falsch durchgeführten kardiologischen Eingriff.

1452 Vgl. *Grüneberg* in Grüneberg, Vorb. vor § 249 BGB Rn. 55ff.

1453 *Grüneberg* in Grüneberg, Vorb. vor § 249 BGB Rn. 57 m. w. N.

1454 BGH v. 23.10.1984 - VI ZR 24/83 = VersR 1985, 60ff.; OLG Frankfurt v. 07.07.1983 - 1 U 192/82 = NJW 1984, 1409, 1411.

1455 BGH v. 05.02.1965 - VI ZR 239/63 = VersR 1965, 491; OLG Frankfurt v. 07.07.1983 - 1 U 192/82 = NJW 1984, 1409ff.; *J. Prütting* in MedR-Komm, § 249 BGB Rn. 105.

dass der Schaden auch aufgrund der Reserveursache eingetreten wäre, zugunsten des Arztes wirkt, ist dieser hierfür auch darlegungs- und beweisbelastet.[1456]

2. Unnötige Doppeluntersuchung

a. Ersatzfähiger Schaden

Im Fall der unnötigen Doppeluntersuchung wird der Patient geltend machen, wegen der unterlassenen oder falschen Dokumentation einer Untersuchung oder Befunderhebung sich einer erneuten Untersuchung oder Befunderhebung unterziehen zu müssen.[1457]

Als mögliche Schäden nach §§ 249ff. BGB kommen hierbei zunächst die Kosten für die zweite, ansonsten nicht notwendige Untersuchung in Betracht.[1458] Außerdem kann ein entgangener Gewinn nach § 252 BGB geltend gemacht werden, falls die erneute Untersuchung mit einem gewissen Zeitaufwand einhergeht und es sich bei dem Patienten um einen Freiberufler oder Unternehmer handelt. Sollte die Untersuchung oder Befunderhebung außerdem mit besonderen Unannehmlichkeiten oder Schmerzen verbunden sein, so wird dem Patienten in dieser Hinsicht auch ein angemessenes Schmerzensgeld zustehen. Man denke hierbei nur an die Vielzahl von Befunderhebungen, die ausschließlich durch einen Eingriff in den Körper möglich sind, von einer relativ harmlosen Gewebeprobe (Biopsie), über eine Magen- oder Darmspiegelung, bis hin zu einer Bronchoskopie. Auch die erneute Vornahme einer Röntgenuntersuchung, z.B. weil das zuvor angefertigte Röntgenbild verloren gegangen ist, löst angesichts der damit verbundenen gesundheitsschädlichen Strahlenbelastung einen Schmerzensgeldanspruch aus.[1459] Die unnötige erneute Vornahme eines schmerzhaften und physisch belastenden Eingriffs fällt daher grundsätzlich unter § 253 Abs. 2 BGB und löst eine Verpflichtung zur Zahlung eines angemessenen Schmerzensgeldes aus. Darüber hinaus kann auch für Gesundheitsschäden, die bei dem zweiten Eingriff zwar unbeabsichtigt passieren, aber auf dem allgemeinen Untersuchungsrisiko, beispielsweise dem OP-Risiko beruhen, Schadensersatz in Form eines Schmerzensgeldes gefordert werden. Denn letztlich hat der vorbehandelnde Arzt den Patienten in die Lage gebracht, sich dem jeweiligen Risiko erneut aussetzen zu müssen und wird daher auch dafür haftbar sein, falls sich das jeweilige Risiko verwirklicht und in einen Schaden umschlägt.

[1456] BGH v. 07.10.1980 - VI ZR 176/79 = VersR 1981, 131; v. 29.09.1982 - IVa ZR 309/80 = VersR 1983, 177.

[1457] Vgl. die Nachweise bei Kapitel 3. C. II. 2. a Fn. 787.

[1458] *Weidenkaff* in Grüneberg, § 630f BGB Rn. 5.

[1459] *Fiskas*, Die Dokumentation, S. 219; *ders.*, MedR 2016, 32, 36.

b. Schadenszurechnung

Im Rahmend der Schadenszurechnung, namentlich der haftungsbegründenden und der haftungsausfüllenden Kausalität ist je nach dem geltend gemachten Schaden zu unterschieden: Was die Geltendmachung eines Schmerzensgeldes – und damit eine Haftung aufgrund einer Gesundheitsbeeinträchtigung – betrifft, so verbleibt es bei den oben genannten Grundsätzen: Die unnötige zweite Untersuchung stellt als Gesundheitsverletzung den Primärschaden dar, der Zusammenhang zwischen dem Dokumentationsfehler als Pflichtverletzung und der zweiten unnötigen Untersuchung ist daher als haftungsbegründende Kausalität nach § 286 ZPO nachzuweisen. Etwaige Folgeschäden, die auf dieser Gesundheitsverletzung beruhen, unterfallen hingegen der haftungsausfüllenden Kausalität nach § 287 ZPO.

Werden hingegen die Kosten der zweiten Untersuchung als Schaden geltend gemacht, so gestaltet sich die rechtliche Bewertung abweichend: Bei der Verletzung einer Vertragspflicht, die zu einem Vermögensschaden führt, unterfällt die Frage nach der Ursächlichkeit der Pflichtverletzung für den Eintritt des Vermögensschadens sowie dessen Höhe bereits der haftungsausfüllenden Kausalität nach § 287 ZPO.[1460] Die verletzte Partei, im vorliegenden Fall also der Patient, muss nach § 286 ZPO lediglich nachweisen, dass er von dem Verstoß der Dokumentationspflicht so betroffen ist, dass für ihn nachteilige Folgen eintreten können, die Entstehung des konkreten Vermögensschadens ist dann nach § 287 ZPO nachzuweisen.[1461]

Für den zugrunde liegenden Fall bedeutet dies, dass im Rahmen des Anspruchs auf Ersatz für eine Gesundheitsbeeinträchtigung in Form von Schmerzensgeld, der konkrete Ursachenzusammenhang zwischen dem Dokumentationsfehler und der erneuten Untersuchung nach § 286 ZPO nachzuweisen ist. Im Rahmen des Anspruchs auf Ersatz von Vermögensschäden, z.B. der Behandlungskosten für die zweite Untersuchung, ist nach § 286 ZPO hingegen lediglich nachzuweisen, dass der Patient von dem Verstoß gegen die Dokumentationspflicht betroffen ist, so dass für ihn nachteilige Folgen eintreten können. Dies wird immer dann der Fall sein, wenn die erste Untersuchung nicht völlig anlasslos vorgenommen wurde, sondern ein dokumentierter Befund für den Patienten Klarheit in Bezug auf den eigenen Gesundheitszustand gebracht hätte, sei es auch durch den Ausschluss möglicher Krankheitsbilder. Den Einwand fehlender Kausalität kann der Arzt jedoch erheben wenn eine erneute Untersuchung sowieso notwendig gewesen wäre. Dies wird insbesondere zu bejahen sein, wenn sich

---

[1460] BGH v. 20.03.2008 - IX ZR 104/05 = NJW 2008, 2647 [Rn. 12]; v. 20.01.1982 - IV a ZR 314/80 = NJW 1982, 1285, 1287; *Thole* in Stein/Jonas, § 286 ZPO Rn. 15; *Prütting* in MüKo-ZPO, § 287 ZPO Rn. 10; *Stoll*, AcP 176 (1976), 145, 188.

[1461] BGH v. 15.06.1993 - XI ZR 111/92 = NJW 1993, 3073, 3076; v. 28.04.1982 - IV a ZR 8/81 = NJW 1983, 998, 999; *Thole* in Stein/Jonas, § 286 ZPO Rn. 15; *Prütting* in MüKo-ZPO, § 287 ZPO Rn. 10.

nach der ersten Untersuchung Veränderungen aufseiten des Patienten ergeben haben, die aus objektiver Sicht eine erneute Untersuchung derselben Art zur Abklärung des Gesundheitszustandes notwendig gemacht hätten.

Die Geltendmachung der entsprechenden Schäden müsste außerdem vom Schutzzweck der Norm erfasst sein. Grundsätzlich ist der Behandlungsvertrag darauf angelegt, die Gesundheit und das Leben des Patienten zu schützen und erfasst entsprechend jedenfalls Schadensersatzansprüche die auf einer Verletzung dieser Rechtsgüter beruhen. Über den Integritätsschutz hinausgehende Vermögensinteressen sind nur in engen Grenzen geschützt, und zwar nur soweit der jeweilige Behandlungsvertrag den Schutz dieser Vermögensinteressen mit einbezieht.[1462] Nach den Gesetzesmaterialien des PatRG soll die Dokumentation dafür sorgen, dass wichtige Informationen, etwa Ergebnisse von Untersuchungen, nicht in Vergessenheit geraten und damit verloren gehen können.[1463] So sollen unnötige Doppeluntersuchungen vermieden und sowohl die körperlichen Belastungen für den Patienten als auch die Behandlungskosten gering gehalten werden.[1464] Da es dem Gesetzgeber also gerade darauf ankam, sowohl die körperlichen Belastungen, als auch die Behandlungskosten gering zu halten, müssen umgekehrt sowohl unnötig erlittene Belastungen und Schmerzen, als auch solche Kosten, die für eine eigentlich unnötige Doppeluntersuchung anfallen und auf einer Dokumentationspflichtverletzung beruhen, vom Schutzzweck der Norm erfasst sein. Anderweitige Vermögenseinbußen, insbesondere der entgangene Gewinn für einen unnötigen Zeiteinsatz bei der Zweituntersuchung sind jedoch unter Verweis auf den Schutzzweck der Norm, der Vermögensinteressen nur ausnahmsweise schützen soll und für den die Gesetzesmaterialien auch nur explizit von „Behandlungskosten“ sprechen,[1465] nicht erstattungsfähig.

II. Falschinformation des Patienten

1. Falsche Dokumentation als Entscheidungsgrundlage des Patienten

Denkbar ist auch, dass der Patient die fehlerhafte Dokumentation als Entscheidungsgrundlage für weitere Entscheidungen seine Gesundheit betreffend nutzt und dadurch einen Schaden erleidet. Möglich sind, wie bereits erwähnt, grundsätzlich zwei Fallkonstellationen.[1466] In der ersten trifft der Patient auf Basis der Dokumentation eine Verfügung über seine Gesundheit, ohne hierbei einen Zweitbehandler als Ratgeber mit einzubeziehen. In der zweiten Konstellation holt der Patient auf Basis

---

[1462] *Greiner* in Spickhoff, Medizinrecht, §§ 823-839 BGB Rn. 505.

[1463] BT-Drucks. 17/10488, S. 26.

[1464] BT-Drucks. 17/10488, S. 26.

[1465] BT-Drucks. 17/10488, S. 26.

[1466] Vgl. Kapitel 3. C. II. 3. a.

der Dokumentation bei einem anderen Arzt eine Zweitmeinung ein und trifft infolge dieser eine nachteilige Entscheidung über seine Gesundheit. Denkbare Schäden sind wiederum die Einbußen an der Gesundheit, die der Patient sich selbst zufügt, nachdem er eine fehlerhafte Dokumentation als Entscheidungsgrundlage genutzt hat. Zu denken ist hierbei typischerweise an einen nicht indizierten Behandlungsabbruch oder die Einleitung einer nicht notwendigen Behandlung oder eines Eingriffs. In beiden Fällen ist als Schaden grundsätzlich ein Schmerzensgeld nach § 253 Abs. 1 BGB denkbar. Darüber hinaus kann im Fall der Einholung einer Zweitmeinung geltend gemacht werden, dass diese wertlos war und daher Ersatz der dadurch erlittenen Vermögenseinbuße gemäß §§ 249 Abs. 1, 251 BGB, in der Regel die Kosten der Zweitmeinung, gefordert werden.

In den Fällen, in denen der Patient eine Gesundheitsschädigung geltend macht, ist ein absolutes Rechtsgut verletzt und somit die Gesundheitsbeeinträchtigung als Primärschaden Anknüpfungspunkt für die haftungsbegründende Kausalität.[1467] Sämtliche Voraussetzungen bis zum Eintritt des Gesundheitsschadens sind somit nach § 286 ZPO zu beweisen, während etwaige Folgeschäden dem herabgesenkten Beweismaß des § 287 ZPO unterliegen.
Nach dem Schutzzweck der Norm ist die Zurechnung jedoch zu begrenzen, wenn der Patient die Dokumentation eigenmächtig als Entscheidungsgrundlage benutzt, ohne hierbei eine Zweitmeinung eines anderen Arztes einzuholen.[1468] Nach der Intention des Gesetzgebers sollte der Patient gerade nicht eigenmächtig ohne weiteren ärztlichen Rat auf der Grundlage der Dokumentation Entscheidungen über seine Gesundheit treffen, weshalb Schäden, die hierauf beruhen, im Ergebnis nach dem Schutzzweck der Norm nicht ersatzfähig sind.[1469] Hingegen ist eine mögliche Gesundheitsschädigung auf Basis einer falschen Zweitmeinung, die auf einer fehlerhaften Dokumentation beruht, grundsätzlich vom Schutzzweck der Norm erfasst.[1470] Es ist insoweit auch unschädlich, dass die Gesundheitsschädigung auf einem eigenen Willensentschluss des Patienten beruht.[1471] Besonders naheliegend sind in diesem Fall Schäden, die auf der Empfehlung des Arztes beruhen und zu deren Zufügung sich der Patient in diesem Fall deshalb herausgefordert fühlen durfte. Zu nennen sind insoweit insbesondere der objektiv nicht indizierte Behandlungsabbruch, sowie die Vornahme einer nicht notwenigen „Therapie“ bzw. eines Eingriffs. Diese Schäden beruhen letztlich auch kausal auf dem Dokumentationsfehler des vorbehandelnden Arztes, falls ein vernünftiger Zweitbehandler auf Basis der objektiv falschen

[1467] Vgl. Kapitel 5. A. I. 1. b. aa.

[1468] Vgl. Kapitel 3. C. II. 3. b.

[1469] Vgl. Kapitel 3. C. II. 3. b.

[1470] Vgl. Kapitel 3. C. II. 3. b.

[1471] Vgl. Kapitel 3. C. II. 3. b.

Dokumentation eine entsprechende Empfehlung gegeben hätte.[1472] Weitere mögliche Schäden sind beispielsweise eine psychische Schädigung wegen einer unrichtigen, sehr schlimmen oder lebensbedrohlichen Diagnose, bis hin zum Extremfall eines möglichen Suizids wegen einer vermeintlich aussichtslosen Diagnose. Diese sind als mögliche Schadensposten grundsätzlich anerkannt,[1473] wobei das Vorliegen der Kausalität sich in diesen Fällen nach den Umständen des Einzelfalls richtet und sich deshalb einer pauschalen Wertung entzieht.

Vermögensschäden sind zwar grundsätzlich nicht vom Schutzzweck des § 630f BGB erfasst, ausnahmsweise sind aber die Kosten für eine objektiv wertlose Zweitmeinung auch unter dem Gesichtspunkt des Schutzzwecks der Norm von dieser erfasst, da die Entstehung solcher Kosten durch die Dokumentation gerade vermieden werden soll.[1474] Die Dokumentationspflichtverletzung des erstbehandelnden Arztes ist auch adäquat kausal für die Entstehung der Kosten der wertlosen Zweitmeinung. Die Kosten sind daher grundsätzlich auch ersatzfähig.

Wenn der Patient jedoch geltend macht, durch die wertlose Zweitmeinung einen Vermögensschaden erlitten zu haben, so liegt eine Vertragspflichtverletzung vor, weshalb bereits die Verletzungshandlung selbst Anknüpfungspunkt für die haftungsbegründende Kausalität ist. Die Ursächlichkeit der Vertragsverletzung für den Eintritt des Vermögensschadens, wie auch dessen Eintritt, ist in diesem Fall bereits nach § 287 Abs. 1 ZPO zu beurteilen.[1475]

2. Unwissenheit des Patienten über den Behandlungsverlauf

Denkbar erscheint auch, dass der Patient vorträgt, wegen der Unwissenheit über den Behandlungsverlauf aufgrund der unterlassenen Dokumentation der Behandlung in seinem allgemeinen Persönlichkeitsrecht verletzt zu sein. Eine Verletzung des allgemeinen Persönlichkeitsrechts liegt in diesem Fall vor.[1476]

Bei einer Verletzung des allgemeinen Persönlichkeitsrechts besteht jedenfalls kein Vermögensschaden i.S.d. § 249ff. BGB. In § 253 Abs. 2 BGB, der die ausnahmsweise Ersatzfähigkeit immaterieller

[1472] Vgl. Kapitel 3. C. II. 3. b.

[1473] Vgl. BGH v. 12.03.1991 - VI ZR 232/90 = NJW 1991, 2346ff.; v. 26.11.1968 - VI ZR 176/67 = VersR 1969, 160ff.; *Hager* in Staudinger, § 823 BGB Rn. B27f. m.w.N., zum veranlassten Suizid vgl. BGH v. 10.06.1958 - VI ZR 120/57 NJW 1958, 1579, 1580.

[1474] Vgl. Kapitel 3. C. II. 3. c.

[1475] Vgl. die Nachweise bei Fn. 1460.

[1476] Vgl. Kapitel 3. C. II. 4. b.

Schäden normiert, findet eine Verletzung des allgemeinen Persönlichkeitsrechts ebenfalls keine Erwähnung. Ebenso wenig ist angesichts des abschließenden Charakters von § 253 Abs. 2 BGB Platz für eine analoge Anwendung der Regelung,[1477] so dass auf den ersten Blick ein Schmerzensgeldanspruch für die Verletzung des allgemeinen Persönlichkeitsrechts ausgeschlossen erscheint. Gleichwohl ist bereits seit langem eine Ersatzfähigkeit für die Verletzung des allgemeinen Persönlichkeitsrechts in der Rechtsprechung anerkannt.[1478] Die Problematik, dass für Verletzungen des allgemeinen Persönlichkeitsrechts keine eindeutige Rechtsgrundlage existiert, bestand bereits zur Zeit der Schuldrechtsreform, weshalb der Bundesrat im Jahr 2001 forderte, das allgemeine Persönlichkeitsrecht (über eine Neufassung von § 847 BGB a.F.) in den Kreis gesetzlich geschützter Rechte mit aufzunehmen.[1479] Zwar wurde der Vorschlag nicht aufgegriffen, jedoch wird in der Gesetzesbegründung ausdrücklich auf die Rechtsprechung Bezug genommen, die seinerzeit bereits vorsah, dass für eine Verletzung des allgemeinen Persönlichkeitsrechts Schmerzendgeld gefordert werden konnte.[1480] Die Rechtsprechung knüpft Ersatzansprüche wegen einer Verletzung des allgemeinen Persönlichkeitsrechts in der Regel an § 823 Abs. 1 BGB i.V.m. Art. 1 Abs. 1, 2 Abs. 1 GG.[1481] Der Ersatz in Geld für Verletzungen des allgemeinen Persönlichkeitsrechts ist, mangels einfachgesetzlicher Rechtsgrundlage, maßgeblich in Form von Richterrecht durch die Rechtsprechung geprägt. Demnach ist bei der Verletzung des allgemeinen Persönlichkeitsrechts zunächst grundsätzlich danach zu differenzieren, ob es sich bei der konkreten Ausprägung der Verletzung um ein vermögenswertes, oder lediglich um ein ideelles Interesse handelt.[1482]

Zwar könnte man davon ausgehen, dass möglicherweise durch den Zweck der Dokumentation, dem Patienten Rechnung abzulegen über den Ablauf der Behandlung und dem damit verbundenen Zweck, die ordnungsgemäße Erfüllung des Behandlungsvertrags zu überprüfen und justiziabel zu machen, bei einer mangelhaften Dokumentation auch ein vermögenswertes Interesse verletzt sein könnte. Dagegen

[1477] *Oetker* in MüKo-BGB, § 253 BGB Rn. 27; *Ekkenga/Kuntz* in Soergel, § 253 BGB Rn. 27; *Ebert* in Erman, § 253 BGB Rn. 15; *Wagner*, JZ 2004, 319, 328f.; *Schubert*, Wiedergutmachung immaterieller Schäden, S. 95.

[1478] BGH v. 17.12.2013 – VI ZR 211/12 = NJW 2014, 2029ff. ; v. 06.12.2005 - VI ZR 265/04 = NJW 2006, 605ff.; v. 05.10.2004 - VI ZR 255/03 = NJW 2005, 215ff.; v. 15.11.1994 - VI ZR 56/94 = NJW 1995, 861ff.; v. 09.07.1985 - VI ZR 214/83 = NJW 1985, 2644ff.

[1479] BT-Drucks. 14/7752, S. 49f.

[1480] BT-Drucks. 14/7752, S. 24f.

[1481] BGH v. 17.12.2013 – VI ZR 211/12 = NJW 2014, 2029, 2034 [Rn. 40]; v. 06.12.2005 - VI ZR 265/04 = NJW 2006, 605ff.; v. 05.10.2004 - VI ZR 255/03 = NJW 2005, 215ff.; v. 15.11.1994 - VI ZR 56/94 = NJW 1995, 861ff.; v. 09.07.1985 - VI ZR 214/83 = NJW 1985, 2644ff.

[1482] Vgl. BGH v. 1. 12. 1999 - I ZR 49/97 = NJW 2000, 2195, 2197; v. 5. 6. 2008 - I ZR 223/05 = NJOZ 2008, 4549, 4552 [Rn. 15].

spricht allerdings, dass dem Patienten zwar im Fall eines Dokumentationsfehlers ein beweismäßiger Nachteil entsteht, der letztlich theoretisch zu einem Prozessverlust führen kann. Allerdings wird dieser prozessuale Nachteil gerade durch die Beweislastumkehr in § 630h Abs. 3 BGB kompensiert, so dass im Ergebnis bei Unkenntnis vom Verlauf der Behandlung, falls kein Folgeschaden an einem anderen Rechtsgut besteht, lediglich ein ideeller Nachteil zu Lasten des Patienten vorliegt. Bei dem Recht auf Kenntnis über den Behandlungsverlauf handelt es sich deshalb im Ergebnis um einen ideellen und nicht um einen vermögensrechtlichen Bestandteil des allgemeinen Persönlichkeitsrechts. Für diesen kann nach der Rechtsprechung lediglich unter weiteren Voraussetzungen eine Kompensation in Geld verlangt werden. Erforderlich ist insoweit eine besonders schwerwiegende Verletzung des allgemeinen Persönlichkeitsrechts, sowie dass die Beeinträchtigung nach der Art der Verletzung nicht anderweitig ausgeglichen werden kann.[1483]

Ob eine solche vorliegt, richtet sich nach einer Beurteilung der Gesamtumstände.[1484] Maßgeblich sind insoweit Bedeutung und Tragweite des Eingriffs, Anlass und Beweggrund des Handelnden, sowie dessen Verschuldensgrad, wobei auch zu berücksichtigen ist, in welchen geschützten Teilbereich des allgemeinen Persönlichkeitsrechtes eingegriffen wurde.[1485] Zumindest in Ansätzen vergleichbar ist der Fall, in dem ein Arzt über die Herkunft einer Samenspende keine Dokumentation anfertigte oder diese im Nachhinein vernichtete. Auch in diesem Fall ist durch die Unkenntnis des Betroffenen über persönliche Umstände – hier des genetischen Vaters – dessen Allgemeines Persönlichkeitsrecht verletzt. In der Literatur und der Rechtsprechung wurde in dem genannten Fall das grundsätzliche Bestehen eines Schadensersatzanspruchs in Geld bejaht.[1486] Das OLG Hamm hatte in einem entsprechenden Fall aufgrund der konkreten Umstände jedoch das Bestehen einer schwerwiegenden Verletzung des allgemeinen Persönlichkeitsrechts abgelehnt.[1487] Die Klageabweisung begründete das Gericht damit, dass die Vernichtung der Unterlagen im zu entscheidenden Fall lediglich fahrlässig

---

[1483] BGH v. 24.05.2016 – VI ZR 496/15 = NJW-RR 2016, 1136, 1137 [Rn. 9]; v. 20.03.2012 – VI ZR 123/11 = NJW 2012, 1728 [Rn. 15].

[1484] BGH v. 24.05.2016 – VI ZR 496/15 = NJW-RR 2016, 1136, 1137 [Rn. 9]; v. 20.03.2012 – VI ZR 123/11 = NJW 2012, 1728 [Rn. 15].

[1485] BGH v. 24.05.2016 – VI ZR 496/15 = NJW-RR 2016, 1136, 1137 [Rn. 9]; v. 20.03.2012 – VI ZR 123/11 = NJW 2012, 1728 [Rn. 15]; v. 24.11.2009 - VI ZR 219/08 = NJW 2010, 763 [Rn. 11]; v. 06.12.2005 - VI ZR 265/04 = NJW 2006, 605, 608; v. 05.10.2004 - VI ZR 255/03 = NJW 2005, 215, 217; v. 15.11.1994 - VI ZR 56/94 = NJW 1995, 861, 864; OLG Hamm v. 13.06.2007 – 3 W 32/07 [Rn. 8] = MedR 2008, 213, 214.

[1486] OLG Hamm v. 13.06.2007 – 3 W 32/07 [Rn. 8] = MedR 2008, 213, 214; AG Essen v. 17.09.2014 – 17 C 288/13 = MedR 2015, 434; *Wellenhofer* in MüKo § 1598a BGB, Rn. 63ff; *Budzikiewicz*, MedR 2015, 435, 436; *Wehrstedt*, FPR 2011, 400, 401; *Spickhoff*, VersR 2006, 1569, 1572; für Anspruch aus § 826 BGB *Deutsch*, MDR 1985, 177, 181.

[1487] OLG Hamm v. 13.06.2007 – 3 W 32/07 = MedR 2008, 213ff.

erfolgte und zum Zeitpunkt der Entscheidung keine gesetzliche Pflicht zur Dokumentation der Spenderdaten bestand, insoweit also eine gewisse Unsicherheit in Bezug auf die geltende Rechtslage und die damit verbundene Frage bestand, ob ein gesicherter Eingriff in das Persönlichkeitsrecht des Kindes vorlag.[1488] Der vorliegende Fall unterscheidet sich hiervon jedoch dadurch, dass für die Dokumentation des Ablaufs der Behandlung mit § 630f Abs. 2 BGB eine gesetzliche Grundlage besteht. Allerdings wird eine vorsätzliche Verletzung dieser Pflicht schwer nachweisbar sein, so dass auch im zugrunde liegenden Fall die fahrlässige Begehung den Regelfall darstellen wird. Beim Vergleich der geschützten Informationen wird allerdings deutlich, dass der vorliegend zu bewertende Fall der Unkenntnis der ärztlichen Behandlung bereits von vornherein in Bezug auf die Schwere der Verletzung nicht mit dem Fall der Unkenntnis über den genetischen Vater gleichbedeutend ist. Der letztgenannte Fall betrifft eine für die individuelle Person existenzielle Frage, nämlich diejenige der eigenen Abstammung. Deren Kenntnis ist ein wichtiger Anknüpfungspunkt für das Verständnis des familiären Zusammenhangs und die Entwicklung der eigenen Persönlichkeit.[1489]

Die Kenntnis des Ablaufs einer medizinischen Behandlung mag zwar für den Patienten auch eine gewisse Bedeutung besitzen, insbesondere wenn ein erhoffter Behandlungserfolg ausgeblieben ist und die Behandlung nicht wie geplant verlaufen ist. In der Regel ist die Unkenntnis des Behandlungsverlaufs allein aber nicht geeignet, eine existenzielle Krise beim Patienten hervorzurufen. Man mag zwar an bestimmte Fälle denken, in denen der Patient aus einer Narkose erwacht und zusätzlich zu den Verletzungen, die auf dem Eingriff beruhen, weitere Verletzungen feststellt, deren Herkunft sich aber nicht auf die ordnungsgemäße Behandlung zurückführen lässt. Sollte in diesen Fällen auch keine Dokumentation bestehen, so bleibt beim Patienten das ungute Gefühl, in einer hilflosen Situation in nicht geklärter Weise geschädigt worden zu sein. In jener Situation bleibt der Patient jedoch nicht kompensationslos. Vielmehr liegt in diesem Fall ein Behandlungsfehler oder jedenfalls eine anderweitige Gesundheitsbeeinträchtigung vor, für die der Arzt schadensersatzpflichtig ist und im Fall fehlender Dokumentation auch Beweiserleichterungen bestehen. Sollte in einem solchen Fall der Patient zusätzlich psychisch unter der Tatsache leiden, dass die näheren Umstände der Verletzung ungeklärt sind, so liegt wiederum eine Gesundheitsbeeinträchtigung vor, für die Ersatz der Behandlungskosten sowie ein angemessenes Schmerzensgeld verlangt werden kann.

[1488] OLG Hamm v. 13.06.2007 – 3 W 32/07 [Rn. 8] = MedR 2008, 213, 214.

[1489] *Beater* in Soergel, § 823 BGB Anh. IV Rn. 68.

Letztlich liegt damit mangels einer schwerwiegenden Verletzung des allgemeinen Persönlichkeitsrechts im zugrunde liegenden Fall keine Ersatzfähigkeit der entsprechenden Rechtsverletzung, und somit kein ersatzfähiger Schaden vor.

III. Verfälschte Entscheidungsgrundlage für Entscheidungen Dritter

Der Patient kann außerdem vortragen, dass ihm durch die unterlassene oder fehlerhafte Dokumentation des Arztes Nachteile beim Abschluss eines nachfolgenden Rechtsgeschäfts entstanden sind.[1490] Dies kann insbesondere der Fall sein, wenn die ärztliche Dokumentation als Basis für ein Gutachten eines Dritten dienen soll, z.B. einer Behörde oder einer Versicherung.[1491] Selbst wenn in diesen Fällen ein kausaler Schaden gegeben wäre, so scheitert eine Durchsetzung des Schadensersatzanspruchs regelmäßig an der fehlenden Schadenszurechnung. Diese ist nach der Lehre vom Schutzzweck der Norm in diesen Fällen unterbrochen, da die Dokumentation nicht dazu dient, einem Dritten als Entscheidungsgrundlage für den Abschluss eines Rechtsgeschäfts vorgelegt zu werden.[1492] Regelmäßig besteht in solchen Fällen aber auch kein praktisches Bedürfnis für eine entsprechende Haftung. Denn etwaige Ungereimtheiten in Bezug auf den Gesundheitszustand des Patienten, die durch die unrichtige Dokumentation entstehen können, können von diesem auf Nachfrage des potentiellen Vertragspartners ausgeräumt werden und müssen nicht direkt in einer unwiderruflichen Ablehnung des Vertragsschlusses münden. Eine Richtigstellung kann z.B. durch eine erneute Untersuchung des Patienten geschehen, wie es z.B. im Rahmen einer Eingangsuntersuchung beim Eintritt in das Beamtenverhältnis üblich ist. Entsprechende Untersuchungen sind in der Regel kostengünstig und nicht besonders belastend für den Patienten und daher ohne weiteres mit dem Zweck der Dokumentation, Doppeluntersuchungen und damit körperliche Untersuchungen und Behandlungskosten im Interesse des Patienten zu vermeiden, vereinbar.

IV. Bekanntwerden von Patientendaten

Wie bereits erwähnt, besteht bei einer Verletzung des allgemeinen Persönlichkeitsrechts kein Vermögensschaden i.S.d. § 249ff. BGB, vielmehr ergibt sich ein etwaiger Ersatzanspruch unmittelbar aus § 823 Abs. 1 BGB iVm Art. 1 Abs. 1, 2 Abs. 1 GG.[1493] Beim Bekanntwerden von Patientendaten ist in der Regel kein vermögenswertes, sondern lediglich ein ideelles Interesse verletzt. Für dessen Verletzung kann nach der Rechtsprechung lediglich unter weiteren Voraussetzungen eine Kompensation in Geld verlangt werden. Erforderlich ist insoweit eine besonders schwerwiegende

---

[1490] *Wasserburg*, NJW 1980, 617, 620; *Fiekas*, Die Dokumentation, S. 213f.

[1491] *Wasserburg*, NJW 1980, 617, 620; *Fiekas*, Die Dokumentation, S. 213f.

[1492] Vgl. Kapitel 3. C. II. 5.

[1493] Siehe oben, Kapitel 5. A. II. 2.

Verletzung des allgemeinen Persönlichkeitsrechts, sowie dass die Beeinträchtigung nach der Art der Verletzung nicht anderweitig ausgeglichen werden kann.

Ob eine besonders schwerwiegende Verletzung des allgemeinen Persönlichkeitsrechts vorliegt, richtet sich nach einer Beurteilung der Gesamtumstände.[1494] Maßgeblich sind insoweit Bedeutung und Tragweite des Eingriffs, Anlass und Beweggrund des Handelnden, sowie dessen Verschuldensgrad, wobei auch zu berücksichtigen ist, in welchen geschützten Teilbereich des allgemeinen Persönlichkeitsrechtes eingegriffen wurde.[1495] Eine pauschale Wertung verbietet sich an dieser Stelle aufgrund der Vielzahl an Varianten einer möglichen Persönlichkeitsrechtsverletzung und damit einhergehenden bedeutsamen Umständen. Beachtlich für sämtliche Fallgestaltungen ist jedoch, dass Daten aus der Patientenakte grundsätzlich zur Intimsphäre des Patienten zählen und daher eine Verletzung eher als schwerwiegend eingeordnet werden kann als sonst. Auch der Verbreitungsgrad wird eine Rolle spielen. So wiegt eine Veröffentlichung im Internet, die grundsätzlich für eine größere Zahl an Personen einsehbar ist, schwerer als eine Weitergabe an nur eine einzelne Person. Auch ein vorsätzliches Handeln wird schneller die Schwelle der „schwerwiegenden Verletzung" überschreiten als ein lediglich fahrlässiges. Die Rechtsprechung orientiert sich ebenfalls an den genannten Kriterien und gewichtet diese jeweils einzeln um letztlich eine schwerwiegende Verletzung anzunehmen oder abzulehnen. So wurde vom OLG Bamberg eine schwerwiegende Verletzung und damit einhergehend ein Schadensersatzanspruch bejaht, wenn ein Arzt einen Bericht über das Arzt-Patienten-Verhältnis auf seiner Website veröffentlicht, der Patientendaten, mit Ausnahme des Namens, Auszüge aus der Patientenakte,- Untersuchungsbefunde sowie persönliche Äußerungen zum Arzt-Patienten-Verhältnis enthielt.[1496] Obwohl eine Identifizierung nur demjenigen Personenkreis möglich war, der die näheren Lebensumstände des Klägers kannte und deshalb aus den veröffentlichten Daten auf den Kläger rückschließen konnte und zugleich die Internetseite des Arztes zur Kenntnis genommen hatte, sowie der Tatsache, dass die Daten nur für einen begrenzten Zeitraum online gestellt waren, sprach das Gericht dem Kläger einen Schadensersatz in Höhe von 2.000 Euro zu. Das OLG München bejahte einen Schadensersatzanspruch in Höhe von 15.000 Euro für den Fall, dass der Arzt vorsätzlich ein psychiatrisches Gutachten an die Ehefrau des Patienten weitergab, das dem Patienten eine

---

[1494] BGH v. 24.05.2016 – VI ZR 496/15 = NJW-RR 2016, 1136, 1137 [Rn. 9]; v. 20.03.2012 – VI ZR 123/11 = NJW 2012, 1728 [Rn. 15].

[1495] BGH v. 24.05.2016 – VI ZR 496/15 = NJW-RR 2016, 1136, 1137 [Rn. 9]; v. 20.03.2012 – VI ZR 123/11 = NJW 2012, 1728 [Rn. 15]; v. 24.11.2009 - VI ZR 219/08 = NJW 2010, 763 [Rn. 11]; v. 06.12.2005 - VI ZR 265/04 = NJW 2006, 605, 608; v. 05.10.2004 - VI ZR 255/03 = NJW 2005, 215, 217; v. 15.11.1994 - VI ZR 56/94 = NJW 1995, 861, 864; OLG Hamm v. 13.06.2007 – 3 W 32/07 [Rn. 8] = MedR 2008, 213, 214.

[1496] OLG Bamberg v. 10.04.2013 – 3 U 282/12 = NJW-RR 2014, 158f.

schwerwiegende Störung attestierte und dazu dienen sollte, durch eine Vorlage bei der Polizei eine Unterbringung des Patienten in einer Psychiatrie zu erreichen.[1497] Das OLG Köln lehnte hingegen eine schwerwiegende Verletzung ab, für den Fall dass der Arzt im Zusammenhang mit einem sich abzeichnenden Haftungsprozess die Dokumentation an Kollegen weiterreichte, die diese zur Verteidigung gegen Behandlungsfehlervorwürfe nutzen wollten.[1498] Dies ergebe sich daraus, dass eine Weitergabe nur an Personen erfolgt sei, die ihrerseits einer Schweigepflicht unterlägen, sowie aus der Tatsache, dass die Unterlagen lediglich zur Vorbereitung des Arzthaftungsprozesses weitergegeben wurden und ohne weiteres auf Verlangen des beklagten Arztes durch das Gericht hätten angefordert und von den jeweiligen Personen hätten eingesehen werden können. Das OLG Bamberg entschied in einem anderen Fall, in dem eine Live-Übertragung einer seltenen Operation stattgefunden hatte – und damit streng genommen keine Verletzung der Dokumentations- oder Aufbewahrungsfrist vorliegt –, dass kein erheblicher Eingriff in das allgemeine Persönlichkeitsrecht des Patienten vorliegt, wenn auf dem Bildschirm nur das unmittelbare, außerhalb des Schambereichs liegende Operationsgebiet (hier: ein Ausschnitt der rechten Gesichtshälfte) zu erkennen ist und jede Möglichkeit einer Identifizierung des Patienten ausgeschlossen ist.[1499] Das Gericht nahm in diesem Fall an, dass die Übertragung einer seltenen Operation im Rahmen einer Fortbildungsveranstaltung im allgemeinen Interesse liegt und den den Teilnehmern der Veranstaltung weitere Erkenntnisse über die Vornahme einer derartigen Operation verschafft und damit einer Vielzahl künftiger Patienten zugute kommt, hinter diesem Interesse müssten die Persönlichkeitsrechte der Patientin in diesem Fall zurücktreten.[1500]

Für die Frage nach dem Anknüpfungspunkt der haftungsbegründenden bzw. haftungsausfüllenden Kausalität gelten die allgemeinen Regeln. Bei dem allgemeinen Persönlichkeitsrecht handelt es sich um die Verletzung eines Rechts, das absoluten Rechtsgüterschutz nach § 823 Abs. 1 BGB genießt und dessen Haftungsgrund daher mit dem „ersten Betroffensein" des Geschädigten vorliegt.[1501] Vorliegend wird dies jedenfalls mit der Kenntnis der Patientendaten durch einen hierzu nicht berechtigten Dritten der Fall sein. Im Fall der Veröffentlichung der Patientendaten im Internet erscheint es wegen der schweren Nachweisbarkeit der Zahl der tatsächlichen Abrufe und damit einhergehenden Kenntnisnahmen interessengerecht, ein „Betroffensein" bereits mit der Möglichkeit der Kenntnisnahme durch einen unberechtigten Dritten anzunehmen. Die Weitergabe und die Kenntnis des Dritten sind somit grundsätzlich nach dem Maßstab des § 286 Abs. 1 ZPO zu beweisen. Weitere Umstände, die für

[1497] OLG München v. 04.02.2010 - 1 U 4650/08 = BeckRS 2010, 8711.

[1498] OLG Köln v. 13.01.2010 – 5 U 41/09 = BeckRS 2010, 1905.

[1499] OLG Bamberg v. 30.06.2016 – 4 U 103/16 = BeckRS 2016, 123970.

[1500] OLG Bamberg v. 30.06.2016 – 4 U 103/16 = BeckRS 2016, 123970.

[1501] Vgl. hierzu en Detail Kapitel 5. A. I. 1. b. aa.

die Bemessung der Höhe der Entschädigung sowie die Frage, ob eine schwerwiegende Verletzung des allgemeinen Persönlichkeitsrechts vorliegt ausschlaggebend sind, sind hingegen unter die „Höhe des entstandenen Schadens“ i.S.d. § 287 ZPO zu fassen und daher nach § 287 ZPO nachzuweisen.[1502] Es ist davon auszugehen, dass die Pflicht zur Aufbewahrung der Dokumentation vom jeweiligen Behandler auch in einer Art und Weise geschuldet ist, die die Kenntnisnahme unberechtigter Dritter von den Patientendaten ausschließt. Im Umkehrschluss muss daher auch gelten, dass der Arzt für eine entsprechende Verletzung dieser Pflicht haftbar sein muss. Die Geltendmachung eines entsprechenden Schadens ist daher auch vom Schutzzweck der Norm umfasst.

1502 *Thole* in Stein/Jonas, § 287 ZPO Rn. 22.

B. Schaden und Schadenszurechnung bei kapitalanlagerechtlichem Dokumentationsfehler

I. Schadensposten

Als Folge eines kapitalanlagerechtlichen Dokumentationsfehlers kommen vor allem zwei denkbare Fälle in Betracht: In der ersten Konstellation macht der Anleger geltend, falsch beraten worden zu sein und wegen einer fehlenden oder unrichtigen Dokumentation am Nachweis des Beratungsfehlers gehindert zu sein. Diese Konstellation soll, da sie nicht ausschließlich kapitalanlagerechtlicher Natur ist, sondern auch im Rahmen der Arzthaftung auftreten kann, in einem getrennten Abschnitt untersucht werden.[1503] Zunächst soll der Fokus auf der anderen denkbaren Fallkonstellation liegen, in der der Anleger geltend macht, wegen eines Verstoßes des WpDU gegen § 64 Abs. 1 WpHG (bzw. dessen äquivalenter vertraglicher Regelung) eine für ihn unpassende Kapitalanlage erworben zu haben.[1504] Mögliche Ausprägungen dieser Fallkonstellation sind der Fall der Nichtaushändigung der Geeignetheitserklärung, deren zu späte Aushändigung, oder die Aushändigung einer materiell unrichtigen Geeignetheitserklärung.

Im vorliegend zu untersuchenden Fall liegt mit der Aushändigung einer materiell unrichtigen Geeignetheitserklärung, bzw. deren Nichtaushändigung oder zu späten Aushändigung, eine mit der fehlerhaften Anlageberatung parallel verlaufende Haftung vor.[1505] Denn die Geeignetheitserklärung dient dem Anleger ebenso wie das Beratungsgespräch dazu, sich eine Informationsgrundlage für eine informierte Anlageentscheidung zu verschaffen.[1506] Die Geeignetheitserklärung stellt der Sache nach eine ergänzende schriftliche Beratung des Anlegers dar.[1507] Die Rechtsfolge einer Verletzung dieser schriftlichen Aufklärungspflicht, welche mit der Aushändigung der Geeignetheitserklärung erfüllt werden soll, orientiert sich daher grundsätzlich an der Rechtsfolge der fehlerhaften Anlageberatung. Im

---

[1503] Vgl. hierzu unten Kapitel 5. C.

[1504] Zwar besteht auch – wie im Rahmen der ärztlichen Dokumentation – die Möglichkeit, dass sich der Anleger darauf beruft, dass eine Dokumentation nach § 83 Abs. 3 und 6 WpHG unrichtig gewesen sei und er (nach Einsicht in diese) auf Basis dieser Falschdokumentation eine für ihn nachteilige Anlageentscheidung getroffen habe. Abgesehen davon, dass diese Konstellation wohl sehr selten sein wird, ist eine Haftung des WpDU in diesem Fall jedoch nicht gegeben. Denn § 83 Abs. 3 und 6 WpHG bezwecken (anders als noch das Beratungsprotokoll nach § 34 Abs. 2a WpHG a.F.) allein die Beweissicherung, vgl. Kapitel 3. E. II. 1. Unter Verweis auf den Schutzzweck der Norm kann eine Haftung daher bereits an dieser Stelle ausgeschlossen werden.

[1505] An dieser Stelle soll daher – um den Umfang der vorliegenden Arbeit nicht zu sprengen – für einzelne schadensrechtliche Probleme, die nicht dokumentationsfehlerspezifisch sind, auf die bereits bestehende Literatur zur Frage des Kapitalanlegerschadens verwiesen werden, vgl. insoweit z.B. *Geibel*, Der Kapitalanlagerschaden, 2002.

[1506] Dies offensichtlich verkennend und einen adäquat-kausalen Schaden daher pauschal verneinend *Rothenhöfer* in Schwark/Zimmer, 5. Aufl. 2020, § 64 WpHG Rn. 166.

[1507] Vgl. bereits Kapitel 2. B. IV. 2. b. bb.

Rahmen der Anlageberatung ist anerkannt, dass ein ohne die erforderliche Aufklärung gefasster Anlageentschluss von den Mängeln der fehlerhaften Aufklärung beeinflusst ist, und daher bereits mit Vertragsschluss des Anlagenkaufvertrags ein Vermögensschaden vorliegt.[1508] Der Vermögensschaden liegt in der Belastung mit einem für den Anleger nachteiligen Vertrag.[1509] Dies muss bei einer Aufklärungspflichtverletzung durch eine Verletzung der Pflicht nach § 64 Abs. 4 WpHG (bzw. deren vertraglichen Äquivalent) ebenfalls gelten. Grundsätzlich liegt in diesem Fall daher mit dem Vertragsschluss ein Vermögensschaden in Höhe der gezeichneten Anlagen vor. Rechtsfolge eines entsprechenden Schadensersatzanspruchs ist im Fall der fehlerhaften Anlageberatung die Rückabwicklung dieses Geschäfts im Rahmen der Naturalrestitution gem. § 249 Abs. 1 BGB.[1510] Für eine Begrenzung des Schadensersatzes auf den Ausgleich des Minderwerts der Kapitalanlage gibt es hingegen keinen sachlichen Grund, dies hat die Rechtsprechung bereits unter Verweis auf den Schutzzweck der verletzten Pflicht, umfassende Informationen über die Vor- und Nachteile der Anlage zu liefern, festgestellt.[1511] Im Fall einer Rückabwicklung der Kapitalanlage sind daher insbesondere der Kaufpreis, Erwerbsnebenkosten, sowie Kredit- und Darlehenskosten im Fall einer Finanzierung zurückzuerstatten.[1512] Hat der Anleger die Anlage bereits veräußert, so kann er Ersatz des erlittenen Kursdifferenzschadens geltend machen.[1513]

II. Schadenszurechnung

1. Haftungsbegründende und haftungsausfüllende Kausalität, insbes. Haftungsgrund

Eine Haftung kommt schließlich auch im Fall der Verletzung der Pflicht zur rechtzeitigen Aushändigung der Geeignetheitserklärung nur dann in Betracht, wenn die Pflichtverletzung kausal für den geltend gemachten Schaden war. Auch in diesem Fall bestimmt sich die Kausalität nach der Adäquanztheorie. Grundsätzlich erscheint es nicht besonders ungewöhnlich oder unwahrscheinlich, dass ein Anleger aufgrund einer unvollständigen, falschen, oder gar nicht vorhandenen Geeignetheitserklärung eine Anlageentscheidung trifft, die er, hätte er Einblick in eine materiell richtige

---

[1508] BGH v. 08.03.2005 - XI ZR 170/04 = NJW 2005, 1579, 1580; v. 11.07.2012 – IV ZR 164/11 = NJW 2012, 3647, 3653 [Rn. 64]; v. 08.04.2014 – XI ZR 341/12 = NJW 2014, 2348, 2350 [Rn. 25]; *Seibert*, Recht der Kapitalanlageberatung, Teil C. § 1 Rn. 314; *Grüneberg*, Bankenhaftung, Rn. 569.

[1509] BGH v. 11.07.2012 – IV ZR 164/11 = NJW 2012, 3647, 3653; v. 08.04.2014 – XI ZR 341/12 = NJW 2014, 2348, 2350 [Rn. 25]; *Seibert*, Recht der Kapitalanlageberatung, Teil C. § 1 Rn. 314; *Grüneberg*, Bankenhaftung, Rn. 569;.

[1510] Einer Anwendung von § 250 S.1 BGB bedarf es daher gerade nicht, vgl. BGH v. 13.11.2012 – XI ZR 334/11 = NJW 2013, 450 [Rn. 15ff.].

[1511] BGH v. 13.01.2004 - XI ZR 355/02 = NJW 2004, 1868, 1870.

[1512] *Grüneberg*, Bankenhaftung, Rn. 578; *Seibert*, Recht der Kapitalanlageberatung, Teil C. § 1 Rn. 318.

[1513] BGH v. 13.11.2012 – XI ZR 334/11 = NJW 2013, 450, 451; *Seibert*, Recht der Kapitalanlageberatung, Teil C. § 1 Rn. 319.

Geeignetheitserklärung genommen, nicht getroffen hätte.[1514] Der vorliegend untersuchte Dokumentationsfehler ist daher grundsätzlich kausal für einen entsprechenden Vermögensschaden. Eine Unterbrechung des Kausalzusammenhangs wird im vorliegenden Fall nur zu bejahen sein, wenn zwar eine materiell unrichtige Geeignetheitserklärung ausgehändigt wurde, aber der Anleger diese nicht eingesehen hat und diese seine Anlageentscheidung daher nicht beeinflusst haben kann. Dasselbe gilt für den Fall, dass keine Geeignetheitserklärung ausgehändigt wurde oder dies zu spät geschehen ist, aber ausgeschlossen ist, dass der Anleger diese auch bei deren rechtzeitiger Aushändigung vor seiner Anlageentscheidung zur Kenntnis genommen hätte.

Im vorliegenden Fall handelt es sich um einen Anspruch aus einer Vertragspflichtverletzung, der auf Ersatz eines reinen Vermögensschadens gerichtet ist. In diesem Fall liegt der Haftungsgrund bereits im Eintritt der vertraglichen Pflichtverletzung, falls die Gefahr eines Schadenseintritts für den Betroffenen besteht.[1515] Dies ist als Teil der haftungsbegründenden Kausalität nach § 286 Abs. 1 ZPO nachzuweisen, während der Schadenseintritt selbst in diesem Fall nicht mehr zum Haftungsgrund gehört. Die Entstehung eines konkreten Vermögensschadens ist daher nach § 287 ZPO nachzuweisen.[1516] Die Nicht- oder Spätaushändigung der Geeignetheitserklärung, ebenso wie deren materielle Unrichtigkeit sind daher nach § 286 Abs. 1 ZPO zur vollen Überzeugung des Gerichts nachzuweisen. Der entstandene Vermögensschaden ist hingegen, wie auch der Ursachenzusammenhang zwischen Dokumentationsfehler und Schadenseintritt, lediglich nach dem herabgesenkten Beweismaß des § 287 ZPO zu beweisen.

2. Beweiserleichterungen iRd Kausalitätsfeststellung

Nach ständiger Rechtsprechung eines Teils der Senate des BGH und teilweise vertretener Auffassung in der Literatur trägt bei Verletzung einer Hinweis-, Beratungs- oder Ausklärungspflicht der Aufklärungspflichtige die Darlegungs- und Beweislast dafür, dass der Schaden auch bei pflichtgemäßem Verhalten eingetreten wäre, weil der Aufklärungsempfänger entgegen des erteilten Rats gehandelt hätte.[1517] Ursprünglich konnte das beklagte WpDU diese sogenannte „Vermutung

---

[1514] **A.A.** *Rothenhöfer* in Schwark/Zimmer, 5. Aufl. 2020, § 64 WpHG Rn. 166.

[1515] BGH v. 28.04.1982 - IV a ZR 8/81 = NJW 1983, 998, 999; *Thole* in Stein/Jonas, § 287 ZPO Rn. 15; *Ahrens* in Wieczorek/Schütze, § 287 ZPO Rn. 21.

[1516] BGH v. 20.03.2008 - IX ZR 104/05 = NJW 2008, 2647; v. 15.06.1993 - XI ZR 111/92 = NJW 1993, 3073, 3076; v. 30.03.2000 - IX ZR 53/99 = NJW 2000, 2814, 2815.

[1517] BGH v. 08.04.2014 – XI ZR 341/12 = NJW 2014, 2348; 2349 [Rn.20ff.]; v. 08.05.2012 – XI ZR 262/10 = NJW 2012, 2427, 2430 [Rn. 35]; v. 16.11.1993 - XI ZR 214/92 = NJW 1994, 512, 514; v. 19.02.1975 - VIII ZR 144/73 = NJW 1975, 824, 825; v. 05.07.1973 - VII ZR 12/73 = NJW 1973, 1688, 1689.

aufklärungsrichtigen Verhaltens“ durch den Nachweis eines „Entscheidungskonflikts“ des klagenden Anlegers entkräften. Die Vermutung aufklärungsrichtigen Verhaltens galt demnach nur, wenn die Aufklärungs- Hinweis- oder Beratungspflicht gerade dazu dient, dem Vertragspartner ein bestimmtes Risiko bewusst zu machen und ihm Klarheit darüber zu verschaffen, ob er an der ins Auge gefassten Pflicht festhalten wolle.[1518] In dem Fall entspreche es dem Schutzzweck der verletzten Pflicht, dem Berechtigten die auftretende Beweisnot zu nehmen. Voraussetzung war daher nach Ansicht des BGH in der Vergangenheit, dass es für den Vertragspartner nicht mehrere, sondern vernünftigerweise nur eine Entscheidung aufklärungsrichtigen Verhaltens gab, die korrekte Aufklärung also keinen Entscheidungskonflikt ausgelöst hätte. Im Jahr 2012 stellte der BGH jedoch klar, dass es sich bei der Vermutung aufklärungsrichtigen Verhaltens um eine echte Beweislastumkehr handelte und der Nachweis eines Entscheidungskonflikts beim klagenden Anleger nicht ausreiche, um die „Vermutung“ zu entkräften.[1519] Das Kriterium des „Entscheidungskonflikts“ wurde daher für das Kapitalanlagerecht aufgegeben und eine vollumfängliche Umkehr der Darlegungs- und Beweislast in Bezug auf die haftungsausfüllende Kausalität geschaffen.[1520]

Fraglich ist, ob eine entsprechende Beweiserleichterung wie sie als „Vermutung aufklärungsrichtigen Verhaltens“ für die Haftung wegen fehlerhafter Anlageberatung anerkannt ist, auch auf den vorliegenden Fall des Verstoßes gegen die Pflicht zur Aushändigung der Geeignetheitserklärung übertragbar ist. Bei einer entsprechenden „Vermutung dokumentationsrichtigen Verhaltens“ würde demnach vermutet, dass die fehlerhaft erstellte oder nicht, bzw. zu spät ausgehändigte Geeignetheitserklärung kausal für den Erwerb der für den Anleger ungeeigneten Anlage war. Für den Fall der Haftung wegen der Herausgabe eines falschen Wertpapierprospekts ist die Anwendung der Vermutung beratungsgerechten Verhaltens anerkannt.[1521] Begründet wird die Vermutung beratungsgerechten Verhaltens grundsätzlich damit, dass für den Anleger eine nahezu unüberwindbare Beweisnot bestünde, falls er neben der Beratungspflichtverletzung auch deren Kausalität für den hierdurch eingetretenen Schaden, also den Kauf der ungeeigneten Anlage beweisen müsste.[1522] Der Zweck der Aufklärungs- und Beratungspflichten werde nur erreicht, wenn Unklarheiten, die durch eine Beratungspflichtverletzung bedingt sind, zu Lasten des Aufklärungsverpflichteten gehen und dieser die

---

1518 BGH v. 30.09.1993 - IX ZR 73/93 = NJW 1993, 3259; v. 05.07.1973 - VII ZR 12/73 = NJW 1973, 1688.

1519 BGH v. 08.05.2012 – XI ZR 262/10 = NJW 2012, 2427, 2429 [Rn. 28ff.] darauf aufbauend BGH v. 08.04.2014 – XI ZR 341/12 = NJW 2014, 2348; 2349 [Rn.20ff.].

1520 BGH v. 08.05.2012 – XI ZR 262/10 = NJW 2012, 2427, 2429 [Rn. 28ff.].

1521 BGH v. 26.09.1991 - VII ZR 376/89 = NJW 1992, 228, 231.

1522 BGH v. 08.05.2012 – XI ZR 262/10 = NJW 2012, 2427, 2429 [Rn. 28ff.].

Nichtursächlichkeit zu beweisen habe.[1523] Diese Erwägungen beanspruchen auch im Fall der Verletzung der Pflicht zur Aushändigung der Geeignetheitserklärung Geltung. Denn auch die Geeignetheitserklärung dient dazu, den Anleger über die Geeignetheit der Kapitalanlage für ihn aufzuklären. Der Informationsgehalt der Geeignetheitserklärung erschöpft sich auch nicht in der Wiedergabe der bereits im Beratungsgespräch erörterten Informationen. Vielmehr geht die Geeignetheitserklärung in ihrem Informationsgehalt über den des Beratungsgesprächs hinaus.[1524] Im Fall der Verletzung der Pflicht zur Aushändigung der Geeignetheitserklärung ist der Anleger daher mit demselben Problem konfrontiert, wie er es auch bei der Verletzung der Beratungspflicht durch das WpDU ist. Falls man von ihm verlangte, nachzuweisen, dass der Erwerb der nachteiligen Anlage auf der Pflichtverletzung des WpDU beruht, so stünde er vor denselben Problemen, vor denen auch der Anleger steht, der die Kausalität einer Beratungspflichtverletzung nachzuweisen verpflichtet ist. Aus diesem Grund erscheint es angemessen, die „Vermutung aufklärungsrichtigen Verhaltens“ als „Vermutung dokumentationsrichtigen Verhaltens“ auf den Fall der Verletzung der Pflicht zur Aushändigung der Geeignetheitserklärung auszuweiten und in diesem Fall die Darlegungs- und Beweislast hinsichtlich der Kausalität dem WpDU aufzuerlegen.

3. Einschränkung der Schadenszurechnung

Eine Einschränkung der Schadenszurechnung unter dem Aspekt des Schutzzwecks der Norm ist hingegen schwer vorstellbar. Die Geeignetheitserklärung soll gerade der zusätzlichen Information des Anlegers dienen und daher auch vor Vermögensnachteilen schützen, die durch eine Verletzung der zugrunde liegenden Pflicht verursacht wurden. Wie bereits klargestellt, ist nicht entscheidend, dass die Geeignetheitserklärung gerade in dem für den Anleger ausschlaggebenden Punkt unrichtig war. Weil im Rahmen der Geeignetheitserklärung eine Darstellung der erteilten Empfehlung sowie der gesamten dahinter stehenden Geeignetheitsprüfung geschuldet ist, haftet das WpDU grundsätzlich für sämtliche mit der nachteiligen Anlageentscheidung verbundenen Schäden, auch wenn dieses seine Pflicht nur hinsichtlich eines einzelnen Punkts verletzt und dadurch die Anlageentscheidung beeinflusst hat. Im Rahmen der Anlageberatung entspricht dies der ständigen Rechtsprechung.[1525]

[1523] BGH v. 08.05.2012 – XI ZR 262/10 = NJW 2012, 2427, 2430 [Rn. 35]; v. 16.11.1993 - XI ZR 214/92 = NJW 1994, 512, 514; v. 19.02.1975 - VIII ZR 144/73 = NJW 1975, 824, 825; v. 05.07.1973 - VII ZR 12/73 = NJW 1973, 1688, 1689.

[1524] Vgl. Kapitel 2. B. IV. 2. b. aa. (2).

[1525] BGH v. 03.12.1991 - XI ZR 300/90 = NJW 1992, 555, 556; v. 31.05.1990 - VII ZR 340/88 = NJW 1990, 2461f.; v. 06.02.1990 - XI ZR 184/88 = NJW-RR 1990, 604.

C. Verschlechterung der Beweissituation im nachfolgenden Haftungsprozess

Als möglicher auf einem Dokumentationsfehler beruhender Schaden kommt sowohl für den Arzt, wie auch das WpDU, die Verschlechterung der Beweissituation des Patienten bzw. des Anlegers in Betracht. Der Patient wie auch der Anleger werden in diesem Fall vortragen, dass ihm mit einer ordnungsgemäß erstellten Dokumentation im Haftungsprozess gegen den Arzt bzw. das WpDU der Nachweis einer Pflichtverletzung gelungen wäre.[1526]

Fraglich ist, ob der Verlust der Chance des Prozessgewinns einen liquidationsfähigen Schaden i.S.d. §§ 249ff. BGB darstellt. Im Versicherungsrecht wird in der Literatur vereinzelt ein Schadensersatzanspruch bejaht, falls dem Versicherungsnehmer durch den Dokumentationsfehler ein Beweisnachteil entsteht.[1527] Auch der BGH hatte sich bereits in einer Entscheidung aus den 1950er Jahren dafür ausgesprochen, bei der Verletzung einer Beweissicherungspflicht – im konkreten Fall ging es um die Erstellung eines Bestandsverzeichnisses – einen Schaden darin zu sehen, dass „es dem Kläger unmöglich gemacht worden ist, Bestand und Wert seiner Sachen zur Zeit der Besitznahme durch die Beklagte zu beweisen“.[1528] Rechtsfolge des Schadensersatzanspruchs sei, dass die beweisvereitelnde Partei ihrerseits darlegen müsse, „in welchem Umfange Bestand und Wert der Sachen von den vom Kläger gemachten Angaben abweichen“.[1529] In eine ähnliche Richtung geht eine Entscheidung des BGH aus dem Jahr 2008, in der das Gericht das Unterlassen einer Dokumentation vor einer werkvertraglichen Ersatzvornahme, die letztlich die Aufklärung des Sachverhalts unmöglich machte, als Verletzung einer vertraglichen Kooperationspflicht wertete und als Rechtsfolge eine Beweislastumkehr zugunsten der geschädigten Partei annahm.[1530] Bei Lichte betrachtet nahm der BGH in den Entscheidungen jeweils eine Umkehr der Beweislast als Rechtsfolge für die Beweisvereitelung an. Die Diskussion, ob der Verlust einer Prozesschance einen liquidationsfähigen Schaden darstellt, wurde auch in der Literatur oft im Zusammenhang mit der Frage geführt, ob als Folge eines Verstoßes gegen eine materiellrechtliche Pflicht zur Beweissicherung oder –erhaltung, die richtigerweise als Beweisvereitelung zu werten ist, nicht Beweiserleichterungen zugunsten des Geschädigten in Betracht

---

1526 Für die Arzthaftung bereits *Wasserburg*, NJW 1980, 617, 620.

1527 *Dörner* in Prölss/Martin, § 61 VVG Rn. 30 mit Verweis auf OLG Hamm v. 04.12.2009 – I-20 U 131/09 –, juris, welches den Dokumentationsfehler nicht als haftungsbegründend für einen Schadensersatzanspruch ansieht, sondern vielmehr als direkte Folge des Dokumentationsfehlers lediglich einen Beweisvorteil des Klägers annimmt, welcher im Ergebnis aber den Nachweis einer Beratungspflichtverletzung erleichtern kann und daher (wohl etwas missverständlich) formuliert, dass „die Verletzung der Dokumentationspflicht im Regelfall nur dann zu einem Schadensersatzanspruch führen [kann], wenn dem Versicherungsnehmer ein Beweisnachteil entsteht“.

1528 BGH v. 27.09.1951 – IV ZR 155/50 = BGHZ 3, 162, 176.

1529 BGH v. 27.09.1951 – IV ZR 155/50 = BGHZ 3, 162, 176.

1530 BGH v. 23.10.2008 – VII ZR 64/07 = NJW 2008, 360, 362.

kommen.[1531] Grundannahme derjenigen Autoren, die einen Schaden beim Verlust einer Prozesschance annahmen, war, dass die Beweisvereitelung zugleich einen Schadensersatzanspruch wegen der Verletzung materiellrechtlicher Pflichten begründete.[1532] Die Einräumung von Beweisvorteilen zugunsten der geschädigten Partei stellt nach teilweise vertretener Auffassung – und wohl auch nach Ansicht des BGH – sozusagen eine Naturalrestitution des erlittenen Schadens dar. Teilweise wird auch davon ausgegangen, dass der ursprüngliche Prozess zwar verloren gehe, aber in einem Folgeprozess Schadensersatz wegen der Verletzung der Beweissicherungspflicht verlangt werden könne.[1533]

Für eine Beantwortung der Frage, ob der Verlust einer Prozesschance als Schaden zu qualifizieren ist, ist zunächst danach zu differenzieren, welche Rechtsfolge letztlich mit dem Schadensersatzanspruch verlangt wird. Nach § 249 Abs. 1 BGB ist im Rahmen der Haftungsausfüllung grundsätzlich Naturalrestitution geschuldet. Dies gilt losgelöst von der Qualifikation als Vermögens- oder Nichtvermögensschaden.[1534] Nach § 249 Abs. 1 BGB ist als Naturalrestitution der Zustand herzustellen, der bestünde, wenn das schädigende Ereignis nicht eingetreten wäre. Beweisrechtliche Vorteile zugunsten der benachteiligten Partei kommen als „realer Schadensersatz", der auf die Wiederherstellung des vor der schädigenden Handlung bestehenden Zustands abzielt, allein aufgrund von § 249 Abs. 1 BGB in Betracht. Problematisch ist allerdings, dass ungewiss ist, welchen Inhalt das Beweismittel hatte und daher eine Herstellung des jeweiligen Zustands gerade unmöglich ist. Dieser Einwand wurde bereits sehr früh in der Literatur erhoben und infolge dessen der Verlust einer Prozesschance nicht als liquidationsfähiger Schaden angesehen.[1535] Teilweise wurde gegen den Einwand vorgebracht, dass der Problematik auf der Ebene des Beweismaßes dadurch begegnet werden könnte, dass zum Nachweis des Schadens ausreichend sei, dass das unterdrückte Beweismittel mit überwiegender Wahrscheinlichkeit den Nachweis einer Pflichtverletzung erbracht hätte.[1536]

[1531] *Maassen*, Beweismaßprobleme, S. 180f.

[1532] *Maassen*, Beweismaßprobleme, S. 180f.

[1533] *Maassen*, Beweismaßprobleme, S. 180f., der das Problem der mangelnden Nachweisbarkeit des Gewinns des Erstprozesses bei fehlender Beweisvereitelung darüber löst, dass er für diese Frage schlicht eine überwiegende Wahrscheinlichkeit (mehr als 50%) auf der Ebene des Beweismaßes für ausreichend erachtet.

[1534] *Flume* in BeckOK-BGB, § 249 BGB Rn. 56.

[1535] *Baumgärtel* in FS Kralik (1986), 63, 66; *Blomeyer*, AcP 158 (1969/1960), 97, 102f.; *Gerhardt*, AcP 169 (1969), 289, 298; *Prölss*, Beweiserleichterungen, S. 90; *Laumen* in Baumgärtel/Laumen/Prütting, HdB Beweislast, Kap. 16 Rn. 16; für den ärztlichen Dokumentationsfehler *Schmidt-Beck*, Dokumentationspflichtverletzung, S. 122; *Wendt*, Die ärztliche Dokumentation, S. 303f.

[1536] *Maassen*, Beweismaßprobleme, S. 181.

Gegen diese Lösung spricht allerdings, dass damit das eigentliche dogmatische Problem weiterhin bestehen bleibt. Es kann nicht sicher gesagt werden, welches Ergebnis das unterdrückte Beweismittel geliefert hätte. Die vorgeschlagene Lösung versucht lediglich, durch eine Herabsetzung des Beweismaßes eine praktische Handhabung mit der erwähnten Fallkonstellation zu ermöglichen. Dogmatisch ist diese aber nicht ohne Widersprüche begründbar. Zu einem ähnlichen Ergebnis kommt man – wie gezeigt – ebenfalls über die hier vertretene Lösung der Beweisvereitelung, die sich an den gesetzlichen Fällen der Beweisvereitelung orientiert, aber weniger dogmatische Begründungsschwierigkeiten aufweist.[1537] Der Verlust einer Prozesschance ist daher im Ergebnis nicht als Schaden zu sehen, der im Wege der Naturalrestitution liquidierbar wäre.[1538] Ein Schadensersatzanspruch aufgrund des Verlusts der „Prozesschance" ist daher im Fall des Dokumentationsfehlers zu verneinen.

Man könnte daher der Ansicht sein, dass eine Unmöglichkeit der Naturalrestitution vorliegt und deshalb § 251 Abs. 1 BGB einschlägig ist. Demnach ist eine Entschädigung in Geld zu leistenwenn der Ersatz im Wege der Naturalrestitution unmöglich ist. Voraussetzung für § 251 Abs. 1 BGB ist aber, dass der entstandene Schaden überhaupt in Geld bemessen werden kann. Fraglich ist daher, welchen Wert die verlorene Chance auf den Prozessgewinn hat und vor allem, wie dieser zu bemessen ist. Zwar könnte man der Ansicht sein, dass grundsätzlich anhand der Wahrscheinlichkeit des Prozessgewinns ein Wert festgesetzt werden könnte, oder gar ein pauschaler Prozentsatz des Streitwertes der Erstprozesses als Schaden für die verlorene Chance anzusetzen ist. Hier setzt sich allerdings das Problem fort, welches bereits im Rahmen der Naturalrestitution zu unüberwindbaren Schwierigkeiten geführt hat. Es kann nicht sicher gesagt, ja noch nicht einmal eingeschätzt werden, wie das Beweismittel ausgesehen hätte, das der Geschädigte bei ausbleibender Beweisvereitelung vorgelegt hätte. Eine Schätzungsgrundlage für eine etwaige Gewinn- oder Verlustprognose im Hinblick auf den Erstprozess besteht nicht. Auch eine Anwendung von § 287 ZPO kommt in diesem Fall nicht in Betracht, da dieser voraussetzt dass ein Schaden tatsächlich entstanden ist. § 251 Abs. 1 BGB ist daher mangels Bestimmbarkeit des Schadens nicht anwendbar. Ein ersatzfähiger Schaden i.S.d. §§ 249ff. BGB besteht daher beim Verlust einer Prozesschance eines nachfolgenden Haftungsprozesses nicht.

[1537] Siehe oben, Kapitel 4. A. III und Kapitel 4. B. IV.

[1538] *Fiekas*, Die Dokumentation, S. 221 (Fn. 1007); *Bartlakowski*, Behandlungsdokumentation, S. 121f.; *Wendt*, Die ärztliche Dokumentation, S. 305ff.; *Nolte*, Betriebliche Dokumentation S. 277f.; *Baumgärtel* in FS Kralik (1986), 63, 66; *Wasserburg*, NJW 1980, 617, 624; *Stoll*, AcP 176 (1976), 145, 157f.; *Blomeyer*, AcP 158 (1969/1960), 97, 102f.; *Gerhardt*, AcP 169 (1969), 289, 298.

D. Zusammenfassung der Ergebnisse in Thesen

1. Wenn ein Dokumentationsfehler zu einem Behandlungsfehler eines nachbehandelnden Arztes führt, sind sämtliche Gesundheits- und Folgeschäden, die kausal auf der Dokumentationspflichtverletzung beruhen, zu ersetzen.

2. Die haftungsbegründende Kausalität ist grundsätzlich nach § 286 ZPO zu beurteilen, während auf die haftungsausfüllende Kausalität § 287 ZPO anzuwenden ist. Sämtliche Voraussetzungen bis zu einem (rechtswidrigen) Eingriff in das Rechtsgut der Gesundheit des Patienten, die kausal auf dem Dokumentationsfehler beruhen, sind nach § 286 ZPO zu beweisen. Jegliche Folgeschäden, die auf der Rechtsgutsverletzung beruhen, wie auch deren Höhe, sowie die haftungsausfüllende Kausalität, sind nach dem herabgesenkten Beweismaß des § 287 ZPO zu beweisen.

3. Für die Kausalität zwischen Dokumentationsfehler und Schaden trägt grundsätzlich der Patient als Kläger die Darlegungs- und Beweislast. Ihm kommt die Beweiserleichterung des § 630h Abs. 3 BGB zugute. Sollte der nachbehandelnde Arzt wegen des Dokumentationsfehlers des Erstbehandlers einen groben Behandlungsfehler begehen und so die Rechtsfolgen des § 630h Abs. 5 BGB auslösen, so erstreckt sich diese auch zulasten des vorbehandelnden Arztes. Eine analoge Anwendung des § 630h Abs. 5 BGB für den Fall eines etwaigen „groben Dokumentationsfehlers" ist mangels planwidriger Regelungslücke abzulehnen.

4. In Fällen des rechtmäßigen Alternativverhaltens oder dem Vorliegen von „Reserveursachen" ist die Zurechnung des Schadens zum fehlerhaft dokumentierenden Erstbehandler eingeschränkt. Ersatzfähig sind in diesem Fall nur die Nachteile, die durch den verfrühten Schadenseintritt bedingt sind.

5. Für den Fall, dass der Dokumentationsfehler zu einer unnötigen Doppeluntersuchung führt, sind ersatzfähige Schadenspositionen nach § 249 Abs. 1 BGB die Kosten, die für die zweite, ansonsten nicht notwendige Untersuchung anfallen, sowie ein angemessenes Schmerzensgeld nach § 253 Abs. 2 BGB wenn die Untersuchung oder Befunderhebung mit besonderen Unannehmlichkeiten oder Schmerzen verbunden ist. Ein entgangener Gewinn nach § 252 BGB, falls die erneute Untersuchung mit einem gewissen Zeitaufwand einhergeht, ist mit Blick auf den Schutzzweck der Norm nicht erstattungsfähig.

6. Im Fall der unrichtigen Dokumentation als Entscheidungsgrundlage für den Patienten ist ein Schadensersatzanspruch nach dem Schutzzweck der Norm ausgeschlossen wenn der Patient die Dokumentation eigenmächtig als Entscheidungsgrundlage benutzt, ohne hierbei eine Zweitmeinung eines anderen Arztes einzuholen. Eine mögliche Gesundheitsschädigung auf Basis einer falschen

ärztlichen Zweitmeinung, die ihrerseits auf einer fehlerhaften Dokumentation beruht, ist hingegen vom Schutzzweck der Norm erfasst und stellt, ebenso wie die Kosten der objektiv wertlosen Zweitmeinung, einen ersatzfähigen Schaden dar.

7. Im Fall der Unwissenheit des Patienten über den Behandlungsverlauf liegt zwar eine Rechtsgutsverletzung vor. Wegen der fehlenden schwerwiegenden Verletzung des allgemeinen Persönlichkeitsrechts ist allerdings ein Schadensersatzanspruch abzulehnen.

8. Der Patient kann für den Fall, dass ihm durch die unterlassene oder fehlerhafte Dokumentation des Arztes Nachteile beim Abschluss eines nachfolgenden Rechtsgeschäfts entstanden sind, keinen Schadensersatz fordern. Es fehlt in diesem Fall an der Schadenszurechnung, da die Dokumentation nicht einem Dritten als Entscheidungsgrundlage für den Abschluss eines Rechtsgeschäfts dienen soll.

9. Das Bekanntwerden von Patientendaten kann je nach den Umständen des Einzelfalls eine schwerwiegende Verletzung des allgemeinen Persönlichkeitsrechts darstellen und somit einen entsprechenden Schadensersatzanspruch nach § 823 Abs. 1 BGB i.V.m Artt. 2 Abs. 1, 1 Abs. 1 GG begründen.

10. Der Vermögensschaden liegt bei einer Aufklärungspflichtverletzung durch eine Verletzung der Pflicht nach § 64 Abs. 4 WpHG – bzw. deren vertraglichem Äquivalent – in der Belastung mit einem für den Anleger nachteiligen Vertrag. Rechtsfolge eines Schadensersatzanspruchs ist die Rückabwicklung des Geschäfts durch Naturalrestitution, oder, falls der Anleger die Anlage bereits veräußert hat, der Ersatz des erlittenen Kursdifferenzschadens. In Anlehnung an die „Vermutung aufklärungsrichtigen Verhaltens“ besteht bei Verletzung der Pflicht zur Aushändigung der Geeignetheitserklärung eine „Vermutung dokumentationsrichtigen Verhaltens“ wonach die Darlegungs- und Beweislast hinsichtlich der Kausalität dem WpDU aufzuerlegen ist. Als Rechtsfolge wird vermutet, dass die Pflichtverletzung kausal für den Erwerb der für den Anleger ungeeigneten Anlage war.

11. Der Verlust einer Prozesschance ist nicht als ersatzfähiger Schaden i.S.d. §§ 249ff. BGB anzusehen. Sowohl der Patient, wie auch der Anleger, können keinen Schadensersatzanspruch wegen des Verlustes eines Beweismittels geltend machen, welches ihnen aufgrund des Dokumentationsfehlers verlustig gegangen ist.

ZUSAMMENFASSUNG DER WESENTLICHEN ERKENNTNISSE DER ARBEIT

1. Zweck und Auslegung der ärztlichen Dokumentationspflicht

Entscheidend dafür, welche Tatsachen nach § 630f Abs. 1 und 2 BGB zu dokumentieren sind, ist der Zweck der Dokumentationspflicht. Der Umfang der ärztlichen Dokumentation richtet sich nicht – wie bislang von der Rechtsprechung angenommen – allein danach, was aus medizinischen Gründen zum Zwecke der ordnungsgemäßen Behandlung und Weiterbehandlung notwendig erscheint. Zum Zweck der Rechenschaftslegung über den Gang der Behandlung sind weitere, nicht allein aus medizinischen Gründen notwendige Tatsachen aufzuzeichnen, wie z.B. die erfolgte Aufklärung und Einwilligung des Patienten. Eine Grenze für den Umfang der Aufzeichnungspflicht aus Gründen der Rechenschaftslegung bildet – wie bereits für die Dokumentation aus medizinischen Gründen – die Effektivität und Zügigkeit ärztlichen Handelns. Eine Pflicht zur Dokumentation aus Gründen der Rechenschaft besteht daher nur dann, wenn das individuelle Interesse des Patienten an der Rechenschaft das allgemeine Interesse an der Effektivität und Zügigkeit ärztlichen Handelns überwiegt. Davon ist auszugehen, wenn das Äquivalenz- oder das Integritätsinteresse des Patienten in besonderer Weise gefährdet ist. Dies ist beispielsweise der Fall bei besonders „fehleranfälligen" Situationen im Rahmen der medizinischen Behandlung oder bei Aufklärungen und Einwilligungen, deren Fehlerhaftigkeit zu einer ungerechtfertigten Verletzung des Integritätsinteresses des Patienten führt. Aufklärungen und Einwilligungen des Patienten sind daher, aus Gründen der Rechenschaft im Einklang dem klaren Wortlaut von § 630f Abs. 2 S. 1 BGB zu dokumentieren.

Neben der ordnungsgemäßen Behandlung und Weiterbehandlung und der Rechenschaftslegung über den Gang der Behandlung ist auch die Beweissicherung für einen nachfolgenden Haftungsprozess als Zweck der ärztlichen Dokumentation anzuerkennen. Der Beweissicherungszweck bildet hierbei einen Teilaspekt des Zwecks der Rechenschaftslegung, ist also sozusagen in diesem verortet. Die Pflicht zur Ablegung von Rechenschaft beinhaltet zugleich auch die Pflicht, im selben Umfang Beweise zu schaffen. Für den Umfang der Dokumentation bedeutet dies, dass sämtliche Tatsachen, die aus Gründen der Rechenschaftslegung aufzuzeichnen sind, auch aus Gründen der Beweissicherung zu dokumentieren sind und aus Gründen der Beweissicherung allein keine weitere Dokumentation geschuldet ist. Die Beweissicherung ist nach der hier vertretenen Auffassung daher als „sekundärer" Zweck zu verstehen, der hinter den beiden anderen Zwecken der Dokumentation zurücktritt bzw. in diesen aufgeht. Dies hat zur Konsequenz, dass für die Aufzeichnungen aus Gründen der Beweissicherung dieselbe Grenze wie für die Dokumentation zum Zweck der Rechenschaftslegung gilt, namentlich die Effektivität und Zügigkeit ärztlichen Handelns. Auch aus Gründen der Beweissicherung besteht nur dann eine Aufzeichnungspflicht, wenn das individuelle Interesse des Patienten an einer

S. N. Grimm, *Der Dokumentationsfehler im Medizin- und Kapitalanlagerecht*,
Schriften zum Stiftungs- und Gemeinnützigkeitsrecht,
https://doi.org/10.1007/978-3-658-50384-0_7

Beweissicherung das allgemeine Interesse an einer Effektivität und Zügigkeit ärztlichen Handelns überwiegt, namentlich wenn das Äquivalenz- oder das Integritätsinteresse des Patienten in besonderer Weise gefährdet ist.

Die Regelung in § 630e Abs. 2 S. 2 BGB beinhaltet daher keine Dokumentationspflicht, sondern ist lediglich als „Hilfsnorm" der ausschließlich in § 630f BGB normierten ärztlichen Dokumentationspflicht anzusehen. Dies zeigt sich vor allem daran, dass sie lediglich die Beweisnot des Patienten verringern soll, nicht aber aus Gründen der ordnungsgemäßen Behandlung und Weiterbehandlung oder der Rechenschaftslegung gegenüber dem Patienten zu erfolgen hat.

Für die Auslegung von § 630f Abs. 1 und 2 BGB bedeutet dies, dass deren Wortlaut im Lichte der Ergebnisse dahingehend teleologisch zu erweitern ist, dass wegen der Zwecke der Rechenschaftslegung und der Beweissicherung auch solche Maßnahmen und Ereignisse zu dokumentieren sind, im Rahmen derer eine besondere Gefahr für das Äquivalenz- oder Integritätsinteresse des Patienten besteht. In § 630f Abs. 1 BGB ist demzufolge das Wort „Behandlung" als „dokumentationspflichtige Maßnahme" zu lesen und in § 630f Abs. 2 BGB ist nicht lediglich „aus fachlicher Sicht" zu dokumentieren, sondern „zur Therapiesicherung, Rechenschaftslegung und Beweissicherung".

Mit dem PatRG sollte die bis dato ergangene Rechtsprechung zur ärztlichen Dokumentation gesetzlich normiert werden. Vor dem Hintergrund der in der vorliegenden Arbeit herausgearbeiteten Ergebnisse und dem Wortlaut der erlassenen Vorschriften führt deren Auslegung aber teilweise zu einer Abweichung der Ansichten der bis dato ergangenen Rechtsprechung. So sind Aufklärungen und Einwilligungen des Patienten sind nach dem klaren Wortlaut von § 630f Abs. 2 S. 1 BGB heute zu dokumentieren und ausweislich des Wortlauts von § 630f Abs. 1 S. 2 und S. 3 BGB besteht auch bei der elektronischen Dokumentation eine Pflicht zur Kenntlichmachung von Änderungen. § 630f Abs. 2 BGB ist teleologisch dahingehend auszulegen, dass die Aufzeichnungen stets auf einem haltbaren Medium vorzunehmen sind. Ob eine Dokumentation *„in unmittelbarem zeitlichen Zusammenhang mit der Behandlung"* stattfindet, richtet sich danach, wann das Interesse des Patienten an einer Dokumentation das allgemeine Interesse an einer Zügigkeit und Effektivität ärztlichen Handelns überwiegt. Hierzu sind die Umstände des Einzelfalls maßgeblich. Je komplexer eine Behandlung ist – und damit auch je schwerwiegender ein Dokumentationsfehler wegen einer erhöhten Gefährlichkeit für den Patienten – desto engere Anforderungen sind an den unmittelbaren zeitlichen Zusammenhang zwischen Behandlung und Dokumentation zu stellen. Auch bei leicht zu erinnernden Eingriffen ist eine Dokumentation aber nicht mehr rechtzeitig, wenn ein Erinnern an den jeweiligen Eingriff nach dem Stand der Gedächtnisforschung als nahezu ausgeschlossen gilt, vor allem unter

Berücksichtigung der Anzahl der in der Zwischenzeit zu behandelnden Patienten. Im Einzelfall kann bereits eine Dokumentation, welche nicht behandlungsbegleitend angefertigt wird, als verspätet anzusehen sein.

2. Rechtsnatur und Auslegung der Dokumentationsfplichten von WpDU

Die Wohlverhaltenspflichten nach §§ 63ff. WpHG sind grundsätzlich öffentlich-rechtlicher Natur. Eine „Doppelnatur" der Vorschriften oder gar eine rein zivilrechtliche Rechtsnatur – wie es beides teilweise in der Literatur vertreten wird – ist nach der hier vertretenen Ansicht, vor allem mit Blick auf die den Regelungen zugrunde liegende MiFID II Richtlinie, die ausschließlich öffentliches Recht setzen wollte und die vom nationalen Gesetzgeber intendierte 1:1-Umsetzung in nationales Recht, abzulehnen. Dies gilt ebenfalls für die Organisationspflichten der WpDU. Auch eine „Ausstrahlungswirkung" der aufsichtsrechtlichen Wohlverhaltenspflichten auf das Zivilrecht, wie sie vom BGH lange vertreten wurde, ist abzulehnen. Den Erklärungen des Anlegers und des WpDU beim Abschluss des Beratungsvertrags ist aber im Wege der Auslegung nach §§ 133, 157 BGB zu entnehmen, dass die Parteien grundsätzlich davon ausgehen, dass das WpDU die ihm obliegenden aufsichtsrechtlichen Pflichten einhält. Dies mit der Einschränkung, dass nach dem Willen des Anlegers in der Regel für diesen nur von Bedeutung ist, ob das WpDU sich an diejenigen aufsichtsrechtlichen Pflichten hält, die die Beziehung zwischen WpDU und Anleger ausgestalten oder zumindest einen Individualschutz zugunsten des Anlegers bezwecken, wie dies bei Informations-, Leistungs- und Herausgabepflichten der Fall ist. Ob das WpDU darüber hinaus auch die weiteren diesem obliegenden Pflichten einhält, ist für den Anleger ohne Relevanz, weshalb die Einhaltung dieser Pflichten nach dem Wertpapierdienstleistungsvertrag nicht geschuldet ist. Die Einhaltung der aufsichtsrechtlichen Pflichten, die die Beziehung zwischen WpDU und Anleger ausgestalten, oder zumindest einen Individualschutz des Anlegers bezwecken, ist daher auch zivilrechtlich geschuldet. Die Wohlverhaltenspflichten sind daher nicht als Schutzgesetze i.S.d. § 823 Abs. 2 BGB zu qualifizieren. Es fehlt an der Relevanz einer entsprechenden Haftung im haftungsrechtlichen Gesamtsystem, da WpDU bereits aus dem Beratungsvertrag verpflichtet, diejenigen aufsichtsrechtlichen Pflichten, die einen individuellen Anlegerschutz bezwecken, einzuhalten und ein Verstoß gegen eine anlegerschützende Wohlverhaltenspflicht zu einer Haftung nach § 280 BGB i.V.m. dem Beratungsvertrag führt.

Die Pflicht zur Erstellung und Aushändigung einer Geeignetheitserklärung nach § 64 Abs. 4 WpHG ist daher – in ihrer heutigen Ausprägung als Wohlverhaltenspflicht – ausschließlich öffentlich-rechtlicher Natur. Zwar verfolgt die Geeignetheitserklärung als Nachfolgerin des Beratungsprotokolls dieselben Zwecke wie dieses, namentlich die Beweissicherung für einen nachfolgenden Haftungsprozess und eine informationsunterstützende Dokumentationswirkung sowie darüber hinaus – anders als das Beratungsprotokoll seinerzeit – zusätzlich eine eigenständige Informationswirkung. Dies würde bei konsequenter Anwendung der Abgrenzungstheorien zu einer „Doppelnatur“ der Norm führen. Allerdings ist auch in diesem Fall nach dem Willen des Gesetzgebers eine 1:1-Umsetzung der MiFID II-Richlinie gewollt, die ihrerseits eindeutig ausschließlich aufsichtsrechtliche Normen schaffen wollte, was im Ergebnis zu respektieren ist und zu einer Einordnung von § 64 Abs. 4 WpHG als rein öffentliche-rechtliche Norm führt.

Die Dokumentationspflichten nach § 83 Abs. 1 und 2 WpHG sind – wie bereits ihre Vorgängernormen § 34 Abs. 1 und 2 WpHG a.F. – ausschließlich öffentlich-rechtlicher Natur. Die Pflicht zur Aufzeichnung von Telefongesprächen nach § 83 Abs. 3 WpHG ist, trotz eindeutig bezwecktem Individualschutz des Anlegers, mit Verweis auf den expliziten Willen des Gesetzgebers als aufsichtsrechtlich und damit als öffentlich-rechtlich zu qualifizieren. § 83 Abs. 6 WpHG, der die Pflicht zur Dokumentation von persönlichen Gesprächen normiert, ist aus demselben Grund, trotz des individualschützenden Zwecks der Beweissicherung, als rein öffentlich-rechtlich einzuordnen. Bei der in § 83 Abs. 8 WpHG normierten Aufbewahrungspflicht handelt es sich um eine Fortsetzung der zuvor genannten Aufzeichnungspflichten, so dass die Rechtsnatur der Aufbewahrungspflicht der Rechtsnatur der Aufzeichnungspflichten folgt. Die Aufbewahrungspflicht ist daher ebenfalls rein öffentlich-rechtlicher Natur.

Wegen ihres individualschützenden Charakters und dem gesteigerten Interesse des Anlegers an der Erfüllung dieser Pflichten, sind die Dokumentationspflichten nach § 83 Abs. 3 und 6 WpHG und die damit gleichlaufende Aufbewahrungspflicht nach § 83 Abs. 8 WpHG, wie auch die Pflicht zur Erstellung und Aushändigung der Geeignetheitserklärung nach § 64 Abs. 4 WpHG, in den Beratungsvertrag zwischen dem Anleger und dem beratenden WpDU einbezogen.

Bei der Anlageberatung von Privatkunden im persönlichen Gespräch ist nicht – wie teilweise in der Literatur vertreten – alternativ entweder eine Geeignetheitserklärung nach § 64 Abs. 4 WpHG oder ein Gesprächsprotokoll nach § 83 Abs. 6 WpHG anzufertigen, sondern beides. Dies gilt ungeachtet möglicher Doppelungen wegen des in der Regel nicht gänzlich deckungsgleichen Inhalts der Dokumente sowie den unterschiedlichen Zwecken, die mit der Erstellung der beiden Dokumente erreicht werden soll. Würde auf eine Geeignetheitserklärung verzichtet werden und stattdessen nur ein Protokoll angefertigt, welches nicht auszuhändigen ist, so würde der Zweck der Information des Anlegers vor dem Geschäftsabschluss unterlaufen.

3. Haftung auf Schadensersatz bei Verletzung der Dokumentationspflicht

Eine Haftung auf Schadensersatz für einen Dokumentationsfehler kommt nur für den Fall in Betracht, dass die Dokumentation materiell unrichtig ist, also gänzlich oder teilweise unterlassen wurde oder inhaltlich falsch ist. In diesem Fall liegt ein sog. materieller Dokumentationsfehler vor. Auch die Verletzung der Aufbewahrungspflicht stellt einen materiellen Dokumentationsfehler dar. Eine nur formelle Unrichtigkeit der Dokumentation liegt vor, wenn diese nicht auf einem dauerhaften Medium vorgenommen wurde, nicht manipulationssicher ist oder und nicht innerhalb eines gewissen zeitlichen Abstands zum dokumentationspflichtigen Ereignis stattgefunden hat. Ein formeller Dokumentationsfehler ist kein tauglicher Anknüpfungspunkt für einen Schadensersatzanspruch, wohl aber für beweisrechtliche Rechtsfolgen. Ein formeller Dokumentationsfehler kann zwar Schadensersatzansprüche nach sich ziehen, falls die formelle Unrichtigkeit zu einer materiellen Unrichtigkeit der Dokumentation führt. Anknüpfungspunkt für einen Schadensersatzanspruch ist aber auch in diesem Fall die materielle Unrichtigkeit der Dokumentation und damit der materielle und nicht der formelle Dokumentationsfehler.

a. Haftung des Behandlers für Dokumentationsfehler

Ein materieller Dokumentationsfehler begündet grundsätzlich einen Schadensersatzanspruch des Patienten nach §§ 280 Abs. 1, 241 Abs. 2 BGB in Verbindung mit dem Behandlungsvertrag. Die Dokumentationspflicht des Arztes ist als „echte“ Vertragspflicht in Form einer Nebenleistungspflicht und nicht etwa als bloße Obliegenheit einzuordnen.

§ 630f BGB ist zudem als Schutzgesetz i.S.d. § 823 Abs. 2 BGB einzuordnen. Da § 630f BGB auch dann gilt, wenn der Behandler nicht aufgrund einer vertraglichen Beziehung zur Dokumentation verpflichtet ist, bestünde in diesen Fällen wegen einer fehlenden vertraglichen Haftung eine Haftungslücke, so dass die deliktsrechtliche Haftung wegen einer Verletzung der Dokumentationspflicht insbesondere auch im Lichte des haftungsrechtlichen Gesamtsystems tragbar erscheint. § 630g BGB ist hingegen nicht als Schutzgesetz i.S.d. § 823 Abs. 2 BGB zu qualifizieren, da sämtliche Verletzungen der Vorschrift auch über eine Haftung nach § 823 Abs. 2 BGB i.V.m. § 630f BGB geltend gemacht werden können und die Haftung wegen einer Verletzung von § 630g BGB im Lichte des haftungsrechtlichen Gesamtsystems daher nicht notwendig erscheint.
Bei einer deliktsrechtlichen Haftung des Arztes ist stets danach zu unterscheiden, ob mit der Dokumentationspflichtverletzung auch eine Gesundheitsschädigung einhergeht. Ist dies der Fall, so liegt eine Haftung nach § 823 Abs. 1 BGB vor, die schädigende Handlung liegt in diesem Fall in der Verletzung der Dokumentationspflicht, welche auch eine Verkehrssicherungspflicht darstellt. Auch eine Haftung nach § 823 Abs. 2 BGB ist in diesem Fall gegeben, da regelmäßig der personelle,

sachliche und modale Schutzbereich der Dokumentationspflicht in diesem Fall eröffnet ist. Auch Vermögensschäden, die kausal auf einer haftungsbegründenden Gesundheitsschädigung beruhen, sind in diesem Fall grundsätzlich ersatzfähig.

Ist durch die Dokumentationspflichtverletzung das allgemeine Persönlichkeitsrecht des Patienten verletzt, so dass dieser den Verlauf der Behandlung nicht mehr nachvollziehen kann, oder aber Patientendaten unbefugten Dritten bekanntgegeben werden, so ist ebenfalls eine Haftung des Arztes nach § 823 Abs. 1 BGB wie auch nach § 823 Abs. 2 BGB gegeben.

Eine deliktsrechtliche Haftung nach §§ 823 Abs. 1 und Abs. 2 BGB besteht nicht, soweit die Dokumentation im Einzelfall zu anderen Zwecken als der Behandlung und Weiterbehandlung oder der Rechenschaftslegung gegenüber dem Patienten genutzt wird. Dies ist z.B. aus der Fall, wenn die Dokumentation als Grundlage einer Gesundheitsuntersuchung für eine Verbeamtung oder der Eingruppierung in einen Tarif der privaten Krankenversicherung dient. Die Dokumentationspflicht schützt Vermögensinteressen des Patienten nach dem Willen des Gesetzgebers nur insoweit, wie diese im Zusammenhang mit der Verletzung von durch die Dokumentation verfolgten Zwecken stehen.

Für die Verschlechterung der Beweisposition durch einen Dokumentationsfehler in einem nachfolgenden Haftungsprozess haftet der Arzt deliktsrechtlich dem Grunde nach gem. § 823 Abs. 2 BGB da die Dokumentationspflicht auch der Beweissicherung für einen nachfolgenden Haftungsprozess dient. Eine Haftung nach § 823 Abs. 1 BGB kommt hingegen nicht in Betracht, da die vorprozessuale Beweissicherung wie auch die Beweisposition kein „sonstiges Recht" darstellen.

b. Haftung des WpDU für Dokumentationsfehler

Ein materieller Dokumentationsfehler stellt eine Pflichtverletzung des Beratungsvertrags dar und begründet damit grundsätzlich einen Schadensersatzanspruch des Anlegers nach §§ 280 Abs. 1, 241 Abs. 2 BGB in Verbindung mit dem Beratungsvertrag. Die Pflichten des WpDU zur Dokumentation nach § 83 Abs. 3 und 6 WpHG und zur Erstellung und Aushändigung der Geeignetheitserklärung nach § 64 Abs. 4 WpHG, die nach dem Willen der Parteien auch aus dem Beratungsvertrag geschuldet sein sollen, stellen „echte" Vertragspflichten in Form von Nebenleistungspflichten dar.

Eine deliktsrechtliche Haftung des WpDU für einen Verstoß gegen § 83 Abs. 3 und 6 WpHG sowie § 64 Abs. 4 WpHG kommt ausschließlich aus § 823 Abs. 2 BGB in Verbindung mit der jeweiligen Norm in Betracht, da sowohl die vorprozessuale Beweissicherung und die Beweisposition, wie auch das Vermögen kein „sonstiges Recht" und damit kein von § 823 Abs. 1 BGB geschütztes Rechtsgut darstellt.

Eine Haftung des WpDU nach § 823 Abs. 2 BGB i.V.m. § 64 Abs. 4 WpHG und § 83 Abs. 3 und 6 WpHG besteht in diesem Fall ebenfalls nicht. Sie scheitert daran, dass die genannten Normen nach dem Willen der Parteien in den Anlageberatungsvertrag mit einbezogen sind und eine Verletzung der spiegelbildlichen Vertragspflichten in der Regel Ansprüche nach §§ 280, 241 Abs. 2 BGB i.V.m. dem Beratungsvertrag begründet, so dass eine deliktsrechtliche Haftung im haftungsrechtlichen Gesamtsystem nicht tragbar erscheint.

4. Beweisrechtliche Würdigung der Dokumentation und Rechtsfolgen des Dokumentationsfehlers

a. Dokumentation des Behandlers

Der Arzt trägt, wegen des Grundsatzes der Waffengleichheit im Zivilprozess und des Sphärengedankens die Darlegungs- und Beweislast für die Einhaltung der in § 630f Abs. 1 bis 3 BGB normierten Pflichten. An den Nachweis werden allerdings abgesenkte Anforderungen gestellt. Die Einhaltung der Dokumentationspflicht gilt als nachgewiesen, wenn der Arzt eine ordnungsgemäße vertrauenswürdige Dokumentation vorlegt, die keinerlei Anhaltspunkte für Veränderungen, Verfälschungen oder Widersprüchlichkeiten bietet.

Die seitens des BGH entwickelte Vermutung der Vollständigkeit und Richtigkeit der ärztlichen Dokumentation ist dogmatisch als Indizienbeweis zu qualifizieren. Eine ordnungsgemäße, zeitnah erstellte Dokumentation ohne inhaltliche Widersprüchlichkeiten oder äußerliche Anhaltspunkte für Veränderungen oder Verfälschungen entfaltet eine Indizwirkung zugunsten des Arztes dahingehend, dass die dokumentierten Maßnahmen tatsächlich getroffen worden sind. Die Indizwirkung ist im Rahmen der freien tatrichterlichen Beweiswürdigung nach § 286 ZPO zu berücksichtigen. Der Arzt ist für die Erfüllung der Pflichten aus § 630f BGB darlegungs- und beweisbelastet, um die Vermutungswirkung der Vollständigkeit und Richtigkeit der Dokumentation für sich beanspruchen zu können. Beim Vorliegen eines formellen oder materiellen Dokumentationsfehlers entfaltet die Dokumentation keine entsprechende Vermutungswirkung.

Der Patient muss die Vertrauenswürdigkeit der Dokumentation nicht substantiiert bestreiten, wohl aber „konkrete Anhaltspunkte" vorbringen, aus denen sich die fehlende Vertrauenswürdigkeit der Dokumentation ergibt. Eine Ausnahme gilt im Hinblick auf den Vortrag, die Dokumentation sei nicht manipulationssicher erstellt worden. In diesem Fall kann der Patient die manipulationssichere

Aufzeichnung mit Nichtwissen gemäß § 138 Abs. 4 ZPO bestreiten, da der Patient regelmäßig keinen Einblick in die verwendeten Programme und die IT-Infrastruktur des beklagten Arztes oder Krankenhauses besitzt, während dem Beklagten in der Regel diese Auskunft ohne weiteres möglich und zumutbar ist. Die Verwendung einer nicht manipulationssicheren Software hat – anders als teilweise in der Literatur und der Rechtsprechung angenommen – einen Verlust der Vertrauenswürdigkeit der Dokumentation und damit auch von deren Vermutungswirkung zur Folge.

Für die Aufklärungs- und Einwilligungsdokumentation besteht eine Vermutung der Vollständigkeit und Richtigkeit nicht. Dies gilt unabhängig davon, ob das Aufklärungsgespräch „qualifiziert“ durch die Nutzung und Ergänzung von Aufklärungsformularen, oder „einfach“ durch Eintragung in die Patientenakte dokumentiert wurde. Die Vorlage der Aufklärungs- und Einwilligungsdokumentation kann zwar gemeinsam mit anderen Indiztatsachen einen Indizienbeweis dahingehend begründen, dass das jeweilige Gespräch stattgefunden hat und welchen Verlauf es genommen hat. Die Aufklärungs- und Einwilligungsdokumentation selbst stellt aber lediglich eine Indiztatsache dar. Eine ordnungsgemäße Dokumentation der Aufklärung und Einwilligung kann, insbesondere wenn sie formularmäßig ist, weitere handschriftliche Ergänzungen enthält und neben weitere Indizien für eine regelmäßig gute Aufklärungspraxis tritt, den Beweis für eine ordnungsgemäße Aufklärung erbringen.

Die sog. „immer-so“-Rechtsprechung des BGH ist abzulehnen. Eine Beweiserleichterung hinsichtlich der durchgeführten Aufklärung zugunsten des Arztes auf der Ebene der Parteianhörung durch den Vortrag, der Arzt kläre immer in einer bestimmten Art und Weise auf, erscheint nicht angezeigt, wenn der Arzt die Beweisnot mindestens fahrlässig selbst verschuldet hat, was bei einer unterlassenen Dokumentation der Aufklärung grundsätzlich zu unterstellen ist.

§ 630h Abs. 3 BGB ist, entgegen der Ansicht des BGH, bei sämtlichen Verstößen gegen § 630f Abs. 1 bis 3 BGB anwendbar. Eine Einschränkung der Anwendbarkeit der Vorschrift ist nicht angezeigt. § 630h Abs. 3 BGB ist demnach wie folgt zu lesen: „Hat der Behandelnde bei der Aufzeichnung einer medizinisch gebotenen wesentlichen Maßnahme oder ihres Ergebnisses gegen § 630f Abs. 1 oder Abs. 2 verstoßen, oder hat er die Patientenakte entgegen § 630f Abs. 3 nicht aufbewahrt, so wird vermutet, dass er diese Maßnahme nicht getroffen hat.“

Rechtsfolge eines materiellen Dokumentationsfehlers des Arztes ist die Fiktion der Nichtvornahme der gebotenen Handlung. Bei der Rechtsfolge eines formellen Dokumentationsfehlers ist nach der jeweiligen Pflichtverletzung zu differenzieren. Eine strikte Beweislastumkehr ist bei formellen Dokumentationsfehlern nicht immer angezeigt.

Eine verspätete Aufzeichnung löst grundsätzlich die Rechtsfolge des § 630h Abs. 3 BGB aus und führt zu einer Beweislastumkehr bezüglich der dokumentierten Tatsache. Der Beweiswert der verspäteten Dokumentation entfällt aber nicht gänzlich, solange diese innerhalb eines gewissen weiteren „Kulanzzeitraums" – der nach den Umständen des Einzelfalls zu bemessen ist – angefertigt wird. Der verspäteten Dokumentation kann jedoch nur noch eine Indizwirkung beigemessen werden, welche erst durch Vorbringen weiterer Indiztatsachen den Beweis hinsichtlich des Stattfindens der aufgezeichneten Tatsache erbringen kann.

Bei einer Veränderung der Dokumentation, ohne dass die ursprüngliche Dokumentation erhalten bleibt, wird grundsätzlich vermutet, dass die durch die Veränderung dokumentierte Maßnahme nicht vorgenommen wurde, wobei sich in diesem Fall der Umfang der Vermutung nach dem Umfang der nachgewiesenen Veränderungen richtet. Ist ersichtlich nur ein Teil der Dokumentation verändert worden, beschränkt sich die Vermutung auf diesen Teil. Falls Änderungen vorgenommen wurden und auch kenntlich gemacht wurden, aber der Zeitpunkt der Änderungen nicht vermerkt wurde, so ist § 630h Abs. 3 BGB zwar anwendbar, dem Arzt ist aber ein vereinfachter Gegenbeweis zuzugestehen, der oft bereits mit einem substantiierten Vortrag als geführt anzusehen sein wird.

Wenn die technische Manipulationssicherheit nicht durch den Einsatz entsprechender Software nachgewiesen wird, ist die Vermutung des § 630h Abs. 3 BGB anwendbar.

§ 630h Abs. 3 BGB entfaltet über die negative Vermutungswirkung hinaus keine positive Vermutung dahingehend, dass sich der Sachverhalt so wie seitens des Patienten behauptet dargestellt hat – weder im Rahmen einer erweiternden Auslegung der Norm, noch einer analogen Anwendung der Vorschrift.

b. Dokumentation des WpDU

Im Prozess wegen fehlerhafter Anlageberatung ist der Anleger darlegungs- und beweisbelastet für eine Aufklärungs- und Beratungspflichtverletzung. Eine Beweislastumkehr zulasten des beratenden WpDU besteht nicht, auch nicht aus § 630h Abs. 3 BGB analog. Auch eine sekundäre Darlegungslast des WpDU, wie sie der BGH vertritt, ist im Rahmen des Haftungsprozesses bei fehlerhafter Anlageberatung wegen der dem Anleger durch die Dokumentation und die Geeignetheitserklärung zur Verfügung stehenden Informationen grundsätzlich unnötig und daher abzulehnen.

Die Telefonaufzeichnung als Audioaufnahme entfaltet eine Vermutung der Vollständigkeit und Richtigkeit der Aufzeichnung. Es besteht ein Anscheinbeweis in Bezug auf den Gesprächsablauf, wie er aufgezeichnet wurde, da ein Erfahrungssatz dahingehend besteht, dass die durch den Berater erstellte Aufzeichnung des Telefongespräches das telefonische Beratungsgespräch so wiedergibt, wie es tatsächlich stattgefunden hat.

Im Hinblick darauf, ob die Geeignetheitserklärung und die Beratungsdokumentation eine Vermutung der Vollständigkeit und Richtigkeit entfalten, ist zu differenzieren. Legt das WpDU das jeweilige Dokument vor und geht aus diesem eine ordnungsgemäße Beratung hervor, so ist eine entsprechende Vermutung abzulehnen. Auch ein Anscheinsbeweis, der eine entsprechende Rechtsfolge begründen könnte, liegt in diesem Fall nicht vor. Es besteht kein Erfahrungssatz dahingehend, dass das WpDU grundsätzlich richtig dokumentiert. Darüber hinaus würde eine solche Rechtsfolge zugunsten des WpDU der Intention des europäischen und nationalen Gesetzgebers zuwider laufen. Bei der seitens des WpDU vorgelegten Geeignetheitserklärung und Dokumentation der face-to-face-Beratung handelt es sich lediglich um eine Indiztatsache, die zusammen mit anderen Indiztatsachen einen Indizienbeweis dahingehend begründen kann, dass das Gespräch stattgefunden hat und welchen Verlauf es genommen hat. Legt hingegen ein Anleger ein entsprechendes Dokument vor, welches auf eine Aufklärungs- oder Beratungspflichtverletzung hinweist, so entfaltet dieses eine entsprechende Vermutungswirkung. Es besteht in diesem Fall ein Anscheinsbeweis dahingehend, dass die dokumentierte Beratung sich so zugetragen hat. Aufgrund der fehlenden Wahrscheinlichkeit einer interessengelenkten Dokumentation besteht in dieser Konstellation ein Erfahrungssatz dahingehend, dass eine Pflichtverletzung die dokumentiert ist, sich auch so zugetragen hat.

Eine Vernichtung der Beratungsdokumentation und der Geeignetheitserklärung innerhalb der genannten 5-Jahres-Frist, stellt, wenn diese auf einem dauerhaften Datenträger vorliegen, einen Fall der in § 371 Abs. 3 ZPO gesetzlich geregelten Beweisvereitelung dar. Falls eine Beratungsdokumentation gemäß § 83 Abs. 6 WpHG oder eine Geeignetheitserklärung in Papierform vorliegt und das Dokument anschließend innerhalb der 5-Jahres-Frist des § 83 Abs. 8 WpHG bzw. § 9 Abs. 4 WpDVerOV vorsätzlich beseitigt oder untauglich gemacht wird, liegt ein Fall gesetzlich normierter Beweisvereitelung nach § 444 ZPO vor. Rechtsfolge ist jeweils, dass die Behauptungen der geschädigten Partei hinsichtlich der Beschaffenheit und des Inhalts des Beweisobjekts als bewiesen angesehen werden können. Hierbei ist zu unterstellen, dass der Vortrag der beweisbelasteten Partei regelmäßig als richtig anzusehen ist, soweit dieser substantiiert, widerspruchsfrei und nachvollziehbar erfolgt. Die denkbar weitestgehende Rechtsfolge der dargestellten Fälle ist damit eine Umkehr der konkreten Beweisführungslast zugunsten des Anlegers.

§ 630h Abs. 3 BGB ist auf den kapitalanlagerechtlichen Dokumentationsfehler, sowohl die Geeignetheitserklärung, wie auch die Beratungsdokumentation betreffend, nicht analog anwendbar. Zwar besteht bezüglich der beweisrechtlichen Regelung der Rechtsfolge im Kapitalanalagerecht eine planwidrige Regelungslücke. Jedoch besteht im Kapitalanlagerecht keine mit der Situation im Medizinrecht vergleichbare Interessenlage, weswegen eine Angleichung der Rechtsfolgen nicht in Betracht kommt.

Ein formeller oder materieller Dokumentationsfehler erfüllt die objektiven Voraussetzungen der nicht gesetzlich geregelten Beweisvereitelung, soweit er sich zulasten des Anlegers auswirkt. Rechtsfolge der Beweisvereitelung ist nach der hier vertretenen Auffassung eine Umkehr der konkreten Beweisführungslast. Eine weitergehende typisierte Rechtsfolge dahingehend, dass ein Beweismittel grundsätzlich stets so wie vom Anleger vorgetragen fingiert werden soll, ist mangels eines entsprechenden Erfahrungssatzes abzulehnen. Ausnahmsweise ist in konkreten Situationen ein entsprechender Erfahrungssatz allerdings zu bejahen, mit der Konsequenz, dass ein Beweismittel so, wie es der beweisbelastete Anleger vorgetragen hat, fingiert wird.
Dies ist im Fall der vorsätzlichen und der fahrlässigen Begehung eines materiellen Dokumentationsfehlers zu bejahen. Der Dokumentationsfehler stellt im Kapitalanlagerecht, anders als in den meisten Fällen der Beweisvereitelung, einen Verstoß gegen eine Beweismittel*verschaffungs*pflicht dar und knüpft nicht lediglich wie in den meisten Fällen der Beweisvereitelung an die Nichtbeachtung einer Beweismittel*erhaltungs*pflicht an. Wegen des grundsätzlichen Anreizes des WpDU, unrichtig zu dokumentieren und der von vornherein für den entsprechenden Mitarbeiter erkennbaren Funktion der Dokumentation als Beweismittel in einem nachfolgenden Prozess, erscheint es sachgerecht, auch bei einer nur fahrlässigen Begehung des materiellen Dokumentationsfehlers eine besondere Sanktion dergestalt anzunehmen, dass der Vortrag des Anlegers in Bezug auf die Dokumentation als richtig zu unterstellen ist. Im Fall des formellen Dokumentationsfehlers erscheint eine solche Rechtsfolge nicht in allen Fällen angemessen. Bei einer zu spät erstellten Dokumentation oder zu spät ausgehändigten Geeignetheitserklärung ist vielmehr nach den Umständen des Einzelfalls zu entscheiden, ob eine Erstellung mit unrichtigem Inhalt durch das WpDU nahe liegt oder nicht. Einzig für den Fall des Verstoßes gegen das Gebot der fälschungssicheren Aufbewahrung der Dokumentation nach § 83 Abs. 8 WpHG ist eine entsprechende Vermutung der Richtigkeit des Vortrags des Anlegers zu bejahen.

Der Anleger ist für das Vorliegen eines formellen wie auch materiellen Dokumentationsfehlers darlegungs- und beweisbelastet. Erleichterungen für den Anleger bestehen für dessen Vorbringen, dass die Geeignetheitserklärung nicht oder zu spät ausgehändigt wurde oder ein Verstoß gegen die Pflicht zur fälschungssicheren Aufbewahrung nach § 83 Abs. 8 WpHG vorliegt. In den genannten Fällen ist dem WpDU eine sekundäre Darlegungslast im Hinblick auf den Vortrag des Anlegers aufzuerlegen.

5. Schaden und Schadenszurechnung bei materiell-rechtlicher Haftung für Dokumentationsfehler

Wenn ein Dokumentationsfehler zu einem Behandlungsfehler eines nachbehandelnden Arztes führt, sind sämtliche Gesundheits- und Folgeschäden, die kausal auf der Dokumentationspflichtverletzung beruhen, nach § 249 Abs. 2 BGB zu ersetzen. Dies sind vor allem die Kosten einer ordnungsgemäßen Heilbehandlung und „Korrektur" des Behandlungsfehlers, damit verbundene Folgekosten sowie ein angemessenes Schmerzensgeld gem. § 253 Abs. 2 BGB. Die haftungsbegründende Kausalität ist nach § 286 ZPO zu beurteilen, während auf die haftungsausfüllende Kausalität § 287 ZPO anzuwenden ist. Erstere betrifft den Zusammenhang zwischen dem Dokumentationsfehler und der Gesundheitsverletzung des Patienten als „Primärschaden". Sämtliche Voraussetzungen bis zu einem (rechtswidrigen) Eingriff in das Rechtsgut der Gesundheit des Patienten, etwa durch eine objektiv fehlerhafte Operation oder eine objektiv fehlerhafte Medikation, die kausal auf dem Dokumentationsfehler beruhen, sind damit nach § 286 ZPO zu beweisen. Jegliche (Folge-)Schäden, die auf der Rechtsgutsverletzung beruhen, wie auch deren Höhe, sowie die haftungsausfüllende Kausalität, sind nach dem herabgesenkten Beweismaß des § 287 ZPO zu beweisen. Für die Kausalität zwischen Dokumentationsfehler und Schaden trägt grundsätzlich der Patient als Kläger die Darlegungs- und Beweislast. Ihm kommt die Beweiserleichterung des § 630h Abs. 3 BGB zugute. Sollte der nachbehandelnde Arzt wegen des Dokumentationsfehlers des Erstbehandlers einen groben Behandlungsfehler begehen und so die Rechtsfolge des § 630h Abs. 5 BGB auslösen, so erstreckt sich diese auch zulasten des vorbehandelnden Arztes. Die Darlegungs- und Beweislast hinsichtlich der Kausalität zwischen Dokumentations- und Behandlungsfehler trägt in diesem Fall der Patient, wohingegen die Kausalität zwischen dem groben Behandlungsfehler oder Befunderhebungsfehler und dem nachfolgenden Schaden nach § 630h Abs. 5 BGB vermutet wird, falls ersterer grundsätzlich geeignet ist, eine Verletzung des Lebens, des Körpers oder der Gesundheit der tatsächlich eingetretenen Art herbeizuführen. Eine analoge Anwendung des § 630h Abs. 5 BGB für den Fall eines etwaigen „groben Dokumentationsfehlers" ist mangels planwidriger Regelungslücke abzulehnen. In Fällen des rechtmäßigen Alternativverhaltens oder dem Vorliegen sog. „Reserveursachen" kann die Zurechnung des Schadens zum fehlerhaft dokumentierenden Erstbehandler eingeschränkt sein. Ein rechtmäßiges Alternativverhalten liegt beispielsweise vor, falls die Dokumentation dem nachbehandelnden Arzt überhaupt nicht zugänglich war (wie regelmäßig bei einem Notfall), dieser geltend macht die Dokumentation überhaupt nicht als Informationsgrundlage herangezogen zu haben, oder durch den

Dokumentationsfehler eine Information verfälscht oder dem nachbehandelnden Arzt vorenthalten wurde, die für die nachfolgende Behandlung ohne Relevanz war.

Wenn der Dokumentationsfehler zu einer unnötigen Doppeluntersuchung führt, sind nach § 249 Abs. 1 BGB die Kosten, die für die zweite, ansonsten nicht notwendige Untersuchung anfallen ersatzfähig. Zudem kann ein angemessenes Schmerzensgeld nach § 253 Abs. 2 BGB gefordert werden, falls die Untersuchung oder Befunderhebung mit besonderen Unannehmlichkeiten oder Schmerzen verbunden ist. Ein entgangener Gewinn nach § 252 BGB, wenn die erneute Untersuchung mit einem gewissen Zeitaufwand einhergeht, ist wegen des Schutzzwecks der Norm nicht erstattungsfähig. Für den Anspruch auf Schmerzensgeld ist die Kausalität zwischen dem Dokumentationsfehler und der erneuten Untersuchung nach § 286 ZPO nachzuweisen. Für den Anspruch auf Ersatz von Vermögensschäden, vor allem der Behandlungskosten für die zweite Untersuchung, ist lediglich nach § 286 ZPO nachzuweisen, dass der Patient von dem Verstoß gegen die Dokumentationspflicht betroffen ist, so dass für ihn nachteilige Folgen eintreten können. Der Arzt kann den Einwand fehlender Kausalität erheben, falls eine erneute Untersuchung sowieso notwendig gewesen wäre.

Wenn eine unrichtige Dokumentation als Entscheidungsgrundlage für den Patienten besteht, ist ein Schadensersatzanspruch nach dem Schutzzweck der Norm ausgeschlossen, falls der Patient die Dokumentation eigenmächtig als Entscheidungsgrundlage benutzt, ohne eine Zweitmeinung eines anderen Arztes einzuholen. Eine mögliche Gesundheitsschädigung auf Basis einer falschen ärztlichen Zweitmeinung, die ihrerseits auf einer fehlerhaften Dokumentation beruht, ist hingegen vom Schutzzweck der Norm erfasst und stellt, ebenso wie die Kosten der objektiv wertlosen Zweitmeinung, einen ersatzfähigen Schaden dar.

Die alleinige Unwissenheit des Patienten über den Behandlungsverlauf begründet wegen der fehlenden Schwere der Verletzung des allgemeinen Persönlichkeitsrechts keinen Schadensersatzanspruch.

Falls dem Patienten durch die unterlassene oder fehlerhafte Dokumentation des Arztes Nachteile beim Abschluss eines nachfolgenden Rechtsgeschäfts entstanden sind, kann kein Schadensersatz gefordert werden. Ein Anspruch scheitert an der fehlenden Schadenszurechnung, da die Dokumentation nicht auch dem Zweck dienen soll, einem Dritten als Entscheidungsgrundlage für den Abschluss eines Rechtsgeschäfts vorgelegt zu werden.

Das Bekanntwerden von Patientendaten an Dritte kann je nach den Umständen des Einzelfalls eine schwerwiegende Verletzung des allgemeinen Persönlichkeitsrechts darstellen und somit einen

Schadensersatzanspruch nach § 823 Abs. 1 BGB i.V.m Artt. 2 Abs. 1, 1 Abs. 1 GG begründen. Die unrechtmäßige Weitergabe durch den Arzt – und damit einhergehend die Verletzung der Aufbewahrungspflicht – sowie die Kenntnis des Dritten sind jeweils nach § 286 Abs. 1 ZPO zu beweisen. Weitere Umstände, die für die Bemessung der Höhe der Entschädigung sowie die Frage, ob eine schwerwiegende Verletzung des allgemeinen Persönlichkeitsrechts vorliegt ausschlaggebend sind, sind als Höhe des entstandenen Schadens nach § 287 ZPO nachzuweisen.

Bei einer Verletzung der Pflicht nach § 64 Abs. 4 WpHG – bzw. deren vertraglichem Äquivalent – durch das WpDU liegt ein Vermögensschaden durch die Belastung mit einem für den Anleger nachteiligen Vertrag vor. Rechtsfolge ist nach § 249 Abs. 1 BGB die Rückabwicklung des Geschäfts, oder wenn der Anleger die Anlage bereits veräußert hat, der Ersatz des erlittenen Kursdifferenzschadens. Die Nicht- oder Spätaushändigung der Geeignetheitserklärung, ebenso wie deren materielle Unrichtigkeit sind nach § 286 Abs. 1 ZPO zur vollen Überzeugung des Gerichts nachzuweisen. Der entstandene Vermögensschaden ist, wie auch die Kausalität zwischen Dokumentationsfehler und Schadenseintritt, nach § 287 ZPO zu beweisen. In Anlehnung an die „Vermutung aufklärungsrichtigen Verhaltens" besteht bei Verletzung der Pflicht zur Aushändigung der Geeignetheitserklärung eine „Vermutung dokumentationsrichtigen Verhaltens" wonach die Darlegungs- und Beweislast hinsichtlich der Kausalität dem WpDU aufzuerlegen ist. Als Rechtsfolge der Vermutung dokumentationsrichtigen Verhaltens wird vermutet, dass die fehlerhaft erstellte oder nicht bzw. zu spät ausgehändigte Geeignetheitserklärung kausal für den Erwerb der für den Anleger ungeeigneten Anlage war.

Der Verlust einer Prozesschance ist nicht als ersatzfähiger Schaden i.S.d. §§ 249ff. BGB anzusehen. Sowohl der Patient, wie auch der Anleger, können keinen Schadensersatzanspruch wegen des Verlustes des Beweismittels geltend machen, das ihnen aufgrund des Dokumentationsfehlers verloren gegangen ist. Grund hierfür ist, dass nicht klar ist, welchen Inhalt die Dokumentation gehabt hätte, falls diese ordnungsgemäß erstellt worden wäre. Der Anspruch auf Naturalrestitution ist damit unmöglich. Auch eine stattdessen einschlägige Bemessung in Geld nach § 251 Abs. 1 BGB scheitert daran, dass die verlorene Prozesschance nicht in Geld bezifferbar ist, da nicht klar ist, wie sich eine ordnungsgemäß erstellte Dokumentation auf den Prozess ausgewirkt hätte und wie hoch daher deren Verlust in Geld zu bemessen ist.

Literaturverzeichnis

Adloff, Daniel: Vorlagepflichten und Beweisvereitelung im deutschen und französischen Zivilprozess, Tübingen 2007. [zitiert als: Adloff, Vorlagepflichten und Beweisvereitelung]

Ahrens, Hans-Jürgen: Der Beweis im Zivilprozess, 2. Aufl., Köln 2025. [zitiert als: *Ahrens*, Der Beweis im Zivilprozess]

Albrecht, Achim/Karahan, Davud/Lenenbach, Markus: Fachanwaltshandbuch Bank- und Kapitalmarktrecht, Münster 2010. [zitiert als: *Bearbeiter* in Albrecht/Karahan/Lenenbach]

Arens, Peter: Dogmatik und Praxis der Schadensschätzung, Ein Diskussionsbeitrag zur Auslegung des § 287 ZPO, ZZP 88 (1975), S. 1 – 48.

Assmann, Heinz-Dieter/Schneider, Uwe H./Mülbert, Peter O.: Wertpapierhandelsrecht: Kommentar : WpHG, MAR, PRIIP, MiFIR, Leerverkaufs-VO, EMIR, 8. Aufl., Köln 2023. [zitiert: *Bearbeiter* in Assmann/Schneider/Mülbert]

ders./ders.: Wertpapierhandelsgesetz: Kommentar, 6. Aufl., Köln 2012. [zitiert als *Bearbeiter* in Assmann/Schneider]

ders./Schütze, Rolf/Buck-Heeb, Petra: Handbuch des Kapitalanlagerechts, 6. Aufl., München 2024. [zitiert als: *Bearbeiter* in Assmann/Schütze/Buck-Heeb]

ders.: Das Verhältnis von Aufsichtsrecht und Zivilrecht im Kapitalmarktrecht, in: Burgard, Ulrich (Hrsg.), Festschrift für Uwe H. Schneider zum 70. Geburtstag, Köln 2011, S. 37 – 55.

Balzer, Peter: Umsetzung von MiFID II: Auswirkungen auf die Anlageberatung und Vermögensverwaltung, in ZBB 2016, S. 226 – 237.

ders.: Umsetzung der MiFID: Ein neuer Rechtsrahmen für die Anlageberatung, in ZBB 2007, S. 333-420.

ders.: Anlegerschutz bei Verstößen gegen die Verhaltenspflichten nach §§ 31 ff Wertpapierhandelsgesetz (WpHG), in ZBB 1997, S. 260 – 269.

Bamberger, Hans-Georg/Roth, Herbert/Hau, Wolfgang/Poseck, Roman: Beckscher Online-Kommentar zum BGB, 52. Edition, Stand: 01.11.2019, München 2019. [Zitiert als *Bearbeiter* in BeckOK-BGB]

Bartlakowski, Katja: Die ärztliche Behandlungsdokumentation: eine materiell- und prozessrechtliche Würdigung der ärztlichen Aufzeichnungen unter besonderer Berücksichtigung der EDV-gestützten Dokumentation sowie der Informationsrechte des Patienten, Marburg 2003. [zitiert als: *Bartlakowski*, Die ärztliche Behandlungsdokumentation]

Anders, Monika/ Gehle, Burkhard: Zivilprozessordnung: mit FamFG, GVG und anderen Nebengesetzen, 83. Aufl., München: 2025. [zitiert als: *Bearbeiter* in Anders/Gehle]

S. N. Grimm, *Der Dokumentationsfehler im Medizin- und Kapitalanlagerecht*, Schriften zum Stiftungs- und Gemeinnützigkeitsrecht, https://doi.org/10.1007/978-3-658-50384-0

Baumgärtel, Gottfried/Laumen, Hans-Willi/Prütting, Hanns: Handbuch der Beweislast, Band 1 (Gurndlagen), 5. Aufl., Köln 2023, Band 2 (§§ 1-811 BGB), 5. Aufl., Köln 2023, Band 3 (§§ 812-2385 BGB), 5. Aufl. Köln 2023. [zitiert als: *Bearbeiter* in Baumgärtel/Laumen/Prütting, HdB Beweislast]

Baumgärtel, Gottfried: Die Beweisvereitelung im Zivilprozess, in: Rechberger, Walter (Hrsg.), Festschrift für Winfried Kralik zum fünfundsechzigsten Geburtstag: Verfahrensrecht - Privatrecht., Wien 1986, S. 63-74.

Beaucamp, Guy/ Beaucamp. Jakob: Methoden und Technik der Rechtsanwendung, 5. Aufl. Heidelberg 2023. [zitiert als: *Beaucamp/Beaucamp*, Methoden]

Bender, Albrecht W.: Dokumentationspflichten bei der Anwendung von Blutprodukten, MedR 2007, S. 533 – 537.

ders.: Das postmortale Einsichtsrecht in Krankenunterlagen: ein zivilrechtliches Spannungsverhältnis zwischen ärztlicher Dokumentations- und Schweigepflicht, Berlin: 1998. [zitiert als: *Bender*, Das postmortale Einsichtsrecht in Krankenunterlagen]

ders..: Der Umfang der ärztlichen Dokumentationspflicht. Ein weiterer Schritt der Verrechtlichung, in VersR 1997, S. 918 – 928.

Benicke, Christoph: Wertpapiervermögensverwaltung, Tübingen 2006. [zitiert als: *Benicke*, Wertpapiervermögensverwaltung]

Bergmann, Karl-Otto/Pauge, Burkhard/Steinmeyer, Heinz-Dietrich: Gesamtes Medizinrecht. 4. Aufl., Baden-Baden 2024. [zitiert als: *Bearbeiter* in Bergmann/Pauge/Steinmeyer]

Bliesener, Dirk: Aufsichtsrechtliche Verhaltenspflichten beim Wertpapierhandel, Berlin 1998. [zitiert als: *Bliesener*, Verhaltenspflichten]

Blomeyer, Arwed: Die Umkehr der Beweislast, AcP 158 (1959/1960) , S. 97-106.

Bockelmann, Paul: Die Dokumentationspflicht des Arztes und ihre Konsequenzen, in: Vogler, Theo/Herrmann, Joachim et al. (Hrsg.), Festschrift für Hans-Heinrich Jescheck zum 70. Geburtstag, Band 1, Berlin 1985, S. 693 – 711.

Böhm, Michael, Regierungsentwurf zur Verbesserung der Durchsetzbarkeit von Ansprüchen aus Falschberatung, BKR 2009, S. 221-230

Bömcke, Nikolaus: Die neuen Beratungsprotokolle der Banken, AG 2010, R184-R185

Bork, Reinhard/Roth, Herbert: Stein/Jonas, Kommentar zur Zivilprozessordnung, Band 2 (§§ 78-147), 23. Aufl., Tübingen 2016, Band 4 (§§ 271-327), 23. Aufl., Tübingen 2018, Band 5 (§§ 328 - 510c.) 23. Aufl., Tübingen 2015. [zitiert als: *Bearbeiter* in Stein/Jonas]

Brandt, Markus: Aufklärungs- und Beratungspflichten der Kreditinstitute bei der Kapitalanlage: wertpapiergeschäftliche Informationspflichten im Spiegel kapitalmarktlicher Effizienz, Baden-Baden 2002. [zitiert als: *Brandt*, Aufklärungs- und Beratungspflichten]

Brinckmann, Hendrik: Lehman-Zertifikate und die Neuregelungen bei der Anlageberatung anlässlich der Reform des SchVG - Lässt sich eine vorsichtigere Beratungspraxis etablieren?, BKR 2010, S. 45 – 52.

Brink, Stefan/Wolff, Heinrich Amadeus: BeckOK Datenschutzrecht, 30. Aufl., München 2019. [zitiert als: Bearbeiter in BeckOK-DatenschutzR]

Bruns, W., Rechtliche Aspekte des Risk-Managements, ArztR 1999, S. 121 – 126

Buck-Heeb, Petra/Poelzig, Dörte: Die Verhaltenspflichten (§§ 63 ff. WpHG n.F.) nach dem 2. FiMaNoG. Inhalt und Durchsetzung, BKR 2017, S. 485 – 495.

Buck-Heeb, Petra: Anlageberatung nach der MiFID II, ZBB 2014, S. 221 – 232.

dies., Aufklärung über Innenprovisionen, unvermeidbarer Rechtsirrtum und die Überlagerung durch Aufsichtsrecht. Zugleich Anmerkung zu BGH, v. 03.06.2014 - XI ZR 147/12 -, WM 2014, S. 1601 – 1605.

Budzikiewicz, Christine: Anmerkung zu AG Essen, U. v. 17.09.2014 - 17 C 288/13 - (Verjährung eines Schadensersatzanspruchs wegen Verletzung des Rechts auf Kenntnis der eigenen Abstammung), MedR 2015, S. 435 – 438.

Canaris, Claus-Wilhelm: Schutzgesetze Verkehrspflichten Schutzpflichten, in: Claus-Wilhelm Canaris, Uwe Diederichsen (Hrsg.), Festschrift für Karl Larenz zum 80. Geburtstag am 23. April 1983, München 1983, S. 27 – 110.

Clausen, Tilman/Schroeder-Printzen, Jörn: Münchener Anwaltshandbuch Medizinrecht, 3. Aufl., München 2020. [zitiert: *Bearbeiter* in MünchAnwHdB MedR]*Claussen, Carsten Peter/Erne, Roland/Bröcker Norbert*: Bank- und Börsenrecht, 5. Aufl., München 2014. [zitiert als *Claussen*, Bank- und Börsenrecht]

Clouth, Peter/Lang, Volker: MiFID-Praktikerhandbuch, Köln 2007. [zitiert: *Bearbeiter* in Clouth/Lang, MiFID-Praktikerhandbuch]

Daniels, Jürgen: Die Ansprüche des Patienten hinsichtlich der Krankenunterlagen des Arztes, NJW 1976, S. 345 – 349.

Dauner-Lieb, Barbara, Langen, Werner: NomosKommentar BGB (Schuldrecht: §§ 241-853), 4. Aufl., Baden-Baden 2021. [zitiert als: *Bearbeiter* in Dauner-Lieb/Langen]

Deutsch, Erwin/Spickhoff, Andreas: Medizinrecht: Arztrecht, Arzneimittelrecht, Medizinprodukterecht und Transfusionsrecht, 7. Aufl., Heidelberg 2014. [zitiert als: *Deutsch/Spickhoff*, Medizinrecht]

ders.: Deutsche Sonderwege zur Arzthaftung, NJW 2012, S. 2009 – 2013.

ders.: Allgemeines Haftungsrecht, 2. Aufl., Köln 1996. [zitiert: *Deutsch*, Haftungsrecht] *ders.*: Artifizielle Wege menschlicher Reproduktion - Rechtsgrundsätze Konservierung von Sperma, Eiern und Embryonen - künstliche Insemination und außerkörperliche Fertilisation – Embryotransfer, MDR 1985, S. 177-183.

ders.: Ärztliche Dokumentation in Krankenunterlagen aus der Sicht des Juristen, in: Heim, Wilhelm (Hrsg.) Haftpflichtfragen im ärztlichen Alltag, Köln 1980, S. 39 – 48. [zitiert als: *Deutsch* in Heim, Haftpflichtfragen]

Dietrich, Bernhard: Anlageziele in der Empfehlungshaftung des Anlageberaters, WM 2016, S. 199 – 204.

Dolle, Detlev, Zur Dogmatik der Verletzung von Dokumentations- und Befundsicherungspflichten, Münster 1998. [zitiert als: *Dolle*, Dogmatik der Verletzung]

Dunz, Walter, Zur Praxis der zivilrechtlichen Arzthaftung, Karlsruhe 1974. [zitiert als: *Dunz*, Zur Praxis der zivilrechtlichen Arzthaftung]

Doukoff, Norman: Grundlagen des Anscheinsbeweises, SVR 2015, S. 245 – 253.

Drygala, Tim: Anmerkung zu: BGH, Urt .v. 09.07.1996 - XI ZR 103/95 - Zum Anlegerschutz bei Optionsscheingeschäften, JZ 1997, S. 95 – 98.

Dubischar, Roland: Grundsätze der Beweislastverteilung im Zivil- und Verwaltungsprozeß, JuS 1971, S. 385-394.

Duden: Herkunftswörterbuch: Etymologie der deutschen Sprache; auf der Grundlage der neuen amtlichen Rechtschreibregeln; [die Geschichte der deutschen Wörter bis zur Gegenwart; 20000 Wörter und Redewendungen in ca. 8000 Artikeln], 3. Aufl., Mannheim 2001. [zitiert: Duden, Herkunftswörterbuch]

Duden: Das Synonymwörterbuch: ein Wörterbuch sinnverwandter Wörter, 6. Aufl., Berlin 2014. [zitiert: Duden, Das Synonymwörterbuch (6. Aufl.)]

Ebenroth, Carsten Thomas/Boujong, Karlheinz/Joost, Detlev/Strohn, Lutz: Handelsgesetzbuch, Band 2 (§§ 343-475h, Transport-, Bank-, und Börsenrecht), 3. Aufl., München 2015. [zitiert: *Bearbeiter* in EBJS (3. Aufl.)]

Einsele, Dorothee, Verhaltenspflichten im Bank- und Kapitalmarktrecht - öffentliches Recht oder Privatrecht? -, in ZHR 180 (2016), S. 233-269.

dies.: Bank- und Kapitalmarktrecht: nationale und Internationale Bankgeschäfte, 3. Aufl., Tübingen 2014. [zitiert als: *Einsele*, Bank- und Kapitalmarktrecht (3. Aufl.)]

dies., Beratungsprotokolle auf dem Prüfstand, ZRP 2014, S. 190 – 192.

dies., Anlegerschutz durch Information und Beratung. Verhaltens- und Schadensersatzpflichten der Wertpapierdienstleistungsunternehmen nach Umsetzung der Finanzmarktrichtlinie (MiFID), JZ 2008, S. 477 – 490.

Ellenberger, Jürgen: MiFID FRUG: Was wird aus Bond? in: Mathias Habersack/Hans-Ulrich Joeres/Achim Krämer (Hrsg.), Entwicklungslinien im Bank- und Kapitalmarktrecht. Festschrift für Gerd Nobbe, Köln 2009, S. 523- 538.

Erman, Walter, Westermann, Harm Peter/Grunewald, Barbara/Maier-Reimer, Georg: ErmanBürgerliches Gesetzbuch Kommentar mit Nebengesetzen (AGG, BVersTG, EGBGB, ErbbauRG, ProdhaftG, VBVG, VersAusglG, WEG – teils in Auszügen) und Internationalem Privatrecht, Band I bis III 17. Aufl., Köln 2023. [zitiert als: *Bearbeiter* in Erman]

Ellenberger, Jürgen/Schäfer, Holger/Clouth, Peter/Lang, Volker: Praktikerhandbuch Wertpapier- und Derivategeschäft: [mit FCH-Garantie]. 4. Aufl., Heidelberg 2011. [zitiert als: *Bearbeiter* in Ellenberger/Schäfer/Clouth/Lang (4. Aufl.)]

Ellenberger, Jürgen/Stoffels, Markus/Habersack, Mathias: Anlegerschutz im Wertpapiergeschäft AGB in der Kreditwirtschaft: Bankrechtstag 2010, Berlin 2011. [zitiert als: *Bearbeiter* in Bankrechtstag 2010]

Eyermann, Erich, Fröhler, Ludwig: Verwaltungsgerichtsordnung: Kommentar, 16. Aufl., München 2022. [zitiert als: *Bearbeiter* in Eyermann]

Faßbender, Christian: Innerbetriebliches Wissen und bankrechtliche Aufklärungspflichten, Berlin 1998. [zitiert als: *Faßbender*, Innerbetriebliches Wissen]

Fandrich, Andreas/Karper, Ines: Münchener Anwalts-Handbuch Bank- und Kapitalmarktrecht, 2. Aufl., München 2018. [zitiert als: *Bearbeiter* in Fandrich/Karper, MüAnwHdB Bank- und Kapitalmarktrecht (2. Aufl.)]

Fiekas, Frederik: Die mangelhafte Dokumentation. Ein Plädoyer für Erfüllungs- und Schadensersatzansprüche des Patienten, MedR 2016, S. 32 – 36.

ders.: § 630f BGB - die Dokumentation der Behandlung: eine rechtsdogmatische Einordnung der Dokumentationspflicht des Behandelnden nach Inkrafttreten des Patientenrechtegesetzes, Baden-Baden 2015.[zitiert: *Fiekas*, Die Dokumentation]

Fischer, Thomas: Strafgesetzbuch mit Nebengesetzen, 72. Aufl., München 2025. [zitiert als: *Fischer*, StGB]

Forschner, Julius: Wechselwirkungen von Aufsichtsrecht und Zivilrecht: eine Untersuchung zum Verhältnis der §§ 31 ff. WpHG und zivilrechtlichem Beratungsvertrag, Tübingen 2013. [zitiert als: *Forschner*, Wechselwirkungen]

Frahm, Wolfgang/Walter, Alexander: Arzthaftungsrecht: Leitfaden für die Praxis, 7. Aufl., Karlsruhe 2020 und 5. Aufl. 2014 mit *Nixdorf, Wolfgang*. [zitiert als: *Frahm/Walter*, Arzthaftungsrecht oder *Frahm/Nixdorf/Walter*, Arzthaftungsrecht (5. Aufl.)]

Franck, Jens-Uwe: Unionsrechtliche Regulierung des Wertpapierhandels und mitgliedstaatliche Gestaltungsspielräume: Dokumentation der Anlageberatung als Paradigma BKR 2012, S. 1 – 8.

Francke, Robert/Hart, Dieter: Ärztliche Verantwortung und Patienteninformation: eine Untersuchung zum privaten und öffentlichen Recht der Arzt-Patient-Beziehung, Stuttgart 1987. [zitiert als: *Francke/Hart*, Ärztliche Verantwortung und Patienteninformation]

Franzki, Harald/Franzki, Dietmar: Waffengleichheit im Arzthaftungsprozeß, NJW 1975, S. 2225 – 2229.

Franzki, Dominik: Der Behandlungsvertrag - Ein neuer Vertragstypus im Bürgerlichen Gesetzbuch, Göttingen 2014. [zitiert als: *Franzki*, Der Behandlungsvertrag]

Freitag, Robert: Die Verteilung der Beweislast für Fehler in der Anlageberatung de lege lata und de lege ferenda. Gedanken zur privatrechtlichen Bedeutung von Beratungsprotokoll und Geeignetheitserklärung, ZBB 2016, S. 1 – 10.

ders.: Überfällige Konvergenz von privatem und öffentlichem Recht der Anlageberatung. Zugleich Anmerkung zu BGH, v. 03.06.2014 - XI ZR 147/12 -, ZBB 2014, 421, ZBB 2014, S. 357 – 365.

Fuchs, Andreas: Wertpapierhandelsgesetz (WpHG): Kommentar, 2. Aufl., München 2016. [zitiert als: *Bearbeiter* in Fuchs (2. Aufl.)]

Gaßner, Otto/Escher, Markus: Bankpflichten bei der Vermögensverwaltung nach Wertpapierhandelsgesetz und BGH-Rechtsprechung, WM 1997, S. 93-104.

Gehrlein, Markus: Grundwissen Arzthaftungsrecht, 4. Aufl., München 2022. [zitiert als: *Gehrlein*, Arzthaftungsrecht]

Geier, Bernd M./Schmitt, Christian: MiFID-Reform: der neue Anwendungsbereich der MiFID II und MiFIR, WM 2013, S. 915 – 920.

Geiß, Karlmann/Greiner, Hans-Peter: Arzthaftpflichtrecht, 8. Aufl., München 2022. [zitiert als: *Bearbeiter* in Geiß/Greiner, Arzthaftpflichtrecht]

Gerhardt, Walter: „Beweisvereitelung im Zivilprozessrecht“, AcP 169 (1969), S. 289 – 316.

Gottwald, Peter: Schadenszurechnung und Schadensschätzung: zum Ermessen des Richters im Schadensrecht und im Schadensersatzprozeß, München 1979. [zitiert als: *Gottwald*, Schadenszurechnung und Schadensschätzung]

Greyerz, Christoph v.: Der Beweis negativer Tatsachen, Bern 1963. [zitiert als: *v. Greyerz*, Beweis negativer Tatsachen]

Grigoleit, Hans Christoph: Anlegerschutz - Produktinformationen und Produktverbote -, ZHR 177 (2013), S. 264-309.

ders.: Leistungspflichten und Schutzpflichten, in: Andreas Heldrich (Hrsg.), Festschrift für Claus-Wilhelm Canaris zum 70. Geburtstag, Band 1, München 2007, S. 275 – 306

Groß, Werner: Ärztliche Dokumentation und die beweisrechtliche Bedeutung ihrer Mängel im Haftpflichtprozess, in: Greiner Hans-Peter/Gross Norbert/Nehm, Kay/Spickhoff, Andreas (Hrsg.), Festschrift für Gerda Müller zum 65. Geburtstag, Köln 2009, S. 227- 236.

Grottel, Bernd/Schmidt, Stefan/Schubert, Wolfgang J./Winkeljohann, Norbert: Beck'scher Bilanz-Kommentar: Handels- und Steuerbilanz : §§ 238 bis 339, 342 bis 342e HGB, 14. Aufl., München 2024. [zitiert als: *Bearbeiter* in BeBiKo]

Grundmann, Stefan: Wohlverhaltenspflichten, interessenkonfliktfreie Aufklärung und MIFID II. Jüngere höchstrichterliche Rechtsprechung und Reformschritte in Europa, WM 2012, S. 1745 – 1755.

ders. /Habersack, Mathias/ Schäfer, Carsten: Staub Handelsgesetzbuch: Großkommentar, 6. Aufl., Berlin 2023 [zitiert als *Bearbeiter* in Staub]

Grüneberg, Christian: Bürgerliches Gesetzbuch: mit Nebengesetzen insbesondere mit Einführungsgesetz (Auszug) einschließlich Rom I-, Rom II- und Rom III-Verordnungen sowie EU-Güterrechtsverordnungen, Haager Unterhaltsprotokoll und EU-Erbrechtsverordnung, Allgemeines Gleichbehandlungsgesetz (Auszug), Wohn- und Betreuungsvertragsgesetz, Unterlassungsklagengesetz (GrünHome), Produkthaftungsgesetz, Erbbaurechtsgesetz, Wohnungseigentumsgesetz, Versorgungsausgleichsgesetz, Lebenspartnerschaftsgesetz (GrünHome), Gewaltschutzgesetz, 84. Aufl., München 2025. [zitiert als: *Bearbeiter* in Grüneberg]

Grüneberg, Christian: Die Bankenhaftung bei Kapitalanlagen: nach der Rechtsprechung des Bundesgerichtshofs, München 2017. [zitiert als: *Grüneberg*, Bankenhaftung]

Gsell, Beate/ Krüger, Wolfgang/ Lorenz, Stephan/ Reymann, Christoph: beck-online.GROSSKOMMENTAR zum Zivilrecht. München 2025. [zitiert als: *Bearbeiter* in BeckOGK]

Habermalz, Johannes: Das Akteneinsichtsrecht des Patienten und seine zivilprozessuale Durchsetzung, NJW 2013, S. 3403 – 3407.

Habersack, Martin: Bankrechtstag 1995: Das zweite Finanzmarktförderungsgesetz in der praktischen Umsetzung, Berlin 1996. [zitiert als: *Bearbeiter* in Bankrechtstag 1995]

Hähnchen, Susanne: Obliegenheiten und Nebenpflichten: eine Untersuchung dieser besonderen Verhaltensanforderungen im Privatversicherungsrecht und im allgemeinen Zivilrecht unter besonderer Berücksichtigung der Dogmengeschichte, Tübingen 2010. [zitiert als: *Hähnchen*, Obliegenheiten und Nebenpflichten]

Hainmüller, Dietmar: Der Anscheinsbeweis und die Fahrlässigkeitstat im heutigen deutschen Schadensersatzprozess, Tübingen 1966. [zitiert: *Hainmüller*, Anscheinsbeweis und die Fahrlässigkeitstat]

Hanau, Peter: Die Kausalität der Pflichtwidrigkeit: eine Studie zum Problem des pflichtmäßigen Alternativverhaltens im bürgerlichen Recht, Göttingen 1971. [zitiert: *Hanau*, Die Kausalität der Pflichtwidrigkeit]

Hart, Dieter: Patientensicherheit nach dem Patientenrechtegesetz, (Reinhard Damm zum 70. Geburtstag gewidmet), MedR 2013, S. 159 – 165.

ders.: Arzneimitteltherapie und ärztliche Verantwortung, Stuttgart 1990. [zitiert als: *Hart*, Arzneimitteltherapie und ärztliche Verantwortung]

Hartung, Wolfgang/Scharmer, Hartmut: Berufs- und Fachanwaltsordnung: Bundesrechtsanwaltsordnung (§§ 43-59q BRAO) : Kommentar, 8. Aufl., München 2022. [zitiert als: *Bearbeiter* in Hartung]

Häublein, Martin Günther/Roland Hoffmann-Theinert: BeckOK HGB, 45. Aufl., München 2025. [zitiert als: *Bearbeiter* in BeckOK-HGB]

Hausch, Axel: Vom therapierenden zum dokumentierenden Arzt, VersR 2006, S. 612-621.

Heese, Michael: Beratungspflichten: eine rechtswissenschaftliche Abhandlung zur Dogmatik der Beratungspflichten und zur Haftung des Ratgebers im Zivil- und Wirtschaftsrecht. Tübingen 2015. [zitiert als: *Heese*, Beratungspflichten]

Heidel, Thomas: Aktienrecht und Kapitalmarktrecht, 4. Aufl., Baden-Baden 2014. [zitiert als: *Bearbeiter* in Heidel]

Heintschel-Heinegg, Bernd v./Kudlich, Hans: BeckOK StGB, 64. Aufl., München 2025. [zitiert als: *Bearbeiter* in BeckOK-StGB]

Hense, Burkhard/ Ulrich, Dieter/ Ziegler, Gerhard/ Gelhausen, Hans Friedrich: WPO Kommentar: Kommentar zum Berufsrecht der Wirtschaftsprüfer und vereidigten Buchprüfer unter Berücksichtigung der EU-Abschlussprüferverordnung, 4. Aufl., Düsseldorf 2022. [zitiert als: *Bearbeiter* in Hense/Ulrich]

Henssler, Martin, Prütting. Hanns: Bundesrechtsanwaltsordnung: mit EuRAG, Berufs- und Fachanwaltsordnung, RAVPV, Rechtsdienstleistungsgesetz, Mediationsgesetz, ZMediatAusbV und Partnerschaftsgesellschaftsgesetz : Kommentar, 6. Aufl., München 2024. [zitiert als: *Bearbeiter* in Henssler/Prütting]

Herberger, Maximilian/Martinek, Michael/Rüßmann, Helmut/Weth, Stephan/Würdinger, Markus: juris Praxiskommentar BGB, Band 2 – Schuldrecht, Saarbrücken, 8. Aufl. 2017 und 10. Aufl., 2023. [zitiert als *Bearbeiter* in jurisPK-BGB]

Herresthal, Carsten: Die vertragsrechtlichen Folgen der Honoraranlageberatung nach dem WpHG, WM 2014, S. 773 – 783.

Hohloch, Gerhard: Ärztliche Dokumentation und Patientenvertrauen. Zum Streit um "Dokumentationspflicht" und "Einsichtsrecht", (Habilitationsvortrag Freiburg), NJW 1982, S. 2577 – 2585.

Horn, Norbert: Anlageberatung im Privatkundengeschäft der Banken Rechtsgrundlagen und Anforderungsprofil, WM 1999, S. 1-10.

ders.: Bankrecht 1998, Köln 1998. [*Bearbeiter* in Bankrecht 1998]

ders.: Die Aufklärungs- und Beratungspflichten der Banken, ZBB 1997, S. 139 – 152.

Hopt, Klaus J.: Grundsatz- und Praxisprobleme nach dem Wertpapierhandelsgesetz - insbesondere Insidergeschäfte und Ad-hoc-Publizität -, ZHR 159 (1995), S. 135-163.

Inhester, Michael, Rechtliche Konsequenzen des Einsatzes von Bildarchvierungs- und Kommunikationssystemen (PACS), NJW 1995, S. 685– 690.

Iglesias, Rodrigues/Carlos, Gil: Zu den Grenzen der verfahrensrechtlichen Autonomie der Mitgliedstaaten bei der Anwendung des Gemeinschaftsrechts, EuGRZ 1997, S. 289 – 295.

Jauernig, Othmar/ Stürner, Rolf: Bürgerliches Gesetzbuch: mit Rom-I-, Rom-II-VO, EuUnthVO/HUntProt und EuErbVO : Kommentar, 19. Aufl., München 2023. [zitiert als: *Bearbeiter* in Jauernig]

Jäckel, Holger: Das Beweisrecht der ZPO: ein Praxishandbuch für Richter und Rechtsanwälte, 3. Aufl., Stuttgart 2021. [zitiert als: *Jäckel*, Beweisrecht der ZPO]

Jauernig, Othmar/Hess, Burkhard: Zivilprozessrecht: ein Studienbuch, 30. Aufl., München 2011. [zitiert als: *Jauernig/Hess*, Zivilprozessrecht]

Just, Clemens/Voß, Thorsten/Ritz, Corinna/Becker, Ralf: Wertpapierhandelsgesetz (WpHG): [Kommentar], München 2015. [zitiert als: *Bearbeiter* in Just/Voß/Ritz/Becker]

Junker, Johannes: Gewährleistungsaufsicht über Wertpapierdienstleistungsunternehmen: die hoheitliche Regulierung gesellschaftlicher Selbstregulierung durch die Bundesanstalt für Finanzdienstleistungsaufsicht, Berlin 2003. [zitiert als: *Junker*, Gewährleistungsaufsicht]

Kaiser, Andreas: Die Sanktionierung von Insiderverstößen und das Problem der Kursmanipulation, WM 1997, S. 1557-1563.

Karlsruher Forum 2014: Anlegerschutz durch Haftung nach deutschem und europäischem Kapitalmarktrecht; mit Vorträgen von Katja Langenbucher und Helmut Heiss und Dokumentation der Diskussion“, herausgegeben von Egon Lorenz, Karlsruhe 2015. [zitiert als: *Bearbeiter* in Karlsruher Forum 2014]

Karollus, Martin: Funktion und Dogmatik der Haftung aus Schutzgesetzverletzung: zugleich ein Beitrag zum Deliktssystem des ABGB und zur Haftung für casus mixtus, Wien 1992. [zitiert: *Karollus*, Schutzgesetzverletzung]

Katzenmeier, Christian: Der Behandlungsvertrag - Neuer Vertragstypus im BGB, NJW 2013, S. 817 – 823.

Kensy, Steven: Das zivilrechtliche Einsichtsrecht in Krankenunterlagen nach der Neuregelung, MedR 2013, S. 767 – 772.

Klein, Nico C.: Dogmatische Stolpersteine bei der Bestimmung von Schutzgesetzen. Aufgezeigt anhand des Musterbeispiels der wertpapierhandelsrechtlichen Wohlverhaltensregeln, WM 2016, S. 862 – 866.

ders.: Die Beratungsprotokollpflicht im System des europarechtlich determinierten Anlegerschutzes, Tübingen 2015. [zitiert als: *Klein*, Beratungsprotokollpflicht]

Koller, Ingo: Beratung und Dokumentation nach dem § 34 Abs. 2a WpHG, in: Burgard, Ulrich (Hrsg.), Festschrift für Uwe H. Schneider zum 70. Geburtstag, Köln 2011, S. 651 – 667.

ders./Kindler, Peter/Drüen, Klaus-Dieter: Handelsgesetzbuch: Kommentar, 10. Aufl., München 2023. [zitiert als: Bearbeiter in Koller/Kindler/Roth/Drüen]

Köbler, Gerhard: Etymologisches Rechtswörterbuch, Tübingen 1995. [zitiert als: *Köbler*, Etymologisches Rechtswörterbuch]

Kluge, Friedrich: Etymologisches Wörterbuch der deutschen Sprache, 25. Aufl., Berlin 2011. [zitiert als: *Bearbeiter* in Kluge, Etymologisches Wörterbuch der deutschen Sprache]

Kölner Kommentar zum WpHG, herausgegeben von Hirte, Heribert und Möllers, Thomas M.J., 2. Aufl., Köln 2014. [zitiert als: Bearbeiter in KK-WpHG]

Köndgen, Johannes: Die Entwicklung des privaten Bankrechts in den Jahren 1992-1995, NJW 1996, S. 558 – 570.

ders.: Wieviel Aufklärung braucht ein Wertpapierkunde? Bemerkungen zum Richtlinienentwurf des Bundesaufsichtsamts für den Wertpapierhandel zu § 35 Abs. 2 WpHG, ZBB 1996, S. 361 – 365.

Konzen, Horst: Rechtsverhältnisse zwischen Prozessparteien: Studien zur Wechselwirkung von Zivil- und Prozeßrecht bei der Bewertung und den Rechtsfolgen prozesserheblichen Parteiverhaltens, Berlin 1976. [zitiert als: *Konzen*, Rechtsverhältnisse zwischen Prozessparteien]

Krautstrunk, Tobias: Beweisvereitelung: de amissione instrumentorum bis zur Verletzung prozessualer Mitwirkungspflichten, Hamburg 2005. [zitiert als: *Krautstrunk*, Beweisvereitelung]

Krisl, Denise: Die Schutzgesetzeigenschaft der Wohlverhaltenspflichten nach den §§ 31 ff. WpHG: eine systematische Aufarbeitung des status quo seit Geltung des Finanzmarktrichtlinie-Umsetzungsgesetz (FRUG), Hamburg 2013. [zitiert als: *Krisl*, Schutzgesetzeigenschaft]

Kubella, Kathrin: Patientenrechtegesetz, Heidelberg 2011. [zitiert als: *Kubella*, Patientenrechtegesetz]

Kumpan, Christoph/Hellgardt, Alexander: Haftung der Wertpapierdienstleistungsunternehmen nach Umsetzung der EU-Richtlinie über Märkte für Finanzinstrumente (MiFID), DB 2006, S. 1714 – 1720.

Kümpel, Siegfried/Wittig, Arne: Bank- und Kapitalmarktrecht, 4. Aufl., Köln 2011. [zitiert als: *Bearbeiter* in Kümpel/Wittig (4. Aufl.)]

ders.: Die allgemeinen Verhaltensregeln des Wertpapierhandelsgesetzes, WM 1995, S. 689-694.

Kurz, Michael: Das neue Wörterbuch der Synonyme: rund 90000 Wörter aus der modernen Alltagssprache; unentbehrlich in Büro, Redaktion, Schule, Werbung, Medien, PR, Universität und Privatbereich; mit umfangreichem Register zum schnellen, bequemen Finden; nach den neuen Regeln der Rechtschreibung!, 2. Aufl., Düsseldorf 1999. [zitiert als: *Kurz*, Das neue Wörterbuch der Synonyme]

Lang, Norbert: Doppelnormen im Recht der Finanzdienstleistungen, ZBB 2004, 289 – 295.

Lang, Rolf: Normzweck und duty of care: eine Untersuchung über die Grenzen der Zurechnung im deutschen und anglo-amerikanischen Deliktsrecht, München 1983. [zitiert als: *Lang*, Normzweck und duty of care]

Lang, Volker: Informationspflichten bei Wertpapierdienstleistungen: rechtliche Grundlagen, typenspezifische Anforderungen, Haftung, München 2003. [zitiert als: *Lang*, Informationspflichten]

ders.: Die Beweislastverteilung im Falle der Verletzung von Aufklärungs- und Beratungspflichten bei Wertpapierdienstleistungen, WM 2000, 450 – 467.

Lange, Markus: Informationspflichten von Finanzdienstleistern: zivilrechtliche Vorfeldpflichten bei Anlagegeschäften an Finanz- und Terminmärkten unter Berücksichtigung der §§ 31, 32 WpHG, Berlin 2000. [zitiert als: *Lange*, Informationspflichten]

Langenbucher, Katja/Bliesener, Dirk H./Spindler, Gerald: Bankrechts-Kommentar, 2. Aufl. München 2016. [zitiert als: *Bearbeiter* in Langenbucher/Bliesener/Spindler]

Langheid, Theo/Rixecker, Roland: Versicherungsvertragsgesetz: mit Einführungsgesetz und VVG-Informationspflichtenverordnung : Kommentar, 7. Aufl., München 2022. [zitiert als: *Bearbeiter* in Langheid/Rixecker]

Laufs, Adolf/Kern, Bernd-Rüdiger/Martin Rehborn: Handbuch des Arztrechts. 5. Aufl., München 2019. [zitiert als: *Bearbeiter* in Laufs/Kern/Rehborn, HdB Arztrecht]

ders./Katzenmeier, Christian/Lipp, Volker: Arztrecht, 8. Aufl., München 2021. [zitiert als: *Bearbeiter* in Laufs/Katzenmeier/Lipp, Arztrecht]

ders.: Die Entwicklung des Arztrechts 1988/89, NJW 1989, S. 1521 – 1528.

Laumen, Hans-W.: Voraussetzungen und Rechtsfolgen der Beweisvereitelung. Zugleich Anmerkung zu BGH, U. v. 23.10.2008 - VII ZR 64/07 -, MDR 2009, S. 177 – 180.

ders.: Die "Beweiserleichterung bis zur Beweislastumkehr" - ein beweisrechtliches Phänomen, (Gottfried Baumgärtel zum Gedenken), NJW 2002, S. 3739 – 3746.

Leisch, Franz Clemens: Informationspflichten nach § 31 WpHG: Rechtsnatur und Inhalt ; zur zivilrechtlichen Geltung einer Norm des Wirtschaftsrechts, München 2004. [zitiert als: *Leisch*, Informationspflichten]

Lenenbach, Markus: Kapitalmarktrecht und kapitalmarktrelevantes Gesellschaftsrecht, 2. Aufl., Köln 2010. [zitiert als: *Lenenbach*, Kapitalmarktrecht (2. Aufl.)]

Lenkaitis, Karlheinz: Krankenunterlagen aus juristischer, insbesondere zivilrechtlicher Sicht. Bochum 1979. [zitiert als: Lenkaitis, Krankenunterlagen]

Lepa, Manfred: Beweiserleichterung im Haftpflichtrecht, NZV 1992, S. 129 – 136.

Leuering, Dieter/Zetzsche, Dirk: Die Reform des Schuldverschreibungs- und Anlageberatungsrechts - (Mehr) Verbraucherschutz im Finanzmarktrecht?, NJW 2009, S. 2856 – 2861.

Maassen, Bernhard M.: Beweismaßprobleme im Schadensersatzprozeß: eine rechtsvergleichende Untersuchung zum Problem des Beweismaßes im deutschen und anglo-amerikanischen Prozeßrecht unter besonderer Berücksichtigung des Schadensersatzprozesses, Köln 1975. [zitiert als: *Maassen*, Beweismaßprobleme]

Maier, Arne: Das obligatorische Beratungsprotokoll: Anlegerschutz mit Tücken, VuR 2011, S. 3-12.

Martis, Rüdiger/Winkhart-Martis, Martina: Arzthaftungsrecht: Fallgruppenkommentar, 4. Aufl., Köln 2014 und 7. Aufl., Köln 2025. [zitiert als: *Martis/Winkhart*, Arzthaftungsrecht]

Mäsch, Gerald: Demokratisches Schamanentum in Wahlkampfzeiten. Risiken und Nebenwirkungen des Patientenrechtegesetzes, NJW 2013, S. 1354 – 1356.

ders.: Chance und Schaden: zur Dienstleisterhaftung bei unaufklärbaren Kausalverläufen, Tübingen 2004. [zitiert als: *Mäsch*, Chance und Schaden]

Matties, Karl-Heinz: Anmerkung zu: BGH, U. v. 18.03.1986 - VI ZR 215/84 - (Zu Inhalt und Umfang der ärztlichen Dokumentationspflicht), JZ 1986, S. 959 – 962.

Maume, Philipp: Staatliche Rechtsdurchsetztung im deutschen Kapitalmarktrecht: eine kritische Bestandsaufnahme, in ZHR 180 (2016), S. 358-395.

Medicus, Dieter: Zur Anwendbarkeit des Allgemeinen Schuldrechts und Schutzpflichten, in: Heldrich, Andreas (Hrsg.), Festschrift für Claus-Wilhelm Canaris zum 70. Geburtstag, Band 2, München 2007, S. 835 – 855.

Menger, Christian-Friedrich: Zum Stand der Meinungen über die Unterscheidung von öffentlichem und privatem Recht, in: Menger, Christian-Friedrich (Hrsg.), Fortschritte des Verwaltungsrechts, Festschrift für Hans J. Wolff zum 75. Geburtstag, München 1973, S. 149 – 166.

Möllers, Thomas M. J.: Anlegerschutz im System des Kapitalmarktrechts Rechtsgrundlagen und Ausblicke; in: Grundmann, Stefan/Baum, Harald (Hrsg.), Festschrift für Klaus J. Hopt zum 70. Geburtstag am 24. August 2010, S. 2247 – 2264.

ders./Ganten, Ted: Die Wohlverhaltensrichtlinie des BAWe im Lichte der neuen Fassung des WpHG. Eine kritische Bestandsaufnahme, ZGR 1998, S. 773 – 809.

Muschner, Jens: Der prozessuale Beweiswert ärztlicher (EDV-)Dokumentation, VersR 2006, 621 – 627.

Musielak, Hans-Joachim/Voit, Wolfgang: Zivilprozessordnung mit Gerichtsverfassungsgesetz, 22. Aufl., München 2025. [zitiert als: *Bearbeiter* in Musielak/Voit]

ders., Stadler, Max: Grundfragen des Beweisrechts: Beweisaufnahme - Beweiswürdigung – Beweislast, München 1984. [zitiert als: *Musielak/Stadler*, Grundfragen des Beweisrechts]

ders.: Die Grundlagen der Beweislast im Zivilprozess, Berlin 1975. [zitiert als: *Musielak*, Die Grundlagen der Beweislast]

Münchener Kommentar zum Bilanzrecht, herausgegeben von Joachim Hennrichs, Detlef Kleindiek und Christoph Watrin, Band 2 (Bilanzrecht: §§ 238 - 342e HGB), München 2013. [zitiert als: *Bearbeiter* in MüKo-BilR]

Münchener Kommentar zum Bürgerlichen Gesetzbuch, herausgegeben von Franz Jürgen Säcker, Roland Rixecker, Hartmut Oetker, Bettina Limperg und Claudia Schubert, Band 1 (Allgemeiner Teil §§ 1-240a, AllgPersönlR, StiftRG ProstG, AGG), 10. Aufl., München 2025, Band 2 (Schuldrecht - Allgemeiner Teil I), 9. Aufl., München 2022, Band 5 (Schuldrecht - Besonderer Teil II §§ 535-630h, BertKV, HeizkostenV, WärmeLV, EFZG, TzBfG, KSchG, MiLoG), 9. Aufl., München 2023, Band 7 (Schuldrecht - Besonderer Teil IV §§ 705-853, Partnerschaftsgesellschaftsgesetz, Produkthaftungsgesetz), 9. Aufl., München 2024. [zitiert als: *Bearbeiter* in MüKo-BGB]

Münchener Kommentar zum Handelsgesetzbuch, herausgegeben von Karsten Schmidt, Band 4 (Drittes Buch, Handelsbücher, §§ 238 – 342r HGB), 5. Aufl., München 2024, Band 6

(Bankvertragsrecht: Recht des Zahlungsverkehrs, Emissionsgeschäft, Anlageberatung, Effektengeschäft, Depotgeschäft, Ottawa Übereinkommen über Internationales Factoring), 3. Aufl., München 2014. [zitiert als: *Bearbeiter* in MüKo-HGB]

Münchener Kommentar zum Versicherungsvertragsgesetz, herausgegeben von Manfred Wandt und Theo Langheid, Band 1 (§§ 1-99, VVG-InfoV), 3. Aufl., München 2022. [zitiert als: *Bearbeiter* in MüKo-VVG]

Münchener Kommentar zur Zivilprozessordnung mit Gerichtsverfassungsgesetz und Nebengesetzen, herausgegeben von Thomas Rauscher und Wolfgang Krüger, Band 1 (§§ 1-354), 7. Aufl. München 2025, Band 2 (§§ 355-945b), 7. Aufl. München 2025. [zitiert als: *Bearbeiter* in MüKo-ZPO]

Mülbert, Peter: Anlegerschutz bei Zertifikaten - Beratungspflichten, Offenlegungspflichten bei Interessenkonflikten und die Änderungen durch das Finanzmarkt-Richtlinie-Umsetzungsgesetz (FRUG), WM 2007, S. 1149 – 1163.

Nolte, Steffen: Betriebliche Dokumentation und Beweismittelvernichtung in amerikanisch-deutschen Wirtschaftsprozessen: eine rechtsvergleichende und rechtstatsächliche Untersuchung betrieblicher Aktenvernichtungsprogramme im Lichte der pretrial discovery und der neuesten Entwicklung der Beweisvereitelung im Zivil- und Wirtschaftsprozess, Heidelberg 1996. [zitiert: *Nolte*, Betriebliche Dokumentation]

Nielsen, Markus: Beweismethodik in Beratungsfällen, Baden-Baden 2015. [zitiert als: *Nielsen*, Beweismethodik]

Nikolaus, Max/de Oleire, Stefan: Aufklärung über Kick-backs in der Anlageberatung: Anmerkungen zum BGH-Urteil vom 19.12.2006 = WM 2007, 487, WM 2007, S. 2129-2135.

Nikolaus, Max: Die Durchsetzung der Wohlverhaltens- und Organisationspflichten nach den §§ 31 ff. WpHG, Aachen 2003. [zitiert als: *Nikolaus*, Durchsetzung]

Nüßgens, Karl: Zur ärztlichen Dokumentationspflicht und zum Recht auf Einsicht in die Krankenunterlagen in: Ebenroth, Carsten Thomas (Hrsg.), Festschrift für Karlheinz Boujong zum 65. Geburtstag, München 1996, S. 831- 846.

Jaeger, Lothar: Patientenrechtegesetz: Kommentar zu §§ 630a bis 630h BGB, Karlsruhe 2013. [zitiert als: *Jaeger*, Patientenrechtegesetz]

Oehler, Klaus: Arzthaftpflichtverfahren mutieren zum Glaubensprozess - Überlegungen eines (Zahn-)Arztes, VersR 2000, 1078 – 1081.

Ortner, Franz-Josef/Geis, Ivo: Die elektronische Patientenakte. Rechtsfragen medizinischer Dokumente in digitalen Dokumentationssystemen und digitalen Netzen, MedR 1997, 337 – 341.

Pawlowski, Hans-Martin: Methodenlehre für Juristen: Theorie der Norm und des Gesetzes ; ein Lehrbuch, 3. Aufl., Heidelberg 1999. [zitiert als: *Pawlowski*, Methodenlehre]

Peter, Jürgen: Das Recht auf Einsicht in Krankenunterlagen, Köln 1989. [zitiert als: *Peter*, Das Recht auf Einsicht in Krankenunterlagen]

ders.: Die Beweissicherungspflicht des Arztes, (Zugleich eine Anmerkung zu BGH, Urt. v. 03.02.1987 - VI ZR 56/86 - = NJW 1987, 1482), NJW 1988, S. 751 – 752.

Pfeifer, Klaus-Gerhard: Einführung der Dokumentationspflicht für das Beratungsgespräch durch § 34 Abs. 2a WpHG, BKR 2009, S. 485 – 490.

Pfeifer, Wolfgang: Etymologisches Wörterbuch des Deutschen, Band 1 (A – L), 2. Aufl., Berlin 1993, Band 2 (M – Z), . 2. Aufl., Berlin 1993. [zitiert als: *Pfeifer*, Etymologisches Wörterbuch des Deutschen]

Pfisterer, Pascal: Die neuen Regelungen der MiFID II zum Anlegerschutz: Analyse und Vergleich zur bestehenden Rechtslage, Wiesbaden 2016. [zitiert als: *Pfisterer*, Die neuen Regelungen der MiFID II]

Philipp, Sönke: Die Dokumentationspflichten von Wertpapierdienstleistungsunternehmen im Rahmen der Anlageberatung, Baden-Baden 2013. [zitiert als: *Philipp*, Dokumentationspflichten]

Podewils, Felix: Beipackzettel für Finanzprodukte - Verbesserte Anlegerinformation durch Informationsblätter und Key Investor Information Documents?, ZBB 2011, S. 169 – 179.

ders.: Neuerungen im Schuldverschreibungs- und Anlegerschutzrecht. Das Gesetz zur Neuregelung der Rechtsverhältnisse bei Schuldverschreibungen aus Gesamtemissionen und zur verbesserten Durchsetzbarkeit von Ansprüchen von Anlegern aus Falschberatung, DStR 2009, S. 1914 – 1920.

ders./Reisich, Dennis: Haftung für "Schrott"-Zertifikate? Aufklärungs- und Beratungspflichten nach BGB und WpHG beim Erwerb von Zertifikaten, NJW 2009, S. 116 – 121.

Poelzig, Dörte: Kapitalmarktrecht, 3. Aufl. München 2023. [zitiert als: *Poelzig*, Kapitalmarktrecht]

dies.: Private enforcement im deutschen und europäischen Kapitalmarktrecht. Eine Untersuchung anhand des Marktmanipulationsverbots unter Berücksichtigung der Entwicklungen im europäischen Kartellrecht, ZGR 2015, S. 801 – 848.

dies.: Anmerkung zu: BGH, U. v. 17.09.2013 - XI ZR 332/12 - (Keine Anknüpfung zivilrechtlicher Haftung an Verstöße gegen § 32d WpHG), JZ 2014, S. 256 – 260.

Posser, Herbert/Wolff, Heinrich Amadeus: BeckOK VwGO, 72. Aufl., München 2024. [zitiert als: *Bearbeiter* in BeckOK-VwGO]

Preis, Ulrich/Schneider, Angie: Das Patientenrechtegesetz - eine gelungene Kodifikation?, NZS 2013, S. 281 – 288.

Prölss, Erich/Martin, Anton: Versicherungsvertragsgesetz: mit Nebengesetzen, Vermittlerrecht und allgemeinen Versicherungsbedingungen, 32. Aufl., München 2024. [zitiert als: *Bearbeiter* in Prölss/Martin]

Prölss, Jürgen: Beweiserleichterungen im Schadensersatzprozess, Karlsruhe 1966. [zitiert als: *Prölss*, Beweiserleichterungen]

Prütting, Hanns/Wegen, Gerhard/Weinreich, Gerd: Bürgerliches Gesetzbuch: Kommentar, 19. Aufl., Köln 2024. [zitiert als: *Bearbeiter* in Prütting/Wegen/Weinreich]

ders./Gehrlein, Markus: Zivilprozessordnung: Kommentar, 16. Aufl., Köln 2024. [zitiert als: *Bearbeiter* in Prütting/Gehrlein]

Prütting, Jens: Medizinrecht Kommentar, 7. Aufl., Köln 2025. [zitiert als: *Bearbeiter* in Prütting, MedR-Komm]

ders.: Prozessuale Besonderheiten der Arzthaftung. Grober Behandlungsfehler, Organisationsverschulden und "Immer-so-Beweis", GesR 2017, S. 681 – 690.

ders.: Die „immer-so“-Rechtsprechung – Eine kritische Würdigung aus prozessrechtlicher Perspektive, in: Katzenmeier, Christian/Ratzel, Rudolf (Hrsg.): Festschrift für Franz-Josef Dahm: Glück auf! Medizinrecht gestalten, Heidelberg 2017, S. 359 – 372

Quaas, Michael/Zuck, Rüdiger/Clemens, Thomas: Medizinrecht: öffentliches Medizinrecht - Pflegeversicherungsrecht, Arzthaftpflichtrecht – Arztstrafrecht, 4. Aufl., München 2018. [zitiert: *Bearbeiter* in Quaas/Zuck/Clemens, Medizinrecht]

Ramm, Martin: Sollte der Patient nicht eine Ausfertigung des Aufklärungsbogens erhalten?, GesR 2012, S. 463 – 467.

Ratzel, Rudolf/Luxenburger, Bernd: Handbuch Medizinrecht, 4. Aufl., Heidelberg 2021. [zitiert als: *Bearbeiter* in Ratzel/Luxenburger, HdB Medizinrecht]

Rehborn, Martin: Patientenrechtegesetz 2013: Dokumentation, Haftung, Beweislast, MDR 2013, S. 565 – 569.

ders.: Das Patientenrechtegesetz, GesR 2013, S. 257 – 272.

Reich, Norbert: Informations-, Aufklärungs- und Warnpflichten beim Anlagengeschäft unter besonderer Berücksichtigung des „execution-only-business“ (EOB), WM 1997, S. 1601-1609.

Reuter, Marcel/Hahn, Erik: Der Referentenentwurf zum Patientenrechtegesetz – Darstellung der wichtigsten Änderungsvorschläge für das BGB, VuR 2012, S. 247 – 259.

Rigizahn, Ernest F.: Dokumentationspflichtverletzung des vorbehandelnden Arztes verursacht Behandlungsfehler des nachbehandelnden Arztes - Schadenersatz statt Beweiserleichterungen, MedR 1995, 391 – 393.

Roller, Reinhold: Änderungen bei der Umkehr der Beweislast durch die MiFID?, VuR 2007, S. 441 – 444.

Römermann, Volker: BeckOK BORA, 26. Edition, Stand: 01.02.2025, München 2025. [zitiert als: *Bearbeiter* in BeckOK-BORA]

Rosenberg, Leo/Schwab, Karl-Heiz/Gottwald, Peter: Zivilprozessrecht, 18. Aufl., München 2018 [zitiert als: *Rosenberg/Schwab/Gottwald*, Zivilprozessrecht]

ders.: Die Beweislast: auf der Grundlage des Bürgerlichen Gesetzbuchs und der Zivilprozessordnung, 5. Aufl., München 1965. [zitiert als: Rosenberg, Die Beweislast]

Roth, Barbara/Blessing, Denise: Die neuen Vorgaben nach MiFID II. Teil 1: Änderungen im Rahmen der Anlageberatung und Geeignetheitsprüfung, CCZ 2016, S. 258 – 266.

dies./dies., Denise: Die neuen Vorgaben nach MiFID II, Teil 2: Die Aufzeichnungspflichten betreffend Telefongespräche und elektronischer Kommunikation, CCZ 2017, S. 8 – 16.

Rosenberger, Rainer: Rechtliche Konsequenzen einer mangelhaften ärztlichen Dokumentation in: Huber, Christian (Hrsg.), Festschrift für Lothar Jaeger zum 75. Geburtstag, Köln 2014, S. 97 – 104.

Rothenhöfer, Kay: Interaktion zwischen Aufsichts- und Zivilrecht - Dualismus der Wohlverhaltensregeln des WpHG unter besonderer Berücksichtigung der Vertriebsvergütungen in: Baum, Harald/Fleckner, Andreas/Hellgardt, Alexander/Roth, Markus (Hrsg.), Perspektiven des Wirtschaftsrechts: deutsches, europäisches und internationales Handels-, Gesellschafts- und Kapitalmarktrecht ; Beiträge für Klaus J. Hopt aus Anlass seiner Emeritierung, Berlin 2008, S. 55 – 84. [zitiert als: *Rothenhöfer* in Perspektiven des Wirtschaftsrechts, Seite]

ders.: Anlegerschutz durch Schriftform und Dokumentation bei Wertpapierdienstleistungen, Baden-Baden 2007. [zitiert als: *Rothenhöfer*, Anlegerschutz durch Schriftform]

Roxin, Claus/Schroth, Ulrich: Handbuch des Medizinstrafrechts, 4. Aufl., Stuttgart 2010. [zitiert als: *Bearbeiter* in Roxin/Schroth, Handbuch des Medizinstrafrechts]

Rüffer, Wilfried/Halbach, Dirk/Schimikowski, Peter: Versicherungsvertragsgesetz: VVG, EGVVG, VVG-InfoV, AltZertG, PflVG, KfzPflVV, allgemeine Versicherungsbedingungen ; Handkommentar, 5. Aufl, Baden-Baden 2025. [zitiert als: *Bearbeiter* in Rüffer/Halbach/Schimikowski]

Saenger, Ingo: Zivilprozessordnung: Familienverfahren, Gerichtsverfassung, Europäisches Verfahrensrecht : Handkommentar, 10. Aufl., Baden-Baden 2023. [zitiert als: *Bearbeiter* in Saenger]

Schack, Haimo: Der Schutzzweck als Mittel der Haftungsbegrenzung im Vertragsrecht, JZ 1986, S. 305 – 314.

Schäfer, Frank: Die Pflicht zur Protokollierung des Anlageberatungsgesprächs gemäß§ 34 Abs. 2a, 2b WpHG, in: Grundmann, Stefan; Baum, Harald (Hrsg.), Festschrift für Klaus J. Hopt zum 70. Geburtstag am 24. August 2010, Verlagsort 2010, S. 2427- 2453.

dies.: Sind die §§ 31 ff. WpHG n.F. Schutzgesetze i.S.v. § 823 Abs. 2 BGB?, WM 2007, S. 1872-1879.

dies.: Die Verjährung von Ersatzansprüchen nach § 37a WpHG, in Bankrecht - Schwerpunkte und Perspektiven, in: Horn, Norbert (Hrsg.), Festschrift für Herbert Schimansky, Köln 1999, S. 699 – 716.

dies.: Wertpapierhandelsgesetz, Börsengesetz mit BörsZulV, Verkaufsprospektgesetz mit VerkProspV: Kommentar, Stuttgart 1999. [zitiert: *Bearbeiter* in Schäfer, WpHG]

Schärtl, Christoph: Die Beweislastverteilung im Arzthaftungsprozess, NJW 2014, 3601 – 3605.

Schatz, Stefan: Die Beweisvereitelung in der Zivilprozeßordnung, Köln 1992. [zitiert als: *Schatz*, Die Beweisvereitelung]

Schelling, Holger: Vergütungssysteme und Interessenkonflikte in der Anlageberatung: eine Studie zum europäischen, deutschen und englischen Recht, Berlin 2013. [zitiert als: *Schelling*, Vergütungssysteme]

Schimansky, Herbert/Bunte, Hermann-Josef/Lwowski, Hans-Jürgen: Bankrechts-Handbuch, 4 Aufl., München 2011. [zitiert als: Bearbeiter in Schimansky/Bunte/Lwowski, BankR-HdB]

Schlund, Gerhard: Rechtliche Vorgaben bei operativen gynäkologischen Eingriffen am Beispiel der ärztlichen Verpflichtung zu Aufklärung und Dokumentation, MedR 1994, S. 190 – 193.

Schmid, Hugo: Über den notwendigen Inhalt ärztlicher Dokumentation, NJW 1987, S. 681 – 687.

Schmidt, Karsten: Anlegerschutz als Juristentagsthema - Gedanken beim Wiederlesen der Juristentagsverhandlungen von 1976, in: Grundmann, Stefan; Baum, Harald (Hrsg.), Festschrift für Klaus J. Hopt zum 70. Geburtstag am 24. August 2010, Berlin 2010, S. 2989 – 2506.

Schmidt-Beck, Jürgen Robert: Die Dokumentationspflichtverletzung und ihre Auswirkungen im Arzthaftungsprozeß, 1994. [zitiert als: *Schmidt-Beck*, Dokumentationspflichtverletzung]

Schoch, Friedrich/Schneider, Jens-Peter: Verwaltungsrecht VwGO Band I: Kommentar, 46. Aufl., München 2024 [zitiert als: *Bearbeiter* in Schoch/Schneider]

Schön, Michael: Verhaltensregeln für Wertpapierdienstleistungsunternehmen nach dem zweiten Finanzmarktförderungsgesetz: Auswirkungen auf die Anlageberatung der Kreditinstitute, Münster 1998. [zitiert: *Schön*, Verhaltensregeln]

Schönke, Adolf/Schröder, Horst: Strafgesetzbuch: Kommentar, 30. Aufl., München 2019. [zitiert als: *Bearbeiter* in Schönke/Schröder]

Schneider, Angie: Der Behandlungsvertrag, JuS 2013, S. 104 – 108.

Schneider, Egon: Beweis und Beweiswürdigung: unter besonderer Berücksichtigung des Zivilprozesses, 5. Aufl., München 1994. [zitiert als: *E. Schneider*, Beweis und Beweiswürdigung]

Schramm, Stephan: Der Schutzbereich der Norm im Arzthaftungsrecht, Karlsruhe 1992. [zitiert als: *Schramm*, Schutzbereich der Norm]

Schubert, Claudia: Die Wiedergutmachung immaterieller Schäden im Privatrecht, Tübingen 2013. [zitiert als: *Schubert*, Wiedergutmachung immaterieller Schäden]

Schulze, Reiner: Bürgerliches Gesetzbuch: Handkommentar, 12 Aufl., Baden-Baden 2024. [zitiert als: *Bearbeiter* in Schulze, BGB]

Schwark, Eberhardt/Zimmer, Daniel: Kapitalmarktrechts-Kommentar, 4. Aufl., München 2010 und 5. Aufl., München 2020. [zitiert als: *Bearbeiter* in Schwark/Zimmer]

Schwennicke, Andreas: Die Dokumentation der Erfüllung von Verhaltenspflichten nach § 31 Abs. 2 WpHG durch die Bank, WM 1998, S. 1101 – 1109.

Schwintowski, Hans-Peter: Bankrecht, 4. Aufl., Köln 2014. [zitiert als: *Bearbeiter* in Schwintowski, Bankrecht (4. Aufl.)]

ders.: Anleger- und objektgerechte Beratung in der Lebensversicherung, VuR 1997, S. 83 – 94.

Seibert, Holger: Das Recht der Kapitalanlageberatung und –vermittlung, München 2014. [zitiert als: *Seibert*, Recht der Kapitalanlageberatung]

Sethe, Rolf: Treuepflichten der Banken bei der Vermögensanlage, AcP 212 (2012), S. 80 – 156.

ders.: Anlegerschutz im Recht der Vermögensverwaltung, Köln 2005. [zitiert: *Sethe*, Anlegerschutz]

Sick, Joachim: Beweisrecht im Arzthaftpflichtprozeß, Frankfurt am Main 1986. [zitiert als: *Sick*, Beweisrecht im Arzthaftpflichtprozeß]

Sodan, Helge/Ziekow, Jan: Verwaltungsgerichtsordnung: Großkommentar, 5. Aufl., Baden-Baden 2018. [zitiert als: *Bearbeiter* in Sodan/Ziekow]

Soergel, Hans Theodor/Siebert, Wolfgang: Bürgerliches Gesetzbuch mit Einführungsgesetz und Nebengesetzen, Band 3, 2 Schuldrecht, (§§ 243 – 304), 13. Aufl., Stuttgart 2014, Band 10

Schuldrecht (§§ 652 – 704*),* 13. Aufl., Stuttgart 2012, Band 12 Schuldrecht (§§ 823 - 853, ProdHG, UmweltHG), 13. Aufl., Stuttgart 2005. [zitiert als: *Bearbeiter* in Soergel]

Spickhoff, Andreas: Beck'sche Kurz-Kommentare: Medizinrecht, 4. Aufl., München 2022. [zitiert als: *Bearbeiter* in Spickhoff, Medizinrecht]

ders./Bleckwenn, Eike: Zum Beweiswert digitaler Aufklärungsbögen bei Verwendung elektronischer Signaturen, VersR 2013, S. 1350 – 1364.

ders.: Patientenrechte und Patientenpflichten - Die medizinische Behandlung als kodifizierter Vertragstypus, VersR 2013, S. 267 – 282.

ders.: Die Entwicklung des Arztrechts 2012/2013, NJW 2013, S. 1714 – 1720.

ders.: Patientenrechte und Gesetzgebung. Rechtspolitische Anmerkungen zum geplanten Patientenrechtegesetz, ZRP 2012, S. 65 – 69.

ders.: Haftungsrechtliche Fragen der Biomedizin, VersR 2006, S. 1569 – 1581.

ders.: Gesetzesverstoß und Haftung, Köln 1998. [zitiert als: *Spickhoff*, Gesetzesverstoß und Haftung]

Spindler, Gerald/Kasten, Roman: Änderungen des WpHG durch das Finanzmarktrichtlinie-Umsetzungsgesetz (FRUG), WM 2007, S. 1245 – 1249.

ders.: Unternehmensorganisationspflichten: zivilrechtliche und öffentlich-rechtliche Regelungskonzepte, Köln 2001. [zitiert als: *Spindler*, Unternehmensorganisationspflichten]

Staudinger, Ansgar/Halm, Wolfgang E./Wendt, Domenik Henning: Versicherungsrecht Kommentar, 3. Aufl., Köln 2022. [zitiert als: *Bearbeiter* in Staudinger/Halm/Wendt]

Staudinger, Julius v., Kommentar zum Bürgerlichen Gesetzbuch mit Einführungsgesetz und Nebengesetzen, Bd. Buch 1, Allgemeiner Teil (§§ 125-129; BeurkG (Formvorschriften AT; Beurkundung)), Berlin 2023, Bd. Buch 2, Recht der Schuldverhältnisse (Einleitung zum Schuldrecht; §§ 241-243: (Treu und Glauben)), Berlin 2024, Bd. Buch 2, Recht der Schuldverhältnisse (§§ 255-304: (Leistungsstörungsrecht 1)), Berlin 2025, Bd. Buch 2, Recht der Schuldverhältnisse (§§ 662-675b: (Auftrag und Geschäftsbesorgung), Berlin 2017, Bd. Buch 2, Recht der Schuldverhältnisse (§§ 823 A-D: (unerlaubte Handlungen 1 - Rechtsgüter und Rechte, Persönlichkeitsrecht, Gewerbebetrieb)), Berlin 2017, Bd. Buch 2, Recht der Schuldverhältnisse §§ 823 E-I, 824, 825 (Verkehrspflichten, deliktische Produkthaftung, Verletzung eines Schutzgesetzes, Arzthaftungsrecht), Berlin 2021. [zitiert als: *Bearbeiter* in Staudinger]

ders./Dressler Wolf-Dieter: Arzthaftungsrecht: neue Entwicklungslinien der BGH-Rechtsprechung, 8. Aufl., Köln 1999. [zitiert als: *Steffen/Dressler*, Arzthaftungsrecht]

Stoll, Hans: Haftungsverlagerung durch beweisrechtliche Mittel, AcP 176 (1976), S. 145-196

Strohmaier, Gerhard: Zweck und Ausmaß der Dokumentationspflicht des Arztes, VersR 1998, S. 416 – 420.

Strohmeyer, Jochen: Regierungsentwurf zur verbesserten Durchsetzbarkeit von Anlegeransprüchen aus Falschberatung, ZBB 2009, S. 197 – 204.

Stürner, Rolf: Entwicklungstendenzen des zivilprozessualen Beweisrechts und Arzthaftungsprozeß, NJW 1979, S. 1225 – 1231.

ders. Die Aufklärungspflicht der Parteien des Zivilprozesses, Tübingen 1976. [zitiert: *Stürner*, Die Aufklärungspflicht der Parteien]

Taupitz, Jochen: Prozessuale Folgen der "vorzeitigen" Vernichtung von Krankenunterlagen, ZZP 100(1987) , S. 287 – 345.

Temporale, Ralf: Europäische Finanzmarktregulierung: Handbuch zu EMIR, MiFID II/MiFIR, PRIIPs, MAD/MAR, OTC-Derivaten und Hochfrequenzhandel, Stuttgart 2015. [zitiert als: *Bearbeiter* in Temporale, Europ. Finanzmarktregulierung]

Teuber, Hanno/Schröer, Ulrich: MiFID II/MiFIR: Umsetzung in der Bankpraxis, Heidelberg: 2015. [zitiert als: *Bearbeiter* in Teuber/Schröer]

ders.: Anlegerschutz durch Beratungsprotokoll und Rücktrittsrecht, Bank-Praktiker 2009, S. 462-468.

ders.: Finanzmarkt-Richtlinie (MiFID) - Auswirkungen auf Anlageberatung und Vermögensverwaltung im Überblick, BKR 2006, S. 429 – 437.

Thole, Larissa: Das Patientenrechtegesetz - Ziele der Politik, MedR 2013, S. 145 – 149.

Thole, Christoph: Die Beweisvereitelung zwischen materiellem Recht und Prozessrecht, (Zugleich Anmerkung zu BGH, U. v. 23.10.2008 - VII ZR 64/07 -), JR 2011, S. 327 – 334.

Thomas, Heinz/Putzo, Hans: Zivilprozessordnung: FamFG, Verfahren in Familiensachen, EGZPO, GVG, EGGVG, EU-Zivilverfahrensrecht : Kommentar, 46. Aufl., München 2025. [zitiert als: *Bearbeiter* in Thomas/Putzo]

Thurn, Peter: Das Patientenrechtegesetz - Sicht der Rechtsprechung, MedR 2013, S. 153 – 157.

Ulsenheimer, Klaus/Gaede, Karsten: Arztstrafrecht in der Praxis, 6. Aufl., Heidelberg 202. [zitiert als: *Bearbeiter* in Ulsenheimer/Gaede, Arztstrafrecht]

Veil, Rüdiger/Lerch, Marcus: Auf dem Weg zu einem Europäischen Finanzmarktrecht: die Vorschläge der Kommission zur Neuregelung der Märkte für Finanzinstrumente, (2), WM 2012, S. 1605 – 1613.

ders.: Vermögensverwaltung und Anlageberatung im neuen Wertpapierhandelsrecht - eine behutsame Reform der Wohlverhaltensregeln, ZBB 2008, S. 34 – 42.

ders.: Anlageberatung im Zeitalter der MiFID Inhalt und Konzeption der Pflichten und Grundlagen einer zivilrechtlichen Haftung, WM 2007, S. 1821 - 1827.

Veldhoff, Dirk Hartmut: Die Haftung von Kreditinstituten für die fehlerhafte Aufklärung und Beratung von Privatkunden beim Erwerb von Zertifikaten, Baden-Baden 2012. [zitiert als: *Veldhoff*, Die Haftung von Kreditinstituten]

Vortmann, Jürgen: Aufklärungs- und Beratungspflichten der Banken (1. Aufl.), Köln 2013. [zitiert als: *Vortmann*, Aufklärungs- und Beratungspflichten]

ders.: Prospekthaftung und Anlageberatung: Handbuch, Stuttgart 2000. [zitiert als: *Bearbeiter* in Vortmann, Prospekthaftung und Anlageberatung]

Vorwerk, Volkert/Wolf, Christian: Beck'scher Online Kommentar ZPO, 57. Edition, Stand: 01.07.2025, München 2025. [zitiert als: *Bearbeiter* in BeckOK-ZPO]

Wagner, Klaus-R.: Anlegerschutzverbesserung und "Grauer Kapitalmarkt", NZG 2011, S. 609 – 613.

Wagner, Gerhard: Ersatz immaterieller Schäden: Bestandsaufnahme und europäische Perspektiven, JZ 2004, S. 319 – 331.

Wahrendorf, Volker: Die Prinzipien der Beweislast im Haftungsrecht, Köln 1976. [zitiert als: *Wahrendorf*, Prinzipien der Beweislast]

Walter, Alexander: Das Beweisrecht der Behandlungsfehlerhaftung nach dem Patientenrechtegesetz, GesR 2013, S. 129 – 134.

Walter, Gerhard: Freie Beweiswürdigung: eine Untersuchung zur Bedeutung, Bedingungen und Grenzen der freien richterlichen Überzeugung, Tübingen 1979. [zitiert als: *Walter*, Beweiswürdigung]

Walter, Ute: Das neue Patientenrechtegesetz: Praxishinweise für Ärzte, Krankenhäuser und Patienten, München 2013. [zitiert als: *Walter*, Patientenrechtegesetz]

Wasserburg, Klaus: Die ärztliche Dokumentationspflicht im Interesse des Patienten, NJW 1980, S. 617 – 624.

Weber, Helmut: Der Kausalitätsbeweis im Zivilprozeß: Kausalität, Beweiswürdigung und Beweismaß, Beweiserleichterungen ; vornehmlich im Blick auf den Schadensersatzprozeß wegen unerlaubter Handlungen, Tübingen 1997. [zitiert als: *Weber*, Der Kausalitätsbeweis]

Weber, Martin: Die Entwicklung des Kapitalmarktrechts 1998 - 2000: Organisation, Emission und Vertrieb, NJW 2000, S. 2061 – 2075.

Wehrstedt, Stefan: Die heterologe Samenspenden-Behandlung bei einer nicht verheirateten Frau, FPR 2011, S. 400 – 404.

Weller, Marc-Philippe: Die Vertragstreue, Vertragsbindung – Naturalerfüllungsgrundsatz - Leistungstreue, Tübingen 2009. [zitiert: *Weller*, Die Vertragstreue]

Wieneke, Laurenz: Discount-Broking und Anlegerschutz, Baden-Baden 1999. [zitiert als: *Wieneke*, Discount-Broking]

Wittmann, A.: Anmerkung zu BGH, U. v. 14.03.1978 - VI ZR 213/76 -, JR 1979, S. 69.

Weichert Tilman/Wenninger Thomas: Die Neuregelung der Erkundigungs- und Aufklärungspflichten von Wertpapierdienstleistungsunternehmen gem. Art. 19 RiL 2004/39/EG (MiFID) und Finanzmarkt-Richtlinie-Umsetzungsgesetz (2004/39/EG), WM 2007, S. 627-636.

Wendt, Gerlind: Die ärztliche Dokumentation: eine beweisrechtliche Untersuchung zu ihrer Bedeutung für die Entscheidung der Sorgfaltsfrage bei der deliktischen Arzthaftung, Baden-Baden 2001. [zitiert als: *Wendt*, Die ärztliche Dokumentation]

Wenzel, Frank: Handbuch des Fachanwalts Medizinrecht, 4. Aufl., Köln 2020. [zitiert als: *Bearbeiter* in HdB des FA MedR]

ders.: Der Arzthaftungsprozess: Medizinschaden; Fehler, Folgen, Verfahren 1. Aufl., Köln 2012 und 2. Aufl. Köln 2024. [zitiert als: *Bearbeiter* in Wenzel, Der Arzthaftungsprozess]

Weyland, Dag: Bundesrechtsanwaltsordnung: Berufsordnung, Fachanwaltsordnung, Partnerschaftsgesellschaftsgesetz, Recht für Anwälte aus dem Gebiet der Europäischen Union, Patentanwaltsordnung, Mediationsgesetz, Geldwäschegesetz: Kommentar, 11. Aufl., München 2024. [zitiert als: *Bearbeiter* in Weyland]

Wieczorek, Bernhard/Schütze, Rolf A.: Zivilprozessordnung und Nebengesetze: Großkommentar, Band 4 (*§§ 253 - 299a.*), 5. Aufl. Berlin 2023, Band 6 (§§ 355 - 510c), 5. Aufl., Berlin 2024. [zitiert als: *Bearbeiter* in Wieczorek/Schütze]

v. Wallenberg, Henrik: Der zivilrechtliche Arzthaftungsprozess aus beweisrechtlicher Sicht, Münster 1993. [zitiert als: *v. Wallenberg*, Der zivilrechtliche Arzthaftungsprozess]

Zimmer, Daniel: Schadensersatz im Termingeschäftsrecht - eine anreizökonomische Fehlkonstruktion?, JZ 2003, S. 22 – 31.

Zippelius, Reinhold: Juristische Methodenlehre, 12. Aufl., München 2021. [zitiert als: *Zippelius*, Methodenlehre]

Zöller, Richard: Zivilprozessordnung: mit FamFG (§§ 1-185, 200-270) und Gerichtsverfassungsgesetz, den Einführungsgesetzen, mit internationalem Zivilprozessrecht, EU-Verordnungen, Kostenanmerkungen : Kommentar, 35. Aufl., Köln 2024. [zitiert als: *Bearbeiter* in Zöller]